DIE ETRUSKER UND EUROPA

Chimäre aus Arezzo
Um 400 v. Chr.
Florenz, Museo Archeologico
Photo P. Baguzzi - M. Matteucci

Altes Museum
Berlin

28.2. - 31.5.1993

S|M
P|K

FABBRI EDITORI

Unter der Schirmherrschaft

des Präsidenten der italienischen Republik
Oscar Luigi Scalfaro
und
des Präsidenten der Bundesrepublik Deutschland
Richard von Weizsäcker

Diese Ausstellung wurde organisiert vom Ministero per i Beni Culturali e Ambientali (Italien), von der Réunion des Musées Nationaux (Frankreich), von den Staatlichen Museen zu Berlin - Preußischer Kulturbesitz, von der FIAT-Gruppe und dem Palazzo Grassi, Venedig, unter wissenschaftlicher Mitarbeit des Istituto Nazionale di Studi Etruschi e Italici, Florenz.

Die wissenschaftliche Konzeption wurde von Massimo Pallottino erarbeitet.

Die Ausstellungsarchitektur wurde von Agata Torricella Crespi, Mailand, entworfen und unter Mitarbeit der technischen Dienste des Grand Palais, Paris, und der Staatlichen Museen zu Berlin realisiert.

ISBN 3-570-10504-0
© 1992 Editions de la Réunion des Musées Nationaux, Paris

© 1992 Gruppo Editoriale
Fabbri, Bompiani, Sonzogno, Etas S.p.A., Mailand

GESAMTLEITUNG
Massimo Pallottino

WISSENSCHAFTLICHE ORGANISATION
Giovannangelo Camporeale
Filippo Delpino
Françoise Gaultier
Wolf-Dieter Heilmeyer
Alain Pasquier

ORGANISATION FÜR DIE FIAT-GRUPPE
Paolo Viti

ARCHITEKTONISCHE UND GRAPHISCHE
GESTALTUNG
Agata Torricella Crespi

BERLINER AUSSTELLUNG UND KATALOG:

ORGANISATION UND
WISSENSCHAFTLICHE BETREUUNG
Irma Wehgartner

WISSENSCHAFTLICHE UND
ORGANISATORISCHE MITARBEIT
Ellen Schraudolph

PLAKAT UND SIGNET
Nikolaus Otto, Bernhard Stein

PÄDAGOGIK
Jürgen Mrosek

ÜBERSETZUNGEN
Jürgen Achenbach unter Mitarbeit von Karin Warlo

Wissenschaftliches Komitee

Massimo Pallottino
Präsident

Richard Adam
Luciana Aigner Foresti
Martin Almagro Gorbea
Bernard Andreae
Jean-Charles Balty
Horst Blanck
Raymond Bloch
Larissa Bonfante
Maria Bonghi Jovino
Sonia Boriskowskaya
Bernard Bouloumié
Dominique Briquel
Giovannangelo Camporeale
Giovanni Colonna
Brian Cook
Mauro Cristofani
Filippo Delpino
Witold Dobrowolski
Giulia de Fogolari

Edilberto Formigli
Christoph Luitpold Frommel
Jean Gran-Aymerich
Michel Gras
Françoise Gaultier
Friedrich-Wilhelm von Hase
Sybille Haynes
Wolf-Dieter Heilmeyer
Jacques Heurgon
Alain Hus
Venceslas Kruta
Max Kunze
Michel Lejeune
Guglielmo Maetzke
Christopher Miles
Cristiana Morigi Govi
Gabriele Morolli
Sabatino Moscati
Oleg Jacolevic Neverov
Claude Nicolet
Francesco Nicosia
Carl Nylander
Alain Pasquier

Christian Peyre
Carlo Pietrangeli
Gertrud Platz-Horster
Friedhelm Prayon
David Ridgway
Keith Sagar
Piergiuseppe Scardigli
Giovanni Scichilone
Anna Sommella
Attilio Stazio
Ingrid Strøm
Janos Gyorgy Szilàgyi
Gustavo Traversari
Georges Vallet
Mario Verdun di Cantogno
François Villard
Licia Vlad Borrelli
Cornelia Weber-Lehmann
Irma Wehgartner

DANKSAGUNG
Wir danken den Veranstaltern der
Ausstellung in Paris und den
Gestaltern des Katalogs sowie allen,
die ihnen bei der Durchführung des
Projekts geholfen haben. Wir danken
den Autoren des Katalogs, der
Architektin, den Mitarbeitern der
Firma Mostre e Fiere sowie allen, die
an der Realisierung des Projekts in
Berlin mitgearbeitet haben.

LEIHGEBER

Unser Dank gilt den Verantwortlichen in folgenden Museen und Instituten:

BELGIEN
Brüssel
Musées Royaux d'Art et d'Histoire

DÄNEMARK
Kopenhagen
Ny Carlsberg Glyptotek

DEUTSCHLAND
Alfeld
Heimatmuseum
Berlin
Staatliche Museen zu Berlin,
Antikensammlung
Staatliche Schlösser und Gärten
Bonn
Rheinisches Landesmuseum
Karlsruhe
Badisches Landesmuseum
Mainz
Römisch - Germanisches Zentralmuseum
München
Architekturmuseum Technische Universität
Staatliche Antikensammlungen und
Glyptothek
Staatliche Graphische Sammlung
Stuttgart
Württembergisches Landesmuseum
Würzburg
Martin von Wagner-Museum der
Universität

FRANKREICH
Aix-les-Bains
Musée Faure
Aléria
Musée Archéologique Départemental
Jérôme Carcopino
Besançon
Musée des Beaux-Arts et d'Archéologie
Bourges
Musées de la Ville de Bourges
Chambéry
Musées d'Art et d'Histoire
Châtillon-sur-Seine
Musée Archéologique
Colmar
Musée d'Unterlinden
Lattes
Musée Archéologique Henri Prades

Lons-le-Saunier
Musée d'Archéologie
Lyon
Musée de la Civilisation gallo-romaine
Marseille
Musée d'Archéologie méditerranéenne
Nantes
Musée Dobrée
Nice
Musée d'Art et d'Histoire
Paris
Académie d'Architecture
Bibliothèque Centrale des Musées de
France
Bibliothèque Nationale
    Cabinet des Médailles
    Département des Estampes
    et de la Photographie
    Département des Livres Imprimés
Ecole nationale supérieure des Beaux-Arts
Musée du Louvre
    Département des Antiquités grecques,
    étrusques et romaines
    Département des Arts graphiques
    Département des Peintures
Union Centrale des Arts Décoratifs
    Musée des Arts Décoratifs
    Bibliothèque des Arts Décoratifs
Saint-Germain-en-Laye
Musée des Antiquités nationales
Saint-Rémy-de-Provence
Service Régional de l'Archéologie
de Provence-Alpes-Côte d'Azur
Sèvres
Musée national de la Céramique
Sigean
Musée des Corbières
Straßburg
Musée archéologique

GRIECHENLAND
Olympia
Archäologisches Museum

GROSSBRITANNIEN
London
British Library
British Museum
Victoria and Albert Museum

ITALIEN
Aquileia
Museo Archeologico Nazionale
Arezzo
Chiesa della Santa Croce
Museo Archeologico
Artimino
Museo Archeologico
Bologna
Biblioteca comunale dell'Archiginnasio,
Gabinetto disegni e stampe
Museo Civico Archeologico
Soprintendenza Archeologica
dell'Emilia Romagna
Cerveteri
Museo Nazionale Cerite
Chiusi
Museo Archeologico Nazionale
Civita Castellana
Museo dell'Agro Falisco
Cortona
Accademia Etrusca
Biblioteca Comunale e dell'Accademia
Etrusca
Este
Museo Nazionale Atestino
Ferrara
Museo Archeologico Nazionale
Florenz
Biblioteca Marucelliana
Biblioteca Medicea Laurenziana
Biblioteca Moreniana
Biblioteca Nazionale Centrale
Casa Buonarroti
Galleria degli Uffizi
Gabinetto Disegni e Stampe degli Uffizi
Istituto Nazionale di Studi Etruschi
e Italici
Museo Archeologico
Opificio delle Pietre Dure
Soprintendenza per i Beni Artistici
e Storici delle Province di Firenze
e Pistoia
Soprintendenza Archeologica per la
Toscana
Grosseto
Museo Archeologico della Maremma
Marzabotto
Museo Nazionale Etrusco Pompeo Aria

Modena
Galleria e Museo Estense
Soprintendenza per i Beni Artistici
e Storici di Modena e Reggio Emilia
Murlo
Antiquarium
Neapel
Museo e Gallerie Nazionali di Capodimonte
Museo Archeologico Nazionale
Museo Archeologico di Lacco Ameno
Soprintendenza Archeologica delle
Province di Napoli e Caserta
Padua
Museo Civico Archeologico
Soprintendenza Archeologica per il Veneto
Palermo
Museo Archeologico Regionale
Perugia
Museo Archeologico Nazionale dell'Umbria
Soprintendenza Archeologica per l'Umbria
Piacenza
Museo Civico
Pisa
Soprintendenza ai Monumenti e Gallerie di
Pisa
Rom
Biblioteca Nazionale Centrale
Biblioteca Universitaria Alessandrina
British School
Deutsches Archäologisches Institut
Galleria Nazionale d'Arte Antica
Istituto per l'Archeologia Etrusco-Italica
del C.N.R.
Musei Capitolini
Museo delle Antichità Etrusche e Italiche
dell'Università degli Studi di Roma "La
Sapienza"
Museo Napoleonico
Museo Nazionale di Villa Giulia
Museo Nazionale Preistorico Etnografico
L. Pigorini
Pontificia Insigne Accademia Artistica
dei Virtuosi al Pantheon
Schwedisches Institut für Klassische Studien
Soprintendenza Archeologica per
l'Etruria Meridionale
Sassari
Museo Nazionale G.A. Sanna
Tarquinia
Museo Archeologico Nazionale

Triest
Soprintendenza Archeologica per i Beni
Ambientali Architettonici Artistici
e Storici del Friuli Venezia Giulia
Turin
Museo di Antichità
Soprintendenza Archeologica del Piemonte
Verona
Museo Archeologico al Teatro Romano
Museo di Castelvecchio
Volterra
Museo Etrusco Guarnacci

NIEDERLANDE
Leiden
Rijksmuseum van Oudheden

ÖSTERREICH
Eisenstadt
Burgenländisches Landesmuseum
Salzburg
Salzburger Museum Carolino Augusteum
Wien
Kunsthistorisches Museum,
Antikensammlung
Naturhistorisches Museum, Prähistorische
Abteilung

POLEN
Warschau
Graphische Sammlung der Universitäts-
bibliothek

RUMÄNIEN
Cluj-Napoca
Muzeul de Istorie al Transilvaniei

SCHWEDEN
Stockholm
Statens Historiska Museum
Visby
Gotlands Fornsal

SCHWEIZ
Bern
Bernisches Historisches Museum
Genf
Musée d'Art et d'Histoire
Zürich
Schweizerisches Landesmuseum

SLOWENIEN
Ljubljana
Narodni Muzej

SPANIEN
Badajoz
Museo Arqueológico Provincial
Barcelona
Museu Arquéologic
Empuries
Museu de Empúries
Ullastret
Museu d'Ullastret

TSCHECHISCHE REPUBLIK
Litoměřice
Okresni vlastivedné Muzeum
Prag
Národní Muzeum

VATIKAN
Musei Vaticani

VEREINIGTE STAATEN VON AMERIKA
New York
The Metropolitan Museum of Art
Providence
Museum of Art, Rhode Island School
of Design
Toledo (Ohio)
Toledo Museum of Art

Für die Ausstellung in Berlin treten
folgende Leihgeber hinzu:
Von den Staatlichen Museen zu Berlin
die Kunstbibliothek,
das Kupferstichkabinett und
die Nationalgalerie. Ferner
die Staatsbibliothek zu Berlin,
das Seminar für Klassische Archäologie
und die Universitätsbibliothek der Freien
Universität Berlin sowie das
Winckelmann-Institut für Klassische
Archäologie, Humboldt-Universität Berlin.
Unser Dank gilt weiterhin den privaten
Leihgebern:
Sibylle und Denys Haynes
Georges Pruvot
sowie denjenigen Leihgebern, die
ungenannt bleiben möchten.

Die traditionsreiche Berliner Sammlung etruskischer Kunst war infolge der Teilung Deutschlands mehr als vier Jahrzehnte willkürlich zerrissen. Der Fall der innerdeutschen Grenzen macht es möglich, sie – mit den anderen klassischen Antiken – im Zuge der Wiedervereinigung und Neuordnung der Staatlichen Museen zu Berlin unter dem Dach der Stiftung Preußischer Kulturbesitz wieder zusammenzuführen. Dies soll im Alten Museum auf der Berliner Museumsinsel geschehen, der Wiege der Königlich Preußischen Sammlungen und Heimstätte der Kunst der Antike seit 1830.

An diesem Alten Museum war seit 1833 der Berliner Gelehrte Eduard Gerhard als "Archäolog des Königlichen Museums" tätig.

Er gilt zu Recht als Begründer der Berliner Etruskerforschung, die seitdem Tradition hat in Berlin, an den Museen, der Akademie der Wissenschaften, der Universität und am Deutschen Archäologischen Institut, dessen Mitbegründer Eduard Gerhard war.

Die Ausstellung über "Die Etrusker und Europa" kommt also nicht nur an den traditionellen Ort der deutschen Etruskerforschung, sie findet in dem Haus statt, in dem ihr Begründer tätig war und das zukünftig im Herzen Berlins wieder ständige Heimstätte der Kunst des antiken Griechenlands und Italiens sein wird. Ich danke der Réunion des Musées Nationaux in Paris und der FIAT-Gruppe Turin für die fruchtbare Zusammenarbeit und großzügige Unterstützung.

Werner Knopp

Präsident
der Stiftung Preußischer Kulturbesitz

Während gegenwärtig Europa, wenn auch mühsam, den Weg zu seiner wirtschaftlichen und politischen Einigung beschreitet und nach seiner gemeinsamen Identität gegenüber der übrigen Welt sucht, finden gleichzeitig seine antiken Ursprünge erneut Aufmerksamkeit und Interesse. Mit Sicherheit haben die Etrusker im Kontext dieser Anfänge eine bedeutende Rolle gespielt, ein Volk und eine Kultur, über die heute noch in mancherlei Hinsicht wenig bekannt ist.

Diesen Vorläufern Roms ist nun die Ausstellung "Die Etrusker und Europa" gewidmet; anhand von Dokumenten und Zeugnissen ihrer Kunst, ihrer Wirtschaft und ihrer Handelsverbindungen knüpft sie den langen Faden wieder neu zusammen, der die Etrusker mit dem heutigen Europa verbindet.

Die FIAT-Gruppe hat im Rahmen der europäischen Ausrichtung, die ihre Tätigkeit als Unternehmen kennzeichnet, aber auch als Teil ihrer Politik der Förderung großangelegter kultureller Projekte den Gedanken gerne aufgegriffen, dieses Vorhaben gemeinsam mit dem Palazzo Grassi und den Staatlichen Museen zu Berlin - Preußischer Kulturbesitz zu unterstützen. Sie verbindet damit die Absicht, die Präsenz der FIAT-Gruppe in Deutschland nicht allein durch ihre wirtschaftlichen Aktivitäten, sondern ebenfalls auf kulturellem Gebiet zu festigen, auf dem in letzter Zeit bereits bedeutende Kooperationen mit angesehenen Institutionen stattgefunden haben, wie im Fall der Ausstellung "Euphronios, der Maler".

Giovanni Agnelli

Präsident der FIAT-Gruppe

Niemandem dürfte entgangen sein, daß 1992 ein entscheidendes Jahr für die Zukunft Europas war; ist doch der alte Kontinent im Begriff, die letzte Etappe auf dem Weg zu einer Vereinigung in Angriff zu nehmen, die so viele große Geister mit Leidenschaft angestrebt haben. Als sinnfälliges Zeichen dieser Entwicklung erscheint es, daß zu einem Zeitpunkt, zu dem sich die beteiligten Länder um den Entwurf einer gemeinsamen Zukunft bemühen, die sie eng aneinander binden soll, sie sich zugleich ihrer Vergangenheit zuwenden und sich auf ihre gemeinsamen Wurzeln besinnen. In diesem Sinn hat Professor Massimo Pallottino eine Ausstellung angeregt, die sich vornimmt, auf die Beziehungen zwischen den Etruskern und Europa einerseits und zwischen dem Europa der Antike und dem der Neuzeit andererseits aufmerksam zu machen. Die Erforschung der Bereiche und der Mittel, über die die Etrusker aus dem Orient oder aus Griechenland manches Element ihrer Kultur erwarben, das sie wiederum an die Kelten Mittel- und Westeuropas weitergaben, aber auch die Bestimmung des Stellenwerts der Erbschaft Etruriens, wie sie uns sowohl über die Zivilisation der Römer als auch über die seit der Renaissance unablässig von Gelehrten und Künstlern gepflegte Rückschau tradiert wurde, sind Gegenstand der begeisternden Aufgabe, die Massimo Pallottino einigen seiner Schüler und Mitarbeiter anvertraut hat, wozu er ihnen großzügig mit dem Reichtum seines erstaunlichen Wissens zur Verfügung stand. Giovannangelo Camporeale und Françoise Gaultier, die Organisatoren der Ausstellung, haben daraufhin die Anstrengungen all derer koordiniert, die ihren Beitrag und ihre Fähigkeiten zur Realisierung dieses Projekts beigesteuert haben. Unter ihnen seien Filippo Delpino, der die wissenschaftliche Arbeit in Italien begleitete, und die Architektin Agata Torricella, deren schwierige Aufgabe es war, für die etwa 620 zur Ausstellung ausgewählten Objekte eine Präsentation zu konzipieren, erwähnt.

Man beschloß, nicht ohne symbolische Absicht, daß diese Ausstellung nacheinander in Paris und Berlin als zwei der ältesten Hauptstädte Europas gezeigt werden sollte. So sind nun zunächst das Grand Palais und anschließend die "Museumsinsel" die Orte, die für eine gewisse Zeit einige der bedeutendsten Kunstwerke der etruskischen Zivilisation aufnehmen. Und ausdrücklich sei gesagt, daß ein derart umfangreiches Projekt ohne die Unterstützung und das freundschaftliche Verständnis seitens der Verantwortlichen derjenigen Museen nicht hätte durchgeführt werden können, die den Transport der überaus kostbaren Objekte bewilligt haben, damit diesem kulturellen Ereignis eine möglichst große Resonanz zukomme: Der besondere Dank der für die Veranstaltungen in Paris und Berlin Verantwortlichen geht an Francesco Nicosia vom Museo Archeologico in Florenz, an Carlo Pietrangeli von den Vatikanischen Museen und an Giovanni Scichilone vom Museo Nazionale di Villa Giulia.

Und schließlich hätte all dieses selbstverständlich ohne die glückliche Verbindung von Kompetenz und Sachmitteln nicht erreicht werden können, über die die Réunion des Musées Nationaux, die Staatlichen Museen zu Berlin - Preußischer Kulturbesitz, die FIAT-Gruppe und der Palazzo Grassi verfügen, wo Paolo Viti sich mit unerschöpflicher Energie für den Erfolg dieses Vorhabens eingesetzt hat. Italien, Frankreich und Deutschland bestätigen somit zusammen mit anderen europäischen Nationen in der Reflexion über ihre gemeinsame Vergangenheit das Bestehen sehr enger Zusammenhänge, die noch heute ihre Kulturen miteinander verbinden. Zugleich richten sie an alle eine Botschaft des Vertrauens in die Zukunft, die schon bald die Geburt des 21. Jahrhunderts erleben wird.

Alain Pasquier

Wenn wir uns in diesen Jahren verstärkter politischer Diskussionen über Europa auf die Kulturen besinnen, die es konstituiert haben, dann scheint Begrenzung zunächst von Vorteil. "Die Griechen", "die Römer" – das waren ohne Zweifel Elemente des ganzen frühen Europa. Die Etrusker lebten dagegen an einer bestimmten Stelle Europas und sie lebten, ohne das zu wissen, auch mit Europa. Wieviel uns Heutige noch mit ihnen verbindet, ist erst nach vielen Rätseln sichtbar geworden, die ihre Ausgrabungsgeschichte uns aufgegeben hat.

Die Erforschung der Etrusker ist wegen ihrer scheinbaren regionalen Begrenztheit von Italien ausgegangen, hat aber lange schon auch andernorts gute Traditionen. Nur auf italienischem Boden konnte sie sich in heimatkundlicher Überschaubarkeit etablieren, aber außerhalb Italiens mußte sie sich der allgemeineren klassischen Archäologie beiordnen. Daß damit ein Spannungsfeld beschrieben ist, war schon 1954-56 deutlich, als die erste große Etruskerausstellung "Kunst und Leben der Etrusker" von Italien aus auf Reise ging. Unsere Ausstellung "Die Etrusker und Europa" bezieht dieses Spannungsfeld ausdrücklich ein: Außer den Etruskern selbst kann man die Auseinandersetzungen mit ihnen in Augenschein nehmen, die schon in der Antike einsetzten und die seit 1954-56 in neuer Weise zugenommen haben.

Beide große Etruskerausstellungen sind eigentlich von Massimo Pallottino in Rom erdacht worden; er kann mit Fug und Recht, was die Etrusker angeht, als unser aller Lehrer gelten. Aber sowohl in Paris wie in Berlin traf sein Engagement und das seiner Mitarbeiter auf traditionelle Neugier. Im Alten Museum am Lustgarten in Berlin wurde nicht nur schon 1844 ein erstes "etruskisches Cabinet" eingerichtet. Das Alte Museum war 1988 auch Schauplatz der Ausstellung "Die Welt der Etrusker – archäologische Denkmäler aus Museen sozialistischer Länder". Insofern fühlen wir uns in Berlin gut vorbereitet, auf die von Italien kommende Anregung einzugehen, nun über die Etrusker und Europa nachzudenken. Wir haben dabei vor allem den Leihgebern zu danken, den italienischen und französischen Kollegen, denjenigen, die außerdem wissenschaftliche Grundlagen zu Katalog und Ausstellung erstellt haben, der Generalverwaltung der Staatlichen Museen zu Berlin, dem pädagogischen Dienst und den Mitarbeitern der Antikensammlung. Nur durch die erneute großzügige Unterstützung der FIAT-Gruppe hat das ganze Unternehmen seinen Anfang genommen. In Berlin ist es zuerst von Gertrud Platz, dann in unermüdlichem Einsatz von Irma Wehgartner realisiert worden.

Die Etrusker sind, historisch gesehen, völlig im römischen Italien aufgegangen. Wenn wir ihnen heute in Europa wiederbegegnen, liegt das an denjenigen Faktoren ihrer Kultur, die grenzüberschreitend waren.

Wolf-Dieter Heilmeyer

Katalog

Eine Veröffentlichung des Bereichs
SETTORE CATALOGHI D'ARTE
im Gruppo Editoriale Fabbri

Graphik
Flavio Guberti

Inhaltsverzeichnis

19 Allgemeine Einführung
Massimo Pallottino

Teil I
23 DIE WELT DER ETRUSKER UND IHR BEITRAG ZUR ENTSTEHUNG DER EUROPÄISCHEN KULTUR

27 DIE ETRUSKISCHE ZIVILISATION

28 Die Etrusker in der Geschichte
Massimo Pallottino

34 Bergbau und Metalle zu Beginn des geschichtlichen Etrurien: Die Villanova-Phase
Giovannangelo Camporeale

44 Die Berufung der Etrusker zur Seefahrt
Giovannangelo Camporeale

54 Die Blütezeit der Aristokratie und der orientalisierende Stil
Francesco Nicosia

62 Die Städte: Produktion und Kunstschaffen
Giovannangelo Camporeale

72 Die Wohn- und Tempelarchitektur
Giovannangelo Camporeale

78 Die Religion und die "disciplina etrusca"
Giovannangelo Camporeale

86 Schrift, Sprache und Literatur
Giovannangelo Camporeale

92 Das Reich der Toten
Giovannangelo Camporeale

102 Die Romanisierung Etruriens
Giovannangelo Camporeale

110 Katalognummern 1-240

157 ETRURIEN UND EUROPA - DIREKTE EINFLÜSSE

158 Vorgeschichtliche Beziehungen zwischen Italien und Zentraleuropa
Luciana Aigner Foresti

168 Der Seehandel in Südfrankreich
Bernard Bouloumié

174 Die Etrusker und die Iberische Halbinsel
Martin Almagro-Gorbea

180 Die transalpinen Beziehungen
Richard Adam, Dominique Briquel, Jean Gran-Aymerich, David Ridgway, Ingrid Strøm, Friedrich-Wilhelm von Hase

196 Die Verbreitung des Weins in Zentral- und Nordwesteuropa
Bernard Bouloumié

200 Die Situlenkunst
Giulia de Fogolari

206 Etruskische Einflüsse auf die keltische Kunst
Venceslas Kruta

214 Die Grabikonographie des Raubtiers mit dem Menschenkopf
Bernard Bouloumié

218 Zur Herkunft der Runenschrift aus der nordetruskischen Schrift
Piergiuseppe Scardigli

223 INDIREKTE EINFLÜSSE AUF EUROPA DURCH DIE VERMITTLUNG ROMS

224 Der Bogen und die tuskanische Säule
Gabriele Morolli

232 Die Figur des Gelagerten auf dem Sarkophag
Bernard Andreae

240 Überlegungen zu etruskischen und mittelalterlichen Dämonen
Horst Blanck

246 Sprachliche Entlehnungen
Massimo Pallottino

248 Katalognummern 241-358

Teil II
273 DIE WIEDERENTDECKUNG DER ETRUSKER UND IHR NIEDERSCHLAG IN DER EUROPÄISCHEN KULTUR DER NEUZEIT

275 VON DER RENAISSANCE ZUM 18. JAHRHUNDERT

276 Der "etruskische Mythos" zwischen dem 16. und 18. Jahrhundert
Mauro Cristofani

292 Die tuskanische Ordnung in der Auffassung der Renaissance und Nachrenaissance
Gabriele Morolli

299 "DER ETRUSKISCHE STIL". VOM 18. ZUM 19. JAHRHUNDERT

300 Allgemeine Aspekte des Problems
Cristiana Morigi Govi

310 Etruria britannica
Sybille Haynes

321 DAS 19. JAHRHUNDERT: DIE ZEIT DER REISENDEN UND GELEHRTEN

322 Das romantische Abenteuer
Giovanni Colonna

340 Das Zeitalter des Positivismus
Filippo Delpino

349 DIE SAMMLUNGEN ETRUSKISCHER DENKMÄLER UND DAS ENTSTEHEN DER GROSSEN MUSEEN EUROPAS

350 Die Sammlung Campana und die etruskische Sammlung des Musée du Louvre
Françoise Gaultier

362 Eduard Gerhard und das Etruskische Cabinet im Alten Museum
Gertrud Platz-Horster

366 Emile de Meester de Ravestein (1813-1889) und die etruskische Sammlung der Musées Royaux d'Art et d'Histoire
Jean Charles Balty

370 Das Interesse für die Etrusker in Polen
Witold Dobrowolski

376 Die etruskische Sammlung der Eremitage und der Beitrag Rußlands zur Etrusker-Forschung
Oleg Neverov

378 Katalognummern 359-542

413 ASPEKTE DES MODERNEN INTERESSES AN DER ETRUSKISCHEN KUNST

414 Dokumentation und Dekoration: Die Überlieferung der etruskischen Grabmalerei in Zeichnungen und Kopien
Cornelia Weber-Lehmann

432 Fälschungen, Pasticci, Imitationen
Licia Vlad Borrelli

440 Fälschungen etruskischen Goldschmucks
Edilberto Formigli

443 DIE ETRUSKER ALS THEMA IN DER EUROPÄISCHEN LITERATUR

444 Einleitung
Massimo Pallottino

446 Die Etrusker in der französischen Literatur
Alain Hus

450 Großbritannien: Das Etrurien von Aldous Huxley und D.H. Lawrence
Massimo Pallottino

453 Lawrence: Eine persönliche Betrachtung
Christopher Miles

454 Die Etrusker in der italienischen Literatur
Massimo Pallottino

457 EPILOG

458 Die Etruskologie des 20. Jahrhunderts: Wissenschaftliche Fortschritte und kulturelle Auswirkungen
Massimo Pallottino

462 Gustav VI. Adolf: König und Archäologe
Carl Nylander

468 Katalognummern 543-620

485 Zeittafel

489 Allgemeine Bibliographie

501 Namensindex

505 Museumsindex

518 Autoren der Katalognummern

519 Photonachweis

Allgemeine Einführung

Massimo Pallottino

Die Idee einer Ausstellung mit dem Thema "Die Etrusker und Europa" stellt ein Novum dar, so daß es angebracht erscheint, vorab einige Erläuterungen über den Sinn einer solchen Ausstellung zu geben.

Die von der Zivilisation der Etrusker ausgehende Faszination nahm innerhalb der letzten fünfzig Jahre stetig zu, wie man anläßlich archäologischer Ausstellungen auch auf internationaler Ebene beobachten konnte. Es sei zunächst an die große Ausstellung "Kunst und Leben der Etrusker" erinnert, die 1955 und 1956 in ununterbrochener Folge in Zürich, Mailand, Paris, Den Haag, Oslo und Köln gezeigt wurde. Auf sie folgten in verschiedenen europäischen Städten mehr oder weniger umfangreiche Ausstellungen allgemeiner oder speziellerer Zielsetzung, die mit Stücken aus italienischen und nicht-italienischen Museen beschickt waren. Eine besondere Stellung nahmen die Aktivitäten des sogenannten "Progetto Etruschi" ein, das der italienische Staat und die Regionalbehörden 1985 mit einer zentralen Schau in Florenz und mit Spezialausstellungen in verschiedenen toskanischen Städten betrieben hatten. Im gleichen und in den unmittelbar darauffolgenden Jahren wurden entsprechende Veranstaltungen auch in Umbrien, in der Emilia, in der Lombardei und in Latium durchgeführt sowie außerhalb Italiens in Deutschland, Frankreich, Spanien und den Ländern Osteuropas.

Diese zahlreichen Initiativen haben in großem Maß dazu beigetragen, die etruskische Zivilisation in ihrer Gesamtheit oder in Teilaspekten bekannt zu machen. Mit dem Projekt "Die Etrusker und Europa" ist nun erstmalig beabsichtigt, in die Wertung dieses besonderen Phänomens der Antike die historische Dimension seiner Zukunft miteinzubeziehen, indem versucht wird, seinen Einfluß auf die Formung und Entwicklung der europäischen Kultur zu erkennen und darzustellen. Es geht im wesentlichen darum zu erforschen, in welchem Maß und in welcher Weise das kulturelle Erbe Etruriens in die Entstehungsprozesse der europäischen Kultur Eingang fand, ganz direkt von der Frühzeit an, oder indirekt über das vielfältige Erbe Roms und die Formen seines Wiederauflebens. In weiterer Entfaltung des Themas ist die Betrachtung des Prozesses der Wiederentdeckung der Welt der Etrusker im modernen Europa beabsichtigt, mit all seinen Ereignissen und Eigentümlichkeiten und seinen unerwartet bedeutsam gewordenen Auswirkungen auf einzelne Bereiche unserer Geschichte und Kultur.

Daher gliedert sich die ansonsten einheitliche Konzeption der Ausstellung in zwei Abteilungen. Die erste ("Die Welt der Etrusker und ihr Beitrag zur Entstehung der europäischen Kultur") geht von der notwendigen Darstellung der wesentlichen Momente der Geschichte der Etrusker aus, die nach einem in gewisser Weise unüblichen Präsentationskonzept nachgezeichnet werden.

In einer Abfolge von "Einzelbildern" sind die wichtigsten Aspekte der etruskischen Geschichte unter den folgenden Überschriften zusammengefaßt: 1. Bergbau und Metalle zu Beginn des geschichtlichen Etrurien: Die Villanova-Phase; 2. Die Berufung der Etrusker zur Seefahrt; 3. Die Blütezeit der Aristokratie und der Orientalisierende Stil; 4. Die Städte: Produktion und Kunstschaffen; 5. Die Wohn- und Tempelarchitektur; 6. Die Religion und die "*disciplina etrusca*"; 7. Schrift, Sprache und Literatur; 8. Das Reich der Toten; 9. Die Romanisierung Etruriens.

An diese Grundinformationen schließt sich die Behandlung des Einflusses auf Zentraleuropa an: der Warenaustausch und andere Wechselbeziehungen während des gesamten Zeitraums der etruskischen Geschichte; das Eindringen von Bräuchen, wie derjenigen, die im Zusammenhang mit der Verbreitung des Weins stehen; von künstlerischen Anregungen, die sich bei der sogenannten Situlenkunst und der keltischen Kunst zeigen sowie bei der Grabplastik des westlichen Mittelmeerraums; die Elemente in den Runenschriften, die zum Teil aus den nord-etruskischen Alphabeten abgeleitet sind. Auf diese direkten Impulse an das vorgeschichtliche Europa folgt die Betrachtung derjenigen Elemente etruskischen Ursprungs, die über die römische Kultur an die europäische Welt weitergegeben wurden. Als Beispiele für solche vermittelten Erbschaften werden Motive aus der Architektur gezeigt, wie etwa der Bogen in seiner monumentalen Funktion und die tuskanische Säule, ikonographische Motive, wie etwa die Darstellung des Toten auf dem Sarkophag, und schließlich auf dem Gebiet der Sprachen einige lateinische Wörter, von denen man annimmt, daß sie aus dem etruskischen Wortschatz stammen. Es muß wohl nicht ausdrücklich betont werden, daß in dieser Materie von absoluten Gewißheiten nicht die Rede sein kann: Es handelt sich vielmehr um anregende Hypothesen von allerdings höchstem Wahrscheinlichkeitsgrad.

Der zweite Teil der Ausstellung ("Die Wiederentdeckung der Etrusker und ihr Niederschlag in der europäischen Kultur der Neuzeit") beschreibt die Begegnung der modernen Welt mit der etruskischen Zivilisation in ihren zahlreichen und verschiedenartigen Aspekten, die eine einheitliche Darstellung beträchtlich komplizieren. Die chronologische Linie wird dabei von einer systematischen Behandlung spezieller Themen durchkreuzt. Am Anfang stehen selbstverständlich die Renaissance und das 17. und 18. Jahrhundert. Über die Epoche der Herausbildung eines Gelehrtentums wird zur Darstellung der großen Welle des "etruskischen Stils" im Europa des 18. und beginnenden 19. Jahrhunderts übergeleitet. Es folgt die Ära des "romantischen Abenteuers" mit ihren Forschungen und Entdeckungen in den großen Zentren des etruskischen Territoriums, bis man schließlich in der

Epoche des Positivismus, also in der zweiten Hälfte des 19. Jahrhunderts, zu einer wissenschaftlichen Fundierung der Kenntnisse über die etruskische Zivilisation gelangt. Eine gesonderte Behandlung erfährt das Thema der etruskischen Antikensammlungen, deren Geschichte von den Phasen ihrer Anfänge bis zum Prozeß ihrer Zusammenführung in den großen archäologischen Museen geschildert wird, wobei sich die Aufmerksamkeit auf einzelne Beispiele wie die Sammlung Campana konzentriert. Unter den Aktivitäten und Tendenzen, die die Wiederentdeckung der etruskischen Welt auslöste, werden in gesonderten Abteilungen das Thema der graphischen Reproduktionen von Grabmalereien, die sowohl bei der Verbreitung der Kenntnis dieser charakteristischen Kunstform wie auch bei der Wanddekoration von Museen eine wichtige Rolle gespielt haben, und die Probleme rund um die Fälschungen und Imitationen etruskischer Objekte in ihrem Zusammenhang mit der Welle der Sammelleidenschaft behandelt. Eine weitere recht bemerkenswerte Facette des wachsenden Interesses der europäischen Gesellschaften an Etrurien bilden die im 19. und 20. Jahrhundert in der essayistischen, aber auch der erzählenden und der poetischen Literatur einiger europäischer Nationen, und hier besonders Großbritanniens, auftauchenden Erwähnungen der Etrusker, ihrer Suggestivkraft und ihrer Bedeutung. Auch davon möchte die Ausstellung ein Zeugnis ablegen.

Fast symbolisch schließt sie mit einem bemerkenswerten und beinahe noch zeitgenössischen Fall europäischer Leidenschaft für Etrurien: der Erinnerung an die Ausgrabungstätigkeit König Gustavs VI. Adolf.

Ist der Gegenstand der Ausstellung in groben Zügen umrissen, so kann der Hinweis nicht ausbleiben, daß das behandelte Gebiet wesentlich umfangreicher ist, als es im begrenzten Rahmen einer Ausstellung hätte aufgenommen werden können, selbst wenn sie so großzügig angelegt ist wie die vorliegende. Die Erforschung etruskischer Einflüsse auf die Wurzeln Europas und besonders ihre Resonanz in der modernen europäischen Kultur böte Gelegenheit zu zahlreichen weiteren Vertiefungen und Darlegungen. Die von der Ausstellung angebotene Dokumentation kann also nur das Ergebnis einer Auswahl sein, die weitgehend beispielhaft und von streng wissenschaftlichen Gesichtspunkten bestimmt ist. Es sei nochmals darauf hingewiesen, daß die Behandlung dieser Fragen hier zum ersten Mal erfolgt und gleichsam versuchsweise vorgeschlagen wird.

Durch ihre spezifischen Eigenheiten weicht diese Ausstellung von der üblichen Konzeption solcher Veranstaltungen ab, die eine Epoche, eine Kultur, ein historisches oder ein künstlerisches Phänomen veranschaulichen wollen und sich dabei auf die schlichte Präsentation von Objekten stützen, die im Hinblick auf ihren Wert als Beweisstücke ausgewählt, angeordnet und kommentiert werden. Hier geht es vielmehr darum, bestimmte Verbindungslinien aufzuzeigen und sie gewissermaßen über Räume und Zeiten hinweg zu belegen. Insofern muß die Dokumentation auch einer vor allem "gedanklichen" Linie folgen, das heißt, sie soll den Erfordernissen einer Argumentation gerecht werden. Dazu präsentiert sie sich in unterschiedlichster Gestalt: von den originalen Objekten (archäologischen Kostbarkeiten, Kunstwerken) bis hin zu Materialien aus Büchern und Archiven, Reproduktionen, Porträts, Rekonstruktionen, Landkarten und Didaskalien. Diese zusammengetragenen Dinge sind alle nach wissenschaftlichkritischen Erfordernissen nebeneinander angeordnet oder miteinander vermischt. Unter dem Gesichtspunkt des Interesses werden alle gleichrangig behandelt, und es gibt keine Unterordnung des illustrativen Materials unter die originalen Objekte. Umso komplexer und schwieriger geriet daher der Aufbau dieser Ausstellung, und ihre Fertigstellung umso verdienstvoller.

Dabei wurde allerdings - dies sei nicht verschwiegen - bei der Auswahl der Originale, und in besonderem Maße der etruskischen Stücke, im Rahmen des Möglichen versucht, hinsichtlich ihres künstlerischen Werts wie auch ihrer Berühmtheit und Seltenheit Objekte von besonderem Rang aufzunehmen, um der Ausstellung auch in ihrem ästhetischen Erscheinungsbild ein möglichst hohes Niveau zu verleihen. Das positive Ergebnis dieser Zielsetzungen ist den Museumsdirektoren und den Verantwortlichen aller Institute zu verdanken, die um Leihgaben gebeten wurden. Da es nicht möglich wäre, sie hier alle einzeln aufzuführen, seien besonders der Soprintendente archeologo per la Toscana, Francesco Nicosia, der Soprintendente archeologo per l'Etruria Meridionale, Giovanni Scichilone, der Conservateur général du Patrimoine, chargé du Département des Antiquités grecques, étrusques et romaines du Musée du Louvre, Alain Pasquier, und der Direktor der Antikensammlung der Staatlichen Museen zu Berlin - Preußischer Kulturbesitz, Wolf-Dieter Heilmeyer, genannt; ohne ihre Unterstützung hätte diese Ausstellung nicht ihre Gestalt und ihren Umfang erlangen können. Ihnen gilt, wie auch allen übrigen, unser Dank.

Der Katalog, für dessen Perfektion dem Verlag Anerkennung gebührt, stellt eine Beschreibung, eine Interpretationshilfe und zugleich eine Ergänzung der Ausstellung dar. Seine Anlage folgt streng dem Verlauf der wissenschaftlichen Argumentation, auch wenn beim Ausstellungsaufbau aus Gründen praktischer Natur in bestimmten Fällen von dieser Linie stark abgewichen werden mußte. Zu jeder einzelnen Sektion und jedem Thema wird ein Einführungstext geboten, der der Kompetenz eines namhaften

Spezialisten anvertraut wurde. An diese Texte schließen sich dann, entsprechend den Hauptabteilungen der Ausstellung, in vier Gruppen zusammengefaßt, die Beschreibungen der Exponate an. Zwischen ihnen und den Einführungstexten gibt es jeweils punktuelle Querverweise. Die Exponate sind kontinuierlich durchnumeriert, ihre Nummer ist bei der Beschriftung in der Ausstellung angegeben, wodurch das rasche Auffinden der entsprechenden Objektbeschreibungen im Katalog möglich wird. Diesen Beschreibungen ist zudem jeweils eine fotografische Abbildung des Gegenstands beigefügt, während die Einführungstexte noch zusätzliche Illustrationen von Objekten und Komplexen enthalten, die in die Ausstellung nicht aufgenommen werden konnten.

Betrachtet man dieses Projekt in seiner Gesamtheit, so ist hervorzuheben, daß es, über das Engagement der finanziellen Förderer und der Organisatoren in Italien, Frankreich und Deutschland hinaus, ohne den Einsatz all jener Menschen, die sich ihm mit ausdauernder, intensiver und aufopfernder Arbeit und in beständiger gegenseitiger Abstimmung gewidmet haben, nicht durchführbar gewesen wäre. Unter ihnen seien als wertvolle Mitarbeiter Giovannangelo Camporeale, Filippo Delpino, Françoise Gaultier, Wolf-Dieter Heilmeyer und Agata Torricella Crespi genannt. Auch darf nicht verschwiegen werden, daß die treibende Kraft des ganzen Unternehmens Paolo Viti war: Ihm und allen anderen gebührt das Verdienst, für die Wissenschaft und die Kultur eine wertvolle Arbeit geleistet zu haben.

Antefix mit Mänadenkopf
vom Portonaccio-Tempel in Veji
um 500 v. Chr.
Rom, Museo Nazionale di Villa Giulia
Kat. 168

Teil I

DIE WELT DER ETRUSKER
UND IHR BEITRAG ZUR ENTSTEHUNG
DER EUROPÄISCHEN KULTUR

ALLGEMEINE EINFÜHRUNG

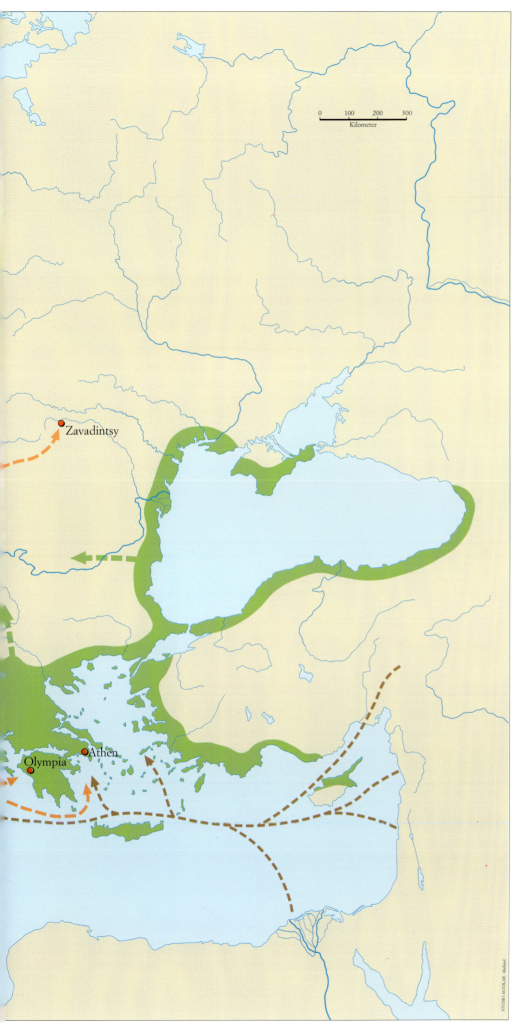

Die Verbreitung etruskischer Exporte in Europa

DIE ETRUSKISCHE ZIVILISATION

Die Etrusker in der Geschichte

Massimo Pallottino

Die Erinnerung an die Welt der Etrusker rief zu jeder Zeit starkes Interesse, Neugier, aber auch Verunsicherung hervor. Bereits in der Antike betrachtete man die Etrusker als ein eigenartiges Volk, das sich von allen übrigen sowohl durch seine Sprache als auch durch seine Sitten unterschied, wie der griechische Geschichtsschreiber Dionysios von Halikarnassos in seiner *Archeologia romana* (Frühe Geschichte Roms), I, 30 in augusteischer Zeit schrieb. Tatsächlich kamen zu dieser Absonderung laut Dionysios noch die stark archaischen Züge der etruskischen Kultur hinzu. Sie mußte den Römern der ausgehenden Republik und der beginnenden Kaiserzeit als eine vor allem der Vergangenheit verhaftete Wirklichkeit mit überholten und unverständlichen Zügen vorkommen.

In der Neuzeit übte in den Jahrhunderten der Gelehrsamkeit, vom 16. bis zum 17. Jahrhundert, das alte Etrurien eine intensive Anziehungskraft aus und wurde von regelrechten Mythen umrankt. Diese Leidenschaft für das Etruskische führte schließlich in der Ära des Klassizismus zur Herausbildung einer ganzen Geschmacksrichtung. Im 19. Jahrhundert wurde Etrurien zum Ziel großartiger archäologischer Unternehmungen und man begann, mit immer wieder gestellten und unbeantwortet gebliebenen Fragen über Herkunft und Sprache der Etrusker Verwirrung in das Studium der antiken Geschichte hineinzutragen. Diese Unruhe unter den Gelehrten sickerte in die Sphäre der literarischen Kultur durch. Weitere Mythen entstanden neben und losgelöst von der wissenschaftlichen Arbeit, und – schlimmer noch – vor allem auf populärwissenschaftlicher Ebene griff der Gedanke eines "etruskischen Geheimnisses" um sich, der dann ein ständiges Sprudeln dilettantischer Phantasien nach sich zog.

Gewiß üben mehr oder weniger alle Kulturen der fernen Vergangenheit auf moderne Menschen eine Suggestivkraft aus, doch stellt sich die Frage, weshalb eigentlich die etruskische Kultur in so viel stärkerem Ausmaß als andere faszinierend und beunruhigend wirkt, vor allem auch gemessen an ihrer realen geschichtlichen Bedeutung. Die Beantwortung dieser Frage muß jedenfalls von einer besonders aufmerksamen Betrachtung dieser historischen Realität ausgehen.

Dabei stehen wir selbstverständlich Ereignissen gegenüber, von denen nur sehr wenig in Erfahrung zu bringen ist, die sogar in mancher Hinsicht als vollkommen dunkel zu bezeichnen sind. Die Gründe dafür liegen hauptsächlich im irreparablen Verlust einer Tradition nationaler Geschichtsschreibung sowie derjenigen Werke der griechischen und lateinischen Literatur, die speziell über die Etrusker berichteten, insbesondere des Traktats *Etruscarum rerum* des Verrius Flaccus und der griechisch geschriebenen zwanzigbändigen *Tyrrheniká* des Kaisers Claudius.

Durch diese ungünstige Ausgangslage ist verständlicherweise jeder Versuch, Fortschritte in der Kenntnis der historischen Fakten zu erzielen, zur Unsicherheit verurteilt. Dies betrifft sowohl die Ereignisse an sich als auch den Bereich der Institutionen und der Geistesgeschichte. Nur begrenzt können da die noch erhaltenen Dokumente in etruskischer Schrift einen Ersatz darstellen - sie haben überwiegend epigraphischen Charakter und vermitteln einige brauchbare Informationen über die sozialen und politischen Strukturen und die Religion - sowie die archäologischen Funde insgesamt, die Licht auf Aspekte der Kunst, der Technik und der Sitten werfen.

Von diesen Ausgangsschwierigkeiten abgesehen, die jedem, der die Entwicklung der etruskischen Geschichte verstehen und beurteilen möchte, Anlaß zu beträchtlicher Verunsicherung geben, ist das, was wir in groben Zügen von dieser Geschichte wissen, soweit ausreichend, daß ihr recht eigentümlicher Charakter erkannt werden kann. In ei-

Seite 26
Krater mit Deckel aus Vulci
725 - 700 v. Chr.
Paris, Musée du Louvre
Kat. 107

Das etruskische Kernland

nem Italien, das noch zu Beginn des ersten Jahrtausends v. Chr. in vorgeschichtlichen Lebensverhältnissen zu verharren und nur an den Küsten von einigen Lichtstrahlen erfaßt scheint, die von den uralten Kulturen des östlichen Mittelmeerraums ausgingen, entstand ein Volk, das rasch zur Blüte kam und voller Energie binnen kurzem von jenen Kulturen einige für seinen Fortschritt wesentliche Elemente übernahm, wie z.B. die politische Organisation, das Städtewesen, die Schrift, die Freude an dekorativer Kunst, die feste Bauweise. Sein außergewöhnliches Schicksal verdankte Etrurien zum großen Teil seinen reichen Mineralienvorkommen (Eisen, Kupfer, silberhaltiges Blei) und deren Ausbeutung seit der späten Bronzezeit. In einer Epoche, in der die Nachfrage nach Metallen vorrangig war, kam dieser Kategorie von Ressourcen eine grundlegende Bedeutung zu. Man kennt sie auch aus zwei weiteren Regionen des zentralen und westlichen Mittelmeerraums, Sardinien und der Iberischen Halbinsel, wo die Vorkommen zwar auch zur Befriedigung eines bescheidenen lokalen Bedarfs dienten, aber vor allem ausländische Interessenten auf den Plan riefen, handeltreibende Seefahrer, besonders phönizische, die an den Küsten Handelsniederlassungen und Kolonien gründeten; später folgten griechische Seefahrer nach. In Etrurien lag der Fall jedoch anders. Die starke Zunahme der einheimischen Bevölkerung, zumal in diesem von den großen Routen des mittelmeeri-

schen Seehandels ziemlich abgelegenen Raum, vermochte von Anbeginn an, eine fremd-
ländische Durchdringung abzuhalten, und begünstigte die vollständige Nutzung der Bodenschätze ausschließlich zum Vorteil der lokalen Bewohner. So erscheinen diese während der Epoche, die wir die Eisenzeit nennen, im sogenannten "*Villanoviano*" (9. – 8.
Jahrhundert v. Chr.), nicht nur autonom und einheitlich mit einer festen Organisationsform und einer eigenen kulturellen Identität ausgestattet, sondern ihnen ist ethnisch und
sprachlich bereits ein etruskischer Charakter zuzusprechen. Auch weist diese Bevölkerung geradezu ausgeprägt expansive Züge auf, indem sie sich zu Lande über das Gebiet
der Toskana und Latiums hinaus ausdehnte, die Kette der Apenninen erreichte und diese
da und dort schon überwand; zu Wasser fuhr man südwärts ins Tyrrhenische Meer, lief
die kampanische Küste an und war möglicherweise mit den ersten Wellen der griechischen Kolonisation in den Meeren um Sizilien konfrontiert. Die Etrusker waren also keine mehr oder weniger passiven Objekte für die "Entdeckungen" und das Gewinnstreben
von unternehmerischen Seefahrern aus den hochzivilisierten Ländern des östlichen Mittelmeerraums, sondern sie waren selbst Subjekte von in gewisser Weise vergleichbaren
Aktivitäten.
Neben den vereinzelten Erwähnungen in der überlieferten klassischen Geschichtsschreibung berichten uns vor allem die archäologischen Funde, daß diese etruskische Welt eine
Zeit außerordentlicher Blüte erlebte und um das 7. Jahrhundert v. Chr. bereits tief von
orientalischen und griechischen Kulturelementen durchdrungen war. Von diesen letzteren besonders stark und in stets zunehmendem Maße, da die Griechen eine sehr weiträumige koloniale Expansion vom Schwarzen Meer bis Spanien betrieben und sich an-
schickten, die am höchsten entwickelte Kulturform der Antike zu schaffen. Etrurien, in
den magischen Kreis des Fortschritts eingetreten, ließ sein wirtschaftliches Potential in
das Luxusbedürfnis seiner Oberhäupter und Aristokratien fließen, indem es kostbare
Materialien, wie Gold und Elfenbein, und kunsthandwerkliche Arbeiten aus Asien,
Ägypten und Griechenland einführte und deren stilistische Merkmale in jener recht vielgestaltigen Stilrichtung nachahmte, die man (gewöhnlich in Ausdehnung auf die ganze
Epoche) als "orientalisierend" bezeichnet. Es war die Zeit, in der die Küstenstädte, und
in ganz besonderer Weise Caere (Cerveteri), den Höhepunkt ihres Glanzes erlebten.
Von ihren Seehäfen liefen Schiffsverbände mit Kaufleuten aus, die auf direktem oder
indirektem Wege etruskische Erzeugnisse westwärts in den südfranzösischen und spanischen Raum und in Richtung auf das östliche Mittelmeer bis Kleinasien, nach Zypern
und nach Syrien beförderten. Dabei standen sie in Konkurrenz zu den phönizischen und
griechischen Seefahrern und beherrschten durch seeräuberische Kriegstechniken vor allem im Tyrrhenischen Meer den Handel zeitweilig auch allein. Damit trugen sich die
Etrusker den Ruf ein, Piraten – sogar äußerst gefährliche – zu sein, ein Allgemeinplatz,
der sich besonders im Etruskerbild der Griechen, aber auch in dem der übrigen klassischen Welt lange Zeit hielt.
Wer waren nun diese Etrusker letztendlich, diese neuen Akteure, die auf die Bühne des
großen Theaters des Mittelmeerraums drängten? Die Griechen nannten sie *Tyrsanói, Tyr-
senói* (woraus später *Tyrrhenói* wurde), ein Name, den sie mit einem Volk der Ägäis gemeinsam hatten, dessen historische Verwandtschaft mit den Etruskern Italiens allerdings
fraglich ist. Auch in den Bezeichnungen für die Etrusker bei den italischen Stämmen findet sich der Stamm *turs*, bei den Umbrern (*Turskus*) oder bei den Latinern (*Tu(r)sci*), wobei
die letzteren überwiegend die Form *Etrusci* (mit Lautumstellung und prothetischem

e) verwendeten. Nach Dionysios von Halikarnassos nannten die Etrusker sich selbst *Rasenna*. Dieses Wort, zu dessen Form *rasna* die etruskischen Inschriften Hinweise liefern, könnte möglicherweise die Bedeutung eines Sammelbegriffs wie "die Staaten" (d.h. die Stadtstaaten) gehabt haben, analog zum amerikanischen *the States*. Für die Griechen waren sie ein fremdes Volk, sie betrachteten sie also als Barbaren, aber nicht ohne Unsicherheiten und Widersprüche, wenn man die engen etruskischen Beziehungen zur Welt der Griechen berücksichtigt, die die Vermutung nahelegen, daß die Etrusker in irgendeiner Weise doch der griechischen Sphäre zugerechnet wurden. Man denke beispielsweise an das identische System der Organisation der Stadtstaaten, an die Sitten, die Bewaffnung, die gemeinsamen Bräuche bei Spielen, an die gleichen Attribute und Darstellungsformen für die Hauptgötter, an die Übernahme von Bildmotiven und Kunststilen, hier besonders an die Beteiligung bei der Entwicklung der großen ionischen oder ostgriechischen Schule, und an den Gebrauch eines griechischen Alphabets.

In der Epoche, als Griechenland begann, sich seiner Geschichte und der anderer Völker bewußt zu werden (das Werk Herodots zeugt davon), also im 5. Jahrhundert v. Chr., waren verschiedene Legenden über die Ursprünge der Etrusker im Umlauf – ein untrügliches Zeichen für die schwankenden Ansichten über ihre Identität. Herodot hatte ihnen eine Herkunft aus Lydien angedichtet, also aus einem nichtgriechischen Land. Als aber der Geschichtsschreiber Hellanikos die Tyrrhener, also die Etrusker, mit dem geheimnisumwobenen uralten Wandervolk der Pelasger identifizierte, hatte er immerhin doch eine unbestimmte Verbindung zur ältesten griechischen Welt im Blick. Heute wissen wir, daß der Ursprung der Etrusker nicht als Einwanderung oder "Kolonisierung" von auswärts vorzustellen ist, sondern eher als ein Entstehungsprozeß gesehen werden sollte, bei dem auch fremde Faktoren orientalischer Herkunft ihre Rolle gespielt haben mögen, welche allerdings zeitlich weit zurück im Bereich prähistorischer Ereignisse liegen.

Auch im Gefüge der internationalen Politik im Mittelmeerraum ist Etrurien als atypisches und schwer zu fassendes Element einzustufen. Bereits zwischen dem 6. und dem 5. Jahrhundert setzte der Niedergang der etruskischen Seemacht ein, sie stellte jedoch noch immer einen nicht zu unterschätzenden Faktor dar, dessen Bedeutung historisch verstanden werden muß. Das System der Mächte jener Zeit läßt sich folgendermaßen kurz umreißen: Im Zentrum stand die griechische Welt, vital und jeglicher Entwicklung gegenüber aufgeschlossen, wenngleich durch den Dualismus Athen-Sparta gespalten; an ihren Flanken lagen zwei große und aus griechischer Sicht barbarische und bedrohliche Reiche, im Osten die Territorial- und Militärmacht der Perser und im Westen die See- und Handelsmacht Karthago. Die Etrusker stellten in diesem Szenario eine nicht recht definierbare sekundäre Größe dar. Obwohl sie mit der semitischen Sphäre keinerlei Affinität aufwiesen, waren sie grundsätzlich Verbündete Karthagos. Dann aber beteiligten sie sich während des Peloponnesischen Krieges auf seiten Athens an der großen und glücklosen Expedition von 415 – 413 v. Chr. gegen Syrakus und waren damit in gewisser Weise mit den Ioniern, mit denen sie tiefgreifende kulturelle Beziehungen verbanden, gegen die Dorer verbrüdert. Ein Jahrhundert später wiederum unterstützten sie den syrakusanischen König Agathokles im Kampf gegen die Karthager.

In römisch-hellenistischer Zeit gehörte die Blüte der etruskischen Kultur, wie schon gesagt wurde, bereits einer fernen Vergangenheit an. Von jener Gesellschaft waren nur noch einige eigenartige religiöse Bräuche erhalten geblieben, die in den alten Städten, besonders in Tarquinia, von den kleinen Kreisen der Priesterschaft gepflegt wurden. Ei-

DIE ETRUSKER IN DER GESCHICHTE

ne dieser Traditionen war vor allem jene an den Namen der Etrusker geknüpfte Art der Wahrsagung, die noch bis in die Spätantike hinein praktiziert wurde, die Haruspizin oder Zukunftsdeutung anhand der Untersuchung der Eingeweide von Opfertieren. Bedeutender allerdings ist die Tatsache, daß man generell an der etruskischen Kultur, ungeachtet der im Verlauf der Antike verblassenden Erinnerung, Kennzeichen wahrnehmen kann, die sich von denen der sie umgebenden klassischen Welt unterscheiden und die vermutlich mit früheren Entwicklungsphasen zusammenhängen, mit jener "Archaik" möglicherweise, von der Dionysios von Halikarnassos sprach. Da ist vor allem die Sprache. In moderner Zeit war sie Gegenstand endloser Diskussionen, und obwohl sie in ihren Strukturen und ihrem Wortschatz nur begrenzt durchschaubar ist, erscheint sie eindeutig und grundlegend von den Sprachen verschieden, die die Völker der klassischen Welt benutzten (Griechen, Latiner und die übrigen italischen Stämme), sowie noch allgemeiner von den indoeuropäischen Sprachen einerseits und den semitischen andererseits. Es handelt sich also um eine Sprache ohne irgendeine erkennbare Verwandtschaft mit anderen, die einen vollkommen isoliert dastehenden Grundwortschatz wichtiger Begriffe einschließlich der Zahlwörter besitzt und nur einige, hauptsächlich grammatikalische Anklänge an kaukasische, anatolische sowie indoeuropäische Sprachen aufweist: Diese allerdings genügen, um eine ursprüngliche Verwurzelung im euromediterranen Bereich zu belegen. Die überzeugendste Hypothese sieht im Etruskischen Überreste einer ethnisch-sprachlichen Entwicklungsstufe, die älter als die Verbreitung der indoeuropäischen Sprachen ist und in historischer Zeit als "Sprachinsel" zutage trat. Ein kleines analoges Relikt auf der Insel Lemnos in der Ägäis könnte diese Annahme stützen; dort wurde eine prähellenische Inschrift gefunden, die eigenartige Ähnlichkeiten mit dem Etruskischen zu haben scheint.

Mögliche weitere archaische Elemente lassen sich in der Mentalität und den religiösen Vorstellungen, soweit sie uns erschlossen sind, wahrnehmen. Eines darunter ist vielleicht die hohe gesellschaftliche Stellung der Frau, die, ohne trügerischen Spekulationen über ein ursprüngliches Matriarchat das Wort reden zu wollen, zweifellos eine herausragende Tatsache ist, zumal wenn man die Bedeutung mitberücksichtigt, die der Verehrung weiblicher Gottheiten zukam. Im religiösen Bereich deuten die geradezu zwanghafte Erforschung des Götterwillens und die Formalisierung der Riten auf Tendenzen hin, die zu jeglichem Anflug von Rationalität im Umgang mit dem Übernatürlichen im Widerspruch stehen. Die Beurteilungen scheinen noch einer "vorlogischen" Denkungsart verhaftet. Man denke an Senecas berühmten Vergleich (*Quaest. nat.*, II, 52, 2) der Erklärungen des Phänomens der Blitze: Nach den "wissenschaftlichen" Erkenntnissen, die inzwischen in der griechisch-römischen Welt vorherrschten, sah man sie als natürliche Wirkung des Zusammenpralls der Wolken an, während den Etruskern zufolge die Götter die Wolken gegeneinander trieben, damit diese die Blitze als ihre Zeichen hervorbrächten. Angesichts der Grenzen dieser Geisteshaltung kann man sich vorstellen, daß der etruskischen Denkungsweise jede begriffliche Spekulation der Art, wie sie sich in Griechenland allmählich durchgesetzt hatte, fremd war. Entsprechendes gilt für jegliche ethische Sensibilität und ästhetische Vorstellungsweise, soweit sie nicht im Dienst einer beständigen praktischen Umsetzung zwingender Vorschriften eines überlieferten und niedergeschriebenen höheren Gesetzes, der sogenannten *disciplina etrusca*, sowie konkreter Erfordernisse des Lebens standen. Aus diesem Grund sehen wir die Etrusker vor allem in den Anfängen ihrer Geschichte als ein aktives und arbeitsames Volk auftreten, das seine natürlichen Ressourcen bestmöglich nutzte (noch unter der Hegemonie Roms im 3. Jahrhundert v. Chr. lieferte es in großem Umfang für den Afrikafeldzug Scipios gegen Karthago Erzeugnisse seiner Metallindustrie, Holz und Getreide), das bevölkerungsreiche Städte baute (wir kennen ihre riesigen monumentalen Nekropolen) und einen regen Seehandel betrieb. In späteren Phasen, vom 5. Jahrhundert an, geriet die Expansionsfähigkeit der etruskischen Städte besonders längs der tyrrhenischen Küste in eine Krise. Die Städte im Inland wie Volsinii (das heutige Orvieto) und Chiusi standen weiterhin in Blüte, das transapenninische Etrurien mit Felsina (Bologna) und dem Hafen von Spina erlebte eine Glanzzeit. Doch nach dem Verlust der etruskischen Herrschaft in Kampanien durch das Erstarken der Samniten setzte bereits im 4. Jahrhundert Rom durch die Eroberung Vejis und den Krieg mit Tarquinia sein Protektorat über die etruskischen Staaten durch, bis schließlich zu Beginn des 1. Jahrhunderts v. Chr. die Gewährung des römischen Bürgerrechts an alle Italiker den Prozeß der völligen sprachlichen und kulturellen Romanisierung Etruriens besiegelte.

An dieser Stelle sei nun ein Thema angesprochen, das für die Beziehungen der etruskischen Kultur zum gesamtgeschichtlichen Rahmen der westlichen Welt von besonderem Interesse ist. Wie bereits gesagt, befand sich der italienische Raum wie das kontinentale Europa in der Anfangszeit der Entwicklung Etruriens im wesentlichen auf einer Stufe prähistorischer Dorfkulturen und stand somit in einem deutlichen Gegensatz zu den entwickelteren Ländern des östlichen Mittelmeerraums einschließlich Griechenlands (in seiner europäischen, kleinasiatischen und insularen geographischen Ausdehnung). Indem Etrurien mit geradezu stürmischer Schnelligkeit zwischen dem 8. und dem 6. Jahrhundert Anreize und Inspirationen aus dem Orient und aus Griechenland übernahm, schuf es sich eine eigene Kultur, die genau genommen die erste ausschließlich im europäischen Raum entstandene Manifestation eines höheren Niveaus urbaner Lebensformen war. Von besonderer historischer Bedeutung scheint dabei der Umstand zu sein, daß dieses stabile Zentrum des Fortschritts, das sich der griechisch-orientalischen Welt gegenüber rezeptiv verhalten hatte, nun seinerseits in vielerlei Hinsicht Modelle und Einflüsse an die Gebiete Südeuropas und nördlich der Alpen aufgrund seiner unmittelbaren geographischen Nachbarschaft weitergab. Es ließe sich dies mit dem Bild eines großen kulturellen Umschlagplatzes beschreiben, dessen Aufgabe erst mit der römischen Expansion erfüllt war. Man mag einwenden, daß im kontinentalen Europa der Eisenzeit mit seiner Hallstatt- und La Tène-Kultur die ersten Impulse zur Entwicklung einer höheren Zivilisation direkt durch einzelne Handelskontakte und Kontakte mit phönizischen und vor allem griechischen Kolonisten erfolgt seien, wobei die letzteren an den Schwarzmeerküsten, auf dem Balkan und an der Küste des Golfe du Lion saßen (wo um 600 v. Chr. die phokäische Stadt Massalia-Marseille entstand). Aber zweifellos sind diese vereinzelten Vorstöße, die in Zentraleuropa durchaus unbestreitbare Spuren hinterließen, nicht mit der massiven und anhaltenden Ausstrahlung der etruskischen Kultur zu vergleichen. Erwähnenswert ist hier besonders der Transfer kultureller Güter über den Hafen von Spina, aber auch über die Straßen der Poebene und der alpinen Regionen nach Norden, wobei die Rolle der Westverbindung an der ligurischen Küste nicht übersehen werden soll.

So ist der Gedanke nicht von der Hand zu weisen, daß Etrurien im Rahmen der Universalgeschichte eine ganz eigene Funktion erfüllt hat, gerade auch angesichts der Tatsache, daß Rom in mancherlei Hinsicht sein direkter Erbe war.

Bergbau und Metalle zu Beginn des geschichtlichen Etrurien: Die Villanova-Phase

Giovannangelo Camporeale

*Aschenurne mit Ritzzeichnungen
1. Hälfte 8. Jahrhundert v. Chr.
Florenz, Museo Archeologico
Kat. 29*

"Die Metalle sind in sich selbst ein Reichtum und zugleich der Preis der Dinge." Mit dieser Feststellung leitet Plinius der Ältere (*Nat. hist.* XXXIII 1,1) seine Abhandlung über die Kunst des Bergbaus und die Metallurgie ein, die ganze zwei Bände (XXXIII und XXXIV) seiner Enzyklopädie einnimmt – in diesem Umfang ein vielsagender Hinweis auf den hohen materiellen Wert, den man im Altertum den Mineralien und Metallen beimaß. Aus diesem Grund hebt Plinius bei der Schilderung der Schönheiten und Reichtümer Italiens dessen Vorrangstellung bezüglich Gold-, Silber-, Kupfer- und Eisenbergwerken hervor (*Nat. hist.* III 20,138; XXXIII 21,78; XXXVII 77,201-202). Trotzdem nennt er die Bergwerke Italiens nur selten und beiläufig; bezüglich Etruriens beschränkt er sich auf zwei Erwähnungen der Eisenbergwerke auf der Insel Elba (*Nat. hist.* III 6,81; XXXIV 41, 142). Der Grund dafür mag in der Tatsache liegen, daß zu seinen Zeiten die Bergwerke keine Quelle des Reichtums für die Wirtschaft des Landes darstellten, da wahrscheinlich noch ein "altes Dekret" des Senats galt, das für das Gebiet der Halbinsel die Förderung von Bodenschätzen untersagte (Plin., *Nat. hist.* III 20,138; XXXIII 21,78). Auf welche Zeit dieses Dekret genau zurückging, steht weder bei Plinius noch bei anderen Autoren. Dennoch lassen sich anhand von Daten in den Geschichtsquellen einige Hypothesen dazu aufstellen. Strabo (*Geogr.* V 2,6) bemerkte anläßlich einer Besichtigung in Populonia alte, verlassene Bergwerke und Arbeiter, die mit der Erzeugung von Eisen aus Mineralien beschäftigt waren, die von der Insel Elba stammten. Sollte die Aufgabe dieser Bergwerke mit dem obengenannten Dekret in einem Zusammenhang stehen, so wäre daraus zu schließen, daß es in voraugusteischer Zeit erlassen wurde. Außerdem hält sich Diodorus Siculus (V 40) in seiner Lobrede auf Etrurien nur bei der Fruchtbarkeit des Bodens und den Reichtümern auf, die zu seiner Zeit die Landwirtschaft hervorbrachte. Da drängt sich die Frage auf, ob die Forcierung der Agrarwirtschaft nicht auch von jenem Dekret abhängig war, das verbot, in den Bergwerken die Gewinnung von Mineralien zu betreiben. In diesem Fall müßte sich die Datierung des Dekrets frühestens um die Anfänge des 1. Jahrhunderts v. Chr. bewegen.

Der Reichtum und die Unerschöpflichkeit der Eisenbergwerke auf der Insel Elba sind bei den antiken Autoren, die zwischen dem letzten Jahrhundert der Republik und dem Ende des Reiches gelebt haben, ein Allgemeinplatz. Sie sprechen davon als von einer aktuellen Tatsache (Diod. Sic. V 13,1-2; Varr. pr. Serv., *Ad Aen.* X 174; Verg., *Aen.* X 173-174; Strab., *Geogr.* V 2,6; Sil. It., *Pun.* VIII 615-616; Plin., *Nat. hist.*, III 6,81; XXXIV 41,152; Ps.-Arist., *Mir. Ausc.* XCIII; Rut. Nam., *De Red.* 351 ff.). Für das etruskische Territorium auf der Halbinsel und für die ältere Zeit sind nur wenige, nicht recht erhellende Hinweise bekannt. Strabo erinnert, wie oben bereits gesagt, an die verlassenen Bergwerke in Populonia. Rhianos, ein hellenistischer Dichter des 3. Jahrhunderts v. Chr., erwähnt das "Kupfer von Caere" (Steph. Byz. s. v. Ἀχυλλα): Er bezieht sich damit eindeutig auf ein bekanntes Produkt, wenn auch nicht sicher festzustellen ist, ob es tatsächlich das aus den Bergwerken in den Monti della Tolfa im Hinterland von Caere ist. Pseudo-Aristoteles (*Mir. Ausc.* XCIII) berichtet von einem Bergwerk auf der Insel Elba, in welchem in einer ersten Phase Kupfer, später dann Eisen gewonnen wurde, und fügt bezüglich des Kupfers hinzu, es sei das Material, aus welchem in Etrurien alle Werkzeuge gefertigt waren. Die Randbemerkung scheint sich auf eine allgemein bekannte Tatsache zu beziehen und findet ihre Bestätigung in den Ergebnissen der archäologischen Ausgrabungen. Darüber hinaus sind bestimmte Sagen, die fast sicher erst spät ausgebildet wurden, nur im Lichte der Bodenschätze Etruriens zu erklären. Als Metallsu-

Helm mit getriebenem Dekor
1. Hälfte 8. Jahrhundert v. Chr.
Florenz, Museo Archeologico
Kat. 30

cher, die sie waren, sollen die Argonauten lange Zeit auf dem Tyrrhenischen Meer herumgefahren sein, dabei auch Etrurien berührt (Apollod., *Bibl.* I 9,24) und mit den Etruskern gekämpft haben (Possis pr. Athen., *Deipnosoph.* VII 296d). Sie sollen auf Elba sogar Porto Argo gegründet und nach dem Namen ihres Schiffes benannt haben (Strab., *Geogr.* V 2,6).

Den seltenen und bruchstückhaften Erwähnungen bei den antiken Autoren läßt sich immerhin entnehmen, daß die Bergwerkstätigkeit und die damit verbundene Verhüttung der Erze sowie die metallverarbeitende Produktion in Etrurien tatsächlich beachtliche Ausmaße gehabt und in der antiken Welt ein weitverbreitetes Ansehen genossen haben muß. Desungeachtet ist bis heute die genaue Lage der von den Etruskern genutzten Bergwerke unbekannt.

Über die Verhüttung der Erze sind wir besser informiert. Sie folgte auf die Förderung der Erze und wurde im Altertum, wo die erforderlichen Voraussetzungen dazu gegeben waren (Wasser und Holz), in der Nähe der Bergwerke ausgeführt. Es ist bezeichnend, daß die wenigen erhaltenen Grubenleuchten aus Etrurien in Campiglia Marittima in einem archäologischen Kontext gefunden wurden, den man vor allem als von der Verhüttung geprägt ansehen kann. In den für Bergwerke in Frage kommenden Gegenden – die Insel Elba und Massa Marittima – finden sich häufig Schlacken aus der Schmelzung, die für antik gehalten werden, weil sie noch einen hohen Metallgehalt aufweisen. Ihre Entstehung allerdings in die etruskische Zeit zu datieren, wäre rein hypothetisch. Eine der wenigen Gewißheiten geht von den riesigen Schlackenanhäufungen aus, die über mehrere Hektar die archaische Nekropole von Populonia bis in die zwanziger Jahre unseres Jahrhunderts bedeckten, Schlacken, die von der Bearbeitung des Eisenerzes aus den ört-

BERGBAU UND METALLE

Rekonstruktionszeichnung eines Schmelzofens aus Campiglia Marittima

Mineralienvorkommen in Etrurien

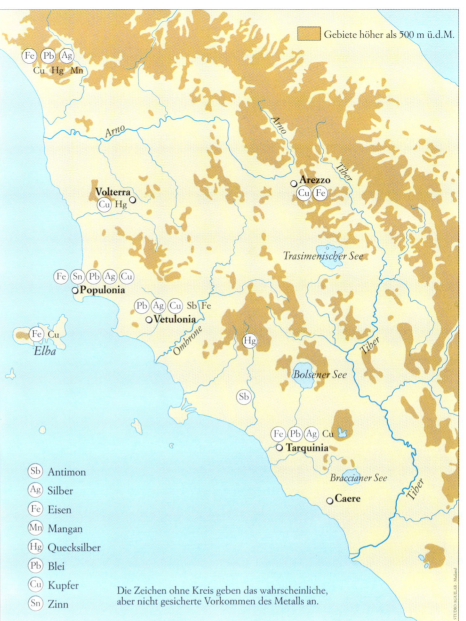

lichen Bergwerken und aus denen der Insel Elba herrührten (Varr. pr. Serv., *Ad Aen.* X 174; Strab., *Geogr.* V 2,6).

Aufschlußreich sind die Schlacken besonders dann, wenn sie als Baumaterial in datierbaren Kontexten verwendet wurden (heute noch ist dies in den Bergwerksgegenden Brauch). In der archaisch-etruskischen Siedlung von Accesa (Massa Marittima) findet man oft in den Mauerfundamenten der Häuser Schlacken zusammen mit Steinen, und einige Bergfestungen auf der Insel Elba (Castello di Procchio, Castiglione San Martino), die zwischen dem 5. und dem 4. Jahrhundert v. Chr. erbaut wurden, sind auf einer Schicht von Eisenschlacken gegründet.

In Depots aus der frühen Bronzezeit, die in Bergwerksgegenden auf ehemals etruskischem Gebiet entdeckt wurden, beispielsweise in Torrenuova oder in San Michele bei Populonia, fand man kleine Kupferstücke ("*panelle*"), die sowohl an Kupfergewinnung wie auch an einen Handel denken lassen, bei welchem das Metall eingesetzt wurde. In einer Siedlung aus der ausgehenden Bronzezeit im Tal des Flusses Fiora bei Manciano hat man Schmelzformen für Metalle gefunden, die Metallgewinnung und -verarbeitung in jener Gegend nahelegen.

Man stößt auf etruskischem Gebiet häufig auf Depots aus der Endphase der Bronzezeit (so in Limone, Gabbro, San Martino auf Elba und Campese) mit Bronzegegenständen, die oft unvollständig sind oder absichtlich zerkleinert wurden. Man hat sie als Anhäufung von Schätzen oder als Depots von Gießern interpretiert. Daraus läßt sich schließen, daß auf etruskischem Gebiet bereits in der genannten Zeit eine Metallindustrie betrieben und vielleicht auch Metallvorkommen abgebaut wurden.

Etruskische Fundstellen, sepulkrale wie sakrale wie auch profane in Wohnhäusern, sind

Zoomorpher Krug aus Vetulonia
8. Jahrhundert v. Chr.
Florenz, Museo Archeologico

von den ältesten bis zu den jüngsten außerordentlich reich an metallenen Erzeugnissen, insbesondere aus Eisen oder aus Bronze. Diese stellen jedoch nur einen verschwindend geringen Teil der tatsächlichen Produktion dar, unabhängig von zukünftigen Funden, die den Bestand noch erhöhen können. Eisen oxydiert normalerweise, erhält sich selten und dann meist schlecht. Bronze, besonders Bronzebleche, verderben leicht, und man findet sie oft zu Staub zerfallen vor. Viele der bekannten Stücke wurden bei Ausgrabungen in den vergangenen Jahrhunderten gefunden, als nur die unbeschädigt oder weitgehend erhaltenen Gegenstände geborgen wurden. Da es nun aber die Norm ist, daß archäologische Fundstücke meist nur in fragmentarischem Zustand angetroffen werden, dürfte ein guter Teil davon verlorengegangen sein. Bronzestücke können darüber hinaus wegen des bloßen Werts der Legierung eingeschmolzen und das Material wiederverwendet werden. Dies war in der Antike üblich (Plin., *Nat. hist.* XXXIV 14,30), wurde aber auch in der Neuzeit aus beliebigen Anlässen heraus praktiziert. Es mag genügen, daran zu erinnern, daß die Gemeinde Corneto (Tarquinia) im Jahr 1546 dem Papst einen Tribut entrichtete, der aus 6000 Pfund antiker Metallgegenstände bestand. Diese wurden eingeschmolzen, um die Säulen der römischen Basilika San Giovanni in Laterano mit Bronze zu überziehen.

Im 9. Jahrhundert v. Chr. ist der Prozeß der Herausbildung der etruskischen Ethnie abgeschlossen, ein Prozeß, an welchem Komponenten verschiedenerlei Herkunft beteiligt waren. Die Kultur, die sich auf dem Gebiet des geschichtlichen Etrurien schließlich durchsetzt, wird gemeinhin als Villanova-Kultur bezeichnet und dauert etwa bis zum Ende des 8. Jahrhunderts v. Chr. Gegenüber den Zeiträumen zuvor nimmt die Bevölkerung deutlich zu. Sie läßt sich, noch in Dorfsiedlungen, an den Stellen nieder, wo später einmal die großen Städte errichtet werden sollten.

Die Behausungen sind aus vergänglichen Materialien gebaute Hütten. Über sie gibt es nur wenige und nicht sonderlich aussagekräftige Zeugnisse; besser sind wir über die Nekropolen informiert. Die Einäscherung ist die verbreitetste Bestattungsform, das Grab üblicherweise eine schachtartige Grube, *"Pozzetto"* genannt. Darin wird die Asche in einer bikonischen Vase aus Impasto, die mit einer Schale bedeckt ist, bestattet. Weniger häufig ist der Ritus der Erdbestattung anzutreffen, der an das *"Fossa"*-Grab gebunden ist. Bisweilen sind in derselben Nekropole beide Riten nachgewiesen, ohne daß aus ihrer Unterschiedlichkeit auch Unterschiede in der zeitlichen Einordnung, dem Geschlecht, der Volkszugehörigkeit oder der gesellschaftlichen Schicht abzuleiten wären. Die überwiegend aus Tafelgeschirr und persönlichen Dingen bestehenden Grabbeigaben werden

Etrurien und die verschiedenen Kulturräume des antiken Italien am Beginn der Eisenzeit (9. - 8. Jahrhundert v. Chr.)

zusehends reicher, je weiter der Übergang von den älteren zu den jüngeren Erscheinungsformen dieser Kultur fortschreitet. Das dekorative Repertoire ist geometrisch: kleine Punkte, Winkel, Zickzack-Elemente, Drei- und Vierecke, Mäander, Hakenkreuze usw.; pflanzliche oder tierische Motive sind selten, noch seltener erzählende Szenen. Diese beschränken sich vorwiegend auf Situationen mit realistischem Hintergrund wie die Jagd, das Gespräch oder den Abschied. Gegenstände aus Metall wie Rasiermesser, Helme, Schwerter, Speerspitzen, Messer, Pferdetrensen, Fibeln, Nadeln und Gürtelschnallen heben sich von den anderen Bestandteilen der villanovianischen Grabausstattungen ab und weisen dann auf einen hohen gesellschaftlichen Stand des Toten.

Dieser Sachverhalt kann nicht losgelöst von den natürlichen Ressourcen des Besiedlungsgebietes, der Landwirtschaft, der Weidewirtschaft, der Forstwirtschaft und dem Bergbau gesehen werden. Unter den Erzeugnissen dieser Quellen nehmen wegen des Reichtums, den sie einbringen, die Mineralien und die Metalle eine Vorrangstellung ein. So ist es bezeichnend, daß einige Epizentren der Villanova-Kultur, wie beispielsweise Caere, Tarquinia, Vetulonia, Populonia oder Volterra, in Bergwerksdistrikten entstanden.

Die durch archäologische Grabungen in Etrurien zutage geförderten Gegenstände aus Metall verdienen, seit den frühesten Zeugnissen, nicht nur wegen ihrer Quantität, sondern vor allem wegen ihrer Technik und Qualität Beachtung. Man denke an das Verhältnis von Kupfer und Zinn in der Bronzelegierung oder an den Einsatz fortgeschrittener Techniken (die Schmiede-, Schmelz- und Treibtechnik und die Gravur), oder an die Feinheit mancher Verzierungen auf Rasiermessern oder Schwertscheiden des Villanova-Typus. Der Gedanke liegt nahe, daß vermutlich qualifizierte Handwerker aus anderen Regionen, in denen die Metallverarbeitung eine schon lange ausgeübte Kunst war, nach Etrurien gekommen sind. Schon ein rascher Blick auf die Grabbeigaben der Villanova-Kultur kann eine Orientierung bieten: Gegenstände wie die Antennenschwerter, die Kammhelme oder die Kappenhelme lassen an Beziehungen zum Karpaten- und Donauraum, Dolche nuraghischen Typus, bronzene Schiffchen oder kleine Impasto-Kannen

mit schnabelförmigem Ausguß an Beziehungen zu Sardinien denken. Sowohl der Karpaten- und Donauraum, als auch Sardinien sind Bergbauregionen, in denen auch die Verhüttung und Metallverarbeitung beheimatet waren. Wie die Eingliederung dieser fremdländischen Elemente in das gesellschaftliche Gefüge Etruriens vorgegangen sein mag, ist nicht leicht zu sagen. Es erscheint fast sicher, daß sie die Rolle des Lehrmeisters gespielt und für Etrurien eine Vorbildfunktion gehabt haben dürften.
Seit den Anfängen des 8. Jahrhunderts v. Chr. wurden viele etruskische Handwerksprodukte nach Sardinien, Zentraleuropa, zu den großen griechischen Heiligtümern von Delphi, Dodona und Olympia exportiert: Rasiermesser, Fibeln, Helme, Schilde usw. Hervorzuheben ist, daß interessanterweise diese Ausfuhren aus Etrurien von ihren ersten Anfängen an Metallprodukte miteinschlossen, die der Klasse der Luxusgüter zuzurechnen waren. Unabhängig davon, ob nun der Handel mit Metallwaren jeweils direkt oder auch indirekt über Mittelsmänner verlief, war, wenn die Handelsgüter, wie gesagt, tatsächlich Statussymbole waren, die herrschende Gesellschaftsschicht mit größter Wahr-

Geometrischer Krug mit "Zeltmusterdekor"
1. Hälfte 8. Jahrhundert v. Chr.
Rom, Museo Nazionale di Villa Giulia
Kat. 42

Folgende Seiten
Teilansicht der attischen Schale
des Erzgießerei-Malers
um 490 - 480 v. Chr.
Berlin, Staatliche Museen zu Berlin
Antikensammlung
Kat. 141

BERGBAU UND METALLE

40

BERGBAU UND METALLE

41

Etruskische Münzen aus Populonia:
Gold, 5. Jahrhundert v. Chr.
Silber, 4. Jahrhundert v. Chr.
Bronze, 3. Jahrhundert v. Chr.
Florenz, Museo Archeologico

scheinlichkeit an den Geschäften beteiligt. Auch ist nicht auszuschließen, daß mit den Waren schon damals ein Austausch der jeweiligen Ideologien einherging.

Schon die Gräber aus dem 9. und 8. Jahrhundert v. Chr. haben uns die ersten Erzeugnisse gegeben, die aus Sardinien, Zentraleuropa und von den Küstenländern der Ägäis und des östlichen Mittelmeeres importiert worden waren – zweifellos ebenfalls Kennzeichen einer Schicht, die sich zu jener Zeit aus dem gesellschaftlichen Gefüge herauszuheben begann. Das Phänomen sollte in den folgenden Jahrhunderten noch gewaltige Ausmaße annehmen, als Meisterwerke des griechischen und nahöstlichen Handwerks nach Etrurien eingeführt wurden. Doch sind an den Herkunftsorten dieser Meisterwerke zeitgenössische Produkte des etruskischen Handwerks nicht oder nur sehr selten anzutreffen. Als Gegenleistungen kommen daher eher Waren in Frage, die zum Verbrauch oder zur Weiterverarbeitung bestimmt waren. Zu dieser Gruppe zählen die Mineralien und Metalle. Sie konnten angesichts ihres hohen Marktwerts eine angemessene Gegenleistung für die kostspielige Exklusivität der fremdländischen Stücke darstellen. Sie werden, mit anderen Worten, zum Zeichen des ökonomischen Potentials Etruriens.

In diesem Kontext war sicherlich die Bedeutung der griechischen Kolonien auf dem süditalienischen Festland und auf den Inseln nicht unerheblich. Die ersten griechischen Importwaren, die nach Etrurien und Kampanien gelangten, gehen noch auf eine Phase vor der Kolonisation zurück und bestehen aus einer einzigen Produktgruppe mit einem einzigen Herkunftsort: Keramik von der Insel Euböa. Die ersten griechischen Kolonien in Italien, Pithekussa (Ischia) und Cumae, wurden zwischen 775 und 750 v. Chr. gegründet und lagen Etrurien oder den Gebieten unter etruskischem Einfluß am nächsten. Die Gründer waren euböische Siedler, und sowohl in Pithekussa als auch auf Euböa war, nach Aussage der antiken Autoren, wie auch durch archäologische Beweise erhärtet, eine metallverarbeitende Tradition fest verankert. Unter anderem wurde in Pithekussa ein Fragment eines Hämatits gefunden, der möglicherweise aus Elba stammt. Die Beteiligung der griechischen Kolonien am etruskischen Außenhandel mit Mineralien und Metallen wurde zu einem unverzichtbaren Bestandteil.

Aus den Angaben der literarischen Überlieferung und aus den archäologischen Forschungen läßt sich ein Lageplan der Bergwerke Etruriens – notgedrungen nur annäherungsweise – folgendermaßen umreißen: Kupfer in der Gegend um Volterra und um das Cecina-

*Bronzemünze aus Volterra
Vorder- und Rückseite
3. Jahrhundert v. Chr.
Florenz, Museo Archeologico*

*Bronzemünze aus Vetulonia
Vorder- und Rückseite
3. Jahrhundert v. Chr.
Florenz, Museo Archeologico*

Tal; Kupfer und Eisen in den Monti Rognosi (Arezzo); Kupfer, Eisen, Zinn, Blei, Silber in der Gegend von Populonia und von Campiglia Marittima; Kupfer, Eisen, Blei, Silber in der Gegend von Massa Marittima; Kupfer und Eisen auf der Insel Elba; Silber im Gebiet des Monte Amiata; Kupfer, Eisen, Blei und Silber in den Monti della Tolfa. Man kann darüber streiten, ob im Zeitraum des Bestehens der etruskischen Kultur die Nutzung dieser Vorkommen Veränderungen erfuhr. Trotz der Vielfalt und des Reichtums an Bodenschätzen ist es, wie verschiedentlich vertreten wurde, nicht ausgeschlossen, daß aus dem Donau-Gebiet, aus Frankreich oder aus Spanien auch Metalle nach Etrurien eingeführt wurden - nicht nur solche, die nicht (Gold) oder nur in geringer Menge zu finden waren (Zinn), sondern etwa auch Kupfer, das von Zentren wie Vulci oder Chiusi, die trotz des Fehlens von Bergwerken eine blühende metallverarbeitende Produktion unterhielten, importiert worden sein könnte.

Aus dem bisher Gesagten kann der Schluß gezogen werden, daß die Metallbergwerke nicht nur für die Herausbildung der etruskischen Nation eine grundlegend wichtige Rolle gespielt haben, sondern darüber hinaus Etrurien in ein weitgespanntes Geflecht internationaler Beziehungen eingebunden haben. Sie dürften einen nicht zu vernachlässigenden Faktor bei der Bewertung der großen Ereignisse der etruskischen Geschichte darstellen, wie etwa der Entstehung einer aristokratischen Schicht in der zweiten Hälfte des 8. Jahrhunderts v. Chr., der Durchsetzung einer städtischen Lebensform zwischen dem Ende des 7. und dem 6. Jahrhundert v. Chr., den Wechselfällen in der Geschichte von Zentren wie Tarquinia, Caere oder Vetulonia und Populonia in den verschiedenen historischen Zeitabschnitten, dem starken Rückgang der Importe attischer Keramik nach Etrurien um die Mitte des 5. Jahrhunderts v. Chr., der Geldpolitik von Zentren wie Tarquinia, Vetulonia, Populonia oder Volterra und sogar dem Ende der etruskischen Kultur überhaupt, das in etwa zeitgleich sein könnte mit der oben vorgeschlagenen Datierung des Dekrets, das die Förderung von Bodenschätzen in Italien untersagte.

BIBLIOGRAPHIE:
G. Bartoloni, Rom 1989; B. Bouloumié in: Kongreßakten Florenz, 1989, 813-892; ders. in: Kongreßakten Madrid, 1989, 213-221; G. Camporeale, Rom 1984, 26 ff.; ders. in: Kongreßakten Madrid, 1989, 205 ff.; M. Cristofani in: *Civiltà degli Etruschi* (Ausstellungskatalog), Florenz-Mailand 1985, 137 ff.; ders. in: *Rasenna*, 1986, 77 ff.; G. Colonna, Istituto Italiano di Numismatica. Annali. Supplemento 22, 1975, 3 ff.; F. Delpino, Studi Etruschi 61, 1989-1990, 3 ff.; *L'Etruria mineraria* (Ausstellungskatalog), Florenz-Mailand 1985; L'Etruria Mineraria (Kongreßakten) Florenz-Populonia-Piombino, 1981; M. Gras, Rom 1985; N.B. Hartmann, Ann Arbor 1982; F.-W. v. Hase in: Kongreßakten Mannheim, 9 ff.; H.-V. Herrmann, Annuario della Scuola Archeologica di Atene 61, 1983, 271 ff.; J. Martinez-Pinna in: *La presencia de material etrusco en la Penisula Ibérica*, Barcelona 1991, 35 ff.; M. Pallottino in: Kongreßakten Florenz, 1989, 5 ff.; D. Ridgway, Mailand 1984; G. Tanelli in: Kongreßakten Florenz, 1989, 1409 ff.; M. Torelli, Rom-Bari 1990; A. Zifferero, Studi Etruschi 57, 1991, 201 ff.

Die Berufung der Etrusker zur Seefahrt

Giovannangelo Camporeale

*Kleiner Löwe aus Elfenbein mit etruskischer Inschrift, Erkennungsmarke für Gäste
(Rückseite)
Mitte 6. Jahrhundert v. Chr.
Rom, Antiquarium Comunale*

Theorien zufolge, die in der Antike verbreitet waren, sollen die Etrusker nach langer Fahrt aus der Ägäis übers Meer nach Italien gekommen sein: nach Meinung der einen Autoren aus Lydien (Herod. I 94), laut anderen von der Insel Lemnos (Anticl. in Strab., *Geogr.* V 2,4). Ob diese Theorien historisch haltbar sind, soll hier nicht diskutiert werden, ebensowenig die Frage nach den Ursprüngen der Etrusker, hervorzuheben ist aber, daß die antiken Autoren eine enge Verbindung der Etrusker zum Meer schon seit den Anfängen ihrer Geschichte sahen. Das gleiche Erklärungsmodell findet man zu den Ursprüngen einiger Städte auf dem Gebiet des historischen Etrurien wieder: Populonia zum Beispiel soll von den Korsen gegründet worden sein (Serv., *Ad Aen.* X 172), Cortona von den Pelasgern (Hellan. in: Dion. Hal. I 26,1), Falerii von den Argivern (Cat. in: Plin., *Nat. Hist.* III 5,51; Ov., *Am.* III 13,51-53; Fast. IV 72-73; Dion. Hal. I 21).

Eine flüchtige Betrachtung der Karte Etruriens macht deutlich, daß viele der wichtigsten Zentren, über die uns seit der Villanova-Kultur reiche Zeugnisse vorliegen – Caere, Tarquinia, Vulci, Roselle, Vetulonia, Populonia –, entlang der tyrrhenischen Küste liegen: nicht direkt am Meer, sondern ein wenig von ihm entfernt, jedoch mit Verbindungsstraßen zu ihm, das heißt: in einer Position, die es erlaubte, die Vorzüge des Meeres zu genießen, ohne dabei dessen Gefahren ausgeliefert zu sein. Auch einige Zentren im Innern liegen nur scheinbar weitab vom Meer, sind sie doch durch natürliche Wege mit ihm verbunden: z. B. Veji durch das Tal des Tiber oder Volterra durch das Cecina-Tal.

Etruriens Öffnung zum Meer wird durch einige indirekte Daten bestätigt. Unter den ersten Importen, die in den ältesten villanovianischen Fundzusammenhängen festgestellt wurden, sind handwerkliche Erzeugnisse, die auf Beziehungen zu Volksgruppen jenseits des Meeres schließen lassen: z. B ein bronzener Spiegel ägäisch-zyprischen Typus in Tarquinia; oder, ebenfalls aus Bronze, eine Statuette, ein Korb und ein Schemel (oder ein Musikinstrument?) *en miniature* aus sardischer Produktion in Vulci. Vom Anfang des 8. Jahrhunderts v. Chr. an exportierten die Griechen aus Euböa ihre Produkte in verschiedene Zentren des südlichen und nördlichen tyrrhenischen Raums und konnten auf diese Weise in Kampanien (Pithekussa, Cumae) Fuß fassen, nicht aber in Etrurien: offensichtlich waren die etruskischen Zentren an der tyrrhenischen Küste bis dahin selbst sehr an eigenen Absatzgebieten am Meer interessiert gewesen und verteidigten sie gegen eine dauerhafte Besiedlung durch Fremde.

Die antike Geschichtsschreibung ist sich einig in der Darstellung Etruriens als einer Seemacht; sie erklärt sich dabei sogar die Benennung der Meere, die das von ihnen besiedelte Land umgeben – das Tyrrhenische und das Adriatische – nach ihrer (griechischen) Herkunft und nach dem Namen der Stadt Adria, die viele antike Schriftsteller als etruskisch ansahen (Varr., *De ling. Lat.*, V 161; Diod. Sic., V 40, 1; Liv. V 33, 7-8; Plut., *Cam.* XVI; Plin., *Nat. hist.* III 16, 120-121). Häufig werden die Etrusker als Piraten dargestellt. In diesem Zusammenhang erscheint ein Urteil Ciceros (*De re publ.* II 4,9) sozusagen lapidar: "Die Barbaren waren in Wirklichkeit keine Seeleute, außer den Etruskern und den Phöniziern, diese wegen des Handels, jene wegen der Piraterie." Der früheste Text, der von den Etruskern als Piraten spricht, ist der "homerische" Hymnos an Dionysos, üblicherweise datiert in die Zeit zwischen der zweiten Hälfte des 6. und den Anfängen des 5. Jahrhunderts v. Chr.: etruskische Piraten sollen danach einen schönen Jüngling geraubt haben, um Lösegeld zu erpressen, ohne dabei zu bemerken, daß es Dionysos war; dieser verwandelte sie zur Strafe in Delphine (der Mythos ist in der zeitgleichen griechischen und etruskischen Bildtradition überliefert). Während sie auf das Lösegeld warteten, sollte er mit ih-

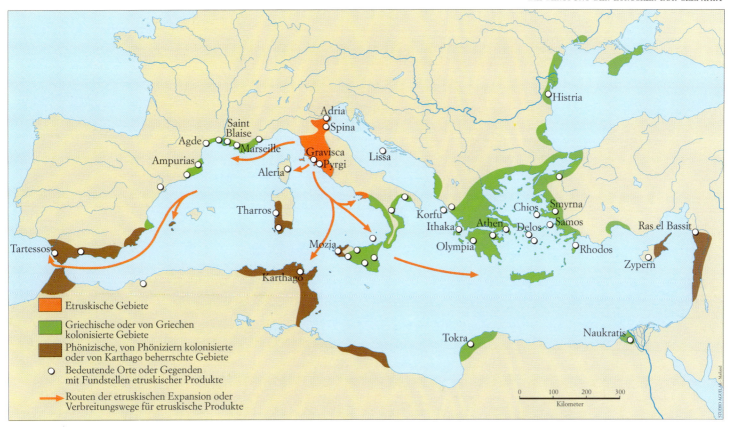

nen auf ihrem Schiff "in Richtung Ägypten, Zypern oder in Richtung des Landes der Hyperboräer" reisen. Tatsächlich waren diese räuberischen Etrusker also auch Kaufleute. Daraus muß man schließen, daß für die Etrusker jener Zeit die beiden Aktivitäten, Handel und Piraterie, nebeneinander betrieben werden konnten. Im übrigen war Thukydides zufolge (I 5) Piraterie in jenen alten Zeiten, bevor sich der Stadtstaat als politisch-institutionelle Einrichtung etabliert hatte, keine verwerfliche Tätigkeit. Die Anführer der Mannschaften, die durch die Raubzüge Gewinne für sich und die Schwächeren erbeuteten, verhielten sich auf dem Meer nicht anders als die Reichen auf dem Festland. Es handelte sich um private Aktionen, die erst der Stadtstaat mit seinen "demokratischen" Gesetzen verurteilen sollte.

Wirtschaftliche Expansion im Mittelmeerraum
7. Jahrhundert - 1. Hälfte 6. Jahrhundert v. Chr.

Kleiner Löwe aus Elfenbein mit etruskischer Inschrift,
Erkennungsmarke für Gäste
(Vorderseite)
Mitte 6. Jahrhundert v. Chr.
Rom, Antiquarium Comunale

Andere Texte über die etruskische Piraterie beziehen sich auf eine noch ältere Zeit, stammen aber von jüngeren Autoren. Im 4. Jahrhundert v. Chr. bezog sich Ephoros (in: Strab., *Geogr.* VI 2,2) mit seiner Behauptung, daß die Etrusker vor der Gründung der griechischen Kolonien Naxos und Megara an den Ostküsten Siziliens umherkreuzten, auf die zweite Hälfte des 8. Jahrhunderts v. Chr. Diese Behauptung wird durch die heute verfügbaren archäologischen Belege nicht gestützt: Die etruskischen Erzeugnisse, die in verschiedenen Gegenden Siziliens gefunden wurden - Teller mit Reiherdekor, Bucchero-Vasen mit Fächerdekor oder mit Ritzdekor usw. - sind nicht älter als aus der Mitte des 7. Jahrhunderts v. Chr. Bezeichnend ist allerdings die Tatsache, daß sich schon in etruskischen Siedlungen der Villanova-Zeit Vasen in Form von Schiffen finden und Schiffe (wie auch Fische) zu den ältesten Motiven des etruskischen Bildrepertoires zählen. Auf das 7. Jahrhundert gehen die ersten Darstellungen von Seeschlachten zurück, die möglicherweise auf die Tätigkeit der Adressaten der mit diesen Szenen versehenen Gegenstände anspielen könnten. Diodorus Siculus (V 9,4) teilt mit, daß unmittelbar nach der Gründung der knidischen Kolonie auf Lipari (um 580 v. Chr.) die eine Hälfte der Bevölkerung mit der Landwirtschaft beschäftigt war und die andere mit der Verteidigung der Insel gegen die Raubzüge der etruskischen Piraten. In dieser Zeit wurde das Tyrrhenische Meer von vielen Schiffen befahren, die in Handelsgeschäften unterwegs waren - punischen, griechischen und wohl auch etruskischen.

Schon im 8. Jahrhundert, verstärkt aber zwischen dem 7. und dem 5. Jahrhundert v. Chr., wurde Etrurien, da es mit Produkten aus der Land- und Forstwirtschaft sowie aus den Bergwerken über Waren verfügte, die im internationalen Handel hoch geschätzt wurden, zum Zielpunkt für die erlesensten Erzeugnisse des nahöstlichen und griechischen Kunsthandwerks, also für Güter, die auf dem Seeweg angeliefert wurden. Und mit den Waren kamen mit größter Wahrscheinlichkeit auch Menschen - Handwerker, Kaufleute - und Ideen. In dieser Zeit erwarben die Etrusker die Kenntnis neuer Techniken wie die Einfüh-

Krater mit Signatur des Aristonothos
2. Viertel 7. Jahrhundert v. Chr.
Rom, Kapitolinische Museen
Kat. 48

rung der Drehscheibe bei den Töpfern, den Anbau von Wein und Oliven, und sie lernten neue Formen der Arbeitsorganisation kennen: die Handwerker, die in ihren Werkstätten, und die Bauern, die auf den Feldern tätig waren. Die Produktion erreichte auf quantitativer wie auf qualitativer Ebene ein bemerkenswertes Niveau, war also für eine große Zahl von Abnehmern bestimmt und im internationalen Handel konkurrenzfähig. Etrurien erlebte die Etablierung einer städtischen Ideologie, die sich auch auf die städtebauliche Planung auswirken sollte. Die großen Seemetropolen des südlichen Etrurien urbanisierten die Küstenregion und errichteten Häfen: Pyrgi für Caere, Gravisca für Tarquinia, Regae für Vulci. In Pyrgi und in Gravisca hat man große Heiligtümer ausgegraben, die zugleich auch als Warenlager und Umschlagplätze dienten und zur Infrastruktur des Hafens gehörten: Hier fand ein direkter und dauerhafter Kontakt zwischen Fremden und Einheimischen, also nicht nur der Austausch von Waren, sondern auch von Kulturen, statt. Diese großen Häfen stellten in Etrurien das Gegenstück zum Hafen von Massalia dar, der um 600 v. Chr. an der Rhône-Mündung von den Phokäern gegründeten Kolonie.

Die Rolle der etruskischen Schiffahrt in dieser Phase genau zu bestimmen ist schwierig. Aus Grabungen in etruskischen Küstenzentren des 9. 8. und 7. Jahrhunderts v. Chr. sind sardische Handwerksarbeiten bekannt (Schwerter, Dolche, Äxte, Knöpfe, Schiffchen, kleine Modelle von Köchern usw.) und aus Fundorten derselben Zeit im nördlichen Sardinien etruskische Stücke (Rasiermesser, Fibeln, Schwerter, Bucchero usw.). Damit ist zwar

die Öffnung der Etrusker zum Meer hin bezeugt, leider ist es aber nicht möglich - wie es wünschenswert wäre - von Fall zu Fall anzugeben, wer die genannten fremden Arbeiten in die Zentren brachte, in denen sie wiedergefunden wurden, zumal Sarden und Etrusker gemeinsam die Kenntnisse im Bergbau und in der Metallverarbeitung besaßen und daher viele Möglichkeiten gegenseitiger Beziehungen bestanden. In den großen griechischen Heiligtümern von Delphi, Dodona, Olympia und Samos finden sich vom 8. Jahrhundert v. Chr. an etruskische Votivgaben: Bronzen (Helme, Schilde, Fibeln, Pferdegeschirre, Becken usw.), und Bucchero (hauptsächlich Kantharoi). Sie werden entweder als Beutestücke kriegerischer Unternehmungen der Griechen, oder als Tauschware griechischer Händler, die in Etrurien verkehrten, bzw. von Griechen aus Süditalien, oder auch als Geschenke etruskischer Oberhäupter gedeutet. Berücksichtigt man, daß ein Kantharos aus Bucchero, gefunden im Heiligtum der Hera von Perachora (Isthmus von Korinth), eine Widmung in griechischer Sprache und in korinthischem Alphabet mit dem griechischen Namen des Stifters (Nearchos) trägt, und daß etwa 30 Kantharoi aus Bucchero zusammen mit einigen Keramiken unterschiedlichen Ursprungs (ostgriechisch, lakonisch, korinthisch) in einem Lagerhaus an der Straße, die von Korinth zum Hafen führte, gefunden wurden, dann muß man annehmen, daß die etruskischen Objekte für griechische Kunden exportiert und auch von Griechen als Weihegeschenke in die Heiligtümer gebracht worden sind. Trotzdem bleibt unklar, wer die etruskischen Waren nach Griechenland brach-

Deckelgefäß mit Darstellung einer Seeschlacht
Um 630 - 620 v. Chr.
Paris, Musée du Louvre
Kat. 49

Folgende Seiten
Caeretaner Hydria mit der Blendung des Polyphem
2. Hälfte 6. Jahrhundert v. Chr.
Rom, Museo Nazionale di Villa Giulia

DIE BERUFUNG DER ETRUSKER ZUR SEEFAHRT

DIE BERUFUNG DER ETRUSKER ZUR SEEFAHRT

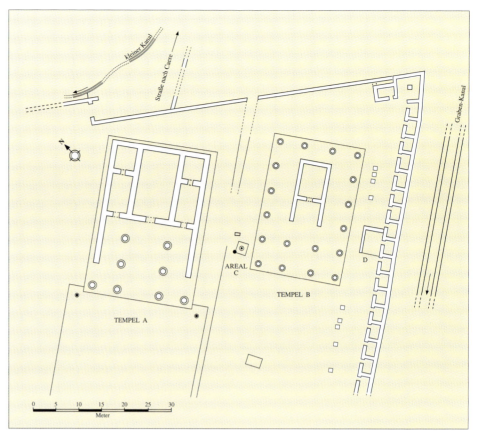

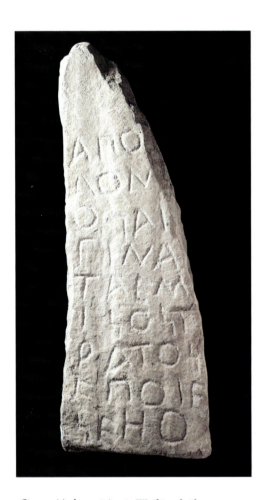

Cippus (Ankerstein) mit Weihinschrift des Sostratos für Apollon von Ägina aus Gravisca
Ende 6. Jahrhundert v. Chr.
Tarquinia, Museo Nazionale

Grundriß des Heiligtums von Pyrgi

te. Für die gleiche Zeit wird durch eine Stelle bei Pausanias (V 12,5) an einen Bronzethron in Olympia erinnert, den ein etruskischer Fürst mit Namen Arimnestos Zeus gewidmet hat. Das legt Besuche der etruskischen Elite in griechischen Heiligtümern nahe.

Mit dem letzten Viertel des 7. Jahrhunderts v. Chr. beginnen, ausgehend vom südlichen Etrurien, starke Handelsbewegungen in Richtung Südfrankreich, Katalonien, Südspanien, Korsika, Sardinien, Karthago, Sizilien und ins tyrrhenische Süditalien: Der Handel mit Transportamphoren aus Impasto, Gefäßen aus Bucchero zum Schöpfen und Gießen und etruskisch-korinthischen Salbgefäßen setzt eine anhaltende und hochwertige Produktion von Wein und Öl in Etrurien voraus. Schiffswracks mit Ladungen aus archaischer Zeit geben Anhaltspunkte für die Handelsbewegungen. Ein Schiff nahe der Isola del Giglio enthielt früh- und mittelarchaische korinthische Keramik, ostgriechische Keramik, griechische und etruskische Transportamphoren (in einigen fanden sich noch Olivenkerne), Flöten aus Holz und etruskische Kupfer- und Bleibarren. In einem in der Nähe von Bon Porté gehobenen Schiffswrack wurden etruskische, ostgriechische und korinthische Transportamphoren sowie ein ostgriechisches Keramikfragment gefunden. Mit diesen Schiffen wurden höchstwahrscheinlich nur kurze Strecken befahren, um Waren in den verschiedenen Häfen ein-und auszuladen; sie griechischen oder etruskischen Handelsunternehmungen zuzuordnen ist nicht möglich. Auch das Wrack vom Cap d'Antibes hat zwar eine ausschließlich etruskische Ladung zutage gebracht (Transportamphoren, Bucchero, etruskisch-korinthische Keramik), dazu aber eine punische Öllampe mit Gebrauchsspuren, die möglicherweise Schlüsse auf die Zusammensetzung der Besatzung zuläßt.

Nach der Gründung von Massalia und den phokäischen Subkolonien Agathe, Ampurias, Nizza und Aleria und nach der Anlage der Häfen der südetruskischen Städte – Pyrgi, Gravisca, Regae – bildete sich in der ersten Hälfte des 6. Jahrhunderts v. Chr. im tyrrhenischen Becken eine Aufteilung der Herrschaftsbereiche heraus: der nördliche Teil und die Gegend um die Meerenge von Messina wurde von den Phokäern, der mittlere Teil von den Etruskern und der südwestliche Teil mit Sardinien von den Karthagern kontrolliert. Die Ankunft neuer phokäischer Siedler in Aleria um 545 v. Chr., die der dort ansässigen Bevölkerung durch Raubzüge Schaden zufügten (Herod. I 165), bedeutete einen Bruch des bisherigen Kräfteverhältnisses und verursachte eine Seeschlacht vor Sardinien zwischen Phokäern auf der einen und Etruskern und Karthagern auf der anderen Seite: Die Phokäer verloren ihre Flotte und mußten Korsika verlassen, das den Etruskern zufiel. Dieses Ergebnis blockierte weder den Handel noch die Ortswechsel von Handwerkern und Kaufleuten. Etrurien wurde weiterhin mit griechischer Keramik beliefert, und am

Blick auf die Ausgrabungen des Heiligtums von Pyrgi

Blick auf die Ausgrabungen des Heiligtums von Gravisca

Austausch beteiligten sich neben den Phokäern auch die Athener und die Ägineten: Im Hafen von Gravisca verkehrte der reiche äginetische Kaufmann Sostratos, aus dem östlichen Griechenland kamen Künstler in die etruskischen Küstenstädte, die Gräber und Vasen bemalten, im Heiligtum von Pyrgi hinterließ Thefarie Velianas eine Widmung auf Etruskisch und Punisch an die Göttin Uni-Astarte; in Lattes und in Pech-Maho waren nach eindeutigen epigraphischen Zeugnissen Etrusker in die einheimische Bevölkerung integriert.

In der zweiten Hälfte des 6. Jahrhunderts entstanden einige neue etruskische Siedlungen in der Poebene. Unter diesen nahm Spina, der große Getreidehafen an der Adria, eine besonders bedeutende Stellung ein: Die Seemacht seiner Einwohner war in der Antike weithin bekannt (Strab., *Geogr.* V 1,7).

Die etruskische Seeherrschaft und die an sie geknüpften Aktivitäten erlitten im Verlauf eines Jahrhunderts eine Reihe von Rückschlägen, die ihren Verfall ankündigten. Vor 480 v. Chr. wurden die Etrusker von den Karthagern daran gehindert, die "Glücklichen Inseln" im Atlantik zu unterwerfen (Diod. Sic. V 20,4); 480 v. Chr. wurden sie, nach einer kurzen siegreichen Phase, von den Liparern in den Gewässern rund um deren Insel besiegt (Diod. Sic. V 9,5; Strab., *Geogr.* VI 2,10; Paus. X 11,3; X 16,7); 474 v. Chr. verloren sie ihre Flotte in den Gewässern von Cumae im Kampf gegen die Syrakusaner (Pind., *Pyth.*

Schale des Exekias mit Dionysos
540 – 530 v. Chr.
München, Staatliche Antikensammlungen

Etruskische Hydria Tyrrhenische Piraten werden von Dionysos in Delphine verwandelt
510 – 500 v. Chr.
Toledo (Ohio), Museum of Art
Kat. 77

BIBLIOGRAPHIE:
C. Albore-Livadie, Rivista di Studi Liguri 33, 1967, 300 ff.; J. Berard, Paris 1957; Le bucchero nero étrusque et sa diffusion en Gaule méridionale (Kongreßakten) Aix-en-Provence, 1979; G. Colonna in: Kongreßakten Florenz-Populonia-Piombino, 1981, 443 ff.; Il commercio etrusco arcaico (Kongreßakten) Rom, 1985; M. Cristofani, Xenia 8, 1984, 3 ff.; ders. in: *Rasenna*, Mailand 1986, 124 ff.; ders., Mailand 1989; M. Giuffrida in: Kokalos 24, 1978, 175 ff.; M. Gras in: Festschrift J. Heurgon, Paris-Rom 1976, 341 ff.; ders., Rom 1985; F.-W. v. Hase in: Kongreßakten Mannheim, 9 ff.; H.-V. Herrmann, Annuario della Scuola Archeologica di Atene 61, 1983, 271 ff.; M. Martelli in: Kongreßakten Florenz-Populonia-Piombino, 1981, 399 ff.; ders. in: *Civiltà degli Etruschi* (Ausstellungskatalog), Florenz-Mailand 1985, 175 ff.; ders. in: Kongreßakten Florenz, 1989, 781 ff.; S. Paglieri, Studi Etruschi 28, 1960, 209 ff.; M. Pallottino, Kokalos 18-19, 1973, 48 ff.; ders., Mailand 1984, 111 ff.; M. u. F. Py, Mélanges de l'Ecole française de Rome, Antiquité 86, 141 ff.; D. Ridgway, Mailand 1984; M.A. Rizzo, Rom 1990; *Santuari d'Etruria* (Ausstellungskatalog), Florenz-Mailand 1985, 127 ff.; N. J. Spivey, Prospettiva 44, 1986, 2 ff.; M. Torelli in: *Il commercio greco nel Tirreno in età arcaica*, Salerno 1981, 67 ff.

I 72 ff.; Diod. Sic. XI 51); 453 v. Chr. mußten sie Einfälle der Syrakusaner im Bergbaugebiet auf Elba hinnehmen, durch die die großen südetruskischen Städte (Caere, Tarquinia, Vulci) vom Handel mit Griechenland abgeschnitten wurden, den an ihrer Stelle das nordetruskische Populonia intensivieren konnte (Diod. Sic. XI 88, 4-5); 414 – 413 v. Chr. nahmen sie zusammen mit den Athenern mit nur drei Schiffen an der Belagerung von Syrakus teil, die mit einer Niederlage endete (Tuc. VI 103; VII 53, 2-3; 54,2); 384 v. Chr. schließlich wurde das Heiligtum im Hafen von Pyrgi von den Syrakusanern geplündert (Diod. Sic. XV 14, 3-4).

Aus dem 4. Jahrhundert werden einige echte Piraterien der Etrusker berichtet: Dionysios von Syrakus organisierte den soeben erwähnten Überfall auf das Heiligtum von Pyrgi unter dem Vorwand, das Tyrrhenische Meer von etruskischen Piraten befreien zu wollen (Diod. Sic. XV 14,1); 339 v. Chr. kam ein gewisser Postumius, möglicherweise aus Caere, nachdem er mit zwölf Schiffen mehrere Überfälle verübt hatte, als Freund nach Syrakus, wurde dort aber wegen seiner Taten zum Tode verurteilt (Diod. Sic. XVI 82,3). Im gleichen Jahrhundert lebte auch Ephoros, der etruskische Piratenstücke sogar bis zurück ins 8. Jahrhundert verlegte. Es ist nicht auszuschließen, daß es in der antiken Geschichtsschreibung vom 4. Jahrhundert an, vielleicht unter dem Eindruck aktueller Erfahrungen, eine Tendenz gab, die etruskische Seefahrt als Piraterie zu bezeichnen, einschließlich derjenigen aus älteren Zeiten, als Piraterie, sofern sie überhaupt existierte, vom ethischen und juristischen Standpunkt aus (wie anfangs gesagt) noch nicht notwendigerweise einen negativen Charakter gehabt haben mußte.

Im 4. Jahrhundert etablierte sich in den Küstenstädten Südetruriens eine neue aristokratische Klasse, die ihren Reichtum aus der Landwirtschaft bezog und ihre Tätigkeiten auf das Landesinnere verlagerte. Darüber hinaus mußten sich die etruskischen Städte nacheinander (erfolglos) der neu entstehenden Macht Roms stellen. Was die Seefahrt betraf, war die Situation nicht günstig: Es ist bezeichnend, daß im Jahre 205 v. Chr., als P. Cornelius Scipio die Flotte für den Krieg gegen Hannibal in Afrika aufrüstete, viele etruskische Städte Material zum Bau von Schiffen beisteuerten – Holz, Teer, Segelleinen – aber keine Schiffe.

DIE BERUFUNG DER ETRUSKER ZUR SEEFAHRT

Die Blütezeit der Aristokratie und der Orientalisierende Stil

Francesco Nicosia

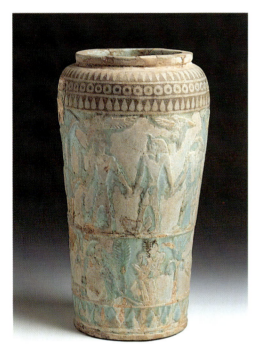

*Vase des Bocchoris aus Tarquinia
Ende 8. Jahrhundert v. Chr.
Tarquinia, Museo Nazionale*

Der Zeitraum zwischen dem Ende des 8. und den ersten Jahrzehnten des 6. Jahrhunderts v. Chr. ist in fast allen Anrainerregionen des zentralen und des westlichen Mittelmeers von tiefgreifenden politischen, wirtschaftlichen, ethnisch-demographischen und sozialen Veränderungen gekennzeichnet, die sich stark auf alle Arten von Produktion auswirkten. Auf Grund des weitverbreiteten Vorkommens von Objekten, Bildmotiven und Kulturelementen in den archäologischen Kontexten, die direkt oder indirekt aus dem Vorderen Orient stammen, wird jene damals entstehende Kulturepoche allgemein als "orientalisierend" bezeichnet.

Etrurien war eine an mineralischen Ressourcen und Bodenerzeugnissen reiche Region, ausgestattet mit zahlreichen Häfen und von einer sehr fortschrittlichen Bevölkerung bewohnt, die kommerziellem und kulturellem Austausch gegenüber aufgeschlossen war. Es bot damit der Herausbildung des Orientalisierenden Stils ein hervorragend geeignetes Umfeld, und so brachte dieser Stil in Etrurien auch besonders prachtvolle und charakteristische Schöpfungen hervor. Begünstigt wurde diese Entwicklung zusätzlich durch das sich Durchsetzen und Konsolidieren einer herrschenden Klasse von *principes* (Fürsten), deren kulturelles, politisches und wirtschaftliches Niveau zumindest auf die Erzeugung und Vermarktung von Luxusgütern im gesamten Mittelmeerraum einen gewichtigen Einfluß ausübte.

Der Besitz des Bodens (belegt durch die Begrenzung der Grabhügel, anfangs durch Kreise von Orthostaten, später durch monumental wirkende "Trommeln") und die absolute und alleinige Vorrangstellung des *pater familias* (belegt durch die Tatsache, daß die monumentalen Gräber der frühen Phase des Orientalisierenden Stils nur eine Cella aufweisen, vorbehalten dem Ehepaar, das das Grab besaß) waren zu Beginn die Kennzeichen dieser Klasse von *principes*. Im Verlauf des 7. Jahrhunderts weitete sich die Teilhabe an der Macht auf andere Personen aus, die allerdings weiterhin dem *pater familias* im Rahmen der *gens* unterstellt waren (in den Mausoleen der jüngeren Orientalisierenden Phase gibt es verschiedene Neben-Cellae). Sie betrieben vermutlich die Verarbeitung der aus dem Boden gewonnenen Rohstoffe zu den berühmten Waffen, zu Metallgefäßen und landwirtschaftlichem Gerät sowie die Weiterverarbeitung der landwirtschaftlichen Erzeugnisse (einschließlich der Fabrikation entsprechender Tonbehälter), von der Herstellung von Wein für das edle Symposion bis hin zu kosmetischen und therapeutischen Produkten, für die wiederum Wein, Öl und Honig die Basis waren. Diese Endprodukte versorgten zunächst den lokalen Markt, waren zum Teil aber auch für die Ausfuhr nach den verschiedenen etruskischen und italischen Stadtgemeinschaften bestimmt sowie für die fernen Länder des keltischen Raums, Großgriechenlands und der Ägäis.

Die etruskischen *principes* sind zudem eine des Lesens und Schreibens kundige Klasse, die die Schrift nicht nur benutzt, um beispielsweise die Besitzzugehörigkeit eines beweglichen Gegenstandes anzugeben oder ihn einer Gottheit in einem Heiligtum zu weihen, oder auch um unvergängliche Botschaften auf den Wänden eines Kammergrabes zu hinterlassen, sondern die sich auch des Besitzes dieser Fertigkeit und ihrer Unterrichtung rühmt, wie ein Schrifttäfelchen mit einem Musteralphabet aus einem Fürstengrab in Marsiliana bezeugt. Doch dient das Herausstreichen von Bildung lediglich zur Zierde einer Klasse, die weiterhin das traditionelle kriegerische Ideal pflegt, wie die ungebrochene Präsenz von Waffen in den Gräbern von Männern beweist. (In der griechischen Aristokratie der gleichen Epoche erhält der tapfere Antimenidas ein Schwert mit elfenbeinernem und goldbeschlagenem Griff zur Belohnung, ähnlich denjenigen, die man in der Tomba della

DIE BLÜTEZEIT DER ARISTOKRATIE

Goldenes Armreifenpaar mit Verzierungen in Filigrantechnik
1. Viertel 7. Jahrhundert v. Chr.
Florenz, Museo Archeologico
Kat. 83

Montagnola und der Tomba dei Boschetti gefunden hat). Die orientalischen *athyrmata* (Schmucksachen) sind dabei nicht etwa Zurschaustellung parasitärer Verweichlichung, sondern Zeichen eines internationalen Ansehens, das man erworben hatte, indem man in fernen Ländern alle möglichen Gefahren und Schwierigkeiten gemeistert hatte.

Das Wunder des etruskisch-orientalisierenden Stils ist vermutlich dieser Verbindung von großgrundbesitzerlichem Konservativismus und unternehmerischer Aggressivität zu verdanken. Die weitere Ausdehnung der Produktionsbasis – und in ihrer Folge auch der politischen und militärischen Macht – führte im folgenden Jahrhundert zur Entwicklung der archaischen städtischen Gesellschaft.

Angesichts des vollständigen Verlusts der etruskischen literarischen Quellen beziehen wir unsere Informationen über die Orientalisierende Epoche überwiegend aus der Untersuchung der Luxusgegenstände; sie waren importiert oder vor Ort hergestellt und wurden in die Gräber gelegt oder in den reichen Wohnhäusern benutzt oder auch als wertvolle Geschenke ausgetauscht. Die archäologische Forschung gewinnt sie nun wieder zurück, doch ergeben sich nicht wenige gravierende Einschränkungen. Die schwerwiegendste unter diesen ist der nahezu vollständige Verlust von Objekten, die aus vergänglichen organischen Materialien bestanden (etwa Holz, Textilien und Leder, auch bei Nahrungsmitteln, Getränken und Kosmetika müssen wir uns damit begnügen, gegebenenfalls die Behälter zu identifizieren). Außerdem ist zu berücksichtigen, daß auch im eng umschriebenen sepulkralen Bereich alle die Objekte aus unserer Dokumentation ausgeschlossen bleiben, die zwar während des Rituals benutzt wurden, nicht aber dazu bestimmt waren, dem Leichnam bei seiner Beisetzung mitgegeben zu werden.

Andererseits bezeugen die Praxis der individuellen Beisetzung und das Vorhandensein

Blick in die Ausgrabung der Tomba A des Tumulus von Montefortini in Artimino-Comeana (z. Zt. in Restaurierung) ca. Mitte 7. Jahrhundert v. Chr.

einer Grabausstattung den Glauben an eine Form jenseitigen Lebens. Sie veranlassen uns, die Ausstattung und das Grabmonument mit größtmöglicher Sorgfalt als eine Reihe zusammenhängender Botschaften zu lesen, die zuweilen nur sehr knapp gehalten, aber vollständig sind. Weniger die Lebenden sind ihre Adressaten als Gottheiten, denen der Verstorbene zum Schutz anbefohlen wurde (der auch in politischer Hinsicht bedeutsame Kult der Ahnen äußert sich in der prominenten Aufstellung ihrer Monumentalbildnisse als Teil des Terrakotta-Dekors der großen, noch im Stil orientalisierender Tradition gehaltenen "Paläste", wie in Poggio Civitate/Murlo).

Ein wichtiges Hilfsmittel ist für die Forschung die Tatsache, daß die aristokratischen Persönlichkeiten, die den Orientalisierenden Stil in Etrurien prägten, mit Sicherheit auch weitverzweigte, länderübergreifende Beziehungen zu anderen *principes* mittelmeerischer Gegenden unterhielten. Es ist also nicht unbegründet, bei der Betrachtung ihrer luxuriösen kunsthandwerklichen Besitztümer die "externe" Unterstützung griechischer literarischer Quellen mit heranzuziehen, die aus vergleichbaren sozial-politischen Strukturen heraus entstanden, die sich mit den von uns untersuchten in wechselseitigem Austausch befanden.

Schon in der Villanova-Zeit, seit dem 9. und insbesondere während des 8. Jahrhunderts v. Chr., unterhielten Vertreter der herrschenden Schicht einiger etruskischer Zentren *xenìa-* (Gastfreundschaft-) Beziehungen zu ihren Standesgenossen in anderen Regionen. Unter diesen befand sich Sardinien, wie die große Zahl an unverwechselbar sardischen askos-förmigen Tonkännchen bezeugt, die in den etruskischen Nekropolen und insbesondere in Vetulonia aufgefunden wurden (man entdeckte dort auch orientalische Gegenstände aus derselben Zeit). Mit den Importen ging der Transfer von Waffen und

Rippenschale aus blauem Glas aus der Tomba A des Tumulus von Montefortini in Artimino-Comeana (z. Zt. in Restaurierung)
ca. Mitte 7. Jahrhundert v. Chr.
Soprintendenza Archeologica della Toscana

Bronzefibeln von Etrurien nach Sardinien einher. Ein weiteres außergewöhnliches Dokument stellt eine Grabausstattung von Cavalupo (Vulci, Kat. Nr. 36-38) dar, die die Vermählung einer "Prinzessin" aus Zentralsardinien mit einem Edelmann aus Vulci bezeugt. Analog dazu belegt die Verbreitung geometrisch-griechischer – vor allem euböischer – Keramik in verschiedenen etruskischen Zentren die Beziehungen zu Pithekussa, das vermutlich auch Vermittler für die im eigentlichen Sinne orientalischen Importwaren war. Wahrscheinlich haben die geschichtlichen Ereignisse vom Ende des 8. Jahrhunderts im zentralen und östlichen Mittelmeerraum, wie die assyrische Eroberung der syrisch-phönizischen Häfen und der strukturelle Wandel in der Präsenz der Griechen in Unteritalien (von anfänglichen Handelsniederlassungen zur notwendigen Kolonisierung und Besiedelung des Territoriums), jene beiden für die Orientalisierende Epoche bedeutenden Phänomene hervorgebracht:

1. Einige Handelsrouten zum Vorderen Orient (z. B. nach Ägypten, Syrien, Phönizien oder Zypern) scheinen vom phönizischen Monopol befreit worden zu sein, wodurch sich die Reichweite der etruskischen Seefahrt ausdehnen konnte, die zuvor auf die Gewässer des Tyrrhenischen Meeres beschränkt war. Parallel dazu scheinen – möglicherweise auch durch das Eintreffen von "Spezialisten" – die Beziehungen zu den mitteleuropäischen Metallverarbeitungszentren der Hallstatt-Kultur intensiviert worden zu sein. Nach Etrurien gelangen nun Fayence-Vasen aus Ägypten, Silberschalen aus Phönizien, silberne

DIE BLÜTEZEIT DER ARISTOKRATIE

*Elfenbeinplättchen mit aufgerichtetem Greifen
aus der Tomba A des Tumulus von Montefortini
in Artimino-Comeana (z. Zt. in Restaurierung)
ca. Mitte 7. Jahrhundert v. Chr.
Soprintendenza Archeologica della Toscana*

*Elfenbeinplättchen mit Jüngling und Ranken
aus der Tomba A des Tumulus von Montefortini
in Artimino-Comeana (z. Zt. in Restaurierung)
ca. Mitte 7. Jahrhundert v. Chr.
Soprintendenza Archeologica della Toscana*

DIE BLÜTEZEIT DER ARISTOKRATIE

*Eurytos-Krater
um 600 v. Chr.
Paris, Musée du Louvre
Kat. 113*

Kännchen aus Zypern, die ersten Elfenbein-Stücke und in orientalischem Dekor gravierte oder bemalte Straußeneier, Keramikvasen mit herrlicher Bemalung aus Korinth, Chios, Rhodos, von den Kykladen usw.

2. Handwerker aus dem Orient sind nach Westen gezogen und haben unmittelbar auf etruskischem Gebiet Werkstätten für hochwertiges Handwerk gegründet: Schmuck, Elfenbein- und Knochenschnitzerei, Dekoration von Straußeneiern, vielleicht auch monumentale Skulptur aus lokalen Gesteinen (zumindest in Vetulonia und in Caere; allerdings erfordert das Verhältnis zur vorhergehenden "nuraghischen" Monumentalskulptur noch genauere Untersuchungen). Griechische Handwerker ließen sich ebenfalls in Etrurien nieder, wo sie verschiedene technologische Kenntnisse einführten und besonders in den Küstenzentren Südtruriens (Caere, Tarquinia, Vulci) eine überaus blühende

DIE BLÜTEZEIT DER ARISTOKRATIE

Produktion bemalter Keramik ins Leben riefen, auf die bald auch die ersten Zeugnisse monumentaler Grabmalerei folgten. Der Unterweisung durch diese Vorreiter ist die Herausbildung vortrefflicher Fachleute zu verdanken, die in ihren Werkstätten Elfenbeinarbeiten und Straußeneier mit graviertem oder reliefiertem Dekor schufen, ferner entstanden dort Goldschmuck in Filigrantechnik oder aus Goldblechen, deren Dekor getrieben oder durch Granulation- bzw. Staubgranulation hergestellt wurde, polychrome Keramik und glänzender Bucchero in erlesenen Formen, aber auch Architektur aus lokalem Gestein, wie beispielsweise die großen gentilizischen Tumuli mit ihrer plastischen Ausgestaltung und der ersten sepulkralen Koroplastik, sowie später die ornamentalen Terrakottaarbeiten (mit plastischem und gemaltem Dekor) für gentilizische "Paläste" und sakrale Bauwerke.

BIBLIOGRAPHIE:
G. Camporeale in: *Civiltà degli Etruschi* (Ausstellungskatalog), Florenz-Mailand 1985, 78-84; ders., Studi Etruschi 54, 1988, 3-14; C. Colonna-F.-W. v. Hase, Studi Etruschi 52, 1986, 13-59; F. Lo Schiavo in: Kongreßakten Florenz-Populonia-Piombino, 1981, 299-314; F. Nicosia in: *Cento preziosi etruschi*, Florenz 1984, 7-16; M. Pallottino in: *Enciclopedia Universale dell'Arte*, X, 223-237; F. Prayon in: Kongreßakten Florenz, 1989, 441-443.

Die Städte: Produktion und Kunstschaffen
Giovannangelo Camporeale

Kampf zwischen Kriegern aus Vulci und Kriegern aus anderen Städten aus der Tomba François, Vulci 2. Hälfte 4. Jahrhundert v. Chr. Rom, Villa Albani

Als 1870 das Archäologische Museum in Florenz gegründet wurde, das die bis dahin in den Uffizien aufbewahrten Fundstücke etruskischer Herkunft aufnehmen sollte, entbrannte unter den Archäologen jener Zeit eine Diskussion über die anzuwendenden Ausstellungskriterien. Zur Debatte stand entweder das typologisch ausgerichtete Museum, d. h. die Anordnung des Materials nach Gruppen (Vasen, Bronzen, Goldschmiedearbeiten, Urnen etc.) oder das topographische Museum mit einer Anordnung nach Zentren und Fundzusammenhängen. Das erste Anordnungsprinzip folgte der Tradition des 18. und 19. Jahrhunderts, das zweite beabsichtigte eine Neuerung, die von der historischen Realität ausging. Die Diskussion zog sich über mehrere Jahre hin und wurde schließlich mit einem Kompromiß abgeschlossen: die Materialien aus den alten großherzoglichen Sammlungen sollten nach dem typologischen, die Fundstücke aus neuen Grabungen nach dem topographischen Kriterium angeordnet werden. Dieses entwickelte sich bald zum allgemeinen Standard; es wurde nun bei der Organisation weiterer "zentraler" Museen für etruskische Kultur, z. B. dem der Villa Giulia, und in der Politik der Errichtung lokaler Museen berücksichtigt. Auf diese Weise gaben die archäologischen Zeugnisse Etruriens so manche Besonderheit der einzelnen Zentren preis, die dann wiederum neue und interessante Einsichten erschloß.

Geht man davon aus, daß die etruskische Kultur etwa über das ganze erste Jahrtausend v. Chr. bestand, so ist schwer vorstellbar, daß alle ihre Zentren eine gleichmäßige Entwicklung gehabt haben sollen. Sie werden jeweils Glanz- und Krisenzeiten erlebt haben, und die Kultur einer Metropole dürfte sich von der kleinerer Siedlungen auf ihrem Territorium unterschieden haben. Anhand der folgenden Beispiele soll dieser Sachverhalt veranschaulicht werden.

Das antike Italien zur Zeit der größten etruskischen Ausdehnung, um das Ende des 6. Jahrhunderts v. Chr.

In der Villanova-Kultur war Tarquinia ein überaus reiches und fremden Einflüssen gegenüber sehr aufgeschlossenes Zentrum, während Caere zwar ebenfalls ein bedeutender Ort, aber zweifellos weniger wohlhabend und äußeren Einflüssen zugänglich war als Tarquinia. Es ist gewiß kein Zufall, daß die schriftliche Tradition die Sage von Tages, dem Verkünder der etruskischen Religionslehre, einhellig in Tarquinia angesiedelt hat. Während der Orientalisierenden Phase kehrte sich diese Situation um. Als Grund dafür wurde, vielleicht mit Recht, eine mögliche Ablösung der beiden Orte in der Kontrolle des nahen Bergbaugebiets der Monti della Tolfa angeführt, aus der sich eine ganze Reihe wirtschaftlicher, sozialer und kultureller Konsequenzen ergeben haben könnte.

Vetulonia war ein Zentrum, das in der Antike eine gewisse Berühmtheit genossen haben muß. Alten Quellen zufolge soll die Stadt am Ende des 7. Jahrhunderts v. Chr. sogar zusammen mit anderen etruskischen und latinischen Zentren an einem Krieg gegen Tarquinius Priscus teilgenommen (Dion. Hal. III 51,4) und Rom die Insignien der Macht übergeben haben (Sil. Ital., *Pun.* VIII 483–487). Die archäologischen Funde weisen Vetulonia zwischen dem 9. und 6. Jahrhundert v. Chr. als ein überaus blühendes Zentrum aus. Danach folgt eine mindestens zweihundertjährige Unterbrechung, bis die Stadt während des Hellenismus einen neuen Aufschwung erlebt. Mit anderen Worten: durch diese Funde lassen sich Informationen erlangen, die auf anderem Wege nicht zu erschließen sind.

Die Beziehung zwischen Fiesole und Florenz ist nach den schriftlichen Quellen ziemlich klar: Fiesole ist eine etruskische Gründung, Florenz eine römische Koloniegründung aus der Mitte des 1. Jahrhunderts v. Chr. Die archäologischen Forschungen haben jedoch in Florenz eine Ansiedlung aus villanovianischer Zeit an den Tag gebracht, die sich in

DIE STÄDTE

64

Die Verbreitung von etruskischem Bucchero (nach F.-W. von Hase, in: "Jahrbuch des Römisch-Germanischen Zentralmuseums, Mainz" 36, 1989, Abb. 1)

DIE STÄDTE

Lageplan (Ausschnitt) der Crocifisso del Tufo-Nekropole von Orvieto
Mitte 6. Jahrhundert v. Chr.

der Nähe des Ponte Vecchio befand, wo eine Furt durch den Arno führte, also an einem für die Verbindungen zwischen Etrurien und der Poebene neuralgischen Punkt.

Diese Beispiele ließen sich mit ähnlichen Ergebnissen fortsetzen. Sie belegen die Notwendigkeit, den Zugang zur etruskischen Kultur über die Zeugnisse der einzelnen Zentren zu suchen; dieses Vorgehen erhebt die archäologischen Quellen in den Rang von historischen.

Die antiken Schriftsteller sprachen von den "zwölf Völkern" Etruriens, die modernen Forscher wollten darin eine Art Bund zwischen diesen Völkern erkennen. Aber wahrscheinlich war die Bindung zwischen ihnen nicht so sehr politischer oder administrativer Art, sondern entsprach eher einer "des Blutes", um mit Livius zu sprechen (V 17,9). Die zwölf Völker sind nur schwer auszumachen, da aus schriftlichen und archäologischen Zeugnissen mehr als zwölf große Städte bekannt sind, so daß man sogar vermutet hat, es habe entweder ein "Rotationsprinzip" unter einigen Städten gegeben oder diese Zahlenbegrenzung habe nur zu Beginn bestanden. Tatsächlich gibt es Belege für jährliche oder auch außergewöhnliche Versammlungen zwischen dem 5. und 4. Jahrhundert v. Chr. im Voltumna-Heiligtum (das noch nicht gefunden wurde), um über allgemeinpolitische Fragen zu beraten. Einheitliche Beschlüsse wurden dort aber nie gefaßt. Der Fall Veji ist hierfür bezeichnend: vor und während des zehnjährigen Krieges mit Rom (405 – 396 v. Chr.) wurden, auch auf Ersuchen von Veji und Falerii, mehrere panetruskische Versammlungen mit dem Ziel abgehalten, die übrigen etruskischen Völker zur Teilnahme an der Verteidigung Vejis zu bewegen, ohne allerdings jemals zu einer einheitlichen Entscheidung zu kommen. Das Ergebnis war schließlich die Einnahme und Zerstörung Vejis durch die Römer. Aus den Bildquellen ergibt sich eine analoge Situation: So zeigt z. B. das sogenannte historische Gemälde der Tomba François in Vulci (2. Hälfte des 4. Jahrhunderts v. Chr.) einige Zweiergruppen kämpfender Krieger, die alle namentlich gekennzeichnet sind. Der Sieger trägt nur Vor- und Familiennamen, wohingegen der Besiegte noch dazu ein Adjektiv als Bezeichnung seiner ethnischen Zugehörigkeit zu einer anderen Stadt als Vulci (Volsini, Rom, Sovana) trägt. Offensichtlich war also der Sieger ein lokaler Held und der Besiegte ein Fremder. Die Anspielung auf Kämpfe der Stadt Vulci mit anderen Städten ist ziemlich eindeutig.

Letztlich ist die von Jacques Heurgon vor Jahren geäußerte und wegen ihrer Bündigkeit und Präzision hier zitierte Ansicht nach wie vor aktuell: "Die etruskische Geschichte ist, wie die griechische, vor allem eine Geschichte autonomer Städte, [...] die eine politische Einheit zu erlangen versuchten, welche aber nie erreicht wurde." Diese Einschät-

zung gilt wohlgemerkt auch für die etruskischen oder unter etruskischem Einfluß stehenden Städte in Kampanien und der Poebene.

Schon seit der Villanova-Kultur, in noch deutlicherer Weise aber seit der Orientalisierenden Phase, weist jedes einzelne Zentrum die Tendenz auf, sich kulturell zunehmend von den übrigen zu unterscheiden. Ohne Zweifel spielte hierbei die politische und administrative Autonomie der einzelnen Städte eine wichtige Rolle, man darf aber auch nicht übersehen, daß die jeweiligen geologischen Besonderheiten und natürlichen Ressourcen der Zentren unterschiedlich waren. Unterirdische Grabstätten waren im südlichen Etrurien allgemein üblich, wo der Fels aus Tuff besteht und mit Leichtigkeit gleichmäßig ausgehöhlt werden kann, während in Nordetrurien überirdisch errichtete Gräber verbreitet waren, da dort der Fels aus Albarese-Kalkstein oder härterem Sandstein besteht, der nicht so leicht zu bearbeiten ist. Ebensowenig läßt sich der große Erfolg des Bronzehandwerks in Vetulonia im 7. Jahrhundert v. Chr. oder die Produktion von Alabasterarbeiten in Volterra vom 3. bis zum 1. Jahrhundert v. Chr. von den Kupferminen und Alabastersteinbrüchen trennen, die sich auf den Territorien der beiden Städte befanden.

Blick auf die etruskische Stadt bei Marzabotto mit Häusergruppen im rechtwinkligen Straßennetz
Ende 6. – Anfang 5. Jahrhundert v. Chr.

DIE STÄDTE

68

DIE STÄDTE

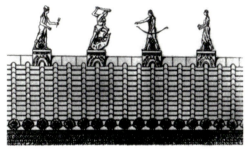

Rekonstruktionszeichnung des Daches des Portonaccio-Tempels mit Akroterfiguren

Herakles- und Apollostatue aus Terrakotta vom Dachfirst des Portonaccio-Tempels in Veji Ende 6. Jahrhundert v. Chr. Rom, Museo Nazionale di Villa Giulia

DIE STÄDTE

*Fundamente von Häusern der etruskischen
Siedlung beim Lago dell'Accesa
(Massa Marittima)
6. Jahrhundert v. Chr.*

An dieser Stelle ist auf eine für die Geschichte Etruriens entscheidende Entwicklung hinzuweisen. Gemeint ist die Durchsetzung der Stadt als Siedlungsform und Lebensweise, ein Prozeß, der wiederum in den verschiedenen Orten weder gleichmäßig noch gleichzeitig verlief. In der zweiten Hälfte des 7. und verstärkt im 6. Jahrhundert v. Chr. lag die wirtschaftliche Produktion nicht länger in der Zuständigkeit der Familiengemeinschaft, sondern ging auf Arbeitskräfte über, die sich zunehmend auf einzelne Gewerbe und Berufe spezialisierten (intensive Landwirtschaft, Handwerk, Handel). Diese Berufsgruppen entwickelten ein eigenes Selbstverständnis und erwarben Wohlstand, der nun nicht mehr – wie seit der Mitte des 8. Jahrhunderts v. Chr. – allein in den Händen weniger Aristokraten lag, sondern breiter und gleichmäßiger verteilt war. Ein solches Phänomen mußte politische, wirtschaftliche und soziale Folgen nach sich ziehen. Die Vertreter der inzwischen neu aufkommenden Klasse bildeten einen Mittelstand, nach griechischem Muster den Demos, der sich in großen, nach neuen Prinzipien strukturierten städtischen Ansiedlungen konzentrierte. Das Wohngebiet wurde von Mauern umgeben, die zunächst aus ungebrannten Lehmziegeln, später aus großen Steinen bestanden; die Häuser wurden entlang regelmäßig angelegter Straßen gebaut, ihre Größe und ihr Grundriß glichen sich mehr oder weniger; Baumaßnahmen von öffentlichem Interesse – wassertechnische Anlagen, Straßen, Nekropolen, Pflasterung öffentlicher Plätze etc. – waren zentralen Verwaltungsorganen anvertraut; für die religiösen oder weltlichen Zusammenkünfte wurden eigens der Platz und der Tempelbezirk eingeplant, und die bildlichen Darstellungen, die die öffentlichen Gebäude, z. B. Tempel, schmückten, spiegelten die dort gefeierten Feste der Gemeinschaft wieder. Diese Entwicklung wird an den neu entstehenden Städten und Nekropolen deutlich, wie beispielsweise der Stadt Marzabotto oder der Nekropole Crocifisso del Tufo bei Orvieto, die jeweils auf das Ende bzw. die Mitte des 6. Jahrhunderts v. Chr. zurückgehen. In einem Ort des 6. Jahrhunderts dagegen, der sich in der Nähe des Lago dell'Accesa (Massa Marittima) und somit auf dem Territorium Vetulonias befand, bestand die Siedlungsstruktur weiterhin in unterschiedlichen Vierteln. In einem davon verweisen die Häuser noch auf eine feudal-aristo-

kratische Organisation, da sich auf der einen Seite des bewohnten Plateaus ein einziges Haus mit sieben Räumen befand und auf der anderen mehrere Häuser standen, die meist einen, und nur ganz selten auch zwei oder drei Räume besaßen.

Symbol der neuen institutionellen Ordnung war der Hoplit, der mit Lanze und kleinem Rundschild bewaffnete Bürger, der in einer Schlachtreihe zusammen mit seinesgleichen für die Stadt kämpfen konnte. Die neue Schicht war häufig bestrebt, sich mit den Zeichen der alten Adelsschicht auszustatten: sie nahm Familiennamen an, benutzte Waffen wie z. B. die zweischneidige Axt und machte sich bestimmte Monumente und Thematiken zu eigen, die ursprünglich eine andere Bestimmung hatten (man denke an die Steinreliefs aus Chiusi mit Jagd-, Gelage-, Tanz- und anderen Darstellungen).

In Griechenland und in den westlichen Kolonien bestand die Stadt (*Polis*) als Organisationsform schon seit dem 8. Jahrhundert v. Chr. Die Anregungen, die aus dieser Welt nach Etrurien gelangten, können angesichts der Intensität und Fruchtbarkeit der kommerziellen und kulturellen Beziehungen zwischen Griechenland und Etrurien im 8. und 7. Jahrhundert v. Chr. weder selten noch unbedeutend gewesen sein.

Viereckiger Cippus mit Heimkehr von der Jagd aus Chiusi
Anfang 5. Jahrhundert v. Chr.
London, British Museum

BIBLIOGRAPHIE:
La città etrusca e italica preromana (Kongreßakten), Bologna, 1971; Dialoghi di Archeologia N. F. 2, 1980; *La formazione della Città preromana in Emilia Romagna*, Bologna 1988; C. Ampolo (Hrsg.), Rom-Bari 1980; B. Banti, Rom 1969; M. Cristofani in: *Gli Etruschi. Una nuova immagine*, Florenz 1984, 14 ff.; B. D'Agostino in: *The Greek City from Homer to Alexander*, Oxford 1990, 59 ff.; M. Grant, Florenz 1982; J. Heurgon, Historia 6, 1957, 63 ff.; M. Pallottino, Mailand 1984, 363 ff.; H.H. Scullard, Mailand 1977; P.F. Stary, Mainz 1981, 128 ff.; M. Torelli, Rom 1987; ders., Rom-Bari 1990; Volsinii e le dodecapoli etrusche (Kongreßakten), Orvieto, 1985.

Die Wohn- und Tempelarchitektur

Giovannangelo Camporeale

Unsere Kenntnis der etruskischen Architektur ist ziemlich begrenzt, da archäologische Forschungen in Etrurien fast ausschließlich in Nekropolen und nur selten, und das erst überwiegend in jüngster Zeit, auch in städtischen oder besiedelten Arealen betrieben wurden. Hinzu kommt, daß das aufgehende Mauerwerk der Bauten, das üblicherweise aus vergänglichen Materialien wie ungebrannten Lehmziegeln oder Flechtwerk – und nur selten aus Tuffstein – bestand, nicht erhalten ist. Hier können die tönernen, metallenen und steinernen Modelle von Häusern und Tempeln hilfreich sein, die als Aschenurnen oder Votivgaben verwendet wurden.

Der älteste Typus des Wohnhauses (9. – 8. Jahrhundert v. Chr.) ist die Hütte mit rundem, ovalem oder annähernd rechteckigem Grundriß; sie wurde aus Ästen und Lehm gebaut, die von einem Pfahlgerüst getragen wurden. Das buckelförmige Dach war mit Stroh gedeckt und ruhte auf einer Holzkonstruktion. Die Fläche schwankte zwischen 35 und 80 m², und es gab nur einen einzigen Raum; in der Mitte muß sich die Feuerstelle befunden haben und im hintersten Teil der *"thalamos"* (Schlafstätte).

Die intensive Nutzung sowohl der landwirtschaftlichen Ressourcen wie der Bodenschätze in Etrurien zwischen der zweiten Hälfte des 8. und dem 7. Jahrhundert v. Chr. steigerte die Produktivität in vielen Bereichen und rief eine weiträumige Handelstätigkeit hervor. Dies führte zu einer Anhäufung von Reichtümern, die sich allmählich in den Händen einiger weniger Unternehmer konzentrierten, und bewirkte damit auch eine Veränderung des Lebensstils. Unter anderen Neuerungen ist der Übergang von der Hütte zum gemauerten Wohnhaus zu verzeichnen. Es bestand aus Fundamenten aus Stein, einem aufgehenden Mauerwerk aus ungebrannten Ziegeln oder Flechtwerk und einem Dach, das zunächst noch mit Stroh, von der Mitte des 7. Jahrhunderts an mit Tonziegeln gedeckt war. Der Grundriß war ein längliches Rechteck, das Hausinnere in Räume aufgeteilt. Ein derartiges Haus setzte beträchtliche Finanzmittel sowohl für die Errichtung als auch für seine Einrichtung voraus. Es stellte folglich ein Privileg der oberen Gesellschaftsschicht dar, während die Hütte höchstwahrscheinlich die Behausung der weniger wohlhabenden Schichten blieb.

Als sich dann zwischen dem Ende des 7. und dem 6. Jahrhundert v. Chr. der Reichtum in Etrurien breiter und gleichmäßiger verteilt und sich eine Mittelschicht herausgebildet hatte, war auch das gemauerte Haus häufiger anzutreffen. Sein Grundriß blieb rechteckig, entwickelte sich jedoch mehr in die Breite; es gab zwei oder drei nebeneinanderliegende Räume, denen ein Vestibül vorgelagert war. Gleichzeitig verschwand das aristokratische Haus keineswegs. Aus der ersten Hälfte des 6. Jahrhunderts stammen beispielsweise in Murlo und Acquarossa fürstliche Paläste mit zahlreichen Räumen, deren Anordnung viereckige Bauten ergab, die im Innern einen Säulenhof umschlossen. Von diesen Gebäuden sind uns Architekturterrakotten, wie Statuen und Platten mit Reliefdekor, erhalten, deren Darstellungen Szenen eines höfischen Lebens zeigen.

Ein weiterer Wohnhaustyp, der sich in dieser Zeit durchsetzte, ist das "Werkstatthaus", das eine Innenaufteilung aufwies, die auf die jeweilige Aufgabe zugeschnitten war. Dies ist etwa der Fall bei einigen Häusern im Gewerbeviertel von Populonia, an die außerhalb der Gebäude Schmelzöfen angeschlossen waren, oder bei Häusern in Marzabotto, bei welchen einige zum Atrium hin gelegene Innenräume für die Ausübung handwerklicher Tätigkeiten hergerichtet waren.

Typisch für die Mittel- und Oberschicht vom 5. Jahrhundert v. Chr. an wurde der Typus des Hauses von Marzabotto, bei welchem auch das Tablinum und die Schlafgemächer

DIE WOHN- UND TEMPELARCHITEKTUR

*Palastförmige Urne,
aus dem Gebiet um Chiusi
2. Jahrhundert v. Chr.
Florenz, Museo Archeologico
Kat. 158*

*Tempelförmige Urne,
aus der Umgebung von Volterra
4. - 3. Jahrhundert v. Chr.
Florenz, Museo Archeologico
Kat. 160*

DIE WOHN- UND TEMPELARCHITEKTUR

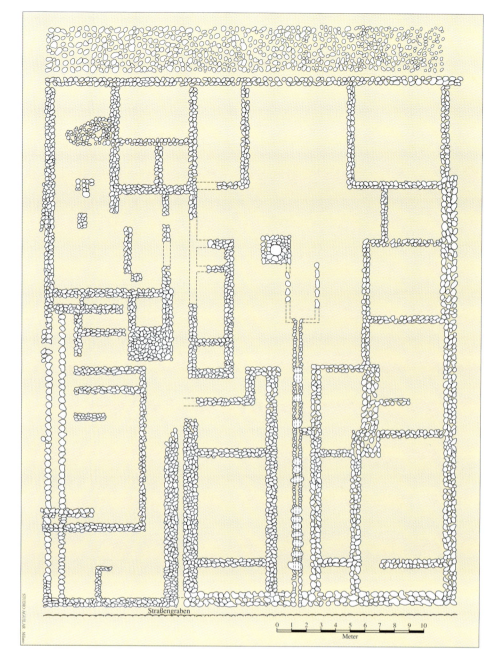

Grundriß eines Hauses der etruskischen Stadt bei Marzabotto
Ende 6. – Anfang 5. Jahrhundert v. Chr.

auf das Atrium ausgerichtet waren. Auf ein solches Haus scheint Diodorus Siculus (V 40,1) sich zu beziehen, wenn er davon schreibt, daß das Atrium der Versammlungsort für die Dienerschaft war, damit sie mit ihrem Lärmen die Hausherren nicht störte.
Parallel und in mancher Hinsicht mit der Entwicklung des Wohnhauses verknüpft, verlief die des Tempelbaus. In den ersten Jahrhunderten der etruskischen Kultur vollzogen sich kultische Handlungen im privaten Rahmen: im Haus und in der Grabstätte. Noch in den Fürstenhäusern des 6. Jahrhunderts (Murlo, Acquarossa) gab es Räume, die sich von den übrigen durch ihre Lage, ihre Dekoration und ihre konstruktive Solidität unterschieden; sie wurden als Orte interpretiert, die kultischen Handlungen dienten. Mit anderen Worten: solange die Aristokratie die Macht innehatte, blieb für kultische Veranstaltungen, die die gesamte Bevölkerung miteinbezogen, wenig Raum. Folglich fehlten dann zu solchen Zwecken auch die Bauwerke.
Mit dem Aufkommen eines Mittelstandes in der Zeit von der Mitte des 7. bis hinein ins 6. Jahrhundert v. Chr. wurde der Raum innerhalb (und außerhalb) der bewohnten Gebiete gemäß den Bedürfnissen der Gemeinschaft organisiert. Ein Heiligtum oder eine heilige Stätte im Sinne einer festumrissenen, einem Gott geweihten Fläche zählte mit zu dieser Kategorie. Dort konnten einer oder mehrere Tempel stehen und einer oder verschiedene Kulte ausgeübt werden. Das Areal lag entweder innerhalb einer städtischen Siedlung, in ihren Vororten an den Ausfallstraßen der Stadt oder auch in entfernteren Gegenden, die aber von der Stadt gut zu kontrollieren sein mußten. Letzteres war bei den Heiligtümern an den Küsten der Fall, wo Städte, die überwiegend auf den Handel ausgerichtet waren, ihre Tempelanlagen den Hafeninfrastrukturen angliederten. Der

*Tönerne Verkleidungsplatte mit Festgelage, von der Palastanlage von Murlo
1. Hälfte 6. Jahrhundert v. Chr.
Murlo, Antiquarium*

Tempelbau war das Vorhaben, in das eine Gemeinschaft ihre größten finanziellen Mittel einbrachte und das im eigentlichen Sinne des Wortes zum Ausdruck der politischen Situation wurde.

Der älteste Tempel Etruriens ist möglicherweise der auf der Akropolis von Veji. Er stammt aus den ersten Jahren des 6. Jahrhunderts v. Chr. und bestand aus einem einzigen Raum mit rechteckigem Grundriß (15,35 m × 8,07 m). Im Inneren standen vielleicht zwei Pfeiler, die das Satteldach stützten, welches mit Flach- und Deckziegeln gedeckt war. Die Verwandtschaft mit dem Rechteckhaus des 7. Jahrhunderts ist sehr deutlich zu erkennen. An den Giebelgesimsen und am Gebälk zog sich ein Fries aus reliefierten Terrakotta-Platten entlang, auf welchen sich jeweils nacheinanderfolgend ein Hoplit, ein Wagen mit Wagenlenker und Krieger und ein Reiter wiederholten. Er sollte sehr wahrscheinlich an eine Kriegsunternehmung der Stadt erinnern. Uns fehlen weitere Elemente, um den in diesem Tempel praktizierten Kult näher bestimmen zu können. Doch waren nach Vitruv (*De arch.* I 7,1) die Tempel der Akropolis den Schutzgöttern der Stadt geweiht. Im vorliegenden Fall könnte man an die Göttin Uni (bzw. Hera oder Juno) denken angesichts der Hinweise in literarischen Quellen, die von einer Juno, Königin in Veji, berichten (Liv. V 22, 4-7; Plut., *Cam.* VI).

Ebenfalls in Veji gab es auf einer Geländestufe westlich des von der Stadt eingenommenen Gebiets ein Heiligtum, das mehrere Baukörper aus verschiedenen Zeiträumen umfaßte: im Osten einen einräumigen Tempelbau mit rechteckigem Grundriß (9 m × 7,5 m), einen Altar und zwei Portiken; im Westen einen dreigliedrigen Tempel mit quadratischem Grundriß (18,50 m Seitenlänge) vom Ende des 6. Jahrhunderts v. Chr., der auf

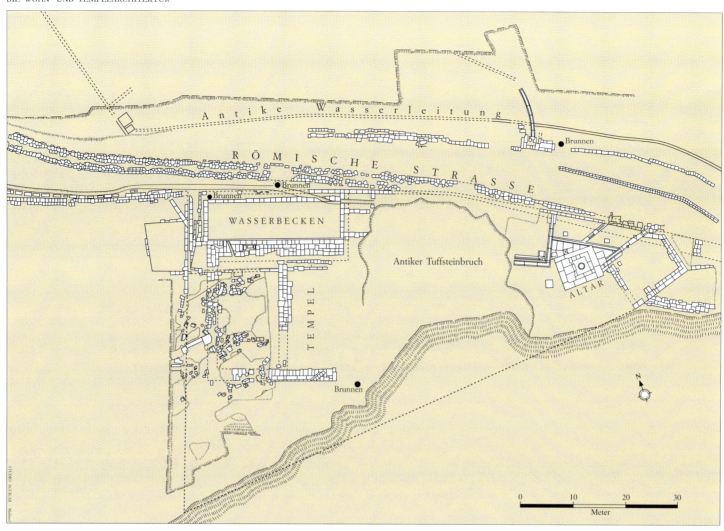

Plan des Portonaccio-Heiligtums in Veji

einem Bauwerk aus dem 3. Viertel des gleichen Jahrhunderts steht, sowie ein Reinigungsbecken. Weitere Strukturen wurden auf dem Gelände ausfindig gemacht – Brunnen und Räumlichkeiten –, die mit den dort praktizierten Kulten in Verbindung standen.

Eines der interessantesten Bauwerke ist sowohl wegen seines Grundrisses als wegen seiner Terrakotta-Dekorationen der erwähnte dreigliedrige Tempel, auf den sich die in der Ausstellung gezeigten Objekte beziehen. Er erhob sich über einem Podium und bestand aus einem vorderen Teil mit Säulen und einem hinteren, der sich in drei Cellae gliederte. Die aufgehenden Teile und möglicherweise auch die Säulen müssen aus Tuff gewesen sein, das Dach aus Tonziegeln. Der Tempel war von dem Typ, den Vitruv (*De arch.* IV 6-7) als tuskanisch bezeichnet. Von dessen Beschreibung weichen zwar einige Merkmale ab, wie etwa der quadratische Grundriß anstelle des im Verhälnis 6:5 (Länge zur Breite) rechteckigen Grundrisses, doch sind sie von geringer Bedeutung, ändern vor allem nichts am Urteil, das Vitruv selbst (*De arch.* III 3,5) über die etruskischen Tempelbauten abgibt: "niedrig, schwerfällig und horizontal". Der tuskanische Tempel ist nichts weiter als die Umsetzung ins Monumentale jenes Haustypus mit drei nebeneinanderliegenden Räumen und einem Atrium im vorderen Teil, der während des 6. Jahrhunderts v. Chr. in Etrurien verbreitet war.

Die oberen Holzkonstruktionen waren vom Gebälk bis hin zu den Giebelgesimsen mit Tonplatten, Traufziegeln und durchbrochenen Simabekrönungen verkleidet, die wegen ihres Reichtums und ihres lebendigen, vielfarbigen Dekors hervortraten: Palmetten, Lotosblüten, Eierstäbe, Mäander und Flechtbänder. Das Ende jeder Deckziegelreihe war mit einem Stirnziegel in Gestalt eines Gorgonenkopfes, eines Mänaden- oder eines Silenskopfes verziert, die von einem muschelförmigen Nimbus eingerahmt waren. Auf dem First waren überlebensgroße Tonstatuen von Gottheiten und Helden aufgestellt, die mythologische Szenen darstellten, die oftmals nach lokalen Vorstellungen uminterpretiert worden waren. Der kleine Apollon, der im Arm seiner Mutter Latona den gespannten Bogen gegen die Schlange Python richtet, könnte in Veji Ausdruck des Kults dieses Gottes in seiner weissagenden Eigenschaft gewesen sein. Die Gruppe mit dem im Kampf um die kerynthische Hirschkuh über Apollon siegreichen Herakles könnte in einer Phase tyrannischer Herrschaft auf einen Sieg Vejis, verkörpert durch Herakles, über das nahe

Falerii angespielt haben, das in Apollon eine seiner Schutzgottheiten hatte. So könnten auch die Dekorationen an den Stirnseiten des Firstbalkens und der seitlichen Dachbalken Teil eines politischen Programms gewesen sein, das die ganze Stadt betraf: anhand der wenigen aufgefundenen Fragmente lassen sich Bellerophon, Krieger und Reiter ausmachen. Aus den Widmungsinschriften, den Akroter- und Votivstatuen kann man schließen, daß in dem Heiligtum verschiedene Gottheiten verehrt worden sein müssen: Apollon, Herakles, Minerva, Aphrodite, Artemis und Venai (eine sonst nicht belegte Gottheit; Anm. d. Red.).

Der dreigliedrige Tempel in seinen zwei Varianten – der mit drei Cellae und der mit einer zentralen Cella und zwei Seitenflügeln – hat vom 6. und 5. Jahrhundert v. Chr. an in Etrurien eine große Verbreitung gefunden (der Tempel B in Pyrgi; ein Tempel auf der Akropolis von Marzabotto; Orvieto, Belvedere). Die ältesten bisher bekannten Zeugnisse finden sich in Rom, doch stammen sie aus einer Zeit, in der sich Rom unter der Herrschaft der etruskischen Könige befand: der Tempel des Kapitolinischen Jupiter, der der Trias Jupiter-Juno-Minerva geweiht war und den die Tradition um das Jahr 580 v. Chr. datiert, oder der Tempel unterhalb der Kirche S. Omobono, der etwa um 570 v. Chr. erbaut worden sein mag. Der Tempel des Kapitolinischen Jupiter sollte später zum Symbol Roms werden und als solches in den römischen Kolonien Verbreitung finden.

Töneme Verkleidungsplatten des Tempels von Piazza d'Armi in Veji
Anfang 6. Jahrhundert v. Chr.
Rom, Museo Nazionale di Villa Giulia

BIBLIOGRAPHIE:
A. Andrén, Lund-Leipzig 1940; *Architettura etrusca nel Viterbese*, Rom 1986; M.P. Baglione, Scienze dell'Antichità 1, 1987, 381 ff.; G. Bartoloni (Hrsg.), Rom 1987; A. Boethius, Harmondsworth 1978; G. Camporeale in: *L'Etruria mineraria* (Ausstellungskatalog) Florenz-Mailand 1985, 127 ff.; ders. in: *Rasenna*, Mailand 1986, 246 ff.; G. Colonna in: Rasenna, Mailand 1986, 371 ff.; ders., Opuscola Romana 16, 1987, 7 ff.; M. Cristofani, Prospettiva 1, 1975, 9 ff.; M. Cristofani-M. Martelli in: *L'Etruria mineraria* (Ausstellungskatalog) Florenz-Mailand 1985, 84 ff.; I.E.M. Edlund-Berry, Rom 1992; G.A. Mansuelli, Mitteilungen des Deutschen Archäologischen Instituts. Römische Abteilung 70, 1963, 44 ff.; C.E. Östenberg, Rom 1975; G. Pianu in: M. Torelli, Rom-Bari 1985, 269 ff.; F. Prayon, Heidelberg 1975; *Santuari d'Etruria* (Ausstellungskatalog) Florenz-Mailand 1985; R.A. Staccioli, Florenz 1968; ders. in: Festschrift J. Heurgon, Paris-Rom 1976, 961 ff.; S. Stopponi (Hrsg.), Florenz-Mailand 1985.

Die Religion und die ''disciplina etrusca''

Giovannangelo Camporeale

Der Verlust der etruskischen Literatur mit ihren hauptsächlich religiösen Inhalten bedeutet eine beträchtliche Einschränkung unserer Kenntnisse über die etruskische Religion. Die aufschlußreichsten Zeugnisse zu diesem Gebiet finden wir in der griechischen und lateinischen Literatur der spätrepublikanischen Zeit und der Kaiserzeit sowie in der etruskischen Bildüberlieferung.

Die literarischen Werke behandeln die etruskische Religion nicht monographisch und geschlossen, sondern sporadisch und eher zufällig, darüberhinaus wenden sie sich an ein griechisches und römisches Leserpublikum, das seine eigenen kulturellen und religiösen Bedürfnisse und Vorstellungen besaß. Die Erwähnungen der Welt der Etrusker haben somit oft den Stellenwert gelehrter Verweise. Die Bildwerke beziehen sich zwar, von spezifischen Themen abgesehen, auf die tatsächliche lokale Überlieferung, aber ebenso auch auf die Bildtradition, die in den verschiedenen historischen Perioden lokal oder fremdländisch, orientalisch, griechisch oder römisch sein kann. Insofern ist aus den letztgenannten Quellen schließlich doch kein direktes Zeugnis zu gewinnen.

In der Antike standen die Etrusker im Ruf, ein tief religiöses Volk zu sein (Cic., *De div.* I 42; Liv. V 1,6; Arn., *Adv. nat.* VII 26), doch bezog sich dieser Ruf nicht so sehr auf ein inneres Empfinden als auf den Eifer und die Professionalität bei den rituellen Handlungen.

Die etruskische Religion beruhte auf Offenbarungen. Davon berichten uns von Cicero bis Johannes Lydos alle antiken Autoren ausdrücklich: Tages, ein Kind mit der Weisheit eines alten Mannes, soll in der Gegend von Tarquinia aus dem Boden aufgetaucht sein, als ein Bauer sein Feld pflügte, und es soll zu einer aus diesem Anlaß zusammengerufenen großen Menschenmenge über die Kunst der Leberschau (Haruspizin) gesprochen und angeordnet haben, daß seine Lehren schriftlich festgehalten werden. Der Kind-Genius sollte in der Folge mit Philosophen, die sich mit Religion befaßt hatten, wie Pythagoras oder Platon, auf eine Stufe gestellt werden (Lact., *Comm. in Stat. Theb.* IV 56). Weitere Offenbarungen über die Blitze (Serv., *Ad Aen.* VI 72) oder über die Notwendigkeit, das Privateigentum zu respektieren (*Grom. Vet.*, Hrsg. Lachmann, S. 350 f.), werden der Nymphe Vegoia zugeschrieben. Alle diese Vorschriften bilden die ''Disziplin'', das heißt die Gesamtheit der Normen, die das Verhältnis der Götter zu den Menschen regeln. Die erste Pflicht der Menschen ist es, den Willen der Götter zu erkunden, um daran ihr Handeln ausrichten zu können. Dieser Wille äußert sich in Blitzen, Eingeweiden von Tieren und in Wunderzeichen. Die Deutung solcher Erscheinungen ist Sache eines spezialisierten Berufsstandes, dem somit innerhalb der etruskischen Gesellschaft eine eminent wichtige Rolle zukommt.

Der Blitz ist das Zeichen, das den Willen der Götter am beredtesten ausdrückt. Diodorus Siculus (V 40) hielt die Etrusker in der Lehre von der Blitzdeutung für hochkompetent. Nach Seneca (*Quaest. nat.* II 32,2) glaubten die Römer, die Blitze entstünden, weil die Wolken aufeinanderstießen, während die Etrusker der Meinung waren, die Wolken stießen zusammen, um Blitze zu erzeugen, und sie waren überzeugt davon, daß sich dies ereignete, um kundzutun, was durch die Götter vorherbestimmt worden war. Seneca gibt, sich auf A. Caecina berufend, auch an, es gebe Blitze von dreierlei Art (*Quaest. nat.* II 39): Die erste Art ''rät'' zur Durchführung oder Unterlassung einer beabsichtigten Handlung, die zweite ''bestätigt'', ob eine bereits erfolgte Tat oder ein Ereignis zu guten oder schlechten Folgen führen muß, und die dritte schließlich ''warnt'' vor einer vermeidbaren Gefahr, an die man nicht gedacht hat. Plinius der Ältere behauptet (*Nat. hist.*

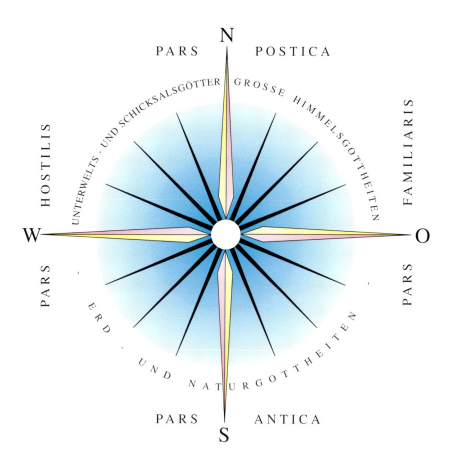

Aufteilung des Himmelsraumes gemäß der disciplina etrusca *nach Angaben Plinius des Älteren*

II 53,138), daß "neun Götter die Blitze schleudern, von denen es elf verschiedene Arten gibt, weil Zeus drei Arten schleudert." Der etruskische Ursprung der Theorie von den neun, Blitze schleudernden Göttern ist ein umstrittenes Thema, die dreifache Gestalt der Blitze des Zeus oder, in seiner etruskischen Benennung, Tinias wird aber von allen Autoren akzeptiert. Die erste Art von Blitz schleudert der Gott auf eigene Initiative aus, sie dient als Ermahnung und richtet keinen Schaden an; die zweite ergeht im Einvernehmen mit zwölf Göttern, den *dii consentes*, sie kann auch Gutes bewirken, schädigt aber zugleich jemanden; die dritte wird nach Befragung der höheren und dunklen Götter, der *dii superiores et involuti* ausgeschleudert; dieser Blitz zerstört alles, was er trifft (Sen., *Quaest. nat.* II 41). Vor allem ist es wichtig zu wissen, woher ein Blitz kommt und wohin er gerichtet ist, um günstige und ungünstige Wirkungen vorhersehen zu können. Vom Blitzdeuter, auf Etruskisch *trutnvt*, erfordert dies eine genaue Kenntnis des Himmelsraums. Eine klare Beschreibung desselben liefert uns Plinius der Ältere (*Nat. hist.* II 55,143). Demnach wurde der Himmel durch zwei gedachte, senkrecht zueinander stehende Geraden, die die vier Himmelsrichtungen miteinander verbinden, in vier Teile unterteilt, von denen ein jedes wiederum in vier weitere Felder aufgeteilt ist, so daß sich insgesamt sechzehn Sektoren ergeben. Die östlichen wurden als günstig, die westlichen als ungünstig angesehen. Martianus Capella (*De nupt. Philol. et Merc.* I 45-60) bestätigt im 5. Jahrhundert n. Chr. diese Aufteilung und gibt die Gottheiten an, die in jedem einzelnen Sektor angesiedelt waren. Der Himmelsraum wird in dieser Aufteilung und Ausrichtung zu einem "Tempel" in jenem technischen Sinn, den dieses Wort im Lateinischen besaß.

Ein zweites Verfahren, den Willen der Götter in Erfahrung zu bringen, ist die Untersuchung innerer Organe von Opfertieren, insbesondere der Leber. "Da die Etrusker", wie Cicero angibt (*De div.* I 42,93), "so religiös waren, opferten sie Opfertiere mit umso größerer Sorgfalt und Häufigkeit und widmeten sich sehr der Eingeweideschau." Und noch ausdrücklicher sagt Tibull (III 4,5-6): "Wahrheiten kündigen die Götter im voraus an, Wahrheiten kündigen die Eingeweide im voraus an, die die Zukunft vorhersagen, wenn die Etrusker sie betrachtet haben."

Von dieser Haruspizin genannten Lehre besitzen wir Bildzeugnisse. Auf einem Spiegel vom Ende des 5. Jahrhunderts v. Chr. aus Vulci untersucht ein Haruspex, etruskisch *netsvis*, eine Leber; er ist geflügelt und wird als Chalchas bezeichnet – die Parallele zum homerischen Wahrsager Kalchas ist überdeutlich, jedoch sind die Flügel eine etruskische Hinzufügung, die mit den besonderen Fähigkeiten des Deuters, sich den Göttern zu nähern, erklärt werden kann. Auf einem weiteren Spiegel aus dem 3. Jahrhundert v. Chr.

*Bronzestatuette des Herakles
aus Massa Marittima
3. Jahrhundert v. Chr.
Florenz, Museo Archeologico
Kat. 175*

aus Tuscania untersucht ein junger Mann in der Tracht eines Haruspex – Spitzhut und fransenbesetzter Mantel – eine Leber im Beisein weiterer Personen. Er ist als Pava Tarchies bezeichnet und eine der Personen als Tarchunus. Möglicherweise handelt es sich um Tarchon, der von Tages in der Wahrsagekunst unterwiesen wird gemäß einer Überlieferung, die Johannes Lydos (*De ost.*, *Proem.* 3) aufgezeichnet hat. So hält auch das Bildnis eines Toten auf dem Deckel einer Urne des 1. Jahrhunderts v. Chr. aus Volterra in der Hand eine Leber als klaren Hinweis auf seinen zu Lebzeiten ausgeübten Beruf. Aus der Gegend von Piacenza stammt ein kleines Bronzemodell einer Schafsleber, das zwischen das Ende des 2. und den Beginn des 1. Jahrhunderts v. Chr. datiert wird und auf dessen Oberfläche zahlreiche Namen von Gottheiten geschrieben stehen. Die gewölbte Seite ist durch eine Einritzung in zwei Lappen aufgeteilt, von denen der rechte Usil (der Sonne) und der linke Tivr (dem Mond) zugedacht sind. Die Flachseite ist in vierzig Felder aufgeteilt, in die die Götternamen eingeschrieben sind. Sechzehn Felder sind am Rand entlang angeordnet. Diese sechzehnfache Aufteilung entspricht der des Himmels, wodurch sich auch die Leber von Piacenza als ein "Tempel" erweist. Die Ansichten über die Orientierung dieser Leber und über eine Entsprechung der Götter in den verschiedenen Feldern mit den von Martianus Capella angegebenen sind nicht einhellig. Allgemein anerkannt ist hingegen die Beziehung zwischen etruskischer Leberschau einerseits und babylonischer Leberschau und griechischen kosmologischen Theorien andererseits.

Zu den Aufgaben der Haruspices gehörte auch die Erklärung ungewöhnlicher Vorgänge (und in ungünstigen Fällen auch der Vorschlag von angemessenen Bußhandlungen), der sogenannten Wunderzeichen, etwa der Geburt von monströsen Wesen, Milch-, Steine- oder Blutregen, Ablagerungen von Wolle auf Bäumen, Erdbeben und dergleichen. Solcherlei Phänomene sind in der Geschichte Roms häufig anzutreffen, doch sind ihre Deuter regelmäßig Etrusker. Einige Beispiele seien genannt. Servius (*Ad Aen.* IV 166) gibt an, daß "nach der etruskischen Disziplin für Heiratswillige nichts ungünstiger ist als ein Erdbeben." Cicero (*In Cat.* III 19) erinnert an eine Verwüstung auf dem Kapitol mit umgestürzten und verstreuten Statuen und Gesetzestafeln und fügt hinzu, daß aus Etrurien herbeigerufene Haruspices Blutbäder, Bürgerkriege, ja sogar das Ende Roms vorhersagten, wenn nicht die Götter besänftigt würden.

Die Vogelschau oder das Auspicium war eine weitere Praxis der Wahrsagerei, die allerdings bei den Etruskern möglicherweise nicht im gleichen Ausmaß gebräuchlich war wie bei den Römern und den Italikern. Der etruskische Ausdruck, mit dem die Vogelschauer bezeichnet wurden, ist nicht bekannt; in der römischen Welt hießen sie Auguren, und ihr Zeichen war ein Krummstab, der Lituus. Strabo (*Geogr.* XVI 2,39) berichtet, daß die etruskischen Auguren bei den Römern hoch angesehen waren, Porphyrios (III 4) fügt hinzu, daß die Etrusker auch auf den Schrei der Adler hörten. Erwähnenswert ist, daß das älteste, im übrigen bronzene, Exemplar eines Lituus aus einem Grab in Caere aus der ersten Hälfte des 6. Jahrhunderts v. Chr. stammt.

Abgesehen von den religiösen Voraussetzungen und Folgeerscheinungen der Bestattungsbräuche sind unter den Zeugnissen aus den ersten Jahrhunderten etruskischer Geschichte – grob gesagt der Zeit zwischen dem 9. und dem 7. Jahrhundert v. Chr. – Elemente, die zur Rekonstruktion des religiösen Lebens herangezogen werden könnten, ziemlich selten und problematisch. Auf diese Zeit gehen vermutlich einige unerklärbare Aspekte, Geschlecht, Anzahl, Eigenschaften und Namen einiger Götter betreffend, zu

DIE RELIGION UND DIE "DISCIPLINA ETRUSCA"

rück, die uns aus Äußerungen nachfolgender Jahrhunderte überliefert sind, als die etruskischen Götter, auch infolge des Einflusses der religiösen Kultur Griechenlands, immer klarer als Individuen gekennzeichnet wurden.
Als eines der ältesten Zeugnisse (magisch-)religiösen Gehalts kann man die aus freiplastischen Figurinen gebildete Tanzszene auf einer Bronzevase aus Bisenzio aus der zweiten Hälfte des 8. Jahrhunderts v. Chr. ansehen: Krieger, ein Pflügender und ein Jäger tanzen um ein teils mit menschlichen, teils mit tierischen Zügen ausgestattetes Monstrum. Die dargestellten Personen dürften angesichts ihrer Attribute (Waffen, Kopfbedeckungen) und auch angesichts der gediegenen Qualität des Gefäßes Aristokraten sein. Ob sie Mitglieder einer gleichen *gens* oder einer anders definierten Gruppe sind, ist schwer zu sagen. Die Anwesenheit griechischer Erzeugnisse, Handwerker und Kaufleute in Etrurien setzte bereits im 8. Jahrhundert v. Chr. ein und nahm im Verlauf des 7. Jahrhunderts zu. Eine Folgeerscheinung dieser Berührung der zwei Kulturen ist das Eindringen des griechischen Mythos in Etrurien. Er nahm innerhalb des fürstlichen oder gentilizischen Gesellschaftsgefüges des Etrurien jener Zeit eine politische und soziale Bedeutung an. Im 6. Jahrhundert war die griechische Präsenz noch ausgeprägter, und die Zeugnisse des

Bronzevase aus Bisenzio mit Waffentanz um ein Totem-Tier
2. Hälfte 8. Jahrhundert v. Chr.
Rom, Museo Nazionale di Villa Giulia

Folgende Seiten
Teilansicht der Bronzevase aus Bisenzio
Rom, Museo Nazionale di Villa Giulia

DIE RELIGION UND DIE "DISCIPLINA ETRUSCA"

griechischen Mythos wurden noch zahlreicher und vielfältiger. In ihrer politisch-sozialen Bedeutung bezogen sie sich jeweils auf die gentilizische Organisation, die neu entstandene städtische Struktur oder auf die Herrschaft von Tyrannen, die sich in den Städten durchgesetzt hatten. Gegenüber der griechischen Ikonographie weisen die etruskischen Repliken griechischer Mythen oftmals Veränderungen oder Varianten auf. Dies scheint mir allerdings ein vollkommen normaler Vorgang zu sein, da ja der Mythos ein Kulturprodukt ist, das nun in einer anderen Welt rezipiert wird als der, die ihn erschaffen und für ihn eine Ikonographie entwickelt hat. Im übrigen begünstigt der Anspielungswert, den ein mythologisches Thema in Etrurien annimmt - ein bisweilen völlig neuer Wert im Vergleich zu dem in Griechenland geltenden - die obengenannten Veränderungen. So ist bezeichnend, daß auf einer schwarzfigurigen etruskischen Amphora vom Anfang des 5. Jahrhunderts v. Chr., die im Louvre aufbewahrt wird, der Minotauros Herakles zum Gegner hat und nicht Theseus. Die Szene ist eine Anspielung auf den Sieg zivilisierter über wilde Mächte und feiert möglicherweise ganz speziell die Unternehmungen irgendeiner berühmten Persönlichkeit zur Wiederherstellung der gesellschaftlichen Ordnung. In diesem Fall wären die beiden Figuren ihrer ikonographischen Bezüge wegen besonders geeignet gewesen, und der Maler hätte sie herausgelöst aus ihren ursprünglichen Zusammenhängen eingesetzt. Im etruskischen Repertoire der spätklassischen und hellenistischen Zeit sollten Themen aus der griechischen Mythologie noch eine große Verbreitung erfahren, aber sie erhielten je nach den Monumenten, auf denen sie abgebildet wurden, unterschiedliche Bedeutungen - oftmals erotische auf den Spiegeln, sepulkrale auf den Urnen.

Da die Protagonisten der mythologischen Vorgänge Götter und Helden sind, fördert das Auftauchen des griechischen Mythos in Etrurien den Prozeß der Individualisierung und Vermenschlichung zahlreicher Gottheiten des lokalen Pantheon. Der Gott des Himmels mit dem Blitz (Tinia) wird mit Zeus identifiziert, die Begleitgöttin des Himmelsgottes (Uni) mit Hera, die Göttin der Liebe (Turan) mit Aphrodite, die Kriegsgöttin (Minerva) mit Athena, der Gott des Rausches (Fufluns) mit Dionysos und der Gott des Krieges (Laran) mit Ares. Einige griechische Gottheiten wie Apollon, Artemis und Herakles werden ins etruskische Pantheon neu eingeführt, während alte etruskische Gottheiten im Verlauf dieses Prozesses eine feste Gestalt erhalten, beispielsweise die doppelköpfige Gottheit Culsans. Die Ikonographie dieser Gottheiten ist uns sowohl durch mythologische Darstellungen als auch durch meist bronzene Statuetten bekannt, die seit der späten Archaik als Votivgaben in Heiligtümern dargebracht wurden. Vom Ende des 4. Jahrhunderts v. Chr. an gibt es unter den genannten Weihgeschenken auch Reproduktionen von Organen und Gliedmaßen des menschlichen Körpers, bisweilen aus Bronze, meist aber aus Terrakotta. Sie wurden offenbar geopfert, um von der Gottheit eine Heilung zu erbitten oder für eine erfolgte Heilung zu danken. Die Tatsache, daß diese Votivgaben aus fast allen Heiligtümern stammen, deutet, eher als auf eine Gottheit der Heilkunde, auf die besondere Eigenschaft verschiedener Götter hin - die der heilenden Kraft.

BIBLIOGRAPHIE:
R. Bloch, Paris 1963; ders. in: Kongreßakten Florenz, 1989, 895 ff.; ders., Paris 1991; G. Camporeale in: Kongreßakten Florenz, 1989, 905 ff.; C. Clemen, Bonn 1936, 27 ff.; G. Colonna in: *L'epos greco in Occidente*, Neapel 1980-1989, 303 ff.; ders. in: Scienze dell'Antichità 1, 1987, 419 ff.; M. Cristofani, Prospettiva 41, 1985, 4 ff.; ders., Prospettiva 51, 1987, 46 ff.; G.Q. Giglioli-G. Camporeale in: *Storia delle religioni*, Turin 1971, 539 ff.; *Die Göttin von Pyrgi*, Florenz 1981; R. Hampe-E. Simon, Mainz 1964; R. Herbig, Historia 6, 1957, 123 ff.; ders., Mainz 1975; I. Krauskopf, Mainz 1974; A. Maggiani, Studi Etruschi 50, 1982, 53 ff.; ders., Prospettiva 52, 1988, 2 ff; A. Maggiani-E. Simon in: *Gli Etruschi. Una nuova immagine*, Florenz 1984, 136 ff.; M. Pallottino, Mailand 1984, 323 ff.; J.A. Pfiffig, Graz 1975; G. Radke, Münster 1979; *Santuari d'Etruria* (Ausstellungskatalog) Florenz-Mailand 1985; M. Torelli in: *Rasenna*, Mailand 1986, 159 ff.; ders. in: *Studia Tarquiniensia*, Rom 1988, 109 ff.; L.B. Van der Meer, Bulletin Antieke Beschaving 56, 1979, 79 ff.; dies., Amsterdam 1987.

DIE RELIGION UND DIE "DISCIPLINA ETRUSCA"

*Schwarzfigurige etruskische Amphora mit
Herakles und Minotaurus
Anfang 5. Jahrhundert v. Chr.
Paris, Musée du Louvre*

Schrift, Sprache und Literatur

Giovannangelo Camporeale

Musteralphabet, auf eine kleine Buccherovase in Gestalt eines Hahns geritzt, aus Viterbo
2. Hälfte 7. Jahrhundert v. Chr.
New York, The Metropolitan Museum of Art
Kat. 204

Dem "geschriebenen Wort" kam in der etruskischen Welt zweifellos eine große Bedeutung zu; anhand einiger Beispiele läßt sich dies belegen.
Der Genius Tages verkündete, nachdem er an der Erdoberfläche aufgetaucht war, einer gewaltigen, aus ganz Etrurien herbeigeeilten Menschenmenge die Gebote der *disciplina etrusca*, auf daß diese nicht nur vernommen, sondern auch schriftlich festgehalten würden (Cic., *De div.* II 23). Interessanterweise kam diese Aufgabe nicht dem Genius zu, sondern seinen Zuhörern, oder nach einer anderen Überlieferung den Lukumonen (Königen) (Cens., *De die nat.* IV 13). Schriftliche und bildliche Quellen aus der archaischen Zeit sprechen der Rolle des *scriba*, des Schreibers offizieller Urkunden, ein hohes Ansehen zu: Mucius Scaevola tötete irrtümlicherweise an Stelle des etruskischen Königs Porsenna dessen Schreiber, weil dieser neben ihm saß und wie er gekleidet war (Liv. II 12,7; Dion. Hal. V 28,2); auf zwei spätarchaischen Steinreliefs aus Chiusi, die jeweils in Palermo und Paris aufbewahrt werden, sitzt der Schreiber auf einem Podest neben den Beamten, die als Schiedsrichter den Siegern sportlicher Wettkämpfe Preise verliehen.
Die etruskischen Alphabettafeln – über sechzig sind bekannt – dokumentieren die Zeichen lückenlos von der Orientalisierenden Phase bis zum Hellenismus, und sie wurden in verschiedenen Städten sowohl im etruskischen Kernland als auch im kampanischen Etrurien und im etruskischen Bereich der Poebene aufgefunden. Man stößt auf sie in Gräbern und in städtischen (Acquarossa, Spina) oder zu Städten gehörenden Arealen (Heiligtum von Gravisca). Dieser Umstand ist nicht allein im Zusammenhang mit der Verbreitung der Schrift zu sehen, sondern vielleicht auch mit dem Schreibunterricht. Die Tatsache, daß schon seit dem 7. Jahrhundert v. Chr. von einigen Alphabeten nur Teilabschnitte vorhanden sind, läßt vermuten, daß der Schrift eine Art magischer Kraft zugeschrieben wurde, indem man sie als ein Instrument ansah, vermittels dessen Prinzipien des gesellschaftlichen Zusammenlebens geklärt und festgehalten wurden, beispielsweise göttliche oder private Rechte auf einzelne Gegenstände, die individuelle Kennzeichnung von Personen, die Beschreibung sakraler oder juristischer Akte usw.
Die ältesten etruskischen Schriftzeugnisse gehen auf das erste Viertel des 7. Jahrhunderts v. Chr. zurück. Das dabei verwendete Alphabet ist griechischen Ursprungs. Die typologische Verwandtschaft der Buchstaben mit denen der Inschriften aus den euböischen Kolonien in Kampanien, Pithekussa und Cumae, hat zur Annahme geführt, das Alphabet sei über diese Kolonien in veränderter Anordnung nach Etrurien gelangt. Fast sicher geschah die Übernahme in Südetrurien, in Caere oder Tarquinia. Hier fand man die ältesten Inschriften, und hier vollzog sich der Anpassungsprozeß eines fremden Alphabets an die lokale Sprache: Von den ursprünglich 26 Buchstaben des euböischen Alphabets kam man schließlich zu den 22 des in Etrurien gebräuchlichen Alphabets; die stimmhaften Konsonanten (*b, g, d*) und der velare Vokal (*o*) wurden fortgelassen, da diese Zeichen Lauten entsprachen, die im etruskisch phonetischen System fehlten. Einige Buchstaben könnten im Verlauf des 7. Jahrhunderts v. Chr. aus anderen griechischen Bereichen als dem euböischen hinzugekommen sein, etwa der Zischlaut, der aus dem phönizischen Sade (M) abgeleitet wurde, oder das Gamma mit Haken (C) aus Korinth und vielleicht das punktierte Theta (Θ) aus Ostgriechenland.
Die Übernahme des griechischen Alphabets in Etrurien war Teil eines äußerst weitgespannten kulturgeschichtlichen Kontexts. Über das ganze 8. Jahrhundert v. Chr. hinweg gab es intensive Beziehungen zwischen dem euböischen Einflußbereich und dem mittleren und südlichen tyrrhenischen Becken: In Kampanien wurden die Kolonien Pithekussa

SCHRIFT, SPRACHE UND LITERATUR

Musteralphabet	Archaische Inschriften (7.-5. Jahrhundert)	Jüngere Inschriften (4.-1. Jahrhundert)	Transkription und phonetische Werte
A	A	A	a
𐤁			ⓑ
)	)	⊃	c (= k)
D			ⓓ
Ǝ	Ǝ	Ǝ	e
F	F	F	v
I	I	⊥ ᛐ	z
B	B	B	h
⊗	⊗ ⊕ +	⊙ ○	ϑ (th)
I	I	I	i
⋋	⋋	⋋	k
⋌	⋌		l
⋎	⋎	⋎ ⋏	m
⋎	⋎	⋎	n
⊞			ⓢ
O			ⓞ
⋂	⋂	⋂	p
M	M ⋈	M	ś
ᖳ	ᖳ	ᖰ	q
⋛	⋛ ⋚	⋛	r
⋛	⋛	† ⋎	s, ś
T	T	V	t
Y	Y		u
X	X		ṡ
Φ	Φ	⊕ ⋎	φ (ph)
Ψ	Ψ		χ (kh)
	(⋄ 8)	8	f

Musteralphabet, auf eine kleine Buccherovase in Gestalt eines Hahns geritzt, aus Viterbo 2. Hälfte 7. Jahrhundert v. Chr.
New York, The Metropolitan Museum of Art
Kat. 204

Das Alphabet in Etrurien: Vom griechischen Vorbild zu den einheimischen Entwicklungen

und Cumae gegründet, aus dem euböischen (und dem argivischen) Umfeld gelangte bemalte Keramik nach Etrurien, die zu "Weinservicen" gehört, und mit diesen auch Töpfer und Vasenmaler, die als Lehrmeister neue Techniken, einen neuen Geschmack und neue Gebrauchsmöglichkeiten verbreiteten. Im Gegenzug hat man Erzeugnisse des etruskischen Handwerks aus der Zeit zwischen dem Ende des 8. und dem Anfang des

87

7. Jahrhunderts v. Chr. in euböischen Zentren entdeckt: einen breiten Gürtel aus Bronze mit Rautenmuster möglicherweise in Euböa, mit Bronzeblech überzogene Schilde in Cumae, Impasto-Amphoren mit Spiraldekor in Pithekussa.

Bereits im 8., massiver dann im Lauf des 7. Jahrhunderts, gelangten bemalte Vasen aus Korinth nach Etrurien, wiederum aus der Gruppe der Weingefäße, aber auch Salbgefäße für die weibliche Körperpflege. Darüberhinaus kamen Maler und Bildhauer, die dort gearbeitet und daher die einheimische Entwicklung der Kunst, die sie ausübten, befördert hatten. Sie sollen nach der Überlieferung um die Mitte des 7. Jahrhunderts v. Chr. im Gefolge des reichen Kaufmanns Damaratos eingetroffen sein (Plin., *Nat. hist.* XXXV 5,16; 43,152), dem wiederum eine von Tacitus festgehaltene Überlieferung (*Ann.* XI 14) die Einführung der Schrift in Etrurien zuschreibt. Da die Schrift und die Kunst mit einer einzigen Person in Verbindung gebracht wurden, werden sie nach gängiger Auffassung auch auf einer Stufe gleichwertig nebeneinander gestanden haben.

Ostgriechenland war ein weiterer griechischer Raum, mit dem Etrurien während des 7. Jahrhunderts einen Kulturaustausch pflegte. Auch von dort gelangten Weingefäße (Schalen, kleine Kannen, Kelche usw.) sowie Salbgefäße (Aryballoi der rhodisch-kretischen Serie) nach Etrurien. Das Bild, das aus einem solch raschen Überblick über die kulturelle Situation Etruriens im 7. Jahrhundert und seine Beziehungen zur griechischen Welt, genauer gesagt zu unterschiedlichen griechischen Kulturräumen, hervorgeht, entspricht demjenigen, das aus einer Untersuchung des Alphabets zu gewinnen ist. Mehr noch: da die in Etrurien gefundenen fremdländischen Objekte Teile der reicheren Grabausstattungen sind, stellen sie ein Merkmal der wohlhabenden Gesellschaftsschicht dar. Die ältesten etruskischen Inschriften, die sich im Verlauf des 7. Jahrhunderts v. Chr. zunehmend nachweisen lassen, befinden sich an wertvollen Gegenständen von hoher Qualität – Gold-, Silber- und Bronzeobjekten, bemalten Vasen, importiert und einheimisch, dünnwandigem Bucchero usw. – und verweisen mit unterschiedlichen Formeln auf den Eigentümer der Gegenstände. Mit anderen Worten, innerhalb der etruskischen Gesellschaftsordnung des 7. Jahrhunderts sind die Inschriften wie auch die eingeführten Waren Statussymbole der aristokratischen Klasse.

Um die Wende vom 7. zum 6. Jahrhundert v. Chr. ereigneten sich innerhalb der etruskischen Gesellschaft tiefgreifende Veränderungen. Es etablierten sich neben der aristokratischen Schicht eine Mittelschicht und in ihrem Gefolge auch eine städtische Lebensweise. Die Vertreter dieser neuen Schicht eigneten sich nun die Kennzeichen an, die im 8. und 7. Jahrhundert der Adelsschicht zugestanden hatten, darunter auch die Schrift. Wenn man so will, wurde nun die Mode, einen Gegenstand über seine Inschrift zum Sprechen zu bringen, demokratisiert und zum Merkmal dieser neuen Schicht.

Das Alphabet entwickelte sich im Lauf des 6. Jahrhunderts weiter. Einige Buchstaben wurden aufgegeben (X = *ś*), der labiodentale Frikativlaut wurde mit dem Zeichen *8* angegeben anstelle des Diagramms *vh/hv*, der stimmlose Gutturalkonsonant wurde in Südetrurien mit C und in Nordetrurien mit K angegeben. Andere Weiterentwicklungen, vorrangig typologischer Art, ergaben sich in den folgenden Jahrhunderten, etwa mit den Zeichen *m, n, r, t*. Die Richtung der Schrift verlief in den ersten Jahrhunderten nach rechts, nach links und bustrophedon, d. h. furchenwendig, mit dem Beginn des 6. Jahrhunderts dann einheitlich nach links. In den ersten Jahrhunderten wurden die einzelnen Wörter eines Textes noch nicht voneinander abgesetzt, vom 5. Jahrhundert an sind sie

Bucchero-Fläschchen aus der Tomba Regolini Galassi in Caere mit Musteralphabet und Syllabar
7. Jahrhundert v. Chr.
Vatikan, Museo Gregoriano Etrusco

durch Punkte getrennt. Bereits in archaischer Zeit gab es im südlichen Etrurien, insbesondere in Veji, Fälle von syllabischer Interpunktion.
Vom 6. Jahrhundert an verbreitete sich das etruskische Alphabet in anderssprachigen Gebieten des antiken Italien – in Venetien, in der *Gallia Cisalpina*, im Picenum, in Umbrien und dem Samnium – und wurde den lokalen Sprachen angepaßt.
Das Thema des Alphabets führt unmittelbar auf das der Sprache hin. Von ihr gibt es direkte und indirekte Zeugnisse. Zu den ersteren gehören über 10.000 Inschriften sowie ein Text, der auf in Ägypten gefundenen und heute in Zagreb aufbewahrten Leinenbinden aufgeschrieben ist, in welche die Mumie einer jungen Frau eingewickelt war, der einzige "*liber linteus*", der uns aus der klassischen Welt überliefert ist. Zur zweiten Gruppe zählen Glossen, etruskische Überreste im Lateinischen oder in den italischen Sprachen und sogar im Italienischen, alte Bestandteile von Ortsnamen sowie Übersetzungen ins

Leinenbänder mit etruskischem religiösen Text; sie wurden benutzt, um die Mumie einer jungen Frau zu umwickeln.
2. Jahrhundert v. Chr.
Zagreb, Nationalmuseum

Lateinische. Die Inschriften beziehen sich stets auf bestimmte Funktionszusammenhänge: Widmungen auf Votivgaben, Epitaphe, Besitzerklärungen, Didaskalien, Verwünschungen, Namensformeln, Werkstattzeichen, Signaturen von Handwerksmeistern u.ä. In der Regel sind sie überaus kurz, bis auf einige Ausnahmen, wie z. B. die rituellen Texte des "Dachziegels" von Capua mit etwa 300 oder die der Mumie von Zagreb mit etwa 1200 erhaltenen Wörtern. Die Sprache ist auf eine Ansammlung von Formeln reduziert, gemäß den Gepflogenheiten eines epigraphischen Stils. Folglich müssen Ableitungen grammatikalischer oder syntaktischer Art stets diesen Umstand berücksichtigen.

Sprachkenntnis ist eine Grundvoraussetzung, will man Texte zur Rekonstruktion historischer Zusammenhänge heranziehen. Diese Forschungstätigkeit wird dann oft von der reinen Sprachforschung durchkreuzt, die sich bemüht, grammatikalische Funktionen und Kategorien, lexikalische Wertigkeiten oder die Klassifizierung der Sprache zu bestimmen. Man ist sich heute darüber einig, daß das Etruskische im Gegensatz zu den meisten übrigen Sprachen des antiken Italien nicht zur Gruppe der indoeuropäischen Sprachen zählt, wenn es auch deutliche Indoeuropäismen enthält, die auf unterschiedliche Umstände zurückzuführen sind. Bei verschiedenen Wörtern, insbesondere solchen, die Verwandtheitsgrade angeben oder sich auf Opferhandlungen beziehen, ist die spezifische Bedeutung bekannt, bei vielen anderen nur der Begriffszusammenhang, in den sie gehören.

Die etruskische Welt besaß auch eine recht namhafte Literatur. Livius zufolge (IX 36,3) schickten um das Ende des 4. Jahrhunderts v. Chr. die römischen Adligen ihre Söhne ins etruskische Caere, um dort die *litterae* zu studieren. Die lateinischen Autoren sprechen von *libri*, die entsprechend ihren Inhalten als *haruspicini*, *fulgurales*, *rituales*, *fatales*, *acherontici* und *ostentarii* bezeichnet waren, dazu Bücher, die von Genien oder Nymphen wie Tages oder Vegoia inspiriert worden sein sollen. Sie müssen Verzeichnisse der geltenden Normen enthalten haben und wie Nachschlagewerke benutzt worden sein. Noch 363 n. Chr. deuteten etruskische Haruspices durch Befragung der *libri exercituales* ein Wunderzeichen als Vorankündigung des Todes Kaiser Julian Apostatas in der Schlacht (Amm. Marc. XXIII 5,8). Diese religiös geprägten literarischen Erzeugnisse sind verloren gegangen. Es wurden zwar im 1. Jahrhundert v. Chr., als die etruskische Zivilisation

Drachenfibel aus Gold mit Inschrift und Granulation
aus der Nähe von Chiusi
2. Hälfte 7. Jahrhundert v. Chr.
Paris, Musée du Louvre
Kat. 119

bereits romanisiert war, durch Aulus Caecina, Nigidius Figulus und Tarquitius Priscus lateinische Übersetzungen von ihnen angefertigt, doch sind auch diese verloren. Unsere Kenntnisse beschränken sich somit auf die Buchtitel, auf gelegentliche Erwähnungen, auf knappe Auszüge oder auf Zusammenfassungen von Teilabschnitten, die von den lateinischen Autoren überliefert wurden. Eine Ausnahme könnte der zuvor genannte liber linteus von Zagreb darstellen, der einen religiösen Kalender enthält.
Varro gibt (in: Cens., *De die nat.* XVII 6) einen Hinweis auf *historiae Tuscae*, die im 8. Jahrhundert etruskischer Zeitrechnung, d. h. zwischen 207 und 88 v. Chr., geschrieben worden sein sollen, genau in dem Zeitraum, in dem die Werke der römischen Annalisten (in griechischer Sprache) verfaßt wurden. Möglicherweise bezieht sich auch Kaiser Claudius, der im übrigen Autor eines (verlorengegangenen) Werkes in zwanzig Büchern über die Etrusker war, auf historiographische Werke, wenn er an die *auctores Tusci* erinnert (CIL XIII 1668). Es ist schwierig, die historische Tragweite solcher Werke zu bestimmen und anzugeben, inwieweit sie von Verflechtungen mit religiösen Dingen frei waren. Mit größter Wahrscheinlichkeit dürften in Heiligtümern oder bei adligen Familien Archive existiert haben, deren Dokumente die Schriftsteller benutzt haben müssen, die über das etruskische Altertum schrieben (Verrius Flaccus, Claudius) oder auch diejenigen, die in der Kaiserzeit die Texte der Elogia verfaßten wie derjenigen von der Familie Spurinna, die in Tarquinia gefunden wurden.
Über Varro (*De ling. Lat.* V 40,5) weiß man auch von einem gewissen Volnius, einem etruskischen Tragödiendichter. Das Theater nahm in der etruskischen Welt in der Zeit des Hellenismus eine sicher nicht unbedeutende Rolle ein, glaubt man (indirekten) Zeugnissen in Monumenten, in der Sprache und der Bildkunst. Als die wichtigsten unter diesen seien die Überreste des Theaters von Arezzo-Castelsecco genannt, die Funde von Theatermasken in Gräbern des 4. und 3. Jahrhunderts v. Chr., die etruskische Herkunft einer der lateinischen Bezeichnungen für Schauspieler (*histrio*), das Eintreffen etruskischer Schauspieler in Rom im Jahr 364 v.Chr., der Erfolg von identischen epischen und mythischen Themen in der altlateinischen Tragödie und im Figurenrepertoire etruskischer Urnen aus hellenistischer Zeit, die deutlichen Beziehungen zwischen einigen Details der mythologischen Darstellungen auf diesen Urnen und Elementen der tatsächlichen Theatertradition.
Als Trägermaterial für die Schrift dürfte bei Werken größeren Umfangs Leinen benutzt worden sein, das in Streifen geschnitten und aufgerollt ein *volumen* (Schriftrolle) bildete. Dieses wurde bisweilen zum Attribut von Dämonen der Unterwelt mit deutlichen Anspielungen auf Verzeichnisse von Belohnungen oder Bestrafungen im Totenreich. Das lange Epitaph von Laris Pulena - der Verstorbene ist auf dem Deckel seines Sarkophags liegend dargestellt (datierbar zwischen der Mitte und dem Ende des 3. Jahrhunderts v. Chr.) - steht ebenfalls auf einer Rolle geschrieben, da dieser, laut einem Deutungsansatz zu einer Stelle im Epitaph ("*ziχ neθsrac acasce*"), ein Autor von libri war.
Die zahlreichen Erwähnungen etruskischer Bücher in den klassischen Quellen, die häufigen Darstellungen von Schreibmaterialien - von den Büchern in *codex*- oder in *volumen*-Form bis hin zu den Diptychen -, schließlich die glückhafte und außergewöhnliche Überlieferung eines "*liber linteus*" lassen den Gedanken aufkommen, daß einer der kennzeichnendsten Züge der etruskischen Kultur ihr literarischer Charakter war. Unter diesem Gesichtspunkt fühlt man sich an die antike hebräische Welt erinnert, in welcher Büchern und dem geschriebenen Wort ebenfalls eine große Macht und entscheidende Funktionen zukamen.

BIBLIOGRAPHIE:
Kongreßakten Florenz, 1976; L. Agostiniani, Florenz 1982; L. Agostiniani-O. Mjordt-Vetlesen, Florenz 1988; Annali della Fondazione per il Museo C. Faina 4, 1990; G. Colonna, Mélanges d'Archéologie et d'Histoire 82, 1970, 637 ff.; ders., Studi Etruschi 65, 1977, 175 ff; M. Cristofani, Annali della Scuola Normale Superiore di Pisa Ser. 2, 38, 1969, 99 ff.; ders., a. O., Ser. 3, 1, 1971, 295 ff.; ders. in: *Aufstieg und Niedergang der römischen Welt*, Berlin-New York 1972, 466 ff.; ders., Scrittura e civiltà 2, 1978, 2 ff.; ders., Florenz 1991; C. De Simone, Wiesbaden 1968-70; J. Heurgon, Paris 1961, 270 ff.; I. Krauskopf, Mainz 1974; G. Maetzke, Rendiconti della Pontificia Accademia Romana di Archeologia 55-56, 1982-1984, 35 ff.; P. Mingazzini in: *Archeologica. Festschrift Aldo Neppi Modona*, Florenz 1975, 387 ff.; M. Pallottino, Paris, 1978; ders. in: *Rasenna*, Mailand 1986, 311 ff.; ders., Vjesnik Ser. 3, 19, 1986, 1 ff.; M. Pallottino-M. Pandolfini Angeletti (Hrsg.), TLE, 1978-1984-1985; M. Pandolfini-A.L. Prosdocimi, Florenz 1990; J. Pfiffig, Graz 1969; H. Rix, Wiesbaden 1963; ders. in: *Gli Etruschi. Una nuova immagine*, Florenz 1984, 210 ff.; ders. (Hrsg.), Tübingen 1991; *Le ricerche epigrafiche e linguistiche dell'etrusco*, Florenz 1973; F. Roncalli, Rendiconti della Pontificia Accademia Romana di Archeologia 50-52, 1978-1980, 3 ff.; ders., Jahrbuch des Deutschen Archäologischen Instituts 95, 1980, 277 ff.; ders. (Hrsg.), Mailand 1985; G. Ronzitti Orsolini, Florenz 1971; M. Sordi in: Kongreßakten Florenz, 1989, 41 ff.; M. Torelli, Florenz 1975.

Das Reich der Toten

Giovannangelo Camporeale

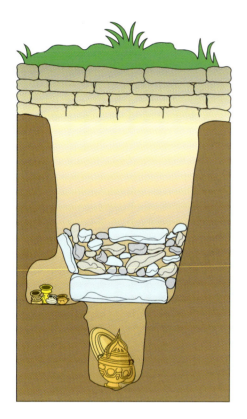

Schema eines Pozzetto-Grabes

Den größten Teil der Dokumentation der etruskischen Kultur beziehen wir aus Gräbern, seien es Inschriften, Kunstwerke oder handwerkliche Erzeugnisse. Das Bild, das die Welt der Begräbnisstätten uns so zu rekonstruieren erlaubt, ist allerdings nicht frei von Lücken und Aporien, insbesondere infolge des Verlusts der spezifischen Literatur zur Thematik des Totenkults - der "*Libri Acherontici*".

Das Grab, durch das der Verstorbene im Bewußtsein seiner Angehörigen weiterlebte, war bei den Etruskern Gegenstand besonderer Pflege. Seine Anlage, seine Einrichtung und seine Dekoration greifen oft auf das Haus und das irdische Leben zurück. Einäscherung oder Leichenbestattung, Einzel- oder Mehrfachbestattung, die Wahl eines bestimmten Behältnisses für den Leichnam oder die Asche, das Vorhandensein von Grabbeigaben, ihre Art und Menge und ihre Anordnung im Inneren des Grabes: solche Aspekte variieren im Lauf der Zeit und in den verschiedenen Siedlungsgebieten; sie werden erklärbar im Licht bestimmter gesellschaftlicher, ethischer und bisweilen auch ethnischer Voraussetzungen. In der Villanova-Kultur ist die verbreitetste Art der Bestattung die Einäscherung. Das Gefäß zur Aufnahme der Asche eines Toten hat die Form eines doppelten umgedrehten Kegels, oft auch die einer Hütte, womit versucht wird, für den Verstorbenen die häusliche Umgebung nachzubilden. Mit hoher Wahrscheinlichkeit kann man annehmen, daß mit Urnen dieses Typs auch Hinweise auf eine bestimmte Rolle verbunden sind, die der Tote im Rahmen seiner Familie im Leben gespielt hat. Die Bestattung erfolgte im allgemeinen einzeln, gelegentlich aber auch mit zwei Toten. In dieser Hinsicht stellen die kreisförmig angeordneten Gräber von Vetulonia einen Fortschritt dar: die frühesten unter ihnen stammen aus den mittleren Jahrzehnten des 8. Jahrhunderts v. Chr. und vereinigen in einem Areal, das in den Boden eingelassene Steine kreisförmig umschließen, bis zu fünfzehn Einzelgräber – höchstwahrscheinlich die Mitglieder einer Gemeinschaft, eines Clans oder einer "*gens*" (Sippe).

Das Kammergrab, wie es sich in Etrurien seit dem 7. Jahrhundert durchgesetzt hat, ist überwiegend mit dem Ritus der Leichenbestattung verbunden und eng mit der Durchsetzung einer gentilizischen Gesellschaftsordnung verknüpft. Die Bestattung in einem Grabe ist ein Recht, das den Mitgliedern einer "*gens*" (Sippe) zusteht. In der älteren Zeit sind die Gräber noch klein und nur für wenige Bestattungen vorgesehen, die fast immer im Zeitraum einer Generation stattfanden. Allmählich werden die Gräber größer und sind dann dazu bestimmt, die Bestattungen mehrerer Generationen aufzunehmen.

Seit den Frühzeiten umfaßt das Bestattungsritual die Aufbahrung des Toten im häuslichen Bereich, meistens in einer eigens dafür hergerichteten Halle, dazu die Totenklage durch die Frauen und Männer der Familie, und möglicherweise auch durch gedungene Klageweiber, die Überführung, die Beisetzung oder Einäscherung, die stets in der Nähe des Grabes erfolgen mußte, und das Deponieren der Grabbeigaben. Diese bestanden aus den Gegenständen, die dem Toten lieb gewesen waren und aus Geschenken der Angehörigen. Vor der Beisetzung mußten bestimmte Zeremonien durchgeführt werden. Bezeichnenderweise hat man in einigen Gräbern aus dem 7. Jahrhundert die Asche des Verstorbenen und seine persönlichen Gegenstände in einer Art Nische vorgefunden, während andere Dinge, die als Grabbeigaben und für den Opferritus erforderlich waren, zusammen in einer Ecke des Grabes niedergelegt waren (Gräber Nr. 926 und 928 von Pontecagnano, Tomba Bernardini in Praeneste und Tomba Boschetti in Comeana). Diese Nische sollte ein Hinweis auf den "*thalamos*" sein, das Schlafgemach, – und hier zeichnet sich eine Beziehung zwischen dem Bestattungsritus und dem häuslichen Bereich ab. Et-

DAS REICH DER TOTEN

Aschenurne mit stehender Figur, aus Chiusi
Ehemals in Chiusi,
Museo Archeologico Nazionale

Folgende Seiten
Caere, Blick von oben auf die Banditaccia-
Nekropole

DAS REICH DER TOTEN

DAS REICH DER TOTEN

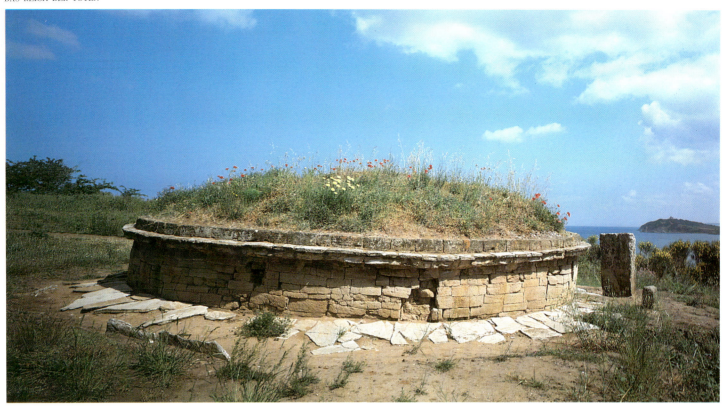

Populonia, Tomba dei Flabelli
7. Jahrhundert v. Chr.

was strukturell (und gedanklich) Ähnliches, wenn auch in monumentalen Formen, legt die Tomba dell'Alcova aus dem 4. Jahrhundert v. Chr. in Caere nahe. Im Inneren der Gräber aus dem 7. Jahrhundert gibt es noch Anzeichen, die an Zeremonien denken lassen. Im Vorraum der Tomba delle Statue in Ceri sind zwei bekleidete und majestätisch auf Thronen sitzende Statuen aus Stein erhalten, die man als Darstellungen von Vorfahren des Grabinhabers identifiziert hat, zu deren Ehren offenbar Riten durchgeführt wurden. In einem Seitenraum der Tomba delle Cinque Sedie in Caere waren fünf Terrakottastatuetten auf Throne aufgesetzt, die ebenfalls als Vorfahren gedeutet worden sind. Im gleichen Grab fanden sich, in den Fels geschlagen, ein Altar und Tische, die auch für die Durchführung von Zeremonien sprechen. Man vermutet außerdem, daß entsprechende Vorgänge auf den Kuppen der Tumuli der Nekropole von Caere stattgefunden haben, die über teilweise noch erhaltene Rampen und Treppen zugänglich waren; gleiches gilt für die Plattformen auf den älteren Würfelgräbern der Felsennekropolen im Inneren Südetruriens. Diese Plattformen konnte man über seitliche Treppen erreichen. Als eine Ehrung, die dem Ahnherren einer "*gens*" entgegengebracht wurde, ist der Ahnenkult somit eine Besonderheit der im 7. Jahrhundert höchsten Gesellschaftsschicht, den "*gentes*". In den folgenden Jahrhunderten muß sich dieser Kult in Etrurien weiter durchgesetzt haben, wie die Verwandtschaft der sicher belegten etruskischen Wortfamilie "*apa, apas, apasi, apires,...*" mit der entsprechenden Gruppe gleicher Bedeutung im Lateinischen nahelegt: "*parentes, parentalia, parentare*". In diesem Zusammenhang sei an einen etruskischen Glauben erinnert, der in den "*Libri Acherontici*" verzeichnet war und von späteren Quellen überliefert wurde (Arn., Adv. nat. II 62; Serv., Ad Aen. III 168). Danach wurden durch die Opferung bestimmter Gaben an bestimmte Götter die Seelen ebenfalls göttlich ("*dei animales*") und verwandelten sich in die göttlichen Penaten.

Mit Sicherheit hat vom 6. Jahrhundert an das Bestattungsritual Sportwettkämpfe, Bankette und Tänze miteingeschlossen. Darüber gibt es zahlreiche Belege durch die Grabmalereien in Tarquinia und Chiusi. Es ist naheliegend und allgemein unbestritten, daß solcherlei Veranstaltungen Statusmerkmale aristokratischer Schichten waren. Oft ist in diesen Grabmalereien der Verstorbene selbst in Ausübung gesellschaftlich hochangesehener Beschäftigungen dargestellt, wie etwa beim Bankett mit seiner Familie oder bei der Jagd.

Vom Ende des 5. Jahrhunderts v. Chr. an ändern sich die Darstellungen aus der Sphäre des Totenkults, möglicherweise infolge der Durchsetzung neuartiger orphisch-pythagoreischer Religionsvorstellungen griechischer Herkunft. Das Jenseits wird nun dargestellt, wie es von Dämonen, grauenerregenden Wesen und Gottheiten der Unterwelt bevölkert ist. Im Grab der Demoni Azzurri in Tarquinia (Ende des 5. Jahrhunderts v. Chr.) taucht die Figur des Charon auf, etruskisch Charun, des Fährmanns der Seelen über die Wasser des Acheron. Im Golini-Grab bei Orvieto (4. Jahrhundert v. Chr.) er-

*Caere, Innenansicht der Tomba delle Sedie e degli Scudi
7. Jahrhundert v. Chr.*

*Caere, Innenansicht der Tomba delle Cinque Sedie, seitliche Kammer
7. Jahrhundert v. Chr.*

reicht der Tote auf einem Wagen das Totenreich. Hier findet im Beisein von Hades und Persephone gerade ein Bankett statt, an dem möglicherweise auch die vor ihm gestorbenen Angehörigen seiner Sippe teilnehmen. In der jüngsten Kammer der Tomba dell'Orco in Tarquinia (Ende 4. – Anfang 3. Jahrhundert v. Chr.) ist die Unterwelt mit mythologischen Gestalten bevölkert: Agamemnon, Ajax, Odysseus, Teiresias, Geryoneus und Theseus zusammen mit Hades und Persephone und dem Dämon Tuchulcha, den ein Raubvogelschnabel, Eselsohren und eine Bewaffnung mit Schlangen kennzeichnen. Innerhalb des Bildrepertoires auf Sarkophagen und Urnen der hellenistischen Zeit kehrt das Motiv der Reise in die Unterwelt recht häufig wieder, zu Fuß, zu Pferd, auf einem Wagen oder einem Schiff, in Begleitung eines zerzausten und mit einem Hammer bewaffneten Charon oder geflügelter weiblicher Dämonen, die eine Fackel in der Hand tragen. Vom 4. Jahrhundert an werden viele mythologische Szenen durch die Anwesenheit von Dämonen in den entsprechenden Bildern neu interpretiert, zweifellos mit Rücksicht auf die sepulkrale Funktion der hier dargestellten Themen. So werden beispielsweise Charon und Vanth im François-Grab in Vulci der Opferung der trojanischen Gefangenen an die Manen des Patroklos hinzugefügt, findet auf einem rotfigurigen Krater der Bibliothèque

Wettkampfszenen aus der Tomba delle Olimpiadi in Tarquinia Ende 6. Jahrhundert v. Chr.

Nationale in Paris der Abschied von Alkestis und Admetos in der Mitte zwischen Charon und Tuchulcha statt, und auf Urnen aus hellenistischer Zeit sind ebenfalls verschiedene Episoden des thebanischen oder trojanischen Zyklus unter Beifügung von Charon und weiblichen Dämonengestalten zu sehen. Von den ersten bis zu den letzten Zeugnissen der etruskischen Kultur fällt das Bemühen auf, das Grabmonument individuell zu gestalten, selbstverständlich im Rahmen der im Lauf der Jahrhunderte und an den verschiedenen Orten unterschiedlichen Ausdrucksformen. Einige Gräber der Villanova-Phase enthalten Rasiermesser oder Waffen, andere Wirtel, Spindeln oder Spulen. Im ersten Fall handelt es sich um Gräber von Männern, im zweiten von Frauen. Die Waffen jedoch, besonders das Schwert, sind in der Villanova-Zeit Kennzeichen der aufstrebenden Gesellschaftsschicht, und die Verwendung eines Helmes anstelle der gewöhnlicheren Schale als Deckel der doppelkonischen Aschenurne ist ein weiteres Statusmerkmal. Die Wirtel, Spindeln oder Spulen verweisen auf das Spinnen, das eine typische Tätigkeit der etruskischen Matronen war. Es sei daran erinnert, daß im Sancus-Tempel zu Rom im 1. Jahrhundert v. Chr. eine Spindel und ein Rocken, an welchen noch die Wolle hing, aus dem Besitz von Tanaquil, der etruskischen Ehefrau des Tarquinius Priscus, aufbewahrt wurden (Plin., Nat. hist. VIII 74,194). Daraus ist zu schließen, daß die genannten Gegenstände als Grabbeigaben den hohen gesellschaftlichen Rang der Toten kennzeichnen sollten. So geben die ersten Formen einer individuellen Gestaltung der Gräber nicht nur Unterschiede des Geschlechts, sondern auch der Gesellschaftsschicht an.

Auch die bereits in der Villanova-Kultur einsetzenden Versuche, Gesichtszüge wiederzugeben, sind bemerkenswert, bedeuten sie doch einen weiteren Schritt auf dem Weg der Individualisierung der Grabdenkmäler. Auf einem kalottenförmigen Bronzehelm aus einem Fossa-Grab bei Tarquinia (8. Jahrhundert v. Chr.) ist die Verzierung aus Ziernägeln, Linien und Punkten so angeordnet, daß man einen Eindruck von einem Gesicht erhält; die Deckelschalen einiger bikonischer Aschenurnen aus Vulci und Saturnia überragt ein kugelförmiger Abschluß, der an einen Menschenkopf erinnert; bei einer

DAS REICH DER TOTEN

Opferung trojanischer Gefangener an die Manen des Patroklos aus der Tomba François in Vulci 2. Hälfte 4. Jahrhundert v. Chr. Rom, Villa Albani

BIBLIOGRAPHIE:
G. Bartoloni (Hrsg.), Rom 1987; M.-F. Briguet, Florenz 1989; G. Camporeale, Mitteilungen des Deutschen Archäologischen Instituts. Römische Abteilung 66, 1959, 31 ff.; ders., Rom 1984; M. Cataldi Dini in: Kongreßakten Mailand, 1987, 37 ff.; G. Colonna, Studi Etruschi 45, 1977, 175 ff.; ders. in: *Rasenna*, Mailand 1986, 371 ff.; G. Colonna-F.-W. v. Hase, Studi Etruschi 52, 1984, 13 ff.; M. Cristofani, Rom 1975; ders. in: Kongreßakten Mailand, 1987, 191 ff.; B. D'Agostino, Monumenti Antichi s. misc. II 1, 1977; ders., *L'Archéologie aujourd'hui*, Paris 1980, 207 ff.; ders., Prospettiva 32, 1983, 2 ff.; F. Delpino in: Kongreßakten Grosseto-Roselle-Vulci, 1977, 173 ff.; S. De Marinis, Rom 1961; L. Donati in: Festschrift G. Maetzke, Rom 1984, 273 ff.; M.A. Fugazzola Delpino, Rom 1984; R.D. Gempeler, Einsiedeln 1974; H. Hencken, Cambridge 1968; ders., Cambridge 1971; I. Krauskopf, Florenz 1987; F. Magi in: Kongreßakten Perugia, 1964, 175 ff.; G.A. Mansuelli, Studi Etruschi 36, 1968, 3 ff.; F. Nicosia, Florenz 1966, 11 ff.; M. Pallottino, Studi Etruschi 26, 1958, 49 ff.; F. Prayon, Marburger Winckelmannsprogramm 1974, 3-15; J.P. Thuiller, Rom 1985; M. Torelli in: *Rasenna*, Mailand 1986, 159 ff.; ders., Rom 1987.

Impasto-Aschenurne aus Bisenzio sind an ihrem oberen Teil Andeutungen von Gesichtszügen zu sehen.

Dieser Prozeß erfährt bei einer Gruppe anthropomorpher Aschenurnen, die in Chiusi hergestellt wurden, den sogenannten Kanopen, eine bedeutende Entwicklung. Die Kanopen kommen in der ersten Hälfte des 7. Jahrhunderts v. Chr. auf und bestehen noch lange im folgenden Jahrhundert weiter. Diese Aschenurnen werden häufig auf einen Thron gesetzt, ihre Deckel haben die Gestalt eines menschlichen Kopfes, und bisweilen sind die Griffe als Arme ausgebildet. Bei einigen Vasen, die für die Beisetzung von Frauen bestimmt waren, sind Brustwarzen angedeutet. Die menschlichen Köpfe tragen bestimmte Merkmale, die es erlauben, einen Mann von einer Frau zu unterscheiden, einen alten von einem jungen, einen mageren von einem beleibten Menschen, doch sind sie von einem physiognomischen Porträt noch weit entfernt. Zeitgleich mit den Kanopen besitzen wir ebenfalls aus Chiusi ganze Menschenfigürchen auf den Deckeln einiger Aschenurnen. Als in der zweiten Hälfte des 6. Jahrhunderts die Herstellung von Kanopen nachließ, setzte die der steinernen Statuen-Urnen ein, die bis zum 4. Jahrhundert v. Chr. anhielt: Die Statue sitzt auf einem Thron, ist aus einzelnen Teilen zusammengesetzt und innen hohl, um die Asche des Verstorbenen aufzunehmen. Sie ist eine Weiterentwicklung der alten Kanopus-Urne und hebt deutlich den aristokratischen Charakter des Monuments hervor. In Caere gab es in der zweiten Hälfte des 6. Jahrhunderts eine Produk-

tion von Sarkophagen und Urnen aus Terrakotta, auf welchen der Verstorbene liegend oder halbliegend wie bei einem Bankett, bisweilen auch als Paar zusammen mit seiner Ehefrau, dargestellt ist. Die Individualisierung des Denkmals tritt bei allen diesen Beispielen immer stärker hervor, doch bei den Gesichtszügen werden weiterhin feste Typen beibehalten. Eine besondere Tendenz ist an den archaischen Stelen aus den verschiedenen Siedlungszentren des nördlichen Etrurien zu beobachten (Roselle, Vetulonia, Volterra, Fiesole), wo der Tote in heroisierender Weise wiedergegeben wird. Dabei machen ihn weniger seine Waffen und sonstigen Attribute individuell kenntlich, als vielmehr die Beischrift seines Namens.

Bei den Grabmalereien des 4. Jahrhunderts (beispielsweise in der Tomba dell'Orco oder der Tomba degli Scudi) und bei den Sarkophagen und Urnen aus hellenistischer Zeit ist die Darstellung des Toten sehr weit verbreitet, hält sich aber noch an allgemeine Typen, wie "junger – gereifter – alter Mensch", dem dann bisweilen ein charakterisierendes Attribut hinzugefügt ist, etwa ein Bart oder ein kahler Schädel, ohne dabei jedoch ein echtes physiognomisches Porträt zu ergeben. Die Individualisierung bleibt einmal mehr der Namensbeischrift anvertraut, bis hin zu jenem Sarkophag des Magnaten von Tarquinia (3. Jahrhundert v. Chr.), der den Verstorbenen mit den Gesichtszügen eines Mannes im mittleren Alter darstellt, wo doch dieser, wie aus der Inschrift zu erfahren, zweiundachtzigjährig starb.

Die Romanisierung Etruriens

Giovannangelo Camporeale

Der Unterlauf des Tiber galt als die natürliche Grenze zwischen Etrurien und dem antiken Latium (Strabo, *Geogr.* V 2,1; Plin., *Nat. Hist.* III 5,53; III 5,56), doch war er nie eine unüberwindbare Barriere. Seit den Anfängen der Geschichte der Etrusker und Latiner gab es zwischen beiden Völkern immer wieder Begegnungen und Konflikte, die einen intensiven Austausch der jeweiligen kulturellen Erfahrungen mit sich brachten. Die Romanisierung Etruriens war der Epilog sowohl zur Geschichte dieser Begegnungen und Zusammenstöße als auch zur Entwicklung der etruskischen Kultur selbst. Auf politischer, militärischer und administrativer Ebene setzte dieser Prozeß zu Beginn des 4. Jahrhunderts v. Chr. ein und war mit dem 1. Jahrhundert v. Chr. abgeschlossen. Er ist eingefügt in den größeren Rahmen der Romanisierung ganz Italiens.

Rom war bis etwa zur Mitte des 4. Jahrhunderts v. Chr. eine Stadt wie manche andere im antiken Italien; ihr Einflußbereich ging nicht weit über das kleine Gebiet hinaus, das die Stadt direkt umgab. Dann begann ihr stetiger politischer, wirtschaftlicher und kultureller Aufschwung, aus dessen Verlauf hier nur einige wichtige Etappen angeführt seien: 338 v. Chr. erlangte die Stadt durch die Auflösung des latinischen Bundes eine regionale Vormachtstellung, 270 v. Chr. baute sie diese mit der Unterwerfung Tarents und Reggios zur nationalen aus, und durch die siegreiche Beendigung des 1. Punischen Krieges und die Eroberung Siziliens wurde Rom 241 v. Chr. zu einer Macht von internationalem Rang. Die Romanisierung Etruriens vollzog sich zeitgleich mit diesen Ereignissen; sie erfolgte jedoch weder in einem einzigen Zug, noch war sie ein kontinuierlicher Prozeß, sie verlief vielmehr von Stadt zu Stadt auf verschiedene Weise und zu unterschiedlichen Zeiten.

Als erste etruskische Stadt fiel Veji unter die Herrschaft Roms. Die beiden Städte hatten sich schon immer feindlich gegenübergestanden, nach der Überlieferung sogar seit Romulus' Zeiten (Liv. I 15; Dion. Hal. II 54-55; III 6,1; Plut., *Rom.* XXV), weil sie beide an der Nutzung der Salinen nahe der Tibermündung interessiert waren. Der entscheidende Krieg wurde zwischen 405 und 396 v. Chr. ausgefochten. Nach den Quellen wurde die etruskische Stadt belagert, mit einer Kriegslist eingenommen und zerstört; ihr Gebiet wurde dem römischen einverleibt und an die römische Plebs verteilt. So dehnte Rom nicht nur sein Gebiet auf die andere Tiberseite aus, sondern es versetzte zugleich dem auf der Herrschaft der *principes* beruhenden sozioökonomischen System Etruriens einen Schlag.

373 v. Chr. gründete Rom die ersten Kolonien (latinischen Rechts) auf etruskischem Gebiet, Sutri und Nepet (Nepi), in der Absicht, die Falisker zu kontrollieren, die während des Krieges zwischen Rom und Veji auf seiten Vejis gekämpft hatten. Auf diese Weise begannen sich erste Zentren römischer Kultur auf etruskischem Boden zu bilden.

Dem nunmehr klar ersichtlichen Plan Roms, Einfluß über Etrurien zu erlangen, stellte sich Tarquinia entgegen, das 358 v. Chr. einen Krieg begann, der 351 mit einem vierzig Jahre dauernden und 308 v. Chr. erneuerten Nichtangriffspakt endete. Caere, das bis auf eine kurze Zeit während des tarquinischen Krieges schon immer gute Beziehungen zu Rom unterhalten hatte – man erinnere sich, daß es 390 v. Chr. während der Galliereinfälle die römischen Vestalinnen aufgenommen hatte –, schloß 353 v. Chr. einen hundertjährigen Nichtangriffspakt mit Rom und wurde *"municipium sine suffragio"* (Halbbürgergemeinde, d. h. ohne Wahlrecht). Angesichts dieses Sachverhalts war die Präsenz Roms im südlichen Etrurien um die Mitte des 4. Jahrhunderts v. Chr. längst eine

*Römische Kolonien und Straßen in Etrurien
Die Ortsbezeichnungen der Kolonien
sind in lateinischer Sprache angegeben*

Realität geworden. Wahrscheinlich steht das Aufkommen einer neuen Aristokratie von Großgrundbesitzern in den Städten Südetruriens in Zusammenhang mit dieser politischen Situation. Diese Adelsschicht ließ sich große mit Fresken und Stuck ausgeschmückte Gräber bauen; sie werden auf die zweite Hälfte des 4. Jahrhunderts v. Chr. datiert. In diesem Kontext lassen sich einige Interventionen der Römer in etruskischen Städten mit der Absicht erklären, interne Konflikte zwischen der demokratisch-antirömischen und der aristokratisch-prorömischen Partei zu lösen. Dies geschah z. B. 302 v. Chr. in Arezzo, um die Volksaufstände gegen die reiche Familie der Cilnier niederzuschlagen (Liv., X 3).

Im 3. Jahrhundert v. Chr. unternahm Rom weitere Vorstöße auf etruskisches Gebiet und trug Siege über einzelne Städte davon: 292 v. Chr. besiegte der Konsul L. Postumius Megellus endgültig Rusellae, 280 v. Chr. siegte der Konsul T. Coruncanius über Vulci und Volsinii und zwang die Volsinier, sich in einer neuen Siedlung in der Ebene niederzulassen (Volsinii Novi); 241 v. Chr. wurde auch Falerii zerstört und die Einwohner wurden in die Ebene umgesiedelt (Falerii Novi).

Unterdessen betrieb Rom weiter die Errichtung von Kolonien latinischen (Cosa 273 v. Chr.) sowie römischen Rechts auf etruskischem Territorium (Castrum Novum 264 v.

*Caere, Tomba dei Rilievi
2. Hälfte 4. Jahrhundert v. Chr.*

Chr., Alsium 247 v. Chr., Fregenae 245 v. Chr., Pyrgi 191 v. Chr., Saturnia 183 v. Chr., Gravisca 181 v. Chr.) und begann außerdem den Bau der großen Reichsstraßen, die Etrurien durchquerten: die Aurelia, die Clodia, die Cassia, die Flaminia und die Amerina. Diese Straßen, die oft alten etruskischen Trassen folgten, dienten vor allem den Truppenbewegungen, waren aber zugleich ein Mittel zur Verbreitung römischer Kultur. Es ist belegt, daß 205 v. Chr., als P. Cornelius Scipio zu einem Feldzug rüstete, um Hannibal in Afrika anzugreifen, viele etruskische Städte – Caere, Populonia, Tarquinia, Volterra, Arezzo, Perugia, Chiusi, Rusellae – mit Produkten, die ihren jeweiligen Möglichkeiten entsprachen (Getreide, Holz, Pech und Tuch für Schiffe, Eisen, Waffen) (Liv., XXVIII 45), einen Beitrag leisteten.

Im 3. und 2. Jahrhundert v. Chr. orientierte sich die etruskische Bildkunst – in den Reliefs auf Sarkophagen und Urnen, den Grab- und Ehrenporträts, den Bronzestatuetten, den Architekturterrakotten und Grabmalereien – an den zu jener Zeit maßgeblichen Tendenzen pergamenischen, rhodischen oder auch attischen Ursprungs; vor allem die

letztere hatte seit dem dritten Viertel des 2. Jahrhunderts v. Chr. ihr Verbreitungszentrum in Rom selbst. In diesen Jahrhunderten besaßen Rom und Etrurien mancherlei gemeinsame kulturelle Interessen: Man denke an die Verbreitung gewisser "pocula" (Becher) des Typus mit Weihinschriften an Götter in lateinischer Sprache in Etrurien, oder an den Umlauf von Münzen römischer Serie in etruskischen Städten (Caere, Tarquinia, Arezzo) oder an die Beliebtheit der Mythen aus dem thebanischen und dem trojanischen Zyklus in der archaischen lateinischen Tragödie und im Bildrepertoire der etruskischen Urnen.

Rom wurde nun zum Bezugspunkt der italischen Völker, die dort nicht nur Kultur, sondern auch Arbeit fanden. Der Eintritt ins römische Heer wurde von vielen Italikern, die in der Heimat keine Verdienstquelle besaßen, als eine gute Berufsmöglichkeit angesehen. Die Italiker strebten nunmehr danach, sich in Sitten und Gebräuchen Rom anzugleichen: 180 v. Chr. beantragten die Cumaner von den Römern das Recht, die lateinische Sprache in öffentlichen Urkunden und bei Versteigerungen benutzen zu dürfen (Liv. XL 42, 13). In das 2. Jahrhundert v. Chr. (die Datierungsvorschläge schwanken zwischen dem ersten und dem letzten Viertel) wird üblicherweise die Statue des Arringatore datiert, die durch ihren Fundort bei Perugia und durch ihre etruskische Aufschrift zu einem kulturellen Umfeld gehört, das noch etruskisch war, aber durch ihre Bekleidung – Tunika und Toga –, ihre Schuhe, den Ring und die realistische Wiedergabe des Porträts deutlich seine Hinwendung zur römischen Kultur anzeigt.

Der Bürgerkrieg (90 - 88 v. Chr.) und in seiner Folge die rechtliche Gleichstellung der Italiker mit römischen Bürgern durch die *lex Julia de civitate* bedeutete das Ende der Regionalkulturen im antiken Italien. Von nun an dominierte in diesem Raum die römische Kultur und war Latein die offizielle Sprache.

Obwohl sich die Italiker der römischen Kultur gegenüber immer umfassender und stärker öffnen, fehlt es in den letzten Jahren der Republik und während der Kaiserzeit nicht an beredten Zeugnissen für das Überleben regionaler Kulturen. So wurden zum Beispiel in Volterra bis um die Mitte des 1. Jahrhunderts v. Chr. weiterhin wie schon im 3. und 2. Jahrhundert Alabasterurnen hergestellt, und einige von ihnen erhielten auch ein lateinisches Epitaph. Auf die zweite Hälfte des 1. Jahrhunderts v. Chr. geht eine in Pesaro gefundene zweisprachige Inschrift in Etruskisch und Lateinisch zurück, die von einem Etrusker namens L. Cafatius zeugt, der Haruspex und Blitzdeuter gewesen war. Die Hinzufügung des Textes in Etruskisch, also einer Sprache, die außerhalb der religiösen und gelehrten Sphäre immer weniger gebräuchlich war, zum geläufigen lateinischen Text ist als eine Art Ehrung des von L. Cafatius ausgeübten Berufs anzusehen, der noch während der Kaiserzeit und bis ins Mittelalter großes Ansehen genoß. Die diesbezüglichen Aussagen der antiken und mittelalterlichen Autoren belegen dies zweifelsfrei.

Tacitus (*Ann.* XI 15) gibt im 1. Jahrhundert n. Chr. eine Rede des Kaisers Claudius vor dem Senat wieder, in der dieser die nutzbringenden Ratschläge der etruskischen Haruspices in schwierigen Zeiten in Erinnerung rief und die Notwendigkeit betonte, die "uralte Disziplin Italiens" nicht aus Trägheit aufzugeben. Ammianus Marcellinus (XXIII 5,8) berichtet im 4. Jahrhundert n. Chr. von etruskischen Haruspices, die während des Feldzugs gegen die Perser 363 n. Chr. das römische Heer begleiteten. Vor der entscheidenden Schlacht, in der der Kaiser Julian Apostata den Tod fand, werteten sie nach Befragung der "*libri exercituales*" die Anwesenheit eines großen Löwen in den feindlichen

Zweisprachige Inschrift in Etruskisch und Lateinisch, aus Pesaro
2. Hälfte 1. Jahrhundert v. Chr.
Pesaro, Museo Oliveriano

Folgende Seiten
Corsini-Thron und Teilansicht seiner Verzierungen
1. Jahrhundert v. Chr.
Rom, Galleria d'Arte Antica, Palazzo Corsini
Kat. 235

DIE ROMANISIERUNG ETRURIENS

107

Reihen und seine Tötung durch die Römer als ein schlechtes Vorzeichen. Im 5. Jahrhundert n. Chr. beschreibt Zosimos (*Hist. nov.* V 41) die Belagerung Roms durch Alarich im Jahre 409, in deren Verlauf Pompeianus, dem die Stadt anvertraut war, sich mit einigen Etruskern traf. Er hatte sie kommen lassen, weil sie sich rühmten, die Gefahren, die über der Stadt Narni geschwebt hatten, mit ihren überlieferten etruskischen Gebeten abgewendet zu haben. Im 6. Jahrhundert n. Chr. schreibt Prokop (*De bell. Goth.* VIII 21,10) über die Auslegung eines seltsamen Vorfalls durch einen Etrusker, der dem Geschehen – ein kastrierter Stier hatte eine Kuh bestiegen – zufälligerweise beigewohnt hatte. Er fügt hinzu, daß die Etrusker noch zu seiner Zeit als Wahrsager berühmt waren. Dies sind zwar nur spärliche und vereinzelte, aber durchaus nicht unbedeutende Zeugnisse; sie stellen die letzten deutlichen Überlebenszeichen einer Kultur dar, die bereits der Geschichte angehörte.

Alabasterurne
mit dem Mythos der Sieben gegen Theben
aus Volterra
Mitte 1. Jahrhundert v. Chr.
Volterra, Museo Guarnacci

Der "Arringatore"
aus der Nähe von Perugia
2. Jahrhundert v. Chr.
Florenz, Museo Archeologico

BIBLIOGRAPHIE:
A. Carandini (Hrsg.), Florenz-Mailand 1985; F. Catalli, Rom 1980; M. Cristofani-M. Martelli (Hrsg.), Florenz 1977; T. Dohrn, Berlin 1968; W.V. Harris, Oxford 1971; G.A. Mansuelli, Bologna 1988; S. Mazzarino, Historia 6, 1957, 98 ff.; M. Pallottino, Studi Etruschi 24, 1955-1956, 45 ff.; L. Quilici in: Kongreßakten Florenz, 1989, 451 ff.; G. Radke, Bologna 1981; *Roma medio-repubblicana*, Rom 1973; M. Sordi, Rom 1960; M. Torelli, Dialoghi di Archeologia 3, 1969, 67 ff.; ders., Florenz 1975; ders. in: *Rasenna*, Mailand 1986, 67 ff.; ders., Rom-Bari 1990.

Bergbau und Metalle

1. Reines Hämatit-Fragment (Fe$_2$O$_3$)
etwa 2,5 × 2,5 × 1,4 cm
Ischia, Museo Archeologico
Inv. 238645
Aus Pithekussa, Lacco Ameno,
Geröllhalde am Abhang des Monte Vico

Mineralbrocken, der wahrscheinlich auf der Insel Elba ("Miniere di Rio") gewonnen wurde. Sein Fund in Pithekussa, wo auch ein Viertel entdeckt wurde, das von der Mitte des 7. Jahrhunderts v. Chr. an Metallverarbeitung betrieb, verdeutlicht die Art der Beziehungen zwischen Etrurien und der euböischen Niederlassung auf der Insel, die von den Griechen als Handelsvorposten vor Italien auch zum Zweck der Versorgung mit Mineralien gegründet wurde.

G. Buchner in: *L'Etruria mineraria* (Ausstellungskatalog), Florenz-Mailand 1985, 46 Nr. 1.

2. Bergarbeiterlampe
Braun-schwarzer Impasto mit Glimmer-Einschlüssen
H 4,5 cm; L 8 cm; B 3 cm
Florenz, Museo Archeologico
Inv. 112916
Aus Campiglia Marittima, Fucinaia-Tal, Bereich der Schmelzöfen

Viereckiger, geschlossener Körper, flacher Boden, aufgerichtete Schnauze von runder Form. Auf dem Boden ist die Inschrift *akius* eingeritzt (Name des Besitzers?). Obwohl diese Form nirgendwo sonst in Etrurien belegt ist, lassen Gebrauchsspuren darauf schließen, daß es sich um eine Öllampe handelt.
Ende 5. - Anfang 4. Jahrhundert v. Chr.

A. Romualdi in: *L'Etruria mineraria* (Ausstellungskatalog), Florenz-Mailand 1985, 46 Nr. 2; dies. in: "Campiglia Marittima - Percorsi storici e turistici", S. Giovanni Valdarno 1990, 133-135.

3. Bergarbeiterlampe
Braun-schwarzer Impasto mit Glimmer-Einschlüssen
H 5,4 cm; L 7 cm; B des Bodens 4 cm
Florenz, Museo Archeologico
Inv. 112913
Aus Campiglia Marittima, Fucinaia-Tal, Bereich der Schmelzöfen

Wie die vorangegangene Nr.
Ende 5. - Anfang 4. Jahrhundert v. Chr.

A. Romualdi in: *Civiltà degli Etruschi* (Ausstellungskatalog), Florenz-Mailand 1985, 146 Nr. 6-11.

4-5
Metallgußbarren
Florenz, Museo Archeologico
Aus der Isola del Giglio, Schiffswrack von Campese

Die Gußbrocken stammen zusammen mit Feinkeramik und etruskischen und griechischen Amphoren aus der Ladung des in den Gewässern vor der Isola del Giglio untergegangenen Schiffes. Das Wrack bezeugt die Vitalität und Vielfalt des etruskischen Handels in archaischer Zeit.
Anfang 6. Jahrhundert v. Chr.

M. Bound in: "ENAΛIA", Erg.bd. 1, 1991, 26 Abb. 5.

4. Gußbarren
Blei
L 47 cm; B 17,4 cm
Inv. 148173

Ovale, abgeflachte Form mit einer konvexen und einer ebenen Seitenfläche. Auf der Unterseite sind zwei Buchstaben eingraviert.

M. Bound, The Giglio Wreck in: "ENAΛIA"; Erg.bd. 1, 1991, 26 Bild 53.

5. Gußbarren
Kupfer
Dm 41,5 - 43 cm
Inv. 148175

Runde Form

BERGBAU UND METALLE

6. Kleiner Tiegelofen
Schamottemasse
H 24 cm; Dm 24 cm
Murlo, Antiquarium Comunale

Moderne Rekonstruktion anhand von Fragmenten, die bei Ausgrabungen im Areal der Metallverarbeitung gefunden wurden.

7. Schlacken aus der Erzeinschmelzung
Restbestandteile von Eisenerz
Aus dem archäologischen Areal San Cerbone in Populonia

Die Erzverarbeitung ist in der Umgebung von San Cerbone bei Populonia bereits seit dem 6. Jahrhundert v. Chr. belegt, intensiv wurde sie aber seit Beginn des 4. Jahrhunderts v. Chr. betrieben. Die Erze, die geröstet oder ausgeschmolzen wurden, stammten aus der Umgebung oder von der Insel Elba. Die Schlacken sind auf Grund ihres hohen verbliebenen Metallanteils als antik zu identifizieren; sie nahmen in großen Aufschüttungen mehrere Hektar Fläche rund um den heutigen Golf von Baratti ein und begruben unter sich die Gräber aus der Zeit vom 9. - 5. Jahrhundert v. Chr.

A. Minto, Florenz 1943, 35-38; G. Camporeale in: *L'Etruria mineraria* (Ausstellungskatalog), Florenz-Mailand 1985, 21 f.

8. "Ziehstein"
Stein
L 11,7 cm; B 4,7 cm; Stärke 2 cm
Marzabotto, Museo Nazionale Etrusco P. Aria
Inv. 827
Aus Marzabotto, Terrasse A vor der Gießerei der Regio V, 5

Platte, an beiden Enden abgeschlagen, von einer Serie von durchgehenden, gleichmäßigen Bohrungen in zwei Reihen durchbrochen. Auf beiden Seiten Zeichen des Alphabets und Inschriften auf den Seiten. A: [---?] *śualuś mi*; B: [---] *teś*. In der ersteren kann man ein Gentiliz padanischen Ursprungs erkennen.
5. Jahrhundert v. Chr.

G. Sassatelli in: *Civiltà degli Etruschi* (Ausstellungskatalog), Florenz-Mailand 1985, 146 f.

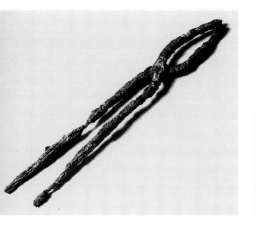

9. Zange
Eisen
L 46 cm
Marzabotto, Museo Nazionale Etrusco P. Aria
Inv. 986
Aus Marzabotto aus einem kleinen Kanal vor dem Haus 6 der Regio IV, 1.

Schmiedewerkzeug
5. Jahrhundert v. Chr.

G. Sassatelli in: *Civiltà degli Etruschi* (Ausstellungskatalog), Florenz-Mailand 1985, 146.

10. Fragment einer Gußform (Arm)
Terrakotta
H 9 cm; B 8,8 cm
Marzabotto, Museo Nazionale Etrusco P. Aria
Inv. 861
Aus Marzabotto, Areal der Gießerei der Regio V, 5.

Gußform nach verlorenem Wachsmodell für eine männliche Bronzestatue, deren Höhe auf etwa 80 - 90 cm geschätzt worden ist. Dieses Fragment bezeugt, zusammen mit weiteren aus dem gleichen Areal, die hohe Kunstfertigkeit der Handwerker von Marzabotto.
Anfang 5. Jahrhundert v. Chr.

G.A. Mansuelli u.a., Bologna 1982, 58 Abb. 54.

11. Fragment einer Gußform (Wangenschutz?)
Terrakotta
H 10,4 cm; B 9,5 cm
Marzabotto, Museo Nazionale Etrusco P. Aria
Inv. 871
Aus Marzabotto, Areal der Gießerei der Regio V, 5.

Gußform mit Palmetten- und Volutenverzierung, die vielleicht zu einem Teil eines Helmes, wahrscheinlich zu einem Wangenschutz, gehört.
Anfang 4. Jahrhundert v. Chr.

L. Malnati-V. Manfredi, Mailand 1991, 192 Abb. 45, 6.

12. Fragment einer Gußform (Kopf)
Terrakotta
H 13,3 cm
Marzabotto, Museo Nazionale Etrusco P. Aria
Inv. 860
Aus Marzabotto, Areal der Gießerei der Regio V, 5.

Gußform für die Statue eines Kouros, von der ein Teil des Gesichtes mit länglichem Auge und gelockter Frisur erhalten ist. Die Anregung dazu stammt von importierten Werken aus Griechenland, die in Marzabotto durch einen marmornen Kouroskopf belegt sind. Anfang 5. Jahrhundert v. Chr.

L. Malnati-V. Manfredi, Mailand 1991, 192 Abb. 45, 5.

13-23
Vetulonia, Poggio alla Guardia, Pozzetto-Grab V
Ausgrabung Falchi 1884-1888
Rom, Museo preistorico-etnografico L. Pigorini

Die Forschungen, die Isidoro Falchi in den achtziger Jahren des vorigen Jahrhunderts auf dem Poggio alla Guardia und den umliegenden Erhebungen durchführte, machten es möglich, das vieldiskutierte Problem der Lage der etruskischen Stadt Vetulonia zu lösen. Sie brachten die weit ausgedehnten Nekropolen, von den ältesten aus der Eisenzeit bis zu denen der orientalisierenden Phase, ans Licht.

Die genaue Zusammensetzung zahlreicher von Falchi entdeckter Grabausstattungen erscheint vielfach zweifelhaft. Aus der hier gezeigten Gruppe von Objekten, die 1888 in das Museo preistorico gelangte, ist die Verbindung von Elementen, die für Bestattungen von Frauen typisch sind, mit Gegenständen, die zumeist Gräber von Männern kennzeichnen, fragwürdig. Vermutlich ist die Sanguisugafibel (Inv. 37421/a) aus diesem Komplex auszuklammern, da sie gegenüber der in den Archivunterlagen genannten Zahl von Fibeln überzählig ist und sich auch chronologisch nicht einfügt. Alle übrigen Stücke bilden nämlich zeitlich eine einheitliche Gruppe, die der frühen Phase der ersten Eisenzeit (9. Jahrhundert v. Chr.) zugeordnet werden kann.

G. Bartoloni u.a., Rom 1987, 30 f. Abb. 13 Taf. 8 c.

13. Hüttenurne
Impasto; restauriert
H 36,5 cm; Basis 35 × 38,5 cm
Inv. 37416

Ovaler Grundriß; viereckige Tür mit plastischer Rahmung, vorkragendes Satteldach mit fünf seitlichen Balkenpaaren. Öffnungen an den Giebelseiten.

14. Kleine einhenkelige Vase
Impasto
H 10 cm; max. B 8 cm
Inv. 37418

Verzierung in Pseudo-Kordelmuster mit umlaufenden Dreiecken, die mit Reihen querliegender Schraffuren ausgefüllt sind.

15. Kleiner Krug
Impasto
H 14 cm; max. B 9,7 cm
Inv. 37417

Askosförmiger Körper mit exzentrischem Hals und Kleeblattmündung; schräg angesetzter Bandhenkel. Möglicherweise aus Sardinien eingeführt, wahrscheinlich aber eher eine einheimische Variante sardischer Typen.

16. Fibel mit spiralverziertem Bügel
Bronze; unvollständig
Erhaltene Länge 5,4 cm
Inv. 37421/c

17. Fibel mit verdicktem Bügel
Bronze; unvollständig
Erhaltene Länge 8,3 cm
Inv. 37421/b

Symmetrischer Nadelhalter. Verzierung aus vertikalen, parallelen Linienbündeln und Punktreihen.

18. Zweiteilige Schlangenfibel
Bronze; bruchstückhaft
Erhaltene Länge 6,8 cm
Inv. 37421/f

Zu zwei Kreisen geschlängelter Bügel, an dem das obere Ende der Nadel eingefügt ist. Der fehlende Nadelhalter war mit einer Scheibe verziert.

19. Fibel mit verdicktem und flach gebogenem Bügel
Bronze; unvollständig
Erhaltene Länge 5,4 cm
Inv. 37421/d

Verzierung mit vertikalen, parallelen Linien. Der fehlende Nadelhalter war mit einer Scheibe verziert.

20. Fibel mit verkleidetem Bügel
Bronze; fragmentiert
Erhaltene Länge 5 cm
Inv. 37421/e

Bügel aus Viereckdraht, auf den Scheibchen aus feinem Blech aufgefädelt sind, deren Durchmesser von der Mitte zu den Enden hin abnimmt. Der fehlende Nadelhalter war mit einer Scheibe verziert.

21. Sanguisugafibel
Bronze; unvollständig
Erhaltene Länge 6,1 cm
Inv. 37421/a

Verzierung mit quer verlaufenden Bändern auf der Oberseite.

22. Bikonischer Spinnwirtel
Impasto
H 3,1 cm; max. B 3,5 cm
Inv. 37419

24-28
Populonia, Falda della Guardiola, Depot

Florenz, Museo Archeologico

Die Nummern 24 - 28 gehören zu einem 1926 unter dem vorkragenden Wehrturm der hellenistischen Stadtmauer entdeckten eisenzeitlichen Depot, das bronzene Erzeugnisse enthält, darunter einige Importe aus Sardinien.

23. Ring
Bronze
Dm 4,3 cm
Inv. 37420

24. Boot
Bronzeguß
L 20,4 cm
Inv. 93505

Das Boot, dessen Bug in einer Ochsen- oder Hirschprotome endet, hat einen länglichen, trapezförmigen Rumpf mit flachem Boden. Solche Gegenstände wurden möglicherweise als Lampen verwendet. Dieses sardische Handwerksprodukt ist ein Beleg für die Handelsbeziehungen zwischen Sardinien und Etrurien.
2. Hälfte 8. Jahrhundert v. Chr.

G. Parise Presicce in: *L'Etruria mineraria* (Ausstellungskatalog), Florenz-Mailand 1985, 47 Nr. 10.

25. Schwert mit Griffzunge
Bronzeguß
Erhaltene max. Länge 26 cm; B 4 cm
Inv. 93497

Das Schwert, dem ein Teil der Klinge fehlt, gehört zum Typus Monte Sa Idda, der in Sardinien hergestellt wurde. Es ist das einzige auf dem italienischen Festland gefundene Exemplar.
2. Hälfte 8. Jahrhundert v. Chr.

V. Bianco Peroni, München 1970, 99 Nr. 270 Taf. 40 (*Prähistorische Bronzefunde* IV, 1); G. Parise Presicce in: *L'Etruria mineraria* (Ausstellungskatalog), Florenz-Mailand 1985, 47 Nr. 12.

26. Lappenbeil
Bronzeguß
L 15 cm
Inv. 93821

Das Beil mit stark abgewinkelten Lappen hat einen annähernd trapezförmigen Umriß und einen undifferenzierten Nacken. Es gehört zu einer Variante von Lappenbeilen vom Typus Elba, die zwischen der Insel Elba und Populonia lokalisiert ist.
2. Hälfte 8. Jahrhundert v. Chr.

G.L. Carancini, München 1984, 113 Nr. 3539 (*Prähistorische Bronzefunde* IX, 12); G. Parise Presicce in: *L'Etruria mineraria* (Ausstellungskatalog), Florenz-Mailand 1985, 47 Nr. 13.

27. Vier Lappenbeile
Bronzeguß
L 18,5 cm
Inv. 93820; 126387; 126388; 126389

Die Beile, die in der entsprechenden Typologie als eine Variante des Typus Bambolo eingeordnet werden, sind im mittleren tyrrhenischen Raum verbreitet. (Die Abbildung zeigt das Exemplar Inv. 126387.)
2. Hälfte 8. Jahrhundert v. Chr.

G.L. Carancini, München 1984, 8 f. Nr. 2043-2046 (*Prähistorische Bronzefunde* IX, 12); G. Parise Presicce in: *L'Etruria mineraria* (Ausstellungskatalog), Florenz-Mailand 1985, 47 Nr. 14.

28. Navicellafibel

Bronzeguß und Bronzeblech
L 4,2 cm
Inv. 113854

Mit ihrem rautenförmigen Bügel, dem langen Nadelhalter und der doppelt gewickelten Feder gehört die Fibel zum Typus Sundwall G III ß. Sie scheint das jüngste Objekt aus dem Depot zu sein.
2. Hälfte 8. Jahrhundert v. Chr.

G. Parise Presicce in: *L'Etruria mineraria* (Ausstellungskatalog), Florenz-Mailand 1985, 47 Nr. 11.

29-34
Tarquinia, Nekropole von Poggio dell'Impiccato, Grab I mit Brandbestattung

Florenz, Museo Archeologico

Zur Ausstattung gehören, über die Nummern 29 - 34 hinaus, ein halbmondförmiges Rasiermesser vom Typus Grotta Gramiccia, ein radförmiger Anhänger, Reste von Fibeln (darunter eine, auf deren Bügel Scheiben aufgefädelt sind, und eine weitere zweiteilige Fibel, deren Nadel mit Bernstein und Gold besetzt ist), Plaketten aus Goldblech, eine kleine bauchige Olla aus Impasto, eine Doppeltasse mit zweifach durchbrochenem Henkel sowie verschiedene kleine Schalen mit Fuß.
Auf die Urnenfelderkultur verweisen die Tasse aus Bronzeblech, der Helm, der Speer und der radförmige Anhänger, während das Schwert und die Scheide in ihrer besonderen Typologie auch für Süditalien bekannt sind (Pontecagnano). Insgesamt ist die Ausstattung charakteristisch für das Grab eines Mannes von hohem gesellschaftlichen Rang, genauer eines Kriegers.
1. Hälfte 8. Jahrhundert v. Chr.

29. Aschenurne

Schwärzlich-brauner Impasto, mit dem Kamm eingeritzte und mit einer runden Punze eingedrückte Verzierungen
H 39 cm; Dm an der Öffnung 19 cm; Dm des Fußes 11,4 cm
Inv. 83379/t

Bikonischer Körper, ein einziger, gerundeter Henkel, Verengung am Boden mit schwach ausschwingendem Kontur am Rand. Am Hals läuft ein Mäander um. Die geometrischen Motive an der Basis enden in zwei "sitzenden Figuren", die sich auf Höhe des Henkels frontal begegnen. Auf der Schulter Metopenfelder mit Hakenkreuz und gekreuzten Punktreihen.

M. Iozzo in: *Civiltà degli Etruschi* (Ausstellungskatalog), Florenz-Mailand 1985, 57.

30. Helm

Bronzeguß und Bronzeblech. Verzierung in Treib- und Ziselierarbeit
H 35,7 cm; Dm 22,3 cm
Inv. 83379/a

Halbkugelförmiger, spitz zulaufender und mit Kamm versehener Kalottenhelm; drei falsche Nägel ragen auf beiden Seiten unterhalb des Kamms aus der Kalotte. Verzierung mit doppelter Buckelreihe auf der Kalotte und auf dem Kamm.

M. Iozzo in: *Civiltà degli Etruschi* (Ausstellungskatalog), Florenz-Mailand 1985, 57 (mit der früheren Literatur); G. von Merhart, Mainz 1969, 125 Abb. 5.

31. Pyxis

Bronzeguß und Bronzeblech. Verzierung in Treibarbeit
H (ohne Deckel) 5,5 cm; H gesamt 10 cm; Dm 4 cm
Inv. 83379/e

Zylindrischer Körper mit flachem, appliziertem Boden, Deckel mit Griff in Gestalt doppelter stilisierter Vogelköpfe, langes Kettchen zum Aufhängen. Auf dem Deckel und auf dem Körper parallele Reihen von getriebenen Buckelchen.

M. Iozzo in: *Civiltà degli Etruschi* (Ausstellungskatalog), Florenz-Mailand 1985, 59.

32. Tasse

Bronzeblech; geritzte und getriebene Verzierungen
H (ohne Henkel) 7 cm; H gesamt 10,6 cm; Dm der Öffnung 12,1 cm
Inv. 83379/b

Leicht auskragender Rand, schmale, abgeschrägte Schulter, steilwandiger Gefäßkörper, kleiner, angeschrägter Fuß und aufragender Bandhenkel. Auf dem Gefäßkörper Reihen von Buckelchen in Treibarbeit und eingeritzte Zickzackmuster.
Die Tasse, Typus Stillfried-Hostomice, gilt eher als seltenes importiertes Exemplar aus Mitteleuropa, denn als eine einheimische Imitation.

M. Iozzo in: *Civiltà degli Etruschi* (Ausstellungskatalog), Florenz-Mailand 1985, 57 (mit der früheren Literatur); G. von Merhart, Mainz 1969, 309 Taf. 36, 3.

BERGBAU UND METALLE

33. Schwert mit Scheide
Bronzeguß und Bronzeblech; Holz; geritzte Verzierung
Schwertlänge 43 cm; Scheidenlänge 32,2 cm
Inv. 83379/p

Schwert: schlanke Griffzunge, Platte zur Befestigung des halbmondförmigen Knaufs, breite gebogene Schulter. Auf der Klinge gravierte Verzierungen.
Scheide: innen Holz, das mit Bronzeblech überzogen ist, in welches Tiere und eine Jagdszene in Metopenfeldern eingraviert sind.
Schwert und Scheide vom Typus Pontecagnano.

M. Iozzo in: *Civiltà degli Etruschi* (Ausstellungskatalog), Florenz-Mailand 1985, 58 (mit der früheren Literatur); G. Camporeale, Rom 1984, 21 Abb. 2.

34. Lanzenspitze und Lanzenschuh
Bronzeguß und Bronzeblech; auf dem Lanzenschuh eingeritzte Verzierung
Länge der Spitze 20,5 cm; Länge des Schuhs 16,5 cm; Breite der Spitze 4,8 cm; Breite des Schuhs 2,1 cm
Inv. 83379/g1-g2

Lanzenspitze mit Klinge in geschweifter Umrißform und mit runder Schäftungstülle; konischer Lanzenschuh mit facettiertem Querschnitt, an seiner Basis mit parallelen Ritzlinien verziert.

M. Iozzo in: *Civiltà degli Etruschi* (Ausstellungskatalog), Florenz-Mailand 1985, 57.

35. Hüttenurne
Bronzeblech; Bleiplatte im doppelten Boden
H 28,5 cm; Basis 40,5 × 35,7 cm
Rom, Museo Nazionale di Villa Giulia
Inv. 84900
Aus Vulci, Osteria-Nekropole, Grab mit Steinciste

Ovaler Grundriß; vier Pfosten stützen das vorkragende Dach, bewegliche Tür. Im Dach eine runde Lüftungsöffnung und eine Reihe von Balken, die in Vogelköpfen enden und an das Motiv des Sonnenbootes erinnern. Dieses wurde möglicherweise aus dem Hallstatt-Umkreis übernommen und war in der Bronzeplastik der Villanova-Kultur sehr verbreitet.
1. Hälfte 8. Jahrhundert v. Chr.

V. D'Atri in: G. Bartoloni (Hrsg.), Rom 1987, 53 f. Nr. 67 Abb. 31-33; S. 170.

36-38
Vulci, Nekropole von Cavalupo, Grab der nuraghischen Kleinbronzen
Rom, Museo Nazionale di Villa Giulia

Reiche Grabausstattung einer Frau aus einem Pozzo-Grab mit Kustodie (Steinbehälter für Urne und Beigaben), der durch das Vorhandensein von drei kleinen sardischen Bronzen (die auf den mittleren und nördlichen Teil der Insel zurückführbar sind) große kulturhistorische Bedeutung zukommt. Diese Bronzen belegen sehr frühe Kontakte zwischen Etrurien und Sardinien, die mit dem Mineralienhandel zusammenhängen. Darüber hinaus deutet die Vergesellschaftung mit einem breiten, mit Rauten verzierten Gürtel und Gold- und Bronzeschmuck bereits auf eine klare soziale Differenzierung in einer fortgeschrittenen Stufe der ersten Villanova-Phase hin.
2. Hälfte 9. Jahrhundert v. Chr.

M.A. Fugazzola Delpino in: *Civiltà degli Etruschi* (Ausstellungskatalog), Florenz-Mailand 1985, 64-66.

36. Statuette
Bronze, Vollguß
H 13,5 cm
Inv. 59917

Konischer Hut, hinten spitz zulaufendes Gewand und Taillengürtel, Sandalen mit hoher Sohle. Vom rechten Arm mit erhobener Hand hängt ein kugelförmiger Gegenstand herab; am linken befindet sich eine große zusammengebogene "Platte", möglicherweise aus Leder. Nach M. A. Fugazzola Delpino handelt es sich nicht um einen Krieger oder einen Priester, wie üblicherweise interpretiert wurde, sondern um die Figur einer sozial hochgestellten Frau.

M.A. Fugazzola Delpino, Rom 1984, 98-100; dies. in: *Civiltà degli Etruschi* (Ausstellungskatalog), Florenz-Mailand 1985, 64 f. Nr. 2.5.2,6.

37. Miniatur-"Schemel"
Bronze, Vollguß
H 3 cm
Inv. 55918

Flache Oberseite aus Blech mit einem Loch in der Mitte, auf fünf Beinen, die mit Ösen abschließen. Dieses Objekt ist als ritueller Schemel bekannt, wurde aber kürzlich als ein im sardischen Kontext bekannter Typus eines Musikinstruments gedeutet: Es mußte mittels eines in das obere Loch eingeführten Stabes bewegt werden, und der Klang soll durch Gegenstände erzeugt worden sein, die an den Ösen aufgehängt waren.

M.A. Fugazzola Delpino, Rom 1984, 101; dies. in: *Civiltà degli Etruschi* (Ausstellungskatalog), Florenz-Mailand 1985, 65 Nr. 2.5.2,5.

38. Miniatur-Korb
Bronze, Vollguß
H 3,3 cm; max. Dm des Deckels 4,5 cm
Inv. 59919

Deckel mit einem in die Gefäßöffnung passenden Rand und Griffen, die mittels Bändeln mit den Henkeln des Korbes zusammenzubinden waren. Rillenverzierung, die die Struktur von Flechtkörben nachahmt. Bronzemodelle von Flechtkörben sind in Sardinien im Umkreis des Tempels von Santa Vittoria di Serri bekannt.

M.A. Fugazzola Delpino, Rom 1984, 102 f.; dies. in: *Civiltà degli Etruschi* (Ausstellungskatalog), Florenz-Mailand 1985, 65 Nr. 2.5.2,6.

39. Antennenschwert
Bronze
L 46 cm
Sassari, Museo Nazionale G.A. Sanna
Inv. 10627
Aus Ploaghe, Nuraghe Attentu

In jüngster Zeit dem nördlich der Alpen und im Veneto verbreiteten Typus Zürich von Müller-Karpe zugeordnet. Zusammen mit einem weiteren Antennenschwert aus Sa Sedda e Sos Carros, einigen Fibeln und weiteren Bronzen etruskischer Produktion, die in Sardinien gefunden wurden, belegt das Schwert die Intensität der Handelsbeziehungen zwischen Etrurien und Sardinien, zwei an Metallvorkommen reichen Gegenden.
9. Jahrhundert v. Chr.

F. Lo Schiavo in: *Etruria Mineraria*, Kongreßakten Florenz 1981, 303 f.; M. Gras, Rom 1985, 118 f.

40. Rasiermesser
Bronze
L 12,6 cm; H 9,3 cm
Sassari, Museo Nazionale G.A. Sanna
Inv. 63
Aus einem Nuraghen der Nurra

Zweischneidiges Rasiermesser, kleiner gegossener Griff mit Knoten in der Mitte; in der Klinge vier Löcher inmitten konzentrischer eingeritzter Kreise. Variante des Typus Marino, der in Mittel- und Süditalien verbreitet ist. Wurde im Zuge von Warenaustausch, vermutlich Mineralien, oder Wanderungsbewegungen von Völkern nach Sardinien ausgeführt.
Zwischen dem Ende des 10. und dem Anfang des 9. Jahrhunderts v. Chr.

M. Gras, Rom 1985, 115 Abb. 21; F. Lo Schiavo in: *Il Museo Sanna in Sassari*, Mailand-Sassari 1986, Abb. 146.

41. Oinotrisch-geometrische Tasse
Blaßgelber Ton, braune Bemalung
H 7,5 cm; Dm 10,6 cm; Dm der Öffnung 6,9 cm
Florenz, Museo Archeologico
Inv. 83707/a
Aus Tarquinia, Poggio dell'Impiccato, Grab 78 mit Nenfro-Sarkophag

Ausladender Rand, kugelförmiger, leicht gedrungener Gefäßkörper, sehr flacher, profilierter Fuß, hochgezogener Henkel (abgebrochen), auf der Lippe und auf der Schulter geometrische Motive.
1. Hälfte 8. Jahrhundert v. Chr.

M. Iozzo in: *Civiltà degli Etruschi* (Ausstellungskatalog), Florenz-Mailand 1985, 63 f. Nr. 2.4.14 (mit der früheren Literatur).

42. Kegelhalskrug
Ton, braune Bemalung
H 20,6 cm; max. Dm 21,6 cm
Rom, Museo Nazionale di Villa Giulia
Inv. 62981
Aus Vulci, Osteria-Nekropole

Kurzer kegelstumpfförmiger Hals und bauchiger, gedrungener Körper. "Zeltmusterdekor" auf der Schulter. Oinotrisch-geometrisches Produkt vom Typus Kilian K7e. Es reiht sich ein in eine begrenzte Gruppe von Keramik (aus Vulci, Tarquinia und Capena) und von Bronzeschmuck, die im Zuge eines vermutlich mit dem Metallhandel zusammenhängenden Tauschverkehrs in der 1. Hälfte des 8. Jahrhunderts v. Chr. aus dem oinotrischen Raum nach Etrurien eingeführt wurden.
1. Hälfte 8. Jahrhundert v. Chr.

F. Delpino in: Festschrift G. Maetzke, Rom 1984, 257 ff. 261 Anm. 15 u. 18.

Die Berufung der Etrusker zur Seefahrt

43-47
Olympia, etruskische und italische Bronzen

Olympia, Archäologisches Museum

Seit dem 8. Jahrhundert v. Chr. werden in Olympia und in anderen wichtigen griechischen Heiligtümern wie Delphi, Samos und Dodona zumeist bronzene etruskische Erzeugnisse gestiftet: Waffen, persönlicher Schmuck, Teile aus dem Zaumzeug für Pferde sowie Vasen. Wer hinter den Widmungsinschriften solcher Weihgeschenke steht, ist unklar - vielleicht Griechen aus den Kolonien, Händler oder Krieger, die aus dem Westen in ihr Heimatland zurückkehren. Die Beziehungen zu Etrurien müssen aber schon damals sehr eng gewesen sein, berücksichtigt man das Eintreffen griechischer Produkte und Handwerker in Etrurien, das sicherlich mit dem Metallhandel in Verbindung stand. Und obwohl es für Fremde schwierig gewesen sein muß, an den Veranstaltungen in den großen panhellenischen Heiligtümern teilzunehmen, ist die Möglichkeit nicht auszuschließen, daß dort gerade Etrusker Weihgeschenke darbrachten, denkt man an die späteren Beziehungen zwischen Caere und Delphi und die Nachricht bei Pausanias (V 12,5) über das Geschenk eines Throns durch Arimnestos, einen "etruskischen König, der als erster unter den Barbaren Zeus in Olympia ein Weihgeschenk machte".

43. Schild (Fragment)
Bronzeblech, Verzierungen in Treibarbeit
Inv. BR 9692
Aus dem Areal des Pelopeion

Blechfragment mit geometrischer Verzierung, die in konzentrischen Bändern angeordnet ist. Erhalten sind zwei Bandabschnitte, die mit Gruppen vertikaler Striche ausgefüllt und durch Reihen von Ziernägeln voneinander getrennt sind. Charakteristisches Erzeugnis aus Südetrurien.
Letztes Viertel 8. - erstes Viertel 7. Jahrhundert v. Chr.

I. Strøm, Odense 1971, 40 f.; H.-V. Herrmann, Annuario della Scuola Archeologica di Atene 61, 1983 (1984), 273 f. Abb. 2.

44. Pferdetrense
Bronze, gegossen. Nur ein Knebel erhalten
Inv. BR 9550
Vom Südrand des Stadions II, Aufschüttung

Knebel in Gestalt eines Pferdchens mit einem (heute verlorenen) weiteren Pferdchen auf seinem Rücken und einer Ringöffnung in der Mitte zur Durchführung des Gebißstücks. Zwischen den Beinen sind stilisiert ein Vierbeiner und ein Vogel eingefügt. Sehr aufwendige Arbeit aus einer Werkstatt in Vetulonia, mit dem Typus Volterra verwandt.
1. Hälfte 7. Jahrhundert v. Chr.

F.-W. von Hase, München 1969, 11-14; H.-V. Herrmann, Annuario della Scuola Archeologica di Atene 61, 1984, 271 ff. Abb. 21.

45. Fibel
Bronzeguß
H 2,15 cm; L 5,1 cm
Inv. BR 1721
Aus dem Bereich nördlich des Zeustempels

Bügel im mittleren Teil stark geschwollen, länglicher Nadelhalter. Auf der Oberseite in der Mitte zwei quer und entgegengesetzt zueinander verlaufende Fischgrätenmuster. Seitlich davon querliegende Gruppen von Linien. Zu diesem Typus finden sich im etruskischen Raum und in Sala Consilina Analogien.
8. Jahrhundert v. Chr.

H. Philipp, Berlin 1981, 293 Nr. 1062 Taf. 65.

46. Fibel
Bronzeguß
H 2,3 cm; L 6,7 cm; max. B 2,25 cm
Inv. BR 6251
Aus dem Bereich des Südostbaus

Stark gewölbter Navicella-Bügel mit zwei seitlichen, deutlich abgesetzten Knöpfchen. Doppelt gewickelte Feder, langer, oben gezahnter Nadelhalter. Verzierung des Bügels mit sich überkreuzenden, schräg verlaufenden Gravuren; an den Enden des Bügels Gruppen von parallel querlaufenden Linien. Ein in ganz Süditalien bekannter Typus, meist ohne Verzierung.
7. Jahrhundert v. Chr.

H. Philipp, Berlin 1981, 292 f. Nr. 1060 Taf. 65.

47. Becken

Bronzeblech, Henkel gegossen
Inv. BR 5758
Aus einem Brunnen nahe der Südseite des Stadions

Becken auf kegelstumpfförmigem Fuß mit Torus in seinem oberen Bereich. Henkel in Form viereckiger Griffe (einer ist verloren), die mit einer geöffneten Lotosblüte und zwei seitlich hinaufkletternden Löwen bekrönt sind. Das Stück fügt sich in eine homogene Gruppe ein, die einer Werkstatt in Vetulonia zugeschrieben wird. Die Art der Henkel läßt an zyprische Erzeugnisse aus dem 8. Jahrhundert v. Chr. denken, die in verschiedenen Gegenden des Mittelmeerraums verbreitet waren.
1. Hälfte 7. Jahrhundert v. Chr.

H.-V. Herrmann, Annuario della Scuola Archeologica di Atene 61, 1984, 271 ff. Abb. 21; G. Camporeale, Studi Etruschi 54, 1988, 4 Nr. 4 Taf. 7.

48. Krater

Feiner Ton mit Überzug; Bemalung in dunklem Glanzton mit Umrißzeichnung
H 36,3 cm; Dm des Randes 33,5 cm
Rom, Kapitolinische Museen, ehem. Slg. Castellani, Inv. 172 Aus Caere

Seite A: Blendung des Polyphem; Seite B: Zusammenstoß zweier Schiffe. Die Bemalung zeigt Einflüsse der protoattischen Keramik. Dies sowie die über der Figur des Kyklopen aufgemalte Signatur *Aristhonothos epoi(e)sen* weisen darauf hin, daß die Vase das Werk eines Meisters griechischer Herkunft ist, der sich in Caere niederließ. Gegen 650 v. Chr.

M. Martelli (Hrsg.), Novara 1987, 263-265 Nr. 40 (M. Martelli).

49. Deckelgefäß

Roter Impasto, weiße Bemalung
H 50 cm; Dm 42 cm
Paris, Musée du Louvre, Département des Antiquités grecques, étrusques et romaines
Inv. MNB 1780 (gebräuchliche Nr. D 150)
Aus Cerveteri

Zwei Szenen auf dem Gefäßbauch: Die erste zeigt zwei Kriegsschiffe mit Tierköpfen am Bug und die zweite einen Löwen, der seine Tatze auf eine Biga mit Wagenlenker legt. Die erste Szene könnte an eine Seeschlacht erinnern und belegt das Interesse der Etrusker für die Seefahrt.
Cerveteri, Maler der Minerva-Geburt
Um 630 - 620 v. Chr.

M. Martelli (Hrsg.), Novara 1987, 267 Nr. 44 Abb. S. 95.

50-63
Das Heiligtum von Gravisca

Tarquinia, Museo Nazionale

Vermutlich um 600 v. Chr. erbaut, ist Gravisca der Hafen von Tarquinia, ein Ort intensiven Warenverkehrs, der im 6. Jahrhundert v. Chr. von Kaufleuten aus verschiedenen Gegenden des Mittelmeerraums aufgesucht wurde. Das hier errichtete Heiligtum hatte zunächst eine Aphrodite-Turan geweihte Kultstätte, gebaut um 580 v. Chr.; außerdem wurden dort Hera, Demeter und Apollon kultisch verehrt, wie die zahlreichen Widmungsinschriften bezeugen. Nach einer kurzen Zeitspanne mit Besuchern aus Aigina, aus der als das bedeutendste Weihgeschenk der Steinanker des reichen, in den Schriftquellen erwähnten Kaufmanns Sostratos erhalten ist, wurde der sakrale Bezirk um 470 v. Chr. umgebaut. Das Areal wurde monumentalisiert und erfuhr mit dem zentralen Kult für Turan und Adonis zahlreiche Umstrukturierungen.

50. Transportamphora

Blaß-rötlicher Ton, gereinigt
H 23 cm; Dm 15 cm; max. Dm 34 cm
Inv. 75/10737
Aus dem Gebäude "delta"

Unter den zahlreichen am Handelsplatz Gravisca gefundenen Transportamphoren ist dieses vermutlich in Samos hergestellte Exemplar wegen der Inschrift "Maß-Hydria" in ionischem Dialekt und Schrift von großem Interesse, die sich auf das Normmaß der in der Vase enthaltenen Flüssigkeit bezog.
6. Jahrhundert v. Chr.

F. Boitani in: *Civiltà degli Etruschi* (Ausstellungskatalog), Florenz-Mailand 1985, 183 Nr. 7.1.3.

51. Fragmente eines Dinos
Rötlicher Ton mit elfenbeinfarbenem Überzug, rötlich-brauner Glanzton
Inv. II 16395
Aus dem Gebäude "alpha"

Fragment der Lippe mit Rautendekor und Fragment der Schulter mit Ziegenkopf; sie gehören zu einem Dinos nordionischer Fertigung im "Wild Goat Style". Es handelt sich um eines der seltenen in Etrurien gefundenen Exemplare dieses Typus.
Anfang des 6. Jahrhunderts v. Chr.

F. Boitani in: *Les céramiques de la Grèce de l'Est et leur diffusion en Occident*, Napoli 1978, 216 ff. 217 Abb. 1,1 u. 2; ders. in: *Civiltà degli Etruschi* (Ausstellungskatalog), Florenz-Mailand 1985, 182 Nr. 7.1.4.1.

52. Lakonische Trinkschale
Ton, crèmefarbener Überzug
Dm 18 cm
Inv. II 7762
Aus dem Gebäude "alpha"

Interpretation des Innenbildes unsicher: Entweder Kadmos im Kampf mit dem Drachen oder Apollon gegen Python.
Reiter-Maler, 550 – 500 v. Chr.

M. Martelli, Studi Etruschi 47, 1979, 37 ff., 52; F. Boitani in: *Civiltà degli Etruschi* (Ausstellungskatalog), Florenz-Mailand 1985, 183 Nr. 7.4.4.2.

53. Korinthischer Amphoriskos
Heller Ton
H 8 cm
Inv. 76/17182
Aus dem Gebäude "gamma"

Auf dem Körper zwei laufende Pferde und eine Sphinx.
575 – 500 v. Chr.

F. Boitani in: *Civiltà degli Etruschi* (Ausstellungskatalog), Florenz-Mailand 1985, 183 Nr. 7.1.4.3.

54. Attische Bandschale
Orangefarbener Ton; Fuß fehlt
Erhaltene H 8 cm; Dm 22 cm
Inv. 72/10286
Aus dem Gebäude "gamma"

Unterhalb des Randes eine Reihe von Paarungsszenen; im Schaleninnern eine Weihinschrift an Aphrodite.
550 – 540 v. Chr.

F. Boitani in: *Civiltà degli Etruschi* (Ausstellungskatalog), Florenz-Mailand 1985, 183 Nr. 7.1.4.4.

55. Salbgefäß in Form eines Granatapfels
Ton
H 7 cm
Inv. 76/17162
Aus dem Gebäude "gamma"

Die in Milet, Rhodos und Samos hergestellten plastischen Vasen wurden als Parfüm- und Salbenbehälter in den Mittelmeerraum ausgeführt. Sie erreichten Etrurien zwischen der zweiten Hälfte des 7. und der ersten Hälfte des folgenden Jahrhunderts. Der größte Teil der Exemplare von Gravisca stammt aus dem Tempel der Aphrodite.
600 – 550 v. Chr.

F. Boitani in: *Civiltà degli Etruschi* (Ausstellungskatalog), Florenz-Mailand 1985, 184 Nr. 7.1.5.1.

56. Salbgefäß in Form eines Komasten
Ton
H 10,5 cm
Inv. 77/12422
Aus dem Gebäude "gamma"

Das Exemplar hat die Form eines hockenden Komasten, der seine Hände auf den Bauch legt. Dieser Typus ist in Etrurien selten.
600 – 550 v. Chr.

F. Boitani in: *Civiltà degli Etruschi* (Ausstellungskatalog), Florenz-Mailand 1985, 184 Nr. 7.1.5.2.

57. Greifenprotome

Bronze, gegossen
H 18 cm
Inv. 74/19817
Aus dem Gebäude "delta"

Er gehörte zu einer ostgriechischen Bronze-Lebes, wahrscheinlich aus Samos. Diese Kessel wurden nach Rom, nach Tarquinia in Südetrurien und von dort aus ins Landesinnere exportiert, wo man sie bis Brolio in der Val di Chiana findet.
Ende 7. - Anfang 6. Jahrhundert v. Chr.

M. Torelli, Parola del Passato 32, 1977, 398 ff., 409 Abb. 8; F. Boitani in: *Civiltà degli Etruschi* (Ausstellungskatalog), Florenz-Mailand 1985, 185 Nr. 7.1.8.

58. Statuette einer bewaffneten Gottheit

Bronze, gegossen
Inv. 75/18896
Aus dem Gebäude "gamma"

Stehende weibliche Figur mit korinthischem Helm, langem Peplos, einem Schild und einem Speer (beide verloren). Sie wird einer lakonischen Werkstatt zugeschrieben und stellt eine seltene Aphrodite Promachos dar. Sie ist einer der rätselhaftesten Funde aus dem Tempel der Göttin.
Zweites Viertel 6. Jahrhundert v. Chr.

M. Torelli, Parola del Passato 32, 1977, 398 ff. 433; F. Boitani in: *Civiltà degli Etruschi* (Ausstellungskatalog), Florenz-Mailand 1985, 184 Nr. 7.1.7.2.

59. Fragment einer ionischen Schale

Ton
Inv. 72/10697
Aus dem Gebäude "gamma"

Fuß einer ionischen Schale des Typus B3, mit griechischer Weihinschrift für Aphrodite: [---τ]ῆϕροδίτηι
550 - 530 v. Chr.

M. Torelli, Parola del Passato 37, 1982, 310 Nr. 34; F. Boitani in: *Civiltà degli Etruschi* (Ausstellungskatalog), Florenz-Mailand 1985, 181 Nr. 7.1.1.1.

60. Fragment einer ionischen Schale

Ton
Inv. 74/8387
Aus dem Gebäude "gamma"

Fragment der Lippe einer Randschale (Typus B3) mit einer griechischen Weihinschrift von Paktyes für Hera: ἥρηι ἀνέθηκε παxτύης. Der lydische Name Paktyes ist der gleiche wie der des bekannten Schatzmeisters des Königs Kroisos.
550 - 530 v. Chr.

M. Torelli, Parola del Passato 37, 1982, 310 Nr. 25; F. Boitani in: *Civiltà degli Etruschi* (Ausstellungskatalog), Florenz-Mailand 1985, 181 Nr. 7.1.1.2.

61. Fragment einer attischen Schale

Orangefarbener Ton
Inv. 73/25311
Aus dem Gebäude "beta"

Fuß und Boden einer attischen Schale, mit einer griechischen Weihinschrift für Demeter: δήμητρος
530 - 500 v. Chr.

M. Torelli, Parola del Passato 37, 1982, 311 Nr. 41; F. Boitani in: *Civiltà degli Etruschi* (Ausstellungskatalog), Florenz-Mailand 1985, 181 Nr. 7.1.1.3.

62. Fragment einer attischen Schale

Orangefarbener Ton
Inv. 75/11195
Aus dem Gebäude "gamma"

Fußfragment einer attischen Kleinmeisterschale mit einer griechischen Weihinschrift für Apollon: ἀπόλλο[ν---].
550 - 530 v. Chr.

M. Torelli, Parola del Passato 37, 1982, 310 Nr. 38; F. Boitani in: *Civiltà degli Etruschi* (Ausstellungskatalog), Florenz-Mailand 1985, 181 Nr. 7.1.1.4.

63. Fragment eines lakonischen Kraters

Ton, heller Überzug
Inv. 72/23122
Aus dem Gebäude "gamma"

Fragment eines Kraterrandes mit etruskischer Weihinschrift für Turan: *mit[u]runs*. Es ist die älteste etruskische Weihinschrift für Turan, die mit der griechischen Göttin Aphrodite bereits seit deren erster Einbeziehung in das Heiligtum von Gravisca identifiziert wird. 560 v. Chr.

CIE 10335; F. Boitani in: *Civiltà degli Etruschi* (Ausstellungskatalog), Florenz-Mailand 1985, 182 Nr. 7.1.2.1.

64. Drei Inschriftentäfelchen

Gold (Kopie)
H (im Mittel) 18,5 cm; B (im Mittel) 8,7 cm
Rom, Museo Nazionale di Villa Giulia
Aus Pyrgi, Heiligtum, Heiliger Bezirk C

Auf jedem Täfelchen ist eine Inschrift eingraviert, auf zweien in Etruskisch (CIE 6314, 6315) und auf einer in Phönizisch (CIE 6316), deren Inhalt vergleichbar ist: die Widmung eines nicht sicher identifizierten Weihgeschenks für Uni; unter den verschiedenen Hypothesen wurden eine Statue, der Bereich C, auf dem sich ein Altar und ein Statuensockel befanden, oder der Tempel B genannt. Die mehrsprachige Abfassung des Textes weist darauf hin, daß das Heiligtum, welches zur Infrastruktur des Hafens von Pyrgi gehörte, von Menschen unterschiedlicher Volksgruppen besucht wurde. Um 500 v. Chr.

CIE II, 6314, 6315, 6316; M. Cristofani in: *Miscellanea ceretana* I, Rom 1989, 85-93; G. Colonna, Scienze dell'Antichità 3-4, 1989-1990, 197-216.

65-72
Spina, Nekropole von Valle Trebba, Grab 475

Ferrara, Museo Archeologico Nazionale

Die Ausstattung des Grabes 475 der Nekropole von Valle Trebba zeigt beispielhaft die wirtschaftliche Bedeutung des Handelsplatzes Spina. Das älteste Material belegt bereits eine außerordentliche Aufgeschlossenheit gegenüber den überseeischen Märkten, mit besonderem Interesse für athenische Produkte. Von der Keramik aus Athen werden nicht nur die schwarz- und rotfigurigen Vasen, sondern auch die beiden kleinen Schüsseln (small bowls) erworben, die zu den ältesten Beispielen der schwarzen Glanzton-Keramik gehören, die in Spina bekannt sind. Aus diesen bereits zur Zeit der Peisistratiden belegten und bis zum dritten Viertel des 4. Jahrhunderts v. Chr. anhaltenden privilegierten Beziehungen zu Athen sollte Spina Wohlstand und Macht erwachsen. Es wurde einerseits zum Verteilungszentrum für attische Keramik für die etruskische Padana und andererseits zum Umschlagplatz für die Erzeugnisse eines fruchtbaren Hinterlandes (Getreide), die auf den athenischen Märkten überaus begehrt waren.

G. Parmeggiani in: *La formazione della città in Emilia Romagna* II, Bologna 1987, 192-196.

65. Attische Oinochoe

Ton; schwarzfigurig mit roter (auf Gewändern und Stirnbändern) und weißer Deckfarbe (auf den Gesichtern und Armen der weiblichen Figuren)
H 21,8 cm; Dm 14,6 cm
Inv. 266

Im Bildfeld Thetis zwischen zwei Nereiden, von Peleus ergriffen. Klasse von Altenburg.
Etwa 500 v. Chr.

66. Attische Olpe

Ton; schwarzfigurig
H 23,5 cm; Dm 13 cm
Inv. 271

Im Bildfeld nach rechts schreitende und zurückblickende Amazone. Klasse Delos 547, mit der Leagros-Gruppe verwandt.
Ende des 6. Jahrhundert v. Chr.

67. Attische Schale

Ton; rotfigurig
H 12 cm; Dm 31,7 cm
Inv. 245

Innen: nach rechts laufender, zurückblickender skythischer Krieger. Längs des Randes des Medaillons deklamatorische Inschrift: ″Ἵππαρχος.
Bonn-Maler, ca. 500 v. Chr.

68. Attischer Kolonettenkrater

Ton; rotfigurig
H 38,5 cm; Dm 34,7 cm
Inv. 264

Schwarzer Dekor auf der Lippe (Efeu), auf dem Hals auf Seite A (nach unten hängende Lotosknospen), am Rand der Bildfelder (Zungenband und Efeuranken) und über dem Fuß (Strahlenkranz).
Seite A: Szene in einer Palästra mit zwei bekleideten Lehrern, die zwei nackte Epheben unterrichten. Im Hintergrund eine kleine Hacke und eine hohe Stele mit der Inschrift: καλός.
Seite B: drei in Mäntel gekleidete Epheben im Gespräch.
Harrow-Maler, um 490 v. Chr.

69. Kleine attische Schüssel

Ton; schwarzer Glanzton
H 3,5 cm; Dm 9,4 cm
Inv. 267

Nach innen gewendeter schräger Rand, leicht abgeflachter Gefäßkörper, ringförmiger Fuß mit Standfläche und eingezogenem Boden.
Klasse *small bowl*.
500-480 v. Chr.

70. Kleine attische Schüssel

Ton; schwarzer Glanzton
H 3,4 cm; Dm 9,3 cm
Inv. 272

Wie Kat. 69.

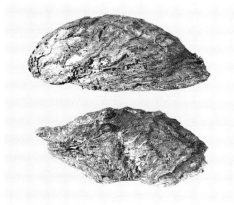

71. Teile eines Schemels

Bronze; die hölzernen Teile sind verloren.
H 1,9 - 9,8 - 1/1,9 cm; Dm 4,4 - 1 - 0,5 cm
Inv. 269; 28446; 28447; 28448; 270; 28449; 28430

Vier ringförmige profilierte Füße mit gezahnter Oberseite; das Loch in der Bodenmitte für einen Rundkopfnagel.
Zwei zylindrische Stifte mit konischen Köpfen, fünf kleine Flachkopfnägel.

72. Zwei Austernschalen (Oberseiten)

Graues Perlmutt
Max. Maße 8,5 × 7 cm; 6,7 × 4,5 cm
Inv. 276 und 277

73. Caeretamer Hydria

Ton; schwarzfigurig
H 44 cm
Paris, Musée du Louvre, Département des Antiquités grecques, étrusques et romaines, Inv. CP 63 (gebr. Nr. E 696), vormals Sammlung Campana
Herkunft unbekannt

Seite A: Kalydonische Eberjagd; Seite B: Raub der Europa.
Die Bemalung wird einem phokäischen oder ionischen Maler zugeschrieben, einem jener Künstler, die sich in der zweiten Hälfte des 6. Jahrhunderts v. Chr. in Etrurien niederließen und so zur kulturellen und künstlerischen Entwicklung ihrer neuen Heimat beitrugen.
Cerveteri, Adler-Maler.
Um 525 v. Chr.

J.M. Hemelrijk, Mainz 1984, 21-23 Taf. 51-53.

74. Hydria
Orangefarbener Ton, braune Glanzton-Bemalung, schwarzfigurig
H 52 cm
London, British Museum
Inv. GR 1836.2 - 24.228 (B.M. Cat. Vases B60)
Aus Vulci

Im Bildfeld auf der Vorderseite ein angreifendes Kriegsschiff, mit Steuermann im Heck und einem Krieger und vier Bogenschützen auf der Brücke, von welchen zwei vom Bugaufbau aus den Lanzenwurf der Gegner erwidern. Für Piraterie und Handel waren die Etrusker berühmt und hinterließen interessante Bildzeugnisse davon. Etruskisch, dem Micali-Maler zugeschrieben.
510 - 500 v. Chr.

N.J. Spivey, Oxford 1987, 15 Nr. 75 Taf. 14a.

75. Helm
Bronze, Verzierungen graviert
Olympia, Archäologisches Museum
Inv. M9
Aus Olympia, Ufer des Alpheios

Korinthischer Typus, u.a. mit einer Palmette seitlich der Augenöffnungen verziert. Auf einer Seite eine Weihinschrift des Tyrannen Hieron von Syrakus an Zeus: "Hiaron, der Dinomenide, und die Syrakusaner (weihen) dem Zeus, (Beute) der Etrusker in Cumae". Weihgeschenk der Syrakusaner nach dem Sieg von Cumae 474 v. Chr.
Um 474 v. Chr.

E. Kunze, Berlin 1967, 83; M. L. Lazzarini, Memorie dell'Accademia dei Lincei 19, 1976, 47 ff. Nr. 964b; M. Cristofani in: *Civiltà degli Etruschi* (Ausstellungskatalog), Florenz-Mailand 1985, 256 Nr. 9.21.2.

76. Helm
Bronze
H 19,5 cm; Dm 21,5 × 20 cm
London, British Museum
Inv. GR 1928.6 - 10.1
Olympia, Heiligtum, Ufer des Alpheios

Helm vom Typus Negau, der in Etrurien, in Italien und in Mitteleuropa verbreitet war. Auf der Kalotte Inschrift in dorisch-griechischem Dialekt und in syrakusanischer Schrift, die mit kleineren Varianten der Inschrift des Helmes Nr. 75 gleicht.
Um 474 v. Chr.

B. Walters, London 1899, 27, B250; M.L. Lazzarini, Memorie dell'Accademia dei Lincei 19, 1976, 317 Nr. 964; M. Egg, Mainz 1986, 198 Nr. 185 Taf. 108.

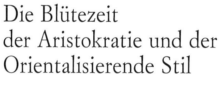

Die Blütezeit der Aristokratie und der Orientalisierende Stil

77. Hydria
Ton; schwarzfigurig
max. H 52,1 cm; H am Rand 45,7 cm
Dm des Randes 21,6 cm; max. Dm 29,6 cm
Toledo (Ohio), Museum of Art, Inv. 82134
Herkunft unbekannt

Auf dem Hals zwei Jünglinge; auf der Schulter ein schwimmender Triton, der einen Fisch und einen Delphin ergreift; auf dem Körper sechs Delphin-Menschen. Die Beziehung zum mythischen Raub des Dionysos ist eindeutig, der bei Homer in 7. Hymnos geschildert wird. Die für den Raub des Gottes verantwortlichen tyrrhenischen Piraten werden durch diesen in Delphine verwandelt. Etruskische Arbeit, dem Maler von Vatikan 238 zugeschrieben.
510 - 500 v. Chr.

M.A. Rizzo in: M. Martelli (Hrsg.), Novara 1987, 38. 311 Nr. 130.

78. Schale
Bronzeblech. Verzierung in Treibarbeit und graviert
Dm 18,9 cm
Florenz, Museo Archeologico
Inv. 6097
Aus Vetulonia, Poggio alla Guardia, I. Circolo interrotto, Grab VII

Flache Schale mit einer Sequenz von Tieren (Antilopen?, Hirsche, Katzen, Falken) und Blumen, die in drei Registern angeordnet sind. Die Schale stellt ein bedeutendes Zeugnis für die Rolle dar, die Vetulonia in den Handelsbeziehungen der orientalisierenden Phase spielte, und reiht sich, wenn auch vielleicht über die Vermittlung Sardiniens, in die erste Welle des Warenaustauschs zwischen Orient und Okzident ein.
750 - 720 v. Chr.

A. Maggiani, Studi Etruschi 41, 1973, 73 ff.

DIE BLÜTEZEIT DER ARISTOKRATIE

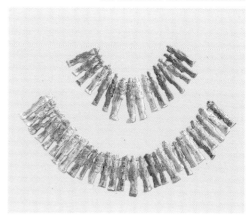

79. Kleiner Krug
Ziegelroter Ton, crèmefarbener Überzug
H 16 cm; Dm 11,5 cm; Dm an der Mündung 5,7 cm
Florenz, Museo Archeologico
Inv. 21394
Aus Tarquinia

Kugelförmiger Körper, zylindrischer Hals mit plastischem Ringwulst oberhalb des Henkelansatzes, scheibenförmiger Rand, runder Henkel. Reste von braunrot gemalten Streifen am Hals. Ihrer Herkunft und Tradition nach als "syrisch-phönizische" Form belegt, mit wenigen importierten Exemplaren und zahlreichen einheimischen Imitationen auch auf Zypern, Rhodos und in Karthago.
Erste Hälfte 8. Jahrhundert v. Chr.

A.M. Esposito in: *Gli Etruschi di Tarquinia* (Ausstellungskatalog), Modena 1986, 78; M. Martelli in: Kongreßakten Rom, 1991, Bd. III, 1056.

80. Zwei Beckenhenkel
Bronze, Vollguß
L 7,4 cm; H 5,1 cm
Berlin, Staatliche Museen zu Berlin
Antikensammlung Inv. Misc. 7825 und 7826
Aus Vulci, Polledrara, Pozzograb

Horizontalhenkel mit aufrecht stehender Lotosblüte in der Mitte. Sie gehören zu einem (verlorengegangenen) Becken aus einer zyprischen Werkstatt.
750 - 700 v. Chr.

I. Kriseleit in: *Die Welt der Etrusker* (Ausstellungskatalog), Berlin 1988, 54 Nr. A 3. 12.

81. Halskette
Fayence
H der Anhänger 3 cm
Tarquinia, Museo Archeologico Nazionale
Inv. RC 6062
Aus Tarquinia, Tomba di Bocchoris, Kammergrab

Die Kette besteht aus fünfundvierzig Anhängern, die ägyptische Gottheiten darstellen. Die Ausstattung ist ein wichtiger Fixpunkt in der Chronologie des orientalisierenden Stils durch den Fund des Fayenceväschens mit der Kartusche des Pharao Bocchoris, der um 720 - 710 v. Chr. regierte.
Um 700 v. Chr.

H. Hencken, Cambridge (Mass.) 1968, 364-378 Abb. 3; M. Cataldi in: *Civiltà degli Etruschi*, Florenz-Mailand 1985, 93-95 Nr. 3.13.

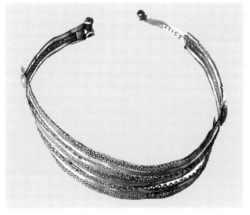

82. Schale
Silber, vergoldet, Verzierungen in Treib- und Ziselierarbeit
Dm 19 cm; H 3 cm
Rom, Museo Nazionale di Villa Giulia
Inv. 61565
Aus Praeneste, Tomba Bernardini

Sie gehört zu einer Gruppe von Schalen, die in Italien gefunden wurden und mit sowohl ikonographisch als auch stilistisch ägyptisierenden Motiven verziert sind, an denen aber auch vorderasiatische, insbesondere assyrische Einflüsse nicht fehlen. Die Zuschreibung ist umstritten: eine in Italien tätige phönizisch-zyprische, syrische oder phönizische Werkstatt.
Zweites Viertel 7. Jahrhundert v. Chr.

F. Canciani-F.-W. v. Hase, Rom 1979, 37 f. Taf. 15,1 III, 1; M.A. Rizzo in: M. Cristofani-M. Martelli (Hrsg.), Novara 1983, 256 f. Nr. 18.

83. Zwei Armbänder
Goldblech; Verzierung in Filigrantechnik
Dm 5,5 cm
Florenz, Museo Archeologico
Inv. 11151 u. 11152
Aus Marsigliana d'Albegna, Banditella, Grab II

Jedes Armband ist aus drei zusammenlaufenden Bändern aus jeweils abwechselnd dünnen, glatten Blechstreifen und Wellenbändern zusammengesetzt, die untereinander jeweils mit feinem Zopf-Draht verbunden sind.
In Form und Technik analoge Armbänder sind in verschiedenen Zentren Etruriens belegt.
Erstes Viertel 7. Jahrhundert v. Chr.

G.C. Cianferoni in: *Etrusker in der Toskana* (Ausstellungskatalog), Hamburg 1987, 98 Nr. 2-3.

DIE BLÜTEZEIT DER ARISTOKRATIE

84-85
Marsiliana d'Albegna, Circolo degli Avori
Nekropole von Banditella, Fossa-Grab 67

Kat. 84 - 85 und 201 - 203 gehören zu einer der reichsten etruskischen Grabausstattungen der orientalisierenden Phase. Kat. 201 - 203 sind Teil einer Schreibausrüstung (E. Peruzzi, Bologna 1973, II, 35-43), die Nrn. 84 - 85 sind typische Toilettengegenstände. Alle weisen auf eine aristokratische Lebensführung hin.

84. Pyxis
Elfenbein, geschnitzt, Reliefdekor mit Ritzzeichnung
H 18,2 cm; max. Dm 10 cm
Florenz, Museo Archeologico
Inv. 21647

Zylindrischer Körper mit Deckel und scheibenförmigem Fuß, Griff in Gestalt einer geöffneten Lotosblüte. Auf dem Deckel Männer im Kampf mit wilden Tieren; auf dem Körper zwei durch ein Zopfband abgeteilte Zonen mit Kämpfen zwischen Menschen und Tieren und zwischen Tieren. Auf der Basis ein Sternmotiv.
Mitte 7. Jahrhundert v. Chr.

M. Michelucci in: *Civiltà degli Etruschi* (Ausstellungskatalog), Florenz-Mailand 1985, 96 Nr. 3.14.22; F. Nicosia in: *Etrusker in der Toskana* (Ausstellungskatalog), Hamburg 1987, 158 f. Nr. 213.

85. Kamm
Elfenbein geschnitzt, plastische Verzierung und Reliefdekor
H 9,5 cm; B 11 cm
Florenz, Museo Archeologico
Inv. 93437

Gebogener Griff, dichte Lamellen als Zinken. Auf dem Rand zwei von einem floralen Motiv getrennte Tierfiguren; an den Seiten Greifenprotome. Auf dem Körper in Schnitzarbeit zwei einander gegenübergestellte Sphingen auf der einen, und auf der anderen Seite zwei geflügelte Löwen.
Mitte 7. Jahrhundert v. Chr.

M. Michelucci in: *Civiltà degli Etruschi* (Ausstellungskatalog), Florenz-Mailand 1985, 96 Nr. 3.14.23; ders. in: *Etrusker in der Toskana* (Ausstellungskatalog), Hamburg 1987, 155 f. Nr. 206.

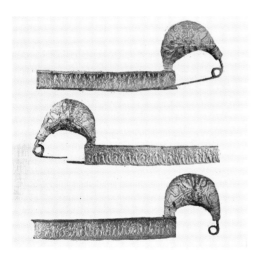

86. Drei Fibeln
Bügel und Nadel aus Silber mit Goldblechüberzug, Nadelhalter aus Goldblech, Verzierungen in Treibarbeit
L 21,5 cm; 20,8 cm; 20,8 cm
Florenz, Museo Archeologico
Inv. 77257; 77258; 77259
Aus Vetulonia, Acquastrini, Tomba del Littore

Sanguisuga-Typus mit langem Nadelhalter. Auf dem Bügel und dem Nadelhalter bärtige Sphingen, Greifen und Löwen. Hergestellt in einheimischen Werkstätten.
Zweite Hälfte 7. Jahrhundert v. Chr.

M. Martelli in: M. Cristofani-M. Martelli (Hrsg.), Novara 1983, 117, 271 Nr. 62-64; M. Cygielman in: *Schätze der Etrusker* (Ausstellungskatalog), Saarbrücken 1986, 187 Nr. 17-19 (mit der früheren Literatur).

87. Straußenei
Ockerfarbene Bemalung
H 16,9 cm; Dm 12,1 cm
Tarquinia, Museo Archeologico Nazionale
Provis. Inv. 3987
Beschlagnahmt in Montalto di Castro, 1961

Drei Löcher, vor der Bemalung angebracht, davon zwei an den Scheitelpunkten und eines in der Mitte dazwischen. Dekoration mit geometrischen Motiven, einer Reihe von Vögeln, einem Fries mit Lotosknospen und -blüten und einer Reihe tanzender Figuren. Die Motive verweisen auf das syrisch-zyprische, phönizische und griechische Repertoire. Wahrscheinlich ein aus dem Orient eingeführtes Produkt.
Mitte 7. Jahrhundert v. Chr.

M. Torelli, Studi Etruschi 33, 1965, 329-365.

88-90
Praeneste, Tomba Barberini
Rom, Museo Nazionale di Villa Giulia

Die Grabausstattung, die einem Krieger von höchstem gesellschaftlichen Rang gehörte, weist hinsichtlich ihres Reichtums und ihrer Zusammensetzung zahlreiche Ähnlichkeiten mit der der Tomba Bernardini auf: Sie umfaßt Importe aus dem Vorderen Orient wie auch einheimische Produkte von höchster Qualität, darunter Elfenbeinarbeiten, Schmuck und Bronzen. Es werden hier nur einige Stücke gezeigt.
Anfang des zweiten Viertels des 7. Jahrhunderts v. Chr.

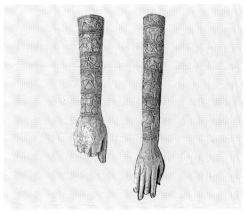
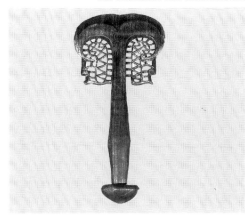

88. Kelch

Elfenbein, Reliefdekor
H 14 cm; Dm 14,7 cm
Inv. 13234

Sich nach oben weitendes Gefäß, getragen von einem hohen, trichterförmigen Fuß und vier Karyatiden-Statuetten in langem Chiton. Auf dem Gefäß ein mit zwei Zierbändern gerahmter Tierfries. Die Form gibt es auch in Bronze und in Bucchero; der figürliche Fries zeigt Einflüsse aus dem Vorderen Orient und von der griechischen Keramik.

M.E. Aubet, Barcelona 1970-71, 168-174, 200-201 Nr. 46 Abb. 28 Taf. XXVI.

89.-90. Griffe von Fächern

Elfenbein, Reliefdekor
A: L 19 cm; oberer Dm 3,4 cm
B: L 18,5 cm; oberer Dm 3,4 cm
Inv. 13232, 13231

A: In Gestalt eines Unterarms. Figurenfriese über fünf Felder verteilt zwischen Bändern aus Schrägstrichen. Das Repertoire stammt aus dem Vorderen Orient und aus Griechenland: geflügelte Frauengestalt, die die Schwänze zweier eine Ziege verfolgender Löwen ergreift, Sphingen, Löwen, Chimären, ineinander verschlungene Palmetten, Hirsche und Kentauren. B: In Gestalt eines Unterarms. Figurenfriese über vier Felder verteilt zwischen Bändern aus Ölbaumblättern. Das Repertoire ist vorderorientalischer Herkunft: geflügelte Greifen, Hirsche, Löwen, Sphingen.

M.E. Aubet, Barcelona 1970-71, 153 ff. Nr. 39 Abb. 22; Taf. 20b, 21b; S. 147 ff. 199 f. Nr. 38 Abb. 21; Taf. 20a, 21a.

91. Griff eines Fächers

Holz
H 20 cm
Bologna, Soprintendenza Archeologica per l'Emilia Romagna
Inv. 13538
Aus Verucchio, Grab 89

Spindelförmiger Griff, der unten in einem konischen Knauf endet und oben in zwei Voluten übergeht, die jeweils in ihrem Auge durchbrochene Verzierungen tragen. Er ist Teil der Ausstattung eines reichen Grabes der orientalisierenden Phase, zu der auch andere Arbeiten aus Holz, Metall und Textilien gehören.
Um die Mitte des 7. Jahrhunderts v. Chr.

G.V. Gentili in: Bologna 1987, 248 f. Nr. 109.

92. Fächer

Bronzeblech und Bronzeguß, Dekoration in Treibarbeit
Dm 50 cm; max. erh. L des Griffs 21 cm
Florenz, Museo Archeologico
Inv. 89325
Aus Populonia, La Porcareccia, Tomba dei Flabelli

Runde Form, kurzer Griff. Dekor in konzentrischen Feldern um die mittlere Scheibe angeordnet, auf der, von einer Perlenreihe umfaßt, zwei Frauengestalten einander vor einem pflanzlichen Motiv gegenüberstehen. Als Repräsentationsgegenstand, der in Fürstengräbern anzutreffen ist, kennzeichnet der Fächer die hohe gesellschaftliche Stellung des Besitzers.
Zweite Hälfte 7. Jahrhundert v. Chr.

A. Romualdi in: *Etrusker in der Toskana* (Ausstellungskatalog), Hamburg 1987, 234 ff. Nr. 32

93. Rutenbündel mit Doppelaxt

Eisen
Doppelaxt: B 26,2 cm; L 25 cm
Ruten: L 14,5 - 17 cm
Florenz, Museo Archeologico
Inv. 8608
Aus Vetulonia, Acquastrini, Tomba del Littore

Zylindrische Ruten, doppelte Axt mit hohlem Stiel. Als Zeichen der Macht erinnert das Rutenbündel an die von Silius Italicus (Pun. VIII, 485) festgehaltene Tradition der Übertragung der Magistratsinsignien von Vetulonia auf Rom.
Zweite Hälfte 7. Jahrhundert v. Chr.

C. Benedetti, Studi Etruschi 28, 1960, 453, 459-461; M. Cygielman in: *Schätze der Etrusker* (Ausstellungskatalog), Saarbrücken 1986, 194 f. (mit der früheren Literatur).

94. Schild

Bronze, getrieben, genietet; Anhänger gegossen
Dm 66,2 cm
Berlin, Staatliche Museen zu Berlin, Antikensammlung, Inv. Misc. 6326,1
Aus Tarquinia, Tomba del Guerriero

Schild mit konzentrischer Verzierung aus Punktreihen, konzentrischen Kreisen und Fischgrätenmuster; im Zentrum ein Schildbuckel mit Strichmuster; Kegelnieten. Innenseite: Griff und vier Zierstege mit je einem Paar Vogelbarkenanhänger. Der Schild lag dem Toten des Grabes auf der Brust.
Ende 8. Jahrhundert v. Chr.

K. Kilian, JdI 92, 1977, 26 Nr. 1; I. Kriseleit in: *Die Welt der Etrusker* (Ausstellungskatalog), Berlin 1988, 59 ff. Nr. A4,1.

96-100
Murlo, Architektur-Terrakotten

Murlo, Antiquarium Comunale
Aus dem Gebäudekomplex in Poggio Civitate
Erstes Viertel 6. Jahrhundert v. Chr.

Die feierliche Haltung der in den Akroterfiguren dargestellten Personen (Nr. 99, 100) und die Themen – Trinkgelage, Versammlung, Prozession – die auf den Verkleidungsplatten zu sehen sind (Nr. 96, 97, 98), deuten auf die hohe gesellschaftliche Stellung der Besitzer des Bauwerks hin.

95. Thron
Bronze. Stempeldekoration
H 93 cm
Paris, Musée du Louvre, Département des
Antiquités grecques, étrusques et romaines
Inv. MND 2302 (gebr. Nr. Br 4406)
Herkunft unbekannt

Auf dem gerundeten Blech der Rückenlehne, das an eine moderne Stützkonstruktion (unter Einbeziehung antiker Fragmente) angebracht wurde, Dekoration in Villanova-Tradition. Der Thron und die Aschenurne, die auf ihn gestellt gewesen sein muß, bilden eine erste Stufe auf dem Weg zu einer Anthropomorphisierung von Grabdenkmälern und belegen die hohe gesellschaftliche Stellung des Toten.
Mitte 7. Jahrhundert v. Chr.

F. Jurgeit, Römische Mitteilungen 97, 1990, 4, 24, 28 Taf. 8.

96. Platte mit Prozession
H 24 cm; B 39 cm
Inv. 112603-112599

Zwei Figuren führen zwei Pferde an den Zügeln, die einen Wagen ziehen. Darauf sitzen zwei weitere Figuren, von denen eine einen Baldachin hält. Es folgen zwei Frauen, die beide einen Fächer in der Hand haben und auf dem Kopf jeweils einen Korb und zwei Schemel tragen. Die Szene stellt eine Prozession oder die Ankunft hochrangiger Persönlichkeiten dar.

L.R. Lacy in: *Case e palazzi d'Etruria* (Ausstellungskatalog), Florenz-Mailand 1985, 126 f. Nr. 427 u. 432.

97. Platte mit Versammlung
H 24 cm; B 54 cm
Inv. 112729

Acht Figuren, die entweder als Gottheiten, als die Herren von Poggio Civitate oder als Magistrat gedeutet wurden. Die erste auf einem Schemel sitzende Figur ist die eines Mannes, der einen Lituus hält. Ihm steht ein Diener zur Seite, der eine Lanze und ein Schwert hält. Es folgt eine auf einem Thron sitzende Frau, die etwas Vegetabiles in der Hand hat und den Schleier ausbreitet; ihr steht eine Dienerin mit Fächer und Situla bei. Anschließend drei auf Schemeln sitzende Figuren, die bärtige mittlere besitzt eine Doppelaxt und wird von zwei weiblichen Figuren flankiert, die etwas Vegetabiles in den Händen halten. Den Abschluß bildet ein stehender Diener mit einem gegabelten Stock.

98. Platte mit Trinkgelage
H 24 cm; B 54 cm
Inv. 112591

Zwei Paare auf Klinen, denen vier Diener zur Seite stehen, die Schalen und Krüge reichen; vor den Liegen sind zwei Tafeln gedeckt, unter denen sich jeweils ein Hund befindet; in der Mitte steht ein Lebes auf einem Ständer.

L.R. Lacy in: *Case e palazzi d'Etruria* (Ausstellungskatalog), Florenz-Mailand 1985, 425 Nr. 408.

99. Akroterfigur mit Bart
Erh. H 85 cm
Inv. 111198

Die Figur trägt einen Hut mit hoher Kalotte und breiter, hochgebogener Krempe. Der lange rechteckige Bart fällt flach auf die Brust. Es handelt sich um den oberen Teil einer sitzenden Figur eines Typus, zu dem das folgende Stück (Nr. 100) den unteren Teil darstellt.

L.R. Lacy in: *Case e palazzi d'Etruria* (Ausstellungskatalog), Florenz-Mailand 1985, 102-106 Nr. 258; I.E.M. Edlund-Berry, Rom 1992, 23-29

100. Sitzende Akroterfigur mit Firstziegel
Erh. H 80 cm
Inv. 111190

Die mit einem langen enganliegenden Gewand und Schnabelschuhen bekleidete Figur sitzt auf einem vierbeinigen Hocker; die Arme liegen auf dem Schoß und die Hände umschließen einen (nicht erhaltenen) röhrenförmigen Gegenstand. Es handelt sich um eine der Akroterfiguren, die das *columen* (Dachfirst) des Gebäudekomplexes schmückten.

L.R. Lacy in: *Case e palazzi d'Etruria* (Ausstellungskatalog), Florenz-Mailand 1985, 104 f. Nr. 263; I.E.M. Edlund-Berry, Rom 1992, 23-29

101. Frauenkopf
Kalkstein
H 27 cm
Florenz, Museo Archeologico
Inv. 8514
Aus Vetulonia, Tumulo della Pietrera

Längliche Gesichtsform, niedrige Stirn, mandelförmige Augen, Haare zu Seiten des Gesichtes gebündelt. Gehörte wahrscheinlich zusammen mit dem Torso Nr. 102 zu einer einzigen Statue. Später Orientalisierender Stil.
Drittes Viertel 7. Jahrhundert v. Chr.

102. Weiblicher Torso
Kalkstein
H 63 cm; B an der Brust 44 cm
Florenz, Museo Archeologico, Inv. 8553
Aus Vetulonia, Tumulo della Pietrera

Brüste, Haarlocken und Halskette kräftig akzentuiert. Schlanke Taille mit einem breiten Gürtel, den geflügelte katzenartige Tiere zieren. An den beiden Fragmenten Kat. 101 und 102 wurden orientalische Motive verwendet, die bereits von Elfenbein- und Keramkarbeiten aus der Mitte des 7. Jahrhunderts v. Chr. bekannt sind. Wie es scheint, war in Etrurien Caere das Verbreitungszentrum dieser Monumentalkunst. Später Orientalisierender Stil. 650-625 v. Chr.

F. Prayon in: *Colloqui del Sodalizio*, II, V, 1975-76 (1977), 168 ff.; G. Colonna-F.-W. v. Hase, Studi Etruschi 52, 1986, 47 f.; M. Cygielman in: *Etrusker in der Toskana* (Ausstellungskatalog), Hamburg 1987, 214 (mit der früheren Literatur).

103. Sitzende männliche Figur
Terrakotta. H 48 cm
Rom, Kapitolinische Museen, ehem. Slg. Castellani
Inv. 62
Aus Caere, Tomba delle Cinque Sedie

Eine der fünf Statuetten (drei männliche und zwei weibliche), die auf die fünf rechteckigen Sitze in einer Seitenkammer des Grabes gesetzt waren und möglicherweise die Vorfahren darstellen. Dies ist einer der ersten Ansätze zu einer etruskischen Koroplastik, deren Entstehung in Zusammenhang gebracht wurde mit dem Eintreffen von korinthischen *fictores* (Koroplasten) in Etrurien um die zweite Hälfte des 7. Jahrhunderts v. Chr. im Gefolge des Demaratos (Plin., *Nat. Hist.* XXXV, 152). Um 640 v. Chr.

F. Prayon, Römische Mitteilungen 82, 1975, 165-179; G. Colonna-F.-W. v. Hase, Studi Etruschi 52, [1984] 1986, 37, 40, 50 Taf. 15 a.

104. Schale
Ton mit Glimmereinschlüssen, crèmefarben an der Oberfläche, rosa im Bruch
H 6,6 cm; Dm an der Mündung 11 cm;
Civita Castellana, Museo dell'Agro Falisco
Inv. 60637/1
Aus Veji, Quattro Fontanili, Grab FF 16 17

Am Hals drei waagrechte Linien; an der Schulter zwischen den Henkeln ein chevron-Band; darunter zwei waagrechte Linien; unterer Teil des Körpers und Henkel dunkelbraun bemalt. Dies ist eines der Beispiele für euböisch-kykladische Keramik (später mittelgeometrischer Stil), die nach Etrurien eingeführt und zahlreich imitiert wurden.
Zweites Viertel 8. Jahrhundert v. Chr.

J. Close Brooks, Notizie degli scavi 1963, 178 Abb. 132 b; J.P. Descoeudres-R. Kearsley, Papers British School Athens 78, 1983, 29 Abb. 21.

105. Schale
Ziegelroter Ton, schwarzer Glanzton
H 7 cm; Dm an der Mündung 11,8 cm
Florenz, Museo Archeologico
Inv. 21332
Aus Tarquinia, Selciatello di Sopra, Zirograb 174

Zwei parallele waagrechte Streifen an der Lippe; in der Henkelzone gerahmte Metopen mit Vogel und Punktrosette zwischen weiteren waagrechten Streifen. Geometrisch-euböisch, wahrscheinlich aus Chalkis.
Um die Mitte des 8. Jahrhunderts v. Chr.

S. Bruni in: *Civiltà degli Etruschi* (Ausstellungskatalog), Florenz-Mailand 1985, 61 (mit der früheren Literatur); O. Paoletti, Archäologischer Anzeiger 1986, 411 Abb. 3.

106. Krater mit Deckel
Ton
Krater: Dm am Rand 25 cm; Dm am Boden 19 cm; H 32 cm. Deckel: Dm 25 cm; H 18,5 cm
Grosseto, Museo Archeologico e d'Arte della Maremma
Inv. 1426
Aus Pescia Romana

Diese Vase kann der spätgeometrischen euböischen Keramik, und insbesondere der Werkstatt des Cesnola-Malers zugeordnet werden und könnte aus Euböa oder aus den euböischen Kolonien in Kampanien nach Etrurien gelangt sein. Es ist aber auch nicht auszuschließen, daß sie auf dem Gebiet von Vulci von einem euböischen Handwerker angefertigt wurde.
730 - 710 v. Chr.

O. Paoletti, *CVA Grosseto I*, Rom 1986, Taf. 20, 1-2 u. 21, 1-3, 21-24.

107. Krater mit Deckel
Ton
H 31,5 cm
Paris, Musée du Louvre, Département des Antiquités grecques, étrusques et romaines
Inv. CA 5807

Die gemalte geometrische und figürliche Dekoration steht in euböischer Tradition und erinnert an die Werke des Cesnola-Malers. Die plastische Dekoration, die mit attisch- geometrischer Keramik vergleichbar ist, belegt den qualitativen Fortschritt, den die etruskischen Werkstätten erreicht hatten, die mit eingewanderten Handwerkern und Importwaren aus Griechenland in Berührung gekommen waren.
Vulci, Werkstatt des Tessiner Kraters
725 - 700 v. Chr.

F. Canciani in: M. Martelli, Novara 1987, 243 f. Nr. 4 Abb. 67

108. Ostgriechische Kanne
Rötlicher Ton, bräunlicher Überzug, dunkelbraune Bemalung
H 24 cm; max. Dm 25 cm;
Rom, Museo Nazionale di Villa Giulia
Inv. 87994
Aus Vulci (?), beschlagnahmt 1961

Der figürliche Dekor dieser ostgriechischen Vase ist sehr qualitätvoll. Er beschränkt sich auf die Schulter und zeigt eine Reihe von Steinböcken, Greifen und Gänsen. Es ist eine der besten Arbeiten der *Wild Goat Style-Keramik*. Ostgriechische Werkstatt.
650 - 640 v. Chr.

M. Martelli Cristofani in: *Les céramiques de la Grèce de l'Est et leur diffusion en Occident*, Paris-Neapel 1978, 157 f.

109. Protokorinthischer Skyphos
Ton
H 13 cm; Dm 15 cm
Rom, Museo Nazionale di Villa Giulia
Inv. 46165
Aus Cerveteri, Tumulo della Nave, Grab 2, rechte Kammer

Die bauchige Form des Skyphos steht den ältesten Exemplaren nahe; auch das Schlangenmotiv ist bereits im letzten Viertel des 8. Jahrhunderts v. Chr. belegt.
Erstes Viertel des 7. Jahrhunderts v. Chr.

M.A. Rizzo in: *Civiltà degli Etruschi* (Ausstellungskatalog), Florenz-Mailand 1985, 91 f. Nr. 3.12,1.

110. Skyphos
Bucchero sottile
H 6,9 cm; Dm 7,1 cm
Rom, Museo Nazionale di Villa Giulia
Inv. 87952
Aus Caere, Monte Abatone, Grab 4, linke Kammer; Frauengrab

Die Grabausstattung, der der Skyphos entstammt und die zusammen mit einheimischer Keramik auch seltene und sehr wertvolle importierte Gegenstände enthielt, ist ein wichtiges Zeugnis für den Orientalisierenden Stil in Caere. Als erlesene caeretaner Arbeit lehnt sich die Vase, wie auch der übrige Bucchero des Komplexes, an protokorinthische Vorbilder an. Er gehört zum Typus Rasmussen b.
Zweites bis drittes Viertel 7. Jahrhundert v. Chr.

M.A. Rizzo, Rom 1991, 49-54; 53 Nr. 11 Abb. 49.

111-112
Veji, Tomba delle Quaranta Rubbie

Rom, Museo Nazionale di Villa Giulia

Reicher Komplex des reifen orientalisierenden Stils – bei dem allerdings metallene Gegenstände fehlten, da sie mit Sicherheit in früher Zeit geraubt worden waren – mit wertvollen Importvasen aus der griechischen Welt: zwei attische Amphoren SOS-Gruppe *Middle* nach Johnston, eine ostgriechische oder levantinische Amphora, äußerst qualitätvolle protokorinthische Vasen und ein *tripod bowl*. Hinzu kommen eine beachtliche Ansammlung etrusko-korinthischer Keramik aus einheimischer Produktion (drei *Aryballoi* des Castellani-Malers, eine Oinochoe und eine Olpe mit laufenden Hunden sowie eine Olpe mit Schuppendekor und zwei Schalen mit Liniendekor), caeretaner Arbeiten aus Bucchero und rotem Impasto.
630 v. Chr.

M.A. Rizzo, Rom 1991, 43-48.

111. Protokorinthische Olpe
Ton, Ritzdekor und Bemalung
H 28 cm; Dm 20 cm
Inv. 55400

Auf der Schulter, eingeritzt, Kampf zwischen einem Löwen und einem Stier. Dies ist eines der besten Beispiele polychromer protokorinthischer Keramik auf schwarzem Grund. Allgemein dem Spätwerk des Hunde-Malers zugeordnet, wurde sie in jüngster Zeit seiner Schule zugeschrieben.
Um 640 v. Chr.

M.A. Rizzo, Rom 1991, 44 f. Nr. 4 Abb. 28.

112. Protokorinthische Olpe
Ton, Dekor geritzt und gemalt
Aus Fragmenten zusammengesetzt
H 21,5 cm; Dm 13,5 cm
Inv. 55415 B

Eiförmiger Körper, trichterförmige Mündung. Gerippter Bandhenkel mit Rotellen. Ringfuß. Weiße Punktrosetten an Hals und Schulteransatz. Geritzter Schulterdekor: Zwei Hirsche zwischen Palmetten. Umlaufende weiße Linien am Bauch. Strahlenkranz über dem Fuß.
Spätprotokorinthisch/Anfang Übergangsphase: 640-630 v. Chr.

M.A. Rizzo, Rom 1991, I, 45 Nr. 6 Taf. I, 3.

113. Eurytos-Krater
Ton
H 46 cm; max. Dm 46,5 cm
Paris, Musée du Louvre, Département des Antiquités grecques, étrusques et romaines
Inv. Cp 33 (gebr. Nr. E 635), ehem. Slg. Campana
Aus Cerveteri

Er ist der älteste und am vollständigsten erhaltene aus einer Reihe korinthischer Kolonettenkratere, deren Ikonographie auf den Geschmack der etruskischen Adelsgesellschaft zugeschnitten scheint. Die Beischriften unterscheiden die Gelageszene, die dem Herakleszyklus entnommen ist, von anderen allgemeiner Art.
Mittelkorinthisch; um 600 v. Chr.

D.A. Amyx, Berkeley 1988, 147 Nr. 1; 559 Nr. 12 Taf. 57, 1A, 1B; Taf. 134, 3; J. de la Genière, Bulletin Correspondance Hellenique 112, 1988, 84 f. Abb. 1.

114. Lebes auf Dreifuß
Bronzeguß und Bronzeblech, Verstrebungen des Ständers aus Eisen
H 56,5 cm; Dm 24 cm
Rom, Museo Nazionale di Villa Giulia
Inv. 61619
Aus Praeneste, Tomba Bernardini

Die fürstliche Grabausstattung (datiert um 675 v. Chr.), zu der dieser Kessel (Lebes) gehört, ist grundlegend für die Kenntnis des orientalisierenden Stils, da sie ein Kompendium der verschiedenen kulturellen Einflüsse darstellt, die sie hervorgebracht haben. Sie besteht aus Importen aus dem Vorderen Orient (Syrien, Assur, Phönizien, Zypern), wie Kessel, Ständer, Kannen, Schalen, Elfenbein und Fayence, und darüber hinaus aus Gegenständen, die von diesen Produkten und von der griechischen Tradition stark beeinflußt sind und vielleicht auf orientalische und griechische Handwerker zurückgehen, die in Etrurien eingewandert sind. Die plastischen Figuren (Menschen und Hunde), die über den Rand ins Innere der Lebes blicken, leiten sich stilistisch von der Villanova-Tradition ab, wenn sie auch in den Formen plastischer und in den Einzelheiten sorgfältiger ausgearbeitet sind als sonst die Produkte dieser Phase. Ihre Anordnung ist vermutlich von Kesseln des Vorderen Orients beeinflußt, die in Etrurien und auch in der Tomba Bernardini selbst gefunden wurden.

F. Canciani-F.-W. v. Hase, Rom 1979, 49 Nr. 44 Taf. 32i; 33-54.

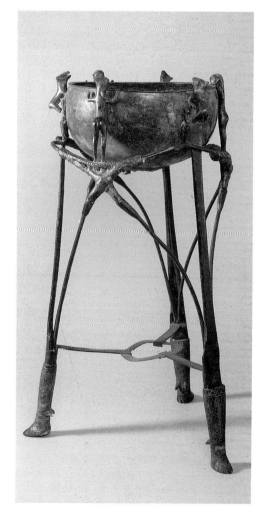

115. Krater mit Darstellung eines Schiffbruchs
Ton
H 17 cm; Dm 22,5 cm
Ischia, Museo Archeologico, Inv. 168813
Aus Pithekussa, San Montano (Lacco Ameno)
Streufund

Eines der ersten Beispiele in Italien von Keramik, die mit einer narrativen Szene bemalt ist: Ein großes Schiff ist gekentert, und die Seeleute versuchen, sich inmitten eines fischreichen Meeres schwimmend in Sicherheit zu bringen. Einer von ihnen wird von einem Hai verschlungen. Die Szene spielt wahrscheinlich auf ein in den Gewässern des Mittelmeeres stattgefundenes Schiffsunglück an, einigen Interpreten zufolge in Verbindung mit der Rückkehr der homerischen Helden aus Troja. Zweite Hälfte 8. Jahrhundert v. Chr.

D. Ridgway, Mailand 1981, 73-75 Abb. 10.

116. Fragment eines Kraters
Ton
H 8 cm; B 8 cm
Ischia, Museo Archeologico
Inv. 239083
Aus Pithekussa, Lacco Ameno, Ortsteil Mazzola, Streufund

Das zu einem geometrischen Krater aus einer einheimischen Werkstatt gehörende Fragment trägt die älteste auf italischem Boden gefundene Töpfersignatur, fast sicher von einem griechischen Handwerker, der in der Handelsniederlassung Pithekussa arbeitete. Der Name ist im vorderen Teil unvollständig: [...]inos mepoiese (...inos schuf mich).
Letztes Viertel 8. Jahrhundert v. Chr.

E. Peruzzi, Bologna 1973, II, 27 f. Taf. III; D. Ridgway, Mailand 1984, 110 Abb. 26.

117. Kleine Amphora mit Spiralen
Feiner Impasto
H 7,6 cm; Dm 8,3 cm
Ischia, Museo Archeologico, Inv. 166706
Aus Pithekussa, San Montano (Lacco Ameno)
Grab 159

Kleine Amphora vom Typus Ib nach Beijer. Typische Gefäßform für den etrusko-latialen Raum, von wo aus ungewöhnlicherweise Exemplare sowohl nach Pithekoussai als auch nach Pontecagnano ausgeführt wurden. Die Vergesellschaftung mit einem spätprotokorinthischen und mit einem "rhodisch-kretischen" Aryballos legt eine Datierung zwischen 720 und 700 v. Chr. nahe.

G. Buchner, *Dialoghi di Archeologia 3*, 1969 Abb. 22,6-23,7; A. Beijer, Mededelingen van het Nederlands Instituut te Rome 40, 1978, 9 f. Anm. 52; D. Ridgway, Mailand 1984, 80 Abb. 13,3.

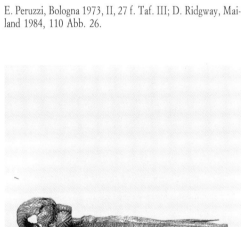

118. Kelch
Dunkelgrauer Impasto, brauner Überzug
H 9 cm; Dm an der Mündung 10,3 cm
Paris, Musée du Louvre, Département des Antiquités grecques, étrusques et romaines
Inv. Cp 3414 (gebr. Nr. C 54), ehem.
Slg. Campana
Herkunft unbekannt

Halbkugelförmiges Gefäß, hoher Fuß. Die Inschrift *mi laucies mezenties* (ich [gehöre] Laucie Mezentie) bezieht sich auf eine Person mit dem gleichen Gentilizium wie das des Mezentius, von dem Vergil spricht.
657 - 650 v. Chr.

F. Gaultier-D. Briquel, Comptes Rendus de l'Académie des Inscriptions et Belles Lettres, Jan.-März 1989, 99-115; C. De Simone, Archeologia Classica 43, 1991 (Festschrift M. Pallottino), 559-573.

119. Fibel mit Inschrift
Gold. Verzierung und Inschrift in Granulationstechnik
L 11 cm
Paris, Musée du Louvre, Département des Antiquités grecques, étrusques et romaines
Inv. Cp 282 (gebr. Nr. Bj 816), ehem.
Slg. Campana. Aus Chiusi

Auf dem Nadelhalter: *mi arathia velaveśnaś zamathi mamurke mulvanike tursikina* (ich bin die Fibel [?] von Arath Velavesna. Mamurke Tursikina hat mich geschenkt). Dieser wertvolle Gegenstand mit der ältesten inschriftlichen Erwähnung des Namens der Etrusker muß anläßlich irgendeiner Zeremonie verschenkt worden sein.
Letztes Viertel 7. Jahrhundert v. Chr.

M. Cristofani in: M. Martelli, Novara 1983, 282 Nr. 10 Abb. 103; S. 140.

120. Kyathos
Bucchero. Reliefdekor mit Ritzzeichnung
H 22 cm; Dm am Rand 16,5 cm; H des Fußes 5 cm
Florenz, Museo Archeologico
Inv. 7082
Aus Vetulonia, Poggio al Bello, Tomba del Duce (IV. Gruppe)

Halbkugelförmige Schale, kegelstumpfförmiger Fuß, Bandhenkel; innen drei geflügelte Löwen; außen miteinander verflochtene Bögen; am Fuß eine spiralförmig verlaufende Widmungsinschrift mit 46 Buchstaben. Der Kyathos wurde aus Caere nach Vetulonia eingeführt.
Mittlere Jahrzehnte des 7. Jahrhunderts v. Chr.

G. Camporeale, Florenz 1967, 115-120; M. Bonamici, Studi Etruschi 40, 1972, 97.

121. Räuchergefäß

Schwarzer Bucchero
H 27 cm; L 25,8 cm
Artimino, Museo Archeologico
Inv. 96813
Aus Artimino, Prato di Rosello, Tumulus C

Aus fünf Teilen bestehend, drei kleine auf einem waagerechten Träger montierte Schalen, der auf einem hohen, trichterförmigen, mit Durchbrüchen verzierten Fuß sitzt. Die Inschrift in nordetruskischem Alphabet (*mi zinaku larθuzale kuleniieśi*) gibt mit Larthuza Kulenie den Empfänger oder Hersteller des Räuchergefäßes an. Jüngst festgestellte Parallelen weisen es in Technik und Stil als Produkt des Florentiner Umlandes aus.
Ende 7. Jahrhundert v. Chr.

F. Nicosia, Studi Etruschi 40, 1972, 375-390.

122. Schalenfuß

Schwarzer Bucchero
H gesamt 17 cm; Dm des Stieles 5 cm
Rom, Museo Nazionale di Villa Giulia, ohne Inv.
Aus Veji, Heiligtum von Portonaccio

Zylindrischer Stiel auf breitem Fuß. Weihinschrift von Avile Vipiennas, einem der zwei Brüder aus Vulci, die wegen ihrer zusammen mit Mastarna durchgeführten Unternehmungen bekannt sind. Letzteren hat man mit dem König Servius Tullius von Rom identifiziert.
Mitte 6. Jahrhundert v. Chr.

M. Pallottino, Studi Etruschi 13, 1939, 455 ff. Nr. 1.

Die Städte: Produktion und Kunstschaffen

123. Pflüger

Bronze, Vollguß
H 10 cm
Rom, Museo Nazionale di Villa Giulia
Inv. 24562
Aus Arezzo

Die aus einer Werkstatt Nordetruriens stammende Kleinbronze ist ein interessantes Zeugnis für die landwirtschaftlichen Werkzeuge und Techniken, aber auch für die Tracht des Bauern (Tunika, Raubtierfell, Hut mit Krempe).
Um 400 v. Chr.

M. Cristofani, Novara 1985, Nr. 54; ders. in: *Civiltà degli Etruschi* (Ausstellungskatalog), Florenz-Mailand 1985, 140 Nr. 6.3.

124. Mann mit Sichel

Bronzeguß
H 6,2 cm
Florenz, Museo Archeologico
Inv. 98551
Aus Scansano, Ghiaccio Forte, Weihgabendepot

Stehende nackte männliche Figur mit ausgestreckten Armen und einer Sichel in der Rechten. Votivstatuette, die einen Bauern oder eine ländliche Gottheit darstellt.
Ende 4. Jahrhundert v. Chr.

A. Talocchini in: *Civiltà degli Etruschi* (Ausstellungskatalog), Florenz-Mailand 1985, 140 Nr. 6.6.

DIE STÄDTE

125. Modell eines landwirtschaftlichen Wagens
Bronzeguß
H 11 cm; L 29 cm
Rom, Museo Nazionale di Villa Giulia
Inv. 56097
Aus Bolsena, Melona, wahrscheinlich aus einem Votivdepot

Reproduktion eines landwirtschaftlichen Transportwagens; Scheibenräder; Kasten aus miteinander verzapften Planken; im Inneren des Kastens ist ein Geflecht von Stäben angebracht, die unterhalb der Deichsel hindurchgehen und seitlich festgebunden sind, um die Lasten zu tragen; lange und kräftige Deichsel, die ein großes Joch für zwei Zugtiere trägt.
4.-3. Jahrhundert v. Chr.

F. Woytowitsch, München 1978, 73 f. Nr. 168 Taf. 38; G. Barbieri in: *L'alimentazione nel mondo antico*, Rom 1987, 144.

126. Pflug
Bronze
H 12,2 cm; L 31,3 cm; B 11,4 cm
Florenz, Museo Archeologico
Inv. 70940
Aus Talamone, Depot Vivarelli-Strozzi

Dreieckige Pflugschar, Stange mit quadratischem Querschnitt und Doppeljoch. Votivgegenstand, der die Vorbilder originalgetreu wiedergibt, die bis auf die Spitze der Pflugschar aus Holz bestanden. Er entstammt einem Votivdepot, das auf den Bereich eines Kultes für eine Landwirtschafts- und Kriegsgottheit hinweist, wie die dort ebenfalls gefundenen Waffenreproduktionen zeigen.
2. Jahrhundert v. Chr.

M. Michelucci in: *Civiltà degli Etruschi* (Ausstellungskatalog), Florenz-Mailand 1985, 140 Nr. 6.4.

127-139 Landwirtschaftliche Geräte Talamone, Depot des Genio Militare

Florenz, Museo Archeologico

Das Depot enthält miniaturisierte Bronze-Reproduktionen von landwirtschaftlichem Gerät und Waffen und ist somit als ein Votivdepot im Zusammenhang mit der Verehrung einer landwirtschaftlichen und kriegerischen Gottheit zu deuten; diese wurde von einigen Forschern mit Echetlo identifiziert, der Gestalt, die auf verschiedenen Tonurnen aus Chiusi aus dem 2. Jahrhundert v. Chr. mit einem ähnlichen Pflug in ihrer Hand dargestellt ist wie dem aus dem Depot (Nr. 127). Die Waffen weisen Gemeinsamkeiten mit denen der Kelten auf, die landwirtschaftlichen Geräte geben Auskunft über das von Kleinbauern und Hirten im Späthellenismus benutzte Werkzeug. Aufgrund einer Fibel, die denen keltischen Ursprungs vom Typus Nauheim entspricht, wurde das Depot in die zweite Hälfte des 2. Jahrhunderts v. Chr. datiert.

M. Michelucci in: *Civiltà degli Etruschi* (Ausstellungskatalog), Florenz-Mailand 1985, 140-142.

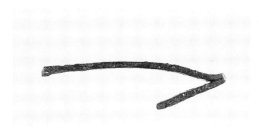

127. Pflug
H 5,5 cm; L 12 cm
Inv. 10681

Stab quadratischen Querschnitts, der an der Verbindungsstelle von Stab und Pflugschar zurückgebogen ist.

128. Spitze eines Pfluges
L 3,9 cm; B 1 cm
Inv. 10680

Rechteckige Klinge, zur Spitze hin verjüngt, mit einer offenen, aus zwei rund gebogenen Falzen gebildeten Schäftung.

129. Doppeljoch
B 6,5 cm; L 1,2 cm
Inv. 10678

Zwei mit einem Querstab verbundene Bögen.

130. Doppeljoch
B 6,4 cm; L 1,2 cm
Inv. 10679

Wie die vorangehende Nr.

131. Spitzhacke
H 2,2 cm; B 6,3 cm
Inv. 10685

132. Sichel
L 7,9 cm; B 0,4 cm
Inv. 10669

133. Sichel
L 6,6 cm; B 0,4 cm
Inv. 10673

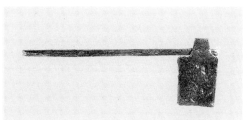

134. Beil
H 2,9 cm; B 8,4 cm
Inv. 10688

Rechteckige Klinge.

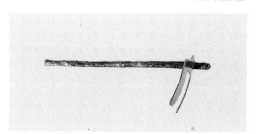

135. Hacke
H 2,1 cm; L 6,5 cm; B 2,3 cm
Inv. 10683

Zwei Zinken.

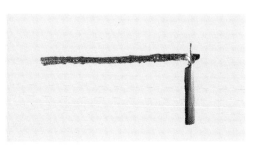

136. Hacke
H 2,2 cm; L 5,9 cm
Inv. 10682

Die Hacke ist schmal und gewölbt.

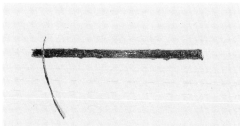

137. Hacke
H 2,2 cm; L 6,7 cm; B 2,8 cm
Inv. 10684

Die Hacke ist gebogen.

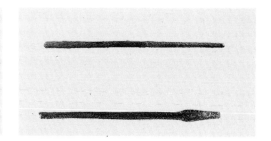

138.-139. Pfahl und Hebel
A: L 12,5 cm; Dm 0,5 cm
B: L 9,8 cm; B 0,8 cm
Inv. 10686, 10675

Pfahl: runder Querschnitt. Hebel: Abflachung an einem Ende.

140. Stamnos
Ton; schwarzfigurig, Inschriften vor dem Brand aufgemalt
H 29 cm
Florenz, Museo Archeologico
Inv. 96780
Herkunft unbekannt

Seite A: Ein Handwerker bei der Überarbeitung eines bronzenen Pferdekopfes; um die Figur herum ist die Inschrift gemalt ἐποιός καλός. Seite B: Sitzender Kitharaspieler, um die Figur herum die Inschrift καλός ὁ κι[...]s. Die griechischen Inschriften verweisen auf die vielleicht griechische Herkunft des in Vulci arbeitenden Meisters. Schule des Micali-Malers. Anfang 5. Jahrhundert v. Chr.

P. Bocci Pacini-A. Maggiani, Bollettino d'Arte, 1985, 49-54; M.A. Rizzo in: *La ceramica degli Etruschi*, Novara 1987, 39 und Anm. 89.

141. Attische Trinkschale
Ton; rotfigurig. Aus Fragmenten zusammengesetzt
H 12 cm; Dm 30,5 cm
Berlin, Staatliche Museen zu Berlin
Antikensammlung, Inv. F 2294; Aus Vulci

Innenbild: Thetis erhält von Hephaistos die Waffen für Achilleus. Außenbilder: Darstellung einer Erzgießerei mit Ferstigstellung zweier Bronzestatuen. Namengebendes Stück des Erzgießereimalers, eines spätarchaischen Schalenmalers in Athen, dessen Werke jedoch vorwiegend in Etrurien gefunden wurden.
Um 490-480 v. Chr.

J.D. Beazley, Oxford 1963, 400 Nr. 1; ders., Addenda[2] 230; G. Zimmer, 1990, 132 Taf. 11.

DIE STÄDTE

142-147
Buccherovasen

Florenz, Museo Archeologico

Die Vasen Kat. 142-147 sind sämtlich aus Bucchero, stammen aber von verschiedenen Fundorten. Sie sind typische Produkte aus etruskischen Werkstätten des 6. Jahrhunderts v. Chr. und können eine Vorstellung von einem Weinservice geben, wie es bei Trinkgelagen benutzt wurde.

142. Amphora mit Deckel
Schwarzer Bucchero, Stempeldekor
Amphora: H 37 cm; Dm 21,5 cm
Deckel: H 5,4 cm; Dm 14,9 cm
Inv. 77378
Aus Montepulciano, Acquaviva, Kammergrab 2

Auf der Schulter abwechselnd geduckte Panther und kleine zungenförmige Motive; auf dem Körper schreitende Löwen. Auf den Außenseiten der Henkel je ein vorrückender Hoplit; auf dem Deckel drei bärtige Köpfe. Typisches Beispiel für die Produktion von "Bucchero pesante" aus Chiusi, die im Verlauf des 6. Jahrhunderts v. Chr. durch eine zunehmende Wanddicke der Vasen, durch überschwengliche Formen und durch massiven Stempeldekor und vollplastische Verzierungen mit figürlichen oder pflanzlichen Motiven gekennzeichnet ist.
Zweite Hälfte 6. Jahrhundert v. Chr.

G. Pellegrini, Notizie degli scavi, 1897, 386 ff.

143. Oinochoe
Schwarzer Bucchero
H 34 cm; Dm 18 cm
Inv. 77379
Aus Montepulciano, Acquaviva, Kammergrab 2

Kleeblattmündung, eiförmiger Körper, Henkel oben in zwei Rotellen endend.
Zweite Hälfte 6. Jahrhundert v. Chr.

G. Pellegrini, Notizie degli scavi, 1897, 386 ff.

144. Kyathos
Bucchero, Stempeldekor
H 13,7 cm; Dm 14,4 cm
Inv. 72971
Aus Castiglione del Lago, Val di Sasso, Kammergrab

Halbkugelförmiges Gefäß mit plastischen Tropfen; Bandhenkel aufragend und mit Kamm versehen, am Rand mit einer kleinen Platte befestigt, die mit einer *potnia theron* (Herrin der Tiere) verziert ist.
Erste Hälfte 6. Jahrhundert v. Chr.

G. Valentini, Studi Etruschi 37, 1969, 427 Nr. 25.

145. Infundibulum
Schwarzer Bucchero
H 9 cm; L 21,5 cm; Dm 13,2 cm
Inv. 72733
Aus Città della Pieve

Umlaufendes Rippenmuster, Boden durchlöchert und in den Trichter übergehend, waagrechter Griff mit einem Ring. Auf dem Griff eine *potnia theron*; an den Seiten zwei nach innen gerichtete Frauenköpfe. Dieser Gegenstand diente zugleich als Sieb und als Trichter.
Zweite Hälfte 6. Jahrhundert v. Chr.

G. Valentini, Studi Etruschi 37, 1969, 428 Nr. 67.

146. Kantharos
Bucchero
H 7,2 cm; H am Henkel 12,7 cm; Dm 17 cm
Inv. 35144
Aus Chiusi, Ortsteil La Paccianese, Grabungen Paolozzi 1912, Grab 5

Zwei parallele unter dem Rand eingeritzte Linien, am Absatz zwischen Boden und Gefäßwand Einkerbungen. Dieser Typus (Rasmussen 3e) ist in Etrurien weit verbreitet und wurde vom letzten Viertel des 7. bis zur Mitte des 6. Jahrhunderts v. Chr. in den gesamten Mittelmeerraum ausgeführt.
Erste Hälfte 6. Jahrhundert v. Chr.

147. Schale mit Fuß
Grauer Bucchero
H 10,6 cm; Dm 15,1 cm
Inv. 35218
Aus Chiusi, Ausgrabungen 1927

Senkrecht stehender, leicht nach innen gezogener Rand, Schale mit konvexem Profil, trichterförmiger Fuß. Variante mit trichterförmigem Fuß einer Form, die im 7. Jahrhundert als Impasto entstand und zwischen dem Ende des 7. und der ersten Hälfte des 6. Jahrhunderts in grauem Bucchero hergestellt wurde. Erste Hälfte 6. Jahrhundert v. Chr.

148-156
Vulci, Tomba 47
(del Guerriero)
Rom, Museo Nazionale di Villa Giulia

Qualitativ und hinsichtlich des Reichtums bietet dieses Grab eine der wertvollsten und eine der wenigen intakt aufgefundenen Ausstattungen der reifen Archaik. Zum Zeitpunkt der Entdeckung war die Kammer noch versiegelt und die an den Wänden aufgehängten Pflanzengirlanden und Bronze-Waffen noch erhalten. Zur Ausstattung gehört auch ein umfangreiches Symposion-Service aus Bronze, Bucchero, Impasto und attischer Keramik, darunter auch eine panathenäische Amphora des Antimenes-Malers. So besitzt man einen Anhaltspunkt für die Datierung des gesamten Komplexes um 520-510 v. Chr.

P. Baglione in: *Civiltà degli Etruschi* (Ausstellungskatalog), Florenz-Mailand 1985, 248 Nr. 9.8; 300-302 Nr. 11.21.

148. Stamnos
Bronzeblech, Henkel gegossen
H 41 cm
Inv. 63566

Hohe abgerundete Schulter, sich verjüngende, ganz leicht konvexe Gefäßwand, flacher Boden. Als Henkellattaschen Palmetten mit elf lanzettförmigen Blättern zwischen zwei in Lotosblüten mündenden Voluten. Bronzene Stamnoi aus etruskischer Produktion wurden in der ersten Hälfte des 5. Jahrhunderts v. Chr. auch nach Korsika und in den keltischen Raum ausgeführt.

G. Proietti, Rom 1980, 57 Nr. 52-53; B. Bouloumié in: *Il commercio etrusco arcaico*, Rom 1985, 167-178.

149. Kanne
Bronzeblech
H 26,5 cm
Inv. 63568

Körper ziemlich gedrungen, Typus "Plumpe Kanne". Paar auf dem Rand liegender Löwen am oberen Ende des Henkels; als untere Henkelattasche eine Palmette mit lanzettförmigen Blättern zwischen zwei Tritonen.

B. Bouloumié, Rom 1973, 218 Taf. 77 Abb. 260-261.

150. Kanne
Bronzeblech, Henkel gegossen
H 29,4 cm; max. Dm 14,7 cm; Dm am Boden 10,3 cm
Inv. 63569

Leicht asymmetrischer Korpus mit hoher abgerundeter Schulter und steiler Gefäßwand, flacher Boden; Typus Schnabelkanne. Der Henkel endet oben in einer Gemme, unten in ankerförmigen Fortsätzen und einer Palmette mit neun lanzettförmigen Blättern, dem "Ankertypus", der vor allem in Etrurien, aber auch im heutigen Frankreich, Belgien und Deutschland sowie in Karthago verbreitet war.

B. Bouloumié, Rom 1973, 98, 230-233; Taf. 42 Abb. 144-146.

151. Kanne
Bronzeblech, Henkel gegossen
H 28,3 cm; max. Dm 15 cm; Dm am Boden 9,2 cm
Inv. 63567

Ähnlich wie die vorangehende Nr. Die für den einheimischen Markt gefertigten Exemplare sind meistens kleiner als die für die Ausfuhr bestimmten oder außerhalb Etruriens nachgebildeten; die größten hat man im Rheingebiet gefunden.

B. Bouloumié, Rom 1973, 96. 230-233, Taf. 41 Abb. 141-143

DIE STÄDTE

152. Schöpfgefäß
Bronzeblech, Henkel gegossen
H 14,5 cm
Inv. 63564

Auskragende Lippe, weite gerundete Schulter, Bauch stark zum flachen, hervortretenden Boden verengt. Vertikaler hochragender Bandhenkel.

153. Olpe
Bronzeblech, Henkel gegossen
H 14,5 cm
Inv. 63559

Weite Mündung, schlanker Körper, Henkel in einem Löwen endend. Typus Guzzo II. Diese wahrscheinlich in Vulci hergestellte Form fand auf der gesamten italienischen Halbinsel, aber auch in Sizilien und auf Korsika große Verbreitung.

P.G. Guzzo in: *Acc. Naz. Lincei, Rend. Sc. Morali, storiche e filosofiche*, Ser. 8, Bd. 25, 3-4, 1970, 89 Nr. 18; 93.

154. Zwei Simpula
Bronze
L jeweils 32,5 und 35 cm
Inv. 63560; 63561

Flache, breite Schale; der Griff endet in einer Entenprotome, bzw. bei dem längeren Exemplar in zwei Zungen. Dieser Typus war auch auf den korsischen Märkten beliebt.

F. Magi, Rom 1941, II, 206 Nr. 70; J. u. L. Jehasse, Paris 1973, 524 f. Nr. 2197 u. 2199 Taf. 154.

155. Sieb
Bronze
L 28 cm
Inv. 63562

Breite, flache Form mit tieferem, halbkugelförmigem und durchlöchertem Mittelteil; Griff mit gewelltem Stab verziert. Ein unverzichtbares Gerät, um während des Symposion den Wein zu filtern. Dieser Typus war zwischen dem Ende des 6. und der ersten Hälfte des 5. Jahrhunderts v. Chr. in verschiedenen Gegenden des antiken Italien und auf Korsika weit verbreitet.

P. Baglione in: *Civiltà degli Etruschi* (Ausstellungskatalog), Florenz-Mailand 1985, 301 Nr. 11.21,7.

156. Becken mit *Omphalos*
Bronzeblech, Griffe und plastische Applikationen gegossen
Dm 35 cm
Inv. 63576

In spulenförmigen Haltern bewegliche Ringhenkel. Auf dem Rand sind vier vollplastische kleine Löwen appliziert, nach links gerichtet, wobei einer von ihnen rückwärts blickt. Solche Becken wurden Vulci, Bologna und Orvieto oder genereller Zentraletrurien zugeschrieben.

B.F. Cook, American Journal of Archaeology 1968, 337-344; G. Colonna, *Annali della Fondazione per il Museo "Claudio Faina"*, Orvieto 1980, 46.

Die Wohn- und Tempelarchitektur

157. Hausurne

Roter Impasto, Dekoration weiß aufgemalt
Max. H 45,6 cm; L 54 cm; B 28 cm
Cerveteri, Museo Nazionale
Inv. sc. 1 LD
Aus Caere, Nekropole von Monte Abatone,
Kammergrab 426, rechte Cella

Urne in Gestalt eines Hauses, Deckel als Satteldach ausgebildet, Akroter und Balkenüberkreuzungen am First, Strohabdeckung. Dekoration mit geometrischen Motiven. Dies ist eines der frühesten archaischen Exemplare dieser Gattung. Letzte Jahrzehnte 7. Jahrhundert v. Chr.

F. Buranelli, Rom 1985, 43 Nr. 4; G. Bartoloni-A. De Santis in: G. Bartoloni-F. Buranelli-V. D'Atri-A. De Santis, Rom 1987, 143 Taf. 57a; A. Coen, Florenz 1991, 50-51; 74-78.

158. Hausurne

Kalkstein
H 43,5 cm; L 51,5 cm; B 35,5 cm
Florenz, Museo Archeologico, Inv. 5539
Aus dem Gebiet um Chiusi

Der Deckel der Urne hat die Form eines Satteldachs und reproduziert gemäß dem Brauch, den Aschenurnen die Gestalt eines Hauses zu geben, reale Architektur und Dekorationselemente. An den Schmalseiten öffnet sich ein Bogenportal zwischen zwei von bauchigen Kesseln bekrönten Pilastern. An den Längsseiten umrahmen Pilaster mit äolischen Kapitellen einen Portikus, über dem sich eine Loggia mit Kolonetten erhebt.
2. Jahrhundert v. Chr.

G. Nardi in: *Civiltà degli Etruschi* (Ausstellungskatalog), Florenz-Mailand 1985, 157 f., Nr. 6.29.

159. Tempelmodell

Terrakotta, rosafarbener Ton, fein geschlämmt
H 18,5 cm; L 32,6 cm; B 22 cm
Rom, Museo Nazionale di Villa Giulia
Inv. 59757
Aus Vulci, Votivdepot am Nordtor

Kleiner pseudoperipteraler Tempel mit rechteckigem Grundriß, und nach vorne vollkommen offener Cella sowie einem durch Anten seitlich geschlossenen Pronaos. Satteldach mit Dachziegeln und Palmettenakroteren. Außergewöhnlich ist die Dekoration des Tympanon mit zwei Gottheiten aus dem dionysischen Bereich.
Erste Hälfte 1. Jahrhundert v. Chr.

R.A. Staccioli, Florenz 1968, 24 Nr. 15 Taf. 12-15.

160. Tempelförmige Urne

Terrakotta, aus der Matrize geformt, mit dem Griffel retuschiert, Barbotine-Applikationen. Spuren polychromer Bemalung.
H 58 cm; L 43 cm
Florenz, Museo Archeologico, Inv. 148171, vormals Volterra, Slg. Cinci 428
Aus dem Umland von Volterra, Grabungen G. Cinci, vermutlich von 1828

Form eines kleinen tuskanischen Tempels mit offenem Giebel und ionischen Eckpilastern. Der summarisch wiedergegebene Grundriß kontrastiert mit der Betonung der Dekoration und der architektonischen Struktur der Überdachung.
4.-3. Jahrhundert v. Chr.

E. Fiumi, Studi Etruschi Ser. 2, 25, 1957, 470 Nr. 87; G. Colonna in: *Rasenna*, Mailand 1986, 492 Abb. 397.

161. Modell (Rekonstruktion) eines tuskanischen Tempels

Holz und Gips
H 63,5 cm; L 126 cm; B 122 cm
Rom, Università della Sapienza, Museo delle Antichità Etrusche e Italiche, Inv. M.72

Das Modell zeigt einen tuskanischen Tempel mit drei Cellae, der anhand der Angaben Vitruvs (*De Architectura* IV, 1-5) und der Zeugnisse aus den Ausgrabungen des Portonaccio-Tempels in Veji rekonstruiert wurde: nahezu quadratischer Grundriß mit einem geschlossenen, in drei Cellae aufgeteilten Bereich (bzw. in eine mittlere Cella und zwei Seitenflügel) im hinteren Teil und einem offenen Raum mit den gleichen Ausmaßen und Säulen in der vorderen Hälfte.

Santuari d'Etruria (Ausstellungskatalog), Mailand 1985, 61 Nr. 3.1.

162-169
Veji, Portonaccio-Tempel
Rom, Museo Nazionale di Villa Giulia

Unter den einzelnen Kultbereichen in Veji hebt sich das Heiligtum von Portonaccio außerhalb der Stadtmauer heraus, das aus verschiedenen heiligen Bezirken bestand, die von einer Umfassungsmauer(*témenos*) umschlossen waren. Die dort verehrten Gottheiten müssen Minerva, Apollon, Herakles, Aphrodite, Artemis und Venai gewesen sein. Der Tempel mit drei Cellae entstand in seiner ersten Gestalt im Verlauf des 6. Jahrhunderts v. Chr., wurde aber gegen Ende des Jahrhunderts umgebaut, als die koroplastische Dekoration durch bedeutende einheimische Meister geschaffen wurde.

Es werden hier Beispiele der reichen Terrakottaverkleidungen des (in der zweiten Phase) dreiteiligen Tempels gezeigt: Die Dekoration umfaßte zusammen mit den Schmuckleisten, den Simen und den Platten auch Akroterfiguren, Traufziegel, Antefixe in Form von Gorgonen-, Mänaden- oder Silensköpfen und Akroterfiguren, die zu den besten koroplastischen Werken der etruskischen Spätarchaik gehören.

A. Andrén, Lund-Leipzig 1940; E. Stefani, Notizie degli Scavi 1953, 29 ff.; G. Colonna in: *Rasenna*, Mailand 1986, 470 Abb. 331-335.

162. Simaschmuck
Polychrom bemalte Terrakotta
H 47 cm; B 70 cm
Inv. VP 457; VP 458

Die zwei durchbrochen gearbeiteten Leisten waren dazu bestimmt, die Simen zu schmücken. Sie bestehen aus Ornamenten, die von gefüllten Palmetten bekrönt werden, und veranschaulichen die besondere Eleganz, die die gesamte Terrakottadekoration des Tempels auszeichnet.
Gegen 500 v. Chr.

163. Simen
Polychrom bemalte Terrakotta
Inv. VP 565; VP 567
Inv. VP 565: H 52 cm; L gesamt 70 cm
Inv. VP 567: H 52 cm; erh. L gesamt 55 cm (unvollständig)

Die zwei Simen des Frontgiebels, die von den vorgenannten durchbrochenen Leisten überragt wurden, sind in der Mitte mit einem fein ausgeführten Flechtband verziert.
Gegen 500 v. Chr.

164. Verkleidungsplatten
Polychrom bemalte Terrakotta
H 65 cm; B 50 cm (jeweils)
Inv. VP 585; VP 586

Die Dekoration mit Lotosblüten und Palmetten in verschiedenen Verbindungen zeigt an, daß in der zweiten Phase des Tempels narrative Friese aus seiner Terrakottaverkleidung verschwinden und durch elegante florale Kompositionen und geometrische Motive ersetzt werden.
Gegen 500 v. Chr.

165. Verkleidungsplatten
Polychrom bemalte Terrakotta
Max. H 22 cm; L 49,5 cm (jeweils)
Inv. VP 2269 und ohne Inv.

Die mit floralen Ornamenten verzierten Platten verkleideten das Gebälk der Tempel-Längsseiten und waren unterhalb der Traufziegel angebracht.
Gegen 500 v. Chr.

166. Antefix mit Medusenkopf
Polychrom bemalte Terrakotta
H ca. 50 cm
Inv. sc. 2499

Im Zentrum eines fächerförmigen Blätterkranzes ein Medusenhaupt mit Schlangen im Haar, weit geöffneten Augen und einem großen offenen Mund. Der furchterregende Ausdruck wird durch die Effekte der Farbgebung betont. Die Antefixe von Portonaccio befanden sich an den Traufseiten des Daches und gehören zu den besten Beispielen archaischer Terrakottaproduktion.
Gegen 500 v. Chr.

167. Antefix mit Silenskopf
Polychrom bemalte Terrakotta
H ca. 37 cm Inv. sc. 2342

Im Zentrum eines fächerförmigen Blätterkranzes ein bärtiger Silenskopf mit Pferdeohren und Lockenfrisur. Wie auch bei den anderen Antefixen steigert die Farbgebung die Ausdruckskraft. Gegen 500 v. Chr.

168. Stirnziegel mit Mänadenkopf
Polychrom bemalte Terrakotta
H ca. 45 cm Inv. sc. 2246

Im Zentrum eines fächerförmigen Blätterkranzes ein Mänadenkopf mit Diadem, Scheibenohrringen und einer Halskette mit Anhänger. Das ovale Gesicht hat fein modellierte Züge. Gegen 500 v. Chr.

169. Hermeskopf
Terrakotta
H 37 cm
Inv. 40772

Pilos als Kopfbedeckung, Buckellöckchen über der Stirn, auf die Schulter herabfallende Haarlocken. Fein modellierte Gesichtszüge. Die Hermesstatue, von der nur der Kopf erhalten ist, bildete zusammen mit den Akroterstatuen des Apollon und des Herakles eine Gruppe, die den Kampf um die Kerynitische Hirschkuh darstellte.
510-500 v. Chr.

G. Proietti, Rom 1980, 105 Nr. 123-125.

Die Religion und die "disciplina etrusca"

170. Tinia
Bronze, Vollguß
H 12,3 cm
Rom, Museo Nazionale di Villa Giulia, ohne Inv.
Aus Furbara

Tinia (Zeus) nackt und ruhig stehend. Bärtiges Gesicht, Mantel, der die linke Schulter und den Schoß bedeckt und dessen Ende über seinen linken Arm gelegt ist. Es fehlen die Füße, der rechte Unterarm und das Attribut (vermutlich ein Blitz). Längs der Küste von Caere ist diese Statuette das einzige Beispiel für einen Zeus-Typus, der hingegen in Orvieto und Falerii bekannt ist.
Drittes Viertel 4. Jahrhundert v. Chr.

M. Cristofani, Novara 1985, 278 Nr. 84.

171. Kämpfende Menerva
Bronze, Vollguß. Schild und Speer fehlen.
H 29 cm
Paris, Musée du Louvre, Département des Antiquités grecques, étrusques et romaines
Inv. 3079 (gebr. Nr. Br 298)
Aus der Umgebung von Perugia

In der etruskischen Kunst wurde diese Kriegsgottheit schon sehr früh und sehr oft mit den Merkmalen der griechischen Athena dargestellt. Dennoch mag diese Statuette von den italischen Bronzekriegern beeinflußt worden sein, die in angreifender Haltung dargestellt wurden.
Zweites Viertel 5. Jahrhundert v. Chr.

M. Cristofani, Novara 1985, Nr. 89, 280 Abb. 193.

172. Fufluns
Bronze, Vollguß
H 17 cm
Modena, Galleria Estense
Inv. 523 P-12205
Herkunft unbekannt

Fufluns (Dionysos), bärtig und bekränzt, mit Chiton und Mantel; es fehlen die Füße und der rechte Arm. In der Rechten dürfte er ein Trinkgefäß gehalten haben.
Aus der gleichen nordetruskischen Werkstatt, die auch die Kore von Falterona hergestellt hat.
Um 480 v. Chr.

M. Cristofani, Novara 1985, 283 Nr. 99; E. Corradini in: Bologna 1989, 157 Nr. 76.

173. Turms
Bronze. Es fehlt der Caduceus, den die Figur in der Hand gehalten haben muß.
H 17 cm
Paris, Musée du Louvre, Département des Antiquités grecques, étrusques et romaines
Inv. MNE 948
Herkunft unbekannt

Bronzestatuette mit der Darstellung von Turms (Hermes). Im einheimischen ikonographischen Repertoire bereits seit dem 7. Jahrhundert belegt; der Gott wird mit den gleichen Attributen dargestellt, die ihm in Griechenland verliehen wurden: Petasos, Flügelschuhe und Caduceus.
Um 480 v. Chr.

F. Gaultier, La Revue du Louvre 1990, 1, 1-6.

174. Laran
Bronze, Vollguß
H 27 cm
Leiden, Rijksmuseum van Oudheden
Inv. CO.32, ehem. Slg. Corazzi, Cortona
Herkunft unbekannt

Laran (Ares?), bewaffnet mit chalkidischem Helm und glockenförmigem Panzer über kurzem Rock mit kurzem Armschutz. Massiver Körperbau. Ionisch.
Drittes Viertel 6. Jahrhundert v. Chr.

M. Cristofani, Novara 1985, 279 Nr. 86.

175. Hercle
Bronzeguß
H 28 cm
Florenz, Museo Archeologico
Inv. 5
Aus Massa Marittima, Poggio Castiglione

Hercle (Herakles) mit über der Brust zusammengeknotetem Löwenfell, das auch die Kopfbedeckung bildet, steht ruhig und hält in der Rechten ein Trinkhorn und ein nicht sicher definiertes Attribut in der Linken. Sehr qualitätvoll und fein gearbeitete Bronzestatuette, die vielleicht einem südetruskischen Zentrum zuzuschreiben ist.
3. Jahrhundert v. Chr.

M. Cristofani, Novara 1985, 283 Nr. 98 Abb. auf S. 203.

176. Culśanś
Bronze, Vollguß
H 29,6 cm
Cortona, Museo dell'Accademia Etrusca
Inv. 1278
Aus Cortona, Bereich des Forum Boarium, heiliger Bezirk (?)

Doppelgesichtige stehende Figur, nackt, mit Kopfbedeckung und hohem Schuhwerk. Auf dem linken Schenkel Inschrift in nordetruskischem Alphabet, die die Widmung an den Gott (Culśanś) von Vel Cvinti, Sohn des Arnt, enthält. Arbeit aus dem einheimischen Bereich mit provinziellen Stilmerkmalen.
Erste Hälfte 3. Jahrhundert v. Chr.

M. Cristofani, Novara 1986, 285 ff. Nr. 104; P. Bruschetti-M. Gori Sassoli-M.C. Guidotti, Cortona 1988, 18 ff.

177. Selvanś
Bronze, Vollguß
H 30,7 cm
Cortona, Museo dell'Accademia Etrusca, Inv. 1279
Aus Cortona, Bereich des Foro Boario, heiliger Bezirk (?)

Nackte stehende Figur mit Raubkatzenfell als Kopfbedeckung und hohem Schuhwerk. Auf dem linken Schenkel Inschrift in nordetruskischem Alphabet, die die Widmung an den Gott (Selvanś) von Vel Cvinti, Sohn des Arnt, enthält. Die Figur wurde zusammen mit der Statuette von Culśanś (Nr. 176) gefunden und bildete offensichtlich mit dieser ein Paar. Sie wurde gewiß in der gleichen Werkstatt geschaffen.
Erste Hälfte 3. Jahrhundert v. Chr.

M. Cristofani, Novara 1986, 286 Nr. 105; P. Bruschetti-M. Gori Sassoli-M.C. Guidotti, Cortona 1988, 18 ff.; zur Inschrift: CIE 436 = TLE 641.

178. Statue eines Knaben (Putto Carrara)
Bronze, Hohlguß
H 32,7 cm
Vatikan, Museo Gregoriano Etrusco, Inv. 12108
Aus Tarquinia, Geschenk von Mons. F. Carrara 1771 an Clemens XIV.

Auf dem linken Arm, der oberhalb des Ellenbogens gebrochen ist, ist eine Widmungsinschrift an den Gott Selvanś eingraviert. Einige Merkmale wie die Frisur eines Erwachsenen, die den Boden berührende Hand und der nach oben gerichtete Kopf haben früher zu der Annahme geführt, es könne sich um den mythischen Tages handeln, der in Tarquinia die *etrusca disciplina* verkündete.
Ende 4. - Anfang 3. Jahrhundert v. Chr.

CII 2334; CIE 5549; M. Cristofani, Novara 1985, 299 Nr. 126; F. Roncalli in: *Santuari d'Etruria* (Ausstellungskatalog), Mailand 1985, 37-38 Nr. 1.24.

179-188
Tarquinia, Votivdepot bei der Ara della Regina
Tarquinia, Museo Archeologico Nazionale

Das Depot von Weihgeschenken, aus dem die folgende Auswahl von Votivgegenständen stammt, ist vermutlich im Zusammenhang mit dem Kult zu verstehen, der im Tempel der Ara della Regina praktiziert wurde. Das Depot wurde in der Akropolis der Stadt gefunden und enthielt eine Vielzahl von Gegenständen, darunter zahlreiche Votivköpfe von teils hervorragender Qualität und viele anatomische Weihgeschenke, die der Gottheit mit der Bitte um eine Heilung oder als Dank für erfolgte Genesungen dargebracht wurden. Das Depot war mit einer bis zu einem Meter dicken Materialschicht aufgefüllt und wird zwischen das Ende des 4. und den Anfang des 1. Jahrhunderts v. Chr. datiert.

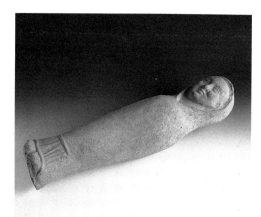

179. Wickelkind
Terrakotta, elfenbeinfarbener Ton
H 48 cm
Inv. 4631

Kopf mit Mantel bedeckt, der das Gesicht einrahmt. Zylindrischer, mit Binden umwickelter Körper, aus denen an den Füßen das gefältete Kleidchen hervorschaut.
Wickelkinder sind in dem Votivdepot in großer Zahl anzutreffen. Sie weisen Ähnlichkeiten mit denen des Heiligtums in Gravisca auf, die aus der gleichen Werkstatt kommen.
2.-1. Jahrhundert v. Chr.

A. Comella, Rom 1982, 19 Nr. A4 IIb Taf. 4c.

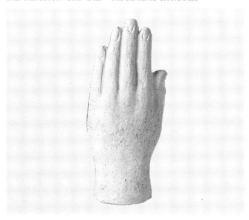

180. Linke Hand
Terrakotta, rosafarbener Ton
L 20 cm
Inv. 3713

Hand mit kurzen, einzeln abgesetzten Fingern und mit dem Modellierholz herausgearbeiteten Fingernägeln. Hände sind stets in zwei Formhälften gefertigt und selten mit Unterarm dargestellt worden. Dieser Votivgaben-Typus ist in zahlreichen Votivdepots des etrusko-italischen Raums verbreitet.
3.-2. Jahrhundert v. Chr.

A. Comella, Rom 1982, 107 Nr. D2 I Taf. 72c-d.

181. Rechtes Ohr
Bronze
H 6,5 cm; B 4 cm
Inv. 4776

Unter den Bronzevotiven des Depots findet sich nur diese Darstellung des Ohrs. Es existiert keine in Terrakotta.
3.-2. Jahrhundert v. Chr.

A. Comella, Rom 1982, 159 Nr. E8 Taf. 95a; M. Cataldi in: *Santuari d'Etruria* (Ausstellungskatalog), Mailand 1985, 78 Nr. C13.

182. Männliches Geschlechtsorgan
Terrakotta, rosafarbener Ton
H 9,5 cm; L 11 cm; B 7,5 cm
Inv. 3944

Männliche Geschlechtsorgane sind im Votivdepot sehr zahlreich. Sie wurden alle in Formen hergestellt.
3.-2. Jahrhundert v. Chr.

A. Comella, Rom 1982, 135 Nr. D15 V Taf. 83e.

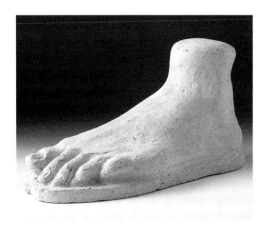

183. Linker Fuß eines Erwachsenen
Terrakotta, rosafarbener Ton, Spuren roter Farbe
H 13 cm; L 24 cm; B 9 cm
Inv. 4581

Breiter Fuß, auf einer Sohle ruhend. Fußnägel eingeritzt. Die unteren Gliedmaßen von Erwachsenen wie von Kindern sind auch in anderen Votivdepots im etrusko-italischen Raum verbreitet.
3.-2. Jahrhundert v. Chr.

A. Comella, Rom 1982, 117 Nr. D11 II Taf. 78b; M. Cataldi in: *Santuari d'Etruria* (Ausstellungskatalog), Mailand 1985, 78 Nr. C5.

184. Weibliche Brust
Terrakotta, rosafarbener Ton
L 6 cm; Dm 11 cm
Inv. 3729

Halbkugelförmig, breit und flach, mit kaum angedeutetem Rand. Diesen Weihgabentypus gibt es in Gravisca, Veji, Lavinio, Lucera und Praeneste.
3.-2. Jahrhundert v. Chr.

A. Comella, Rom 1982, 132 Nr. D14 V Taf. 82g.

185. Weibliches Genitalorgan
Terrakotta, rosafarbener Ton
H 6,5 cm; B 8 cm
Inv. 4625

Aus dem Votivdepot stammt nur dieses eine Exemplar. Allerdings ist dieser Typus häufig in Veji (Depot von Porta Caere) und seltener in Lavinio belegt.
3.-2. Jahrhundert v. Chr.

A. Comella, Rom 1982, 139 Nr. D16 I Taf. 84f.

186. Uterus
Terrakotta, rosafarbener Ton
L 16 cm; B 9 cm
Inv. 4422

Mandelförmig mit flacher Unterseite; die Oberseite wird durch eine schmale Rippe in zwei Hälften geteilt. Unter den anatomischen Votivgeschenken ist dieser Typus im Depot am zahlreichsten vertreten.
3.-2. Jahrhundert v. Chr.

A. Comella, Rom 1982, 145 Nr. D17 VIII A Taf. 86b.

187. Eingeweide
Terrakotta, rosafarbener Ton
L 28,5 cm; B 12,5 cm
Inv. 4070

Dargestellt sind Trachee, Lungen, Herz, Leber, Magen, Blase und Uterus. Dieses vollplastische Votiv ist weniger gebräuchlich als die Täfelchen mit flacher Darstellung mehrerer Eingeweide.
2. Jahrhundert v. Chr.

A. Comella, Rom 1982, 157 Nr. D20 V A Taf. 93b.

188. Maske mit Augen und Nase
Bronze
H 4,5 cm; B 12,5 cm
Inv. 4786

Unter den anatomischen Weihgeschenken in Bronze finden die kleinen Masken mit der Darstellung von Augen und Nasenwurzel eine genaue Entsprechung in Terrakotta-Ausführungen.
3.-2. Jahrhundert v. Chr.

A. Comella, Rom 1982, 159 Nr. E4 Taf. 95a; M. Cataldi in: *Santuari d'Etruria* (Ausstellungskatalog), Mailand 1985, 78 Nr. C12.

189. Lituus
Bronzeblech
EDITL 36,5 cm; B 2,5 cm
Rom, Museo Nazionale di Villa Giulia
Inv. 60254
Aus Caere, Kammergrab

Dargestellt ist der knotenlose Stock, wie ihn die Auguren verwendeten. Obgleich der Typus mit der stark ausgeprägten Spirale für die spätrepublikanische Zeit kennzeichnend ist, ist die Datierung durch den Fundzusammenhang mit zwei mittelkorinthischen Hydrien um 580 v. Chr. anzusetzen.

G. Colonna in: *Civiltà degli Etruschi*, Florenz-Mailand 1985, 251 Nr. 9.13.

190. Haruspex
Bronze, Vollguß
H 17 cm
Vatikan, Museo Gregoriano Etrusco, Inv. 12040
"Vom rechten Tiberufer"

Die hohe, spitz zulaufende und unter dem Kinn zugebundene Kopfbedeckung sowie die kurzärmelige Tunika, über welcher ein reich mit Fransen besetzter und vor der Brust von einer Fibel zusammengehaltener Mantel getragen wird, lassen in der Gestalt einen etruskischen Haruspex erkennen. Auf der rechten Vorderseite der Tunika ist eine Weihinschrift eingraviert: *tn turce vel sveitus* (Diese [Statuette] schenkte Vel Sveitus).
3. Jahrhundert v. Chr.

F. Roncalli, Mannheim 1982, 124-132; M. Cristofani, Novara 1985, 272 Nr. 60.

191. Haruspex
Bronze, Vollguß
H 34 cm
Rom, Museo Nazionale di Villa Giulia
Inv. 24478 (ehem. Museo Kircheriano)
Herkunft unbekannt

Die Figur ist mit dem Opfergestus dargestellt: die linke Hand ist offen und die rechte wie zu einer Schale gewölbt. Zu einem Typus von Kleinbronzen mit den charakteristischen langgestreckten Formen gehörig, die man vom 4. Jahrhundert v. Chr. an in Mittelitalien (Volterra, Perugia, Ancona, Nemi) verbreitet antrifft.
3. Jahrhundert v. Chr.

M.A. Rizzo in: *Santuari d'Etruria* (Ausstellungskatalog), Mailand 1985, 29 Nr. 1.5.

  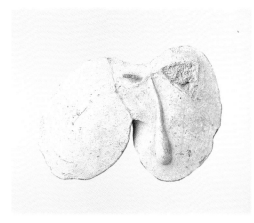

192. Spiegel
Bronzeguß mit gravierter Scheibe
H gesamt 18,5 cm; Dm 14,8 cm
Vatikan, Museo Gregoriano Etrusco
Inv. 12240
Aus Vulci, Ausgrabungen der Gesellschaft Vincenzo Campanari-Governo Pontificio (1835-1837)

Scheibe mit kurzem Stiel. Auf der nicht-spiegelnden Seite untersucht eine geflügelte männliche Gestalt eine Tierleber. Die Inschrift χαλχας bezeichnet sie als Kalchas, den legendären Seher des Trojanischen Krieges.
Ende 5. Jahrhundert v. Chr.

G.A. Mansuelli 1946-1947, 16 f. Taf. 1; C. Pfister-Roesgen 1975, 63-64, 158-159, Taf. 49; U. Fischer Graf 1980, 42 ff. Taf. 10/3; R. Rea in: *La tomba François* (Ausstellungskatalog), 1987, 209-219, Nr. 80; F. Buranelli 1992, 59-61.

193. Spiegel
Bronzeguß mit gravierter Scheibe
Höhe 25 cm; Dm 12,3 cm
Florenz, Museo Archeologico
Inv. 77759
Aus Tuscania, Kammergrab im Ortsteil San Lazzaro.

Pava Tarchies (Tages?) bei der Untersuchung einer Tierleber oder bei der Unterweisung der Anwesenden in der Eingeweideschau. Die antike Überlieferung verbindet die Disziplin mit Tarquinia und spricht somit dieser Stadt das weltliche und religiöse Primat zu.
Ende 4. Jahrhundert v. Chr.

M. Cristofani, Prospettiva 51, 1987, 46-48 (mit der früheren Literatur).

194. Modell einer Tierleber
Terrakotta
L 28 cm; B 19 cm
Rom, Museo Nazionale di Villa Giulia
Inv. 3786
Aus Falerii, Votivdepot des Scasato-Tempels

Das Votiv stellt zwei Lappen und die Galle dar. Da es im Zusammenhang mit der Ausübung der Eingeweideschau steht, ist anzunehmen, daß diese in dem Heiligtum stattfand, in dem man es gefunden hat.

M.A. Rizzo in: *Santuari d'Etruria* (Ausstellungskatalog), Mailand 1985, 31 Nr. 1.8.

195. Modell einer Schafsleber
Bronze, Vollguß
Max. H 6 cm; max. L 12,6 cm; max. B 7,6 cm
Piacenza, Museo Civico, Inv. 1101
Aus Settima Piacenza

Die konvexe Seite ist durch eine Gravur in zwei Lappen aufgeteilt, von denen der rechte der Sonne (*Usil*) und der linke dem Mond (*Tivr*) geweiht ist. Die flache Seite ist in vier Felder unterteilt, in die Namen von Gottheiten eingetragen sind. Entlang des Randes gibt es sechzehn Abschnitte, entsprechend den sechzehn Himmelsgegenden in den etruskischen Glaubensvorstellungen. Der Gegenstand war ein Hilfsmittel bei der Ausübung der Eingeweideschau.
Zwischen dem Ende des 2. und dem Anfang des 1. Jahrhunderts v. Chr.

A. Maggiani, Studi Etruschi 50, 1982 [1984], 53-88; L.B. Van Der Meer, Amsterdam 1987.

196. Urnendeckel
Alabaster
H 52 cm; L 76 cm; T. 22 cm
Volterra, Museo Guarnacci
Inv. 136, vorm. Slg. Guarnacci
Aus Volterra

Männliche gelagerte Figur mit Schleier und Kranz, bekleidet mit Tunika und Mantel. Sie hält in der linken Hand das Modell einer Schafsleber, wodurch sie als Haruspex ausgewiesen wird. In der umfangreichen Produktion von Volterra ist dieses Attribut ein Unikum.
Auf der Plinthe die etruskische Inschrift: *au.le-cu.l.ril.XXVIII*.
Mitte erstes Jahrhundert v. Chr.

M. Cristofani (Hrsg.), *Corpus delle urne etrusche di età ellenistica. Urne volterrane. Il Museo Guarnacci*, Florenz 1977, II, Nr. 192.

197. Kleiner Schrein
Schwarzer Bucchero
Größeres Fragment: max. erh. H 9,7 cm; B der beschrifteten Seite 4,8 cm; Scherbendicke 0,4-0,6 cm
Rom, Museo Nazionale di Villa Giulia
Inv. sc. St. 21
Aus Veji, Portonaccio-Heiligtum

Zwei Fragmente, von denen man erst kürzlich erkannte, daß sie zur gleichen Seite eines kleinen Schreins (zur Aufbewahrung der *sortes* für die Wahrsagekunst?) gehören. Sie tragen die Weihinschrift: *laris velkasna[s mini muluvanice] menervas* (Laris Velkasna hat mich Minerva weiht).
Erste Hälfte 6. Jahrhundert v. Chr.

G. Colonna, Studi Etruschi 51, 1985, 237 f.

198. Inschriftentäfelchen
Bronze, Vollguß
H 1 cm; L 10,1 cm
Rom, Museo Nazionale di Villa Giulia
Inv. 24427, vorm. Museo Kircheriano
Aus Viterbo

Täfelchen mit kreisrundem Loch an einem Ende, durch welches offensichtlich eine Schnur geführt war, die ähnliche Plättchen zu einem Bund zusammenfaßte. Auf eine Seite ist die Inschrift graviert: *savcnes . śuris*. *Śuris* ist der Name eines Unterweltgottes im Genitiv, *savcnes* ein qualifizierendes Adjektiv für diesen Gott. Das vorhandene Loch und der Inhalt des Textes gestatten eine Definition des Gegenstandes als *sors* (Lostäfelchen) für die Wahrsagekunst.
4.-3. Jahrhundert v. Chr.

G. Colonna, Studi Etruschi 39, 1971, 369-371.

Schrift, Sprache und Literatur

199. *Sors* (Los) für Wahrsagungen
Kieselstein
L 5,1 cm; B 4,5 cm; Dicke 1,5 cm
Arezzo, Museo Archeologico G. Cilnio Mecenate
Inv. 19326
Aus Arezzo, bei der Kirche Santa Croce

Eiförmiger Kieselstein; erhaben reliefierte etruskische Inschrift: *aplu.puteś./tur fartnś* (vom Pythischen Apollon: opfere an Farthan). Die Inschrift erwähnt auf der einen Seite den Gott des Orakels, den Pythischen Apollon, während auf der Rückseite der Orakelspruch genannt wird, der verlangt, daß dem Gott Farthan geopfert werde, der wahrscheinlich dem lateinischen Genius entspricht.
2. Jahrhundert v. Chr.

A. Maggiani, Caesarodunum 1986, Suppl. 56, 26. ff.; J. Champaux, Mélanges d'Archéologie et d'Histoire de L'Ecole Française de Rome. Antiquité 102, 1990, 287 ff. Abb. 6.

201-203
Marsiliana d'Albegna, Circolo degli Avori
Banditella-Nekropole, Fossagrab Nr. 67
Vgl. Kat. 84 und 85

200. *Sors* (Los) für Wahrsagungen
Blei, gegossen
Dm 4,5 cm; max. Dicke 0,7 cm
Arezzo, Museo Archeologico G. Cilnio Mecenate
Inv. 12326
Aus Arezzo, beim heutigen Friedhof

Auf einer Seite der Scheibe ist in nordetruskischer Schrift das Wort *suriś* (von Suri) eingraviert.
Die *Sors* gibt ihre Zugehörigkeit zu Suri an, einem auch im faliskischen Bereich verehrten etruskischen Gott, den die lateinischen Quellen mit dem griechischen Apollon, vielleicht in dessen chthonischer Eigenschaft gleichsetzen.
2. Jahrhundert v. Chr.

G. Gamurrini, Notizie degli Scavi 1880, 219; G. Colonna, Studi Etruschi 39, 1971, 370; J. Champaux, Mélanges d'Archéologie et d'Histoire de L'Ecole Française de Rome. Antiquité 102, 1990, 291 Abb. 12.

201. Schreibtäfelchen
Elfenbein, Ritzdekor
L 8,4 cm; B 5,1 cm
Florenz, Museo Archeologico
Inv. 93480
Aus Marsiliana d'Albegna, Banditella-Nekropole, Circolo degli Avori

Rechteckiges Täfelchen mit erhabener Rahmenleiste und einem Griff, der aus zwei kleinen gegenständigen Löwenköpfen besteht. Außen umlaufendes Flechtband. Auf der Randleiste ist ein griechisches linksläufiges Musteralphabet eingraviert, das aus sechsundzwanzig Buchstaben besteht: *a b c d e v z h ϑ i k l m n ś o p ś q r s t u ś ϕ χ*
Mitte 7. Jahrhundert v. Chr.

M. Michelucci in: *Etrusker in der Toskana* (Ausstellungskatalog), Hamburg 1987, 154 Nr. 203.

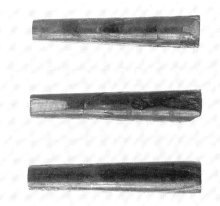

202. Stiele von Schreibgriffeln
Elfenbein
L 6 cm
Florenz, Museo Archeologico
Inv. 21661 a, b, c
Aus Marsiliana d'Albegna, Banditella-Nekropole, Circolo degli Avori

Konische Stiele von Schreibgriffeln mit Metalleinsatz (an ihnen befestigte man die Metallspitzen, mit denen in das Wachs geritzt wurde).
Mitte 7. Jahrhundert v. Chr.

M. Michelucci in: *Etrusker in der Toskana* (Ausstellungskatalog), Hamburg 1987, 154 f. Nr. 204.

203. Zwei Schaber
Elfenbein
L 9 cm; 8,5 cm
Florenz, Museo Archeologico
Inv. 21667; 21668
Aus Marsiliana d'Albegna, Banditella-Nekropole, Circolo degli Avori

Messerförmige Klinge, achteckiger Griff mit knopfförmigem Knauf am Ende
Mitte 7. Jahrhundert v. Chr.

M. Michelucci in: Etrusker in der Toskana (Ausstellungskatalog), Hamburg 1987, 155 Nr. 205.

204. Musteralphabet
Figürliche Vase in Form eines kleinen Hahns.
Schwarzer Bucchero sottile, Ritzdekor
H 10,3 cm; L 5,3 cm
New York, The Metropolitan Museum of Art
Inv. 24.97.21
Aus Viterbo

Vasen dieser Art, gleich ob in Bucchero oder heller Feinkeramik, sind ziemlich selten und auf Südetrurien konzentriert. Auf dem Körper ist ein rechtsläufiges Alphabet aus sechsundzwanzig Buchstaben eingeritzt: *a b c d e v z h ϑ i k l m n ś o p ś q r s t u s ϕ χ*. Diese Buchstabentypen sind charakteristisch für südetrurische Inschriften des 7. Jahrhunderts v. Chr.
Zweite Hälfte 7. Jahrhundert v. Chr.

M. Pandolfini-A.L. Prosdocimi, Florenz 1990, 22 f. Taf. 4; G. Camporeale, Rom 1991, 155-157.

205. Musteralphabet
Buccheroschale
Dm am Rand 12 cm; Dm am Boden 6,5 cm; H 4,4 cm
Grosseto, Museo Archeologico e d'Arte della Maremma
Inv. 1561
Herkunft ungewiß, vielleicht aus Roselle

Rund um den Fuß ist linksläufig ein Alphabet von zweiundzwanzig Buchstaben eingeritzt: *a c e v z h θ i k l m n p ś q r s t u ϕ χ f*.
Es handelt sich um das älteste Beispiel eines Musteralphabets, das nach der Orthographie Südetruriens modifiziert ist mit dem Zeichen 8 (*f*) am Schluß. Es erscheint außerdem, mit unsicherer Hand geritzt, das Zeichen q, das in der Praxis bereits nicht mehr verwendet wurde. Ende 6. Jahrhundert v. Chr.

M. Pandolfini-A.L. Prosdocimi, Florenz 1990, 51 f. Taf. 23.

206. Musteralphabet
Schwarzer Bucchero
Max. H 1,5 cm; max. Dm 7,2 cm
Perugia, Museo Archeologico Nazionale
Inv. 88601
Aus Perugia, Via Pellini

Boden mit ringförmigem Fuß, wahrscheinlich von einer Schale, in den ein linksläufiges etruskisches Alphabet eingeritzt ist: *a e v z h ϑ i k l m n p ś r s t u ϕ χ a b a t*.
Die ersten neunzehn Zeichen gehören zu einer vollständigen Alphabetserie, die letzten vier wurden vielleicht von einer anderen Hand geschrieben und entsprechen der etruskischen Abkürzung für Alphabet: *abat*. Zweite Hälfte 6. Jahrhundert v. Chr.

A.E. Feruglio, Studi Etruschi 41, 1973, 293-295 Nr. 40 Taf. 73; M. Pandolfini-A.L. Prosdocimi, Florenz 1990, 46 f. Nr. II.12 Taf. 22.

207. Musteralphabet (doppelt)
Ton
H 1,4 cm; Dm 7,5 cm
Ferrara, Museo Archeologico Nazionale, Inv. 33212
Aus Spina, Wohnviertel in der Gegend südlich des Canale Collettore del Mezzano, Abschnitt 8 III D

Boden eines attischen Skyphos. Entlang des äußeren Randes sind zwei Alphabetserien von zwanzig Zeichen eingeritzt, wie sie für den etrusko-padanischen Raum in späterer Zeit charakteristisch waren: *a e v z h ϑ i k l m n p ś r s t u ϕ χ f*. Der Buchstabe χ in der Mitte ist vielleicht das Zeichen des Besitzers der Vase. Sie wurde im ersten Viertel des 4. Jahrhunderts v. Chr. hergestellt und im folgenden Vierteljahrhundert als Ostrakon verwendet.

F. Berti in: *Civiltà degli Etruschi* (Ausstellungskatalog), Florenz-Mailand 1985, 188.

208. Musteralphabet
Schale, schwarzer Glanzton
H 4,8 cm; Dm am Rand 13,7 cm
Neapel, Museo Nazionale
Inv. 80559
Aus Nola, Ausgrabungen vom Ende des 18. Jahrhunderts

Attische Schale mit innen abgesetzter Lippe. Auf der Außenseite der Wandung ist ein etruskisches Alphabet mit siebzehn Buchstaben (H 0,6 - 1 cm) linksläufig eingeritzt: *a c e v z ϑ z l m n p z š l v χ f.*
Alphabettypus von Südetrurien. In der Sequenz fehlen *h, k, q, r, t.* Bei einigen Buchstaben sind Fehler gemacht worden, weil sie in ihrer Schreibweise (*z* für *i*, *l* für *u*) oder Phonetik (*z* statt *š*, *v* statt *φ*) übereinstimmen.
Erste Hälfte 5. Jahrhundert v. Chr.

M. Pandolfini-A.L. Prosdocimi, Florenz 1990, 67 f. Taf. 31.

209. "Tegola di Capua"
Dunkler Ton, der obere Teil fehlt
Max. H 62 cm; max. B 49 cm
Berlin, Staatliche Museen zu Berlin, Antikensammlung, Inv. 30982
Aus Santa Maria Capua Vetere (?)

Fälschlicherweise als "Dachziegel" bezeichnete Platte mit einer Rahmenleiste. Auf der einen Seite ist ein Text von ungefähr dreihundert Wörtern in Bustrophedon (abwechselnd rechts- und linksläufig) und Silbeninterpunktion eingeritzt, der die Beschreibung eines Bestattungsrituals und die Namen der Unterweltsgötter enthält, zu deren Ehren die angegebenen kultischen Handlungen vollzogen werden sollten. Ein Bezug zwischen dem Inhalt dieses Textes und dem der *libri Acherontici* ist wahrscheinlich. 5. Jahrhundert v. Chr.

TLE, 2; F. Roncalli (Hrsg.), Mailand 1985, 65-73.

210. Cippus
Pietra fetida (Stinkkalk), Flachrelief
H 37 cm; L 81 cm
Palermo, Museo Archeologico Regionale
Inv. 8385, ehem. Slg. Casuccini
Aus Chiusi

Rechteckiger Sockel. Auf dem Podium im Zentrum der Szene sitzt neben zwei Beamten mit Krummstab ein Schreiber (*scriba*), der die Namen der Wettkampfsieger aufschreibt. Auf der anderen Seite zeigt ein Liktor auf Weinschläuche, die Siegespreise. Mit diesem Monument die ist Überlieferung bestätigt (Liv., II 12,7; Dion. Hal., V 28,2), der zufolge der Schreiber in der etruskischen und latinischen Gesellschaft des 6. Jahrhunderts v. Chr. ein hohes Ansehen genoß. Ende 6. Jahrhundert v. Chr.

G. Colonna in: *Festschrift J. Heurgon*, Rom 1976, 187.

211. Grabstatuengruppe
Pietra fetida (Stinkkalk)
H 80 cm; L 130 cm
Florenz, Museo Archeologico
Inv. 94352
Aus Chianciano, Ortsteil La Pedata

In Chiusi entstehen in der Tradition der Brandbestattung eine Serie von hohlen Statuen mit Einsatzköpfen, so daß die Asche des Toten eingefüllt werden konnte. Zu dieser Serie gehört die Statuengruppe aus Chianciano. Der mit nacktem Oberkörper gelagerte und mit einem Diadem geschmückte Tote hielt in seiner ausgestreckten rechten Hand sicher eine Schale; neben ihm sitzt ein geflügelter weiblicher Dämon, vermutlich Vanth, die in ihrer Linken eine Rolle hält.
Anfang 4. Jahrhundert v. Chr.

M. Cristofani in: *Civiltà degli Etruschi* (Ausstellungskatalog), Florenz-Mailand 1985, 303, 11.22.

212. Sarkophag des Laris Pulena (Deckel)
Nenfro
L 198 cm
Tarquinia, Museo Archeologico Nazionale
Inv. 9804
Aus Tarquinia, Monterozzi

Der gelagerte Verstorbene entrollt ein *volumen*, auf dem die Grabinschrift steht, in der seine Vorfahren und seine Titel und Tätigkeiten, die ihn auszeichneten, aufgezählt sind. Er ist unter anderem vermutlich Autor eines Buches über die Haruspizin, wenn die Worte *ziχ neϑśrac acasce* so verstanden werden dürfen. Tarquinische Werkstatt. Zweite Hälfte 3. Jahrhundert v. Chr.

M. Cristofani in: *Civiltà degli Etruschi*, Florenz-Mailand 1985, 350 Nr. 15.6; M. Pallottino in: *Rasenna*, Mailand 1986, 321 Abb. 240.

213. Aschenurne
Alabaster
Kasten: H 38 cm; B 49 cm; T 25 cm
Chiusi, Museo Archeologico, Inv. 505
Aus Chiusi, Fonte Rotella, Kammergrab, Ausgrabungen von 1873

Auf dem Deckel entrollt der Verstorbene ein *volumen*, auf dem sein Name eingemeißelt ist: *larϑ ane/aprinϑuna*. Im Flachrelief auf dem Kasten ein galoppierender Reiter, der einen am Boden liegenden Gallier durchbohrt, und rechts ein Dämon, der eine Fackel schwenkt.
Das Thema der Keltenschlacht, das bei den Urnen aus Chiusi sehr häufig vorkommt, lehnt sich wahrscheinlich an ein *corpus* einheimischer Geschichtsüberlieferungen an. Zweite Hälfte 3. Jahrhundert v. Chr.

A. Maggiani in: *Artigianato artistico in Etruria* (Ausstellungskatalog), Mailand 1985, 47 f. Nr. 24.

Das Reich der Toten

214. Urne
Alabaster, Dekor in Flachrelief
Deckel: H 34,5 cm; L 55 cm; T 21 cm
Kasten: H 37,5 cm; L 52 cm; T 26 cm
Volterra, Museo Guarnacci
Inv. 334
Aus Volterra, Grab der *gens* Cneuna

Auf dem Deckel hält ein männlicher Gelagerter mit Schleier und Kranz in der Rechten ein offenes Diptychon, worin die etruskische Inschrift (CIE 70) steht: *setre. cneuna a.titial. ril XIIII.*
Auf dem Kasten Zweikampf zwischen Philoktet und Paris.
1. Jahrhundert v. Chr.

H. Brunn-G. Körte, Rom-Berlin 1870-1916, I, 85 Taf. LXXII, 8; F.-H. Pairault, Recherches sur quelques séries d'urnes de Volterra (1972) 41. 133.

215. Löwe
Nenfro. Spuren polychromer Bemalung
H 52 cm; L 67 cm
Florenz, Museo Archeologico
Inv. 75964
Aus Tuscania

Das gekauerte Tier mit der auf einen Menschenkopf gelegten rechten Tatze fügt sich in die Tradition der sepulkralen Löwen Südetruriens ein, die als Grabwächter aufgestellt wurden. Das Motiv war später in der mittelalterlichen Kunst beliebt.
Erste Hälfte 3. Jahrhundert v. Chr.

W.L. Brown, Oxford 1960, 152 f. Taf. 54 b

216. Hochrelief mit geflügelter weiblicher Figur
Nenfro
H 94 cm
Florenz, Museo Archeologico
Inv. 75842
Tuscania, Grab der *gens* Vipinana, Erwerbung von 1894

Die geflügelte Figur (Vanth) muß als Pendant eine weitere Dämonenfigur gehabt haben, die an der anderen Seite der Tür zum Grab stand. Der im unteren Teil offene Chiton mit harten Falten, die im Gegensatz stehen zur Weichheit des Körpers, sowie die massige Erscheinung des Kopfes und der Büste lassen auf eine Werkstatt in Südetrurien schließen. Ende 4. - Anfang 3. Jahrhundert v. Chr.

P. Seu in: *Civiltà degli Etruschi* (Ausstellungskatalog), Florenz-Mailand 1985, 298 Nr. 11.17.

217. Tomba del Letto funebre
Fresko-Technik
Tarquinia, Museo Archeologico Nazionale
Aus Tarquinia
Nekropole von Monterozzi
Ortsteil Calvario, Grabung von 1873

Auf der Rückwand ist in der Mitte ein gewaltiges Bett gemalt, darauf zwei Kissen und zwei bekränzte Pilei (kegelförmige Hüte), die an die verstorbenen Personen erinnnern, zu beiden Seiten das Gelage. Auf den Seitenwänden Darstellungen von Musikanten, Tänzen und sportlichen Wettkämpfen. Zu beiden Seiten des Eingangs zwei einander zugewandte Panther, darunter eine Biga bzw. zwei Reiter. An der Decke ein polychromes Schachbrettmuster; Rosetten und Efeuranken am *columen*. Zusammen mit der Tomba del Triclinio gehört dieses Grab, das starke attische Einflüsse aufweist, zu den schönsten Beispielen spätarchaischer

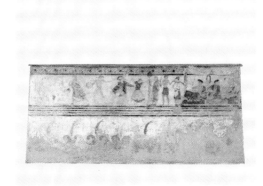

etruskischer Malerei. Zweites Viertel 5. Jahrhundert v. Chr.

S. Steingräber, Mailand 1984, 59, 325 f. Nr. 82.

218. Cippus
Pietra fetida (Stinkkalk). Flachrelief
H 41 cm; L und B 40 - 41 cm
Florenz, Museo Archeologico
Inv. 93488
Aus Chiusi

Annähernd kubische Basis. Auf den vier Seiten sind zwischen oben und unten vorkragenden Gesimsen die Aufbahrung des Toten unter einem Zeltdach, eine Prozession Klagender, ein Tanz dreier männlicher Figuren, begleitet von einem Flötenspieler, und zwei Reiter dargestellt. Die Themen weisen trotz ihrer Unterschiedlichkeit einen einheitlichen Charakter auf und sind von beachtlichem dokumentarischen Wert, da sie Zeremonien des Begräbnisrituals zeigen.
Gegen Ende des 6. Jahrhunderts v. Chr.

J.-R. Jannot, Rom 1984, 27 f., B II 2, Abb. 111-115.

219. Aschenurne
Pietra fetida (Stinkkalk)
H 35,3 cm; L 63 cm; B 38 cm
Florenz, Museo Archeologico
Inv. 5501
Aus dem Gebiet um Chiusi (Slg. Servadio)

Auf einer Seite ein Gelage im Freien: zwei männliche Paare lagern auf Klinen und haben gedeckte Tischchen vor sich, unter denen sich ein Hund und eine Gans befinden; links steht ein Diener und eine Lebes auf einem Ständer, in der Mitte ein Flötenspieler. Auf der anderen Seite fünf junge Tänzerinnen in langen Gewändern mit Mänteln und *calcei repandi*. Die zwei Themen hängen mit dem Begräbnisritual und der aristokratischen Ideologie zusammen.
535 - 520 v. Chr.

J.-R. Jannot, Rom 1984, 19 Abb. 93-94.

220. Kanope
Impasto. Gesicht und Hals mit hellem Ocker bemalt
H 50 cm
Paris, Musée du Louvre, Département des Antiquités grecques, étrusques et romaines
Inv. 4855 (gebr. Nr. D 162)
Herkunft unbekannt

Der Deckel in Form eines Frauenkopfes und die beweglichen Arme bezeugen für das archaische Chiusi den Wunsch, diesen besonderen Urnentypus (der fälschlicherweise als "Kanope" bezeichnet wird) zu anthropomorphisieren und die Würde des im Jenseits weiterlebenden Verstorbenen hervorzuheben.
Zweite Hälfte 6. Jahrhundert v. Chr.

R.D. Gempeler, Einsiedeln 1975, 105 f. Nr. 95; M.-F. Briguet in: *Aspects de l'art des Etrusques* (Wanderausstellung), Paris 1976, 18 f. Nr. 28.

221. Aschenurne
Alabaster
H gesamt 84 cm; Kasten: H 40 cm; B 62 cm; Dicke 9 cm. Deckel: H 44 cm; B 63 cm; Dicke 25,5 cm
Paris, Musée du Louvre, Département des Antiquités grecques, étrusques et romaines
Inv. Charles X 105 (gebr. Nr. MA 2357)
ehem. Slg. Micali
Aus Volterra

Kasten: Totenfahrt der Verstorbenen auf einem Wagen in Begleitung von Dienern. Deckel: die Tote gelagert, einen Fächer haltend.
Ende 2. - Anfang 1. Jahrhundert v. Chr.

H. Brunn-G. Körte, Rom 1870-1916, Bd. III, LXXXI 6a; M.F. Briguet in: *Aspects de l'art des Etrusques* (Wanderausstellung), Paris 1976, 40 Nr. 88.

222. Aschenurne
Alabaster
Kasten: H 39 cm; L 40 cm; B 29 cm
Chiusi, Museo Archeologico
Inv. 886
Aus Chiusi

Auf dem nicht zugehörigen Deckel eine gelagerte Frauenfigur mit Salbgefäß in der Rechten. Auf dem Kasten oben ein Rautenmotiv mit zwei Rosetten in ihrer Mitte. Zwischen einem geflügelten weiblichen Dämon und Charun schreitet der Verstorbene, in einen Mantel gehüllt, nach links.
Unten die Inschrift: *vel tutni larϑialisa*.
Zweite Hälfte 3. Jahrhundert v. Chr.

G.Q. Giglioli, Mailand 1935, Taf. 396, 2.

223. Aschenurne
Alabaster
H 37 cm
Chiusi, Museo Archeologico
Inv. 92
Aus Montepulciano, Ortsteil Metina, Ausgrabungen von 1863

Auf dem Deckel die Gestalt eines gelagerten Mannes. Auf dem Rand der Urne ist die Inschrift *ϑanχvi Afe* eingemeißelt. Die Szene auf dem Kasten bezieht sich auf das Jenseits und erscheint häufig auf den aus Modeln gefertigten Terrakottaurnen: in der Mitte das Tor zum Hades, aus dem Zerberus blickt, links Charun mit dem links geschulterten Hammer, rechts der Verstorbene.
Zweite Hälfte 3. Jahrhundert v. Chr.

G.Q. Giglioli, Mailand 1935, Taf. 405, 4; *Archeologia in Valdichiana*, Rom 1988, Abb. 83.

224. Urnenkasten
Alabaster, Reliefdekor
H 48 cm; L 73 cm; T 21,5 cm
Volterra, Museo Guarnacci
Inv. 156
Aus Volterra, Ausgrabungen von 1731 in der Portone-Nekropole

Auf der Vorderseite ein Beamter mit Gefolge. Die Hauptfigur ist auf den rechten Rand des Bildfeldes gesetzt; im Gefolge zwei Personen, die ein reich aufgezäumtes Pferd führen, und Musikanten, denen *apparitores* mit Rutenbündeln vorangehen.
1. Jahrhundert v. Chr.

M. Cristofani (Hrsg.), *Corpus delle urne etrusche di età ellenistica. Urne volterrane. Il Museo Guarnacci*, Florenz 1977, II, Nr. 147.

225. Deckel der Urne "eines Ehepaares"
Terrakotta, mit dem Modellierholz überarbeitet
H 38 cm; L 70,4 cm; T 26,5 cm
Volterra, Museo Guarnacci
Inv. 613
ehem. Slg. Guarnacci
Aus Volterra, Ausgrabungen von 1743 in der Ulimeto-Nekropole

Älteres Ehepaar, auf einer Kline liegend. Dies ist der berühmteste Urnendeckel aus Volterra: Die derben, von starken Realismen geprägten Gesichtszüge der Toten haben in der Diskussion über die etruskische, römische und mittelitalische Porträtkunst der späthellenistischen Zeit eine erhebliche Rolle gespielt. Offensichtlich hatte der Auftraggeber der Urne den Wunsch, sich antiquo more darstellen zu lassen zu einer Zeit, als die Aristokratie von Volterra am Vorabend der Eingliederung in den römischen Staat zu ihren alten Traditionen zurückzukehren schien.
Anfang 1. Jahrhundert v. Chr.

M. Nielsen, Acta Hyperborea 4, 1992, 89ff.

Die Romanisierung Etruriens

226. Urne
Alabaster, Reliefdekor
Deckel: H 34 cm; L 56,5 cm; T 20 cm
Kasten: H 30 cm; L 50 cm; T 20 cm
Volterra, Museo Guarnacci
Inv. 141
Aus Volterra, erstes Grab der *gens* Caecina

Auf dem Deckel hält ein männlicher Gelagerter mit Schleier und Kranz in seiner Rechten einen Stoß Täfelchen. Auf der Plinthe lateinische Inschrift (*CIE*, 24): *A. Caecine. Selcia. annos XII*. Auf dem Kasten: Fahrt in die Unterwelt auf einem *carpentum* (zweirädriger Reisewagen).
1. Jahrhundert v. Chr.

M. Cristofani (Hrsg.), *Corpus delle urne etrusche di età ellenistica. Urne volterrane. Il Museo Guarnacci*, Florenz 1977, I, Nr. 9.

227. Sarkophagdeckel
Alabaster, gemeißelt und auf der Vorderseite poliert
H 64 cm; L 216 cm; B 70 cm
Florenz, Museo Archeologico
Inv. 5482
Aus Chiusi, Schenkung der Società Colombaria

Gelagerter alter Mann, bekleidet mit einem Mantel, die Brust und der hervorstehende Bauch unbedeckt (sog. fetter Etrusker). Der Ring am linken Ringfinger und die Phiale in seiner Rechten heben seinen Reichtum und sein gesellschaftliches Ansehen hervor. Stilistisch mittelitalischen Porträts nahestehend, wurde er in die Übergangsphase der chiusinischen Produktion von Alabastersarkophagen eingeordnet. Erste Hälfte 3. Jahrhundert v. Chr.

G. Colonna in: *Atti del XVII Convegno di Studi Etruschi* (Chianciano Terme, 1988), Florenz (im Druck).

DIE ROMANISIERUNG ETRURIENS

228. Sarkophagdeckel
Italischer Marmor
H 63 cm; L 145 cm; T 66 cm
Kopenhagen, Ny Carlsberg Glyptotek
Inv. 864
Aus Ostia, Ortsteil Pianabella, Ausgrabungen Pacca-Campana, 1834-35

Auf dem Deckel gelagerte männliche Figur. Die geringen Ausmaße haben zur Hypothese geführt, der Deckel gehöre zu einer Aschenurne. Die Anlehnung an etruskische Urnen ist, auch durch die Darstellung des auf einer Liege zum Gastmahl gelagerten Mannes, eindeutig.
Anfang 2. Jahrhundert n. Chr. (spättrajanisch).

F. Poulsen, Kopenhagen 1951, Nr. 777; R. Calza, *Scavi di Ostia*, Bd. V, Rom 1964, 64 Nr. 112.

229. Elogium der Spurinna
Marmorplatte
A: H 26,5 cm; L 56 cm
B: H 10,2 cm; L 8,2 cm
C: H 12 cm; L 10 cm (verloren)
Tarquinia, Museo Archeologico Nazionale
(Fragment Nr. 3)
Aus Tarquinia, Ara della Regina

Die Inschrift ehrt das Andenken an die tarquinische Familie Spurinna. Die Fragmente erinnern an die Taten des Aulus Spurinna, vielleicht während der Zeit der Auseinandersetzungen zwischen Rom und Tarquinia zwischen 358 und 351 v. Chr.
1. Jahrhundert n. Chr. (claudisch).

M. Torelli, Florenz 1975, 39 Nr. 4; M.J. Strazzulla in: *Civiltà degli Etruschi* (Ausstellungskatalog), Florenz-Mailand 1985, 394 Nr. 19.3.3.

230. Elogium der Spurinna
Marmorplatte
H 46,5 cm; B 43,6 cm
Tarquinia, Museo Archeologico Nazionale
(Fragment Nr. 1), Inv. 2780
Aus Tarquinia, Ara della Regina

In der Form des *elogium* wird der Taten eines Vertreters der tarquinischen Familie Spurinna gedacht: Jener Velthur, von dem im Text die Rede ist, ist wahrscheinlich der Ahnherr der gens (Sippe), der durch eine militärische Expedition nach Sizilien berühmt wurde - offenbar derjenigen von 414 - 413 v. Chr. zur Unterstützung der Athener gegen die Syrakusaner.
1. Jahrhundert n. Chr. (claudisch).

M. Torelli, Florenz 1975, 30 ff., Taf. XV, 1; M.J. Strazzulla in: *Civiltà degli Etruschi* (Ausstellungskatalog), Florenz-Mailand 1985, 394 Nr. 19.3.1.

231. Basis mit Inschrift
Marmor
H 89 cm; B an der Basis 66 cm; T an der Basis 47 cm
Chiusi, Museo Archeologico
Inv. 2299
Aus Chiusi

Ehreninschrift, die auf L. Tiberius Maefanas Basilius aus Chiusi bezogen werden kann, der das Amt eines *praetor Etruriae XV populorum* bekleidet hatte, ein Amt der Kaiserzeit im Städtebund Etruriens.
Zweite Hälfte 4. Jahrhundert n. Chr.

B. Lion, Brüssel 1969, 54 ff. Nr. 10; E. Pack in: G. Paolucci (Hrsg.), *I Romani di Chiusi*, Rom 1988, 42.

232. Inschrift der Haruspices
Marmorplatten
D 3,1 - 3,9 cm
Tarquinia, Museo Archeologico Nazionale
Aus Tarquinia (Frgt. Bormann 1899 + Frgt. Romanelli 1938, verloren, + Frgt. Torelli 1968)

Die Inschrift preist in Versen vier Personen, die einem Kollegium von Haruspices angehörten, die in der ersten Zeile eines jeden *elogium* im Nominativ genannt werden. In der Kaiserzeit wurde in Tarquinia die Lehre von der Eingeweideschau (Haruspizin) wiederbelebt, wodurch die endgültige Eingliederung des etruskischen Adels in die römische Gesellschaft begünstigt wurde.
1. Jahrhundert n. Chr. (claudisch).

M. Torelli, Florenz 1975, 105-135, Taf. 17.1-2 u. 18.1; P.H. Massa Pairault in: *Civiltà degli Etruschi* (Ausstellungskatalog), Florenz-Mailand 1985, 396 Nr. 19.4.

233. Platte mit Darstellung des "sulcus primigenius"
Marmor, Reliefdekor
L 95 cm; H 44 cm; D 9 cm
Aquileia, Museo Archeologico Nazionale
Inv. 1171
Aus Aquileia

Auf der Verkleidungsplatte, die Teil eines Frieses gewesen sein muß, ist ein Mann mit Toga dargestellt, der einen von festlich geschmückten Ochsen gezogenen Pflug führt. Ihm folgen weitere vier Personen, die den Vorgang beobachten. Wahrscheinlich bezieht sich diese Szene auf die Gründung der Kolonie Aquileia gemäß dem überlieferten etruskischen Ritus.
Anfang 1. Jahrhundert n. Chr.

G. Brusin, Rom 1936, 5 f. Abb. 1; V. Santa Maria Scrinari, Rom 1972, 193 Nr. 600.

DIE ROMANISIERUNG ETRURIENS

234. Pseudo-Thron des Claudius
Stein, Reliefdekor
H 78 cm; L 75 cm; D 15 cm
Vatikan, Museo Gregoriano Profano Lateranense
Inv. 9942
Aus Caere, Areal des römischen Theaters,
Ausgrabungen von 1840 - 1846

Auf der Vorderseite sind die Personifikationen von drei etruskischen *populi* erhalten: Der wie ein Haruspex verschleierte Tarchon, eine auf einem Thron sitzende Göttin und eine Meeresgottheit mit einem Steuerruder auf der Schulter und der zum Gruß erhobenen Rechten stellen jeweils die Völker von Tarquinia, Vulci und Vetulonia dar. Auf der Rückseite ein Altar mit einem Baum und eine Opfersau. Dieses Monument, das lange Zeit als Fragment des Thrones des Kaisers Claudius angesehen wurde, bildete wahrscheinlich die Bekrönung eines Altars.
Mitte 1. Jahrhundert n. Chr.

L. Bonfante in: Festschrift B.L. Trell, Detroit 1981, 105 ff.; M. Torelli in: *Annali della Fondazione per il Museo "Claudio Faina"*, II, Orvieto 1985, 37-53 Abb. 1-2; G.A. Mansuelli, Studi Etruschi 54, 1986 [1988], 101-112.

235. Corsini-Thron
Marmor
H 82,5 cm; Dm 49,5 cm
Rom, Galleria d'Arte Antica, Palazzo Corsini
Inv. 666
Aus Rom, unterhalb der Corsini-Kapelle in San Giovanni in Laterano

Zylindrischer Sitz mit Rückenlehne, unten mit Opfer-, Prozessions- und Kampfszenen geschmückt, an der Lehne mit Jagdszenen, einem Zug von Reitern und Hopliten. In seiner Form bezieht sich dieses Werk auf die etruskischen Throne der orientalisierenden und der archaischen Zeit, in seinem Dekor auf die Situlenkunst. Es handelt sich also um einen eindeutigen Rückgriff auf etruskische Bildtraditionen in römischer Zeit.
1. Jahrhundert v. Chr.

N.J. Strazzulla in: *Civiltà degli Etruschi* (Ausstellungskatalog), Florenz-Mailand 1985, 397 Nr. 19.6.

236. Die claudische Bronzetafel
H 139 cm; L 193 cm; D 0,8 cm
Lyon, Musée de la Civilisation Gallo-romaine
Inv. Br 2
1528 auf dem Areal des Bundesheiligtums gefunden

Inschrifttafel mit einer Rede des Kaisers Claudius vor dem Senat über die Wählbarkeit der Führer der gallischen Völker in das Senatorenamt. Claudius stützt sich in seinem Plädoyer auf die fremde Herkunft der Könige, die in den geschichtlichen Anfängen Roms die Grundlagen zu seiner Größe schufen. Unter diesen auch der Etrusker Servius Tullius, der den Namen Mastarna aufgegeben haben soll, um über Rom herrschen zu können. Kurz nach 48 n. Chr.

CIL XIII, 1668; P. Fabia, 1929 (frz. Übers. 63-65); M. von Albrecht, Heidelberg 1971 (dt. Übers. 166-168); I. Di Stefano Manzella in: *La tomba François* (Ausstellungskatalog), Vatikan 1987, 236-242.

237. Porträt eines Mannes
Graue Terrakotta, rot bemalt
H 33,5 cm
Rom, Museo Nazionale di Villa Giulia
Inv. 56513
Aus Caere, Manganello-Tempel

In hellenistischer Zeit entstehen in Etrurien die ersten "realistischen" Porträts: Mit seinen äußerst individuellen Gesichtszügen und deren Hervorhebung durch die rote Farbgebung beweist der hier gezeigte Männerkopf die Assimilation der einheimischen Traditionen an die neuen Errungenschaften der hellenistischen Kunst, womit in die entstehende römische Porträtkunst ein etruskischer Beitrag eingebracht wird.
Ende 2. - Anfang 1. Jahrhundert v. Chr.

G. Proietti, Prima Italia, Rom 1981, 224 Nr. 164; F. Roncalli in: *Rasenna*, Mailand 1986, 675 Nr. 596.

238. Porträt eines Mannes
Terrakotta, heller Ton mit grünlicher Engobe
H 24 cm
Tarquinia, Museo Archeologico Nazionale
Inv. 3733

Dieses ist eines der berühmtesten Stücke der etruskischen Koroplastik aus hellenistischer Zeit: Hohe, von drei Falten gezeichnete Stirn; tiefe Falten an der Nasenwurzel; breite Nase; leicht geöffnete Lippen; eckiges Kinn. Es scheint sich um ein authentisches Porträt eines Mannes in reifem Alter zu handeln. Auf der Kunsttradition, in die es sich einreiht, baut die Porträtkunst der folgenden Epoche auf.
Erste Hälfte 2. Jahrhundert v. Chr.

A. Comella, Rom 1982, 48 Nr. B1 IV Taf.8b.

239. Porträt eines jungen Mannes
Bronze
H 30 cm
Paris, Musée du Louvre, Département des Antiquités grecques, étrusques et romaines
Inv. MNE 817 (gebr. Nr. Br 19)
Aus der Umgebung von Fiesole

Der Kopf gehörte zweifellos zu einer lebensgroßen Statue. Zur allgemeinen Charakterisierung der etruskischen Grab- und Votivplastik der hellenistischen Zeit tritt hier ein gewisses Bemühen um Vorbildtreue hinzu, die auf das römische Individualporträt vorausweist. Die formale Genauigkeit in einigen Details steht in griechischer Tradition.
3. Jahrhundert v. Chr.

M. Cristofani, Novara 1985, 287 Nr. 123; K. de Kersauson, Paris 1986, 8 f. Nr. 1.

240. Statue eines Togatus ("Arringatore")
Bronze. Hohlguß nach verlorenem Wachsmodell in sieben einzelnen, anschließend gelöteten Teilen; mit dem Stichel überarbeitet, gravierte Inschrift, die bereits vor dem Guß an der Gußform angebracht wurde
H 179 cm
Florenz, Museo Archeologico
Inv. 3
Aus Perugia, Ortsteil Pila, Erwerbung durch Cosimo I dei Medici. (1556)

Die etruskische Porträtstatue stellt eine prominente Persönlichkeit in Tunika und Toga in feierlicher Haltung dar. Die Inschrift auf dem unteren Rand der Toga (*auleśi meteliś ve[luś] vesial clensi/cen flereś tece sansl tenine/tuϑinés χisvlicś*) besagt, daß die Statue für Aulus Metelus in einem Heiligtum von "Tece Sans" als Ehrenstatue und Weihgeschenk aufgestellt wurde. Die Bronze, die verschiedentlich in die spätrepublikanische Bildnistradition vom Ende des 2. und dem Anfang des 1. Jahrhunderts v. Chr. eingeordnet worden ist, wurde kürzlich auf den Bereich von Arezzo des 2. Jahrhunderts v. Chr. bezogen.
1. Hälfte 2. Jahrhundert v. Chr. (G. Colonna), Anfang 1. Jahrhundert v. Chr. (M. Cristofani).

M. Cristofani, Novara 1985, 300 Nr. 129; G. Colonna, Studi Etruschi 56, 1991, 99-119.

ETRURIEN UND EUROPA
DIREKTE EINFLÜSSE

Vorgeschichtliche Beziehungen zwischen Italien und Zentraleuropa

Luciana Aigner Foresti

Antennenschwert aus Steyr
9. - 8. Jahrhundert v. Chr.
Wien, Naturhistorisches Museum
Kat. 254

Seite 156
Kleiner Kultwagen aus Strettweg
Detail
7. Jahrhundert v. Chr.
Graz, Steiermärkisches Landesmuseum
Joanneum
Kat. 242

Die Geschichte Italiens zeigt, daß die Alpen in keiner Zeit ein unüberwindliches Hindernis für die Völker darstellten, die sie bereits zu vorgeschichtlicher Zeit in beiden Richtungen überschritten. Um das Bild der vorgeschichtlichen Beziehungen zwischen Italien und Zentraleuropa darzustellen, stehen fast ausschließlich archäologische Quellen zur Verfügung. Sie zeigen, daß in der jüngeren Bronzezeit (13. - 12. Jahrhundert v. Chr.) die Beziehungen zwischen den beiden Gebieten enger wurden, als sie es früher waren. Später, ab dem 9. Jahrhundert v. Chr., als sich die mit dem Hervortreten der etruskischen sozio-politischen Gemeinschaft verbundene Villanova-Kultur nördlich des Apennin im Raum der heutigen Emilia-Romagna ausbreitete, wurden dann diese Beziehungen ganz besonders rege. Gegenstände von villanovazeitlichem etruskischem Typus, und zwar Originalstücke wie Imitationen, gelangten in dieser Zeit in einige Gegenden Norditaliens, in die Alpenregionen und nördlich davon: sie kennzeichnen Wege, die diese Gebiete auch später miteinander verbinden. Dabei handelt es sich vornehmlich um Gegenstände der Kriegsideologie wie Antennenschwerter, Kammhelme, Pferdetrensen und halbmondförmige Rasiermesser. Vor Ort wurden sie nachgeahmt: Lokale Varianten sind die Schwerter aus Oberösterreich und Brandenburg (Müller-Karpe 1961, 63 ff. Taf. 54,1; 54,4), die Kammhelme aus Hallstatt (Egg 1978, 37 ff. Abb. 1) und aus der westlichen Ukraine (Hencken 1971, 122 Abb. 93), die Trensen aus Zürich (v. Hase 1969, 9 Abb. 1,8) und aus Zólyom in der Slowakei (Hampel 1890, Taf. 60,5) sowie die halbmondförmigen Rasiermesser aus Dalmatien (Stare 1957, 219 Nr. 12 Taf. 5,1) und Ostösterreich (Jockenhövel 1971, 209 Nr. 45 Taf. 30 Abb. 405). Die etruskische Kultur der Villanova-Zeit übte also einen bemerkenswerten Einfluß auf die einheimischen Kulturen aus und führte zu ideologischen Umwandlungen. Solche Veränderungen gingen von Etruskern aus, von Kriegern oder jedenfalls von Mitgliedern der Oberschicht und möglicherweise auch von Handwerkern, welche neue Techniken zur Anfertigung neuartiger Gegenstände in Etrurien oder im fremden Land den Einheimischen vermittelten. Die Verbreitungskarte zeigt, daß sich solche Gegenstände von Bologna aus in die transalpinen Länder über Venetien und das Etschtal ausbreiteten, wie etwa das Antennenschwert von Este (Capuis 1986, 90 ff. Abb. 40, Nr. 176) und die Pferdetrense vom Typ Veji aus der Nekropole von Pfatten/Vadena (De Marinis 1986, 55) zeigen; ebenso weisen typologisch nahestehende Nadeln und Fibeln, die an den beiden Adriaküsten verwendet wurden (Gabrovec 1992), auf Umwandlung des einheimischen Traditionsgutes an der Küste Dalmatiens hin.

Ab der ersten Hälfte des 8. Jahrhunderts v. Chr. kommen über das Land der Veneter etruskische Gegenstände in den Ostalpenraum: die askos-förmigen Gefäße aus Ljubljana und der Dreifuß von Kranj stellen wohl eine vorübergehende Mode für Einzelpersonen dar, für die empfangende Kultur spielen sie jedoch keine Rolle. Im 7. Jahrhundert v. Chr. wurden einzelne kostbare etruskische Gegenstände über Bologna in den Ostalpenraum eingeführt: Sie heben das gesellschaftliche Prestige der Käufer hervor. Dabei handelt es sich in Sticna um Pferdegeschirr, um eine Bronzeschale und um eine etruskokorinthische Oinochoe, im slowenischen Novo Mesto um einen Dreifuß mit bandförmigen Füßen (Gabrovec 1992), in Kleinklein in der Steiermark um Goldschmuck in Filigranarbeit (Dobiat 1980), und schließlich in Gornia Radgona/Radkersburg zwischen Graz und Maribor um die Winkeltülle eines Wagens sowie um eine Fleischgabel (sog.

*Etrusko-korinthische Oinochoe
aus dem Situla-Grab von Stična
Ende 7. Jahrhundert v. Chr.
Ljubljana, Narodni Muzej Ljubljana
Kat. 269*

*Bronze-Dreifuß aus dem Dreifuß-Grab
von Novo Mesto
Mitte 7. Jahrhundert v. Chr.
Ljubljana, Narodni Muzej Ljubljana
Kat. 267*

graffione). Ähnliche Winkeltüllen kamen auch in Ca' Morta bei Como, in Este, im Trentino, in Pfatten/Vadena, in Bayern und am Niederrhein (Egg 1986, 207 ff.), eine Fleischgabel kam in Sanzeno im Trentino (Nothdurfter 1979, Taf. 43, 608) ans Licht. Die Bewertung dieser zweifellos prestigebringenden Gegenstände legt den Gedanken nahe, daß sie wohl eine vorübergehende und oberflächliche Mode für eine herausragende Gesellschaftsschicht bildeten; diese erwarb sie, weil sie exotisch waren bzw. weil sie geeignet erschienen, Freundschaften, Bündnisse und Verschwägerungen zu festigen. Es mögen Geschenke unter Mitgliedern einer gehobenen Gesellschaftsschicht gewesen sein, die dem Empfänger Ansehen verliehen, jedoch weder für die etruskische, noch für die einheimische Kultur letztlich eine entscheidende Rolle spielten. Neben Dingen der materiellen Kultur wurde auch geistiges Kulturgut übernommen, das auf Italien, besonders

VORGESCHICHTLICHE BEZIEHUNGEN

Verbreitung von etruskischen Produkten oder von Produkten etruskischen Typs jenseits der Alpen

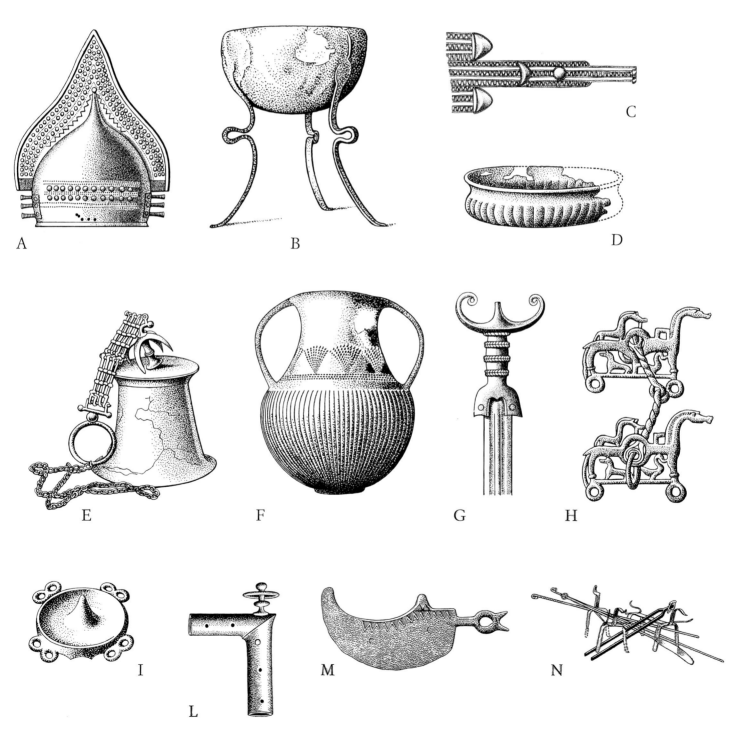

VORGESCHICHTLICHE BEZIEHUNGEN

161

VORGESCHICHTLICHE BEZIEHUNGEN

Kultwagen aus Bisenzio
Zweite Hälfte 8. Jahrhundert v. Chr.
Rom, Museo Nazionale di Villa Giulia
Kat. 241

auf Etrurien, zurückzuführen ist, wobei für einzelne Fälle eine venetische Vermittlung nicht auszuschließen ist. Im südlichen Krain tritt eine neue Sitte im Bereich der Frauentracht auf, wie die verbreitete Verwendung von Navicella- und Sanguisugafibeln zeigt; im Bereich der Militärtracht werden Kalottenhelme als Nachahmung etrusko-italischer Helme verwendet, die anderen Waffen stammen jedoch nach wie vor aus dem einheimischen Waffenrepertoire. Es werden neue Techniken zur Verfeinerung der Tonmasse und ein neues, ebenfalls aus Etrurien übernommenes Dekormotiv eingeführt, wie das Bogen- und Palmettenmotiv auf dem Helm von Novo Mesto zeigt (Egg 1986, 167 Nr. 104 Abb. 115,1 Taf. 49 a). Es tauchen nun einerseits neue Sitten auf, etwa die Trinksitten etruskischer Tradition, bezeugt durch das Trinkgeschirr aus dem Hügelgrab von Strettweg (Egg 1991, 25 f.), andererseits neue Denkorientierungen, wie die Darstellung der menschlichen Figur in einem bislang streng anikonischen Kulturkreis zeigt: Sie ist auf dem Strettweger Wagen, auf den Bronzeblechen von Kleinklein sowie in der Kleinplastik von Frög in Kärnten ausgezeichnet dokumentiert (Aigner Foresti 1980). Hier handelt es sich also um die Übernahme etruskischer Kulturphänomene, die die einheimische Kultur beeinflussen und sie im einzelnen verändern, wenn es auch letzten Endes nicht zu grundsätzli-

Kultwagen aus Strettweg
7. Jahrhundert v. Chr.
Kopie des im Steiermärkischen Landesmuseum
Joanneum in Graz aufbewahrten Bronzeoriginals
Mainz, Römisch-Germanisches Zentralmuseum
Kat. 242

chen Änderungen kam. Man kann an Kulturbeziehungen, aber vor allem an sehr bedeutende zwischenmenschliche Beziehungen denken; sie lassen eine Anwesenheit etruskischer, zumindest etruskisierter Gruppen vermuten, darunter von Handwerkern, die die eigene Handwerklichkeit und Handfertigkeit den Einheimischen zur Verfügung stellten, sowie von Gruppen, die ihnen die eigenen Denkorientierungen weitergaben.
Diese Blütezeit der Osthallstattkultur, die im 7. Jahrhundert begonnen hatte, brach Ende des 6. Jahrhunderts ab. Der anhaltende Druck der Skythen konnte die Entstehung dauerhafter Siedlungen nicht fördern, und die Invasion der Kelten tat ein übriges.
Im 7. Jahrhundert v. Chr. nimmt Italien besonders enge Beziehungen auch zu Südfrankreich auf. Kelten und Ligurer übernehmen die Trinksitten aus dem etruskischen Kulturbereich und führen das dazu notwendige Geschirr in ihre Länder ein, wie die große Anzahl von Buccherogefäßen und Amphoren aus Etrurien, die zwischen den Alpen und den Pyrenäen in den einheimischen Siedlungen ans Licht kam, bezeugt (Aigner Foresti 1988). Diese so bedeutenden kulturellen und zwischenmenschlichen Beziehungen sind einerseits auf die Anwesenheit etruskischer Kaufleute, die auf der Suche nach neuen Märkten waren, andererseits auf den Wunsch der Einheimischen nach ausländischer pre-

Krieger aus Lozzo
Zweite Hälfte 8. Jahrhundert v. Chr.
Este, Museo Nazionale Atestino
Kat. 243

stigebringender Ware zurückzuführen. Es sind merkantile Bindungen, die zur Aufnahme freundschaftlicher Beziehungen führten, die jedoch keine tiefgreifenden und dauerhaften Veränderungen in der einheimischen Gesellschaft bewirkten, nicht zuletzt, weil die Etrusker in jenen Gebieten keine eigenen Kolonien gründeten. Die Anwesenheit etruskischer Gruppen nahm in der Tat ab: um 600 v. Chr. gründeten nämlich die Phokäer Massalia als Stadtstaat, deren Handelstätigkeit alsbald zur Erschließung des Rhônetals als Handelsweg führte (Pauli 1986, 18 ff.). Nach dem Verzicht auf die südfranzösischen Märkte lenkten die Etrusker ihre Aufmerksamkeit auf die Poebene, von wo aus Wege über die Zentralalpen in den süddeutschen Raum führten; im einzelnen gesehen, ging der Weg durch das Gebiet zwischen dem Tessin und dem südlichen Teil der heutigen Lombardei, wo sich ab dem 13. Jahrhundert v. Chr. Völkerschaften angesiedelt hatten, die aus dem zentralen süddeutschen und dem mittleren ostfranzösischen Raum hierher eingewandert waren (Pauli 1992). Es waren Stämme keltischer Abstammung, wie die, Jahrhunderte später, im 6. – 5. Jahrhundert v. Chr. belegten sog. lepontischen Inschriften nahelegen; aus der Verschmelzung der Neuankömmlinge mit der bereits anwesenden Bevölkerung entstand im Laufe der Zeit eine neue Volkseinheit, die Lepontier, die zu Trägern einer neuentstandenen Kultur, der Golasecca-Kultur, wurden.

Bereits zu Beginn des 7. Jahrhunderts gelangten einige etruskische Gegenstände von sehr hoher Qualität in die Gebiete nördlich der Alpen; der Importweg ging durch den genannten lepontischen Raum; wie schon früher in Südfrankreich, geht auch hier die etruskische Ware der griechischen voraus. Es sind zum einen Trinkgeschirr, darunter Rippenschalen ähnlich wie die aus Vetulonia, die nun in den Gräbern von Kastenwald/Appenwihr (Frey 1969, 62 Abb. 34,1), Poiseul-la-Perrière, Frankfurt (Fischer 1979, 72, 129 Taf. 9,2) und in Ca' Morta (De Marinis 1986, 55 f.) belegt sind, sowie die in Etrurien, in Pikenum, in Frankfurt und im Rheinland (De Marinis 1986, 57 f.) belegten Bronzesitulen mit kreuzförmigen Attaschen und die bereits erwähnte Winkeltülle eines Wagens. Zum anderen sind es möglicherweise Kultgeräte wie die Büchse aus Kastenwald/Appenwihr (Frey 1980, Abb. 12, 23), die in einem Räuchergefäß aus Vetulonia die nächsten Parallelen hat, sowie Gegenstände von besonderem Wert, wie eine in Granulationstechnik ausgeführte Goldperle und ein goldener Anhänger, beide aus der Nähe von Bern (Drack 1974, 27). Übernommen werden nun auch die Sitte, Fibeln zu tragen, neuartige Bild- und Dekorationsmotive sowie entwickeltere Handwerkstechniken, worauf die Ziermotive mit stilisierten Menschen- und Tierfiguren hinweisen, die auf den Gürtelblechen einheimischer Tradition uralte Motive ersetzen, wie etwa das Wasservogelmotiv. Weiter wird das mit einem Zirkel ausgeführte Motiv auf Abstandhaltern von Hirschhornschnüren aus der Heuneburg übernommen, das auf das etruskische Chiusi verweist (Frey 1986, 11 ff.). Ebenso werden nun neue religiöse Bräuche angenommen: Feuerböcke und Bratspieße als Grabbeigaben in der Stufe Ha C gehen auf eine etruskische Tradition zurück (Stary 1979, 40 ff.). Wie die bereits oben erwähnten Kultgeräte zeigen auch diese, daß die gehobene einheimische Schicht etruskische Ware zwar wegen der hohen Qualität ihrer Fertigung oder ihrer Fremdartigkeit erwarb, sie jedoch nicht nachahmte; es waren vielleicht Geschenke, die freundschaftliche Verhältnisse zwischen vornehmen Geschlechtern besiegeln sollten; zu Tausch- oder Handelsobjekten wurden sie jedoch nicht. Etwa zur selben Zeit werden Gegenstände aus dem Hallstattraum nach

VORGESCHICHTLICHE BEZIEHUNGEN

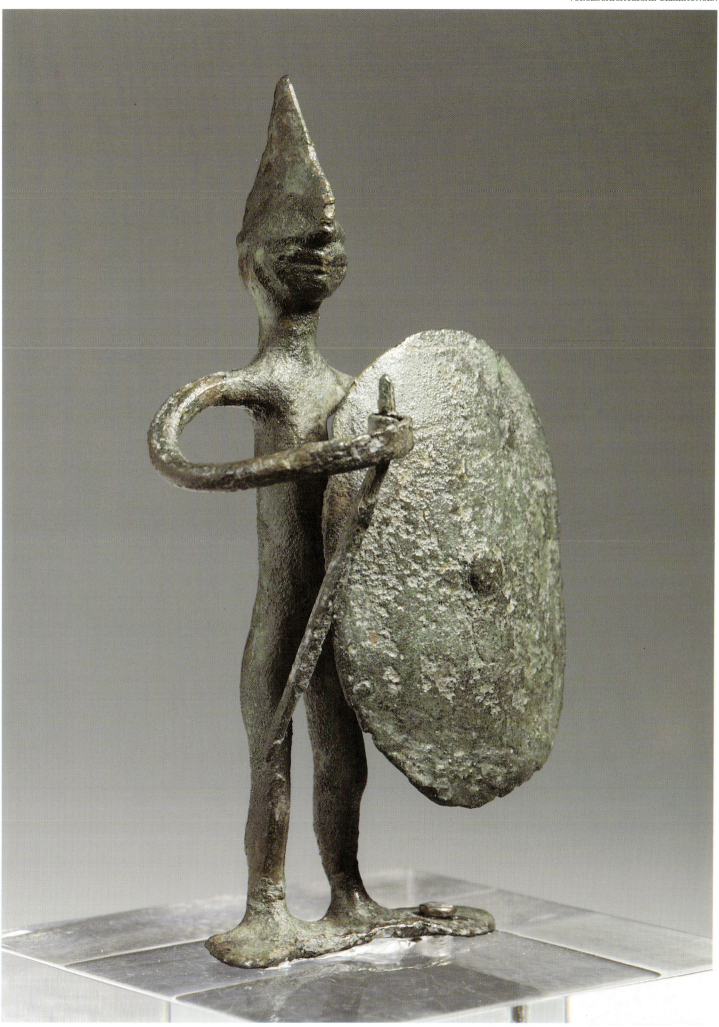

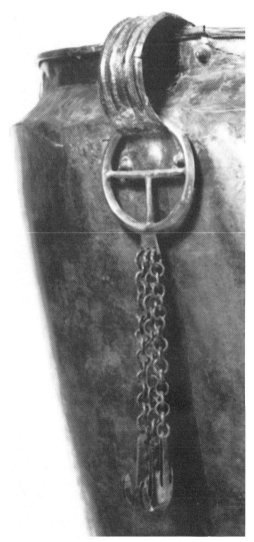

Situla vom Typus Kurd aus der Hallstatt-Nekropole (mit Detail). 7. Jahrhundert v. Chr.
Wien, Naturhistorisches Museum
Kat. 264

Situla vom Typus Kurd aus der Tomba Bernardini in Praeneste
7. Jahrhundert v. Chr.
Rom, Museo Nazionale di Villa Giulia
Kat. 265

Norditalien eingeführt, wie schon im 8. Jahrhundert v. Chr. die in Punkt- und Buckelmanier verzierten Situlen vom Typus Gevelinghausen (Jockenhövel 1974, 25 f.): Es sind Eimer mit kreuzförmigen Attaschen, die von Nordeuropa nach Vetulonia gelangten, und Eimer vom Typus Kurd.

Im Laufe des 6. Jahrhunderts entwickelten die Etrusker in Norditalien neue sozioökonomische Strukturen, die unweigerlich auch in den keltischen Gebieten nördlich der Alpen Auswirkungen zeitigen mußten. Die im Entstehen befindliche Gesellschaft zeigt tiefgreifende soziale Unterschiede, die sich in den Hügelgräbern und in der zur Grabausstattung gehörenden erlesenen ausländischen Ware widerspiegeln. In der ersten Hälfte des 6. Jahrhunderts v. Chr. werden einige Fürstensitze befestigt: der bekannteste unter ihnen, die Heuneburg, erhielt einen Mauerring aus verputzten Trockenziegeln und Bastionen; die Mauer war also in einer Bauweise ausgeführt und von einer Form (Typologie), wie sie in den Mittelmeerländern üblich waren. In der jüngeren Schicht findet sich auch Keramik, deren Typologie aus dem einheimischen Repertoire übernommen wurde, deren schwarze Tonmasse jedoch an etruskischen Bucchero erinnert – ein Zeichen dafür, daß sich die keltischen Herren etruskischen Kulturformen anpassen wollten. Alles in allem änderte sich aber das einheimische Kultursystem nicht, auch wenn es zu partiellen Umwandlungen innerhalb einzelner Kultursektoren kam.

Um die Mitte des Jahrhunderts wurde die Heuneburg plötzlich zerstört und wenig später nach einheimischen architektonischen Regeln wiederaufgebaut. Eine neue Trinksitte setzt sich nun durch: Fragmente von an Ort und Stelle hergestellten Schnabelkannen aus Ton aus dem Ende des 6. Jahrhunderts legen den Gedanken nahe, daß der Wein nicht geschöpft, wie es einheimischer Brauch war, sondern nach etruskischer Tradition eingeschenkt wurde: solche Tonkannen, die als Nachahmungen etruskischer Schnabelkannen aus Bronze anzusehen sind, stammen aus der Heuneburg wie aus anderen Fürstensitzen Mittel- und Süddeutschlands und aus dem Salzburgischen (Moosleitner 1979, 64). Dieser neue Usus geht mit einer neuen Mode in der Bekleidung einher, wie Stoffragmente und Reste von Schnabelschuhen etruskischen Typs zeigen, die aus dem Hügelgrab von Hochdorf nahe Stuttgart ans Licht kamen.

Die tiefgreifenden Veränderungen, die ab dem 5. Jahrhundert v. Chr. das Gebiet der Kelten erfassen, hängen teils mit der inneren Entwicklung, teils aber erneut eng mit Italien zusammen. Sie sind in erster Linie insofern faßbar, als sich die neue Trinksitte nun auf breiter Basis durchsetzt, wie die große Menge an etruskischem Bronzegeschirr zeigt, das zusammen mit griechischer Keramik zur Ausstattung des keltischen Adligen vom Rheinland bis Böhmen und bis ins Salzburgische gehört, wo einige Szepter auf direkte Verbindungen zwischen dem Salzburgischen und dem Land der Veneter hinweisen und somit auf die Einrichtung einer neuen Verbindung durch die Ostalpen. Die Veränderungen spiegeln sich in einer bislang nicht belegten Vorliebe für Stoffe und Schuhwerk aus Etrurien wider. In ihnen äußert sich der Wunsch der gehobenen Schicht, den eigenen Lebensstandard durch den Kauf hochwertiger fremdartiger Gegenstände und die Übernahme neuer Ideen zu heben. Die später an Ort und Stelle erfolgte Modifizierung der fremden Kulturelemente bedeutet deren schöpferische und originelle Ausgestaltung, wie etwa beim Tempel von Závist in Böhmen, dessen Unterbau die Tradition der etruskischen Tempelpodien aufgreift (Bouzek 1992). Die Übernahme graeco-etruskischer Zier-

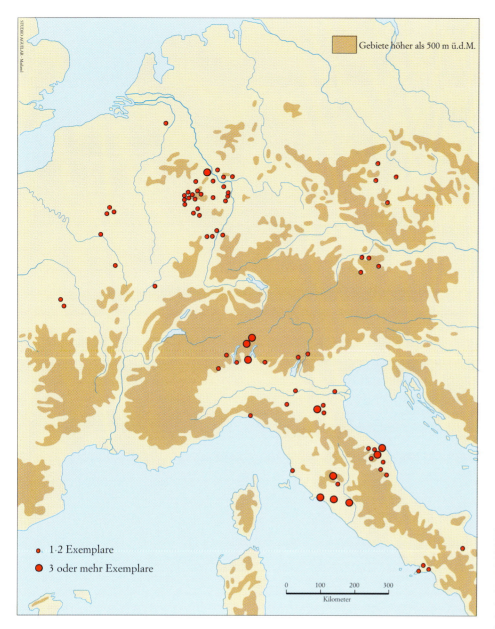

Verbreitung der Schnabelkanne

motive und ihre spätere Umwandlung in eine stilistisch neue Zeichensprache (Frey 1986, 16 f.) sowie das Auftreten eines neuen Traditionsgutes legen den Gedanken nahe, daß die Übernahme eines homogenen und kohärenten fremden Systems zur tiefgreifenden Wandlung des einheimischen Handwerks und der sozio-ökonomischen Strukturen geführt hat. Es kann wohl nicht anders sein, als daß etruskische Handwerker in beträchtlicher Zahl ins Ausland zogen, wo sie mit den einheimischen Auftraggebern und Handwerkern Verbindungen aufnahmen und ihre technischen Kenntnisse und Fertigkeiten zur Verfügung stellten, und daß keltische Handwerker, die nach Italien gekommen waren, die etruskische Keramik nachahmten, etruskische Motive und Ziermuster ihrem eigenen Traditionsgut anpaßten. Das Ergebnis war die Bildung einer neuen eigenen Formensprache von sehr hohem Niveau, die wir *keltisch* nennen. Sicherlich müssen wir auch mit dem Wirken von Kaufleuten rechnen, die neue Märkte erschlossen bzw. an dem Verkauf von Rohstoffen interessiert waren.

Dieser Prozeß war jedoch von kurzer Dauer. Er wurde bereits einige Jahrzehnte nach Beginn des 5. Jahrhunderts v. Chr. durch den Einfall der Kelten in Italien unterbrochen, die kamen, um die Quellen der Kultur direkt zu vereinnahmen.

BIBLIOGRAPHIE:
L. Aigner Foresti, Florenz 1980; dies., Wien 1988; B. Bouloumié in: Kongreßakten Aix-en-Provence, 1979, 111 ff.; J. Bouzek in: Kongreßakten Wien, 1992, 361 ff.; L. Calzavara Capuis in: *Gli Etruschi a nord del Po*, Mantua 1987, 90 ff.; R. De Marinis (Hrsg.), *Gli Etruschi a nord del Po*, Mantua 1987; ders. in: *Gli Etruschi a nord del Po*, Mantua 1987, 52 ff.; K. Dobiat, Graz 1980; W. Drack in: *Ur- und Frühgeschichtliche Archäologie der Schweiz*, Basel 1974, 19 ff.; M. Egg, Archäologisches Korrespondenzblatt 8, 1978, 37-40; ders., Jahrbuch des Römisch-Germanischen Zentralmuseums 11, Mainz 1986; ders., Archäologie Österreichs. Mitteil. der Österr. Gesellschaft für Ur- und Frühgeschichte 41, 2/2, 1991, 25 ff.; Etrusker nördlich von Etrurien (Kongreßakten), Wien-Schloß Neuwaldegg, 1992; U. Fischer, Frankfurt 1979; O.-H. Frey, Berlin 1969; ders. in: *Die Hallstattkultur [...]* (Ausstellungskatalog), 1980, 80 ff.; ders. in: *Gli Etruschi a nord del Po*, Mantua 1987, 11 ff.; S. Gabrovec in: Kongreßakten Wien, 1992, 203 ff.; A. Guidi, Marburg 1983; *Die Hallstattkultur [...]* (Ausstellungskatalog), 1980; J. Hampel, Budapest 1886-1896; F.-W. v. Hase, München 1969; H. Hencken, Cambridge 1971; A. Jockenhövel, München 1971; ders., Germania 52, 1974, 25 ff.; W. Kimmig, Mainz 1983; ders. in: Kongreßakten Wien, 1992, 281 ff.; G. Kossack, Jahrbuch des Römisch-Germanischen Zentralmuseums Mainz 1, 1954, 111-178; ders., Berlin 1959; K. Kromer, Florenz 1959; R. Lunz, Florenz 1974; G. v. Merhart in: *Festschrift des Römisch-Germanischen Zentralmuseums in Mainz*, 1952; F. Moosleitner, Germania 57, 1979, 53 ff.; H. Müller-Karpe, Berlin 1959; ders., München 1961; H. Nothdurfter, Berlin 1979; L. Pauli in: *Gli Etruschi a nord del Po*, Mantua 1987, 18 ff.; ders. in: Kongreßakten Wien, 1992, 179 ff.; S. Sievers, Berlin, 1984; F. Stare, Archeoloski Vestnik 8, 1957, 219, Nr. 12, Taf. 15,1; P. Stary, Marburg 1979; E. Woytowitsch, München 1978.

Der Seehandel in Südfrankreich
Bernard Bouloumié

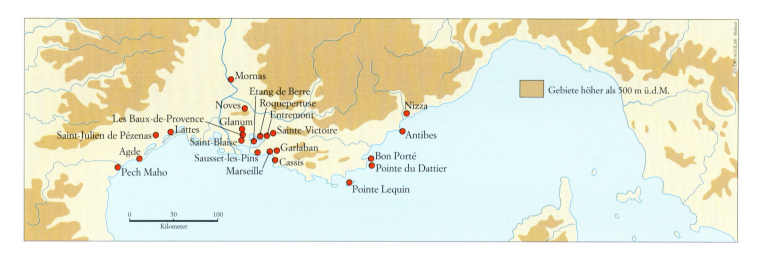

Die wichtigsten am etruskischen Seehandel beteiligten Orte in Südfrankreich

1975 wurde in Aix-en-Provence eine Konferenz einberufen, um den aktuellen Forschungsstand über die Verbreitung des *bucchero nero* im südlichen Gallien zu ermitteln. Über 60 Fundstellen in der Provence und dem Languedoc hatten davon in den früheisenzeitlichen Schichten eine derartige Fülle ans Licht gebracht, daß Bucchero heute als eines der "Leitfossilien" dieser Epoche (der zweiten Hälfte des 7. und dem 6. Jahrhundert v. Chr.) gilt. In einigen Fällen ist die Zahl der Funde erstaunlich: mehrere tausend Scherben wurden z. B. in Saint-Blaise gefunden. Meist ist das Formenrepertoire auf Kantharoi und Oinochoen begrenzt, aber auch einige Olpen, kylikes oder andere Trinkschalen, sogar Teller sind bekannt. In diesen Schichten finden sich ebenfalls, wenn auch viel seltener, etrusko-korinthische Gefäße (Trinkschalen, Aryballoi und Teller), mit vulkanischem Gestein gemagerte Gebrauchskeramik (Schüsseln, Schalen, Töpfe und Kochtöpfe) sowie Amphoren für den Weintransport aus derselben Masse wie die letztgenannte Gefäßgruppe. Die Bestimmung dieser Amphoren als etruskisch beruht bekanntlich darauf, daß sie regelmäßig zusammen mit dem Bucchero auftreten, sowohl in den Fundorten an Land als auch in einigen Schiffswracks, insbesondere dem vom Cap d'Antibes. Während eines internationalen Kolloquiums über archaische etruskische und massaliotische Amphoren 1975 in Marseille waren sich manche Wissenschaftler über die Herkunft dieser Gefäße noch nicht ganz sicher; erst nach der wunderbaren Ausstellung des Museums der Villa Giulia in Rom im Dezember 1983 wurde es möglich, die Typologie dieser Amphoren endgültig festzulegen.

Die in der Provence gefundenen und bestimmten Amphoren sind in den *oppida* der Gegend um Aix-en-Provence und Marseille sowie rund um den Etang de Berre überall anzutreffen, sie liegen dort oberirdisch in Geröllablagerungen, oftmals als sehr große Scherben. Sogar auf dem Gipfel des Garlaban und auf dem Pic des Mouches, der höchsten Erhebung des Saint-Victoire-Massivs, wurden sie aufgelesen. Bei den Grabungen auf Siedlungsarealen überschwemmen diese Amphoren förmlich die archaischen Schichten: z. B. in Saint-Blaise, wo H. Rolland über 800 Exemplare freilegte und wo die Grabung Q 8/9 in den Jahren 1978 – 1980 über 1300 Scherben einbrachte; in Marseille, wo die Schichten des 6. Jahrhunderts sie kistenweise freigeben; ebenso in Lattes, wo sie über die gesamte Grabungsstätte eine einheitliche Schicht bilden. In anderen Fällen, wie in

Saint-Julien de Pézenas, wurden die Amphoren als Aschenurnen benutzt, vor allem in Camarine, wo dies nachweislich Brauch war.

Gewöhnlich befinden sich die betreffenden archäologischen Fundstätten unweit der Küste und im unmittelbaren Hinterland, also in direkter Anbindung an den Seehandel. Dazu kommen vor allem in der Provence Fürstengräber in Tumuli, die durchweg wertvollere Bronzegefäße aus ebenfalls etruskischer Produktion enthalten: Becken mit glattem oder mit Perlstab dekoriertem Rand, Oinochoen des sogenannten rhodischen Typus und Schnabelkannen. Es wurden zu Recht Überlegungen über den Charakter dieser Orte angestellt. Die Fülle des in Saint-Blaise und Lattes gefundenen Materials etruskischer Herkunft läßt somit an Handelsniederlassungen bzw. an *emporia* denken, die vor allem von Händlern aus Etrurien regelmäßig aufgesucht wurden. Münzen aus Populonia – die einzigen jemals außerhalb Etruriens gefundenen etruskischen Münzen – wurden in einem kleinen *oppidum* am Ufer des Etang de Berre entdeckt. Vier in Lattes gefundene Trinkschalen aus buccheroidem Impasto tragen Graffiti in etruskischem Alphabet und in etruskischer Sprache (Genitiv weiblich *ucial*). In diesem Zusammenhang ist die vor kurzem von M. Lejeune veröffentlichte Bleitafel von Pech Maho äußerst bemerkenswert, deren eine Seite ionisch und die andere, ältere Seite mit etwa hundert Schriftzeichen in sechs Zeilen etruskisch beschriftet ist, wobei zweimal der Vorname *Venelus* vorkommt. Die Annahme einer Beziehung dieser Funde zu den emporia von Genua und Aleria erscheint daher gerechtfertigt.

Die Existenz eines intensiven Seehandels wird darüber hinaus durch die Entdeckung von Schiffswracks und unterseeischen archäologischen Fundstätten bestätigt. An insgesamt 14 Stellen zwischen Nizza und Agde, im allgemeinen nahe der Küste, wurden Amphoren geborgen; die Zahl der besagten Wracks beläuft sich derzeit auf fünf, vielleicht

Attische Schale des Penthesilea-Malers aus Aleria
475 – 450 v. Chr.
Aleria, Musée Carcopino
Kat. 295

*Kantharos aus Bucchero und Fragmente
aus der Unterwassergrabung vom Cap d'Antibes
Antibes, Slg. Pruvot
Kat. 283*

*Zwei etruskische Amphoren des Typus B
aus der Unterwassergrabung vom Cap d'Antibes
Antibes, Slg. Pruvot
(links und Mitte)
Kat. 280 und 281*

*Etruskische Amphora des Typus A aus
der Unterwassergrabung vom Cap d'Antibes
Antibes, Slg. Pruvot
(rechts)
Kat. 279*

sogar sechs. Am besten erhalten und zudem besonders homogen ist das Wrack vom Cap d'Antibes. Seine Ladung bestand aus 180 etruskischen Amphoren, drei "ionisch-massaliotischen" griechischen Amphoren, 40 Kantharoi und 25 Oinochoen aus *bucchero nero*, sechs Trinkschalen und drei Tellern etrusko-korinthischen Stils, einer Trinkschale und zwei Olpen ionischer Herkunft, drei Schalen, sieben Krügen und vier Henkelgefäßen aus Gebrauchskeramik sowie einer punischen Schnabellampe. Das recht kleine Schiff, dessen Strukturen nicht erhalten sind, transportierte außerdem ein großes Kera-

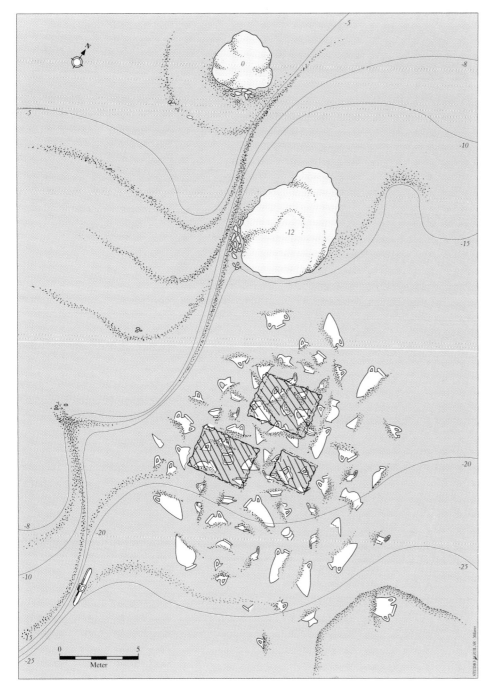

Lageplan der Unterwassergrabung vom Cap d'Antibes

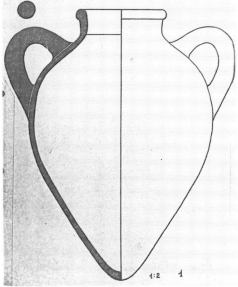

Zeichnungen etruskischer Transportamphoren
oben: Typus B (Kat. 280, 281, 282)
unten: Typus A (Kat. 278, 279)

mikbecken, drei Ankerstümpfe aus Stein und zweifellos Austern. Das Wrack von Bon Porté I lieferte trotz einer schweren Plünderung noch etwa zwanzig etruskische Amphoren sowie griechische, nämlich "ionisch-massaliotische", ionische und korinthische Amphoren sowie eine griechisch-orientalische Oinochoe mit Streifendekor. Der "genähte" Rumpf dieses kleinen Schiffes von sechs bis sieben Metern Länge ist der älteste Beleg für diesen Typus im westlichen Mittelmeer. Das ebenso geplünderte Wrack der Pointe du Dattier vereinigte auf gleiche Weise etruskische und griechische ("ionisch-massaliotische" und ionische) Amphoren. Das Wrack von Cassidaigne bei Cassis enthielt noch etwa fünfzehn etruskische Amphoren. Bei Sausset-les-Pins ebenso wie bei Pointe Lequin IB fanden sich massaliotische Amphoren mit etruskischen vermischt; schließlich erinnert ein schon weitgehend geplünderter unterseeischer Fundort, Estéu dou Mieù in der Bucht vor Marseille, wo die Ausgrabungen noch im Gange sind, mit seinen mehr als dreißig etruskischen Amphoren und den Scherben von Kantharoi und Oinochoen aus *bucchero nero* an das Wrack vom Cap d'Antibes.

Die Analyse der etruskischen Funde zu Lande und zu Wasser einschließlich der Wracks läßt vorrangig auf zwei mögliche Herkunftsorte schließen: Cerveteri/Pyrgi und Vulci. Die meistverbreiteten Amphorentypen sind in der Tat mit Pyrgi (also zweifellos auch mit Cerveteri) in Verbindung zu bringen; ebenfalls in Cerveteri lokalisiert man heute die Werkstätten, in denen etrusko-korinthische Keramik der Rosoni-Gruppe und der Gruppe *a maschera umana* hergestellt wurde. Die Amphoren des Typs Bon Porté und der Buc-

*Bleiplättchen aus Pech Maho
Seite mit Inschrift in etruskischer Sprache
Erste Hälfte 5. Jahrhundert v. Chr.
Sigean, Musée des Corbières
Kat. 293*

chero des Übergangsstils verweisen stattdessen auf Vulci, während einige Serien (Lekythen mit Banddekor und Olpen aus Bucchero) Volsinii zugeschrieben wurden. Natürlich kann auch Populonia wegen der zwei oben erwähnten Silbermünzen nicht ungenannt bleiben.

Zeitlich lassen sich die ersten Amphoren sowie die Bronzegefäße (Becken mit Perlstab am Rand und "rhodische" Oinochoen) in das letzte Viertel des 7. Jahrhunderts oder die ersten Jahrzehnte des 6. Jahrhunderts v. Chr. einordnen. Die Wracks von Antibes, Bon Porté, der Pointe du Dattier und Marseille fallen alle ins dritte Viertel des 6. Jahrhunderts, und die Ausgrabungen von Lattes, Saint-Blaise usw. zeigen, daß Bucchero zwar zu Beginn des 5. Jahrhunderts verschwand, aber einige Amphorenformen dennoch, wenn auch immer seltener, bis zum Anfang des 4. Jahrhunderts zu finden sind.

Diese Chronologie läßt sich leicht mit dem Importbedarf Etruriens und überhaupt mit der Art des Austauschs mit Südgallien erklären. Es fällt auf, daß alle Spuren dieses Handels den Wein betreffen, entweder seinen Transport oder die Gefäße, die zu seinem Genuß dienten. Der Wein selbst war nicht ausschließlich etruskischer Herkunft; zur Fracht aus Pyrgi und Vulci gehörten auch einige ionische und korinthische Amphoren, machten allerdings nur einen kleinen Teil aus und galten sicherlich als exotische Kuriositäten. Die Grabungen von Saint-Blaise zeigen, daß man – wie in Etrurien auch – besonders den Wein aus Chios sehr schätzte und daß der aus Klazomenai (Wracks von Bon Porté und von der Pointe du Dattier) ebenfalls begehrt war. Dieser Wein wurde aus Bucchero-Kantharoi, aus etrusko-korinthischen Trinkschalen, aber auch aus den ionischen Trinkschalen A1, B1, A2, B2 usw. sowie aus "rhodischen" Schalen getrunken, die mit Vögeln, Rosetten, Bändern und anderem verziert waren. Man kann also den Import dieser Gefäße den gleichen etruskischen Kaufleuten zuschreiben, was einerseits aus der Chronologie, andererseits aus Vergleichen mit Objekten desselben Typus zu schließen ist, die in Etrurien weit verbreitet waren.

Ungefähr ein Jahrhundert lang verlief dieser Handel konkurrenzlos. Sogar Marseille, obgleich um 600 v. Chr. gegründet, wurde mit etruskischem Wein beliefert. Deutlich bezeugen dies das Wrack von Estéu dou Mieù und die beeindruckende Fülle von etruskischen Amphoren in allen benachbarten *oppida* ebenso wie die ältesten Schichten der phokäischen Kolonie. Erst im letzten Viertel des 6. Jahrhunderts gab es eine nennenswerte massaliotische Weinproduktion, und allmählich ersetzten die charakteristischen micaceischen (mit Glimmer gemagerten) Amphoren die nicht minder typischen etruskischen.

Unsere Kenntnis des etruskischen Seehandels mit Südgallien ist also auf die Hinfracht, d. h. auf den Wein und seine Begleitgefäße, beschränkt. Was die Rückfracht betrifft, sind wir auf Hypothesen, Vermutungen und Annahmen angewiesen und müssen unsere Schlüsse aus dem Importbedarf Etruriens sowie aus den Waren ziehen, die Gallien zu dieser Zeit anbieten konnte. Produkte des Fischfangs (Fische, Korallen, Purpur), der Viehzucht (Fleisch, Wurst, Häute), der Landwirtschaft (Getreide, Käse, Honig), der

Forstwirtschaft (Holz für den Schiffbau, Pech) sowie eine denkbare und sogar wahrscheinliche Reserve an Arbeitskräften dürften zweitrangige, aber doch nicht unwesentliche Handelswaren gewesen sein. Saint-Blaise, die von den Etruskern am stärksten frequentierte Handelsniederlassung, war außerdem ein *oppidum* des Salzes, und diese Ware spielte für die etruskischen Händler sicherlich eine Hauptrolle in der Attraktivität der provençalischen Ufer, da Salz für viele Zwecke gebraucht wurde, in Etrurien aber relativ selten war.

Es wäre allerdings unvernünftig anzunehmen, ein so lebhafter Handelsverkehr mit dem Süden Frankreichs habe nur auf dieser einen Kategorie von Gütern beruht. Wir verfügen vielmehr über eine ganze Reihe recht überzeugender Anhaltspunkte dafür, daß dieser Raum für die Griechen wie für die Etrusker ein regelrechtes Zentrum für die Versorgung mit Metallen war. Gold stand hier an erster Stelle – in Etrurien war es überhaupt nicht zu finden, während zahlreiche schriftliche und archäologische Zeugnisse sein reiches Vorkommen in Gallien, vor allem im Süden des Landes, belegen. Auch war es zu dieser Zeit dort zweifellos eher erhältlich als anderswo.

Und schließlich gab es dort das so wichtige Zinn, das bei der Bronzeherstellung, dem damals meistverwendeten Metall, unverzichtbar war. Zinn war in Etrurien selten und aller Wahrscheinlichkeit nach für etruskische Metallgießer unzugänglich; es wurde nicht unbedingt, wie allzuoft behauptet, in Großbritannien gewonnen. In West, Zentral- und Südgallien sind große frühgeschichtliche Zinnvorkommen belegt. Außer in seiner Rohform konnte man es auch als Bronze mit verschieden hohen Zinnanteilen "vermarkten", wobei der Zinnanteil manchmal derart hoch war, daß anzunehmen ist, daß dieses Metall einfach nur als Tauschmittel diente. Ganz Gallien ist voll von Verstecken und Depots von Metallgießern. Die interessantesten sind wohl die berühmten Depots des "Launacien", die während der Spätbronzezeit III im Süden zahlreich wurden, also zu der Zeit, als die ersten etruskischen Schiffe diese Region anliefen. Da eine solche Gleichzeitigkeit kaum zufällig sein kann, ist zu vermuten, daß sich ein Markt für Metalle etabliert hatte, auf dem die Händler aus Pyrgi und Vulci als Kunden auftraten, die nur mit ihrem Wein und den dazugehörigen Trinkgeschirren bezahlen konnten.

Bleiplättchen aus Pech Maho
Seite mit Inschrift in griechischer Sprache
460 - 430 v. Chr.
Sigean, Musée des Corbières
Kat. 293

BIBLIOGRAPHIE:
Kongreßakten Rom, 1985; B. Bouloumié, Marburg 1982; ders., Revue archéologique de l'Est et du Centre-Est 32, 1, 1981, 75-81; ders., Quaderni della Scuola di Specializzazione in Viticultura ed Enologia 7, 1983, 165-188; ders. in: Kongreßakten Florenz, 1989, 813-892; ders. in: Kongreßakten Madrid, 1989, 213-221; G. Colonna, Studi Etruschi 48, 1980, 181-185; M. Lejeune u. a., Revue archéologique de Narbonnaise 21, 1988, 19-59; *Voyage en Massalie* [...] (Ausstellungskatalog), Marseille 1990.

Die Etrusker und die Iberische Halbinsel

Martin Almagro-Gorbea

Durch ihre Lage im äußersten Westen des Mittelmeerraums bietet die Iberische Halbinsel eine besondere Problematik bei der Erforschung ihrer Beziehungen zur etruskischen Welt. Die zunehmenden Funde ermöglichen es dabei, die im Altertum bestehenden Kontakte immer besser kennenzulernen. Aber davon abgesehen, fasziniert auch stets der Vergleich zwischen der etruskischen und der tartessisch-iberischen Welt, die beide aus der kulturellen Entwicklung an den Küsten des Mittelmeers, aus dem Kontakt zu den Koloniegründern, den Phöniziern und Griechen, hervorgingen.

Ungeachtet dieser geographischen und kulturellen Nähe, blieben in Spanien etruskologische Studien ein wenig beachtetes Feld innerhalb der archäologischen und historischen Forschung, besonders verglichen mit dem Interesse, das andere uns benachbarte Länder für die Etrusker aufbrachten. Diese relativ geringe Forschungstätigkeit ist nicht als Zeichen fehlender Popularität dieser Kultur der antiken Welt in unserem Land zu werten, sie ist vielmehr eine Folge der schwach ausgebildeten Tradition archäologischer Studien, die über den Bereich der Iberischen Halbinsel hinausgehen. Und diese wiederum ist auf die kulturelle und politische Krise zurückzuführen, die Spanien seit dem 19. Jahrhundert mit sich herumschleppt. Dabei gibt es durchaus einige bemerkenswerte Ausnahmen, wie beispielsweise die Leidenschaft des Marqués de Salamanca für Altertümer in der zweiten Hälfte des 19. Jahrhunderts, dessen Sammlungen schließlich zum großen Teil in das Madrider Museo Arqueolgico Nacional gelangten.

In den letzten Jahren jedoch konzentrierte sich in Spanien das Hauptaugenmerk der etruskologischen Studien auf die in der Antike bestehenden kulturellen Kontakte zwischen den zwei Halbinseln im westlichen Mittelmeer. Dieser Forschungsbereich wurde bereits vor 75 Jahren begründet, als man nach einer gemeinsamen Erklärung für beide Kulturen suchte; seitdem verfolgte man die Entwicklungen in der Forschung. In den letzten Jahren wuchs unter spanischen wie unter Wissenschaftlern anderer Länder das Interesse aufgrund neuer Funde, die fortlaufend das Forschungsfeld bereichern und zu neuen Erklärungsansätzen zwingen. Die intensiveren Kontakte mit Italien befestigen zusehends eine Wissenschaftstradition auf verschiedenen Gebieten der Etruskologie, mit besonderen Schwerpunkten in der Religions- und Geschichtsforschung. Ein Beleg für dieses wachsende und vielfältige Interesse ist gewiß die Konferenz, die kürzlich in Barcelona abgehalten wurde. Die Konferenzakten (Hrsg. J. Remesal/O. Muso, 1991) liefern einen guten Überblick über den derzeitigen Forschungsstand und über die jüngsten Funde auf der Iberischen Halbinsel.

Für eine Interpretation dieser Funde ist es selbstverständlich notwendig, zunächst die geographische Lage der Fundstellen zu erfassen, die gefundenen Denkmäler zu bestimmen und chronologisch einzuordnen – als Schlüssel zur Rekonstruktion der im Altertum bestehenden Kontakte und zur Beurteilung ihres historischen Stellenwerts.

Die etruskischen Funde auf der Iberischen Halbinsel verteilen sich auf ca. 50 Stellen vor der Mittelmeer- und der südlichen Atlantikküste mit einigen wenigen entlang der nördlichen Atlantikküste und im Landesinneren. Ihre Verteilung ist jedoch ziemlich unregelmäßig mit Konzentrationen in Ampurien, im Gebiet des Ebrodeltas, auf den Balearen, im Südosten, an der Costa del Sol und im unteren Guadalquivir-Tal; dazwischen liegen immer wieder große Räume mit nur spärlichen Funden.

Dieses Bild gibt zum Teil auch schon den Stand der Forschung wieder; zwar handelt es sich in ihrer Mehrzahl um vereinzelte Funde, doch nimmt an den systematisch ausgegrabenen Fundorten wie Ampurias und Ullastret in Katalonien, in Toscanos oder Guada-

Verbreitung etrusko-italischer Produkte und deren Imitationen auf der Iberischen Halbinsel

lhorce in der Provinz Málaga mit der Zahl der Fundstücke auch ihre Vielfalt zu, und es wird so möglich, die Erkenntnisse zu präzisieren. Aber schon die Fundverteilung an sich läßt sich als Information verwerten, da sie doch ein logisches und schlüssiges Bild ergibt. Es weist auf einen bescheidenen Handel, der aber doch deutlich verbreiteter war, als man bisher annahm. Er ist entlang der Küsten zu lokalisieren, konzentrierte sich aber auf strategische Gegenden kolonialer Aktivität, so am Golf von Rosas als Sitz der Kolonie Ampurias, an der Ebromündung, die einen Zugang zu den Siedlungen im Landesinneren bot, im Südosten als dem Zugang zur Meseta, wie die Funde von Los Villares, Pozo Moro und Segóbriga belegen, in den phönizischen Kolonien von Toscanos bei Cádiz sowie im tartessischen Raum, im Gebiet von Huelva und am Unterlauf des Guadalquivir, von wo aus durch die umliegenden Bergbauregionen des Hinterlands hindurch ein Zugang bis Cancho Roano und El Raso gegeben war.

Die jeweiligen Eigenarten der verschiedenen Gegenden treten durch die Merkmale der Fundstücke in Erscheinung, die in der Mehrzahl aus Bucchero-Keramik bestehen, überwiegend Kantharoi, seltener Oinochoen, Amphoren, Trinkschalen und Kyathoi. Darüber hinaus werden immer häufiger Weinamphoren identifiziert, was den berühmten Handel mit etruskischem Wein bestätigt. Sehr selten sind hingegen Stücke etruskokorinthischer Keramik, die als Parfümgefäße dienten, mit Ausnahme des anthropomorphen Gefäßes von Ullastret. In bestimmten Gegenden beobachtet man ein deutliches Überwiegen von Importwaren aus Metall, hauptsächlich Trinkgeschirre, welche bereits eine Vorliebe für Luxusgüter verraten, die nicht notwendigerweise an die Ausfuhr von Wein gebunden war.

In Ampurien, besonders im griechischen Ampurias und dem iberischen Ullastret, läßt das Überwiegen von Keramik, sowohl von Amphoren als auch Bucchero-Gefäßen, auf einen Weinhandel schließen, der ähnlich dem im Languedoc organisiert gewesen sein könnte, obwohl auch einige Toilettenartikel wie etrusko-korinthische Aryballoi für Parfüm vorkommen, und sogar ein Spiegel, eine seltene und kostbare Importware. Die gleiche Art von Handel finden wir im Gebiet des Ebro, da auch die Bronze-Situla von La

*Etrusko-korinthisches Schöpfgefäß
Mitte 6. Jahrhundert v. Chr.
Ullastret, Museu
Kat. 303*

*Bronzespiegel mit Ritzdekor
aus Ampurias
Um 300 v. Chr.
Barcelona, Museu Arqueològic de Barcelona
Kat. 300*

Pedrera in diesem Sinn interpretiert werden kann. Bucchero stellt auch in den phönizischen Kolonien den Großteil der Importe dar, unter denen sich nur einzelne Luxusgegenstände finden, wie die Oinochoe von Málaga, die als ein Prunkstück zum Servieren von Wein gedeutet werden kann.

In den übrigen Gegenden überwiegen Einzelobjekte, zumeist aus Bronze, gelegentlich auch einige Stücke aus Elfenbein, wie die wertvolle Dose von Los Villares. Viele dieser Objekte, etwa mehr oder minder wertvolle Olpen und Oinochoen, ein Gefäß mit umlaufendem Perlstab usw., stammen aus prachtvollen iberischen Gräbern wie denen von El Cigarralejo, Pozo Moro oder Alcurucén. Dadurch erklären sich zum Teil ihre Besonderheiten und die Ähnlichkeit mit Produkten aus dem etruskischen Handel mit Gegenden jenseits der Alpen, wo solche Objekte typisch sind. Etruskische Funde kommen auch im tartessischen Raum, im orientalisierenden Palast von Cancho Roano und im Heiligtum von La Algaida vor, wo prächtige exotische Gefäße, Schmuckstücke und Figuren bei Hofzeremonien benutzt oder als Votivgaben dargebracht wurden.

Die Balearen schließlich kennzeichnet wie auf vielen anderen Gebieten ihrer Kultur auch hier eine besondere Situation. Die wenigen Funde, die auf Ibiza in jüngster Zeit gemacht

HIBERISCHE HALBINSEL

wurden, sind im Kontext des punischen Einflußbereichs zwischen Karthago und Sardinien zu sehen und bezeugen, daß Ibiza auf dem Seeweg von Etrurien nach Iberien einen Zwischenaufenthalt und Stützpunkt darstellte. Die Funde auf Mallorca und Menorca bestehen hingegen hauptsächlich aus Bronzefiguren und stammen aus Heiligtümern, wo sie zusammen mit anderen Figuren süditalischer oder auch lokaler Abstammung angetroffen wurden. Man hat sie deshalb als Votivgaben jener balearischen Söldner verstanden, die im Altertum wegen ihres Geschicks im Umgang mit der Steinschleuder berühmt waren. Diese Interpretation ließe sich auch auf die Helme von Gavá und auf die *Machaira* (einschneidiges Schwert) von Elche ausdehnen, über deren Kontext es leider nur unzulängliche Informationen gibt und die jedenfalls auf dem Gebiet der Waffen Verbindungen vermuten lassen, die bisher wenig wahrscheinlich schienen.

Dieser kurze Überblick macht die Notwendigkeit einer Untersuchung der Handelsverbindungen deutlich, um feststellen zu können, ob die etruskischen Objekte direkt über den etruskischen Handel oder vielmehr durch die griechisch-phokäische oder die phönizisch-punische Kolonisation zur Iberischen Halbinsel gelangten. In dieser vieldiskutierten Frage gibt es allerdings keine Anhaltspunkte für eine abschließende Klärung, wie etwa etruskische Inschriften, die eine Präsenz dieses Volkes beweisen würden. Doch ein solcher Mangel stellt auch keinen Gegenbeweis dar, gerade auf einem Gebiet, auf dem die Kenntnisse mit jedem Tag zunehmen.

Wir müssen davon ausgehen, daß die damalige Wirklichkeit um einiges komplexer aussah, als wir bis heute vermuten. So ist denkbar, daß es bereits in der Villanova-Periode Einfuhren gab, wie etwa die Schwerter vom Typus "Terni" von Bétera oder die Sanguisuga-Fibeln von der Atlantikküste – Stücke, die die Fachwelt ihrer schwierigen Interpretation wegen nahezu vernachlässigt hat, die aber mit anderen villanovianischen Gegenständen aus dem Raum nördlich der Alpen vergleichbar sind. In Fragen des antiken Handelsverkehrs geht es um die Feststellung der Provenienz, der Chronologie und des Kontextes der etruskischen Funde, um zu erfahren, ob es einen direkten etruskischen Handel bis an die Grenzen des phokäischen Kolonisationsraumes gab wie in Südfrankreich.

Auf der Iberischen Halbinsel gibt es gut dokumentierte etruskische Funde aus der Zeit seit dem 6. Jahrhundert v. Chr. in Ampurias, an den Fundorten von Ullastret, Toscanos, Guadalhorce usw. Zudem finden sich daneben auch phokäische Importe sowohl in Katalonien als auch in den südlichen phönizischen Handelsstützpunkten, so daß die oben gestellte Frage offen bleiben muß. An einigen Fundorten allerdings, wie Illa d'en Rexac, stieß man auf Bucchero aus einer früheren Schicht als der der ionischen Importe, woraus auf einen direkten etruskischen Handel geschlossen werden kann. Auch wurde die Überlegung angestellt, die Importe im phönizischen Raum könnten auf unabhängigen Wegen über Sardinien oder Karthago gekommen sein. Kurz, das Thema des Handels mit etruskischen Waren im fernen Westen ist noch nicht abgeschlossen, da dieser durch vielfältige Umstände bedingt war, die Ausdruck des komplexen Gefüges der kolonialen Welt im westlichen Mittelmeerraum während des 6. Jahrhunderts v. Chr. waren.

Ein letzter interessanter Aspekt betrifft die Möglichkeit des Vergleichs mit Etrurien, zu dem sich einige Funde auf der Iberischen Halbinsel anbieten. Ähnlichkeiten bestehen in verschiedenen Bereichen der Kultur, bei den Königsgräbern (Tútugi), den Palästen (Campelle, Cancho Roano), in der Skulptur (Bicha de Balazote, Mallá), bei Schmuck (der Schatz von Aliseda u. a.) und Waffen, nämlich Machairen (einschneidige Schwerter) und

*Griff eines Infundibulum
aus Cancho Roano
Erste Hälfte 6. Jahrhundert v. Chr.
Badajoz, Museo Arqueológico Provincial
Kat. 304*

Kardiophylakes (Herzpanzer), und, nicht zu vergessen, bei ikonographischen Elementen wie auf dem Teller von Tivissa, dem Monument von Mallá usw. Solche Stücke wurden oft als Belege etruskischen Einflusses auf die tartessische und iberische Welt gedeutet. In der Tat existieren einige Fälle von Imitationen etruskischer Produkte, etwa der Situla-Stamnos von Ullastret, die Oinochoe von Illa d'en Rexac, die Bronzevasen von Don Benito oder die vom "rhodischen" Typus von Granada, einige Votivgaben von Despeñaperros usw. Doch handelt es sich in den meisten genannten Fällen um Erscheinungen, die auf die Ähnlichkeit der beiden Kulturen zurückzuführen sind. Dies schließt gegenseitige Kontakte zwar nicht aus, eine schlüssigere Erklärung ist allerdings in der parallelen Entwicklung zu suchen, die aus jener starken orientalisierenden Prägung erwuchs, die sie beide kennzeichnet, einer Prägung, die in Etrurien freilich auch der griechischen Welt gegenüber sehr offen war, ein Element, das in Iberien fast vollkommen fehlt. Aus dieser Prägung beziehen beide Kulturen jedoch in verschiedener Hinsicht jene deutliche Parallelität, die seit den ersten Forschungsansätzen so verblüffend schien.

Natürlich dürfen wir die iberischen Importe nach Etrurien nicht außer acht lassen, von denen die meisten aus später Zeit stammen. Wie auch einige etruskische Produkte, Bronzen und schwarz bemalte Keramik aus hellenistischer Zeit, die deswegen von dieser klar umrissenen Ausstellung ausgeschlossen bleiben müssen. Ebensowenig ist hier der Ort, die alte Frage nach möglichen Gemeinsamkeiten auf sprachlichem Gebiet insbesondere in der Ortsnamenkunde aufzugreifen, einer weiterhin offenen Theorie, deren sich A. Schulten angenommen hat.

Jedenfalls stellen die etruskisch-tartessisch-iberischen Beziehungen einen Forschungsbereich dar, der von großem Interesse ist für ein tieferes Verständnis dieser ersten urbanen Kulturen des westlichen Mittelmeerraums und ihrer Entstehungsgeschichte im Zusammenhang der antiken Koloniengründungen.

BIBLIOGRAPHIE:
M. Almagro, Boletín Arqueológico de Tarragona 49, 1949, 97-102; M. Almagro-Gorbea in: Kongreßakten Florenz, 1989, 1149-1160; J. Alvar in: *Flotta e commercio greco* [...], (im Druck); A. Arribas-G. Trias, Archivio Español de Arqueología, 34, 1961, 18-40; J.M. Blázquez, Salamanca 1975; J. Gran-Aymerich, Madrid (im Druck); J.P. Morel in: Kongreßakten Florenz-Populonia-Piombino, 1981, 463-508; J. Remesal-O. Musso (Hrsg.), Barcelona 1991; W. Schule, Berlin 1969; B.B. Shefton in: *Phönizier im Westen*, Mainz 1982, 337-370.

Die transalpinen Beziehungen

Richard Adam
Dominique Briquel
Jean Gran-Aymerich
David Ridgway
Ingrid Strøm
Friedrich-Wilhelm von Hase

Das westliche Mitteleuropa

Die Einfuhr etruskischer und italischer Gegenstände in die Gebiete nördlich der Alpen ist seit den umfangreichen Entdeckungen von Vix, Hochdorf (Württemberg) und Gurgy eine über die Fachwelt hinaus bekannte Tatsache. Im Rahmen großer internationaler Ausstellungen wie *Trésor des princes celtes* wurden diese sensationellen Funde vorgestellt und haben das Interesse am Studium alter Grabungen – z. B. denen von Magny-Lambert, Mercey und Apremont, Conliège und Bourges – neu entfacht. Die typologischen Studien wurden damals von S. Boucher und B. Bouloumié (Plastik, Oinochoen) betrieben. Heute überwiegt das Forschungsinteresse an den soziologischen Aspekten der Fürstengräber. Die prächtigen Funde dürfen allerdings den Blick auf die Hunderte einfacher Gegenstände nicht versperren, die in mehreren Dutzend Regionalmuseen verstreut liegen und deren Gesamtkatalogisierung derzeit vorgenommen wird. In diesem Zusammenhang sind die Prestigeobjekte, die Wege von über tausend Kilometern bis zu den großen Tumuli der Hallstatt-Kultur zurücklegen konnten, auf welche sich das Augenmerk der Archäologen des letzten Jahrhunderts gerichtet hatte, von den bescheidenen, durch gewöhnlichere Tauschgeschäfte erworbenen handwerklichen Erzeugnissen zu unterscheiden wie auch von den Rohstoffen, die von einer Seite der Alpen auf die andere transportiert und vor Ort verarbeitet wurden.

Im späten Neolithikum und im Chalkolithikum, ab dem 3. Jahrtausend v. Chr., begannen in der Chassey-, der Saône-Rhône- und der Glockenbecher-Kultur die transalpinen Handelsbeziehungen. Allerdings hat davon nur der harte, im Aostatal und beim Monte Viso abgebaute Stein die Zeiten überdauert, der in den Alpentälern bis zur Ain und entlang der provenzalischen Küste zu finden ist. Das grüne Felsgestein vom Aostatal kam in Rohblöcken auf die französische Seite der Alpen und wurde dort zu Äxten, Dachsbeilen und Pfeilspitzen geschliffen. Die Analyse der Zusammensetzung eines Exemplars aus Tarentaise ergab als Herkunftsort die italienische Seite der Alpen. Unter den etwa 200 in Grenoble aufbewahrten Äxten und Dachsbeilen aus grünem Stein läßt sich aber auch eine größere Anzahl von lokalen Gesteinen ausmachen.

Wie in ganz Europa fand im Alpenraum während der Bronzezeit ein intensiver technologischer und kultureller Austausch statt, vor allem ab dem 12. Jahrhundert v. Chr zur Zeit der Urnenfelder-Kultur. In Gallien ist das Eisen zwei Jahrhunderte später als in Italien bekannt – die Axt von Etrembières ähnelt den französischen Arten aus der späten Bronzezeit, aber die Verschnürung ihrer Klingen läßt auf eine Verbindung zur Villanova-Kultur Bolognas und Vetulonias schließen. Auch der in ihren Schaft gravierte etruskische Buchstabe bestätigt die Einfuhr, entweder schon in einem aristokratischen Umfeld, falls es sich um eine Paradewaffe handelte, oder als prämonetäres Tauschmittel. Im Gegenzug wurden Äxte aus der Alpenregion (Allevard) nach Piemont (Brebbia, Pinerolo) ausgeführt. Einige Schmuckstücke (spiralförmige Anhänger aus Bronzedraht) und Werkzeuge, die vor langer Zeit in den Pfahlbausiedlungen am Lac du Bourget entdeckt wurden, sind zwar nicht mit der gleichen Sicherheit italischen Ursprungs, weisen aber zumindest Einflüsse auf. Auch bei dem an diesen Orten gefundenen Keramikdekor und den Statuetten aus Terrakotta lassen sich neben den kontinentalen Techniken der Urnenfelder-Kultur einige Stilelemente aus der frühen Villanova-Kultur erkennen. Aus Pralognan (Vanoise) und vielleicht auch vom Lac du Bourget stammen typische Rasier-

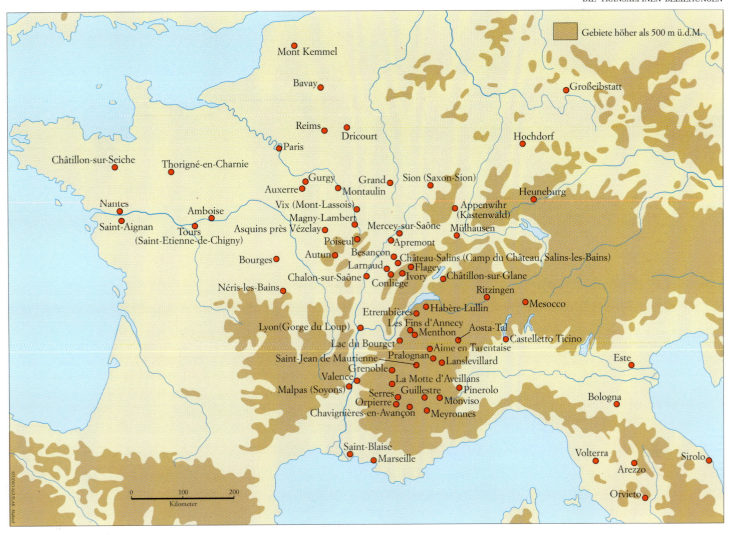

Verbreitung etrusko-italischer Produkte und deren Imitationen im westlichen Mitteleuropa

messer der Villanova-Kultur aus der ausklingenden französischen Bronzezeit. Tatsächlich können nur recht wenige Gegenstände eindeutig italischer Herkunft diesen Epochen zugeordnet werden, zumal einige Autoren irrtümlicherweise Schwerter und Dolche als italisch bezeichnen, die aus dem Rhône-Gebiet stammen.

Der entscheidende Aufschwung dieser Handelsbeziehungen ist eindeutig auf den Beginn der Eisenzeit in den Alpen zu datieren, wo die Hallstatt-Kultur nicht vor dem 6. Jahrhundert v. Chr. Fuß faßte; die charakteristischen Gegenstände sind Fibeln, Anhänger und Gürtelschnallen. Die Fibeln der Alpenregion gehören zumeist dem Golasecca-Typ an und wurden im italienischen Tessin hergestellt; in der Schweiz sind sie in der Nähe des St. Gotthard recht häufig und verteilen sich von Graubünden (Mesocco) über das Tessin (Muzzano) bis zum Wallis (Ritzingen, Leukerbad, St. Niklaus); in Frankreich sind die Fibeln von Saint-Jean de Maurienne und Lanslevillard, von Meyronnes sowie die Anhänger von Guillestre und Orpierre zu nennen. Die bekannten Fundorte sind fast immer Grabstätten und decken die Zeit vom Ende der Hallstatt- und dem Beginn der frühen Latène-Kultur ab (6. und 5. Jahrhundert v. Chr.).

Die Herstellungsorte waren nicht auf den genannten Raum beschränkt. Da dieses Gebiet mit Venetien, Bologna, Este, dem Picenum und Etrurien in Kontakt war, findet man dort wie auch in den französischen Alpen und in der Schweiz Gegenstände aus jenen Regionen: venetische mit Buckeln verzierte Fibeln in Chavignières im Avançon (zusammen mit einem Schöpfgefäß aus Bronze gleicher Herkunft) und in Habère-Lullin, sowie Certosa-Fibeln mit Fußknopf in Ubaye und Loetschen, die in der Gegend von Bologna hergestellt worden waren. Vom Certosa- und Golasecca-Typ ausgehend, entwickelten sich die alpinen Fibeln mit Fußknopf und äußerer Spiralsehne wie auch der Typ mit einer großen Scheibe am Bogen. In La Motte d'Aveillans stieß man auf Anhänger, die in einer in Sirolo im Picenum gefundenen Form geschmolzen worden sein könnten. Die Herkunft der Sanguisugafibeln ist schwieriger zu bestimmen, weil sie von Cumae bis Bologna fast identisch sind, und die Fibel von l'Oisans, die Gürtelschnalle von Lanslevillard und das Becken mit buckelverziertem Rand von Serres sind wahrscheinlich Etrurien zuzuordnen.

DIE TRANSALPINEN BEZIEHUNGEN

Objekte der oben beschriebenen Typen sind auch weit über die an Italien angrenzenden Gebiete hinaus verbreitet. So fand man in Mazières, einem Vorort von Bourges, eine Schlangenfibel mit großer Scheibe am Fuß in einem Grab und in Hügelgräbern in Flagey, Ivory, Großeibstatt und Dricourt Sanguisugafibeln oder Fibeln mit seitlichen Knöpfen; in Larnaud und Mulhouse-Ratzedörfle hatte man Bronzedepots italische Fibeln beigefügt, und in Saint-Aignan enthielt ein Schatz aus republikanischen und kaiserzeitlichen römischen Münzen auch zwei winzige etruskische Goldfibeln. Bei den übrigen etwa hundert Fibeln, die aus französischem Gebiet stammen sollen, sind die Umstände ihrer Auffindung unbekannt – ein großer Teil dürfte im letzten Jahrhundert aus dem italienischen Antiquitätenhandel gekauft worden sein.

Welche Bedeutung kommt unter diesen Umständen den hier beschriebenen Gegenständen zu? Der Nachbarschaftshandel, wie er in der Schweiz, in den Alpen und im Jura festzustellen ist, muß gesondert untersucht werden: gleich ob es Fibeln, Anhänger oder Gürtel waren, die importierten Gegenstände, die den Toten in sein Grab begleiteten, gehörten zur Kleidung und zu seinem Schmuck. Der Tote trug sie als Beweis seines Reichtums oder seiner persönlichen Kontakte mit der italienischen Seite der Alpen – sie waren somit materieller Ausdruck eines sozialen Privilegs oder bezeichneten wie ein Geleitbrief diejenigen, die mit der anderen Seite gehandelt hatten. In den Depots hingegen hatte der fremde Schmuck keine andere Bedeutung als die eines Tauschmittels im Handel zwischen Menschen (Gewicht des Rohmetalls) oder mit den Göttern (Depots von Weihgeschenken). Im Fall von Mulhouse könnte man annehmen, daß ein dort ansässiger Bronzehandwerker aus Italien Muster mitgebracht hatte, um sich von ihnen anregen zu lassen, denn von zehn Fibeln sind nicht zwei gleich; in jener Zeit (7. Jahrhundert v. Chr.) wurde allerdings eher Material zum Wiedereinschmelzen gelagert, und so waren die anderen Gegenstände im Depot in einem jämmerlichen Zustand. In Larnaud wurden das Fragment einer Fibel und die Statuette eines Rindes italischen Ursprungs inmitten einheimischer Bronzeabfälle gefunden – sie waren offensichtlich zum Wiedereinschmelzen bestimmt.

Hingegen müssen die nicht besonders zahlreichen archaischen Statuetten von Kriegern, Adoranten und Rindern aus Volterra oder Arezzo vom Ende des 7. Jahrhunderts v. Chr., die in der Poebene sowie in Gallien zu finden sind, als Votivgaben gedient haben. Diese Objekte fand man in Menthon (wahrscheinlich in einem Depot), im Flußbett der Cure bei Vézelay, unweit der Seine in Montaulin, im Depot in Thorigné-en-Charnie sowie in Châtillon-sur-Seiche, vermutlich teilweise auch in Depots gelagert. Sie waren bis in die Normandie und die Bretagne, also über die Grenzen der Hallstatt-Welt hinaus verbreitet und drangen so bis in den Raum der ausgehenden atlantischen Bronzezeit vor.

Das Zentrum Galliens wird von der Loire und von den Verbindungswegen durchquert, die deren Mündung an die Rhône-Saône-Achse anbinden. Dieses Zentrum, das man in der Antike im Herzen des "gallischen Isthmus" lokalisierte, bildete den westlichen Knotenpunkt eines der wichtigsten Kommunikationsnetze, die Europa durchzogen. Es verband die Atlantikküste mit dem Kontinent (Ost- und Westhandel) und mit dem Gebiet des Mittelmeers (Nord- und Südhandel). Diese langen Überlandstrecken wurden während der ersten und dem Beginn der zweiten Eisenzeit intensiv benutzt und waren für die vorkeltischen und keltischen Völker ebenso wie für die Griechen und Etrusker von

Interesse. Der Reichtum lokaler Adelssippen wie jener, deren Wohnsiedlungen und Gräber vor kurzem auf dem Grabungsfeld von Bourges gefunden wurden, ließe sich durch ihre Lage an der Kreuzung dieser Straßen, vor allem der Handelsachse zwischen den Alpen und der Franche-Comté sowie der Rhône-Saône-Achse erklären.

Während der Phase der stärksten Ausbreitung der Etrusker (vom Ende des 8. bis zur zweiten Hälfte des 5. Jahrhunderts v. Chr.) bestanden die Importe in das Zentrum Galliens vor allem aus Schmuck (z. B. Fibeln) und bronzenen Bankettgefäßen (z. B. Weinkannen und Oinochoen). Sie waren vom Ende des 6. Jahrhunderts an überall verbreitet, also zu der Zeit, als – ebenfalls im Zusammenhang mit Adelsbanketten – erstmals griechische Keramik (Trinkschalen und Weinamphoren) auftauchte. Es sind noch andere Importe bekannt, darunter Rüstungsgegenstände (Schwerter, Helme), Rohstoffe – unter welchen Korallen und Elfenbein zu den etrusko-italischen Exporten gerechnet werden können – und schließlich verderbliche Waren bzw. Lebensmittel, besonders Wein. Auch die Bilderwelt dringt in diesen Raum ein und spielt eine wichtige Rolle bei der Entstehung der ersten latènezeitlichen keltischen Kunst; dies belegen die Statuetten (etwa aus Bourges der italische nackte Mars, eines der verbreitetsten Motive) und die etruskischen Bronzeappliken ebenso wie die Einflüsse, die an den örtlichen Produktionen auszumachen sind.

Seit den Pionierarbeiten von Henri Schuermans 1872 und von Hermann Genthe 1874 haben sich die etruskischen Funde im Zentrum Galliens vervielfacht. Ihr Zusammenhang mit den griechischen Einfuhren hat sich gleichermaßen bestätigt wie die aktive Rolle der keltischen und vorkeltischen Völker, die Joseph Déchelette bereits 1914 hervorhob.

In den letzten Jahren wurden die Forschungen in den Regionen an der Loire-Achse durch eine Neubewertung der im vorigen Jahrhundert an Gräbern gemachten Entdeckungen sowie durch neue Grabungen in Siedlungen bestimmt. So hat W. Kimmig die Gürtelplatte des Musée Dobrée in Nantes von neuem untersucht, J.-R. Jannot entwickel-

Schnabelkanne mit Detail des Randdekors
Zweite Hälfte 5. Jahrhundert v. Chr.
Bourges, Musées de la Ville de Bourges
Kat. 327

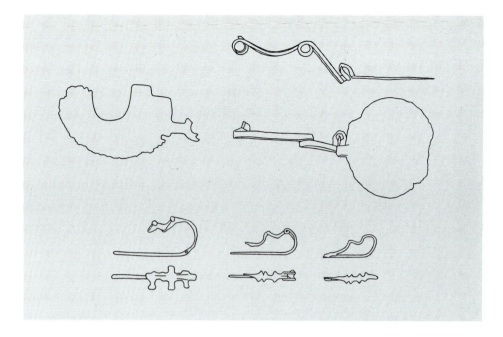

Etrusko-italische Exporte oder Imitationen aus dem Gebiet von Bourges 8. – 7. Jahrhundert v. Chr.

te neue Hypothesen über die Sanguisugafibeln aus Gold von Saint-Aignan, das Antennenschwert des Typus Tarquinia von Amboise wurde durch G. Cordier erneut untersucht, R. Chevallier hat das Studium der Oinochoe von Saint-Etienne de Chigny, in der Nähe von Tours, in seine Analyse der Loire-Achse als "dritter Zinn-Straße in Gallien" einbezogen, und schließlich sind die Bronzearbeiten, die in außergewöhnlicher Konzentration in und um Bourges gefunden wurden, derzeit Gegenstand der Forschung. An eben jenem Grabungsort in Bourges liefert das Programm für Stadtarchäologie, das der kommunale Archäologische Dienst in Zusammenarbeit mit anderen Institutionen wie dem CNRS ins Leben gerufen hat, Belege für die Existenz einer reichen Ansiedlung. Mit seiner importierten griechischen Keramik hoher Qualität trägt dieser Fürstensitz vom Ende der Hallstatt- und Beginn der Latène-Zeit dazu bei, die Kenntnisse zu vervollständigen, die man seit dem letzten Jahrhundert durch die Entdeckung von zum Teil unter Tumuli gelegenen Fürstengräbern gewonnen hatte; in ihnen waren die etruskischen Importe gefunden worden, die im Musée du Berry, in Saint-Germain en Laye und in privaten Sammlungen aufbewahrt sind.

Im Landesinnern Galliens sind die Fundorte etruskischer Importe zum einen Fürstengräber und zum anderen – in der Nähe der wichtigsten unter diesen – die Siedlungen mit Fürstensitzen sowie die Depots in Flüssen oder Sümpfen, die wahrscheinlich Votivcharakter besaßen. Zu den westlichsten bisher identifizierten Orten, Château-Salins im Jura und Mont Lassois-Vix in Burgund, ist die noch weiter westlich in der Nähe von Auxerre gelegene Nekropole Gurgy hinzuzufügen sowie im Zentrum die erwähnte Ausgrabungsstätte von Bourges, eine Fürstensiedlung mit umliegenden Adelsgräbern, zu denen im Flußbett entdeckte Funde gehören.

Dabei sollte nicht übersehen werden, daß die Kontakte zwischen der Hallstatt-Kultur und der der Etrusker am Ende des 8. und während des 7. Jahrhunderts nicht einseitig waren. Die in Kontinentaleuropa sehr starke Verbreitung etrusko-italischer Bronzen ist zweifellos beeindruckend. Erwähnt seien die halbmondförmigen Rasiermesser des Benacci-Typus, deren Vorkommen bis in Gallien durch die im Wald von Mulhouse und bei Bourges gefundenen Exemplare belegt ist, die Antennenschwerter vom Typus Tarquinia wie jenes, das bei Amboise an der Loire gefunden wurde, und die Kammhelme wie der von Armancourt an der Oise. Auch sind die Schlangenfibeln z. B. von Besançon und Bourges, die Gürtelschnallen z. B. von Châtel Gérard oder von Nantes und schließlich, als die ersten Bronzegefäße, die bikonische Vase von Gevelinghausen, die bei Appenwihr im Elsaß gefundene Pyxis und die gerippten Schalen, etwa die von Poiseul-la-Ville, hier zu nennen. Doch sollte die Gegenseite nicht außer acht gelassen werden, von der die auf etruskischem Territorium gefundenen Metallgegenstände nördlicher Herkunft, ja sogar die Anwesenheit hallstättischer Handwerker in der Toskana zeugen.

Gleiches gilt für die zweite Phase der Handelsbeziehungen, die sich im Verlauf des 6. und 5. Jahrhunderts v. Chr. entwickelte. Auch sie war durch Kontakte in beiden Richtungen geprägt. Dies deckt sich mit der Überlieferung von Titus Livius über erste keltische Präsenzen auf italischem Gebiet, die wiederum kürzlich durch die Entdeckung ei-

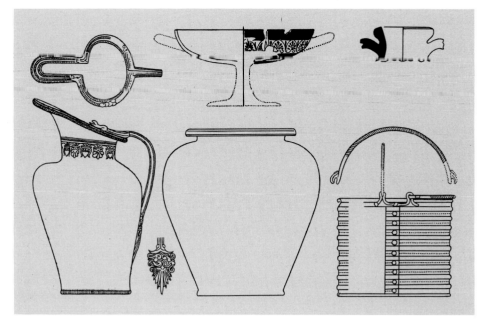

Etrusko-italische und griechische Exporte aus dem Gebiet von Bourges 6. – 5. Jahrhundert v. Chr.

ner Inschrift über einen gewissen Katacina in Orvieto bestätigt wurde, also der Anwesenheit eines gänzlich etruskisierten Kelten in dieser toskanischen Stadt. In der Gegenrichtung wurde zu jener Zeit Bronzegeschirr für die Bankette der Aristokratie in die entlegensten Gegenden wie z. B. das Zentrum Galliens exportiert. Diese Services bestanden hauptsächlich aus Oinochoen und Gefäßen, die zum Mischen und Servieren von Getränken dienten, dazu Stamnoi und Rippencisten.

Trotz der derzeitigen Tendenz zu einer Neubewertung der jeweiligen lokalen alkoholischen Getränke besteht kein Zweifel daran, daß dem Wein eine sehr wichtige symbolische Funktion in den Beziehungen zwischen den kontinentalen Völkern einerseits und den Griechen und Etruskern andererseits zukam. Wein wurde im 6. und 5. Jahrhundert v. Chr. den hochgestellten Persönlichkeiten Zentralgalliens geschenkt oder mit ihnen gegen andere Waren getauscht, und er verlieh infolge seiner spezifischen Eigenschaften, zugleich aber auch seines exotischen Charakters, seines Preises und schließlich des prächtigen Zubehörs von Serviergefäßen wegen dem gemeinsamen Mahl solcher Fürsten den Charakter eines Adelsbanketts. Dieser aus der Ferne angelieferte Wein wie auch das zu ihm gehörende wertvolle Geschirr waren Status- und Machtsymbole; sie lehnten sich aber möglicherweise weniger an das Vorbild des griechischen Symposions als vielmehr an den von Etruskern und Ostgriechen überlieferten Prunk der orientalisierenden Königshäuser an.

In den Grabungsstätten im Landesinnern Galliens wurde eine große Anzahl etruskischer Bronzegefäße freigelegt, die für die Adelsbankette verwendet wurden, aber weder Trinkgefäße noch Transportamphoren für den Wein aus Etrurien. Dafür wurde von der Heuneburg an der Donau bis Châtillon-sur-Glâne in der Schweiz und vom Mont Lassois an der Seine bis Bourges solches etruskisches Bankettgeschirr zusammen mit griechischen attischen Trinkschalen sowie mit Marseiller Transportamphoren gefunden. Gegen Ende des 6. Jahrhunderts v. Chr., als die attischen Schalen bis nach Bourges und noch weiter – bis zum Mont Kemmel in Flandern und zur Themsemündung in Großbritannien – gelangten, wurde etruskischer Bucchero nicht mehr exportiert. Selbst in Etrurien blieb seine Herstellung auf den örtlichen Gebrauch beschränkt, während attische Schalen in großen Mengen eingeführt wurden.

Außerhalb Italiens läßt sich die größte Konzentration an etruskischen Buccherogefäßen im Süden Galliens feststellen; die nördlichsten Funde gehen nicht über die Höhe von Valence hinaus. Zwar wurden mitunter in nördlicheren Gegenden Funde von Bucchero bekanntgegeben, etwa auf der Grabungsstätte von Vix und auf dem Gelände der Siedlung von Sion in Lothringen, jedoch sind diese Angaben äußerst zweifelhaft. Bis heute haben sich alle im Landesinnern Galliens gefundenen Scherben, die als Bucchero ausgewiesen worden waren, nach Analysen als lokale Glanztonkeramik herausgestellt, wie es beispielsweise in der Haute-Marne und bei den beiden Fragmenten von Bourges der Fall war. Dieses Fehlen von Keramikimporten schließt bis heute jede Möglichkeit eines Einflusses der Formen oder der Technik des Bucchero auf die lokale hallstättische Keramik aus, welche sich in die Tradition der geglätteten, scharf profilierten Keramik vom Ende der Bronzezeit und dem Beginn der ersten Eisenzeit in Europa einreiht. Das Vorkommen etruskischer Keramik nördlich der Alpen wäre demzufolge eine Ausnahme und konnte zumindest bei Grabungen nicht bestätigt werden. Immerhin ist darauf hinzuweisen, daß auf der Grabungsstätte von Lorch (Lauriacum) an der Donau, in der Nähe von Linz und in Standz bei Innsbruck wohl Bucchero entdeckt wurde. Die letztgenannte Grabungsstätte war auch Fundort etruskischer Bronzen und eindeutig mit der Etschtal-Achse verbunden, die über Bozen führt, wo vier Bucchero-Scherben gefunden wurden. Die Bucchero-Funde in Böhmen, am Lauf der Donau und in Polen (in Koscielec bei Pakosc) hingegen sind nicht bestätigt.

An etrusko-korinthischen Vasen können nur zwei Funde außerhalb Südgalliens genannt werden: die Kleeblattoinochoe aus dem Tumulus von Sticna in der Nekropole von Dolenisko in Slowenien, welcher außerdem Rüstungsteile aus Bronze, ähnlich denen vom Circolo del Tridente in Vetulonia, enthielt. Die etrusko-korinthische Olpe des Saint-Rémy-Museums in Reims kommt aus der lokalen Payard-Sammlung, die im letzten Jahrhundert entstand, und trägt die sehr fragwürdige Aufschrift ''trouvé à Haguenau, Bas-Rhin''. Etruskische Amphoren schließlich, die in den vom Seehandel berührten Gebieten wie dem Süden Frankreichs so häufig anzutreffen sind, sind aus dem Landesinnern nicht belegt; in Mitteleuropa wurde kein einziges Exemplar ausgemacht. Längs der Rhône-Achse waren die nördlichsten Funde die der Grabungsstätte von Malpas in der Ardèche, südlich von Valence, bis man vor kurzem auf der Grabung von ''Gorges du Loup'' im Großraum Lyon bei Aushebungen für eine Untergrundbahnlinie auf einige Exemplare gestoßen ist. Diese fehlende Verbreitung etruskischer Amphoren auf dem Landweg muß in Zusammenhang stehen mit dem Vorkommen Marseiller Amphoren an denselben Fürstensitzen, wo etruskische Bronzegefäße zusammen mit attischen Schalen angetroffen wurden, wie es in der Heuneburg, auf dem Mont Lassois oder in Bourges der Fall war. Der Genuß von Wein und lokalen Getränken, die griechische oder etruskische Herkunft dieses Weins und sein Transport werfen ebenso wie diese Vergesellschaftung attischer Schalen, Marseiller Amphoren und etruskischer Bronzegefäße vom Ende des 6. bis zum Anfang des 5. Jahrhunderts v. Chr. bislang ungelöste Fragen auf. In der folgenden Periode hingegen, bis zur zweiten Hälfte des 5. Jahrhunderts, verschwanden die Marseiller Amphoren. Diese beiden für die Entwicklung der keltischen Welt so wichtigen Phasen sind im Landesinnern Galliens durch die Wohnsiedlung und durch die Nekropole von Bourges besonders gut illustriert.

Die unzähligen späten italischen Statuetten, die etwa zwanzig Spiegel und einige andere italische Objekte, die nicht vor das 3. Jahrhundert v. Chr. datierbar sind, ergeben ein weniger klares Bild. Sie wurden wohl auf französischem Gebiet gefunden, aber über die näheren Fundumstände liegen nur selten brauchbare Angaben vor. Herkules spielte im Bereich der Kleinplastik eine Hauptrolle: Als Gott der Heilung in Italien und zweifellos auch in Gallien verehrt, ist er in Tausenden stereotyper Statuetten dargestellt. Darf man den Herkunftsangaben der Autoren des 19. Jahrhunderts Glauben schenken, so tauchte er gerade in Heilbädern wie Néris-les-Bains und in großen gallo-römischen Orten wie Grand, Bavay, Reims, Chalon-sur-Saône, Autun und Les Fins d'Annecy auf. Im zuletzt genannten Ort soll die italische Plastik bei Bauarbeiten zusammen mit republikanischen Münzen gefunden worden sein, die noch zu Beginn der Kaiserzeit im Umlauf waren. In

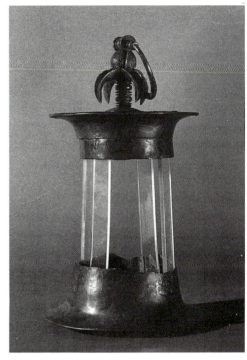

Pyxis aus dem Tumulus I von Appenwihr (Colmar)
(Gesamtaufnahme und Detail des Deckels)
7. Jahrhundert v. Chr.
Colmar, Musée d'Unterlinden
Kat. 312

Paris wurde im 2. Jahrhundert n. Chr. ein etruskischer Spiegel aus dem 3. Jahrhundert v. Chr. einem Grab der südlichen Nekropole beigegeben. Wie die bis in die Bretagne verbreiteten Münzen haben die einige Jahrzehnte früher gegossenen Statuetten, die zwei Jahrhunderte zuvor hergestellten Spiegel und vielleicht sogar fünfhundert Jahre alte Fibeln (wenn die Funde von Saint-Aignan in diese Kategorie einzuordnen sind) Gallien zusammen mit den römischen Eroberern, ihren Amphoren, ihrem Wein und ihrer Vorliebe für antike Dinge erreicht. Als großer Binnenhafen und Zentrum für den Vertrieb kampanischen Weins dürfte Chalon wie auch das von Augustus gegründete Autun diese Bronzearbeiten entweder als Beiladung auf den Wein transportierenden Schiffen in spätrepublikanischer und in der Kaiserzeit erhalten haben (abgesehen von Erwerbungen durch Sammler der Moderne), oder es waren Geschenke römischer Herren für ihre gallische Klientel – ein ärmliches Abbild der prächtigen Geschirre vom Ende der Hallstatt-Zeit, das aber dasselbe wirtschaftsimperialistische Verhältnis seitens des Mittelmeerraums gegenüber einem als barbarisch angesehenen Europa aufzeigt.

Greift man die Begriffe erneut auf, mit denen Ch. Goudineau die Debatte über griechische und etruskische Einflüsse in Südgallien zusammenfaßte, so bedeutet das nicht, die Realität der Küstengebiete auf das Landesinnere übertragen zu wollen. Während der Umbruchphase zwischen dem 7. und dem 5. Jahrhundert v. Chr. ist die Situation der südlichen Regionen, die in direktem Kontakt mit den griechischen Kolonien und dem etruskischen Seehandel standen, sicherlich nicht mit der des Landesinnerns Galliens zu vergleichen, wo die Einfuhren aus den Küstengebieten über einen Zwischenhandel auf dem Landweg erfolgten und dieser zudem mit den Handelswegen über die Alpen in Konkurrenz stand. Unbestreitbar verlief der Austausch über den Süden und den Rhône-Saône-Korridor, über die Alpenpässe oder zeitweise über beide Wege zugleich; dies allerdings wirft erneut die grundlegenden Fragen auf: Welcherart waren diese Beziehungen (zufallsbedingter Absatz oder Konzentration von Prestigegütern an den kleineren Fürstensitzen)? Wie hoch war der Grad an kultureller Durchlässigkeit dieser kontinentalen Regionen einerseits im Verhältnis zu den Griechen – durch die direkten Kontakte mit der Welt der Ko-

Ionien – und andererseits – durch den Austausch von Gütern und Menschen – im Verhältnis zu Etrurien und Norditalien als der Frucht einer langen Nachbarschaft?

In Gallien sind Saint-Blaise in der Provence und Bourges im Zentrum die beiden für die Einfuhr etruskischer Erzeugnisse wichtigsten Orte. Als Repräsentanten der zwei verschiedenen Welten des maritimen Südens und des "Isthmos" Zentralgalliens sind sie zweifellos gegensätzlich. Dennoch sollte man die Seeherrschaft Etruriens nicht getrennt von seiner Ausbreitung zu Lande sehen, sei sie nun eine Folge des Handels oder der Besetzung von Gebieten. Die neuen Funde von Bourges und die derzeitige Erstellung eines systematischen Inventars der etruskischen Importe in den Norden und den Nordwesten Etruriens ermöglichen es, die Komplexität und die gegenseitige Bedingtheit dieser beiden Bereiche, des maritimen wie desjenigen im Landesinnern, besser zu erfassen und auch die Rolle der Etrusker in den Anfängen der europäischen Geschichte besser zu beurteilen. So bestätigt sich J. Déchelettes Ahnung von der Ergiebigkeit einer komparativen Erforschung der zwei Kulturen, die eine zentrale Position in der Welt der antiken Küstenvölker innehatten: Etrurien im Zentrum des Mittelmeers und das Land der Kelten zwischen Europas atlantischer Küste im Westen und seinem östlichen Teil.

R.A.-D.B.-J.G.-A.

Großbritannien

Recht wenige unter den Objekten aus etruskisch-italischer Fertigung, denen eine englische Provenienz zugeschrieben wird, sind in wissenschaftlich dokumentierten archäologischen Fundorten gefunden worden, und selbst bei diesen sind die Angaben nicht immer überzeugend. Gewiß gelangte viel derartiges Material im Gepäck von Sammlern bei der Rückkehr von ihrer "Grand Tour" nach England, und es ist nicht auszuschließen, daß skrupellose lokale Händler im nachhinein einigen dieser Stücke eine nicht zutreffende Provenienz aus römischen Siedlungen in England zuwiesen (wie es wohl zumindest einmal im berühmten Thermalbad Bath, dem antiken *Aquae Sulis*, geschehen sein dürfte). Immerhin ist es wahrscheinlich, daß es sich, wie im Fall Dutzender von Fibeln aus der italienischen Eisenzeit, denen nachgesagt wird, sie stammten aus englischen Orten, auch bei einer begrenzten Anzahl etruskisch-italischer Arbeiten um antike Einfuhren handelt. So besteht z. B. kein Anlaß, den relativ gut dokumentierten Fund einer Rippenziste eines Typus, der für Frankreich und Belgien belegt ist, in Weybridge, Surrey, anzuzweifeln (Stjernquist 1967, Nr. 44). Auch erscheint die Annahme nicht überzogen, daß bestimmte etruskische Schnabelkannen aus Bronze im 5. Jahrhundert v. Chr. über den Ärmelkanal gelangt sein könnten. Zwar weist keine einzige von ihnen einen befriedigenden Fundort auf, doch könnten ihre Provenienzangaben – Südostengland – eine begrenzte, aber durchaus nicht unmögliche Ausweitung der Handelswege implizieren, auf welchen derartige Gegenstände in der Antike über die Alpen und den Rhein hinunter transportiert wurden.

Für die Mehrzahl der etruskischen Entdeckungen in England ist allerdings leider die Situation kennzeichnend, die auch für das wichtigste Stück gilt, eine Bronzestatuette des Turms [etruskische Gottheit], die ein Pflug in Uffington bei Oxford aus der Erde zog (Riis 1946; Richardson 1983, 359 ff., Taf. 261, Abb. 863). Wenn es sich um einen antiken Import, möglicherweise aus römischer Zeit, handelt (dem klassischen "heirloom"

*Schmuckscheibe
aus dem Fürstengrab von Chlum
2. Hälfte 5. Jahrhundert v. Chr.
Prag, Národní Muzeum
Kat. 334*

oder Familienerbstück), warum besitzt sie dann keinen archäologischen Kontext? Und gehörte sie hingegen einem Sammler, warum hat dieser sich ihrer entledigt? Und warum noch dazu mitten in der Landschaft? D.R

Dänemark
Drei etruskische Bronzegefäße wurden in Dänemark gefunden: eines in einem Torfmoor bei Mosbaek in der Nähe von Aalborg in Nordjütland und zwei weitere in früheisenzeitlichen Brandbestattungsgräbern in Langaa, im südöstlichen Teil der Insel Fünen, die zwischen dem zweiten und dem ersten Jahrhundert v. Chr. datiert werden.
Der Kessel von Mosbaek ist gut erhalten. Er hat eine gedrungene, abgeflachte Form mit einer horizontalen Schulter, an welcher zwei Attaschen in Form von Heraklesmasken angebracht sind. Er ist 28,5 cm hoch, mißt 49,5 cm im Durchmesser und ruhte auf einem getrennten Ringgestell. Er ist eine frühhellenistische Arbeit aus dem 3. Jahrhundert v. Chr. und stammt vermutlich aus Nordetrurien.
Ein stark fragmentarischer Kessel aus Langaa ist der früheste etruskische Import in Dänemark. Erhalten sind nur der Rand mit zwei röhrenförmigen Henkelattaschen, die in Silensmasken zwischen Voluten auslaufen, sowie zahlreiche korrodierte Fragmente des Gefäßkörpers. Der Kessel ist um die erste Hälfte des 5. Jahrhunderts v. Chr. datierbar und wurde vermutlich im etruskischen Kampanien hergestellt.
Aus einem weiteren Grab in Langaa stammen Reste eines bronzenen Stamnos aus der ersten Hälfte des 4. Jahrhunderts v. Chr., wahrscheinlich einem Produkt aus Vulci.
Die beiden erstgenannten Gefäße werden im Dänischen Nationalmuseum in Kopenhagen aufbewahrt, die Fragmente des Stamnos von Langaa in Odense im Fyens-Stift-Museum. I.S.

Norddeutschland und Polen
Das Bemühen um eine historisch überzeugende Interpretation der in Deutschland, aber auch in Polen und sogar Skandinavien entdeckten Funde tatsächlicher oder aber vermeintlicher etruskischer Provenienz ist nicht neu.
Nachdem nämlich seit der Mitte des vorigen Jahrhunderts an verschiedenen Stellen Südwestdeutschlands und des Rheinlandes in lokalen Gräbern kostbare Grabbeigaben zutage gekommen waren, deren südliche Herkunft außer Frage stand, begann sich alsbald auch die heimische Forschung mit diesen Funden und ihren Problemen zu beschäftigen. Zumindest forschungsgeschichtlich noch von einigem Interesse sind in diesem Zusam-

menhang die kurzen Bemerkungen des berühmten Archäologen und ersten Direktors des Römisch-Germanischen Zentralmuseums Mainz, Ludwig Lindenschmitt, die bereits auf das Jahr 1858 zurückgehen, sowie seine ausführlicheren Darlegungen zum gleichen Problemkreis von 1870 anläßlich der Veröffentlichung einiger etruskischer Schnabelkannen und des bekannten Vulcenter Dreifußes aus dem Grabfund von Bad Dürkheim. Noch weiter ausholend sind dann allerdings seine die frühen Verbindungen mit Etrurien betreffenden Überlegungen aus dem Jahre 1881, und zwar diesmal im Zusammenhang mit der Vorlage des keltischen Goldschmucks aus dem berühmten 1859 entdeckten Grabfund von Waldalgesheim, erschienen jeweils als Kommentare bei der Publikation der genannten Funde in der Reihe *Die Alterthümer unserer heidnischen Vorzeit*.

Bereits durch ihre programmatischen Titel verraten zwei Studien, die eben in dieser Zeit erschienen, die Orientierung der Forschung. Es handelt sich um die 1867 von C. F. Wiberg veröffentlichte Schrift *Der Einfluß der klassischen Völker auf den Norden durch den Handelsverkehr* sowie das wichtige, 1874 von H. Genthe publizierte Buch *Über den etruskischen Tauschhandel mit dem Norden*. Gerade in dem letztgenannten Werk sind zumindest im Ansatz alle jene Fragen bereits enthalten, mit denen eine diesbezügliche Forschung sich auch heute, freilich mit einer ganz anderen Detailkenntnis des archäologischen Materials, noch beschäftigt.

Gefördert wurde eine die überregionalen Kulturbeziehungen in der späten Urnenfelder- und frühen Hallstattzeit (9. – 7. Jahrhundert v. Chr.) betreffende Betrachtungsweise zum einen durch die allenthalben in Etrurien und Oberitalien, aber auch in Zentraleuropa gemachten Neufunde, zum anderen durch das Bemühen besonders der damals führenden skandinavischen prähistorischen Forschung, vor allem ihres Mentors Oscar Montelius, letztendlich über das Fundmaterial Italiens zu absoluten Zeitansätzen für die eigenen Bronzezeitperioden im Norden zu gelangen.

Verfolgt man die wissenschaftliche Diskussion seit den siebziger Jahren des vorigen Jahrhunderts, so zeigt sich, in welcher Weise so prominente Prähistoriker wie M. Worsaae, I. Undset und S. Müller die Frage der italisch-etruskischen Einflüsse bis hoch in den skandinavischen Norden beschäftigte. Von den Fundgruppen, die in diesem Zusammenhang in der Diskussion schon frühzeitig eine Rolle spielen sollten, seien hier nur zwei genannt: die in Zentralitalien, aber auch im Norden zutage gekommenen Hausurnen, die zum Teil ja auffällige Übereinstimmungen aufwiesen, sowie die sogenannten Antennenschwerter vom Typ Tarquinia mit ihren lediglich geringfügigen lokalen Varianten.

Es sollte immerhin bis in die dreißiger Jahre unseres Jahrhunderts dauern, bis diese zunächst etwas undifferenzierte, im Nachhinein als ''italische Faszination'' apostrophierte Sichtweise, zumindest für den Norden mit guten Gründen, immer weiter relativiert wurde. Die 1930 erschienene systematische Arbeit von E. Sprockhoff, *Zur Handelsgeschichte der germanischen Bronzezeit*, war hier vom methodischen Ansatz her durchaus ein Schritt in die richtige Richtung. Ein guter Teil der von der älteren Forschung zunächst als frühe Südimporte angesprochenen Funde aus dem Norden erwies sich nämlich bei weiterführenden Untersuchungen als lokaler bzw. zentraleuropäischer Herkunft aus dem Hallstattkreis.

Für die Folgezeit verlor das ganze Problem zwar dadurch an Gewicht. Das Vorhandensein einiger früher italisch-etruskischer ''Fremdlinge'' villanovazeitlicher Zeitstellung, und zwar aus gesicherten einheimischen Fundzusammenhängen, blieb aber nach wie vor eine nicht zu ignorierende Tatsache und hat bis in jüngste Zeit die Forschung immer wieder beschäftigt.

Eine primär diffusionistisch argumentierende Forschung hat denn auch bis in jüngste Zeit die Entstehung der nordischen Hausurnen mit denen aus dem lazialen und etruskischen Mittelitalien in einen engeren Zusammenhang zu bringen versucht. Sowohl chronologische wie auch geographische Gründe haben aber andere Gelehrte in diesem Punkt zu einer eher zurückhaltenden Beurteilung bewogen. Zum gegenwärtigen Zeitpunkt ist das Problem mit Sicherheit schwer zu beurteilen. Aber auch wenn man an eine direkte formale Abhängigkeit der nördlichen Exemplare von den älteren italischen Vorbildern nicht glauben möchte, so bliebe ja immerhin noch die andere Deutungsmöglichkeit bestehen, daß ähnliche, von einem Zentrum auch nach Norden sich ausbreitende religiöse Vorstellungen in ganz verschiedenen, voneinander scheinbar unabhängigen Gebieten zur Ausbildung ähnlicher Urnenformen geführt haben könnten.

Von anderer Art ist das Problem der weiten Streuung der sogenannten Antennenschwerter vom Typ Tarquinia und ihrer nächsten Verwandten, die zeitlich dem 9. und 8. Jahrhundert v. Chr. angehören und deren Verbreitung bekanntlich von Zentralitalien in loser Folge bis in den uns hier interessierenden geographischen Raum reicht.

Zumindest ein enger typologischer Zusammenhang der ganzen Gruppe ist hier nicht zu leugnen. In welcher Weise und über wie viele den einmal entwickelten Prototyp mit nur geringen Abwandlungen reproduzierende Werkstätten diese letztendlich auf mitteleuropäische Vorläufer zurückgehende Schwertform sich aber über ein so weites Gebiet verteilen konnte, bleibt allerdings noch zu klären. An eine lineare Verbreitung von einem einzigen Zentrum aus, etwa über einen entsprechenden Fernhandel, wird man natürlich auch in diesem Fall nicht denken dürfen.

Für die uns beschäftigenden Kulturbeziehungen, die bereits in der ausgehenden Urnenfelderzeit (Ha B3) einsetzen, sprechen auch noch weitere Fundgruppen, wie etwa die verschiedenen Bronzeblechgefäße. Besonders die folgenden zwei qualitätvollen Urnen sind hier von außerordentlichem Interesse: Für einen aus Italien stammenden Import wurde von der polnischen Forschung die aus einem Depot der Stufe Montelius V (= Ha B3), also dem 8. Jahrhundert v. Chr., stammende Arbeit aus Przeslawice, Krs. Grudziadz, sowohl der Form als auch des charakteristischen Dekors wegen gehalten. Aber selbst wenn sich hier eine italische Herkunft nicht bestätigen würde, so wird man doch davon ausgehen können, daß dieses Gefäß, wo immer es entstand, von Handwerkern gefertigt wurde, denen entsprechende Metallgefäße aus Italien bestens vertraut waren.

Als einen aus Etrurien stammenden Import wird man nach unserer Ansicht mit aller Wahrscheinlichkeit eine 1961 in einem lokalen Brandgrab in Gevelinghausen, Krs. Meschede, in Westfalen geborgene Urne bezeichnen dürfen. Von der Form als auch von dem sehr charakteristischen Dekor mit den Sonnenbarkendarstellungen her besitzt nämlich diese qualitätvolle Arbeit nicht etwa ihre nächsten Entsprechungen unter den uns bekannten nordalpinen Bronzeblechurnen. Eine direkte Parallele stammt vielmehr aus dem reichen, in die Stufe Veji II B 1-2 (ca. 750 – 710 v. Chr.) zu datierenden Kriegergrab AA 1 aus der Nekropole Quattro Fontanili in Veji.

Zu einer ganz anderen Gattung von etruskischen Metallgefäßen gehören jene großen

Bronzekessel, die seit der orientalisierenden Phase bei festlichen Symposien in Etrurien Verwendung fanden und die auch schon bald im Hallstattbereich von der sich akkulturalisierenden keltischen Oberschicht übernommen wurden, wie uns entsprechende Grabfunde lehren. In eben diesen Zusammenhang gehört auch der ursprünglich mit Protomen versehene Bronzekessel von Hassle in Südschweden, der bekanntlich ein Unikum in seiner skandinavischen Umgebung darstellt.

Das aus einem Depotfund stammende Stück, das im späten 7. bis frühen 6. Jahrhundert v. Chr. im tyrrhenischen Zentralitalien gefertigt sein dürfte und in Mitteleuropa in den Kesseln von St. Colombe und jetzt auch Strettweg gute Parallelen besitzt, gelangte vermutlich erst über mancherlei Zwischenstationen an seinen peripheren Fundort, und zwar vermutlich durch eine Vermittlung aus dem Hallstattbereich. Hierfür scheint uns nicht zuletzt der Umstand zu sprechen, daß der Kessel zusammen mit ebenfalls importierten frühen Hallstattschwertern (Ha C) sowie Bronzezisten (Ha D) deponiert wurde.

Anhänger: Nicht übergehen wollen wir hier einen aus Gorszewice, Woiw. Poznàn, bekannt gewordenen kleinen dreieckigen Anhänger mit horizontalen Ärmchen und einer aufgesetzten Doppelvogelprotome. Bei diesem eher unscheinbaren, aber trotzdem in der Literatur mehrfach behandelten Stück handelt es sich zwar um ein lokales Erzeugnis, die Vorbilder sind hier aber eindeutig unter jenen Anhängern zu suchen, die wir in Mittel- und Oberitalien als zusätzlichen Schmuck von bronzenen Trensenknebeln, Schilden und Bronzeblechgefäßen kennen. Eine willkommene Stütze findet der hier aufgezeigte Zusammenhang in einem ganz entsprechenden Stück aus St. Vid, Kom. Vas, in Ungarn, das auf Grund seiner geographischen Fundlage es uns erleichtert, hier einen so weiten Bogen zu spannen.

Fibeln: Sowohl in Mittel- und Norddeutschland als auch in Polen haben sich vereinzelt Fibeln gefunden, die mit Sicherheit aus dem früheisenzeitlichen Italien des 8. – 7. Jahrhunderts v. Chr. stammen. Hierzu zählen die ritzverzierte Sanguisugafibel aus Kirchborchen, Gemeinde Borchen, Kr. Paderborn, sowie die zwei Schlangenfibeln aus Winzenburg, Kr. Alfeld, und aus Großeibstadt, Kreis Rhön-Grabfeld.

Blicken wir weiter nach Osten, so wäre noch eine angeblich aus der Umgebung von Szczecin (ehem. Stettin) in Westpommern stammende Navicellafibel mit kurzem Fuß anzuführen, deren Herkunftsangabe freilich nicht über jeden Zweifel erhaben sein soll. Unter den Funden aus Polen verdient die bekannte Bogenfibel mit großer, dem Bügel aufgeschobener Glasperle mit Zopfbanddekor, die in einem Männergrab in Gorszewice, Kreis Komorowo, Woiw. Poznàn, gefunden wurde, unsere besondere Aufmerksamkeit. Aus dem etruskischen Mittelitalien, aber auch aus Bologna und Este besitzen wir nämlich ganz unmittelbare Entsprechungen. Bekannt geworden sind aus Polen auch noch drei etwas jüngere Importfibeln, die hier nicht übergangen werden sollen. Es handelt sich hierbei um zwei Kahnfibeln, von denen die eine aus Nietrzanowo, Woiw. Poznàn, stammt und die andere aus Wroclaw-Janowek, Woiw. Wroclaw, sowie um eine Bogenfibel mit langem Nadelhalter und aufgesetzten Bernsteinscheiben aus Chojno, Woiw. Leszno.

Zusammenfassend läßt sich von der kleinen hier vorgestellten Fibelgruppe sagen, daß diese, soweit uns die näheren Fundumstände noch bekannt sind, mit Ausnahme des erwähnten, von einem Quellopferfund stammenden Exemplars aus Winzenburg, aus loka-

DIE TRANSALPINEN BEZIEHUNGEN

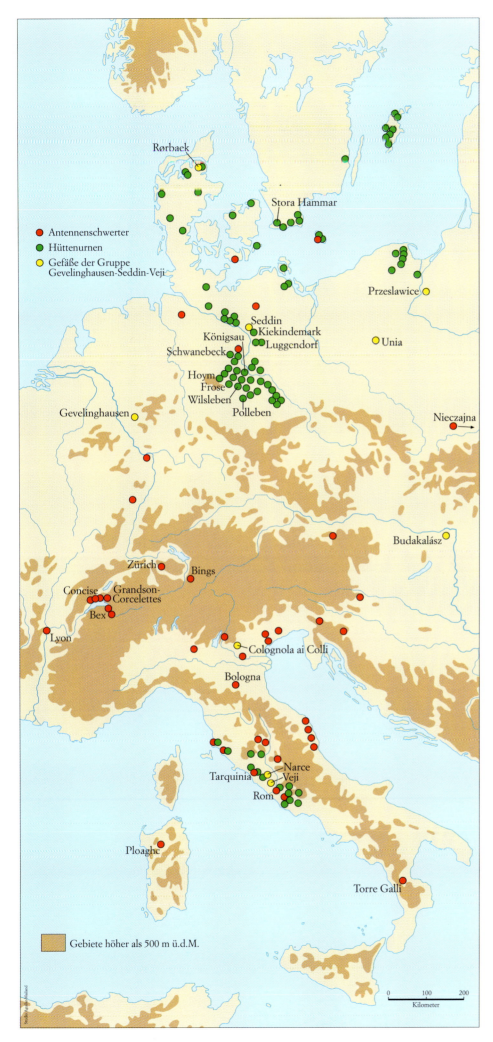

Verbreitung der Antennenschwerter vom Typus Tarquinia und dessen europäischer Varianten, der nördlichen und der etrusko-italischen Hüttenurnen, der Bronzeurnen der Gruppe Gevelinghausen-Seddin-Veji

DIE TRANSALPINEN BEZIEHUNGEN

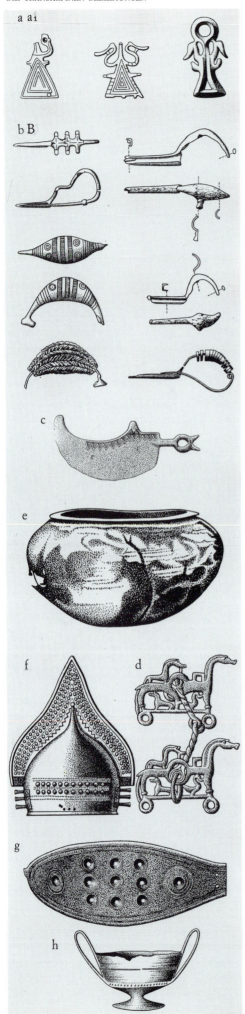

Verbreitung etruskischer Produkte in Nord-, Mittel- und Osteuropa und entsprechender Imitationen

a Dreieckige Anhänger mit Armen und Vogelprotomen
a₁ Lokale Varianten
b Italische Fibeln der frühen Eisenzeit
B Gebiete mit starker Konzentration von Fibelfunden
c Halbmondförmige Rasiermesser der Villanova-Zeit
d Lokale Varianten von Pferdetrensen
e Bronzekessel vom Typus Hassle
f Kammhelme der Villanova-Zeit
g Gürtelschmuck aus Bronze der Villanova-Zeit
h Etruskischer Bucchero

len Gräbern der Stufe Ha C und Ha D stammen. Die Herkunft der uns hier interessierenden Fibelfunde läßt sich leider nur sehr großräumig mit Mittel- und Oberitalien umschreiben. Wie diese bescheidenen Stücke an ihren Auffindungsplatz gelangten, ob durch Handel, als Souvenir oder durch Personenverkehr, ist in unserem Fall eine nicht mehr zu lösende Frage. Weitere früheisenzeitliche Trachtelemente aus dem etruskischen Italien sind auf jeden Fall im Norden sonst nicht bekannt geworden.

Versucht man, die wenigen hier vorgestellten frühen Funde in einen größeren Zusammenhang zu bringen, so muß man seinen Blick zunächst einmal weiter nach Süden lenken, wo nämlich einige villanovazeitliche Importbronzen oder aber deren lokale Nachbildungen das Bild ergänzen. Zwar handelt es sich auch hier wieder nur um wenige Stücke (halbmondförmige Rasiermesser, das Fragment eines Kammhelmes, Schlangenfibeln mit seitlichen Protuberanzen, Cinturonestücke und lokale Nachbildungen von Trensenknebeln in Pferdchenform), sie deuten aber doch darauf hin, daß die Verbindungen zwischen Italien und dem Gebiet nordwärts der Alpen bereits in der Villanovazeit einsetzten. Die sich intensivierenden Kontakte in der darauf folgenden Zeit (2. Hälfte des 7. bis 5. Jahrhundert v. Chr.) in das keltische Gebiet erscheinen durch diese ältere, bisher weniger zur Kenntnis genommene Phase eines Güteraustauschs natürlich ebenfalls in einer anderen Optik.

Nach allgemeiner Auffassung sind die im Hallstattbereich angesiedelten mächtigen Fürsten mit ihren jeweiligen Machtzentren das Ziel eines möglicherweise auch politisch motivierten direkten Fernhandels mit der Mittelmeerwelt gewesen. Im Gegensatz dazu erwecken die wenigen aus dem uns hier interessierenden Gebiet bekannt gewordenen Funde eher den Eindruck von "Fremdlingen" in ihrer Umgebung, die sicher erst über manche Zwischenstation ihren Fundort erreichten.

Ein wenig anders scheint uns die Lage in Polen zu sein, wo ja bekanntlich der begehrte Bernstein, das "Gold des Nordens", einen beträchtlichen Anziehungspunkt für einen Fernhandel mit südlicheren Gebieten gebildet haben muß. Aber auch hier darf man den italisch-etruskischen Einfluß nicht überbewerten. Spricht doch alles dafür, daß die wenigen uns bislang aus dem Oder-Weichsel-Gebiet bekannten Südimporte, zu denen möglicherweise nach neueren Forschungen auch noch ein Buccherokantharos aus Kścielec, Woiw. Bydgoszcz, in Zentralpolen zu rechnen ist, der zeitlich ins späte 7. oder die erste Hälfte des 6. Jahrhunderts v. Chr. gehört, über einen auch sonst nachweisbaren Güteraustausch mit der alpinen Hallstattregion an ihr Ziel gelangten. Denkt man an Italien, so wird man im besten Fall noch das Gebiet der Estekultur an dieses Fernhandelsnetz anschließen können, auf keinen Fall aber das etruskische Mittelitalien.   F.-W.v.H.

BIBLIOGRAPHIE:
West- und Mitteleuropa
A. Bocquet, Grenoble 1969; S. Boucher, Gallia 28, 1970, 193-206; B. Bouloumié, Gallia 31, 1973, 1-35; ders., Latomus 37/1, 1976, 3-24; ders. in: Kongreßakten Florenz, 1989, 813-892; Le bucchero nero étrusque et sa diffusion en Gaule méridionale (Kongreßakten), Aix-en-Provence, 1979; B. Cunliffe, London 1986; A. Duval u. a., Gallia 32, 1974, 1-61; Etrusker nördlich von Etrurien (Kongreßakten), Wien-Schloß Neuwaldegg, 1992; F.-M. Gambari, Revue archéologique de Narbonnaise Suppl. 22, 1991, 401-414;J. Gran-Aymerich in: Kongreßakten Wien, 1992; J.-P. Morel in: Kongreßakten Florenz-Populonia-Piombino, 1981; R. Adam (Hrsg.), Caesarodunum Suppl. 57, 1987; Suppl. 58, 1989; Suppl. 59, 1990; *Trésors des Princes Celtes* (Ausstellungskatalog), Paris 1987.

Großbritannien
P. Harbison-L. R. Laing, Oxford 1974; D. B. Harden in: Kongreßakten Florenz 1950, 315-324; E. H. Richardson, Mainz 1983; P. J. Riis, Journal of Roman Studies 36, 1946, 43-47; P. Stary, Mitteilungen des Deutschen Archäologischen Instituts. Römische Abteilung 98, 1991, 1-31; B. Stjernquist, Bonn 1967.

Norddeutschland und Polen
G. Bartoloni (Hrsg.), Rom 1987, 5 ff. u. 207 ff.; V. Bianco Peroni, München 1970, 112 ff.; C. W. Beck, Savaria 16, 1983, 11 ff.; Z. Bukowski, Archaeologia Polona 28, 1988, 71-122; F. Fischer, Germania 51, 1973, 436-459; J. Fogel-T. Makiewicz, Studi Etruschi 55, 1987-1988, 123-130; M. Gedl, München [im Druck]; H. Genthe, Frankfurt 1874; F.-W. v. Hase in: Kongreßakten Florenz, 1989, 1031-1061; ders. in: Kongreßakten Wien, 1992, 235-266; A. Jockenhövel, Germania 52, 1974, 16 ff.; G. Kossack, Savaria 16, 1982, 95-112; W. Krämer, München 1985, 35 ff.; K. Kromer, Jahrbuch des Römisch-Germanischen Zentralmuseums Mainz 33, 1986, 21-93; L. Lindenschmit, Mainz 1858-1881; L. J. Luka, Slavia Antiqua 6, 1957-1959, 1 ff.; T. Malinowski, Prähistorische Zeitschrift 46, 1, 1971, 102 ff.; ders., Münstersche Beiträge zur antiken Handelsgeschichte 3, 2, 1984, 18-42; G. v. Merhart, Mainz 1969; H. Müller-Karpe, München 1961; H. Polenz, Marburger Studien zur Vor- und Frühgeschichte 7, 1986, 213-247; J. N. v. Sadowski, Poznań 1877; B. B. Shefton, Kölner Jahrbuch für Vor- und Frühgeschichte 22, 1989, 207-220; B. Stjernquist, Simris 2, 1961, 45 ff.; W. Szafrański, Pomorania Antiqua 2, 1968, 17 ff.; H. Thrane, Acta Archaeologica 39, 1968, 143-218; C. F. Wiberg, Hamburg 1867; ders., 1870.

Die Verbreitung des Weins in Zentral- und Nordwesteuropa

Bernard Bouloumié

Verbreitung des Weins und der etruskischen Geschirre für das Trinkgelage bei den Fürsten der Hallstatt-Kultur

Ab der zweiten Hälfte des 7. Jahrhunderts v. Chr., inmitten der Orientalisierenden Phase also, tauchen im keltischen (bzw. präkeltischen) Umfeld etwa fünfzig Objekte mediterranen Ursprungs auf, deren Besonderheit es ist, zum größten Teil mit dem Genuß von Wein in Verbindung zu stehen. Es sind Oinochoen des sogenannten rhodischen Typus, Dreifüße und Lebes mit Protomen, Becken mit Perlstab oder anderem Ornament auf dem Rand, Trinkschalen, Hydrien, Siebe, Pyxiden usw. Fast alle sind aus Bronze und in Etrurien hergestellt; sie entsprechen genau dem Material, das in den gleichzeitigen etruskischen Gräbern vorkommt.

In einer zweiten Phase, die im großen und ganzen die archaisch-etruskische Periode abdeckt und sich bis zum Beginn des 4. Jahrhunderts v. Chr. hinzieht, erhöht sich die Anzahl dieser Gefäße beträchtlich (bis auf ca. 200 Exemplare) und folgt der typologischen Entwicklung der etruskischen Produktion, die nun Schnabelkannen, *stamnoi*, Situlen, Amphoren, Becken usw. umfaßt. Einige Gegenstände, wie der Krater von Vix oder der Hochdorfer Kessel, kommen aus griechischen Werkstätten. Manchmal sind sie von ebenfalls griechischen (vor allem attischen) Keramiken – niemals von etruskischen – begleitet, und sie stehen in beiden Fällen (Metallgefäße oder Keramik) immer in Beziehung zum Wein.

Über das Mittelmeer war Wein tatsächlich bis in die entlegensten keltischen Provinzen gelangt, und aller Wahrscheinlichkeit nach stammte er aus Etrurien. Im Süden Galliens

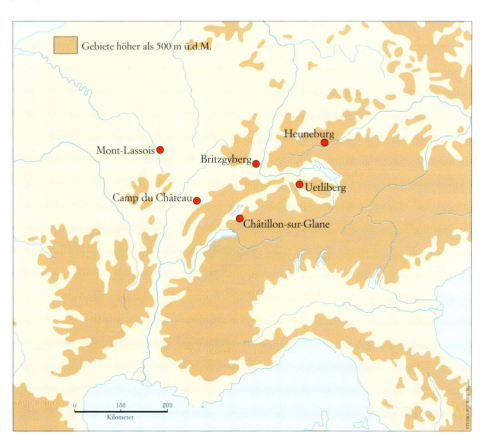

*"Rhodische" Bronzekanne
aus einem Grab in Pertuis
Marseille, Musée d'Archéologie Méditerranéene
Centre de la Vieille Charité
Letztes Viertel 7. Jahrhundert v. Chr.
Kat. 318*

handelte man ihn in den charakteristischen Amphoren, die in Siedlungen oder in Schiffswracks vor der provenzalischen Küste entdeckt wurden. Nördlich von Lyon ist jedoch bis heute keine etruskische Amphore gefunden worden, weswegen anzunehmen ist, daß man für den Landtransport Lederschläuche den Amphoren vorzog, die sich als Transportgefäße wegen ihres hohen Gewichts, ihrer Zerbrechlichkeit und ihres zumindest damals geringen Volumens eher für den Seeweg eigneten. Jedenfalls wurden in Gallien, im Rheinland und in Österreich Spuren von Wein, insbesondere in Gestalt harziger Rückstände, in mehreren Gefäßen etruskischer Herstellung (*stamnoi* und kleinere Flaschen aus Bronze) nachgewiesen. Letztere Vasen und die Gräber, in denen sie sich befanden, datiert man zwar in die zweite Hälfte des 5. Jahrhunderts v. Chr., doch ist trotz allem nicht mit letzter Sicherheit davon auszugehen, daß die in ihnen befindliche Flüssigkeit noch zu diesem Zeitpunkt etruskischer Herkunft war, zumal in einigen Grabungsstätten der späten Hallstatt- und der frühen Latènezeit massaliotische Amphoren gefunden wurden.

So stellt sich erneut die Frage nach einer Konkurrenz zwischen etruskischem und griechi-

*Schnabelkanne aus Eigenbilzen
Zweite Hälfte 5. Jahrhundert v. Chr.
Brüssel, Musées Royaux d'Art et d'Histoire
Kat. 323*

schem, hier vor allem massaliotischem Handel. Die Gründung der phokäischen Siedlung um 600 v. Chr. stellte in der Tat für die Ausbreitung des etruskischen Handels in Südgallien ein ernsthaftes Hindernis dar, das sich um 525 mit der Anlage eines großen Weinbaugebiets konkretisierte, weshalb auch bald die Zahl der lokalen micaceischen (mit Glimmer gemagerten) Amphoren rasch zunahm. Dies hatte eine deutlich spürbare und sehr rasche Verringerung etruskischer Einfuhren zur Folge. Möglicherweise wurde vor dieser Niedergangsphase das Rhônetal als Importweg für den etruskischen Wein genutzt, der dann vielleicht nördlich von Lyon umgefüllt wurde. Heute erscheint es jedoch wesentlich wahrscheinlicher, daß schon seit dem Ende des 7., mit Sicherheit aber im Laufe des 6. Jahrhunderts der Weinexport, von Norditalien ausgehend, den Alpenstraßen folgte, wie immer häufigere Funde etruskischen Materials in der Lombardei und im Tessin nahelegen. Dieser Handelsweg wurde infolge der allmählichen Verdrängung der etruskischen Händler vom südlichen Absatzmarkt und entlang der Rhôneachse immer intensiver genutzt.

Die Fürstensitze im westlichen Zentraleuropa (Heuneburg, Châtillon-sur-Glâne, Mont-Lassois, Ütliberg, Camp du Château, Britzgyberg usw.) bewahrten in ihren archäologischen Schichten vom Ende des 6. Jahrhunderts v. Chr. Zeugnisse dieser Weinlieferungen in Form einer Fülle ganzer Geschirre aus attischer, chalkidischer und ionischer Keramik für Bankette nach griechischem Vorbild, die sich aus Hydrien, *stamnoi*, Voluten- und Kolonettenkrateren, Tischamphoren, Oinochoen, *olpai*, Trinkschalen, *skyphoi* usw. zusammensetzten. Zu diesen keramischen Vasentypen kommen die schon genannten in den Gräbern gefundenen Bronzegefäße hinzu, die vielfach repariert sind und deutliche Gebrauchsspuren aufweisen. Diese Gefäße waren zuvor an der Fürstentafel benutzt worden, wie es (neben anderen Details) ein Bronzeband beweist, das zur Verstärkung des im Grab von Vix gefundenen Beckens diente, das die Ausgräber aber nicht bei den Grabbeigaben, sondern auf dem Mont Lassoix entdeckten.

Fraglos haben die Fürsten der Hallstatt-Kultur mit den etruskischen Weinimporten auch Gebräuche ihrer Standesgenossen in Etrurien angenommen, so wie diese ihrerseits die Lebensumstände der Potentaten Kleinasiens zu imitieren suchten. Eine örtliche Fest- oder Bankettradition des Adels hat mit Sicherheit die Einführung solcher Gebräuche begünstigt, wobei der Wein einfach die keltischen Getränke wie Bier oder Met ersetzte. Es ist klar zu erkennen, wie mit den Getränken auch das Trinkgeschirr geändert wurde. Während sich z. B. der durch die südlichen Sitten offenbar weniger stark beeinflußte Fürst von Hochdorf mit einem 400 Liter Met fassenden Kessel (griechischer Herkunft allerdings) nebst neun Trinkhörnern zu dessen Genuß bestatten ließ, sind die Trinkgefäße in den anderen Fürstengräbern etruskisch oder griechisch. Das gesamte Zeremoniell des mediterranen Banketts, des Symposion, scheint sehr detailgetreu nachgebildet worden zu sein. Man findet zunächst den großen Behälter, den Lebes, den Krater oder den Kessel, mit oder ohne Dreifuß und manchmal mit einem Filter, dann die Gefäße, mit denen geschöpft und eingeschenkt wurde: Oinochoen, Siebe, *simpula* usw. Als Trinkgefäß diente im allgemeinen eine goldene Trinkschale, die wie die silbernen *skyphoi* oder die Glasschalen in den orientalisierenden etruskischen Gräbern ein persönlicher Gegenstand des Toten war, oder in einigen seltenen Fällen griechische Keramik. Nach der Ausstattung einiger Gräber zu urteilen, dem von Hochdorf inbegriffen, wurden die Bankette inmitten eines gleichfalls mediterranen Dekors mit Klinen und sogar mit Musikinstrumenten (Sistrum von Hochdorf) veranstaltet.

Es fällt auf, daß, abgesehen von den sehr wenigen griechischen Keramikschalen, die in den Gräbern gefunden wurden, die meisten Gefäße der Weingeschirre aus Bronze sind. Als Metallgefäße und auch wegen ihrer Herkunft kam ihnen ein Wert zu, der ihren Gebrauchswert bei weitem übertraf – sie waren exotische Gegenstände aus dem Süden und wurden wie Schätze gesammelt. In den Besitz des Fürsten gelangten sie als diplomatische Geschenke, Beutestücke, Erbgut oder auf andere Weise und bildeten so einen Teil der *ktemata*, die man sowohl bei Banketten als auch in Gräbern zur Schau stellte, wo sie dazu beitrugen, den Rang des Toten zu demonstrieren. Ob Schnabelkannen oder Klinen, diese *ktemata* gelangten mit den Weinimporten in den Besitz der Fürsten der Hallstatt-Kultur. Derzeit ist es nicht möglich, die Art und Intensität dieses Handels genau zu bestimmen. Vermutlich handelte es sich aber um lockere Handelsbeziehungen, indirekte Tauschgeschäfte, bei denen die Gegenstände eher zufällig in Umlauf kamen; die Vorstellung von direkten Kontakten zwischen Etruskern und keltischen Fürsten ist insofern völlig auszuschließen, als die Alpenpässe im Besitz der dort ansässigen Stämme blieben und es ein Anachronismus wäre anzunehmen, daß schon im 6. Jahrhundert v. Chr. eine Weinstraße nach dem Muster der Handelswege existiert haben sollte, wie man sie erst aus römischer Zeit kennt.

Das Phänomen der Akkulturation, dem man in der späten Hallstatt-Zeit begegnet, war also eine zwangsläufige Folgeerscheinung eines Handelsverkehrs (wenn auch dieser allzu moderne Begriff die damaligen Verhältnisse kaum treffen wird), der sich zwischen einer fortschrittlichen mediterranen Kultur auf der Suche nach für sie grundlegenden Rohstoffen (Zinn, Gold, Kupfer, Bernstein usw.) und einer doch recht homogenen Gruppe von ''Fürstentümern'' – oder, vielleicht etwas bescheidener, von Stämmen – entwickelte, die diese Rohstoffe liefern konnten und zu diesem Zweck zweifellos auf indirektem Weg kontaktiert wurden. Das Ergebnis dieser Handelsbeziehungen beschränkte sich jedoch nicht nur auf eine mehr oder weniger ausgeprägte Übernahme der Lebensgewohnheiten und Bestattungssitten. Die Verbreitung an den Weinkonsum gebundener etruskischer – und damit auch griechischer – Gegenstände stellte zugleich den Künstlern an den Fürstensitzen der Hallstatt-Kultur ein neues ikonographisches Repertoire zur Verfügung. So bildete schließlich der etruskische Wein im Verlauf eines recht komplexen Vorgangs die Quelle einer eigenständigen und sehr ansprechenden Kunst, die man die keltische nennt.

Etruskische Bronzekanne mit keltischem Dekor
Zustand vor der Restaurierung
für die Ausstellung
links: Detail
Zweite Hälfte 5. – Anfang 4. Jahrhundert v. Chr.
Besançon, Musée des Beaux-Arts et d'Archéologie
Kat. 324

Zeichnung: Detail des Dekors auf Hals Körper und Boden

BIBLIOGRAPHIE:
B. Bouloumié, 1980; ders. in: Kongreßakten Dijon, 1983, 15-24; ders., Savaria 16, 1983, 181-192; ders. in: Kongreßakten British Museum, 1986; 63-79; ders. in: Kongreßakten Tübingen, 1987, 20-43; ders. in: Kongreßakten Paris, 1988, 343-383.

Die Situlenkunst

Giulia de Fogolari

Situla Benvenuti
Um 600 v. Chr.
Este, Museo Nazionale Atestino
Kat. 337

Folgende Seiten
Situla aus einem Grab der Certosa-Nekropole
in Bologna
Anfang 5. Jahrhundert v. Chr.
Bologna, Museo Civico Archeologico

Unter dem Begriff "Situlenkunst" versteht man üblicherweise die kunsthandwerkliche Fertigung von Bronzegefäßen in der Form eines Kegelstumpfs, zumeist mit einem Henkel und mit figürlichem Dekor versehen. Sie erlebte ihre Blütezeit zwischen dem Ende des 7. und dem Anfang des 4. Jahrhunderts v. Chr. in einem Gebiet, in dem verschiedene Völker nebeneinander lebten und das das Veneto, die Poebene, das obere Isonzo-Tal, Slowenien und Tirol bis Kuffarn an der Donau umschließt.

Die Forschungsarbeiten zu diesem Thema setzten zu Beginn dieses Jahrhunderts mit Ghirardini und Ducati ein, nachdem kurz zuvor die berühmtesten Situlen von Este und Bologna entdeckt worden waren, und sie erfuhren eine Intensivierung und Vertiefung als Folge der Ausstellung "Situlenkunst zwischen Po und Donau", die die wichtigsten Stücke aus Italien, Slowenien und Österreich zusammenbrachte und 1961 in Padua gezeigt wurde (1962 auch in Ljubljana und Wien). Angelpunkt des Interesses ist das Auftauchen figürlichen Dekors an den Situlen. Die älteren Exemplare aus dem östlichen Mitteleuropa besitzen nämlich nur geometrische Verzierungen, während die ersten figürlich verzierten Exemplare einen Tierdekor in Orientalisierendem Stil aufweisen. Erst mit der Benvenuti-Situla aus Este haben wir eine richtige Erzählung, eine durchgehende Schilderung vor uns, wenn auch frei zwischen die Figuren eingefügte Pflanzen, Tiere und phantastische Wesen die einzelnen Szenen voneinander trennen. Diese zeigen Handelssituationen, Spiele, Feldarbeit und kriegerische Aktionen. Sie sind vermutlich als Szenen aus dem realen Alltagsleben zu verstehen, wie sie sich im Kontext einer agrarischen Zivilisation abgespielt haben können, deren Gesellschaft in Schichten gegliedert und dem Handelsverkehr gegenüber aufgeschlossen war. Doch könnten diese Szenen, für sich genommen, möglicherweise auch auf rituelle Vorgänge hindeuten.

Das Problem der Herkunft der kulturellen Elemente, die in dieser archaischen Phase in die "Situlenkunst" eingeflossen sind, wurde ausgiebig diskutiert. Mit Sicherheit haben die Villanova-Kultur und die orientalisierende etruskische Kultur einen starken Einfuß ausgeübt. Auch eine griechische Komponente ist zweifelsfrei auszumachen, besonders anhand der Motive aus der späten protokorinthischen und rhodischen Keramik. Aber auch hierbei ist eine aktive Vermittlerrolle Etruriens und des padanischen Etrurien sehr gut vorstellbar, ohne darüber die griechische Kolonisierung der Adriaküste zu übersehen. Als Hypothese wäre schließlich eine mögliche Herkunft der orientalischen Motive außer über den Seeweg auch auf dem Landwege über die Balkanhalbinsel vorstellbar. Es ist anzunehmen, daß die Situla Benvenuti in Este innerhalb eines reichen Kontexts anderer Erzeugnisse geschaffen wurde, vor allem Situlen und figürlichen Deckeln. So besitzt beispielsweise die Situla Randi 34 ein Kyma mit phönizischen Palmetten, wie sie ähnlich an der elfenbeinernen Situla von Pania sind, die aus einer etruskischen Werkstatt in Chiusi stammt. Die Bildthemen wiederholen sich und stehen im Zusammenhang mit der lokalen Wirklichkeit (etwa das Motiv der Faustkämpfer, das auf zahlreichen späteren Situlen im gesamten nordostitalienischen Raum sowie südlich und nördlich der Alpen zu finden ist, und zwar mit Besonderheiten, die es von den griechischen Schemata unterscheidet), und dabei fällt vor allem der Kontrast auf zwischen der Eleganz und Ausgereiftheit der pflanzlichen und tierischen Motive, die Vorbildern aus dem jüngeren Orientalisierenden Stil nachempfunden sind, und einer gewissen Grobschlächtigkeit und Plumpheit der vor Ort ausgearbeiteten menschlichen Figuren.

Die Situla von Certosa (Bologna, Museo Civico - Anfang 5. Jahrhundert) entstand über hundert Jahre nach der Benvenuti-Situla und stellt das Meisterwerk der "Situlenkunst"

201

Situla aus Vače (Slowenien)
Ende 6. - Anfang 5. Jahrhundert v. Chr.
nebenstehende Seite: Detail
Ljubljana, Narodni Muzej Ljubljana
Kat. 340

BIBLIOGRAPHIE:
L. Calzavara Capuis in: *Gli Etruschi a nord del Po*, Mantua 1987, 90-102; G. Colonna in: Kongreßakten Este-Padua, 1980, 177-190; P. Coretti Irdi, Florenz 1975, 58 ff.; E. Di Filippo, Venetia 1, 1967, 99 ff.; G. Fogolari in: *Popoli e Civiltà dell'Italia antica*, Rom 1975, 127 ff.; O.-H. Frey, Berlin 1969; *Mostra dell'arte delle situle dal Po al Danubio*, Florenz 1961.

dar. Die komplexe Bildfolge zeigt in der ersten Zone eine Parade von Kriegern, in der zweiten eine feierliche Prozession mit Tieren, die zur Opferung geführt werden, sodann eine mehrgliedrige Szenenfolge in der dritten Zone, darunter beispielsweise zwei Musiker und Männer, die Tiere für ein Bankett hinter sich herziehen, und in der vierten Zone schließlich einen Tierfries. Diese Szenen erinnern an die Ideale der städtischen Aristokratien und sehr wahrscheinlich auch an sakrale oder sepulkrale Zeremonien. Diese Bronze ist unter den Erzeugnissen der "Situlenkunst" das an etruskischen Motiven reichste, bleibt aber dennoch dem spezifisch nordostitalienischen Umfeld verhaftet. Für Bologna steht sie in ihrer Art einzig da, aber es bereitet auch Schwierigkeiten, sie anderen Produktionszentren zuordnen zu wollen. Erst gegen Ende des 5. Jahrhunderts gibt es ein ihr vergleichbares Stück, die Situla aus der Begräbnisstätte Arnoaldi mit Wagenrennen, Faustkämpfern, Reitern und Fußsoldaten, die allerdings wie steife Marionetten wirken und eine wesentlich ärmere Bildsprache zeigen.

Die am reichsten verzierte Situla aus der slowenischen Gruppe ist die aus Vače (Anfang 5. Jahrhundert) mit einer Dekoration in drei übereinander angeordneten Bildzonen, einer würdevollen Prozession von Reitern und Wagen in der ersten, vermutlichen Kultszenen mit Bankettdarstellungen in der zweiten und Tierfriesen in der dritten. Diese Gruppe konnte kürzlich um die Situlen aus den Grabungen von Novo Mesto erweitert werden. Unter diesen ist besonders der Fries einer kleinen Situla interessant, auf welchem Pferde vermutlich Wein zu irgendeinem Fürsten jenseits der Alpen transportieren. Hier hätten wir also wieder ein Beispiel für jenen "Handel mit Geschenken", den einige Forscher anführten, um die Produktion der schöneren der figürlich verzierten Situlen zu erklären, was allerdings schwer zu belegen ist.

Die Erzeugnisse der "Situlenkunst" werden im 4. Jahrhundert seltener, außer im paläovenetischen Gebiet, wo die Entwicklung vom Ende des 7. bis zum 4. Jahrhundert kontinuierlich in einer inneren Evolution fortschreitet und in Verzierungen weiterlebt, die auch auf Gürteln, Dolchscheiden und vor allem auf Votivscheiben und -blechen wiederkehren. Die zwei Boldù-Dolfin-Situlen (Museum von Este, 4. Jahrhundert) bezeugen ein reduziertes Interesse an Menschendarstellungen und dafür einen Siegeszug von mehr oder weniger phantastischen Tieren, Rankenwerk und Blumen. Die Vorliebe für naturalistische Darstellungen ist aufgegeben, und die Flächen füllen sich mit einem Geflecht verschlungener Bogenlinien, das in geradezu barocken Übersteigerungen mündet. Unter den Erscheinungen, in welchen die "Situlenkunst" fortlebte, sei als Beispiel eine wunderschöne Scheibe aus Montebelluna (Treviso, Museo Civico, 4. - 3. Jahrhundert v. Chr.) erwähnt, auf der "die Herrin der Tiere" einen großen Schlüssel hält. Das Stück zeigt deutlich orientalische und griechische Einflüsse der älteren und der jüngeren Zeit, aber auch bereits keltische Einflüsse. Die "Situlenkunst" verband über zwei Jahrhunderte hinweg Völker nördlich und südlich der Alpen, die mit dem Adriaraum in Kontakt standen, durch die Herstellung von Gegenständen, die von ihrer Form, den dargestellten Themen und dem künstlerischen Ausdruck her miteinander verwandt waren. Bei aller Unterschiedlichkeit der einzelnen Gruppen hatte sie wahrscheinlich doch in der paläovenetischen Welt ihre Wurzeln, mit Sicherheit aber ihr aktivstes Produktions- und Entwicklungszentrum. Was in diesem Zusammenhang jedoch besonderes Interesse verdient, ist, daß diese Produktion die erste, zeitlich der keltischen Kunst noch vorgelagerte Erscheinungsform bildender Kunst im kontinentalen Europa darstellt und daß ihre Entstehung in beachtlichem Ausmaß durch etruskische Einflüsse geprägt wurde.

Etruskische Einflüsse auf die keltische Kunst
Venceslas Kruta

Figürlicher Kannenhenkel aus Castel San Mariano bei Perugia
Um 550 v. Chr.
München, Staatliche Antikensammlungen
Kat. 341

Die keltische Kunst ist zweifellos die eigenständigste und ausgereifteste Form bildlichen Ausdrucks unter den antiken Völkern Zentraleuropas. Das schnelle Aufblühen dieser Kunst in der zweiten Hälfte des 5. Jahrhunderts v. Chr. ist umso überraschender, als ihr ein nur sehr bescheidener Vorrat an symbolischen Bildelementen zugrunde lag, der in Europa seit der Bronzezeit verbreitet war und sich mit geometrischen Dekorationsmustern verband, deren Motive in repetitiver Weise nach einfachen Schemata aneinandergereiht sind.

Eine Vielzahl monströser Wesen und pflanzlicher Elemente bereicherten auf einmal das Repertoire und lieferten den keltischen Künstlern ein Material, das sie von Anfang an mit großer Könnerschaft einsetzten. Dieses Phänomen konnte offensichtlich nur das Ergebnis von Anleihen außerhalb des keltischen Raums sein.

In der Tat deutet die Art dieser neuen Motive – Greifen, Sphingen, Mischwesen mit Schlangenkörpern, Palmetten, Lotosblüten und andere – auf eine orientalische Herkunft hin. In den keltischen Gebieten wurde zwei Jahrhunderte später als in Griechenland, auf der Iberischen Halbinsel und in Italien die Faszination einer Bilderwelt entdeckt, die eine obligate Durchgangsstation für alle großen Kunstbereiche der Antike darstellte. Die "orientalisierende" Anfangsphase der keltischen Kunst verdankt also vieles diesen Vorbildern, von denen ein geringerer Teil möglicherweise direkt aus Asien kam, der größere aber offenbar durch die Mittelmeerländer, insbesondere Italien, vermittelt wurde.

Eine solche Herkunft fügt sich im übrigen bestens in den Zusammenhang der privilegierten Beziehungen, die sich zwischen den Aristokratien der keltischen Stammesfürsten, den griechischen Kolonien des westlichen Mittelmeerraums, darunter vor allem Massalia, und der italienischen Poebene vom 6. Jahrhundert v. Chr. an etablierten, wo Griechen und Etrusker gemeinsame Handelsniederlassungen gründeten, deren Aktivitäten vorrangig auf den transalpinen Handel ausgerichtet waren. Die Nachbarschaft mit Bevölkerungen keltischer Abstammung in den heutigen Regionen Lombardei und Piemont, die man als Golasecca-Kultur bezeichnet, dürfte ein ausgezeichneter Anreiz zur Intensivierung dieser Handelsverbindungen gewesen sein, deren Tragweite die Archäologie nur zu einem geringen Teil nachzuvollziehen in der Lage ist.

So ist es jedenfalls nicht verwunderlich, daß die keltischen Künstler einen Großteil ihrer Vorlagen aus dem etrusko-italischen Formenrepertoire entliehen haben. Sie brauchten dazu nicht einmal zu reisen, gelangten doch verzierte Stücke wie die bronzenen Weingeschirre bis zu den Fürstensitzen Zentraleuropas.

Eine vergleichende Untersuchung der Werke aus der Anfangsphase der keltischen Kunst, ihrer Prototypen und der importierten Stücke verweist allerdings auf eine wesentlich komplexere Sachlage. Zunächst läßt sich anhand der Ausstattung der transalpinen Fürstengräber feststellen, daß die Genese der keltischen Kunst erst über ein Jahrhundert nach dem Auftauchen der frühesten Importwaren mediterraner Herkunft einsetzte. Offenbar hatte ihre Einführung lange Zeit keine nennenswerten Reaktionen hervorgerufen. Nur einige vereinzelte Werke wie die Kriegerstatue, die das Hügelgrab von Hirschlanden bei Stuttgart krönte, scheinen auf sporadische, vor allem aus dem griechischen Kulturbereich stammende Einflüsse zurückzugehen.

Im Vergleich zum Ostalpenraum, wo damals die "Situlenkunst" in Blüte stand, weisen die keltischen Gebiete noch am Anfang des 5. Jahrhunderts v. Chr. eine eigenartige Zurückhaltung gegenüber figürlicher Darstellung auf. Die wenigen dargestellten Sujets – Wasservögel, Pferde, Figuren in Verbindung mit Sonnen- oder Sternensymbolen – gehö-

Doppelmaskenfibel aus der Nekropole von Weiskirchen (Saarland)
Zweite Hälfte 5. Jahrhundert v. Chr.
Trier, Rheinisches Landesmuseum

Doppelmaskenfibel
aus Pontecchio bei Bologna
Erste Hälfte 7. Jahrhundert v. Chr.
Marzabotto, Museo Nazionale Etrusco
Kat. 348

ren noch dem traditionellen, aus der Bronzezeit überkommenen Repertoire an, und nichts läßt das unmittelbar bevorstehende Auftauchen einer ebenso reichen wie originären Kunst erahnen.

Die tieferen Ursachen, die dieses Aufbrechen einer von ihren Anfängen an strukturierten und zusammenhängenden Bildsprache hervorriefen, entziehen sich nahezu vollkommen unserer Kenntnis, doch sind die Mechanismen dieser Entwicklung hinlänglich klar. Es gab massive Rückgriffe auf etrusko-italische Vorbilder, die aber nicht planlos, sondern auf der Basis einer thematischen Auswahl erfolgten, die geeignet war, dem System des religiösen Denkens der historischen Kelten einen visuellen Ausdruck zu verleihen. Diese Bildsprache sollte mit ihrem Vokabular und ihrer sehr eigenwilligen Syntax in den folgenden Jahrhunderten regelmäßig durch weitere Anleihen beim mediterranen Repertoire ergänzt werden. Allerdings blieben die Auswahlkriterien nach wie vor dieselben, und auch die Umsetzung unterschiedlicher Vorlagen führte letztlich doch zu den gleichen Bildern.

Die Entstehung der keltischen Kunst und ihre Weiterentwicklung beruhen folglich nicht auf beliebigen Imitationen oder zufallsbedingten Inspirationen, sondern auf der wohlüberlegten Auswahl einer religiösen Ikonographie.

Die Analyse des Materials zeigt deutlich, daß die bekannten Importe einen nur sehr begrenzten Beitrag zur erstaunlich raschen Herausbildung dieses Repertoires haben leisten können. Die Vorbilder, von denen sich die keltischen Künstler der zweiten Hälfte des 5. Jahrhunderts v. Chr. anregen ließen, sind letztendlich wesentlich zahlreicher unter dem Material von der italienischen Halbinsel anzutreffen als unter Importen gleicher Herkunft im transalpinen Raum. Wie man sieht, ist das Bild, das die archäologischen Funde heute entwerfen, sehr lückenhaft, und es ist nicht *a priori* auszuschließen, daß die Gegenstände aus dem Mittelmeerraum, die bei den Kelten in Umlauf kamen, wesentlich vielfältiger waren, als es nach den derzeitigen Funden erscheint. Indessen sind die Verbindungen zwischen der keltischen Kunst in ihrer Anfangsphase und dem etrusko-italischen Repertoire derart zahlreich und eng, daß sie ohne direkte Kontakte zum Kulturkreis der Halbinsel kaum vorstellbar wären.

So kann allein eine gründliche Kenntnis der verfügbaren etrusko-italischen Bilderwelt die Bevorzugung relativ schwach verbreiteter und in den transalpinen Gegenden unbekannter Kategorien von Objekten oder die Wiederkehr von Formen erklären, die in Italien in einer früheren Phase belegt sind, oftmals nur eine geographisch begrenzte Verbreitung erfuhren und im Material des 5. Jahrhunderts v. Chr. nicht mehr auftauchen. Dies ist beispielsweise bei den orientalisierenden Fibeln mit der Darstellung eines doppelten Menschenkopfs aus Vetulonia und aus Bologna der Fall, die zweifellos die ältesten Exemplare der sogenannten keltischen Masken-Fibeln vorwegnehmen – einer der bedeutendsten Gruppen figürlicher Werke aus der Anfangsphase. Auch könnte man in diesem Zusammenhang den durchbrochen gearbeiteten Schmuck von Wagen und Pferdegeschir-

*Goldener Ring aus Vulci
Anfang 5. Jahrhundert v. Chr.
New York, The Metropolitan Museum of Art
Kat. 347*

ren anführen, von welchen die Funde aus dem Grab von Somme-Bionne eine ausgezeichnete Anschauung liefern. Auch zu ihnen finden sich Vorläufer in orientalisierenden Gräbern, allerdings nur an der Küste Etruriens. Die Übereinstimmungen zwischen keltischer Kunst und orientalisierenden Werken des 7. Jahrhunderts v. Chr. sind zwar zahlreich und überzeugend genug, als daß sie zufallsbedingt sein könnten, bleiben aber dennoch schwierig zu erklären. Immerhin lassen sie jedoch erkennen, daß bestimmte keltische Handwerker mit der Gesamtheit des etrusko-italischen Repertoires, selbst des früheren, vertraut waren.

Die zahlreichsten und bedeutendsten etruskischen Vorbilder stammen natürlich aus dem 5. Jahrhundert v. Chr. Einige darunter sind verhältnismäßig wenig bekannt, wie etwa der mit einer Palmette geschmückte Menschenkopf, den die Kelten für die Darstellung jener wichtigen männlichen Gottheit übernahmen, um welche der größte Teil der keltischen Ikonographie kreiste. Einen Kopf dieses Typs gibt es auf Ohrringen, die man bisher nur von den Grabungen in Spina her kennt, einem der Handelsplätze der Adriaküste am Podelta, den die transalpinen Händler offenbar regelmäßig aufsuchten. Sobald sie einmal übernommen war, übertrugen die keltischen Handwerker diese Ikonographie in der Folge auf andere Bildträger. So orientiert sich ein goldener Ring aus Rodenbach in der Pfalz an einem etruskischen Prototypen, der durch ein Exemplar aus Vulci bekannt ist, doch die Silensköpfe, die diesen letzteren zieren, sind durch die Einführung des Palmetten-Kopfschmucks modifiziert.

Diese Art leichter Überarbeitung, die ein Bild verändert, um es in ein spezifisch keltisches ikonographisches System zu integrieren, sollte bei den Kelten auch weiterhin eines der typischsten und häufigsten Assimilationsverfahren bleiben. Sie geht oft mit einer Stilisierung verschiedener Gesichtspartien einher, die dadurch wie einfache Motive wirken und die man sowohl einzeln wie auch im Zusammenhang mit anderen Bildern antrifft: S-Kurven und Voluten, "doppelte Mistelblätter", Dreiecke mit geschwungenen Seiten und andere. Die natürlichen Formen werden so zu einem Ensemble von Zeichen, die vermutlich symbolische Bedeutung hatten und immer wieder zerlegt und neu zusammengesetzt werden konnten, um andere Bilder zu erhalten. Diese spezifisch keltische Auffassung vom Bild, dessen Aufgabe es eher ist, etwas zu bedeuten als es darzustellen, sollte später bei den Münzen ein besonders fruchtbares Anwendungsfeld finden.

Die Metallgefäße der Trinkgeschirre, wesentlicher Bestandteil der vermutlich rituellen Zeremonie des Weintrinkens, illustrieren die Beziehungen zwischen etruskischer und keltischer Kunst in der Anfangsphase am besten. Einer der einfachsten Fälle ist die keltische Schnabelkanne aus dem Fürstengrab von Klein Aspergle. Ihre Attasche mit einem Silenskopf ist vermutlich nicht nur von der Attasche des Stamnos aus dem gleichen Grab, sondern auch von bestimmten Kannentypen angeregt. Die Abwandlung blieb sehr diskret, nur die Einteilung des Gesichts in Einzelvolumina verrät die Zugehörigkeit zur keltischen Kunst.

Wesentlich komplexere Bezüge bietet eine prachtvolle Bronzekanne im Salzburger Museum aus einem Wagengrab vom Dürrnberg bei Hallein. Sie lehnt sich an einen Typus etruskischer Kannen an, der vor allem durch ein Exemplar aus Castel San Mariano bei Perugia belegt ist und um die Mitte des 6. Jahrhunderts v. Chr. datiert wird. Ihn kennzeichnet ein Griff mit einem aufgerichteten Löwen am oberen Ende, der in seinem offenen Rachen einen Menschenkopf hält. Die auf dem Rand aufliegenden seitlichen Arme des Griffs sind jeweils mit einem Eber verziert. Dieses Motiv des verschlingenden wil-

Goldener Ring aus dem Fürstengrab von Rodenbach (Pfalz)
5. Jahrhundert v. Chr.
Speyer, Historisches Museum der Pfalz

links
Goldener Armreif aus dem Fürstengrab von Rodenbach (Pfalz)
5. Jahrhundert v. Chr.
Speyer, Historisches Museum der Pfalz

den Tieres, das zwar orientalischen Ursprungs war, aber auch in Etrurien einen festen Platz hatte, muß ebenfalls für die Kelten eine Bedeutung gehabt haben, da man es noch auf den Münzen des 1. Jahrhunderts v. Chr. vorfindet. Doch ist an der Kanne vom Dürrnberg die einfache Palmette, die den unteren Abschluß dieses Typs zoomorpher Griffe bildet, durch eine kompliziertere Komposition ersetzt, die ebenfalls von den Attaschen etruskischer Kannen entlehnt ist. Palmette und Ketten von S-Kurven umrahmen einen frisierten Menschenkopf mit zu Blättern stilisierten Ohren. Der gleiche Darstellungstypus erscheint auch auf Fibeln. Mit Sicherheit ist dies eine der Varianten der männlichen Gottheit, manchmal mit Oberlippen- oder Vollbart, die bei anderen Kannen im Dekor der unteren Henkelattasche sowohl in Verbindung mit der Palmette als auch mit den furchterregenden Bewachern des Lebensbaums mit einem "doppelten Mistelblatt" im Haar oder als Widderkopf vorkommt. Die beiden vorherrschenden pflanzlichen Motive des keltischen Repertoires aus der Frühphase, die Palmette und das Doppelblatt, zieren den Körper der Kanne.

Vermutlich sind diese beiden vegetabilen Motive und ihre Verbindungen am besten geeignet, die Haltung der keltischen Künstler ihren Vorbildern gegenüber zu illustrieren. In der Tat ist das Doppelblatt, dem offenbar eine große symbolische Bedeutung beigemessen wurde, nicht direkt aus dem griechisch-etruskischen Repertoire übernommen, sondern ein Ergebnis der Umformungen von Palmette oder alternierendem Palmetten- und Lotosblütenband. Es kann sich somit um eine auf ihre beiden unteren Blätter redu-

KELTISCHE KUNST

*Schnabelkanne
aus dem Fürstengrab von Kleinaspergle
Erste Hälfte 5. Jahrhundert v. Chr.
daneben: Detail
Stuttgart, Württembergisches Landesmuseum
Kat. 344*

zierte Palmette oder auch um eine Abfolge von durch ihre Mitte hindurch geteilten und dann an ihren Außenspitzen wieder vereinigten Lotosblüten handeln. Das gleiche Ergebnis erhält man, wenn man von nur einer einzelnen Lotosblüte ausgeht, doch dann müssen die zwei Hälften entlang einer Achse, die durch ihre Endspitzen gelegt ist, wieder zusammengesetzt werden. Die uns überlieferten Werke zeigen, daß diese Verfahren alle angewendet wurden, bisweilen auch mehrere miteinander verbunden. Der durchbrochen gearbeitete Goldbeschlag von Eigenbilzen, bei welchem die Umwandlung des Lotos-Palmettenbandes nur leicht angedeutet ist, und der von Schwarzenbach, der schon wesentlich komplizierter gestaltet ist, machen diese typisch keltische Vorgehensweise be-

KELTISCHE KUNST

*Schnabelkanne
aus dem Grab 112 vom Dürrnberg bei Hallein
Zweite Hälfte 5. Jahrhundert v. Chr.
Salzburg, Museum Carolino Augusteum
Kat. 342*

*Detail: Henkel und Attasche der Kanne
Kat. 342*

*Beschlag eines Trinkhorns aus durchbrochen gearbeitetem Goldblech,
aus dem Fürstengrab von Eigenbilzen
Zweite Hälfte 5. Jahrhundert v. Chr.
Brüssel, Musées Royaux d'Art et d'Histoire*

sonders anschaulich. Dank solcher einfachen und wirksamen Verfahren wurden die offensichtlich sehr vielfältigen und zahlreichen Anleihen aus dem etrusko-italischen Repertoire mühelos in ein Ganzes integriert, dessen beachtliche Einheitlichkeit jedoch die komplexe Realität recht zahlreicher und sicher weit verstreuter Werkstätten verdeckt, die sich auf ein Gebiet von der Champagne bis zum Westrand des Karpatenbeckens verteilen.
Der Umfang und die Geschwindigkeit der Entstehung einer keltischen Kunst im Vollbesitz ihrer Ausdrucksmittel setzt eine weit fortgeschrittene keltisch-etruskisch-italische Symbiose voraus. Diese ist vermutlich nicht allein unter dem Gesichtspunkt der formalen Motivanleihen zu verstehen. Vielmehr ist es wahrscheinlich, daß diese Symbiose dem geistigen Wandel zugrunde lag, der die keltischen Bevölkerungen von ihrer ablehnenden Haltung gegenüber Bildern befreite. Das Phänomen zu umreißen ist verständlicherweise recht schwierig, doch gibt es weitere Anzeichen für den Einfluß, den die Etrusker mögli-

Durchbrochen gearbeitete Bronzebeschläge aus Čížkovice (Böhmen)
4. Jahrhundert v. Chr.
Litoměřice, Okresní Muzeum
Kat. 346

Cippus von Pfalzfeld (Rheinland)
5. Jahrhundert v. Chr.
Bonn, Rheinisches Landesmuseum

cherweise auf religiösem Gebiet ausgeübt haben könnten; nicht durch das Aufzwingen ihrer Glaubensinhalte oder ihrer Gottheiten, sondern indem sie den Kelten Muster ritueller Verhaltensweisen an die Hand gaben, die sie ihren Bedürfnissen anpassen konnten.

In diesem Zusammenhang sind die besonders aus dem Rheinland bekannten kultischen Statuen und Cippi zu erwähnen. Besonders deutlich ist der etruskische Einfluß am Cippus von Pfalzfeld zu erkennen. Dieser Denkmälertypus ist in Fragmenten ebenfalls in Böhmen dokumentiert, und zwar auf dem Gelände des außergewöhnlichen Monumentalheiligtums aus dem 5. Jahrhundert v. Chr. auf der Akropolis der Festung Závist bei Prag. Zur Konzeption dieses Heiligtums aus sehr hohen steinernen Plattformen, auf denen sich hölzerne Bauten erhoben haben müssen, gibt es kein lokales Vorbild und keine vergleichbaren Analogien außerhalb Etruriens.

Wie man sieht, stellen die etrusko-italischen Elemente nicht nur die wichtigste Grundlage der keltischen Kunst in ihrer Anfangszeit dar, sondern sie reflektieren wahrscheinlich durch ihre Bedeutung die wesentliche Rolle, die die Kultur der Halbinsel im kulturellen Wandel spielte, der im 6. Jahrhundert v. Chr. das geschichtliche Auftreten der Kelten jenseits der Alpen begleitete und das Vorspiel zu ihrer Ansiedlung in Italien abgab.

Sie lebten von da an mehr als zwei Jahrhunderte lang in direktem Kontakt mit der etruskischen Welt, die auf sie allerdings nicht mehr einen vergleichbaren künstlerischen Einfluß ausgeübt zu haben scheint wie im 5. Jahrhundert v. Chr. Dieser Eindruck entsteht möglicherweise nur aus der Schwierigkeit, wenn nicht gar der Unmöglichkeit, innerhalb einer inzwischen zur Reife gelangten und sich ihrer Ausdrucksmittel nunmehr völlig sicheren keltischen Kunst die neuen von den alten Anleihen zu unterscheiden. Die beiden durchbrochen gearbeiteten Beschläge aus Čížkovice in Böhmen sind diesbezüglich besonders aufschlußreich: der eine zeigt eine Komposition, die sich an der Attasche einer etruskischen Weinkanne aus dem 5. Jahrhundert v. Chr. ausrichtet, der andere eine Montage von Palmetten, die zu Menschenköpfen umgewandelt sind, und einem Rankenwerk, dessen überzeugendste Parallelen die tarentinischen oder kampanischen Siegel der zweiten Hälfte des folgenden Jahrhunderts zieren. Der etruskische Beitrag ist vollkommen assimiliert und nur noch in der allgemeinen Anordnung der Motive zu identifizieren, welche aber auf dem gleichen Schema wie die jüngere Komposition beruht, die mit der gleichen Leichtigkeit integriert ist.

Von den engen Bindungen befreit, die die keltische Kunst während ihrer Entstehungszeit so stark an die etruskische Kunst fesselten, daß sie in den Augen einiger Gelehrter des vorigen Jahrhunderts von dieser einfach übernommen und angepaßt schien, verfügte die keltische Kunst im 4. Jahrhundert v. Chr. über eine gänzlich eigenständige Bildersprache. Zwar bezieht sie weiterhin Anregungen aus der Mittelmeerwelt, doch integriert sie diese sofort und derart vollkommen, daß ihre Herkunft fast nicht mehr erkennbar ist.

BIBLIOGRAPHIE:
Les Celtes (Ausstellungskatalog), Mailand 1991; P.M. Duval, Paris 1977; P.M. Duval-V. Kruta (Hrsg.), Genf-Paris 1982 (s. auch Bibl. zur keltischen Kunst von 1944-1979); O.-H. Frey-F. Schwappach, World Archeology 4, 1973, 339-356; Ch. Hawkes-P.-M. Duval (Hrsg.), London-New York-San Francisco 1976; P. Jacobsthal, Oxford 1944; V. Kruta, tudes Celtiques 23, 1986, 26 ff.; ders., a.a. O.24, 1987, 20 ff.; ders. in: Kongreßakten Paris, 1988, 81-92; ders. in: *Italia omnium terrarum alumna* [...], Mailand 1988, 261-311; R. u. V. Megaw, London 1989; F. Moosleitner, Florenz-Salzburg 1987; B. Raftery (Hrsg.), Paris 1990.

Die Grabikonographie des Raubtiers mit dem Menschenkopf

Bernard Bouloumié

Die Kunst der Steinbildhauerei scheint der Süden Frankreichs im Spätlatène oder, von einem eher mediterranen Blickwinkel aus betrachtet, im Hellenismus entdeckt zu haben. Diese neue Technik wurde oft in einer Weise kommentiert, die leicht Verwirrung stiften konnte, haben wir es doch hier mit einer Region zu tun, die sich deutlich vom übrigen Gallien unterscheidet. Der Midi ist in erster Linie ein ligurisches Gebiet, das seit jeher von Stämmen bewohnt wurde, deren noch schwach ausgeprägte Kulturen natürlicherweise mit dem geographischen Umfeld des westlichen Mittelmeerbeckens in Verbindung standen. Seit dem Ende der Bronzezeit ist hier ein immer stärkeres Auftreten von etruskischen und griechischen "Kaufleuten" zu beobachten. Sie trugen die ersten Keime einer Kultur in diesen Raum, deren Auswirkungen rasch auf verschiedenen Gebieten spürbar wurden: Veränderungen in der Wohn- und Lebensweise, der hierarchischen Gliederung der Gesellschaft, der Organisation wirtschaftlicher Aktivitäten usw. Die darauffolgende Besetzung des Gebiets durch die Gallier führte zu weiteren Veränderungen ethnischer wie auch kultureller Art, die dieser Regionalkultur wiederum ein neues Gesicht und das bis zur römischen Besetzung endgültige Gepräge verliehen. Die Provence und das östliche Languedoc fanden so binnen weniger Jahrhunderte zu großer Eigenständigkeit, und es ist durchaus nicht verwunderlich, daß dieser ausgedehnte geographische Raum ganz eigene Charakterzüge aufwies.

Im nordkeltischen Raum ist Steinbildhauerei nur äußerst selten anzutreffen; ihr kurzes Inventar soll hier nicht erstellt werden. Im Midi hingegen gab es eine Tradition der Darstellung von Menschen auf steinernen Grab- oder Kultstelen, die bis zum Ende des Neolithikums zurückreicht und besonders für das Chalkolithikum gut belegt ist. Hier jedoch soll es vorrangig um die Zunahme schrift- und bildloser Stelen um die Mitte des letzten Jahrtausends vor unserer Zeitrechnung gehen. Neuere Studien haben nachgewiesen, wie sehr diese aus morphologischer Sicht ähnlichen Monumenten in Mittelitalien glichen. Gemeint sind Dutzende, ja Hunderte gefundener Stelen der Glanum/Saint-Blaise-Gruppe, Überreste eines autochthonen Kultes mediterraner – und nicht keltischer – Tradition, die mit den Stelen von Marzabotto, Fiesole und Velia vergleichbar sind. Sie waren, wie man feststellen konnte, Teil kultischer Einrichtungen in Verbindung mit Heiligtümern und/oder öffentlichen Orten, die vielleicht sepulkralen Zwecken dienten, wahrscheinlicher aber zu Heroa gehörten.

Nun tauchten an denselben heiligen Orten seit dem 3. Jahrhundert v. Chr. große vollplastische Statuen in keltischer Kleidung und Ausrüstung auf, die man heute als Darstellungen von Stammesfürsten ansieht. Sie waren umgeben von Menschenköpfen, Gefäßen für Bankette (Situlen mit Weinfiltern aus Entremont) und anderen Tier- oder Menschendarstellungen (vollplastisch oder als Relief), die an einen Ahnenkult denken lassen. Aus technischer Sicht weisen diese Monumente zugleich einheimische Besonderheiten (Stein, der wie Holz bearbeitet ist) und Gemeinsamkeiten mit der hellenistischen Kunst im allgemeinen (Expressivität, Realismus, Genauigkeit der Proportionen) auf. Es handelt sich also hier um eine sehr originelle Kunstproduktion, in der sich unterschiedliche kulturelle Einflüsse und Elemente vermischen. Insbesondere erkennt man die etrusko-italische Tradition der steinernen Großplastik wieder, die Versuche am Porträt, das Bedürfnis, die *imagines* der Vorfahren durch ihre öffentliche Ausstellung für die Ewigkeit festzuhalten.

*Löwe mit Kopf eines Kriegers
aus Baux-de-Provence
2. Jahrhundert v. Chr. (?)
Avignon, Musée Calvet*

*Fragment eines Löwen mit Menschenkopf
aus Osuña (Spanien)
2. Jahrhundert v. Chr. (?)
Madrid, Museo Arqueológico Nacional*

*"Taraske" aus Noves
Um 1. Jahrhundert v. Chr. (?)
Avignon, Musée Calvet*

Aus derselben Zeit und im selben geographischen Raum trifft man im übrigen auch einzelne seltene Exemplare von Statuengruppen an, die aus einem Raubtier (im allgemeinen einem Löwen) und Menschenköpfen bestehen. Stärker noch als beim vorhergehenden Fall der Helden von Entremont, von Roquepertuse oder von Glanum zwingt sich hier nun der Vergleich mit Etrurien auf. Die Löwen von la Vayède und von l'Arcoule (in Baux-de-Provence), der Löwe von Mornas, bzw. die Drachenfigur aus Noves (wenn diese überhaupt antik oder zumindest vorrömisch ist) erinnern in der Tat auf eigenartige Weise an die Grabwächter von Vulci, Toscanella (Tuscania) und Tarquinia wie auch an die Gruppe von Genua, sowohl in ihrer ganzen Haltung als auch in der Ausführung bestimmter Details. Und die Kopfplastik, die sie begleitet, stellt hier wohl eher das Porträt des Verstorbenen dar als die Trophäe eines barbarischen Sieges. Die Vorbilder aus Vulci sind nur wenig älter, die Verwandschaft ist eindeutig, allein die sepulkrale Funktion läßt sich nicht mit Sicherheit nachweisen.

BIBLIOGRAPHIE:
F. Benoit, Aix-en-Provence 1955; J.-C. Bessac-B. Bouloumié, Revue archeologique de Narbonnaise 18, 1985, 127-187.

Zur Herkunft der Runenschrift aus der nordetruskischen Schrift

Piergiuseppe Scardigli

*Bronzestatuette
eines Kriegers mit Alphabetzeichen
etruskischer Herkunft
2. - 3. Jahrhundert n. Chr.
Oslo, Universitetet, Iakn Oldsaksamlingen*

Ungeachtet der vielen Hypothesen, die über die Herkunft der Runenschrift formuliert wurden, scheinen heute keine Zweifel mehr darüber zu bestehen, daß die germanischen Stämme in ihrer Gesamtheit in den Schriftsystemen Norditaliens, die aus dem etruskischen Alphabet abgeleitet und in Ausläufern bis nach Noricum gebräuchlich waren, ein Ausgangsmuster für die Gestaltung ihrer graphischen Systeme vorfanden, sowohl was das Runenalphabet betraf (das ältere Futhark) als auch und vor allem den Stil und die Einrahmung der Inschriften. Die Belege für eine Verbindung zwischen dem nordetruskischen und dem germanischen Raum sind nunmehr unanfechtbar, wenn auch nicht wenige Aspekte dieses Transfers ungeklärt oder gar unverständlich geblieben sind.

Eine der zahlreichen ungelösten Fragen ist beispielsweise der zeitliche Abstand zwischen den Erscheinungsformen vorlateinischer Schriften in Norditalien, die spätestens in die letzten Jahrhunderte des ersten Jahrtausends v. Chr. zurückreichen, und den Runenzeichen, deren früheste im 2. - 3. Jahrhundert n. Chr. auftauchen. Hinzu kommt, daß die ältesten Runeninschriften in Gegenden fern des Alpenraums, z. B. in Skandinavien und Rumänien, gefunden wurden. Hier muß man allerdings berücksichtigen, daß ein Großteil der Runenschrift als verloren gelten muß, da vermutlich die Zeichen zunächst in Holz geschnitzt wurden, einem normalerweise vergänglichen Material. Eine weitere Schwierigkeit erwächst aus der Annahme, daß anfänglich die Verwendung der Runen auf magisch-religiöse Bereiche beschränkt gewesen sei. Der stark persönlich geprägte und elaborierte Charakter der Zeichen des Runenalphabets kommt noch hinzu, insbesondere des sogenannten älteren Futhark (das nach seinen sechs Anfangsbuchstaben so benannt ist: F, U, Þ = th, A, R, K), sowie die Anordung der einzelnen Zeichenfolgen und die Benennung der Zeichen mit ebensovielen germanischen Wörtern nach einem akrophonischen Prinzip. Alle diese Merkmale verweisen auf eine Schrift, die durch den stark selektiven Eingriff der sogenannten Runenmeister nach theoretischen Prinzipien ausgearbeitet oder angepaßt wurde.

Bei der Frage nach dem Zeitpunkt der Zeichenübernahme ist zu berücksichtigen, daß möglicherweise eine konkrete Beziehung zwischen der Runenschrift und der Geschichte der germanischen Stämme in der Kaiserzeit bestanden hat, daß also in unterschiedlichen Formen eine "Aktion Runen" aus Haß und Verachtung gegenüber den Römern durchgeführt wurde, als Zeichen des bisweilen siegreichen Widerstandes der germanischen Völker gegen die Expansion Roms. Erinnert sei hier insbesondere an die Einfälle der Quaden und Markomannen nach Italien zur Zeit Marc Aurels. Aber selbstverständlich ist die Verbreitung der Schrift etwas völlig anderes als ihre Entstehung.

Einer Betrachtung der Buchstaben des Alphabets ist zunächst vorauszuschicken, daß sie als Ganzes und in ihrer alphabetischen Reihenfolge kein direktes und unmittelbares Gegenstück in den Alphabeten der klassischen Welt haben, nämlich dem griechischen, dem etruskischen oder dem lateinischen. Es gibt allerdings Form- und (phonetische) Wertanalogien bei einzelnen Zeichen, die von der Fachwelt wiederholt aufgezeigt wurden. Sie verweisen die Forscher jeweils entweder auf eine östliche Herkunft aus dem griechisch beeinflußten Balkanraum oder für die ältere Zeit aus dem italienischen Raum oder auch längs der Berührungslinie der germanischen mit der römischen Welt. Eine Studie von Helmut Rix bestätigte kürzlich erneut die italienische Ableitung; in seiner Untersuchung unterscheidet er die folgenden Ähnlichkeiten zwischen dem älteren Futhark und den Alphabeten Norditaliens: Identität der Zeichen I und S; eine Beziehung zum lepontischen Alphabet bei A und M; zum rätischen Alphabet des Typs Magrè bei dem Zeichen Þ (=

Stele mit Runeninschrift aus Martebo in Schweden 5. Jahrhundert n. Chr. Visby, Museum von Gotland Kat. 358

th), des Typs Sondrio bei N, P und Z, des Typs Bozen bei dem pfeilspitzenförmigen T; zum venetischen Alphabet bei U, K, G, W, H, J, L, D und O; zum lateinischen bei R und B. Die Mehrzahl der Übereinstimmungen deutet auf den venetischen Raum hin, wo in den Heiligtümern, wie z. B. dem der Gottheit Reitia (Fondo Baratela d'Este), die Schrift mit Sicherheit ein Gegenstand magischen Spekulierens gewesen ist. Man könnte im Veneto sogar eine Schreibschule zu religiösen Zwecken vermuten, in welcher die Runenmeister ausgebildet wurden. Doch sind dies reine Phantasien, und das *missing link* bleibt bestehen.

Im Alpengebiet, das als ein möglicher Bereich der Übernahme des Runenalphabets bezeichnet wurde, liegt auch Negau (Steiermark); dort fand man innerhalb eines großen Depots von Votivhelmen zwei Helme mit Inschriften des nordetruskischen Typus aus einer Zeit vor dem 2. Jahrhundert v. Chr., somit einer vorrunischen Zeit. Der mit B bezeichnete Negauer Helm trägt einen eindeutig "germanischen" Text und belegt so die frühe Anziehungskraft, die der Geltungsbereich des genannten Alphabets auf Menschen aus dem germanischen Sprachraum ausübte. Immerhin gehört die Inschrift in ein religiös-sakrales Umfeld und stellt einen bedeutenden Präzedenzfall dar.

Man sollte sich darüber im klaren sein, daß das Dickicht der europäischen epigraphi-

Lepontische Inschrift aus Prestino
Erste Hälfte 5. Jahrhundert v. Chr.
Como, Civico Museo Archeologico P. Giovio

schen Alphabete von Spanien bis zum Schwarzen Meer nicht leicht zu durchdringen ist. Bei ihrer Übertragung kann man ständig einschneidende Veränderungen beobachten. Die beliebige Lage der Schriftzeichen, ihre Umkehrung oder ihre Drehung um 90 Grad, ihr Verlauf von links nach rechts und umgekehrt sind vollkommen üblich. Es besteht eine unkontrollierbare und unvorhersehbare Freiheit im Variieren, zumal in den meisten Fällen die Übergangsglieder fehlen. Außerdem machte jede neue Alphabetisierung weitere Anpassungen und die Suche nach neuen Zeichen erforderlich, um charakteristische Laute der jeweiligen Sprache wiedergeben zu können.

Der Fall der unvollständigen Übereinstimmung zwischen dem nordetruskischen Alphabet und dem Runenalphabet ist paradigmatisch für die Art, wie üblicherweise auf dem Gebiet der Humanwissenschaften geforscht wird. Es gibt notwendigerweise eine Diskrepanz zwischen der Theorie, die von logischen und symmetrischen Überlegungen ausgeht, und der Praxis, dem realen Befund, die sich als unsymmetrisch und approximativ erweist. Die Arbeit des Forschers ist insofern einem Ermittlungsverfahren mit allen seinen Unwägbarkeiten vergleichbar.

Allgemein heißt es, die als höherentwickelt geltende Kultur gebe ab, während die Kultur, die sich auf einer niedrigeren Entwicklungsstufe befindet, empfange. Dies ist allerdings nicht immer richtig. Wie in vielen anderen Fällen ist auch hier gut zu erkennen, daß die empfangende Kultur, die germanische, obwohl sie von einer Vielfalt unterschiedlicher Einzelstämme getragen wird, auswählt, anpaßt und modifiziert. Sie geht dabei mit einer Konsequenz und einem einheitlichen Willen vor, die beeindruckend sind, ja geradezu unbegreiflich erscheinen.

Zudem ist der runische Formelschatz bewußt archaisierend. Er weist einen sprachlichen Entwicklungsstand auf, der oft der Stufe des sogenannten Urgermanischen entspricht, zeitlich also recht weit zurückreicht und noch vor der Einführung der Runenschrift anzusiedeln ist. Somit läßt auch dieser Ansatz eine keineswegs zufällige, sondern auf einer strengen Organisation beruhende Kontinuität erahnen, von der man nichts weiß, weil nichts über sie berichtet wird.

Doch der bedeutendste und gewissermaßen ausschlaggebende Aspekt des Problems ist noch nicht genannt. Neben den Unsicherheiten und der Lückenhaftigkeit, die, wie gesagt, die Entsprechungen der Buchstaben des Runenalphabets zu den einzelnen Zeichen der nordetruskischen Alphabete und des venetischen (das sich gleichfalls aus dem etruskischen herleitet) kennzeichnen, gibt es ein grundlegendes Merkmal, das die Inschriften aus germanischem Raum mit denen des norditalienischen und alpinen Raums verbindet.

Gemeint sind epigraphische Gepflogenheiten im formalen Schriftbild der Inschriften. In erster Linie ist das die "stilistische" Konzeption der Schrifttypen, die stark vertikal gestreckt, linear und fast ohne gerundete Elemente erscheinen. Sodann das Einfassungssystem der Schriften, das üblicherweise aus einem schmalen, langen Band besteht, in welches die Buchstaben so eingefügt sind, daß sie den oberen und den unteren Rand des Bandes berühren und so seine volle Höhe ausfüllen. Dieses Band kann ausgeprägt dekorativ gestaltet sein, bisweilen ist es gerundet und bis hin zu einer U-Form umgebogen. Weitere Möglichkeiten sind Unterstreichungen, d. h. eine Zeile mit nur einer unteren Begrenzungslinie, und eine Zeile ohne Umrandung, die aber geführt wird, als existierte ein Band.

Die genannten stilistischen und gestalterischen Merkmale sind unverwechselbar und stellen eindeutig Ähnlichkeiten zwischen den nordetruskischen Inschriften und den Runeninschriften her, zumal nichts Vergleichbares in anderen Bereichen epigraphischer Überlieferungen bekannt ist. Man hat die geradlinige Streckung der Runenzeichen den Erfordernissen der ursprünglichen Einritzung in Holz zugeschrieben, die die Ausführung runder Linien in den Zeichen verhindert. Die Parallele zu Italien beweist aber, daß es sich um ein übernommenes Merkmal handelt. Dies schließt eine ursprüngliche Verwendung von Holz in beiden Kulturen nicht aus. Was das gerundete Band betrifft, kann beispielsweise ein Vergleich der etruskischen Inschrift von Busca in Cuneo mit einer mittelalterlichen Grabinschrift aus Ax in Schweden aufschlußreich sein.

Messer aus der Themse mit Runeninschrift
8. - 9. Jahrhundert n. Chr.
London, British Museum

BIBLIOGRAPHIE:
G. Colonna, Studi Etruschi 54, 1986, 130-159; K. Düwel, Stuttgart 1968, 1983; K. Földes-Papp, Mailand 1985; O. Haas, Lingua Posnaniensis 5, 1955, 41-58; W. Krause, Göttingen 1966; M. Meli, Verona 1988; M. Pandolfini-A.L. Prosdocimi, Florenz 1990; G.B. Pellegrini-A.L. Prosdocimi, Padua-Florenz 1967; A.L. Prosdocimi (Hrsg.), Rom 1978; E. Risch in: *Das Räterproblem in geschichtlicher, sprachlicher und archäologischer Sicht*, Basel 1971, 710-717; H. Rix in: *Abhandlungen der Akademie der Wissenschaften in Wien* (im Druck).

INDIREKTE EINFLÜSSE
AUF EUROPA
DURCH DIE VERMITTLUNG ROMS

Der Bogen
und die tuskanische Säule

Gabriele Morolli

Seite 222
Detail eines römischen Sarkophagdeckels
aus Ostia
Anfang 2. Jahrhundert n. Chr.
Kopenhagen, Ny Carlsberg Glyptotek
Kat. 228

Das architektonische Universum Roms wie auch das der Renaissance verdanken der etruskischen Baukunst, das sollte man nicht vergessen, sowohl den Bogen in seiner Bedeutung als "monumentaler Durchgang", insbesondere in dessen genialer *contaminatio* mit dem Gebälk tragenden Interkolumnium, als auch die tuskanische Säule.

Den Bogen gab es, wie im übrigen auch das Gewölbe, bereits in den ältesten Bauwerken des Orients (Ägypten, Mesopotamien und Kleinasien) und natürlich auch in Griechenland. Aber wiewohl die Griechen ihn technisch kannten, war er doch aus ihrer Architektur systematisch "verbannt" worden, da in ihm sozusagen genetisch das Prinzip des Ungleichgewichts, der strukturellen Dynamik angelegt ist, indem der Bogen auf die Kämpfer Druck ableitet und einer elastischen Abstützung durch Strebepfeiler bedarf. Und das machte ihn in subtiler und zugleich grundsätzlicher Weise für das griechische Bemühen um ein strukturelles und formales Gleichgewicht unbrauchbar, das auf der absoluten Ruhe gründete, eben dem statischen Lasten der Konstruktionselemente.

Die etruskische Architektur hingegen beherrschte den Bogen völlig und setzte ihn häufig ein. Diese Vorliebe wird schon an den Eingängen zu Gräbern aus archaischer Zeit sichtbar, wo man Bögen sowohl als reines Formelement (manchmal in die Felswand eingeschnitten), als auch als ersten Schritt zu einer echten Struktur antrifft, die ihre vollendete Gestalt aber etwa vom 4. Jahrhundert v. Chr. an in der monumentalen Übertragung auf die Stadttore findet. Diese Übertragung scheint nicht ausschließlich etruskisch gewesen zu sein, wie die sogenannte Porta Rosa in Velia beweist; der Bogen ist jedenfalls im tyrrhenischen Italien verbreitet anzutreffen, z. B. in Volterra, Falerii Novi und Perugia. Was ihn in Etrurien besonders charakterisiert, sind rund um die Bogenwölbung angebrachte Köpfe und Halbfiguren von Gottheiten. An der Porta Marzia in Perugia ist der Bogen sogar in ein System von Pilastern und Architrav mit figürlichem Fries eingebunden.

Die sogenannte Verkettung der Ordnungen, bei welcher ein größeres System von Säulen oder Halbsäulen mit Architrav in jedem Interkolumnium ein Untersystem von Bögen auf Pfeilern einschließt (man denke beispielsweise an die Fassade des Tabularium, des Marcellus-Theaters und vor allem des Außenrings vom Kolosseum), fügt als formales wie als strukturelles Prinzip in genialer Weise die beiden Konstruktionssysteme der Antike zusammen: das typisch griechische Trilithensystem und das mit Seitendruck arbeitende des eher typisch etruskischen Bogens (samt seiner Ausdehnung im Raum, dem Gewölbe). Und dies erfolgt, sowohl was die Konstruktion, als auch was die äußere Form anbelangt, in einer einzigen Komposition, die die zwei Gliederungssysteme nicht voneinander abtrennt oder sie einander gegenüberstellt, sondern sie fruchtbar miteinander verbindet. Es wurde eine erfolgreiche Kombination. Der römischen Architektur, die insbesondere in ihren großartigen Ausformungen der Kaiserzeit darauf ausgerichtet war, mit den gewagtesten Struktursystemen Verbindungen einzugehen, um immer größere Räume umbauen zu können, ermöglichte sie einerseits, auch die Zeichensprache der traditionellen Ordnungen mit Gebälk weiterzuverwenden. Andererseits gab sie einen ähnlichen Zeichenmechanismus an die Baukunst der Renaissance weiter, die von der Verbindung von Arkaden und Trägern mit Gebälk einen ebenso intelligenten wie äußerst vielfältigen Gebrauch zu machen wußte, dessen Erfolgsgeschichte noch bis zum Ende des 19., wenn nicht gar bis in die ersten Jahrzehnte des 20. Jahrhunderts anhalten sollte.

Hinsichtlich der tuskanischen Säule stellt sich zunächst die Frage, ob und inwiefern man überhaupt von einer eigenständigen "tuskanischen Ordnung" sprechen kann, die sich

*Volterra, Porta all'Arco
4. – 3. Jahrhundert v. Chr.*

von der dorischen Ordnung (*genus*) unterscheidet. Es fällt auf, daß in den *tuscanicae dispositiones* (Vitruv, De Architectura, IV, VII, 2-3) der römische Theoretiker zu ihrer Bestimmung weder den Begriff *genus* noch andere Synonyme von Ordnung wie *mos* oder das eigentliche *ordo* oder etwa das griechische *rythmos* verwendet, sondern sowohl die *columna* als auch den darüberliegenden Architrav (*trabes*) einzeln nennt, ebenso den Vorsprung des Kranzgesimses über den Dachbalken (*traiecturae mutulorum*). Tatsächlich wird weder dieses verkürzte Gebälk (das mittlere Glied des Frieses fehlt und das Gesims ist auf ein Minimum reduziert) noch die Säule selbst konzeptionell im theoretisch "übergeordneten", die Ordnung kennzeichnenden Syntagma miteinander vereint, sondern sie erscheinen einzeln aneinandergereiht als verschiedene einfache "Teile", die gewissermaßen selbständig sind und erst, wenn sie entsprechend miteinander verbaut sind, eine Manier ergeben (einen Modus, eine Mode: so scheint es, kann man wohl den Begriff *dispositiones* übersetzen) – "etruskisch" eben, und das verbleibt gewissermaßen unterhalb der Schwelle der "ästhetischen Würde" einer architektonischen Ordnung im eigentlichen Sinn.

Nun muß man sich fragen, welches der Ausgangspunkt ist, was man also von der ursprünglichen tuskanischen Säule, wie sie aus dem etruskischen Einflußbereich belegt ist, weiß. Man nimmt an, daß bei aus Holz (oder aus sonstigen leichten Materialien wie ungebrannten Lehmziegeln) errichteten Bauwerken auch die Säulen allgemein aus Holz waren. Da aber dieses Material vergänglich ist, konnte und kann man keine archäologischen Zeugnisse für Säulen finden. Immerhin gibt es Indizien für die Existenz von Steinsäu-

Etruskischer Bogen der Porta Giove in Falerii bei Viterbo

len, beispielsweise im Tempel A in Pyrgi (erste Hälfte des 5. Jahrhunderts v. Chr.) bzw. in seiner Rekonstruktion; allerdings ist es nicht möglich, sich eine Vorstellung von ihrer Typologie zu machen. Das einzige bekannte, errichtete und vollständige Beispiel ist die berühmte "etruskische Säule", die in ein Gebäude der Insula 5 der Regio VI in Pompeji eingebaut ist. Man nimmt an, sie könne noch auf die etruskische Phase dieser kampanischen Stadt zurückgehen, also auf das Ende des 6. / erste Hälfte des 5. Jahrhunderts (dies scheint heute auch durch stratigraphische Untersuchungen bestätigt). Ansonsten ist man im wesentlichen auf das Zeugnis von "Imitationen" und Reproduktionen angewiesen. Als Imitationen bezeichnet man vor allem die aus dem Fels gehauenen Säulen in Grabstätten, von denen es verschiedene Beispiele in den Nekropolen von Caere und Norchia gibt. Es handelt sich dabei naturgemäß um gedrungene und massige Exemplare, deren Proportionen durch die geringe Höhe der Grabkammern und durch die Art ihrer Herstellung vorgegeben sind, die aber die wesentlichen Kennzeichen ihrer Typologie aufweisen. Außerdem kann man die Darstellung von Säulentypen in der Malerei hinzuziehen; unter diesen sind die gemalten Säulen in der Tomba delle Leonesse in Tarquinia besonders anschaulich, die offensichtlich bunt bemalte Holzsäulen darstellen. Aus allen

Porta Marzia in Perugia
3. – 2. Jahrhundert v. Chr.

diesen Anhaltspunkten leitet man die typischen Elemente der ursprünglichen tuskanischen Säulen ab. Die Basis ist ringförmig, der Schaft nicht kanneliert und das Kapitell einfach, mit einem wulstigen Echinus. Charakteristisch sind die gerundeten Profile und die Entasis des Schafts (die besonders in Pompeji stärker betont ist).

Doch hatte die etruskische Säule laut Vitruv Proportionen, die genau dem "reifen dorischen" Verhältnis von 1:7 entsprechen, und besaß eine Basis (bestehend aus einer einfachen kreisrunden Plinthe und einem darüberliegenden Torus), die bekanntlich bei der griechischen dorischen Säule fehlt. Mit dieser Gleichstellung in den Dimensionen sowie der engen morphologischen Analogie zwischen den beiden Kapitellen (den drei Teilen des tuskanischen Kapitells: Abakus, Echinus und *hypotrachelium cum apophysi* entsprechen präzise dem *plinthus cum cymatio*, dem *echinus cum anulis* und dem *hypotrachelium* des dorischen Kapitells) setzt ein fruchtbarer Austausch (Anziehung-Überlagerung) zwischen diesen beiden Ordungen ein.

Dies umso mehr, als die römische Architektur recht bald neben die griechisch-dorische Ordnung, der dem Kanon entsprechend die Basis fehlt, eine sozusagen latinisch-dorische setzte, die ebenfalls eine (im allgemeinen attische) Basis sowie einen glatten Schaft besaß

Malereien in der Tomba delle Leonesse in Tarquinia

(also ohne die zwanzig scharfkantigen Kanneluren der griechischen Säule), wodurch die obengenannte Nähe zur tuskanischen Ordnung noch gefährlicher akzentuiert wurde. Die römische Modifikation des Echinusprofils am Kapitell (ein wirklich grober formaler Eingriff) scheint also in dem Sinn interpretierbar zu sein, daß die griechisch-dorische Ordnung als ästhetische Revanche der Vitruvschen *consuetudo italica* gegenüber der Bauweise der *Graecia capta* eine systematische "Tuskanisierung" erfuhr. Jener wesentliche Teil des "Säulenkopfes" hatte sich in der griechisch-dorischen Ordnung im Verlauf seines Übergangs von der archaischen Phase (7. und 6. Jahrhundert) über die klassische (5. Jahrhundert) zur hellenistischen (4. Jahrhundert und die folgenden) im Sinne einer fortschreitenden Abstraktion und Geometrisierung dieses Elements gewissermaßen herausentwickelt (von dem geschwungenen Kontur des "schüsselförmigen" Echinus von Selinunt zum strafferen, lineareren, umgekehrt-kegelstumpfförmigen Profil des attischen und/oder kleinasiatisch-ionischen Echinus). Man tendierte dazu, die Rundung zu vermeiden (die man offensichtlich als zu organisch nicht liebte). Stattdessen erschien nun in der römischen Variante der dorischen Ordnung erneut die gerundete Version dieser Profilierung (im Widerspruch zum Wesen der beschriebenen griechischen Entwicklungsrichtung), bezeichnenderweise genau dem Verlauf des Echinus am "etruskischen" Kapitell folgend.

Es ist jedenfalls nicht zu übersehen, daß selbst die nicht allzu zahlreichen Beispiele der römisch-tuskanischen Ordnung der dorischen in ihrer römischen Version "gefährlich" ähnelten: stellvertretend für alle übrigen sei an die paradigmatische Ordnung im Erdgeschoß der Außenfront des Kolosseum erinnert, deren tuskanischer Charakter durch ein Gebälk mit glattem Fries (ohne die dorische Aufeinanderfolge von Triglyphen und Metopen) zwar gewährleistet, zugleich aber von der attischen Basis unterhalb des Schafts sozusagen in Frage gestellt war.

Man ist dadurch geradezu versucht, anstelle einer Dorisierung des Tuskanischen umgekehrt eine Tuskanisierung des Dorischen zu vermuten. Denn wenn zum einen die Form des Echinus des römisch-dorischen Kapitells zum typischen Viertelkreisprofil des tuskanischen Kapitells zurückkehrt, wenn zum anderen der römisch-dorische Schaft nunmehr die Tendenz aufweist, immer öfter unkanneliert und glatt wie der tuskanische zu sein, und wenn sich schließlich die römisch-dorische Ordnung eine Basis nach tuskanischem Vorbild zulegt, die doch bei der griechischen stets fehlte, wäre die korrekteste Folgerung daraus, daß innerhalb der römischen Architektur zumindest bei den Säulen das griechisch-dorische Element verschwindet und gänzlich von der tuskanischen Ordnung ersetzt wird (wobei diese im Gebälk möglicherweise die griechisch-dorische Abfolge von Triglyphen und Metopen "beibehielte").

Im wesentlichen mied der systematische Geist der Renaissance – bezeichnenderweise – diese willkürliche dorisch-tuskanische Verschmelzung. Er betrieb eine Kampagne zur theoretischen Definition (bzw. Neubegründung) der tuskanischen als einer veritablen eigenständigen Ordnung "vor" oder "unterhalb" der dorischen. Gleichzeitig ging Ähnliches am anderen Ende der "aufsteigenden Reihe" der architektonischen Ordnungen vor, wo "jenseits" der korinthischen gerade auch die fünfte Ordnung entwickelt wurde, die Kompositordnung (die nicht zufälligerweise ebenfalls römischen Ursprungs war und die Leon Battista Alberti mit der ihm eigenen institutionellen Verständigkeit vorschlug, mit dem gewiß nicht beliebigen Namen "die italische" zu bezeichnen).

Sebastiano Serlio war es, der ausdrücklich und deutlich den "aufsteigenden Verlauf" der

links
Tuskanische Säule aus Pompeji, Regio VI, insula 5

rechts
Tuskanische Säule nach Vignola, Traktat von 1562

suite der fünf neuen Ordnungen der Renaissance nach Höhen und Proportionen kanonisierte, wobei er der tuskanischen das gedrungendste Verhältnis zumaß, 1:6, bezogen auf den Durchmesser des Säulenfußes an seinem untersten Ende (oder dem Modul) und die Höhe der Säule. Damit begründete er offiziell die Einführung der tuskanischen als einer Ordnung, die sich morphologisch wie von den Proportionen her vollkommen von der "nahen" dorischen unterscheidet.

Und der berühmte Schüler von Baldassarre Peruzzi geht sogar soweit, mit unleugbarem theoretischen Mut selbst die Definition der Proportionen von *De Architectura* anzugreifen. Serlio legte allerdings Wert darauf, sich zu rechtfertigen, zumindest dem Anschein nach: "Obgleich ich oben gesagt habe, daß dem Vitruvschen Text zufolge die tuskanische Säule zusammen mit ihrer Basis und dem Kapitell aus sieben Teilen bestehen muß (diese Proportion und Form sind sicher gut und anerkannt), wurden dennoch die ersten Säulen aus sechs Teilen gefertigt [er bezieht sich hier auf die Vitruvsche dorische Ordnung "der Anfänge"...], und da außerdem die dorischen Säulen deshalb aus sieben Teilen bestanden, weil man ihnen in der Antike, um sie zu erhöhen, ein Teil hinzufügte, scheint es mir aus diesen Gründen und auch, um ihr ein kräftigeres Aussehen zu geben, nötig, diese Säule niedriger zu machen als die dorische. Sie sollte deshalb meiner Ansicht nach zusammen mit Basis und Kapitell aus sechs Teilen bestehen."

Ungeachtet dieser nach den Proportionen "niedrigsten" Einstufung wird die tuskanische Ordnung – nach Serlio "die solideste und am wenigsten ausgeschmückte Ordnung, also [...] die rustikalste, kräftigste und am wenigsten verfeinerte und grazile" – dennoch mit allen äußeren Merkmalen ausgestattet, die eine "echte" Ordnung aus ihr machen. Der Bologneser Theoretiker setzt auch als erster kanonisch einen Sockel unter den Komplex von Gebälk und Säule in Analogie zu dem, was bereits allgemein mit den übrigen kanonischen Ordnungen geschah; und ebenfalls erstmalig wird orthodoxerweise nun zwischen Architrav und Gesims bewußt ein Fries eingefügt, der nach den Regeln Vitruvs in den "*tuscanicae dispositiones*", wie oben gesagt, fehlte.

Das Wichtigste war damit geleistet. Vignola sorgte ein Vierteljahrhundert später dafür, daß die tuskanische Ordnung in ihrer Höhe "wiedereingegliedert" wurde, indem er ihr erneut auf einer Ebene mit der dorischen und der Vitruvschen Säule ein Höhenverhältnis von 1:7 beimaß. Aus theoretischer Redlichkeit wies er dabei selbst auf den "artifiziellen Charakter" seiner Vorgehensweise hin: "Da ich unter den Antiken Roms keine tuskanische Ordnung fand, die ich als kanonisch hätte verwenden können wie die anderen vier Ordnungen – die dorische, die ionische, die korinthische und diejenige mit Kompositkapitellen –, habe ich mich auf die Autorität Vitruvs gestützt, der im siebten Kapitel seines vierten Buches schreibt, daß die tuskanische Säule zusammen mit Basis und Kapitell als Höhe sieben Mal das Maß ihres Durchmessers haben muß. Für den Rest der Ordnung, also Architrav, Fries und Gesims, scheint es mir am besten, die Regel, die ich bei den anderen Ordnungen gefunden habe, zu befolgen."

Entsprechend stuft Andrea Palladio in der "Hierarchie" der Ordnungen die tuskanische ebenfalls zuunterst ein; er beurteilt sie als "die reinste, einfachste aller Ordnungen der Architektur, da sie in sich etwas von den Anfängen der Antike trägt und es ihr an all den Ausschmückungen fehlt, die die anderen Ordnungen anschauenswert und schön ma-

DER BOGEN UND DIE TUSKANISCHE SÄULE

Aufriß des Kolosseum (Detail)
Zeichnung von Louis-Joseph Duc
von 1831
Paris
École Nationale Supérieure des Beaux-Arts

chen." Trotzdem bietet er im folgenden mit bezeichnender philologischer Akribie in zwei graphischen Schemata seines Traktats zwei unterschiedliche Versionen der tuskanischen Ordnung an: die Vitruvsche mit runder Plinthe an der Basis, hölzernem Architrav, Auslassung des Frieses und aggressiv vorspringenden Mutuli am Gesims und die "moderne" Ordnung, bei der ein Sockel und eine quadratische Plinthe an der Basis eingefügt sind (Serlio hatte, wiewohl die Erhebung der tuskanischen in den Stand einer Ordnung auf ihn zurückging, als Säulenbasis doch Vitruvs runde Plinthe beibehalten), außerdem ein Fries oberhalb des Architravs (noch dazu mit einem Wulst) sowie ein sehr schwach vorspringendes Gesims.

In seiner *Summa* des Wissensstandes der Spätrenaissance erinnert Vincenzo Scamozzi daran, daß "die Tuskaner in ihre Bauweise ein Moment der Schwere einzubringen pflegten, diese Bautradition aber sehr einfach und rein blieb, begleitet von großer Robustheit": eine Strenge und Bescheidenheit, die den Theoretiker jedoch nicht davon abhalten, die Höhe der Säulen beträchtlich zu steigern, welche "siebeneinhalb Module hoch sein müssen und durchaus auch acht Module erreichen dürfen."

Archaik, Robustheit und Strenge sind die semantischen Attribute, mit welchen die italienische Renaissance in prägender und kraftvoller Entschlossenheit das rauhe Antlitz dieser ausgesprochen zweckbestimmten Ordnung gestaltet, und auf seinem Weg hin zum Klassizismus scheint sich das Europa des 16. Jahrhunderts fast darin zu gefallen, die grobschlächtigsten und bodenständigsten Aspekte dieses "Parias" unter den achitektonischen Ordnungen auf die Spitze zu treiben.

Doch gerade ihrer abweisenden Archaik wegen hat die mit den Bewohnern der antiken *Etruria regalis* Dempsterschen Angedenkens verknüpfte tuskanische Ordnung auch außerordentliche Glücksphasen erlebt. Indem man sie am Anfang des 16. Jahrhunderts sowohl mit der Fabelgestalt des Janus-Noah in Verbindung brachte (der nach dem historiographischen Mythos des Annio da Viterbo auch die westlichen Lande der nachsintflutlichen Toskana mit Scharen auserwählter Söhne Israels wiederbevölkert haben soll), als auch mit den mythischen Gestalten der Lukumonen-Könige, die Etrurien regiert haben sollen (einem ebenso glorreichen wie historisch inexistenten Geschlecht, das aber der hagiographischen Geschichtsschreibung der Medici aus nachvollziehbaren Gründen sehr am Herzen lag), wurde diese Ordnung zum architektonischen Symbol des Großherzogtums Toskana, als dieses gerade seine Phase des politischen Erfolgs erlebte, und stieg insbesondere unter Cosimo I. sogar zu einer veritablen "nationalen" Ordnung auf. Diese Erfolgsgeschichte sollte noch lange Zeit fortdauern, da die tuskanische Ordnung, gerade weil am unteren Ende des Systems der Ordnungen angesiedelt, noch im 18. Jahrhundert ein fruchtbarer Boden für sämtliche Schärfen (aber auch sämtliche theoretischen Untersuchungen) der Antiken-Polemik zwischen "Romanisten" und "Graecophilen" war.

BIBLIOGRAPHIE:
L.B. Alberti, Florenz 1485; *L'Architettura di Leonbattista Alberti tradotta in lingua fiorentina da Cosimo Bartoli* [...], Florenz 1550; *L'Architettura di M. Vitruvio Pollione* [...], Neapel 1758; J. Barozzi da Vignola, Rom 1562; *I dieci libri dell'architettura di M. Vitruvio* [...], Venedig 1567; *Los diez libros de Architettura de M. Vitrubio Pollion* [...], Madrid 1787: *La fortuna degli Etruschi* (Ausstellungskatalog), Mailand 1985; R. Krautheimer, Münchner Jahrbuch der Bildenden Kunst 12, 1961, 65-72; *Leon Battista Alberti. L'Architettura*, Mailand 1966; G. Morolli, Florenz 1985; ders. in: *La fortuna degli Etruschi* (Ausstellungskatalog), Mailand 1985; ders., Florenz 1986; ders., Florenz 1988; ders. in: Kongreßakten Florenz, 1989; A. Palladio, Venedig 1570, G. Piranesi, Rom 1761; ders., Rom 1765; ders., Rom 1769; *Santuari d'Etruria* (Ausstellungskatalog), Florenz-Mailand 1985; V. Scamozzi, Venedig 1615; J. Shute, London 1563; Vitruv, Darmstadt 1981, M. Vitruvius per Jocundum solito castigatior factus [...], Venedig 1511.

Die Figur des Gelagerten auf dem Sarkophag

Bernard Andreae

Bronzeurne in Form einer Statue aus Perugia
Ansicht von vorn und Detail der Rückseite
(nebenstehende Seite)
Um 400 v. Chr.
St. Petersburg, Eremitage
Kat. 533

Einer der wichtigsten Beiträge der etruskischen Kunst zur Grabplastik der römischen Kaiserzeit und der Renaissance ist die Darstellung der Verstorbenen in lagernder oder halbaufgerichteter Haltung auf ihren in der Form einer Liege gestalteten Grabmonumenten (E. Panofsky, *Grabplastik*, Köln 1964, 30-33). In den etruskischen Gräbern findet man im wesentlichen drei Arten der Bestattung. Erstens die Aufbewahrung des Leichenbrandes in kurzen, gedrungenen Aschenurnen verschiedener Form, unter denen hier vor allem diejenigen interessieren, deren Deckel eine Liege für das plastisch dargestellte Abbild des Toten bilden. Zweitens längliche Sarkophage, von denen nicht wenige eine ähnliche Gestaltung bieten. Drittens wurden die Toten, als wären sie noch lebendig, in zurückgelehnter Haltung mit ihren Kleidern und ihrem Schmuck auf Ruhebetten in den Grabräumen angeordnet. Aus diesem eigenartigen Brauch scheint sich die plastische Verewigung des Verstorbenen auf den Deckeln von etruskischen Urnen und Sarkophagen entwickelt zu haben. Dabei ist allerdings zu berücksichtigen, daß es auch in Griechenland die Form des auf den Ellenbogen gestützten, in halbaufgerichteter Haltung ruhenden Teilnehmers an einem Mahl sowohl in der sakralen und profanen als auch in der sepulkralen Kunst gegeben hat (J.M. Dentzer, *Le Motif du Banquet couché dans le Proche*

Ehepaarsarkophag aus Cerveteri
Letzte Jahrzehnte des 6. Jahrhunderts v. Chr.
Ansicht von vorn und Detail des Paares
(nebenstehende Seite)
Rom, Museo Nazionale di Villa Giulia

Orient et le monde grec du VIIe au VIe siècle av. J. C., Paris 1982). In der etruskischen Kunst erhält der Typus aber eine eigene, sich fortentwickelnde und fortwirkende Ausgestaltung, die an einer chronologischen und typologischen Reihe von Denkmälern erläutert werden soll.

Zu den berühmtesten Werken etruskischer Kunst und zu den frühesten der hier behandelten Gattung zählt das in Terrakotta modellierte Grabmonument eines Paares auf einem Ruhebett aus Cerveteri im Museo della Villa Giulia und sein Gegenstück im Louvre. Das Monument ist mit 1,91 m Länge so groß wie ein Sarkophag und mußte deshalb aus vier Teilen zusammengesetzt werden. Es gibt Forscher (H. Jucker in: *Propyläen Kunstgeschichte* 1, Berlin 1967, 322 Abb. 407), die annehmen, daß es sich nicht um einen Behälter für den Leichenbrand, sondern um ein reines Denkmal der in voller Gestalt verewigten Toten handelt, doch ist dies eher unwahrscheinlich, denn es gibt noch etwas ältere Aschenurnen (z. B. G. Proietti, *Il Museo Nazionale Etrusco di Villa Giulia*, Rom 1980, Abb. 167 u. 168) von gedrungener, nur ein Drittel an Größe messender Form, die als Modell für die monumentalisierten Exemplare in der Villa Giulia und im Louvre gedient haben könnten. Auf jeden Fall enthalten alle diese Exemplare einen Hohlraum, und so

dürfte die Verwendung als Aschenbehälter und Grabmonument zugleich die wahrscheinlichste sein. Die Fundumstände des seit 1898 bekannten Sarkophags in der Villa Giulia sind nicht bekannt, aber das Exemplar im Louvre, bei dem noch zahlreiche Spuren der ursprünglichen Bemalung erhalten sind, stammt aus einem der großen Grabtumuli in Caere, und das gleiche dürfte auch für das andere Exemplar gelten, das auf jeden Fall in Caere gefunden wurde, weil die 400 Fragmente, aus denen es wieder zusammengesetzt werden konnte, aus dem Besitz der Ruspoli in Cerveteri angekauft wurden.

Diese Grabmonumente galten früher als Werke eines ionischen Künstlers, und es kann kein Zweifel sein, daß sie unter ionischem Einfluß entstanden, aber in ihrem Kunstwollen sind sie rein etruskisch, wie ein Vergleich mit verwandten Bankettszenen in griechischen Malereien (vgl. Tomba del Tuffatore, Paestum, Museo Nazionale, M. Napoli, *La Tomba del Tuffatore. La scoperta della grande pittura greca*, Bari 1970; Grabmalereien des Tumulus von Kizilbel bei Elmali in Südwestanatolien, E. Paschinger, *Zur Ikonographie der Malereien im Tumulusgrab von Kizilbel aus etruskologischer Sicht*, Österreichische Jahreshefte 56, 1986, Beiblatt 1-48; vgl. M.F. Briguet, *Le sarcophage des Epoux de Cerveteri du Musée*, Paris 1988, 58-60) und Beispielen der Kleinkunst offenbart. Die Unterordnung der Körperlichkeit unter den Ausdruck von Bewegung und Linien, durch die erst die Innigkeit des Zusammenseins dieses Paares anschaulich wird, ist ungriechisch. Gemeint ist das Verfließen der Unterkörper in einer langgestreckten, flachen Aufwölbung, bei der nur die Umrißlinie, die Faltenanordnung und die plastische Ausformung der in weichen Schnabelschuhen steckenden Füße der Frau und der nackten des Mannes diesen Teil der Körper als solchen erkennen läßt. Es bleibt eine Eigenart der Grabmonumente dieser Art im ganzen Verlauf der etruskischen Kunst, daß der Oberkörper und das den Ausdruck beherrschende Haupt größer und im anatomischen Sinn proportionierter wiedergegeben werden als der geradezu schrumpfende Unterkörper. Das ermöglichte den Künstlern, die Gestalten in ausdrucksvoller Biegsamkeit und sprechender Gestik darzustellen.

Bei einem der ältesten bekannten Denkmäler dieser Art, einer Caeretaner Urne in der Villa Giulia, ist die Frau dem Betrachter frontal zugewandt, ihr Oberkörper richtet sich senkrecht auf, der Mann, dessen Oberkörper schräg dazu erscheint, überragt sie mit Schultern und Haupt und blickt liebevoll auf sie hinab, während er seinen rechten Arm um ihren Hals und die Hand auf ihre Schulter legt und die Linke flach ausstreckt. Wozu diese Gebärde diente, zeigt ein Urnendeckel mit einer isolierten Frau, die Nardenöl aus einem Parfümfläschchen in Form eines Alabastrons auf die Handfläche gießt. Die ganze Kunst ist in diese das Paar verbindende Handlung und in die Körpergebärde gelegt, nicht in die Ausformung anatomisch richtiger Proportionen. Diese hätten solche expressiven Verformungen nicht zugelassen, die gerade den Reiz etruskischer Darstellungen ausmachen. Wahrscheinlich hielt die Frau, deren rechter Unterarm bei der Caeretaner Urne der Villa Giulia abgebrochen ist, ein Parfümfläschchen in der Hand, und die Gebärde des Gatten forderte sie auf, ihm die wohlriechende Flüssigkeit auf die Handfläche zu träufeln.

Insgesamt betrachtet sind die Wiedergaben von Ehepaaren auf solchen Klinenmonumenten selten, meistens sieht man einzelne Figuren. Man ging wohl davon aus, daß die Menschen einzeln starben und zu verschiedenen Zeiten in eigenen Behältern beigesetzt wurden. Was die Gegenstände angeht, die den Abbildern der Toten in die Hand gegeben

*Deckel eines römischen Sarkophags aus Ostia
Anfang 2. Jahrhundert n. Chr.
Kopenhagen, Ny Carlsberg Glyptotek
Kat. 228*

wurden, so sind sie nach dem Geschlecht ziemlich eindeutig unterschieden (S. de Marinis, *La tipologia del banchetto nell'arte etrusca arcaica*, Rom 1961; H. Wrede, *Stadtrömische Monumente, Urnen und Sarkophage des Klinentypus in den beiden ersten Jahrhunderten n. Chr.*, Archäologischer Anzeiger 1977, 395-431): Frauen tragen Gegenstände der Toilette, außer den schon erwähnten Parfümfläschchen Fächer, Klappspiegel, aber auch Blüten und Granatäpfel zumeist in der ausgestreckten Rechten, Männer zunächst auch mit der Rechten häufig Trinkgefäße wie Skyphos, henkellosen Napf, Rhyton, Schale, die bei Frauen nie begegnen, seit dem 2. Jahrhundert auch Schreibtafeln und Buchrollen. Der Oberkörper der Männer ist meistens nackt, die Frauen sind immer bekleidet.

Als Gesamtphänomen ist die Darstellung der Toten als in ihrer physischen Wirklichkeit verewigte Teilnehmer an einem ewigen Gelage vom 6. bis zum 1. Jahrhundert v. Chr. in der etruskischen Grabplastik eine Kunstübung von niemals vorher dagewesener Art. Diese Verstorbenen transzendieren nicht. Im Verlauf der fünfhundertjährigen Entwicklung wechselt die Haltung nach und nach von archaischer Starrheit zu biegsamer Entspannung. In jedem Fall sind «die Verstorbenen wiedergegeben, als hätten sie niemals aufgehört und würden niemals aufhören zu leben» (E. Panofsky, *Grabplastik*, Köln 1964, 33). Diese Art, die mutmaßlich im Jenseits die Verstorbenen erwartende Glückseligkeit nicht bloß zu illustrieren, wie man dies auch von der ägyptischen und griechischen Grabkunst kennt, sondern ihre lebenden Erscheinungen handgreiflich im Grabe zu vergegenwärtigen, so wie man die Toten selbst, schön gekleidet und geschmückt wie Lebende, zu einem geisterhaften Gastmahl auf die Grabklinen lagerte, das ist eine etruskische Eigenart, die erst die Römer und später auch die Renaissance so tief beeindruckte, daß diese Zeiten es ihnen gleichtaten. Jedenfalls wurde diese Art den Römern, die sie in zahllosen Grabmonumenten verwirklichten, nicht von den Griechen überliefert. Die Frage ist, wie man den Zusammenhang mit etruskischen Vorbildern beweisen kann?

In der römischen Grabkunst ist der Typus des Klinendenkmals seit augusteischer Zeit belegt (G. Koch, *Römische Sarkophage, Handbuch der Archäologie*, München 1982, 58 ff.). Da die spätesten etruskischen Denkmäler schon um 80 v. Chr. aufhören, ist ein ununterbrochenes Fortleben nicht gesichert, es muß sich (nicht anders als in der Renaissance) entweder um eine erneute Erfindung oder um eine Wiederaufnahme handeln. Für die letztere Annahme sprechen die folgenden Gründe.

*Grabmal des Don Martin Vazquez de Arce
Um 1488
Sigüenza, Kathedrale*

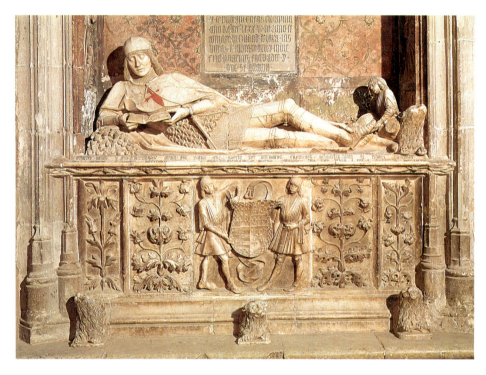

Auf späten etruskischen Urnen setzt sich der Brauch durch, daß die Verstorbenen die Gefäße in der linken Hand halten, und so bleibt es dann immer in der römischen Kaiserzeit. Auf späten etruskischen Urnen tragen die Verstorbenen nicht selten eine Handgirlande in der Rechten, wie es auch häufig bei römischen Klinenmonumenten der Fall ist, zum Beispiel auf dem wahrscheinlich frühesten erhaltenen kaiserzeitlichen Sarkophagdeckel mit gelagertem Verstorbenen aus Rom in Kopenhagen. Nach der Frisur des Mannes ist er noch in trajanische Zeit, also vor 117 n. Chr. zu datieren.

Monumente dieser Art dürften Künstlern der Renaissance bekannt gewesen sein, denn plötzlich, gegen Ende des Quattrocento, nachdem es im ganzen Mittelalter keine vergleichbare Darstellung gegeben hatte, kommen in Spanien und Portugal, in Frankreich, in Italien, im Deutschen Reich, in England und Skandinavien in zunehmender Zahl wieder Grabdenkmäler vor, die den Verstorbenen in voller Gestalt auf seinem als Liege gestalteten Grabmal in halbaufgerichteter, auf den Ellenbogen gestützter Position zeigen. Eines der ältesten, wenn nicht das früheste, ist das Grabmal des Don Martin Vasquez de Arce in der Kathedrale von Siguenza. Es wird um 1488 datiert und zeigt den Ritter in Panzer und Kettenhemd. Sein Arm stützt sich auf einen Stoß Lorbeerblätter, und er liest in einem Stundenbuch. Die zarte Melancholie und die gelassene und doch gesammelte Haltung knüpfen an antike Denkmäler an, ohne daß man den Weg genau kennt, auf dem die Anregung nach Kastilien gelangte. Gewiß haben sich solche Grabmäler in der Renaissance auch gegenseitig beeinflußt, wie man von Sansovinos Grabmälern für Girolamo Rosso und Ascanio Sforza in Santa Maria del Popolo in Rom aus dem Jahre 1505 weiß (*Roma, Santa Maria del Popolo* [ohne Autor], S. 22-23). Sansovino hatte Siguenza nachweislich bei seinem Spanienaufenthalt besucht. Auch bei dem Grabmal des Admirals Philippe Chabot aus der Eglise des Célestins in Paris, das sich jetzt im Louvre befindet, ist der Einfluß eher über Monumente des italienischen Manierismus nach Frankreich gelangt als direkt von einem antiken Beispiel genommen. Aber ein Monument in Italien, das im Zusammenhang mit dem Grabmal Bontemps im Louvre genannt wird, nämlich das Grabmal des Angelo Marzi-Medici in SS. Annunziata in Florenz von 1546, stammt von einem Künstler, Francesco da Sangallo, der, seit er als Kind bei der Entdeckung des Laokoon anwesend war, eifrig Antikenstudium betrieben hat und in diesem Grabmal in der Toskana den etruskischen Bildhauerstil in verblüffender Weise getroffen hat. Das eingefallene Altmännergesicht, der hochgeworfene Kopf, der gespreizte Zeige- und Mittelfinger an der herabhängenden Hand, der knittrige Faltenstil rufen unmittelbar etruskische Vorbilder in den Sinn, und nur die Bischofstracht und die Mitra machen deutlich, daß man in diesem Bischof von Assisi keinen alten Etrusker, sondern einen Toskaner der Renaissance vor sich hat. Renaissance ist hier wörtlich zu nehmen. Es ist eine Wiedergeburt eines bedeutenden etruskischen Motivs und überdies in einem deutlich etruskisch geprägten Stil.

Francesco da Sangallo
Grabmal des Angelo Marzi Medici
1546
Florenz, Santissima Annunziata

BIBLIOGRAPHIE:
S. De Marinis, Rom 1961; J. M. Dentzer, Paris 1982; H. Jucker in: *Propyläen Kunstgeschichte* 1, Berlin 1967, 322; G. Koch in: *Handbuch der Archäologie*, München 1982, 58 ff.; M. Napoli, Bari 1970; E. Panofsky, Köln 1964, 30-33; E. Paschinger, Österreichische Jahreshefte 56, Beiblatt, 1986, 1-48; E.G. Proietti (Hrsg.), Rom, Abb. 167 u. 168; E. Wrede, Archäologischer Anzeiger, 1977, 395-431.

Überlegungen zu etruskischen und mittelalterlichen Dämonen

Horst Blanck

*Hades und Persephone wohnen einem Symposion bei
Orvieto, Tomba Golini I*

Gegen Ende des 5. Jahrhunderts v. Chr. erfuhr das Repertoire der etruskischen Grabkunst einen Wandel. Der sepulkrale Charakter der neuen Darstellungen, die nun häufig Motive aus der griechischen Mythologie, die Gestalt des Beamten mit seinem Gefolge oder auch einfache Begrüßungs- und Abschiedsszenen zeigen, wird durch Gottheiten der Totenwelt und Todesdämonen, die den Hauptfiguren zugeordnet sind, deutlich zum Ausdruck gebracht. G. Camporeale geht in diesem Band darauf ein. Für diese Wesen aus der Unterwelt bildet sich eine eigene Ikonographie heraus: Beim Herrscherpaar des Totenreichs wird Hades durch den Balg eines Wolfskopfs, den er auf dem Haupt trägt, sowie durch einen Speer mit Schlange gekennzeichnet, Persephone trägt ein Szepter, das von einem Vogel bekrönt ist (Tomba Golini I). Charun, der am häufigsten dargestellte Dämon, hält als sein typisches Attribut einen großen Hammer mit zwei flachen Seiten. Er ist hakennasig, hat ein bläuliches Inkarnat und trägt einen langen, ärmellosen Chiton und eine konische Kopfbedeckung (Tomba François), häufiger aber einen kurzen Chiton und kurze Stiefel, aus denen sich gelegentlich züngelnde Schlangen winden. Ein weiterer männlicher Dämon ist der geflügelte Tuchulcha. Man sieht ihn mit Schlangen in den Händen und mit einem Geierschnabel an Stelle der Nase (Tomba dell'Orco). Die ebenfalls geflügelte Vanth ist der häufigste weibliche Todesdämon. Mit einem langen Chiton kann sie ein hoheitsvolles Aussehen annehmen (Tomba François). Besonders in der hellenistischen Epoche wird sie allerdings gern mit Stiefeln, kurzem Chiton und über der Brust gekreuzten Bändern dargestellt. In den Händen hält sie eine Schlange, oft auch eine Fackel oder ein Schwert, und sie erscheint auch mit nacktem Oberkörper. Über die anthropomorphen Dämonen der Unterwelt hinaus, von welchen hier nur die verbreitet-

Charun und Vanth wohnen der Opferung trojanischer Gefangener bei aus der Tomba François in Vulci

sten genannt wurden, ist die etruskische Grabkunst äußerst reich an Monstern wie Greifen, Seepferden, Meeresdrachen, der Skylla, Typhonen u. a. Alle diese Wesen sind das Ergebnis einer Genese, an der sowohl archaische etruskische Prototypen als auch griechische Einflüsse beteiligt waren. Innerhalb der an phantastischen Tieren wie Greifen oder vor allem Meerwesen durchaus reichen römischen Grabkunst fanden die etruskischen anthropomorphen Dämonen kein Weiterleben und scheinen sogar bei den Künstlern in Vergessenheit geraten zu sein.

Erst einige Jahrhunderte später entsteht erneut eine Dämonologie im Rahmen der mittelalterlichen christlichen Kunst. Die Geister der Versuchung, der Sünde und des Bösen peinigen nun den Menschen, und ihnen gab man die Gestalt des Teufels oder von Ungeheuern und grauenerregenden Tieren wie Drachen, Schlangen, Basilisken, Greifen, Lö-

Charun und Vanth aus dem Grab der gens Anina in Tarquinia

Tuchulcha Fresko aus der Tomba dell'Orco II in Tarquinia

ETRUSKISCHE UND MITTELALTERLICHE DÄMONEN

Detail aus "Triumph des Todes"
Pisa, Camposanto

ETRUSKISCHE UND MITTELALTERLICHE DÄMONEN

Szene aus der Apokalypse
Ms. Mm. 5/31 fol. 76 r°
Cambridge, University Library

Szene aus der Apokalypse
Ms. fr. 403 fol. 14 v°
Paris, Bibliothèque Nationale

Amphora der Vanth-Gruppe
Detail
Orvieto, Museo Faina

wen usw. Der Teufel selbst – in einem einzigen Bildkontext können auch mehrere Teufel zugleich auftreten – nimmt verschiedenerlei Gestalt an: von Tieren, von einem kleinen, dunklen Männchen mit Flügeln (vom Typ des *eidolon*) oder von einem entsetzlich aussehenden und ebenfalls dunklen Muskelmann. Er erscheint aber auch in der Figur einer schönen Frau als dem Symbol der Versuchung. Die Dämonen und die Teufel verfolgen die Lebenden, sie bedrängen die Seelen auf ihrem Weg ins Paradies und peinigen die Toten in der Hölle. Auch der personifizierte Tod wird dargestellt, als Satyr, als ausgemergelter Leichnam und als Gerippe, letzteres allerdings nicht vor dem 15. Jahrhundert. Am reichsten und eindrucksvollsten äußert sich die mittelalterliche Dämonologie in den Szenen von Christi Abstieg in die Hölle und in Darstellungen der Apokalypse und des Jüngsten Gerichts. Zur Dämonen-Ikonographie trug in einer ersten Phase (6./7. Jahrhundert) im wesentlichen der Orient (Ägypten, Syrien und Kleinasien) bei. Später entwickelte der Westen diese Formen (Teufel, wirkliche und phantastische Tiergestalten) weiter und fügte noch weitere neu hinzu (z. B. bestimmte Darstellungen des Todes), bis schließlich im Trecento grandiose Werke allein zu dieser Thematik geschaffen wurden, wie der "Trionfo della Morte" im Camposanto von Pisa.

In seiner Monographie *Etruskische Malerei* von 1921 vertritt der Archäologe Fritz Weege geradezu hartnäckig den Gedanken eines direkten Einflusses der etruskischen Dämonen-Ikonographie auf zahlreiche Darstellungen des Mittelalters und der Renaissance in Mittelitalien, vor allem in der Toskana, die dann ihrerseits sogar bis in Goethes Faust hinein ausgestrahlt haben sollen. In den Köpfen einiger Teufel des "Trionfo della Morte" in Pisa sieht Weege nahezu eine Identität mit dem Haupt Tuchulchas mit seinem Raubvogelschnabel in der Tomba dell'Orco, während das Gesicht der Gestalt des Todes mit seiner krummen Nase ihn an den Kopf bestimmter Charundarstellungen erinnert. Den Kopf einer anderen Version des Charun, den er wegen der Ähnlichkeit seines Gesichts mit einem Affen als "Meerkatzentyp" bezeichnet, findet Weege nicht nur in einem Dämon des pisanischen Gemäldes sehr ähnlich wieder, sondern auch im Fresko mit Christus im Limbus in der Capella degli Spagnuoli in S. Maria Novella in Florenz. Der Luzifer in der Hölle von der Fassade des Doms von Orvieto soll den Kopf in gleicher Weise von Schlangen umgeben haben wie die Dämonen in der Tomba del Tifone in Tarquinia. Dieses sind nur einige der von Weege angeführten Beispiele.

Hinsichtlich der Behauptungen Weeges, die auch in der neueren archäologischen Literatur wiederholt aufgegriffen wurden, scheint allerdings eine gewisse Vorsicht angebracht, setzen sie doch eine unmittelbare Kenntnis der etruskischen Monumente (Vasen, Sarkophage, Urnen und vor allem ausgemalte Gräber) seitens der toskanischen Künstler voraus. Diese ist zwar nicht völlig auszuschließen, im Gegenteil, wir besitzen beispielsweise Zeugnisse von Funden antiker Vasen in Arezzo im 13. Jahrhundert oder einen Bericht von der Entdeckung eines Grabes mit Urnen bei Volterra im Jahre 1466. Wenn wir aber allein das Beispiel der Dämonen mit Geierschnäbeln aus dem pisanischen Gemälde heranziehen, so ist ein überzeugender Vergleich eigentlich nur mit dem Tuchulcha aus der Tomba dell'Orco möglich (vorausgesetzt, die Nachzeichnung von 1869 ist auch tatsächlich zuverlässig, da heute der Kopf fast vollständig zerstört ist). Es wäre nun wirklich ein seltsamer Zufall, wenn dieses Grab in Tarquinia (oder vielleicht ein anderes, uns unbekanntes Vorbild) dem im Trecento in Pisa tätigen Maler Francesco Traini bekannt gewesen sein sollte. Vor allem lassen sich zahlreiche mittelalterliche Dämonenabbildungen aufzählen, die, wie groß ihre Ähnlichkeit mit etruskischen Bildern auch sein mag, den-

Szene aus der Apokalypse
Ms. theol. lat. 2° 561, fol. 47 r°
Berlin, Staatsbibliothek

noch nur mit geringster Wahrscheinlichkeit von diesen abgeleitet werden könnten, da diese Kunstwerke in Gegenden geschaffen wurden, die von den etruskischen viel zu weit entfernt sind. In einer Apokalypsendarstellung, die 1245/55 in England entstand, sieht man den Herrscher der Abgründe Abbadon als geflügelten Ritter abgebildet. Sein Haupt ist einschließlich seiner Kopfbedeckung (in diesem Fall der typische Hut der Juden) nahezu identisch mit dem Charun aus der Tomba François, die 1857 entdeckt wurde. Der geflügelte Drachen mit den Vogelklauen, der auf einem sächsischen Codex des 13. Jahrhunderts abgebildet ist, erinnert an zwei etruskische Vasen aus der "Vanth Gruppe" mit sehr ähnlichen Wesen, die die Biga Persephones ziehen. Die Figur des anthropomorphen Adlers in einer weiteren apokalyptischen Szene aus einem lombardischen Codex des 12. Jahrhunderts läßt sich sehr gut mit dem geflügelten Dämon einer etruskischen Vase in den Vatikanischen Museen (Inv.-Nr. Z 74) vergleichen. Für die vielen Teufel mit Raubvogelschnäbeln an Stelle der Nase finden wir bereits in einem Fresko aus dem 9. Jahrhundert in Kastoria in Mazedonien (Stephanskirche) ein Beispiel.

Sofern die wenigen hier ausgewählten Beispiele schon genügen, um zu belegen, daß mittelalterliche Künstler in diesen Fällen Teufels- und Drachendarstellungen geschaffen haben, die ähnlich aussehen wie die etruskischen Dämonen, ohne jedoch diese zum Vorbild zu nehmen, dann mag Gleiches auch für toskanische Maler und Bildhauer gelten. Schließlich sind die Ähnlichkeiten immer nur auf bestimmte Merkmale beschränkt und betreffen niemals die Figuren als ganze. In der gesamten Kunst des Mittelalters und der Renaissance treffen wir keinen einzigen echten, "vollständigen" und mit den charakteristischen Attributen versehenen Charun, Tuchulcha oder eine solche Vanth an. Wiewohl sie aus unterschiedlichen religiösen Vorstellungen hervorgehen, gehören sowohl etruskische wie mittelalterlich-christliche Dämonen zur Sphäre des "Negativen". Um dieses deutlich zu machen, versah man sie mit den Kennzeichen des Monströsen, Häßlichen und Beängstigenden. Von daher gibt es zwar gemeinsame Ausdrucksformen, doch dürfte es sich um voneinander unabhängige Schöpfungen handeln. An Phantasie und Formenreichtum übersteigt jedoch die mittelalterliche Dämonologie die etruskische bei weitem, welche auch stets an bestimmte Typen gebunden bleibt. Selbst als im Quattrocento mit Meistern wie den Pollaiuolos eine bewußte Beschäftigung mit der römischen und auch vorrömischen Antike nachweisbar wird, stehen die Dämonendarstellungen dennoch weiterhin in der mittelalterlichen ikonographischen Tradition. In der Folgezeit verliert dieses Thema allmählich an Beliebtheit.

BIBLIOGRAPHIE:
B. Brenk, Wien 1966; A. Chastel, Paris 1959; G. Cipriani, Florenz 1980; H. Daniel, London-New York 1964; F. De Ruyt, Rom 1934; O. A. Erich, Berlin 1931; I. Krauskopf in: LIMC III, 1986, 225 ff.; ders., Florenz 1987; A. Neppi Modona, Arte Lombarda, 1965, 13 ff.; G. Schiller, Gütersloh 1981-1991; F.-R. Shapley, The Art Bulletin 2, 1919, 78 ff.; N. Thomson de Grummond in: *Etruscan Life and Afterlife*, Warminster 1986, 18 ff.; F. Weege, Halle 1921.

Sprachliche Entlehnungen

Massimo Pallottino

Einem eigenartigen Aspekt des Erbes Etruriens blieb bislang eine angemessene Würdigung versagt. Gemeint ist die Möglichkeit, daß etruskische Wörter im lateinischen Wortschatz überlebten und so an die modernen Sprachen weitergegeben worden sein könnten. Es ginge in diesem Fall um weitverbreitete Wörter, die man ihres hohen Kulturwertes wegen nicht allein in Sprachen lateinischer Abstammung, sondern ebenso auch im gewöhnlichen Wortschatz der übrigen europäischen Sprachen antrifft, wenn auch dort oft in abgeleiteten Formen.

Die etruskische Herkunft nicht weniger lateinischer Termini, insbesondere aus technischen und anderen spezialisierten Bereichen, hatten einige Linguisten der französischen Schule, vorrangig A. Ernout vertreten. Diese Hypothese fand in Standardwerken über die lateinische Sprache, wie denen von A. Meillet, G. Devoto und L.R. Palmer, bemerkenswerten Anklang. Mit Ausnahme derjenigen Vokabeln, deren etruskische Herkunft ausdrücklich von den antiken Quellen bestätigt wird, wie beispielsweise *hister* (Histrio, Schauspieler), *itus* (Iden), *mantisa* (Hinzufügung von Gewicht) oder *subulo* (Tibicen, Flötenspieler), muß jedoch der größte Teil der einigen Dutzend Fälle, die Ernout, wenn auch unter starkem Vorbehalt, nennt, als völlig hypothetisch betrachtet werden. Die Annahme einer etruskischen Abstammung wurde vornehmlich mit formalen Kriterien, d. h. dem Vorhandensein der Endungen *-(e)na*, *-rna*, *-mna*, *-sa* und *-it-* begründet, die man nur teilweise zu Recht als typisch etruskische Suffixe ansieht. Selbstverständlich lag diesen Hypothesen stets das Fehlen einer gesicherten Ethymologie innerhalb der indoeuropäischen Sprachen zugrunde.

Die hier beispielhaft aufgeführten Wörter wurden nach den folgenden Kriterien ausgewählt: 1. möglichst hohe Wahrscheinlichkeit einer tatsächlich etruskischen Abstammung nach Meinung der Fachwissenschaft; 2. allgemein gebräuchlicher Begriff mit möglichst großer Übereinstimmung und Verbreitung innerhalb der modernen europäischen Sprachen. Diese letzte Eigenschaft macht in besonderer Weise den historisch-kulturellen Aussagewert dieser Beispiele im Rahmen der Intentionen der Ausstellung "Die Etrusker und Europa" aus. Es muß aber unbedingt daran erinnert werden, daß es sich hierbei nicht um eine endgültige wissenschaftliche Gewißheit handeln kann. Daß die von jedermann heute so häufig gebrauchten Ableitungen von Wörtern wie *forma* (Form), *littera* (Lettera, Literatur), *mundus* (mondo, mondän), *persona* (Person), *populus* (popolo, populär) einen in weiter Ferne zurückliegenden etruskischen Ursprung haben, bleibt eine Vermutung, ein Vorschlag mit einem zwar hohen Wahrscheinlichkeitsgrad, der aber nicht endgültig zu verifizieren ist.

In der vergleichenden Tabelle, die hier vorgestellt wird, ist beabsichtigt, knapp die erforderlichen Daten anzugeben, um die Wahrscheinlichkeit der Ableitungen nachvollziehen zu können. In der ersten Spalte sind die Elemente angegeben, die für den Vergleich sprechen: Zunächst also das etruskische Originalwort (dessen Bedeutung jedoch unsicher sein kann), sofern es existiert, oder aber eine hypothetische Rekonstruktion von ihm. Dazu eventuelle Beispiele gleichklingender Ausdrücke, insbesondere Namensvergleiche, sowie weitere Angaben im Fall griechischer Wörter, die über das Etruskische ins Lateinische gelangt sind.

VOM ETRUSKISCHEN ZUM LATEINISCHEN UND ZU DEN MODERNEN SPRACHEN

BEKANNTE ODER VERMUTETE ETRUSKISCHE FORMEN UND VERGLEICHBARE NAMEN	LATEINISCHES WORT	MODERNE FORMEN ODER DERIVATE
Eigennamen *Autu*, *Autamene* (?)	*autumnus*	*autunno, automne, autumn*
caθnai, caθnal, caθnis, catneis, catnis (Mumie von Zagreb)?; Eigenname *Catni*	*catena*	*catena, chaîne, chain,* Kette usw.
von dem griechischen μορφή mit Lautumstellung?	*forma*	*forma, forme, form,* Form usw.
von dem griechischen διφϑέρα	*littera*	*lettera, lettre, letter, Literat, literarisch* usw.
Endung auf -it, wie bei *satellit-*?	*milit-*	*milite, militaire, militer, military, Militär* usw.
munθ (CIE 5470), Namen aus der Mythologie *Munθu, Munθuχ, Munθχ*	*mundus*	*mondo, monde, mondial* usw.
Φersu (CIE 5328, 5455) von dem griechischen πρόσωπον	*persona*	*persona, personne, person,* Person usw.
*puple? Eigennamen *Pupli, Puplies, Puplina* usw.; Städtename *Pupluna* (Populonia)	*populus, publicus*	*popolo, peuple, people, populaire, popular, populär, pubblico, public, publik* usw.
zatlaθ (CIE 5106)	*satellit-*	*satellite, Satellit* usw.

Vorgeschichtliche Beziehungen zwischen Italien und Zentraleuropa

241. Kultwagen mit Becken

Bronze, gegossen
H 29,5 cm; Dm des Stützrings 18 cm
Rom, Museo Nazionale di Villa Giulia
Inv. 57022/2
Aus Bisenzio, Olmo Bello, Fossagrab II

Ein Becken liegt in einem bandförmigen Stützring, der auf einem kleinen Wagen montiert ist. Auf den Verbindungsstreben zwischen den Beinen befinden sich Menschen- und Tierstatuetten, die in anschaulicher und lebendiger Weise verschiedene Aspekte des Lebens einer villanovianischen Siedlung zeigen. Der Typus und die realistische Darstellung lassen eine Nähe zu den Wagen von Lucera und Strettweg vermuten.
Drittes Viertel 8. Jahrhundert v. Chr.

E. Woytowitsch, München 1978, 58-60 Nr. 127 Taf. 24; G. Camporeale, Rom 1984, 17-19, 26 f.; Taf. Ia, IIIc.

242. Kultwagen

Kopie des Römisch-Germanischen Zentralmuseums Mainz (Kunstharz; mit neuer Rekonstruktion), Original aus Bronze. H 22,6 cm; L 48 cm; B 32,5 cm
Original in Graz, Steiermärkisches Landesmuseum Joanneum, Inv. 2000
Aus Strettweg bei Judenburg (Obersteiermark)

Prunkstück der Ausstattung eines hallstattzeitlichen Fürstengrabes, das auch mediterrane Importstücke enthielt. Der Wagen ist eine einheimische Arbeit, zeigt jedoch griechisch-etruskischen Einfluß. Dargestellt ist eine Kult- oder Opferprozession. Solche "Kesselwagen" waren in der Spätbronzezeit in Mitteleuropa, Griechenland und Italien verbreitet.
7. Jahrhundert v. Chr.

L. Aigner Foresti, 1980, 19 ff. Taf. 5 f.; M. Egg in: "Archäologie Österreichs" 2/2, 1991, 25 ff.; ders., *Das Fürstengrab von Strettweg in der Obersteiermark* (im Druck).

243. Krieger von Lozzo

Bronze, Vollguß
H 6,7 cm
Este, Museo Nazionale Atestino
Inv. 42745
Aus Este, Scolo di Lozzo

Nackte, stehende Statuette, deren villanovianischen Waffen besonders hervorgehoben sind: Schwert, großer elliptischer Schild, Kalottenhelm mit hohem, spitzem Kamm. Sie gehörte wahrscheinlich zu einer Applique einer Bronzearbeit, die möglicherweise aus dem nordtyrrhenischen Raum als Geschenk für einen aristokratischen Krieger nach Este importiert wurde.
Zweite Hälfte 8. Jahrhundert v. Chr.

L. Calzavara Capuis in: *Gli Etruschi a nord del Po* (Ausstellungskatalog) I, Mantua 1986, 91-93 Nr. 177.

244. Wagen in Tiergestalt

Bronze, gegossen
H 21 cm; L 25,5 cm
Tarquinia, Museo Nazionale, Inv. RC 678
Tarquinia, Pozzograb mit Kustodie

Phantastisches Tierwesen mit dem Körper eines Vogels und dem Kopf eines Vierbeiners, hohl, auf dem ein entsprechend geformter Deckel liegt. Der Wagen reiht sich in eine Gruppe ein, die Exemplare, z.T. auch aus Impasto, aus der Gegend von Salerno, Viterbo, aus Este und aus Canosa umfaßt. Ihr Ursprung dürfte in den Kultwagen der Bronze- und der Eisenzeit aus dem Donauraum liegen (vgl. Nr. 245). Er hat eine sehr gute Parallele in der Eremitage.
Ende 9. - Anfang 8. Jahrhundert v. Chr.

E. Woytowitsch, München 1978, 62 Nr. 135; M. G. Bettini in: *L'Etruria mineraria* (Ausstellungskatalog), Mailand 1985, 56 f. Nr. 89.

245. Vogelwagen

Bronze
L 18,5 cm
Wien, Naturhistorisches Museum
Aus Sokolac, Glasinac (Bosnien)

Gehörnter Vogel, auf vier Räder montiert; auf seinem Rücken ein ebenfalls vogelgestaltiger Deckel. Der Gegenstand war fast sicher für kultische Zwecke bestimmt. Er ist das schönste Exemplar dieser aus Zentraleuropa stammenden Gruppe von Kultwagen.
8. - 7. Jahrhundert v. Chr.

H. Hencken, Cambridge (Mass.) 1968, II, 526 f. Abb. 483 a, d; E. Lessing, München 1980, 219.

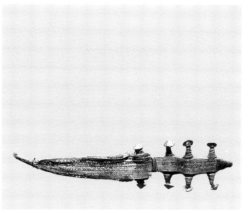

246. Kultwagen

Bronze, gegossen
H 10 cm
Wien, Naturhistorisches Museum
Aus Orastie (Transsylvanien)

Wagen und Weihrauchgefäß mit vermutlich kultischer Zweckbestimmung. Die Wiederholung der doppelten Vogelprotomenpaare auf dem Deckel, dem Behälter und dem Wagen erinnert an das Sonnenschiff und könnte eine Anspielung auf die Reise des Toten in die Unterwelt enthalten.
8. Jahrhundert v. Chr.

W. Angeli in: E. Lessing, München 1980, 16. 268 Nr. 16.

247. Dragofibel

Silber, Goldblechauflagen und mit Golddraht umwickelt
Erh. H 8,8 cm; Fuß und Nadel fehlen
Berlin, Staatliche Museen zu Berlin, Antikensammlung, Inv. Misc. 6326,99
Aus Tarquinia, Tomba del Guerriero

Bügelrahmen mit vier Querriegeln mit knopfartigen vergoldeten Enden. Auf dem Rahmen ein Band aus feinstem Goldfiligran mit Golddraht befestigt. Aus dem gleichen Grab wie der Rundschild Kat. 94. Drachenförmig, mit vier Querstäben mit Knöpfen an den Enden. Ein goldenes Band in feinster Filigrantechnik ist mit Golddraht an der bandförmigen Struktur des Körpers befestigt. Um 700 v. Chr.

A. Greifenhagen in: *Edelmetall*, I, 1970, 88 ff. Taf. 61,1; K. Kilian, Jahrbuch des Deutschen Archäologischen Instituts, 92, 1977, 37 Nr. 89.

248. Dragofibel

Bronze und Bernstein
L 5,2 cm
Alfeld, Heimatmuseum
Aus der Quelle der Apenteiche bei Winzenburg (Alfeld)

Italischer Fibeltypus der Früheisenzeit mit aufgeschobener Bernsteinperle. Teil eines Quellopferfundes in Norddeutschland.
Spätes 8. - 7. Jahrhundert v. Chr.

W. Barner, Germania 36, 1958, 177 ff. Abb. 5; F.-W. v. Hase in: Kongreßakten Rom, 1989, II, 1043 Abb. 11,1.

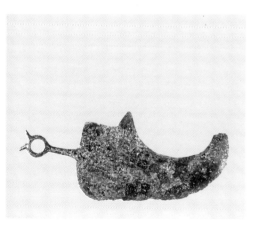

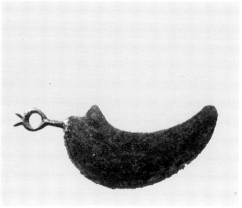

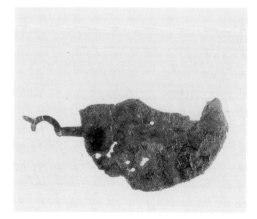

249. Rasiermesser

Bronze
L 13 cm
Florenz, Museo Archeologico
Inv. 21069
Aus Tarquinia, Selciatello di Sopra, Pozzograb 32 mit zylindrischer Kustodie aus Nenfro

Halbmondförmiges Rasiermesser vom Typus Tarquinia (nach der Typologie Bianco Peroni).
9. Jahrhundert v. Chr.

V. Bianco Peroni, München 1979, 73 Nr. 399 Taf. 32.

249 a. Rasiermesser

Bronze
L 12,5 cm; H 5,3 cm
Eisenstadt, Burgenländisches Landesmuseum
Inv. 22998
Aus St. Georgen am Leithagebirge (Burgenland, Österreich)

Halbmondförmiges Rasiermesser vom Typus Herrnbaumgarten: eine lokale Variante des Typus Tarquinia.
8. Jahrhundert v. Chr.

A. Jockenhövel, München 1971, 209 Nr. 405 Taf. 30; F.-W. v. Hase in: Kongreßakten Wien, 1992, 246 Abb. 9 Nr. 3.

250. Rasiermesser

Bronze
L 12,7 cm; H 5,5 cm
Zadar, Arheološki Muzej Zadar
Aus Nin (Dalmatien)

Halbmondförmiger Typus mit verstärktem Rücken, dessen Rundung unterbrochen ist; kleiner, glatter Griff, der in einer Öse mit kleinen Hörnchen endet. Eine lokale Variante des Typus Tarquinia.
9. - Mitte 8. Jahrhundert v. Chr.

F. Stare, Arheološki Vestnik 8, 1957, 219 Nr. 12 Taf. 5,1.

251. Helm
Bronzeblech, Dekor getrieben und graviert
H 35 cm; Dm 22,8 cm
Tarquinia, Museo Archeologico Nazionale
Inv. RC 258
Aus Tarquinia, Monterozzi-Arcatelle,
Pozzograb mit Kustodie (M3)

Variante mit spitz zulaufendem Kamm, mit getriebenen Buckelreihen und gravierten Reihen von Punkten und Dreiecken dekoriert. Der Verbreitungsraum umfaßt Südetrurien, Fermo, Sala Consilina, Santa Maria Capua Vetere und die Umgebung von Asti. Der Helm weist starke Übereinstimmungen mit den Kammhelmen der Urnenfelder-Kultur Zentral- und Westeuropas auf.
Ende 9. Jahrhundert v. Chr.

H. Hencken, Cambridge (Mass.) 1971, 85 Abb. 58; P.F. Stary, Mainz 1981, 22 f. 421 Nr. 7.

252. Kammhelm
Kalotte und Kamm aus zwei gehämmerten Bronzeblechen zusammengesetzt, die in Treibarbeit verziert und vernietet sind.
H 28 cm; Dm max. 24,5 cm
Nizza, Musée Massena
Inv. MAH arm 233; ehem. Slg. Joubert
Aus Zavadintsy (Ukraine)

Der Helm unterscheidet sich von Nr. 251 in einigen Details. Ein Fragment eines ähnlichen Helms, das in Hallstatt gefunden wurde, könnte ein wertvolles Bindeglied zwischen dem ukrainischen Helm und seinen italischen Prototypen liefern.
Hallstatt C, 8. Jahrhundert v. Chr.

H. Hencken, Cambridge (Mass.) 1971, 122 f. Abb. 93; M. Egg, Archäologisches Korrespondenzblatt 8, 1978, 37-40 Taf. 7.

253. Antennenschwert
Bronze, gegossen; Holzscheide
L 64 cm
Tarquinia, Museo Archeologico Nazionale, Inv. RC 266
Aus Tarquinia, Monterozzi-Arcatelle
Pozzograb mit Kustodie (M3)

Griff mit ausladenden Antennen; Scheide aus Holz, mit Bronzedraht umwickelt. Es gehört zum Typus Tarquinia, der über Etrurien hinaus auch in Umbrien und im Picenum vorkommt. Es handelt sich um eine Form, die in verschiedenen Varianten auch im zentraleuropäischen Raum verbreitet ist. Der Gegenstand kennzeichnet den hohen gesellschaftlichen Rang des Toten.
Ende 9. Jahrhundert v. Chr.

V. Bianco Peroni, München 1970, 112 f. Taf. 45 Nr. 301; P.F. Stary, Mainz 1981, 36 f., 438; F.-W. v. Hase in: Kongreßakten Wien, 1992 Abb. 2 Nr. 1.

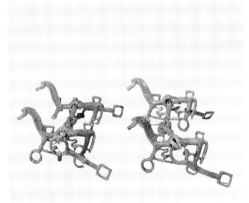

254. Antennenschwert
Bronze
Wien, Naturhistorisches Museum
Aus Steyr (Österreich)

Typus Tarquinia, Variante Fermo. Prestige-Gegenstand, der in Gräbern von Kriegern sehr hohen Rangs sowohl in Etrurien als auch in alpinen und in transalpinen Gebieten angetroffen wurde.
9. - 8. Jahrhundert v. Chr.

H. Müller Karpe, München 1961, 63 ff. Abb. 54,1; F.-W. v. Hase in: Kongreßakten Wien, 1992, 241 Abb. 2 Nr. 6.

255. Zwei Pferdetrensen
Bronze, gegossen
L 18,3 cm
Bologna, Museo Civico Archeologico
Inv. 23213
Aus Bologna, Benacci-Caprara-Nekropole, Grab 34

Gebißstück mit Gelenk, aus zwei zurückgebogenen Elementen bestehend; Knebel in Form eines stilisierten Pferdchens mit zwei kleinen Enten zwischen den Beinen; Zügelhalter als Stangen mit viereckigen Riemenösen ausgebildet. Typus Bologna.
Zweite Hälfte 8. Jahrhundert v. Chr.

F.-W. v. Hase, München 1969, 10 f. Nr. 24-25; S. Tovoli, Bologna 1989, 107 Nr. 4-5 Taf. 32.

256. Pferdetrense
Bronze, gegossen
H 10,2 cm; L 16,5 cm; B 12,7 cm
Rom, Museo Nazionale di Villa Giulia
Inv. 33215
Aus Veji, Grotta Gramiccia, Fossagrab Nr. 135

Glattes Gebißstück, Knebel als Pferdchen ausgebildet mit zwei Ösen auf dem Rücken zur Durchführung der Zügel; die Beine schließen mit zwei weiteren Ösen für die Befestigung von Anhängern ab. Typus Veji, der in verschiedenen Zentren des etruskischen Kernlandes vorkommt, seltener auch in Bologna, im Picenum und im Trentino belegt ist. Dieser Gegenstand zeigt ebenfalls den hohen gesellschaftlichen Rang des Toten an, indem er ihn als Pferdebesitzer ausweist.
2. Hälfte 8. Jahrhundert v. Chr.

F.-W. v. Hase, München 1969, 6 Nr. 1 Taf. 1, 1.1a.

VORGESCHICHTLICHE BEZIEHUNGEN

257. Pferdetrense
Bronze, gegossen
L gesamt 36 cm; Seitenteile: L 12 cm
Kinnzüge: L 9,2 cm
Florenz, Museo Archeologico
Inv. 7652
Aus Vetulonia, Poggio alla Guardia, Circolo di Bes

Gebißstück mit Gelenk; Knebel als Pferdchen ausgebildet, mit kleinerer Pferdestatuette auf dem Rücken und kleinem Vogel zwischen den Beinen. Das Exemplar gehört zum Typus Volterra, der nördlich wie südlich der Alpen verbreitet ist.
Ende 8. - Anfang 7. Jahrhundert v. Chr.

F.-W. v. Hase, München 1969, 12 Nr. 39, 40; G. Camporeale, Florenz 1969, 45.

258. Pferdetrense
Bronze, Vollguß
Cluj-Napoca (Rumänien), Muzeul de Istorie al Transilvaniei
Aus Zolyom

Knebel in Gestalt eines Pferdchens, das ein weiteres Pferdchen auf dem Rücken trägt und zwei stilisierte Vögel zwischen den Beinen hat. Lokale Ausprägung eines etruskischen Exemplars vom Typus Volterra.
Zweite Hälfte 8. - 7. Jahrhundert v. Chr.

F.-W. v. Hase in: Kongreßakten Rom, 1989, 1045 f. Anm. 36 Abb. 13,4; ders. in: Kongreßakten Wien, 1992, 248 Abb. 11 Nr. 4.

259. Pferdetrense
Bronze, Vollguß
Zürich, Schweizerisches Landesmuseum
Aus Zürich-Alpenquai

Knebel in Gestalt eines stilisierten Pferdchens mit einem Ring in der Mitte des Rückens zur Befestigung des Gebißstücks. Lokale Variante des Typus Bologna, dessen (bisher) wenige Exemplare nur in Bologna bekannt sind.
Zweite Hälfte 8. Jahrhundert v. Chr.

F.-W. v. Hase in: Kongreßakten Rom, 1989, 1045 Abb. 13,3; ders. in: Kongreßakten Wien, 1992, 248 Abb. 11 Nr. 2.

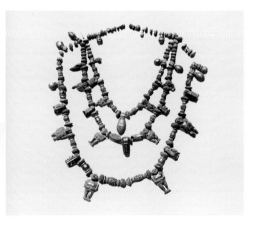

260. Bernsteinkette
H 1 - 3,4 cm; L 1,6 - 3 cm
Florenz, Museo Archeologico
Inv. 7815
Aus Vetulonia, Poggio alla Guardia, Circolo dei Monili

Die Kettenglieder haben die Form von hockenden Affen, von nackten Frauenfiguren mit den Händen an den Brüsten, von Fischen, Tropfen, Spindeln und Kügelchen. Der Bernstein wurde aus dem baltischen Raum importiert, aber in verschiedenen italischen Zentren, darunter auch Vetulonia, verarbeitet.
Ende 8. - Anfang 7. Jahrhundert v. Chr.

F.-W. v. Hase, Jahrbuch des Römisch-Germanischen Zentralmuseums Mainz, 1984, 272, 274 Abb. 15,2 (mit der früheren Literatur).

261. Becken
Bronzeblech, Henkel in Vollguß, Dekor graviert
H 16 cm; Dm 30,5 cm
Wien, Naturhistorisches Museum
Inv. 25526
Aus Hallstatt, Grab 600

Kalottenförmiges Becken; zwei bewegliche Rundhenkel, deren Enden als Schwanenprotome ausgebildet und in kreuzförmigen Attaschen eingehängt sind. Unterhalb des Randes fein graviert ein hohes Mäanderband zwischen einer Zickzack- und einer Dreiecksreihe. Gehört zur Gruppe C von Merhart, die im südöstlichen Alpenraum verbreitet ist.
7. Jahrhundert v. Chr.

K. Kromer, Florenz 1959, 298-300 Taf. 113,1; G. von Merhart, Mainz 1969, Taf. 30,1.

262. Becken
Bronze. Körper aus Blech; Dekor graviert; Fuß fehlt
Dm 35 cm; T 15 cm
Berlin, Staatliche Museen zu Berlin, Antikensammlung
Inv. Misc. 8268, ehem. Slg. Ancona. "Aus Süditalien"

Rundhenkel mit Blüte, Greifen- und Stierprotomen. Der Dekor verweist auf Hallstatt-Produkte, die Henkel haben Parallelen in orientalisierenden Produkten aus Vetulonia. Wahrscheinlich ist das Becken das Werk eines in Vetulonia arbeitenden Bronzegießers, der aber aus dem Hallstatt-Umfeld stammte. Ähnliche Exemplare wurden aus Vetulonia nach Praeneste, Populonia, Fabrecce und Olympia ausgeführt.
Erste Hälfte 7. Jahrhundert v. Chr.

G. Camporeale, Studi Etruschi 54, 1986 [1988], 3-14.

263. Henkel mit Tierfigur

Bronze, gegossen
L 13,6 cm; B 2,2 cm
Florenz, Museo Archeologico
Inv. 6665/A
Aus Vetulonia, Poggio in Grugno, erstes Erdbestattungsgrab von Cerrecchio (Circolo delle Sfingi)

Bandhenkel mit vollplastischer Figur eines Stiers, auf einer Seite in einer Stierprotome endend. Ähnliche Henkel wurden in Vetulonia hergestellt und besitzen Entsprechungen in Bisenzio. Der Typus scheint von den zentraleuropäischen Vorbildern der Hallstatt-Perioden C1-C2 abzustammen.
Ende 8. - erste Hälfte 7. Jahrhundert v. Chr.

G. von Merhart, Mainz 1969, 317 Taf. 39, 15; G. Camporeale, Florenz 1969, 31 Taf. 5.

264. Situla

Bronzeblech, Anhänger gegossen
H 51,3 cm; Dm 47,9 cm
Wien, Naturhistorisches Museum
Inv. 25245
Aus Hallstatt, Grab 504

Kegelstumpfförmiger Körper mit äußerst kurzer Schulter und niedriger Halszone, aus drei aneinandergefügten Blechen bestehend; in die vertikal angebrachten Bandhenkel eingehängte Ringe mit Kettchen, die in stilisierten Palmetten enden. Der Typus entstammt der Urnenfelder-Kultur und ist in den verschiedenen Gebieten des antiken Italien der orientalisierenden Phase belegt.
7. Jahrhundert v. Chr.

K. Kromer, Florenz 1959, 116 f. Taf. 95,2; G. v. Merhart, Mainz 1969, 321-327 Taf. 41,1; G. Prüssing, Stuttgart, 1991, 88 Nr. 343 Taf. 123.

265. Situla

Bronzeblech
H 44 cm; max. H 48 cm; Dm am Rand 36 cm; Dm des Deckels 38,4 cm
Rom, Museo Nazionale di Villa Giulia
Inv. 61627 und 61628
Aus Praeneste, Tomba Bernardini

Die Form hat ihren Ursprung in Zentral- und Osteuropa in der Urnenfelder-Kultur und wurde von der Hallstatt-Kultur übernommen. In Italien ist der Typus an verschiedenen Orten bekannt, von welchen Pontecagnano und Sesto Calende den nördlichsten und südlichsten Punkt ihrer Verbreitung bezeichnen. Ihre Entstehungszeit erstreckt sich vom Ende des 8. bis zum Ende des 7. Jahrhunderts v. Chr.

F. Canciani-F.-W. v. Hase, Rom 1979, 50 Taf. 35, 5-6; 36, 1; L. Cerchiai in: *Les Princes Celtes et la Méditerranée* (Ausstellungskatalog), Paris 1988, 103-108.

266. Dreifuß

Bronze, gegossen, und Bronzeblech
H 19,8 cm; Dm 16,8 cm
Florenz, Museo Archeologico, Inv. 7325
Aus Vetulonia, Circolo degli Acquastrini

Halbkugelförmiges Becken; bandförmige, nach außen gebogene Beine, die in der Mitte jeweils zu einem kleinen Halbkreis ausschwingen. Ein in Vetulonia geläufiger Typus. Ähnliche Exemplare sind in der Poebene und im zentral-osteuropäischen Raum belegt; sie zeugen von kulturellen Beziehungen zwischen Vetulonia und diesen Räumen in der orientalisierenden Phase.
Erstes - zweites Viertel 7. Jahrhundert v. Chr.

G. De Tommaso in: *Etrusker in der Toskana*, (Ausstellungskatalog), Hamburg 1987, 200 f.

267. Dreifuß

Bronzeblech, Beine gegossen, Dekor graviert
H 41,5 cm; Dm 24,5 cm
Ljubljana, Narodni Muzej Ljubljana
Inv. NM P11415
Aus Novo Mesto (Slowenien), Dreifuß-Grab

Becken unterhalb des Randes mit waagrechten Bändern und Wolfszahnmotiv dekoriert. Beine kanneliert, mit einer Öse auf halber Höhe. Der Dekor des Beckens läßt eine lokale Montage von Teilen unterschiedlicher Herkunft vermuten oder legt für diese Arbeit die Zuschreibung an eine Werkstatt in Vetulonia nahe, in der ein Meister hallstättischer Herkunft wirkte.
Zweites Viertel 7. Jahrhundert v. Chr.

G. Camporeale, Florenz 1967, 38-40, 135 f. Taf. 6, f; 32, a; S. Gabrovec in: Kongreßakten Wien 1992, 212 Abb. 7.

268. Etrusco-korinthische Oinochoe

Ton, Glanztonbemalung und Ritzdekor
H 17,2 cm; Dm am Fuß 5,4 cm
Florenz, Museo Archeologico, Inv. 125339
Aus Populonia, Poggio della Porcareccia, Tomba delle Oreficerie

Hals und Henkel mit Glanztonbemalung, auf der Schulter fünf Gruppen von Zungen, auf dem Körper ein braunes Band mit eingeritzten, zweifach konzentrischen, einander überschneidenden Bogenlinien. Dieses Motiv ist das Kennzeichen der Vasengruppe "ad Archetti Intrecciati", die in Südetrurien verbreitet ist.
Ende 7. - Anfang 6. Jahrhundert v. Chr.

A. Minto, Notizie degli Scavi 1940, 385 ff. Abb. 5 Nr. 27.

VORGESCHICHTLICHE BEZIEHUNGEN

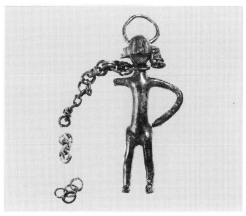

269. Etrusco-korinthische Oinochoe
Ton, bemalt
H 19 cm; Dm 15,4 cm
Ljubljana, Narodni Muzej Ljubljana
Aus Stična, Situla-Grab

Kleeblattmündung, kegelstumpfförmiger Hals, gedrungeer kugelförmiger Körper, hochgezogener Bandhenkel. Dekor mit horizontalen Bändern. An Vorbilder des Übergangsstils oder des archaisch korinthischen Stils angelehnt; wahrscheinlich über Bologna und den venetischen Raum importiert.
Ende 7. Jahrhundert v. Chr.

O.H. Frey, 1969, 53 f. Taf. A 1; J. Dular, Dela SAZU 23, Ljubljana 1982, 155 Abb. 28,1; S. Gabrovec in: Kongreßakten Wien 1992, 212 Abb. 10 Nr. 3.

270. Anhänger
Bronze, gegossen
H 5,9 cm
Florenz, Museo Archeologico
Inv. 21187
Aus Tarquinia, Poggio Gallinaro, Fossagrab Nr. 9

Weibliche Figur mit kaum angedeuteten Merkmalen. Nackter Körper, langer, röhrenförmiger Oberkörper, dünne Arme, kurze, leicht gespreizte Beine. Ein Ring ist in eine Bohrung, die durch die Schläfen hindurchgeht, eingelassen. An den Ohren hängt an Löchern ein Maschenkettchen; um den Hals ist ein Ring mit Kettchen gelegt.
Ende 8.- Anfang 7. Jahrhundert v. Chr.

E. Richardson in: Festschrift G. Maetzke II, 1984, 451 ff. Taf. 2 c.

271. Gefäßständer
Bronze, gegossen
H gesamt 75 cm; H Statuette 12 cm
Florenz, Museo Archeologico, Inv. 6830
Aus Vetulonia, Secondo Circolo delle Pellicce

Auf der Stange Haken in fünf Höhen; am oberen Stangenende eine weibliche nackte Figur mit schematisiertem Körper, eine Amphora auf dem Kopf, eine "Venus pudica", die nach geometrischem Kanon gestaltet ist. Einer neueren Hypothese zufolge könnte es sich um die symbolische Darstellung einer Verstorbenen im "Sonnenbarke" mit Vogelprotomen handeln. Diese letzteren wären demnach durch die oberen Haken dargestellt. Mitte 7. Jahrhundert v. Chr.

F. Messerschmidt, Studi Etruschi 5, 1931, 71 Nr. 1; E. Hill Richardson, Memoirs of the American Academy in Rome 27, 1962, Taf. 6 Abb. 20; L. Aigner Foresti, Florenz 1980, 56 f. Taf. 13, 1.

272. Gefäßständer
Bronze, gegossen
H (rekonstr.) 73 cm; B an der Basis 7,5 cm
Florenz, Museo Archeologico
Inv. 6678
Aus Vetulonia, Poggio in Grugno, zweites Erdbestattungsgrab von Cerrecchio (Circolo del Tritone)

Stab mit drei Anordnungen von Haken übereinander, Füße in Form von Menschenbeinen, auf denen jeweils ein Vogel sitzt; auf der Stangenspitze ithyphallischer Krieger. Diese nach geometrischen Vorbildern gestaltete Statuette erinnert an Werke der Hallstattkultur und belegt somit ähnliche magisch-religiöse Vorstellungen.
Um die Mitte des 7. Jahrhunderts v. Chr.

L. Aigner Foresti, Florenz 1980, 54 Nr. 14.

273. Krieger
Bronze, Vollguß
H 24 cm
Ljubljana, Narodni Muzej Ljubljana
Inv. NM P 11413
Aus Vače (Slowenien), Grabungen von 1927

Stehender ithyphallischer Krieger mit betonter Muskulatur. Er trägt einen Kalottenhelm mit drei Schmuckscheiben vom Typus Ljubljana, der während der frühesten Hallstatt-Zeit in Slowenien verbreitet war. Ithyphallische Figuren sind im transalpinen Raum sehr verbreitet, nicht aber ithyphallische Krieger. Diese Figur ist mit Kriegerstatuetten Nordetruriens aus dem 7. Jahrhundert v. Chr. verwandt.

F. Stare, Arhéološki Vestnik 13-14, 1962-1963, 383 ff.; L. Aigner Foresti, Florenz 1980, 27 f. Taf. 7, 1-2.

274. Statuette
Bronze, Vollguß. Nur der Oberkörper erhalten
H 2,9 cm
Wien, Naturhistorisches Museum
Inv. 25482
Aus Hallstatt, Grab 585

Männliche Statuette mit schwach angedeuteten Gesichtszügen und Stiernacken. Große Armringe schmücken Ober- und Unterarme. Beispiel für die Hallstattzeit-Kleinplastik, die vielleicht die Gestalt des Toten verewigen sollte und italischen Beispielen recht nahe steht.
7. - 6. Jahrhundert v. Chr.

L. Aigner Foresti, Florenz 1980, 11 f. Taf. 1, 1; E. Lessing, München 1980, 271 Nr. 46.

VORGESCHICHTLICHE BEZIEHUNGEN

275-277
Castelletto Ticino (Novara)
Tomba del Bacile

Turin, Museo di Antichità

Das Cassonegrab (sarkophagartiges Grab) mit Tumulus wurde 1884 entdeckt. Die bronzene Rippenziste mit dem Becken als Deckel diente als Aschenbehälter. Zu der wegen der qualitätvollen Bronzen außergewöhnlichen Ausstattung gehörte auch eine große Nadel mit vier Kügelchen, die in der Golasecca-Kultur typisch für Bestattungen von Männern ist. Das Grab wird in das letzte Viertel des 7. Jahrhunderts v. Chr. datiert, obwohl es auch ältere Gegenstände enthält.

F.M. Gambari in: *Gli Etruschi a nord del Po*, I, (Ausstellungskatalog), Mantua 1986, 81-84.

275. Becken

Bronzeblech, getriebener Dekor
H 17 cm; max. Dm 35,5 cm
Inv. St 1425

Zwei ineinanderstehende Schalen, von denen die äußere mit zwei abwechselnd wiederholten Figuren dekoriert ist: einer Sphinx und einem Löwen. Es ist eines der besten Stücke der orientalisierenden Phase, das entweder aus dem nordsyrischen Raum über einen der etruskischen Handelsplätze an der Küste importiert oder im etruskischen Umfeld nach Vorbildern des Vorderen Orients angefertigt wurde. Man kann es mit der Bronzescheibe aus dem Circolo delle Sfingi in Vetulonia vergleichen.
Zweites Viertel 7. Jahrhundert v. Chr.

276. Rippenciste

Bronzeblech, getriebener Dekor
H 25 cm; D 28 cm
Inv. ST 1410

Auf dem Körper abwechselnd Wülste und Bänder mit Punktreihen. Zwei bewegliche Griffe, die in Entenprotomen enden. Vielleicht aus einer lokalen Werkstatt; nach Form und Dekor in die Phase IC der Golasecca-Kultur einzuordnen.
7. Jahrhundert v. Chr.

277. Becher

Gräulich-brauner Impasto
H 6,2 cm; max. Dm 8 cm
Inv. St 52167

Ausschwingende Lippe, kugelförmiger Körper mit schräg verlaufenden Rippen, konkaver Boden.
7. Jahrhundert v. Chr.

Der Seehandel in Südfrankreich

278-285
Das Schiffswrack von Antibes

Antibes, Slg. Pruvot

Das geborgene Material entspricht dem in Saint-Blaise gefundenen und besteht aus etruskischen Transportamphoren, Schöpf- und Trinkgefäßen aus Bucchero, einer punischen Lampe und Ankerstümpfen. Die sehr homogene Ladung kann um 540 - 530 v. Chr. datiert werden.

F. u. M. Py, Mélanges d'Archéologie et d'Histoire de l'École Française de Rome. Antiquité 89, 1974, 191-254; *Voyage en Massalie* (Ausstellungskatalog), Marseille 1990; M.A. Rizzo, Rom 1990.

278. Amphora

Terrakotta
H 59 cm; Dm 37 cm

Die etruskischen Amphoren können in zwei Typen eingeteilt werden: Py 3A mit stark geweitetem Bauch und Py 3B mit einer schlankeren Form. Der auf den Innenwänden der Amphora noch erhaltene Pechüberzug ist ein sicheres Anzeichen dafür, daß sie als Behälter für Wein benutzt wurde.
Typus Py 3A
6. Jahrhundert v. Chr.

B. Bouloumié in: *Voyage en Massalie* (Ausstellungskatalog), Marseille 1990, 43, 45 Nr. 6.

279. Amphora

Terrakotta
H 55 cm; Dm 34 cm

Typus Py 3A
6. Jahrhundert v. Chr.

B. Bouloumié in: *Voyage en Massalie* (Ausstellungskatalog), Marseille 1990, 43, 45 Nr. 5.

280. Amphora

Terrakotta
H 51 cm; Dm 23,5 cm

Typus Py 3B
6. Jahrhundert v. Chr.

B. Bouloumié in: *Voyage en Massalie* (Ausstellungskatalog), Marseille 1990, 43, 45 Nr. 8; über den Typus und seine Verbreitung vgl. M.A. Rizzo, Rom 1990, 150 Nr. 1.

 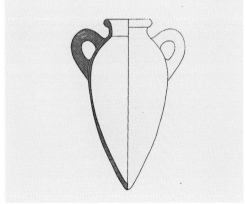 

281. Amphora

Terrakotta
H 49 cm; Dm 24 cm

Typus Py 3B
6. Jahrhundert v. Chr.

B. Bouloumié in: *Voyage en Massalie* (Ausstellungskatalog), Marseille 1990, 43, 45 Nr. 7.

282. Amphora

Terrakotta
H 51 cm; Dm 26,5 cm

Typus Py 3D
6. Jahrhundert v. Chr.

B. Bouloumié in: *Voyage en Massalie* (Ausstellungskatalog), Marseille 1990, 43, 45 Nr. 9.

283. Kantharos

Schwarzer Bucchero
H 15 cm; Dm 20 cm

Der Kantharos ist eine Leitform der etruskischen Keramik. In der griechischen Bildkunst ist er häufiges Attribut des Dionysos.
6. Jahrhundert v. Chr.

B. Bouloumié in: *Voyage en Massalie* (Ausstellungskatalog), Marseille 1990, 43, 45 Nr. 4.

286-290
Saint-Blaise (Bouches du Rhône)
Saint-Rémy de Provence, Hôtel de Sade

Die Ausgrabungen im *oppidum* von Saint-Blaise haben viele aufeinanderfolgende Schichten von Siedlungen zutage gefördert. Die älteste, "Saint-Blaise III" (650/625 - 475 v. Chr.), hat etrusko-korinthische Keramik sowie eine große Zahl etruskischer Weinamphoren und Kantharoi aus Bucchero erbracht, die eine bemerkenswerte etruskische Frequentierung während dieser ganzen Zeit belegen.

284. Etrusko-korinthische Schale
Ton
13 × 5 cm

6. Jahrhundert v. Chr.

B. Bouloumié in: *Voyage en Massalie* (Ausstellungskatalog), Marseille 1990, 43, 45 Nr. 2.

285. Etrusko-korinthische Schale
Ton
12 × 5 cm

6. Jahrhundert v. Chr.

B. Bouloumié in: *Voyage en Massalie* (Ausstellungskatalog), Marseille 1990, 43, 45 Nr. 1.

286. Amphora
Terrakotta mit beigefarbener Engobe, Stempel oben an den Henkeln
H 50 cm; max. Dm 25 cm
Inv. 2998

Etruskische Werkstatt. Typus Py 3B.
6. Jahrhundert v. Chr.

B. Bouloumié in: *Voyage en Massalie* (Ausstellungskatalog), Marseille 1990, 39 Nr. 23.

287. Kanne
Schwarzer Bucchero
H 28 cm; max. Dm 18 cm
Inv. 2258

6. Jahrhundert v. Chr.

B. Bouloumié in: *Voyage en Massalie* (Ausstellungskatalog), Marseille 1990, 37 Nr. 3.

288. Kantharos
Schwarzer Bucchero
Dm 13 cm
Inv. 2311

6. Jahrhundert v. Chr.

B. Bouloumié in: *Voyage en Massalie* (Ausstellungskatalog), Marseille 1990, 37 Nr. 5.

289. Kantharos
Grauer Bucchero
H 10,5 cm; Dm 10 cm
Inv. 2255

6. Jahrhundert v. Chr.

B. Bouloumié in: *Voyage en Massalie* (Ausstellungskatalog), Marseille 1990, 37 Nr. 6.

290. Schale
Ton
Inv. 2885

Die außerhalb Etruriens seltene etrusko-korinthische Keramik ist in Saint-Blaise relativ zahlreich anzutreffen.
Gruppe von Poggio Buco
Zweites Viertel 6. Jahrhundert v. Chr.

B. Bouloumié in: *Voyage en Massalie* (Ausstellungskatalog), Marseille 1990, 38 Nr. 9.

291. Schale
Schwarzer Bucchero. Am Fuß die Inschrift: *v cial*
H 4,5 cm, Dm an der Mündung 12,8 cm
Lattes, Musée archéologique, Inv. 983.974.1
Aus Lattes (Hérault)

Die Inschrift *v cial*, die auf dieser und der Vase Kat. 292 geschrieben steht, wurde von Giovanni Colonna als weiblicher Genitiv eines Eigennamens gedeutet, dessen männliche Form *u(c)cie* lautet und dessen lateinische Form *uccius* in der Gegend um Narbonne sicher belegt ist. Dieser etruskisierte einheimische Name bezeugt den Einfluß des etruskischen Handels und des ihn begleitenden Akkulturationsprozesses in einer Region, die unweit der blühenden phokäischen Kolonie Massalia-Marseille liegt.
Letztes Drittel 6. Jahrhundert v. Chr.

G. Colonna, Studi Etruschi 48, 1980, 181-185; M. Bats, Lattara 1, 1988, 157 f.

292. Schale
Buccheroähnlicher Impasto. Am Fuß die Inschrift: *v cial*
H 6,5 cm; Dm an der Mündung 12,8 cm
Lattes, Musée archéologique
Inv. 983.973.1
Aus Lattes (Hérault)

Letztes Drittel 6. Jahrhundert v. Chr.

G. Colonna, Studi Etruschi 48, 1980, 181-185; M. Bats, Lattara 1, 1988, 157 f.

293. Bleitäfelchen mit Inschrift

Seite A: Etruskische Inschrift (unvollständig);
Seite B: Griechische Inschrift in ionischem Dialekt (unvollständig)
H 5,2 cm; B 11,5 cm
Sigean, Musée des Corbières, Inv. 1805 HS
1950 in Pech-Maho (Aude) gefunden

Die griechische Inschrift berichtet vom Kauf eines Schiffes, der zwischen zwei ionischen Kaufleuten in Emporion (Ampurias) ausgehandelt wurde. Die ältere etruskische Inschrift scheint Massalia zu erwähnen.
Etruskische Inschrift: erste Hälfte 5. Jahrhundert v. Chr.
Griechische Inschrift: zweites Drittel 5. Jahrhundert v. Chr.

M. Lejeune-J. Pouilloux-Y. Solier, Revue Archéologique de Narbonnaise 21, 1988, 19-59; G. Colonna, Scienze dell'Antichità 2, 1988, 547-555; M. Cristofani, Studi Etruschi 57, 1991, 285-287.

294-295
Aleria

Aleria, Musée Archéologique Départemental Jérôme Carcopino

Die Gründung von Aleria durch die Phokäer um 565 v. Chr. behindert den etruskischen Seehandel im Tyrrhenischen Meer. Der Konflikt bricht rasch aus, aber 535 v. Chr. erleidet die griechische Kolonie eine entscheidende Niederlage in den Gewässern vor ihrer Küste. Die Phokäer werden endgültig aus Korsika vertrieben, und die Insel kommt unter etruskische Herrschaft.
Die Vasen Kat. 294 und 295 sind Teil einer der ältesten etruskischen Bestattungen, die in Aleria gefunden wurden. Die Grabausstattung enthielt, entsprechend der für die Mittelschicht in dieser Zeit typischen Ausstattung in Etrurien, auch eine Bronzevase und eine Bronze-Phiale, die wie die Keramik mit figürlicher Malerei zu einem Trinkgeschirr für das Symposion gehörten, sowie ein Kohlebecken, drei Elfenbeinwürfel und einige Waffen, darunter auch eine Lanzenspitze und ein Helm eines in Mittelitalien verbreiteten Typus.

294. Schwarzfigurige etruskische Oinochoe

Ton
H 23 cm; Dm 13 cm
Inv. 67/458
Aus der Nekropole, Grab 91, östliches Totenbett

Auf dem Bildfeld zwischen zwei Satyrn tanzende Mänade.
Anfang 5. Jahrhundert v. Chr.

J. u. L. Jehasse, Gallia, Suppl. 25, 1973, 468 Nr. 1892; N. Spivey, Oxford 1987, 42 (Kyknos-Maler?).

Die Etrusker und die Iberische Halbinsel

295. Attische Schale

Ton; rotfigurig
H 9,1 cm; Dm am Rand 23,5 cm; Dm mit Henkeln 30,1 cm
Inv. 67/459
Aus der Nekropole, Grab 91, östliches Totenbett

Innen im Medaillon zwei Jünglinge im Gespräch; außen eine Alltagsszene.
Penthesilea-Maler
Zweites Viertel 5. Jahrhundert v. Chr.

J. u. L. Jehasse, Gallia, 1973, 469 Nr. 1893

296. Kanne

Schwarzer Bucchero
H 25,4 cm; Dm am Rand 12,1 cm; Dm am Fuß 11,4 cm
Empuries, Museu de Empuries
Inv. 2162
Aus Ampurias, Nekropole im Bereich der nordöstlichen Stadtmauer
Brandbestattungsgrab Nr. 7

Kleeblattmündung, kegelstumpfförmiger Hals, kugelförmiger Körper, flacher Fußring, zwei Rotellen an der oberen Henkelattasche.
Typus Rasmussen 7a, der in den ersten drei Jahrzehnten des 6. Jahrhunderts v. Chr. sehr verbreitet ist.

M. Almagro, Barcelona 1955, II, 366, 385 Abb. 351,2 Taf. 16, 2; T. Rasmussen, Cambridge 1979, 84 f. Taf. 16 Nr. 64

IBERISCHE HALBINSEL

297. Kantharos
Schwarzer Bucchero
H 10,5 cm; Dm am Rand 11 cm; Dm am Fuß 6 cm
Empuries, Museu de Empuries
Inv. 2154
Aus Ampurias, Nekropole im Bereich der
nordöstlichen Stadtmauer
Brandbestattungsgrab Nr. 13

Flacher, hohler Fuß; hoch aufragende Bandhenkel.
Ähnlich dem Typus Rasmussen 3i, aber mit flacherem
und breiterem Gefäßkörper. Der größte Teil der bekannten Exemplare dieses Typs stammt aus Fundkontexten der zweiten Hälfte des 6. Jahrhunderts v. Chr.

M. Almagro, Barcelona 1955, II, 366, 392 f. Abb. 358, 7 Taf. 6, 8; T. Rasmussen, Cambridge 1979, 108 Taf. 33.

298. Kantharos
Schwarzer Bucchero
H 10,5 cm; Dm 9,2 cm
Empuries, Museu de Empuries
Inv. 2153
Aus Ampurias, Nekropole im Bereich der
nordöstlichen Stadtmauer
Brandbestattungsgrab Nr. 13

Ähnlich wie Kat. 299, aber kleiner. Ähnlich dem Typus Rasmussen 3e. Im Lauf der archaischen Zeit weitet sich der etruskische Westhandel mit Wein und Buccherovasen beträchtlich aus und erreicht die Iberische Halbinsel im westlichen Mittelmeer.
Letztes Viertel des 7. Jahrhunderts bis drittes Viertel des 6. Jahrhunderts v. Chr.

M. Almagro, Barcelona 1955, II, 366, 392 f. Abb. 356,8 Taf. 16, 10; T. Rasmussen, Cambridge 1979, 105.

299. Kantharos
Schwarzer Bucchero
H 15,5 cm; Dm am Rand 13,6 cm; Dm am Fuß 6,7 cm
Empuries, Museu de Empuries, Inv. 2163
Aus Ampurias, Nekropole im Bereich der
nordöstlichen Stadtmauer
Brandbestattungsgrab Nr. 4

Gefäßkörper mit stufenförmigem Absatz zwischen Boden und Wandung auf niedrigem trichterförmigem Fuß; auf dem Absatz Kerbschnittverzierung. Typus Rasmussen 3e, der in Mittel- und Südetrurien und in Latium sehr verbreitet war und in verschiedene Zentren des Mittelmeerraums ausgeführt wurde.
Letztes Viertel des 7. Jahrhunderts bis drittes Viertel des 6. Jahrhunderts v. Chr.

M. Almagro, Barcelona 1955, II, 366, 383 f. Abb. 348, 11; Taf. 16, 9; T. Rasmussen, Cambridge 1979, 105 Taf. 32.

300. Etruskischer Spiegel
Bronze mit Ritzzeichnung
Dm 17 cm; L 25,5 cm, D 0,5 cm
Barcelona, Museu Arqueològic de Barcelona
Inv. 1247 MAB
Aus Ampurias

Spiegel mit Ritzzeichnung, die das Urteil des Paris zeigt: Der junge Hirte, Sohn des Priamos, auf der linken und die drei Göttinnen - Aphrodite, Athena und Hera - auf der rechten Seite. Auf der Rückseite an der Griffattasche eine Palmette und Voluten eingeritzt.
Um 300 v. Chr.

M. Almagro, Barcelona 1951, Abb. 99.

301-303
Weingeschirr
Ullastret, Museu
Aus Ullastret, Siedlung, Raum im südwestlichen Viertel

Kat. 301, 302 und 303 - eine Weinamphora, ein Trink- und ein Schöpfgefäß - bilden ein Weinservice. Ihre Vergesellschaftung im Fundkontext legt einen gemeinsamen Gebrauch nahe; darüberhinaus stammen sie alle drei wahrscheinlich aus einer Werkstatt in Caere. Demnach wäre nicht nur der Wein, sondern auch die an seinen Genuß geknüpfte Zeremonie, das Symposion, aus Etrurien nach Ullastret gelangt. Ein wirtschaftliches Faktum gewinnt so eine gesellschaftliche Bedeutung.
Um die Mitte des 6. Jahrhunderts v. Chr.

A. Arribas-G. Trias de Arribas in: Archivio Español de Arqueología, 1961, 18-40; G. Camporeale in: Considerazioni sul commercio etrusco [...] Barcelona 1991, 67 f.

301. Amphora
Ton
H 52 cm; ohne Inv.

Typus Py 3B = Gras EMC, wahrscheinlich in Caere hergestellt
6. Jahrhundert v. Chr.

M. Py in: Il commercio etrusco arcaico, Rom 1985, 73-94; M. Gras, Rom 1985, 328-336.

259

IBERISCHE HALBINSEL

302. Kantharos
Bucchero
H mit Henkeln 13 cm; Dm an der Mündung 10,5 cm
Dm des Fußes 5,2 cm
Inv. 1096

Gefäßkörper mit nach außen geneigter Wandung, trichterförmiger Fuß, Bandhenkel. Typus Rasmussen 3e, der zwischen den letzten Jahrzehnten des 7. und dem dritten Viertel des 6. Jahrhunderts v. Chr. gebräuchlich war. Ähnliche Exemplare wurden in großer Zahl in verschiedene Gegenden des Mittelmeerraums exportiert.

Kongreßakten, Brüssel 1979; M. Gras in: *Mélanges offerts à Jacques Heurgon. L'Italie préromaine et la Rome républicaine*, Rom 1976, 344-349; T. Rasmussen, Cambridge 1979, 104-106; M. Gras, Rom 1985, 490-498.

303. Etrusko-korinthisches Schöpfgefäß
Ton, schwarzfigurig
H 9 cm; Dm an der Mündung 9,5 cm
Dm am Fuß 4,5 cm
Inv. 1099

Weit nach außen geneigte Lippe, kugeliger Körper, vertikal angesetzter Henkel. Auf dem Körper Schwimmvögel und menschliche Maske in Relief. Gruppe *a maschera umana*, wahrscheinlich aus einer Werkstatt in Caere.
560-540 v. Chr.

J.G. Szilágyi, Revue Archéologique 1972, 111-126.

304. Infundibulum (Weinsieb bzw. Trichter)
Bronze, Vollguß
L 25 cm
Badajoz, Museo Arqueológico Provincial
Inv. 10726
Aus Cancho Roano

Erhalten ist nur der lyraförmige Griff, der in einem Widderkopf endet. Etruskische Werkstatt. Ähnliche Exemplare wurden in verschiedene Gegenden Italiens (Emilia, Picenum, Kampanien), nach Rhodos (Lindos) und nach Olympia exportiert.
Erste Hälfte 6. Jahrhundert v. Chr.

M. Zuffa, Studi Etruschi 28, 1960, 165-208; O. Terrosi Zanco in: Kongreßakten Florenz 1974, 162-167; J. Maluquer De Motes (M.-E. Aubet), Barcelona, 1981, 321-323.

Die transalpinen Beziehungen

305. Schlangenfibel
Bronze
L 14,3 cm
Paris, Musée du Louvre, Département des Antiquités grecques, étrusques et romaines
Inv. ED 3472 (gebr. Nr. Br 1826)
Herkunft unbekannt

Fibel mit schlangenförmigem Bügel, der eine Öse bildet; große Feder. Nadelhalter als schneckenförmige Scheibe ausgebildet. Fibeln dieses Typus aus der Villanovazeit wurden in verschiedenen Grabungen Südetruriens, Umbriens und Süditaliens entdeckt.
9. - 8. Jahrhundert v. Chr.

A. de Ridder, *Bronzes antiques*, Paris 1915, II, 68 Nr. 1926.

306. Schlangenfibel
Bronze
L 10,3 cm
Bourges, Musée de la Ville
Inv. 907.47.20
1885 in einem Doppelgrab mit Erdbestattung in Mazières (Bourges) gefunden

Ähnliches Exemplar wie Kat. 305, aber mit bandförmigem Bügel und Nadelhalter mit Scheibe. Der Typus ist für das 8. Jahrhundert v. Chr. in Italien belegt. Die Maße der Fibel von Mazières und ihr bandförmiger Bügel scheinen sie jedoch als einheimische Imitation zu kennzeichnen.
Hallstatt C, 8. Jahrhundert v. Chr.

A. Duval-C. Eluère-J.P. Mohen, Gallia 32, 1974, Heft 1, 31. 33 f; M. Willaume, British Archaeological Reports, Int. Series. 247, 1985, 28 Nr. 20; J. Gran-Aymerich in: Kongreßakten Wien, 1992.

307. Rasiermesser
Bronze
L 12 cm
Saint Eloi-de-Gy, Slg. Pantin de la Guère
Aus Bourges

Villanovazeitlicher Typus. Am Griffende ein gebrochener Ring; halbmondförme Klinge.
8. Jahrhundert v. Chr.

M. Willaume, British Archeological Reports, International Series, 247, 1985, 238; J. Gran-Aymerich in: Kongreßakten Wien 1992.

308. Rasiermesser
Bronze
L 7 cm
Aix-les-Bains, Musée Lapidaire, ohne Inv.
Aus Pralognan

Villanovazeitlicher Typus. Griffende als Ring mit Hörnchen; halbmondförmige Klinge. Ritzdekor am Rand des Rückens: parallele Bogenlinien und Wolfszähne.
8. Jahrhundert v. Chr.

A. Bocquet in: Congrés national des Sociétés Savantes, Grenoble 1983, 75.

309. Rippenschale
Bronze, gegossen und getrieben
H 4,8 cm; Dm 14,6 cm
Florenz, Musco Archeologico, Inv. 7096/10
Aus Vetulonia, Poggio al Bello, Tomba del Duce (Gruppe II)

Abgesetzte Schulter, radiales Rippenmuster, flacher Boden mit Omphalos in der Mitte und drei konzentrischen Wülsten. Orientalischer Typus, der im etruskischen und italischen Bereich seit dem Ende des 8. Jahrhunderts v. Chr. stark verbreitet ist. Man vermutet, daß er auch in Vetulonia hergestellt wurde. Etruskische Beispiele sind in Mitteleuropa gefunden worden.
Mittlere Jahrzehnte 7. Jahrhundert v. Chr.

G. Camporeale, Florenz 1967, 44 ff. Nr. 17; P.H.G. Howes Smith, Bulletin Antieke Beschaving 59/2, 1984, 73ff.

310. Rippenschale
Bronze, getrieben
H 4,9 cm; Dm 16,8 cm
Châtillon-sur-Seine, Musée archéologique
Inv. 88.3595.1
Aus Poiseul-la-Ville (Côte d'Or), Tumulus III.
Die Schale befand sich in einer Situla vom Typus Kurd

Rippenschale vom gleichen Typus wie Kat. 309. Weitere Exemplare wurden in Mitteleuropa in Appenwihr, Frankfurt am Main, Lyon und Hallstatt sowie in der Poebene in Bologna, Este und in der Ca' Mortà gefunden.
7. Jahrhundert v. Chr.

B. Chaume in: *Rencontres de l'Ecole du Louvre*, Paris 1988, 246 f.; S. Plouin in: *Les Celtes dans le Jura* (Ausstellungskatalog), Yverdon-les-Bains 1991, 72.

311. Rippenschale
Bronze, getrieben
H 4,8 cm; Dm 14,8 cm
Colmar, Musée d'Unterlinden
Inv. 61229
Aus dem Fossagrab Tumulus I von Appenwihr, bei Colmar (Haut-Rhin)

7. Jahrhundert v. Chr.
S. Kat. 309, 310.

F.-W. v. Hase in: Kongreßakten, Rom 1989, 1050 f. Abb. 18, 2 u. Taf. 2a; S. Plouin in: *Les Celtes dans le Jura* (Ausstellungskatalog), Yverdon-les-Bains 1991, 71 f.; F.-W. v. Hase in: Kongreßakten Wien, 1992, 257 f. Abb. 21-22.

312. Pyxis
Bronze. Deckel und Boden noch mit Holzplättchen belegt. Die Aufsatz-Spule und der Ring wurden später angebracht
H ca. 30,5 cm, Dm am Boden 17,7 cm; Dm am Deckel 15,7 cm
Colmar, Musée d'Unterlinden
Inv. 61226
Aus dem Fossagrab Tumulus I von Appenwihr, bei Colmar (Haut-Rhin)

Der Fries am Deckel unterscheidet das Stück von etruskischen Vorbildern und begründet seine Einordnung als nördlich der Alpen geschaffene Imitation.
7. Jahrhundert v. Chr.

C. Rolley in: *Rencontres de l'Ecole du Louvre*, Paris 1988, 97 f.

313. Räuchergefäß
Bronze, gegossen, und Bronzeblech
H 30 cm; L der Kette 28 cm
Florenz, Museo Archeologico
Inv. 148172
Aus Marsiliana d'Albegna, Banditella-Nekropole, Grab XLI (Tomba della Fibula)

Zylindrischer Körper, oben und unten geweitet und mit einer Blechscheibe verschlossen. Eine lange Kette mit einer Blüte an einem Ende und einem Ring am anderen ist auf der oberen Scheibe angelötet. Der Körper ist mit einem Wolfszahnmotiv durchbrochen gearbeitet. Ein typisches Produkt des Bronzehandwerks in Vetulonia aus der orientalisierenden Phase.
Mitte 7. Jahrhundert v. Chr.

A. Minto, Florenz 1921, 276 Taf. 41

314. Statuette
Bronze, Vollguß mit grüner Patina
H 8 cm
Genf, Musée d'Art et d'Histoire
Inv. M 697/1
Aus Menthon (Haute-Savoie)

Nackter Mann, Beine gespreizt und Arme weggestreckt. Gelängte Proportionen, asymmetrische Gliedmaßen, rudimentär modelliert. Kleiner Kopf, Nase wenig hervorstehend, kurzer gerader Mund. Haare durch Ritzungen angedeutet. Ein einer etruskischen Werkstatt zugeschriebenes Werk, das vielleicht von einem Händler über den Großen St. Bernhard-Paß importiert wurde.
6. – 5. Jahrhundert v. Chr.

W. Deonna, Indicateur d'Antiquités Suisses, 1915-1916, 28 Nr. 63; J. Balty, Bulletin de l'Institut Historique Belge de Rome 33, 1961, 54 f., Gruppe E; S. Boucher, Gallia 28, 1970, 194.

315. Statuette eines Epheben
Bronze. Das Attribut in der rechten Hand fehlt.
H 10,1 cm
Saint-Germain-en-Laye, Musée des Antiquités Nationales
Inv. 29723
In der Seine gefunden

Diese Statuette kann mit einer Gruppe etrusko-italischer Kleinbronzen (Gruppe "Amelia") in Zusammenhang gebracht werden, die wahrscheinlich in der Gegend von Todi hergestellt wurden und deren Verbreitung in Gallien gut belegt ist.
5. Jahrhundert v. Chr.

Zur Gruppe "Amelia" vgl. G. Colonna, Florenz 1970, 90-95 Taf. 66-67; S. Boucher, Bibliothèques d'Ecoles Françaises d'Athènes et de Rome, 228, Paris-Rom 1976, 22 Abb. 21; A.M. Adam, Paris 1984, 177 Anm. 4.

316. Anhängeschmuck mit Hohlkugel
Gold
Dm 2,5 cm
Bern, Bernisches Historisches Museum
Inv. BHM 25175
Aus Jegenstorf (Kanton Bern), Hügelgrab VI

Dekor der Hohlkugel in verhältnismäßig grobkörniger Granulation, Goldlegierung mit hohem Silberanteil. Die Granulation ist typisch für den Mittelmeerraum, insbesondere für die etruskische Welt, dagegen ist sie nördlich der Alpen nur schwach verbreitet. Sie kann auf etruskischen Einfluß bei diesem einzigartigen Schmuckstück hinweisen.
Ende 6. Jahrhundert v. Chr. (Grab: Um 500 v. Chr.)

Trésors des Princes Celtes (Ausstellungskatalog), Paris 1987, 41 Abb. 33; Gold der Helvetier. Keltische Kostbarkeiten aus der Schweiz (Ausstellungskatalog), Zürich 1991, 117 Nr. 35.

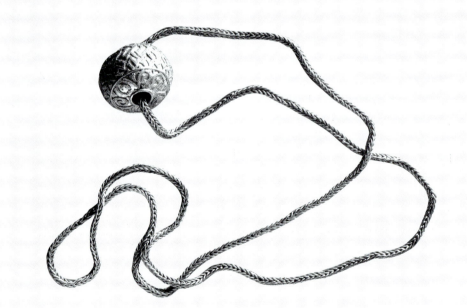

317. Kettchen mit Hohlkugel
Gold
L des Kettchens 38,8 cm; Dm des Anhängers 1,4 cm
Bern, Bernisches Historisches Museum
Inv. BHM 11265 (Anhänger),
BHM 11278 (Kettchen)
Aus Ins (Bern), Grabhügel VI

Mit Motiven in Granulationstechnik reich verzierte Kugel. Trotz der gröberen Ausführung im Vergleich zu etruskischen Beispielen macht diese Technik das Schmuckstück zu einem nahezu einzigartigen Werk der Goldschmiedekunst der Helvetier, das mit großer Sicherheit von der zeitgenössischen etruskischen Goldschmiedekunst beeinflußt worden ist.
Um 300 v. Chr.

Gold der Helvetier. Keltische Kostbarkeiten aus der Schweiz (Ausstellungskatalog), Zürich 1991, 114 Nr. 26-27.

318-319
Pertuis (Vaucluse)

Marseille, Musée d'Archéologie Méditerranéenne
Centre de la Vieille Charité

In Pertuis wurden ca. zehn Grabhügel ausgegraben. Zwei von diesen bargen etruskische Vasen, die mit dem Genuß von Wein zusammenhängen.

B. Bouloumié in: *Voyage en Massalie* (Ausstellungskatalog), Marseille 1990, 131-133 Nr. 1-2.

318. "Rhodische" Bronzekanne
H 29,6 cm; Dm max. 18 cm
Inv. 3671
Aus dem Tumulus 1 de L'Agnel. Das Gefäß war in einer kleinen Grube in der Mitte des Tumulus deponiert.

Diese etruskische Kanne rhodischen Typus wurde als Aschenurne für ein Kind benutzt, das sicherlich von hohem gesellschaftlichen Rang war, nach der Qualität einiger Stücke der Ausstattung zu urteilen (einer Toiletten-Garnitur, wie sie für die mittlere Hallstattzeit der Südschweiz typisch ist, Waffen und einer etruskischen Schale). Etruskische Kannen rhodischen Typus sind außerhalb Italiens selten: zwei weitere wurden im Rheinland (in Kappel und in Vilsingen) gefunden.
Letztes Viertel 7. Jahrhundert v. Chr.

B.B. Shefton, Die "rhodischen" Bronzekannen, Marburg, 1979, 66, A18.

319. Schale
Ton
H 5,2 cm; Dm 11,6 cm
Inv. 7515
Aus dem Tumulus 1 du Renard (oder Tumulus des Trois Quartiers). Das Grab nutzte eine natürliche Grube, die mit Steinplatten bedeckt wurde.

Imitation protokorinthischer Keramik. Die Lage dieser Schale neben dem Kopf des Toten bedeutet offenbar, daß sie als Gegenstand von großem Wert eingestuft wurde.
Letztes Viertel 7. Jahrhundert v. Chr.

B.B. Shefton, Die "rhodischen" Bronzekannen, Marburg, 1979, 66, A18.

320. Sanguisugafibel
Goldblech in Treibarbeit, Granulation
H 1,34 cm; L 2,78 cm; B 0,93 cm
Nantes, Musée Dobrée, Inv. 882.1.443
1852 in Saint-Aignan-de-Grandlieu (Loire-Atlantique) entdeckt, zusammen "mit zwei Armringen [...] und dreißig Konsularmünzen [...] in einem roten gallo-römischen Gefäß."

Mit ihrem Dekor von vierblättrigen Rosetten, deren Mitte durch ein mit einem Ring angelötetes Goldkügelchen hervorgehoben ist, findet diese Fibel Vergleiche bei Stücken der Goldschmiedekunst aus Vulci. Vielleicht stammt sie aus einem in römischer Zeit geplünderten Hallstatt-Grab. Klasse CI.
Zweite Hälfte 6. Jahrhundert v. Chr.

P.G. Guzzo, Florenz 1972, 27-30; M. Scarpignato, Rom 1985, 297 Nr. 43; J.R. Jannot, Caesarodunum, Suppl. 59, 1990, 85-88.

321. Etruskischer Stamnos
Bronze
H 39 cm; Dm an der Mündung 22 cm
Saint-Germain-en-Laye, Musée des Antiquités Nationales
Inv. 71435
1880 im mittleren Grab des Tumulus I von La Motte-Saint-Valentin in Courcelle-en-Montagne (Haute-Marne) gefunden

Bei seiner Auffindung enthielt dieser Stamnos noch Spuren von Harz, mit dem der Wein gemischt wurde, und Pech. Mit ihm fand man unter anderem auch jenen attischen Saint-Valentin-Kantharos, der namensgebend wurde für eine Serie rotfiguriger attischer Kantharoi, die vielleicht für den Export bestimmt waren.
Anfang 5. Jahrhundert v. Chr.

A. Duval in: *Trésors des Princes Celtes* (Ausstellungskatalog), Paris 1987, 248 Nr. 213.

322. Bronzekanne
H 22,7 cm
Straßburg, Musée Archéologique
Inv. Colmar AO 122, Depot D.11.980.1.1
Aus Hatten (Bas-Rhin), aus einem Wagengrab unter Tumulus

Aus Etrurien importierte Oinochoe vom Typus "Plumpe Kanne". Die "Plumpen Kannen" waren, wie es scheint, mit den Schnabelkannen zeitgleich, wurden aber viel seltener exportiert. Außerhalb Italiens sind ca. zehn bekannt, drei davon aus Gallien.
Anfang 5. Jahrhundert v. Chr.

B. Bouloumié, Gallia 31, 1973, 16 Abb. 51-63; S. Plouin-M.-P. Koenig, Les Cahiers alsaciens d'Archéologie, d'Art et d'Histoire 34, 1991, 38 Abb. 1; 41.

323. Schnabelkanne
Bronzeblech, Griff gegossen
H 26,5 cm
Brüssel, Musées Royaux d'Art et d'Histoire
Inv. 2522b
Aus Eigenbilzen

Typus Schnabelkanne mit Voluten, im keltischen Raum der verbreitetste Typus, der auch im Rheinland und im Tal des Flusses Tessin imitiert wurde. Wegen seiner Randdekoration (zwei Greifen in heraldischer Position am Schnabelansatz und am Rand umlaufender Perl- und Eierstab) sowie wegen des am Hals eingeritzten Lotosblütenfrieses ordnet sich dieses Stück in eine seltene und kostbare, zumeist für den Export bestimmte Gruppe ein.
Zweite Hälfte 5. Jahrhundert v. Chr.

B. Bouloumié, Gallia 31, 1973, 6 Nr. 18 Abb. 37 f.

324. Schnabelkanne
Bronze
H 25,3 cm
Besançon, Musée des Beaux-Arts et d'Archéologie
Inv. A 182.899.1.465
Herkunft unbekannt

Aus Etrurien importierte Oinochoe vom Typus Schnabelkanne mit Voluten. Ein keltischer Handwerker bereicherte am Anfang des 4. Jahrhunderts v. Chr. die gesamte Oberfläche des Gefäßes mit einem Dekor von Spiralen und Punktlinien – Motiven griechischer Herkunft, der sich in stilisierter Form einer großen Beliebtheit in der keltischen Kunst erfreute.
Zweite Hälfte 5. Jahrhundert v. Chr./Anfang 4. Jahrhundert v. Chr.

B. Bouloumié, Gallia 31, 2 f., 1973 Nr. 4; I Celti, (Ausstellungskatalog), Mailand 1991, 128, 143, 174 Nr. 98, S. 711.

325. Bronze-Amphora
Der Hals besteht aus zwei ineinander gefügten Teilen
H 31,5 cm
Lons-le-Saunier, Musée Archéologique
Inv. 3617
Conliège, La-Croix-des-Monceaux, Tumulus 6

Die Amphora stammt wie das *simpulum* Kat. 326 aus einer etruskischen Werkstatt und ist vergleichbar mit zwei weiteren Exemplaren, von denen eines in der Toskana, in Vulci oder Bomarzo, und das andere in Schwarzenbach im Rheinland gefunden wurde.
Anfang 5. Jahrhundert v. Chr.

C. Rolley, Neapel 1982, 27 f.; M.J. Roulière-Lambert in: *Trésors des Princes Celtes* (Ausstellungskatalog), Paris 1987, 203-207 Nr. 132 f.; ders. in: *Les Celtes dans le Jura* (Ausstellungskatalog), Yverdon-les-Bains 1991, 52 f.

326. *Simpulum* (Schöpfkelle)
Bronze, Griff fehlt
H 4,1 cm; Dm an der Mündung 5,7 cm
Lons-le-Saunier, Musée Archéologique
Inv. 3616
Conliège, La-Croix-des-Monceaux, Tumulus 6

Aus Etrurien importiertes *simpulum*. Am Rand der Lippe Dekor von Linien und Wolfszähnen.
Anfang 5. Jahrhundert v. Chr.

327. Schnabelkanne
Bronze
H 26,8 cm
Bourges, Musée de la Ville
Inv. 894.37.1
Sehr wahrscheinlich aus der Umgebung von Bourges

Typus Schnabelkanne mit Voluten. Obere Henkelattasche: Am Ende der zwei Seitenarme je eine Raubkatze (eine davon gebrochen); untere Attasche: zwei S-förmige Doppelvoluten und eine umgedrehte Palmette. Der etruskische Handwerker hat dem traditionellen plastischen Dekor ein graviertes Motiv beigefügt und auf dem Hals einen Fries mit Lotosblüten und Palmetten angebracht.
Zweite Hälfte 5. Jahrhundert v. Chr.

B. Bouloumié, Gallia 31, 1973, 3 Nr. 6, S. 11 f.; J. Gran Aymerich in: *Etrusker nördlich von Etrurien*, Kongreßakten Wien, 1992.

328. Schnabelkanne
Bronze, teils gegossen, teils getrieben
H 28,4 cm
Bonn, Rheinisches Landesmuseum
Inv. 38.139
Aus Urmitz bei Koblenz (Mittelrhein)

Etruskische Kannenform mit schnabelförmigem Ausguß; wurde vor allem in den Werkstätten von Vulci hergestellt und sowohl in den italischen als auch in den nordalpinen Raum exportiert. Der Typus mit menschlicher Maske an der Henkelattasche fand sich nordwärts der Alpen bisher nur am Mittelrhein.
5. Jahrhundert v. Chr.

H.E. Joachim, Das Rheinische Landesmuseum Bonn. Berichte 1, 1979, 4 ff.

329-334
Das Fürstengrab von Chlum
(Südwestböhmen)
Prag, Národní Muzeum

Grab eines keltischen Fürsten der Frühlatènezeit. Es enthielt außerdem (nicht ausgestellt): Bronzebecken mit Griffen, einen Lanzenschuh, zwei Lanzenspitzen, Fragmente eines Messers und ein weiteres Tongefäß. Zweite Hälfte 5. Jahrhundert v. Chr.

P. Jacobsthal-A. Langsdorff, 1929, 31 f.; P.-M. Duval, 1978 (Dt. Ausg.), 47 f. Abb. 24; 76 f. 248 Abb. 266; J. Michálek in: *I Celti* (Ausstellungskatalog), Mailand 1991, 186 ff.

329. Tongefäß
H 32 cm
Inv. 111254

Einheimische Ware.

330. Etruskische Schnabelkanne
Bronze, getrieben. Henkel fehlt
H 30 cm
Inv. 111245

Grob geritztes Palmettenornament am Hals.

331. Beschlag
Bronze, getrieben
H 5,5 cm
Inv. 111250

Dekor aus Bogen und Blattmuster, mit dem Zirkel eingraviert.

332. Frühlatène-Schwert
Eisen
Teilweise erhaltene Scheide
L 87 cm
Inv. 111248

333. Beil
Eisen
L 22 cm
Inv. 111252

Die Situlenkunst

334. Schmuckscheibe
Bronze, Gold- und Silberblech
Größe 6 × 5,2 cm; Fragmente
Inv. 111249

Schmuckgegenstand mit typischer Frühlatène-Ornamentik, vermutlich Import aus westlichen Gebieten, wo sich ähnliche Schmuckplatten fanden (Weiskirchen, Reinheim, Kleinaspergle).

335. Tintinnabulum
Bronzeblech, Dekoration getrieben
H 11,5 cm; B max. 9,2 cm
Bologna, Museo Civico Archeologico
Inv. 25676
Aus Bologna, Arsenale Militare, Grab 5

Der annähernd trapezförmige Anhänger ist typisch für die Villanova-Kultur in Bologna. Die Darstellung erinnert an die älteste Situlenkunst, die stark von der orientalisierenden Kultur Nordetruriens geprägt war. In zwei Registern angeordnet, zeigt sie Spinn- (Seite A) und Webszenen (Seite B). Letztes Viertel 7. Jahrhundert v. Chr.

C. Morigi Govi, AC 23, 1971, 211-235; G. Colonna in: Kongreßakten Este-Padua, 1976, Florenz 1980, 177-190.

336. Deckel einer Situla
Bronzeblech, Dekor getrieben und graviert
Dm 22,20 cm
Este, Museo Nazionale Atestino
Inv. 4850
Aus Este, Via Caldevigo, Grab 187

Deckel mit kugelverziertem Griff. Zwischen zwei konzentrisch angeordneten Perlreihen ein Tierfries: Widder, Hase, Rind, Ziege, Raubkatze, die in den Lauf eines anderen Tieres beißt. Die Art der Zeichnung und der mit vegetabilen Ornamenten bereicherte Dekor weisen das Gefäß der Situlenkunst des orientalisierenden Stils zu.
Ende 7. Jahrhundert v. Chr.

Arte della Situla dal Po al Danubio (Ausstellungskatalog), Florenz 1961, 84 Taf. 7.

337. Situla Benvenuti
Bronzeblech, Dekor getrieben und graviert. Der Boden fehlt, Fehlstellen in der Wandung
Situla: erh. H 31,5 cm; Dm am Rand 25,4 cm
Deckel: Dm 25,5 cm
Este, Museo Nazionale Atestino
Inv. 4667 (Situla)
Inv. 4668 (Deckel)
Aus Este, Via S. Stefano, Grab 126

Glatter, gerundeter Deckel. Kegelstumpfförmiger Körper, aus zwei miteinander vernieteten Blechen zusammengesetzt.
Hals und Schulter sind mit Reihen von Rosetten verziert, der Körper ist in drei übereinander liegende Register unterteilt, in welchen sich Szenen des Alltagslebens (Trankopfer, Kampf, Feldarbeit, Rückkehr vom Kriege), vegetabile Ornamente, reale und phantastische Tiere des orientalisierenden Stils abwechseln.

Sie wird wegen der Feinheit ihrer Ausführung als die Schönste unter den paläovenetischen Situlen angesehen. Um 600 v. Chr.

A. Prosdocimi, Bullettino di Paletnologia italiana, 1980, 91 ff. Taf. 6 Abb. 1,10; A.M. Chieco Bianchi in: *Italia omnium terrarum alumna*, Mailand 1988, 44 (mit der früheren Literatur).

338. Deckel einer Situla
Bronzeblech, Dekor getrieben
H 7 cm; Dm 24 cm
Wien, Naturhistorisches Museum
Inv. 25816
Aus Hallstatt, Grab 696

Auf der Deckelwölbung zwischen zwei Perlreihen ein orientalisierender Tierfries (Katze mit Tierbein im Maul, Hirsch, der an einem Palmettenzweig frißt, Sphinx, Ziege mit Palmette im Maul) in orientalisierender Manier. Aus einer venetischen Werkstatt, deponiert in einem überaus reichen Grab zusammen mit einem Antennenschwert mit Goldüberzug.
6. Jahrhundert v. Chr.

K. Kromer, Florenz 1959, 146 Taf. 126, 1; R. Peroni, Rom 1973, 43; A. Guidi, Marburg 1983, 51; G. Prüssing, Stuttgart 1991, 50 Nr. 100 Taf. 16.

339. Situla
Bronzeblech, Griff in Vollguß, Dekor getrieben und graviert.
H 27,1 cm
Providence, Museum of Art, Rhode Island School of Design
Inv. 32245
Aus Bologna

Körper in Form eines umgekehrten Kegelstumpfs, beweglicher Henkel, mit Entenprotomen an den Enden. Dekor in drei Registern: Alltagsszenen, Kriegerzug, Tierfries. Wahrscheinlich von demselben Meister wie die Certosa-Situla. Auf dem Rand Widmungsinschrift in nordetruskischen Schriftzeichen. Letzte Jahrzehnte 6. Jahrhundert v. Chr.

W. Lucke-O.H. Frey, Berlin 1962; G. Bermond Montanari in: *La formazione della città in Emilia Romagna* (Ausstellungskatalog), Bologna 1987, 69 f.

340. Situla
Bronzeblech, Dekor getrieben und graviert
H 23,8 cm
Ljubljana, Narodni Muzej Ljubljana
Inv. NM P591
Aus Vače (Slowenien)

Figürlicher Dekor in drei Registern angeordnet: oben ein Zug von Reitern und Wagen mit einer männlichen Figur, die eine große Axt mit verziertem Stiel trägt; in der Mitte Gelageszenen, Kultszenen, Geschenkübergabe an thronende Würdenträger und ein Faustkampf; unten ein Tierfries. Das bildliche Repertoire setzt in mancherlei Hinsicht das etruskische der orientalisierenden und der archaischen Zeit voraus.
Ende 6. - Anfang 5. Jahrhundert v. Chr.

L. Kastelic, Belgrad 1956; *Arte delle Situle dal Po al Danubio* (Ausstellungskatalog), Florenz 1961, 103 f. Taf. 30 f.; W. Lucke-O.H. Frey, Berlin 1962, 78 Nr. 33, Taf 47-51. 73.

Etruskische Einflüsse auf die keltische Kunst

341. Figürlicher Kannenhenkel
Bronze, Vollguß
H 20,3 cm (Löwe); L 6 cm (Eber)
München, Staatliche Antikensammlungen
Inv. 9 (Löwe) und 293 (Eber)
Aus Castel San Mariano (Perugia), Fürstengrab

Henkel in Gestalt eines aufgerichteten Löwen, mit den Hinterbeinen auf dem Rand einer Palmettenattasche stehend, die Vorderpranken auf eine Profilleiste gelegt; im Maul ein Jünglingskopf steckend. Neben den Vorderpranken jeweils ein liegende Eber (der linke nur in Abguß, Original in Kopenhagen).
Um 550 v. Chr.

U. Höckmann, Staatliche Antikensammlungen München, *Katalog der Bronzen I*, 1982, 92 ff. Nr. 52 Taf. 53.

342. Keltische Schnabelkanne
Bronze, Henkel in Vollguß
H 45,8 cm; Dm 17,7 cm
Salzburg, Museum Carolino Augusteum
Inv. 6629
Vom Dürrnberg (Hallein), Grab 112

Am Henkel Raubkatze, die einen Menschenkopf im Rachen hält, seitlich der oberen Attasche zwei Raubtiere, die ein Tier verschlingen. Meisterwerk der keltischen Toreutik, von der etruskischen Schnabelkanne beeinflußt, hier aber sowohl hinsichtlich der schlankeren Form als auch der Dekoration neu interpretiert; der Dekor belegt auch Einflüsse aus der Kunst der Steppenvölker, speziell der Skythen, und der Situlenkunst. Frühkeltisch: kurz nach 450 v. Chr.

F. Moosleitner (Florenz 1987), Salzburg 1987, 35-63 Abb. 24-37, 40, 42, 47, 48, 51.

KELTISCHE KUNST

343. Stamnos

Bronze; Henkel gegossen; Attaschen getrieben und graviert. Aus Fragmenten zusammengesetzt, modern ergänzt
H (rekonstruiert) 34,1 cm; Dm 31,3 cm
Stuttgart, Württembergisches Landesmuseum
Inv. 8723
Aus dem Fürstengrab Kleinaspergle, bei Hohenasperg (Ludwigsburg)

Das Gefäß gehört zu einer Gruppe von Bronzestamnoi, die nach neueren Forschungen in Vulci oder Umgebung geschaffen wurden. Die Henkelattaschen sind mit Satyrköpfen verziert.
480 - 450 v. Chr.

Trésor des Princes Celtes (Ausstellungskatalog), Paris 1988, 257 Nr. 232; B.B. Shefton in: W. Kimmig 1988, 104 ff. Taf. 10-16.

344. Keltische Schnabelkanne

Bronze; Dekor getrieben; Henkel gegossen. Aus Fragmenten zusammengesetzt, modern ergänzt
H (rekonstruiert) 45,3 cm; Dm 19,8 cm
Stuttgart, Württembergisches Landesmuseum
Inv. 8723
Aus Fürstengrab Kleinaspergle, bei Hohenasperg (Ludwigsburg)

Keltische Nachschöpfung einer etruskischen Schnabelkanne. Der Henkel läuft auf der Mündung in Tierprotome aus; die Attaschen zeigen menschliche Masken mit Tierohren.
480 - 450 v. Chr.

Trésor des Princes Celtes (Ausstellungskatalog), Paris 1988, 258 Nr. 233; W. Kimmig 1988, 87 ff. Taf. 1-9.

345. Schnabelkanne

Bronze
H 31 cm; Dm max. 15,5 cm
Paris, Musée du Louvre, Département des Antiquités grecques, étrusques et romaines
Inv. ED 2796 (gebr. Nr. Br 2774)
Herkunft unbekannt

Schönes Beispiel für den Schnabelkannentypus mit Voluten. Eine Kanne mit ähnlichem Dekor hat vielleicht das Motiv an dem Beschlag Kat. 346 beeinflußt. Zweite Hälfte 5. Jahrhundert v. Chr.

B. Bouloumié, Gallia 31, 1973, 7, 15, 31 Nr. 23 Abb. 41.

346. Durchbrochener Beschlag

Bronze, gegossen
6,2 × 3,8 cm
Litoměřice, Okresní Vlastivědné Muzeum
Inv. 2630 Archéologie
Aus Cizkovice, Litoměřice (Böhmen)

Dekor mit Menschenmaske zwischen Spiralen. Die Wanderungen der keltischen Stämme schaffen am Beginn des 4. Jahrhunderts v. Chr. in Italien und jenseits der Alpen ein neues Gleichgewicht, das oftmals an die griechische und etruskische Welt gebundene künstlerische Gestaltungsformen ermöglicht. In Böhmen entwickelt sich ein sehr eigenständiges Bronzehandwerk, das das dekorative Repertoire erneuert und oft ein hohes Qualitätsniveau erreicht.
Zweite Hälfte 4. Jahrhundert v. Chr.

V. Kruta in: *I Celti* (Ausstellungskatalog), Mailand 1991, 205, 714 Nr. 153.

347. Ring

Massivgold
Dm 2,7 cm
New York, The Metropolitan Museum of Art
Inv. 40.11.16
Aus Vulci

Um 1940 erwarb das Metropolitan Museum eine Gruppe von Schmuckobjekten, die im 19. Jahrhundert in Vulci gefunden worden waren, darunter diesen Ring, in den ein Karneol eingesetzt ist, den eine Taube mit ausgebreiteten Flügeln ziert. Ein Kranz von kleinen Perlen läuft um die Fassung, zwei Silensmasken, zwischen denen Palmetten liegen, flankieren sie. Die keltische Kunst nahm dieses Motiv auf und stilisierte es.
Anfang 5. Jahrhundert v. Chr.

M. Cristofani in: M. Cristofani-M. Martelli, Novara 1983, 290 Nr. 130; G. Becatti, Rom 1955, 184 Nr. 304; M. Cristofani, 1983, 290 Nr. 130.

348. Doppelmaskenfibel

Bronze, gegossen
erh. L 3,8 cm
Marzabotto, Museo Nazionale Etrusco
Inv. 67109
Aus Pontecchio Marconi, S. Biagio (Bologna), verwüstetes Grab

Typus Sanguisuga, Bügel mit zwei kleinen gegenständigen Menschenmasken verziert. Die Fibel wird einer Werkstatt des mittleren Orientalisierenden Stils in Vetulonia zugeschrieben und belegt die Nutzung des Renotals als Handelsweg zwischen Nordetrurien und dem Gebiet um Felsina während der ersten Hälfte des 7. Jahrhunderts.
Erste Hälfte 7. Jahrhundert v. Chr.

P. von Eles in: *La formazione della città in Emilia Romagna* (Ausstellungskatalog), Bologna 1987, 112 Nr. 59.

Zur Herkunft der Runenschrift aus der nordetruskischen Schrift

349. Doppelmaskenfibel

Bronze, gegossen
L 3,1 cm; Nadel und Federspirale fehlen
Karlsruhe, Badisches Landesmuseum
Inv. C. 2668a
Aus Rappenau (Baden-Württemberg)

Schlangenförmiger Bügel, der sich über der jetzt verlorenen Federspirale zu einer Menschenmaske weitet. Schlangenschwanz über dem Nadelhalter nach rückwärts eingebogen und ebenfalls in einer menschlichen Maske endend. Keltische Arbeit.
450 - 400 v. Chr.

P. Jacobsthal 1944, 194 Nr. 309 Taf. 157.

350. Grabstele

Stein
H max. 90 cm; B max. 47 cm
Turin, Museo Archeologico
Inv. 367
Aus Busca (Cuneo)

Auf der Stele ist eine etruskische Inschrift eingemeißelt (H der Buchstaben 7,5 - 8 cm). Sie verläuft innerhalb eines Bandes in Hufeisenform: *mi suϑi larϑial muϑikuś* (= ich [bin] das Grab von Larth Muthiku). Die Schriftzeichen verweisen auf Nordetrurien. Dies ist eines der ältesten Beispiele für in ein Band gesetzte Inschriften - eine Mode, die sich in den venetischen, lepontischen und den Runeninschriften durchsetzen sollte.
5. - 4. Jahrhundert v. Chr. (?)

TLE 721; M. Gambari-G. Colonna, Studi Etruschi 54, 1986 [1988], 119-164.

351. Kantharos

Bronzeblech
H 6,3 cm; Dm 10,2 cm
Este, Museo Nazionale Atestino
Inv. 31349
Aus Este, Scolo di Lozzo

Einheimische Arbeit, Imitation der Bucchero-Kantharoi aus Etrurien. Auf ihr ist die älteste venetische Inschrift eingeritzt, ein Zeugnis der ersten Phase des Alphabets (Vorpunktierung nach nordetruskischem Vorbild): *alkomno metlon śikos enogenes vilkenis horvionte donasan*. Widmung mehrerer Personen (*donasan* "schenkten") für die *alkomno*, vielleicht Gottheiten, die mit den Dioskuren gleichzusetzen sind.
Ende 7. - Anfang 6. Jahrhundert v. Chr.

A.L. Prosdocimi, *Atti Istituto Veneto Scienze, Lettere, Arti* 127, 1968-69, 123-181.

352. Alphabet-Täfelchen

Bronzeblech
H 16,5 cm; L 20 cm
Este, Museo Nazionale Atestino
Inv. 16000
Aus Este, Fondo Baratela, Votivdepot von Reitia

Diese Weihung umfaßt wie die anderen Täfelchen (s. Kat. 353) zwei Bereiche der Orthographie (das Syllabar: Verbindung der Konsonantenliste mit den Vokalen *a, i, u, e, o*; die Liste der Konsonantenverbindungen, die nicht der Punktierung unterliegen), die Weihinschrift und ein vollständiges Alphabet.
4. - 3. Jahrhundert v. Chr.

G.B. Pellegrini-A.L. Prosdocimi, Padua-Florenz 1967, Es 23, 105-107; A.L. Prosdocimi, AION. Sez. linguistica 5, 1983, 75-126; A. Marinetti in: M. Pandolfini-A.L. Prosdocimi, Florenz 1990, 97-103.

353. Alphabet-Täfelchen

Bronzeblech
H 12,4 cm; L 20,7 cm
Este, Museo Nazionale Atestino
Inv. 16004
Aus Este, Grundstück Baratela, Votivdepot von Reitia

Die Alphabet-Täfelchen waren für den Schreibunterricht bestimmt; sie entsprechen dem venetischen Alphabet der zweiten Phase mit Silbenpunktierung und lokalen Varianten, das vom südetruskischen des Endes des 6. Jahrhunderts v. Chr. hergeleitet ist.
4. - 3. Jahrhundert v. Chr.

G.B. Pellegrini-A.L. Prosdocimi, Padua-Florenz 1967, 109-111, Nr. 25; A.L. Prosdocimi, AION. Sez. linguistica 5, 1983, 75-126; A. Marinetti in: M. Pandolfini-A.L. Prosdocimi, Florenz 1990, 107-109.

HERKUNFT DER RUNENSCHRIFT

354. Grabstele
Stein von den Colli Berici, Dekor gemeißelt
H 65 cm; B 48,5 cm; D 8 cm
Padua, Museo Archeologico, ohne Inv.
Aus Camin (Padua)

Abschiedsszene zwischen zwei Eheleuten in typischer frühvenetischer Tracht: Die Frau reicht dem Mann einen Vogel, vielleicht ein Symbol für die Seele des Verstorbenen. Oben zieht sich in einem Band linksläufig die Inschrift hin: *pupone.i.e.χorako/.i.ekupeϑari.s* (ich ekupetaris für Puponis Rakos). Die Stele spricht in der ersten Person. *Ekupetaris* ist ein unbekannter Terminus, sicherlich aber ein Name oder eine Bezeichnung der Bestattung.
Ca. Mitte 6. Jahrhundert v. Chr.

G.B. Pellegrini-A.L. Prosdocimi, 1967, 324; Fogolari 1975, 132 f.; *Padova preromana* 1976, 299 Nr. 63.

355. Paläovenetische Grabstele
Euganeischer Trachyt, Flachrelief
H 86 cm; B 63 cm; T 35 cm
Verona, Museo di Castelvecchio, Inv. 610
Aus Padua, ehem. Slg. Scipione Maffei, später Slg. Bassani

Relief: Reise des Verstorbenen ins Jenseits auf keltischem Wagen, der von zwei sich aufbäumenden Pferden gezogen wird. In ein Band auf drei Seiten ist linksläufig die venetische Inschrift eingefügt: *pletei veignoi karanmnioi ekupetaris ego* (mit dreiteiliger Namensformel im Dativ).
Die Stele verbindet verschiedene Elemente: aus der griechischen Welt die Form, aus der etruskischen die Funktion (analog zu den Stelen aus Bologna) und aus der keltischen den Dekor (Wagen, Schild).
4. – 3. Jahrhundert v. Chr.

D. Modonesi, Bergamo 1990, 63 Nr. 37.

356. Helm
Bronze
H 18,4 cm; Dm 28 × 26,7 cm
Wien, Kunsthistorisches Museum
Inv. VI 1659
Aus Negau (Slowenien), Votivdepot

Helm vom Typus Egg slowenisch, Variante Vače mit Spiralaugenzier, rätische Inschrift: *tutnitanuati? - sirakutuprpi. tarpteisfu? - purak*. Ein Zeugnis der Vermittlerrolle der Kulturen Norditaliens zwischen der etruskischen und der germanischen Welt.
Vor dem 2. Jahrhundert v. Chr.

M. Egg, Mainz 1986, 227 Nr. 324 Taf. 243 Abb. 183.

357. Helm
Bronze
H 20,6 cm; Dm 23,5 × 25,4 cm
Wien, Kunsthistorisches Museum, Inv. VI 1660
Aus Negau (Slowenien), Votivdepot

Helm vom Typus Egg italisch-slowenisch mit Inschrift in einer germanischen Sprache und in nordetruskischem Alphabet: *harigasti teiva hil*.
Vor dem 2. Jahrhundert v. Chr.

M. Egg, Mainz 1986, 218 Nr. 297 Taf. 209bi, 210 Abb. 175; K. Gschwantler in: *Antike Helme. Ausstellungskatalog des Stadtmuseums Linz-Nordico* (Ausstellungskatalog), 1988, 59 Nr. 48.

358. Stele
Stein, Dekor gemalt
H 98 cm; L 94 cm; T 14 cm
Visby, Museum von Gotland
Inv. 11606
Aus Martebo, Kirchenfußboden

Oben ein Kreis mit Windrad-Motiv (Spiralrad/Sonnenrad?). Unten zwei Kreise, um die sich eine Schlange windet. Links und rechts des Schlangenkopfes je ein Krieger zu Pferde. Entlang der Rahmung eine Runeninschrift, die offenbar keinen Sinn ergibt (magischer Text?).
5. Jahrhundert n. Chr.

W. Krause, Göttingen 1966, 255 Anm. 99; S. Lindqvist, Gotlands Bildsteine II, 100 ff.

Indirekte Einflüsse auf Europa durch die Vermittlung Roms
Schautafeln

I
Die tuskanische Säule

A. Säule aus Pompeji. 1901 entdeckt, verbaut in den Wänden eines Wohnhauses (*Regio* VI, *insula* V, 17-18). Jüngste Grabungen haben ihren Votivcharakter wahrscheinlich gemacht; sie gehört zur etruskisch-einheimischen Phase der Siedlung (540 - 525 v. Chr.). Die Säule, aus grauem Tuffstein aus Nocera, ist im oberen Bereich stark verjüngt und besitzt ein Kapitell mit hohem Abakus und ausladendem Echinus. Gesamthöhe 284 cm (Schaft 232 cm); Durchmesser am Säulenschaft oben 39,2 cm, am Säulenschaft unten 50,8 cm.
B. Säule aus der Erdgeschoßordnung des Kolosseums (70 - 80 n. Chr.): die graphische Darstellung stützt sich auf den Wandaufriß von L.-J. Duc (1830 - 1831).
C. Die "Tuskanische" Säule nach Vignola (1562).

A: M. Bonghi Jovino (Hrsg.), *Ricerche a Pompei. L'insula 5 della Regio VI dalle origini al 79 d.C.*
B: M.L. Conforto-S. Panella in: *Roma Antiqua. "Envois" degli architetti francesi (1788 - 1924). L'area archeologica centrale* (Ausstellungskatalog), Rom 1985, 258-291.
C: M. Barresi in: G. Morolli, Florenz 1985, 306, Taf. 92.

II
Die Figur des Gelagerten auf dem Sarkophag

Ein typisch etruskisches, aber auch in römischer Zeit belegtes Bildmotiv ist die Figur des Gelagerten auf dem Sarkophag. Sie gehört zu denjenigen Bildtypen, die in der europäischen Renaissance erneut aufgegriffen wurden. Unter den ältesten Beispielen wurden zwei ausgewählt, die diesen besonderen Aspekt des Weiterlebens eines etruskischen Bildmotivs veranschaulichen.
I. Grabmal des Don Martin Vazquez de Arce. Siguenza (Spanien), Kathedrale (1488).
II. Grabmal des Angelo Marzi-Medici. Florenz, SS. Annunziata (1546).

J. Białostocki: *Propyläen Kunstgeschichte* 7, 1972, 260 Abb. 206, S. 278 Abb. 210.

III
Sprachliche Entlehnungen

Eine wissenschaftliche Hypothese mit einem allerdings hohen Wahrscheinlichkeitsgrad besagt, daß etruskische Wörter, die im lateinischen Wortschatz weiterlebten, über diesen in die modernen europäischen Sprachen Eingang gefunden haben. In der Tabelle auf S. 147 werden etruskische Begriffe neben ihre lateinischen Formen und neuzeitlichen Derivate gesetzt, womit diese mögliche Übermittlung veranschaulicht wird.

Carlo Ruspi
Durchzeichnung der Tomba del Triclinio
Detail

Teil II

DIE WIEDERENTDECKUNG DER ETRUSKER UND IHR NIEDERSCHLAG IN DER EUROPÄISCHEN KULTUR DER NEUZEIT

VON DER RENAISSANCE
ZUM 18. JAHRHUNDERT

Der "etruskische Mythos" zwischen dem 16. und 18. Jahrhundert

Mauro Cristofani

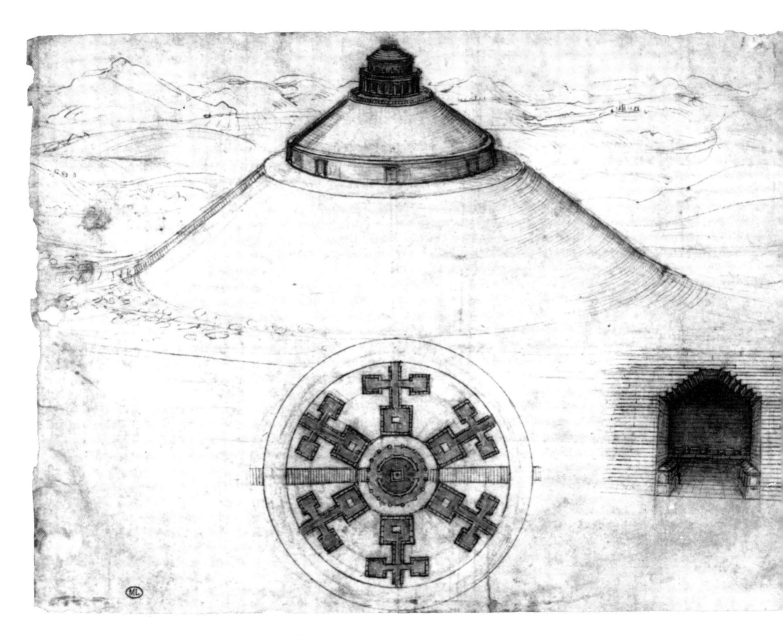

Leonardo da Vinci
Entwurf eines Mausoleums mit kreisförmigem Grundriß
Paris, Musée du Louvre, Cabinet des Dessins

Seite 274
Chimäre aus Arezzo, Detail
Ende 5. - Anfang 4. Jahrhundert v. Chr.
Florenz, Museo Archeologico - Kat. 366

Die "Erinnerung" an die Antike anhand geborgener archäologischer Zeugnisse zieht sich wie ein roter Faden durch die Kultur Europas, ob nun im Mittelalter oder vor allem in der Neuzeit. Zu diesem Phänomen als Teil der Geschichte der klassischen Tradition gehört auch die Anerkennung anderer Kulturen als der griechisch-römischen, die zeitlich dieser meist vorgelagert waren und in den Frühzeiten der Geschichte unmittelbar nach der Sintflut angesiedelt wurden. So bildete sich innerhalb der europäischen Kultur zwischen dem 16. und dem 18. Jahrhundert ein Interesse an solchen antiken Kulturen heraus, die gegenüber der klassischen "alternativ" waren und deren wichtigste Dokumente

DER "ETRUSKISCHE MYTHOS"

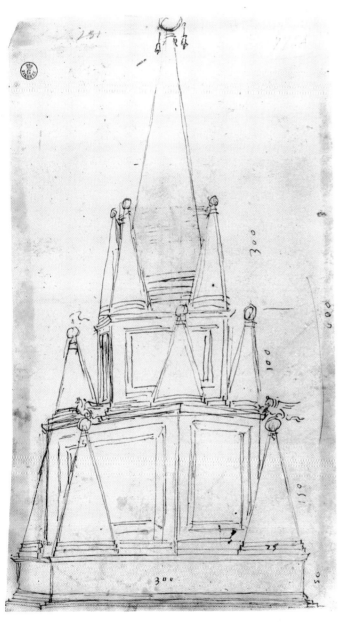

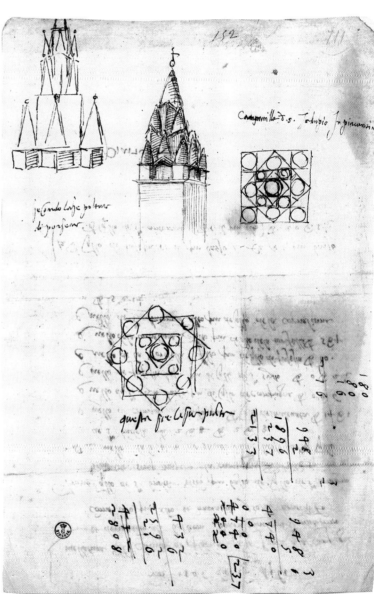

Antonio da Sangallo d. J.
Porsenna-Mausoleum in Chiusi
Um 1520 – 1525
Florenz, Uffizien
Gabinetto Disegni e Stampe
Kat. 361

Giovan Battista da Sangallo, gen. il Gobbo
Skizzen zum Porsenna-Mausoleum in Chiusi
Um 1526
Florenz, Uffizien
Gabinetto Disegni e Stampe
Kat. 362

Folgende Seiten
Chimäre aus Arezzo
Teil- und Schrägansicht
Ende 5. – Anfang 4. Jahrhundert v. Chr.
Florenz, Museo Archeologico
Kat. 366

angesichts der dürftigen Informationen, die die literarischen Quellen boten, aus Ruinen und Fundstücken bestanden. Begünstigt wurde die Entdeckung solcher Welten zusätzlich durch ihre Brauchbarkeit für Ideologien autonomistischer Tendenz, die in Zeichen und Schriften der Vergangenheit, die nicht der klassischen Kultur angehörten, nach neuen kulturellen Identitäten suchten. So war auch die französische Kultur in ihrem Bestreben, die keltische Zivilisation zu bewahren, von dieser Einstellung geprägt, und aus ihr spricht eine subtile, manchmal auch offene Polemik gegenüber Rom und seinem historischen Erbe, dem Heiligen Römischen Reich, in Zeiten, in denen sich allmählich dynastische Ambitionen und nationalistische Ideologien herausbildeten.

Eine besondere Stellung nimmt im Rahmen dieser Bestrebungen jenes Phänomen ein, das in den Kulturen der Neuzeit inzwischen als die "Entdeckung der Etrusker" bezeich-

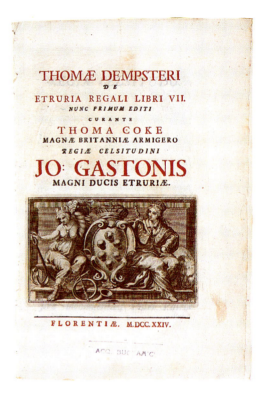

Thomas Dempster
Titelblatt zu De Etruria Regali libri VII
Ausgabe von 1723-26
Florenz, Istituto Nazionale di Studi Etruschi e Italici
Kat. 380

net wird. Es war so etwas wie eine "Offenbarung", die nicht nur durch die Rolle der Etrusker innerhalb der klassischen, insbesondere der römischen Geschichtsschreibung ermöglicht wurde, sondern vor allem durch die archäologischen Funde. Diese konnten bereits im 16. Jahrhundert nicht unbeachtet bleiben, schon gar nicht in Regionen wie der Toskana oder dem nördlichen Latium, wo die Aufmerksamkeit auf alles Antike doch wachsamer war als in anderen italienischen Staaten. Das Interesse an der etruskischen Zivilisation geriet so zu einem Übungsfeld für Antikenforscher, es war, wie Momigliano es nannte, eine Art "Krankheit" der italienischen Kultur, die als Gegenpol zur Erforschung der klassischen Antike bis hinein in die Anfänge des 19. Jahrhunderts eine ausgeglichene Entwicklung der Studien über die anderen vorrömischen Völker Italiens nicht zuließ.

Der "etruskische Mythos" kam in den letzten Jahren des 15. Jahrhunderts im Kontext jener irrationalistischen Tendenzen auf, die die Kehrseite einer scheinbar makellosen Periode wie der Frührenaissance bildeten. Der in Kabbalistik und Orientalistik bewanderte Dominikanermönch Annio da Viterbo (1432-1502) verlegte unter Vermischung alttestamentarischer Tradition und griechisch-römischer Geschichte die Abstammung der Etrusker in die Anfänge der Welt. Im Gegensatz zur offiziellen Geschichtsschreibung, die aus den antiken Quellen einige Gemeinplätze bezüglich einer römischen Schuld gegenüber den Etruskern herauslas, gelang es Annio, aufgrund der seiner Ansicht nach "verlogenen" Tradition der antiken Autoren und mittels archäologischer Zeugnisse - gefunden bei von ihm selbst veranlaßten Ausgrabungen - eine uralte Zivilisation zu erahnen; diese versuchte er, in der Nachkommenschaft Noahs und des Gottes Janus, in dem er das italische Pendant zu Noah sah, zu verankern. Schriftliche Quellen und Monumente, echte, aber auch schlau vorgebrachte Fälschungen dienten ihm dazu, eine geschichtliche Wahrheit zu verfechten, die das vom Humanismus vertretene rationale und positive Bild des klassischen Altertums verzerrte. Seine in Rom 1498 veröffentlichten und in Paris 1512 und 1515 nachgedruckten *Antiquitates* enthalten apokryphe Texte, die er tatsächlich existierenden antiken Historiographen zuschrieb, aber auch eigens dafür erfundenen, wie etwa einem gewissen Berosus Chaldäus. Das in Annios Werk ausdücklich wiederholt postulierte "Primat" der Etrusker hielt auf diesem Wege Einzug in die europäische Kultur.

Die etruskischen Sarkophage, die Annio im Beisein des Papstes Alexander VI. Borgia in den Feldern vor Viterbo "zufällig" entdeckte, das Grabmal des Porsenna in Chiusi, das von Plinius (*Nat. hist.*, 36, 91) beschriebene "Labyrinth", das von Zeit zu Zeit in den Gängen unter der modernen Siedlung des toskanischen Städtchens wiedererkannt wurde - diese Entdeckungen gewannen unter Liebhabern der Antike und Künstlern eine paradigmatische Bedeutung. Besonders das Grabmal des Porsenna, das schon Leon Battista Alberti und Filarete hochschätzten, wurde zum Gegenstand fantastischer Rekonstruktionsversuche, wie Zeichnungen aus der Umgebung der Architekten Sangallo bezeugen, die am Anfang des 16. Jahrhunderts in Perugia tätig waren und unbeabsichtigt zu "Entdeckern" etruskischer Inschriften wurden.

Das Auffinden von Monumenten in der Toskana in der ersten Hälfte des 16. Jahrhunderts begünstigte mit Sicherheit das Aufkommen einer weitverbreiteten Begeisterung für die Etrusker. Zu den aufsehenerregendsten Entdeckungen zählte damals ein Tumulus bei Castellina in Chianti, der in einer Leonardo zugeschriebenen Zeichnung festgehalten ist, und vor allem der Fund der "Chimäre", auf die man während der Errichtung der

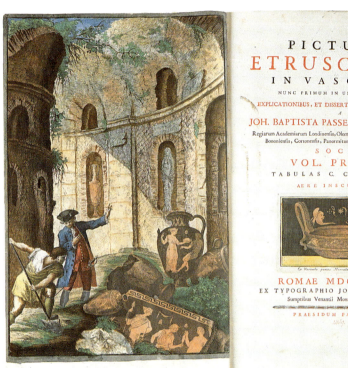

Giovan Battista Passeri
Titelblatt und Vorsatzblatt von Band I
der Picturae Etruscorum in vasculis
Florenz 1767
Paris, Bibliothèque Centrale
des Musées de France
Kat. 415

Stadtmauern von Arezzo 1553 stieß. Die Kostbarkeit wurde sofort von Cosimo dei Medici erworben, in dessen Studiolo etruskische Altertümer bereits ihren Platz hatten. Die Chimäre wurde im Palazzo Vecchio als ein Wunderwerk ausgestellt und war nicht nur Gegenstand neugieriger Bewunderung, sie entsprach zugleich auch trefflich den Theorien, die Vasari in jenen Jahren über das "Primat" der Etrusker in der Bildhauerei ausgearbeitet hatte; die erste Ausgabe der *Vite* von 1550 wie auch die übrige zeitgenössische Literatur über Kunst sind davon beeinflußt.

Vor allem an den Schriftzeichen der Inschriften nahm man zumindest deren Linksläufigkeit wahr, die an die hebräische Schrift erinnerte, so daß sie unter den Gelehrten der von Cosimo dei Medici 1541 gegründeten Florentiner Accademia Annios "Mythos" bekräftigte. Das Toskanische und das Hebräische wären demnach also Derivate einer gemeinsamen "aramäischen" Sprache, die schon Noah und seine Nachfahren gesprochen hätten. Das berühmteste, weitgehend auf diesen Überlegungen fußende Werk schrieb dazu der französische Philosoph Guillaume Postel, der Annio gelesen hatte und zu den Florentiner Kreisen Verbindungen unterhielt. Sein *De Etruriae regionis originibus institutis religione et moribus*, 1551 in Florenz veröffentlicht und Cosimo dei Medici gewidmet, zielt darauf ab, die dynastischen Ansprüche der Medici mit einer Art historischem Mythos zu verbinden, in welchem durch die gemeinsame Abkunft von Noah Rom, Etrurien und Frankreich miteinander vereinigt waren. Die Toskana als Nachfahrin Etruriens und Frankreich verbanden sich in dieser Anfangsphase der Geschichte und konnten also die Begründung ihrer Identität noch in Epochen vor der klassischen Zeit ansetzen, in der hingegen die Geschichte des Heiligen Römischen Reichs ihren Ausgang genommen hat-

Statuette einer sitzenden Frau
Anfang 4. Jahrhundert v. Chr.
Florenz, Museo Archeologico
Kat. 376

Medaille des Filippo Buonarroti
VS: *Bildnis*
RS: *Widmungsinschrift*
1731
Cortona, Museo dell'Accademia Etrusca
Kat. 419

te. Derlei phantastische Konstrukte, die auf recht unsicheren wissenschaftlichen Grundlagen errichtet waren, mußten sich notgedrungen recht bald erschöpfen, stellten sie sich doch gegen jenes laizistische Verständnis von antiker Geschichte, das der Humanismus in Loslösung von der Heiligen Schrift bereits verfochten hatte. Von einer solchen Kurskorrektur zeugen schon die Überarbeitungen Vasaris am *Proemio* der zweiten Ausgabe der *Vite* (1568), ebenso wie die Neuorientierung Cosimos I. in seiner Sammeltätigkeit nach 1560. Sie konzentrierten sich nun auf die Monumente und Statuen aus Rom, die über ein Netz von Beratern und Händlern erworben wurden. Selbst die bronzene Statue des "Arringatore", die 1566 bei Perugia entdeckt wurde und auf Umwegen schließlich zu Cosimo gelangte, der sie im Palazzo Pitti aufstellen ließ, wurde als ein Bildnis Scipios angesehen und nicht jener etruskischen Persönlichkeit, deren Name doch am Saum der Toga eingraviert zu lesen war.

Der Mythos Etruriens erhielt so eine ausschließlich gelehrte Bedeutung, tauchte auch bereits in der Auftragsliteratur und in den Dekorationen auf, die für die Zeremonien und Feste der Medici bestimmt waren. Dieser Zug lobpreisender Gelehrsamkeit findet sich auch in einem berühmten Werk wieder, das zwischen 1616 und 1618 ein Dozent an der Universität von Pisa, der Schotte Thomas Dempster (1579 - 1625), in großer Eile verfaßte. Sein *De Etruria regali* war eine Auftragsarbeit für Cosimo II., die auf Betreiben von dessen Sekretär, dem Volterraner Camillo Guidi, an ihn vergeben worden war. Im Unterschied zur sonstigen anspruchslosen Auftragsliteratur apologetischer Tendenz konzipierte Dempster sein Projekt sehr umfassend im Bemühen, das verfügbare Material zu beherrschen (klassische Autoren und epigraphische Texte, aber auch die apokryphe Literatur des Cinquecento, die er in der Bibliothek eines pisanischen Gelehrten vorfand). Rund um das Thema der Etrusker errichtete er eine Art Monographie, deren verschiedene Abschnitte den Sitten, der Geschichte, den Erfindungen und den untergegangenen Städten gewidmet waren. Dabei verschmolz er allerdings Antikes mit Modernem in dem Bemühen, zwischen den Etruskern und der Herrscherfamilie eine geschichtliche Kontinuität aufzuzeigen. Die handschriftliche Ausgabe dieses Werks blieb jedoch aus Gründen, die auch seinem später nach Bologna übergesiedelten Verfasser unbekannt waren, über ein Jahrhundert lang unveröffentlicht. Für den Auftraggeber und die Kultur im Umkreis des Hofes hatte das Interesse für das antike Etrurien jegliche "politische" Bedeutung verloren; es verlagerte sich bereits in die gebildeten Kreise in der Provinz, nach Volterra oder nach Perugia, wo die Achtung der archäologischen Zeugnisse in ihrer Eigenschaft als Erinnerungsträger an eine Vergangenheit hochgehalten wurde, die ausschließlich kommunalen Charakter hatte.

Die Rückkehr der Etrusker ins Rampenlicht der Kultur ereignete sich erst lange Zeit später, als eine Gruppe Florentiner Intellektueller in den zwanziger Jahren des 18. Jahrhunderts beschloß, Dempsters Werk zu veröffentlichen. Ein englischer Adliger, Sir Thomas Coke, hatte es auf seiner *Grand Tour* in Italien wiederaufgefunden. Das wiedererwachte Interesse machte es gerade wegen der unsicheren Dokumentation der literarischen Quellen erforderlich, eigene Nachforschungen und ernsthafte Ausgrabungen anzustellen oder in den Sammlungen, die im Verlauf des vergangenen Jahrhunderts angewachsen waren, die antiken Stücke zu identifizieren, die zu dieser Kultur zählten. Das letztere war kein leichtes Unterfangen, denn sowohl das Horten von Kostbarkeiten, wie es für die aristokratischen Kunstkammern kennzeichnend war, als auch die alles unterschiedslos ansammelnde Welt der nach dem Vorbild der deutschen Wunderkammern eingerichteten Museen sowie die über Landhäuser und Gärten verstreuten steinernen Altertümer erschwerten solche Identifizierungen.

Der Florentiner Filippo Buonarroti, ein Nachfahre Michelangelos, und der bedeutendste italienische Gelehrte der ersten Hälfte des 18. Jahrhunderts, Scipione Maffei, schlugen programmatisch vor, sich fortan von der ästhetisierenden oder der enzyklopädischen Sicht, die die Sammlungen des 17. Jahrhunderts geprägt hatten, zu befreien zugunsten der Sammlung und Klassifizierung von bisher vernachlässigten Altertümern. Die Wege der an der Neuedition von Dempsters *De Etruria regali* beteiligten Personen, Filippo Buonarroti und Giovanni Gaetano Bottari, kreuzten sich zwischen Florenz und Rom: in Rom hatte Buonarroti seine Ausbildung beendet, von Rom aus steuerte Bottari noch während der Jahre des Drucks von De Etruria regali, der von 1723 bis 1726 in Florenz erfolgte, Anregungen und Zusätze bei. Buonarrotis Hinzufügungen zum Werk Dempsters, die in der Form von *Explicationes* erschienen, sind als der erste Versuch einer modernen Monographie über die Etrusker anzusehen, und die bebilderte Sammlung von Zeugnissen ist, verglichen mit der zeitgenössischen Literatur, geradezu beeindruckend. Dahinter stand, so ist zu vermuten, der Erfolg, der den Bänden der *Antiquité expliquée et represenée en figures* von Bernard De Montfaucon vergönnt war, die soeben erschienen (1719 - 1724) und ein wahres dokumentarisches Universum waren, das als Vobild diente. Auch in diesem Fall lieferte die *monumentorum auctoritas* einen gänzlich eigenständigen Dokumentationsapparat. Trotz mancher kritischen Äußerung auch von einflußreicher Seite war dem Unternehmen beachtlicher Erfolg beschieden, bemißt man ihn am Anklang, den das Etruskerthema im Lauf des Jahrhunderts nicht nur in Italien gefunden hatte. Das Großherzogtum Toskana und die etruskischen Gebiete des Kirchenstaates, insbesondere Perugia, wurden Schauplatz ergiebiger Forschungstätigkeiten und der Wiederentdeckung von Altertümern in den Sammlungen der Patrizier. Die Reisen und der Briefverkehr Scipione Maffeis oder seines akademischen Widersachers Anton Francesco Gori, später die von Jean-Jacques Barthélemy, vermitteln uns das Bild von intensiven Ausgrabungsaktivitäten und einem blühenden Antikenhandel wie auch einer Sammeltätigkeit, die die vorangegangene Phase der Zufälligkeit überwunden und bewußt vorzugehen gelernt hatte. Vermittlungsstellen waren dabei zum einen die gelehrten Kreise, zum anderen aber auch die zahlreichen Akademien und Gesellschaften, die im Italien des 18. Jahrhunderts wie Pilze aus dem Boden schossen, darunter auch einige, die bereits internationales Ansehen erworben hatten. So die Accademia Etrusca in Cortona, der die Ehre zuteil wurde, in der Livorneser Ausgabe der *Encyclopédie* erwähnt zu werden, und die für die neue Etruskologie eine Art Werbeorgan darstellte. Ihr gelang es, zwischen den 30er und den 70er Jahren des Jahrhunderts die berühmtesten Gelehrten Europas um sich zu scharen.

In jener Zeit setzte der Versuch ein, die materiellen, figürlichen und schriftlichen Zeugnisse zu klassifizieren, wobei man mit einer gelegentlich dilettantischen hermeneutisch-deduktiven Haltung vorging, die zu heftigen Streitigkeiten führte. Die Schriften, die oft auch aufgrund der persönlichen Feindschaften unter den bekannteren Forschern der ersten Hälfte des Jahrhunderts wie Scipione Maffei und Anton Francesco Gori entstanden, die Sitzungsprotokolle der Akademien sowie der Berg an noch unbekannten Papieren, den die Briefsammlungen bilden, zeugen (aber nicht allein bei etruskischen Studien) von einer fast manischen Neigung zu haarspalterischen Interpretationen und Voreingenommenheiten sowie von Freude am polemischen Debattieren.

Dionisio Nogari
Porträt des Scipione Maffei
Um 1740
Verona, Museo Lapidario Maffeiano
Kat. 422

Johann Joachim Winckelmann
Geschichte der Kunst des Alterthums
Dresden 1764
Berlin, Staatliche Museen zu Berlin
Antikensammlung
Kat. 401

Gemme, abgesägt von einem Skarabäus, Helden aus dem Zug der "Sieben gegen Theben"
Perugia 500 - 480 v. Chr.
Berlin, Staatliche Museen zu Berlin
Antikensammlung
Ehemals Sammlung v. Stosch
Kat. 400

nebenstehende Seite
Giovan Battista Piranesi
Diverse maniere d'adornare i cammini
Tafel I, Seite 31
Rom 1769
Paris, Bibliothèque Centrale des Musées de France
Kat. 439

Die zentralen Themen dieser Debatten waren zum einen die Interpretation der Kunstdenkmäler und zum anderen die Entzifferung der etruskischen Schrift mit einer darauf aufbauenden "genealogischen" Definition der Sprache. Bei der Interpretation der Bildwerke bediente man sich in großem Umfang der antiken literarischen Quellen, behalf sich aber zusätzlich mit einer guten Portion Erfindungskraft; davon zeugen beispielsweise Goris Exegesen im *Museum Etruscum* (1737 - 1743) oder Stellen in den *Picturae Etruscorum in vasculis* von Passeri (1767 - 1775). Was die Entzifferung der Schrift betrifft, scheint sich die intensive Beschäftigung jener Jahre mit den entdeckten Inschriften, die in Kopien von einem Forscher zum anderen gelangten, trotz der hitzigen Atmosphäre im großen und ganzen positiv ausgewirkt zu haben. Mittelpunkt der Auseinandersetzung waren die "Tavole di Gubbio", die im 15. Jahrhundert entdeckt worden waren und allgemein als Dokumente angesehen wurden, die teils in etruskischer, teils in lateinischer Schrift geschrieben waren. Das Verdienst ihrer Entzifferung kam dem Schweizer Forscher Louis Bourguet zu, der in drei Aufsätzen, veröffentlicht in der Genfer *Bibliothèque Italique* zwischen 1728 und 1734, die Fragen der Lesbarkeit zum Teil löste.
Wesentlich unergiebiger waren, auch für die Zeitgenossen, die von Mario Guarnacci unternommenen Versuche auf dem Gebiet einer umfassenden Geschichtsschreibung. Er veröffentlichte zwischen 1767 und 1772 die drei Bände der *Origini italiche*, ein Werk, das er überwiegend in seiner Geburtsstadt Volterra schrieb, in die er aus Rom zurückgekehrt war. Seine Suche nach Verbindungen zwischen der Heiligen Schrift und der Lokal-

geschichte warf erneut das 16.-Jahrhundert-Problem der Identität von Noah und Janus auf. Durch Manipulationen an den antiken Quellen gelang es, den antiken Toskanern Erfindungen zuzuschreiben, die später für die Geschichte der Zivilisation wesentlich werden sollten. Auf diesen ausgeprägten Lokalpatriotismus, der zur Behauptung eines "Primats" der Etrusker über die übrigen Völker des antiken Italien führte, antworteten von Rom aus die Theorien Giovanni Battista Piranesis. In einem dreisprachigen Werk, das eher Künstlern als Gelehrten zugedacht war, dem *Ragionamento apologetico in difesa dell'architettura egizia e toscana*, und das eingebunden war in seine Pläne für die *Cammini* (1769), lieferte er sogar eine ganze Bildertafel mit Illustrationen zu den "sakralen, öffentlichen, privaten und kriegerischen Bräuchen der toskanischen Nation". Beruhte Guarnaccis etruskophile Haltung auf seiner kulturellen Isolation, so war die von Piranesi stattdessen Ausdruck eines bewußt antiklassischen Geschmacks, dem es darauf ankam, die Bildersprache der ägyptischen und der etruskischen Welt aufzuwerten. Waren doch auch bestimmte Gedanken aus De Caylus' berühmtem *Recueil d'antiquités égyptiennes, étrusques, grecques et romaines*, der in verschiedenen Bänden in Paris zwischen 1752 und 1767 veröffentlicht wurde und sich an Antikensammler, aber auch an Künstler wandte, von jener Montesquieu'schen Auffassung vom "Geist der Nationen" durchzogen, die die Gültigkeit auch nicht-klassischer Modelle zu rechtfertigen vermochte.

Auf Montesquieu bezogen sich auch zwei kleinere Werke, die Giovanni Maria Lampredi, ein späterer Dozent am Studio Pisano, in Florenz schrieb: *Saggio sopra la filosofia degli antichi etruschi* (1752) und *Del governo civile degli antichi Toscani e delle cause della loro decadenza* (1760). Der von Dempster beschworenen *Etruria regalis* setzte Lampredi die alte Autonomie der "toskanischen" Städte entgegen sowie den "föderativen" Charakter der zwölf *populi* Etruriens, von denen Titus Livius berichtet und der, als Beispiel einer guten Herrschaftsform, mit der zeitgenössischen Verfassung der Schweiz und der Niederlande verglichen wurde. Die Wertschätzung von Formen föderativer Autonomie und der Pazifismus des 18. Jahrhunderts gingen in die politikgeschichtlichen Werke der ersten italienischen Reformisten ein. Im ersten Band der *Rivoluzioni d'Italia* (1769) des Piemonteser Reformisten Carlo Denina erschien ein neuer "Mythos": derjenige von den primitiven Gesellschaften in Italien, in denen kleine Monarchien oder föderative Republiken überleben konnten, bis sie schließlich Rom überrollte – eine Vorstellung, die gewisse patriotische Tendenzen in der Geschichtsschreibung der Romantik vorwegnahm. Auf eine analoge Interpretation stößt man auch auf dem Feld der kunstbetrachtenden Literatur, die mit der von J. J. Winckelmann 1764 veröffentlichten *Geschichte der Kunst des Alterthums* das Niveau der großen Geschichtsschreibung erreicht. Das dritte, den Etruskern gewidmete Kapitel stellt deren künstlerisches Schaffen zwar hinter der griechischen Kunst zurück, geht aber von der Feststellung aus, daß das in den etruskischen Republiken herrschende freie Klima ihre kreative Entfaltung begünstigt habe. Allenfalls habe die dieser "Nation" angeborene Tendenz zur Leidenschaftlichkeit (die auch in der Kunst Michelangelos zu verspüren sei) verhindert, daß man jenen "guten Geschmack" entwickeln konnte, der hingegen in Griechenland (wie in der Kunst Raffaels) zu Ergebnissen von "Schönheit und Grazie" geführt habe.

Keineswegs zweitrangig waren parallel dazu verlaufende Aktivitäten mit dem Ziel einer Verbreitung der Kenntnisse über die etruskischen Altertümer durch Publikationen und verschiedene Formen öffentlicher Sammlungen. In Florenz betrieb Anton Francesco Gori die Edition des *Museum Florentinum* in zehn Bänden (1731 – 1752), das sich den Anti-

quitäten aus den großherzoglichen Sammlungen und denen der Florentiner Aristokratie widmete, wie auch die Herausgabe des vorerwähnten *Museum Etruscum*, eines Werks, das auf etwa 200 Bildtafeln eine Auswahl antiker Stücke aus patrizischen Sammlungen der Toskana, aus Arezzo, Cortona, Chiusi, Montepulciano, Siena und aus Perugia, zeigte. Diese überprüfte er auf einer eigens dazu durchgeführten Reise, von der uns ein Tagebuch überliefert ist. Die Bände stellten eine Art idealer Monumentensammlung vor, die die Errichtung öffentlich zugänglicher Museen anregte. Solche wurden wenig später in Volterra, Cortona und Siena eingerichtet. Die archäologischen Sammlungen von Volterra zogen berühmte Persönlichkeiten an (Maffei, Carlo Goldoni, sogar der Großherzog Pietro Leopoldo begab sich 1773 dorthin) und waren bis 1789 auf den Palazzo Guarnacci und den Palazzo dei Priori aufgeteilt, in welchem seit 1732 eine öffentliche Sammlung verwaltet wurde. Wiewohl die Stadt Cortona wegen ihrer vorerwähnten "Accademia Etrusca" international bekannt war und eine Vielzahl an Sammlungen der lokalen Patriziergeschlechter barg, konnte sie ihr *Museum Cortonense* doch erst 1750 vorweisen. Die Accademia hatte trotz ihres über zwanzigjährigen Bestehens nicht soviel sammeln können wie Maffei in Verona, wo ein Jahr zuvor das *Museum Veronense* erschienen war. Dieses Institut reihte Schriftzeugnisse verschiedener Sprachen – unbekannte, griechische, etruskische und lateinische – aneinander und bot so ein konkretes Musterbuch epigraphischer Beispiele.

Während man sich in Italien auf Formen einer Spezialisierung im Sammlungswesen zubewegte, bestand in Frankreich auch weiterhin bei Antikensammlungen die Tendenz, alles unterschiedslos zu horten. Dies ist am Beispiel der Sammlung von De Caylus nachzuvollziehen, wie sie uns das Frontispiz seines berühmten *Recueil* (1752) vorstellt: "Das Rundbild auf dem Titelblatt gibt einen Eindruck von der Anlage meines kleinen Kabinetts" sagt er. Die scheinbare Konfusion war aber bloß ausstellungstechnischer Natur, da im *Recueil* die Werke nach ihrer "Nation" unterschieden wurden, wobei der Anordnung eine Rangfolge zugrundelag, die vom dritten Band an auch die keltischen Antiquitäten miteinbezog. An dieser Stelle setzte der Versuch ein, auch in formaler Hinsicht

A.C. Philippe de Caylus
Recueil d'antiquités
Paris 1752
Paris, Bibliothèque Centrale des Musées de France
Kat. 101

Kandelaber, Statuetten von Gottheiten (Laran),
Statuette eines Knaben mit Gans, Greif,
Statuette einer Opfernden, weibliche Figur
von der zweiten Hälfte des 6. Jahrhunderts bis
zur Mitte des 2. Jahrhunderts v. Chr.
ehem. Slg. Corazzi
Leiden, Rijksmuseum van Oudheden
Kat. 174; Kat. 394-399

die Besonderheit des Etruskischen zu erkennen, die unter anderem auch durch die Rohheit der Einritzungen herausgestellt wurde – eine Besonderheit also, deren Wahrnehmung nunmehr eher der Erfahrung des Kenners bedurfte, als daß sie den Lobpreisungen des Antikenliebhabers anvertraut bleiben konnte.

Typisches Beispiel eines Spezialwerks sind die *Picturae Etruscorum in vasculis*, die der Gelehrte Giovanni Battista Passeri, der als Autorität auf dem Gebiet der etruskischen Altertümer den 1756 verstorbenen Gori abgelöst hatte, zwischen 1767 und 1775 in drei Bänden veröffentlichte. Zeigen die ersten Seiten des 1. und des 2. Bandes noch eine Ausgrabungsstätte in phantasievoller Rekonstruktion, so lieferte das reichhaltige Repertoire an Illustrationen nach Zeichnungen, die in Sammlungen in ganz Italien, von Mailand bis Catania, angefertigt worden waren, nicht allein die dazugehörigen, auf dem neuesten Stand der Altertumskunde beruhenden Interpretationen, sondern es eröffnete auch einen neuen Forschungszweig, der die Untersuchungen und auch den Geschmack der folgenden Jahrzehnte beherrschen sollte. So erschien beispielsweise gleichzeitig ein Werk in vier Bänden, das der Sammlung figürlich bemalter Keramik gewidmet war, die der englische Gesandte im Königreich beider Sizilien, Sir William Hamilton, in kurzer Zeit in Neapel zusammengetragen hatte (P. F. d'Hancarville, *Antiquités étrusques, grecques et romaines tirées du cabinet de M. Hamilton à Naples*, 1766-67). In diesem Fall waren die Vasenmalereien in der Fläche abgerollt dargestellt, gerahmt mit Motiven, die nur teilweise von den Originalen stammten, und in einem Verfahren koloriert, das die Bände sehr kostbar machte. Durch die in einem Gebiet zwischen Capua und Nola gelegenen Fundorte dieser Keramiken wurde ihr vorgeblich "etruskischer" Stil allmählich in Zweifel gezogen – und fand doch auf diese Art allgemeine Verbreitung. Daraus erwuchs in England jener *Etruscan Taste*, der Wand- und Keramikdekorationen ebenso beherrschen sollte wie die *Cammini*-Entwürfe von Piranesi; nicht allein in Robert Adams *Etruscan Rooms*, sondern vor allem in jener kunstgewerblichen Industrie, die Josiah Wedgwood unter eben dem Namen "Etruria" in Gang setzte und deren Geschmack sich bald allenthalben, von Sèvres bis Capodimonte, durchsetzen sollte. Das Sammeln antiker Keramik, das aus der reichen neapolitanischen Aristokratie und ihren Beziehungen zu europäischen Diplomatenkreisen hervorgegangen war, verbreitete sich nun durch Hamilton rasch. Von da an blieben auch die wichtigsten europäischen Museen von dieser Altertumsgattung nicht frei, angefangen beim Britischen Museum, das Hamiltons Sammlung 1772 erwarb, bis hin zum Wiener Museum, das 1815 die Sammlung des Grafen von Lamberg erstand, dem österreichischen Gesandten in Neapel, der auch einer der Förderer der Ausgrabungen von Nola (1783 – 1784) gewesen war.

Dieses inzwischen allgemeine Interesse registrierte die große *Storia della letteratura italiana* von Girolamo Tiraboschi (1782) mit den einführenden Worten:

"Auch die ausländischen Nationen schienen von Begeisterung für die Glorien der Etrusker erfaßt worden zu sein. Genf, Paris, Leipzig, ja sogar London und Oxford sahen sich von Büchern über das etruskische Altertum umgeben, [... Bücher,] die den Glanz der alten Etrusker wesentlich weiter befördert haben, als es je durch einen Italiener geschah."

Da kann es nur erstaunen, daß gerade in Florenz, dem Mittelpunkt der Etruskomanie in der Renaissance, die Uffizien ihren etruskischen Bestand nicht vermehrt haben. So schieb auch der Direktor der Galleria 1768: "Jedes gebildete Land zeigt den Fremden seine Altertümer und läßt sie sich nicht von ihnen zeigen." Ein weitgestecktes Projekt

*Porträt des Luigi Lanzi
Anfang 19. Jahrhundert
Florenz, Uffizien*

nahm damit seinen Anfang, das in der Ära des Großherzogs Pietro Leopoldo zum Abschluß kommen sollte, als die Uffizien eine tiefgreifende Erneuerung erfuhren dank der Studien und Aktivitäten des Assistenten für Altertümer, Luigi Lanzi, einem ehemaligen Jesuiten, der seine Ausbildung in Rom erhalten hatte. Einige umfangreiche Käufe, insbesondere aus den Sammlungen von Volterra und Montepulciano, trugen dazu bei, die Lücken aufzufüllen, und das kleine, im Portikus oberhalb der Loggia dei Lanzi angesiedelte "*museo etrusco*" konnte ein ungefähres Bild der hellenistischen Gräber geben, mit Nischen, die Urnen oder Ollae mit Inschriften aufnahmen, und Wänden, an denen Grabziegel mit Inschriften aufgereiht waren. Mit einem gesunden Empirismus begabt, hatte Lanzi sich fast aus dem Stand zum Erforscher der etruskischen Sprache gemacht, obgleich er sich damals gerade auf die Geschichte der italienischen Malerei spezialisierte. Dank seines täglichen Umgangs mit den Monumenten und einem durch keinerlei Vorurteil behinderten Verständnis der Probleme gelang es ihm, die "Entzifferung" der Schrift abzuschließen, und er konnte durch vergleichende Untersuchungen der Formeln in griechischen und lateinischen Inschriften die ersten korrekten Deutungen etruskischer Texte vorschlagen. Man schrieb das Jahr 1789, das wegen ganz anderer Ereignisse, die zur Verjüngung Europas beitragen sollten, berühmt wurde, als sein *Saggio di lingua etrusca e di altre nazioni d'Italia* erschien, ein umfassendes Werk, das sich nicht allein auf linguistische Probleme beschränkte, sondern die Etruskologie in die moderne Wissenschaft eingliederte, indem es sie von jenem Dilettantismus befreite, durch den sie bis dahin negativ geprägt worden war.

BIBLIOGRAPHIE:
L'Accademia etrusca (Ausstellungskatalog), Mailand 1985; G.F. Borsi in: *La Fortuna degli Etruschi* (Ausstellungskatalog), Mailand 1985, 59-73; G. Cipriani, Florenz 1980; M. Cristofani, Rom 1983; ders., Prospettiva 33-34, 1983-84, 367 f.; ders., Rom 1991, 3-139; F. Haskell, New York-London 1987, 32 ff.; G.R. Ligota, Journal of the Warburg and Courtauld Institute 50, 1987, 43 ff.; M. Martelli-M. Cristofani in: *Le arti del principato mediceo*, Florenz 1980, 3 ff.; G. Postel, Rom 1986; N.H. Ramage, American Journal of Archaeology 94, 1990, 469 ff.; Gli Uffizi, Quattro secoli di una Galleria (Kongreßakten), Florenz, 1983.

Die tuskanische Ordnung in der Auffassung der Renaissance und Nachrenaissance

Gabriele Morolli

Im Verlauf der über tausendjährigen klassischen und klassizistischen Rezeptionsgeschichte, die die verschiedenen frühgeschichtlichen Modelle von "Häusern" der Gottheiten erleben sollten, erfuhr keine andere Tempeltypologie des Altertums ein an theoretischen Interpretationen und strukturellen Wandlungen so vielfältiges Schicksal wie zunächst die entsprechend den Vorschriften der *tuscanicae dispositiones* errichtete *aedes* Vitruvs und später das nach dem *veterum Aetruscorum more* ausgeführte *templum* Albertis. Zahllose Generationen erfahrener Baumeister hatte der in Zimmermannstechnik und Terrakottabearbeitung geschulte Genius des "magischen Etrurien" hervorgebracht, und sie entwickelten jenes komplexe Bauwerk, das in seinem Wesen ein "anderer" architektonischer Ort war als die übrigen bedeutenden Schauplätze des Bauens im Mittelmeerraum. Die unter feuchten Winden knirschenden Holzkonstruktionen am westlichen Rand der Mittelmeerkulturen waren Ausdruck der Kreativität etruskischer Architekten und stellten in der Tat etwas ganz anderes dar als die von Theoremen abgeleiteten steinernen Gebilde, die ebenfalls um das 7. Jahrhundert v. Chr. von der frühantiken Kultur Griechenlands geschaffen wurden.

Was also in Griechenland der dorische oder der ionische Tempel in seiner absolut kanonischen Gestalt war oder bald werden sollte und aus einer makellosen Aneinanderfügung stereometrischer, modular normierter Elemente bestand, die nach strengen formalen Entsprechungen und in ebenso verbindlichen proportionalen Beziehungen miteinander verkettet waren, stellte sich in Etrurien als eine mühselig aus Einzelteilen montierte Konstruktion dar, die auf dem dialektischen Wechselspiel zwischen dem geschlossenen Bereich der Cellae (oder der Cella und den *alae*) und dem tief verschatteten Bereich des ausgedehnten Pronaos beruhte.

Tatsächlich erschien der etruskische Tempel als eine abenteuerliche Zusammenfügung von Elementen, deren Struktur bestimmt war durch den Gegensatz zwischen dem viereckigen Trilithensystem, dem vor allem der Säulenbereich des Gebäudes folgte, und einer kühnen "experimentellen" Konstruktion von hängenden Verspannungen und gewagten Vorsprüngen, die insbesondere die optisch dominierende, im Vitruvschen Sinne "kopflastige" Dachbedeckung bestimmte (von den gewaltigen Vorkragungen der Dachfläche bis zum gewissermaßen schwebenden Giebel).

Der Tempel der Etrusker erschien also sozusagen von der Vorliebe für instabile Gleichgewichte und für Wagnisse der Zimmermannskunst beherrscht; er war ein Bauwerk in ständiger technologischer und damit auch morphologischer Entwicklung, das seine Faszination aus seiner polychrom bemalten, ebenso festlichen wie vergänglichen Terrakotta-Verkleidung bezog. Er zeigte sich gewissermaßen als das andere, eben das veränderliche und "experimentelle" Gesicht des griechischen Tempels, der stets nach dem Ziel absoluter formaler und struktureller Perfektion strebte und systematisch bemüht war, die unveränderliche bauliche Konkretisierung einer über dem Himmel angesiedelten architektonischen "Idee" darzustellen.

Eine derart "unsystematische" Architektur war folglich unentrinnbar dazu bestimmt, in ein und demselben ästhetischen Vorgang von jeder späteren klassischen und klassizistischen architekturtheoretischen Reflexion wiederaufgegriffen und zugleich "verraten" zu werden, also notwendigerweise stets in "anderen" Formen als ihrem ursprünglichen historischen Zustand neu durchdacht und gestaltet zu werden.

DIE TUSKANISCHE ORDNUNG

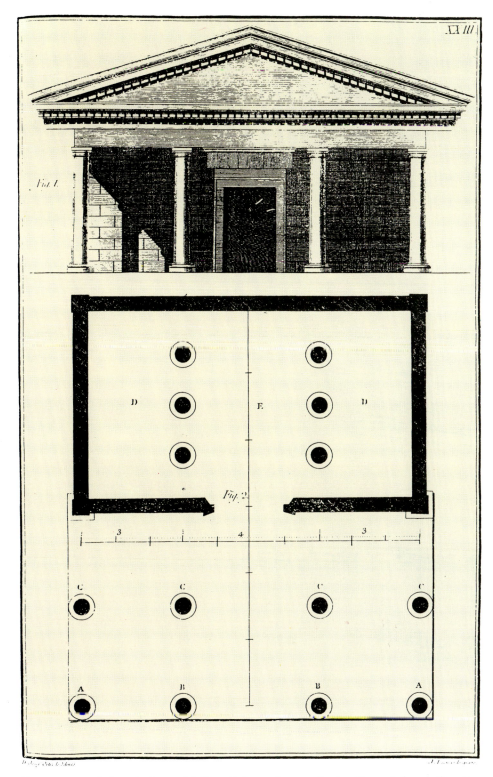

Radierung mit Ansicht und Grundriß des Vitruvschen Tempels nach J.F. Ortiz y Sanz 18. Jahrhundert

Es waren zumindest drei verschiedene Inkarnationen, die der Tempel der antiken Bewohner der Toskana im Verlauf der fast zweitausendjährigen Geschichte seiner eigenwilligen Bauform über sich ergehen lassen mußte: die Vitruvsche, die der Renaissance und die ihres Revivals im 18. Jahrhundert.

Zunächst verrät gerade der augusteische Autor, der Verfechter der *consuetudo italica*, die er bewußt dem *graecus mos* gegenüberstellt, paradoxerweise zum ersten Mal die alte, bodenständige, gezimmerte und von organischen Vorstellungen geprägte Struktur der Etrusker, indem er sie just mit der Logik des modularen Rasters griechischer Provenienz überzieht. Der "neo-etruskische" Tempel, wie ihn Vitruv zum urbanistischen Ruhm der *capitolia* in den neuen *municipia* des aufkommenden Kaiserreichs vorschlägt, ist nämlich, so sehr er von der Typologie der griechischen Tempel auch abweicht, planimetrisch in ein Rechteck eingefügt, dessen kürzere Seiten (Front und Rückseite) streng in einem Verhältnis von 5:6 zu den längeren Seiten (den Längsseiten) stehen.

Auch die Ordnung, oder überhaupt der Komplex der Säulen und des darüberliegenden Gebälks, erscheint schließlich von einer Proportionslogik durchzogen (indem die Höhe

293

DIE TUSKANISCHE ORDNUNG

der eigentlichen Säulen, ihr Abstand voneinander wie auch der Vorsprung der Mutuli am Fries an das "Modul" gebunden sind, das der Durchmesser am Fuß der Säule vorgibt), eine Logik, die vollkommen der griechischen (der dorischen wie der ionischen) entlehnt ist und die man nunmehr an jedwedem architektonischen Gebilde für notwendig ansah, das man so nennen konnte.

Für das augusteische ästhetische Bewußtsein war es geboten, einen altehrwürdigen "Ahnen" geschichtlich zu bestimmen oder theoretisch zu erfinden, der die italische und/oder par excellence römische Tempeltypologie jener Zeit (zwischen dem Ende der Republik und dem ersten Kaiserreich) legitimiert hätte – die Typologie des Pseudoperipteros nämlich, die in der Tat die stolze, einmal mehr italische und/oder römische autochthone Antwort auf die bauliche Hegemonie und das Charisma der griechischen Peripteroi darstellte. Tatsächlich jedoch konnte seine "moderne" Form sich nicht von der systematischen Strenge des Modulrasters lösen, die bei den alten "historischen" Strukturen der Tempel in der antiken Toskana keineswegs so bindend gewesen war.

Auf diesen ersten und fruchtbaren "Verrat" am konkreten etruskischen Tempel im Namen der "griechischen" Proportionsregeln sollte fast eineinhalb Jahrtausende später ein weiterer folgen. Möglicherweise war dieser noch radikaler und sicherlich ebenso leidenschaftlich, dieses Mal wurde er im Namen der inneren Raumverhältnisse begangen. Gemeint ist der bereits kurz erwähnte etruskische Tempel, den Alberti in seinem *De Re Aedificatoria* behandelt und später in seiner ebenso grundlegenden architektonischen Praxis entwickelt hat. Dem Markgrafen Lodovico Gonzaga schrieb Leon Battista Alberti im September 1470 über die zu gründende Kirche Sant'Andrea in Mantua: "Ich habe erdacht und entworfen, was ich Euch hier zusende. Dieses wird geräumiger, zeitloser, heiterer sein [...] und heißt bei den Antiken *Etruscum sacrum*."

Das von Alberti theoretisch begründete und geplante Bauwerk ist eine Art freier architektonischer Paraphrase des Vitruvschen Tempels aus den *Tuscanicae dispositiones*, so etwas wie ein ins Moderne und Populäre übertragener Textklassiker, der entsprechend der geläufigen, höchst unbefangenen humanistischen Vorgehensweise redigiert ist. Was nämlich die Architekten der mittleren Jahrzehnte des Quattrocento zu begeistern vermochte, war die harmonische "Schrift" des Innenraums der Bauwerke, die geschickte räumliche Gliederung. Dazu wurde sowohl die antike Typologie der Etrusker als auch die von *De Architectura* konzeptionell in radikaler Weise mit umgewandelt.

Der urspünglich (nach griechischer Auffassung) sehr große Pronaos, der von seiner Grundfläche her dem geschlossenen Teil der Cellae gleichkam und aus Sicht der "modernen" Renaissance-Architektur nicht mehr gerechtfertigt war, reduziert sich, bis er zu einem bescheidenen Portikus, einem kleinen Vestibül als Eingang zur Kirche geworden ist. Gleichzeitig verdoppeln sich die ursprünglich drei Cellae, "drehen sich" jeweils um 90 Grad und reihen sich an den Seiten eines neuartigen Mittelschiffs auf, als dessen Seitenkapellen sie nun dem christlichen Ritus dienen. (Zur Krönung des Mittelschiffs wird schließlich das Bauwerk noch mit einer Apsis ausgestattet.)

Derart stark war die "Überzeugungskraft" dieser Albertischen Interpretation (bzw. seines Nicht-Verstehens) der Vorgaben aus *De Architectura*, daß selbst die Renaissance-Exegeten des Vitruvschen Traktats von Fra' Giocondo über Raffael bis hin zu Palladio dazu neigten, vor allem die parallele Ausrichtung der dreiteiligen Cella aufzugeben. Dar-

Leon Battista Alberti
Sant'Andrea
1470
Mantua

in folgten ihnen auch die – übrigens philologisch noch anspruchsvolleren – Interpreten des lateinischen Texts in den folgenden Jahrhunderten, unter welchen Claude Perrault, Berardo Galiani und Joseph Francisco Ortiz y Sanz zu nennen sind. Erst zu Beginn des 19. Jahrhunderts, als infolge der neuen Forschungen die "neugeborene" archäologische Wissenschaft mehr Klarheit gewann, stößt man wieder auf die ersten vorsichtigen Anzeichen einer "korrekten" Plazierung der drei Cellae, deren Längsachse parallel zur Längsachse des Tempels ausgerichtet ist und die auf den Pronaos blicken.

Einerseits setzte sich also dieser "modernisierte" etruskische Tempel sowohl in den "imaginären" Albertischen Bauten (neben Sant'Andrea, das von den Nachfolgern Albertis später stark verändert wurde, ist auch an San Sebastiano zu erinnern, das der Beschreibung des *templum vetero Etruscorum more* aus *De Re Aedificatoria* sehr nahe kommt) als auch in den graphischen Wiedergaben der Vitruv-Exegeten durch (unter diesen auch Cosimo Bartoli, der Albertis Traktat illustrierte und eine interessante Version eines "etruskischen Tempels" lieferte).

Andererseits entstand er neu in "realen" Bauten wie dem Tempietto der Orsini in Bosco Bomarzo (der uns zunehmend die lunare, dionysische Seite eines Vignola offenbart, der die Beunruhigungen der Spätrenaissance zu verdrängen bemüht ist, indem er mit gänzlich manieristischer Detailbesessenheit die Träume und Phantasien in Stein verwandelt, die der Humanismus vielleicht wohlweislich der vergänglicheren, heute auch aus "ökologischen" Gründen dem Untergang geweihten Kunst des Formbaumschnitts in den Gärten anvertraut hatte) oder in London in der Kirche Saint Paul in Covent Garden von Inigo Jones – vielleicht die getreueste Umsetzung einer "tuskanischen" Tempelfront, nach einer Konzeption, die zugleich *vitruviano* und *palladiano more* war.

Tuskanische Säule, anthropomorphe tuskanische Säule und tuskanische Säule mit Bossen
nach Architectura *von Wendel Dietterlin*
(Ausgabe von 1598)
Tafel VI
Paris, Ecole Nationale Supérieure des Beaux-Arts
Kat. 432

Giorgio Vasari
Loggia der Uffizien
Florenz

Den letzten "Verrat" am etruskischen Tempel beging schließlich Giovanni Battista Piranesi, der eigentlich ein großer Verfechter der etruskischen Kunst war und auf der Welle der Etrusker-Begeisterung im 18. Jahrhundert einige seiner wichtigeren Werke der Anerkennung und Verteidigung insbesondere der Architektur dieser frühen Bewohner Italiens widmete.

Aus philologischer Sicht entspricht der Tempel, den der Kupferstecher aus dem Veneto vorschlug, den Vorgaben von *De Architectura* unter allen übrigen, die die klassizistische Vitruvexegese hervorbrachte, am genauesten (weniger in der Aufteilung des Innenraums, die in der Orientierung der Cellae noch unsicher ist, als in der fehlerfreien Wiedergabe der Ordnung, die entsprechend dem Kanon u. a. durch stark vorkragende Mutuli und durch das Fehlen des Frieses am Gebälk gekennzeichnet ist). Doch in theoretischer Hinsicht überdehnt der Künstler Vitruvs Intentionen (von der archäologischen und historiographischen "Wahrheit" gar nicht zu sprechen), indem er behauptet, daß die griechische Architektur ihre wesentlichen Formen (die Ordnung, den Tempel und sogar den Schmuck) der etruskischen verdanke.

Eine derartig radikale Umkehrung der Sehweise war zweifellos durch die abwertenden Urteile und die Zensur verursacht, die insbesondere eine streitbare Gelehrtenschaft in Frankreich und in England gegen das bisher unangefochtene Primat der römischen Kunst zugunsten der soeben "wiederentdeckten" griechischen betrieb. In Anbetracht jenes *Greek revival*, das ohnehin in der zweiten Hälfte des 18. Jahrhunderts in ganz Europa mit der These triumphierte, die Architektur Griechenlands (und seine Kunst insgesamt)

Inigo Jones
Saint Paul in Covent Garden
London

Der tuskanische Tempel in der Vitruvschen Überlieferung nach G.B. Piranesi;
aus Della Magnificenza ed Architettura de' Romani
Tafel XXVIII
Paris, Bibliothèque Centrale des Musées de France
Kat. 437

habe ein "reineres" und "idealeres" Stadium dargestellt als die vergleichsweise "korrumpierten" Formen Roms (und damit der Renaissance), machte sich Piranesi zum Fürsprecher einer breiten italienischen "Widerstandsbewegung" und ging so weit, diese auch nach klassizistischen Vorstellungen paradoxe Vorrangstellung der Baukunst der Etrusker gegenüber der Meisterschaft der Griechen zu behaupten.

BIBLIOGRAPHIE:
S. die Bibliographie zum Beitrag von G. Morolli, *Der Bogen und die tuskanische Säule*, besonders G. Morolli, Florenz 1985 (mit Lit.)

"DER ETRUSKISCHE STIL"
VOM 18. ZUM 19. JAHRHUNDERT

Allgemeine Aspekte des Problems
Cristiana Morigi Govi

Pelagio Palagi
Entwurf eines Stuhles all'etrusca
für das Kabinett von Schloß Racconigi
Bologna, Biblioteca Comunale
dell'Archiginnasio
Kat. 443 - 444

Robert Adam
Etruskischer Saal von Osterley Park
1775 - 1777

Seite 298
Oinochoe in Form eines männlichen Kopfes
aus Gabii bei Rom
425 - 400 v. Chr.
Paris, Musée du Louvre
Kat. 449

"Kein Fehler ist mühsamer auszurotten als einer, der seine Ursachen in falschen Bezeichnungen hat. Ein unpassender Titel für ein Buch oder ein schlecht gewählter Name für ein antikes Stück sind wie Falschgeld. Anfangs kommt es keck auf den Markt, als falsch wird es erst nach einer gewissen Weile erkannt. Kennt man es in einem Land und ist es dort geächtet, so geht es in einem anderen weiter um… Wer von etruskischen Altertümern etwas weiß, braucht außerhalb dieser keine Beispiele zu suchen für das, was ich meine […]. Eine falsche Benennung führt nicht allein das Volk an der Nase herum, sondern gebildete Leute gleichermaßen."

So schrieb Luigi Lanzi in seinem Essay *De' vasi antichi dipinti volgarmente chiamati etruschi*, der 1806 in Florenz veröffentlicht wurde. Er bezog sich darin ausdrücklich auf die irrige und verbreitete Ansicht, die in außerordentlich reicher Zahl in Italien gefundenen figürlich bemalten Vasen seien etruskischen und nicht griechischen Ursprungs. Lanzi bewies seine Behauptung mit einer Fülle von Belegen und stringenter Argumentation, wohl wissend, daß "eine falsche Bezeichnung" nur schwerlich auszumerzen ist.

Es ist bekannt, daß eines der hartnäckigsten Vorurteile des 18. Jahrhunderts das vom "etruskischen Primat" über die übrigen Kulturen und Zivilisationen war. An ihm hielten Gelehrte wie F. Buonarroti, G.B. Passeri, A.F. Gori und M. Guarnacci in blinder Unnachgiebigkeit fest, Männer, die, wie Winckelmann sich ausdrückte, "sich zu sehr von der Vaterlandsliebe leiten ließen". Er selbst schrieb hingegen sämtliche bemalten Gefäße den Griechen zu und bestritt, "daß man sie jemals in der Toskana anträfe". Unter den Verfechtern der "etruskischen" These versäumte es Lanzi, Giovanni Battista Piranesi zu erwähnen, dem doch vor jedem anderen das Verdienst zukommt (bzw. dem, begrifflich korrekt gesehen, der Fehler zuzuschreiben ist), jenen "etruskischen Geschmack" verbreitet zu haben, der ein wichtiger Bestandteil des frühen Klassizismus war. Gegen das zeitgenössische *Greek Revival* versuchte Piranesi, "die Vorrangstellung der römischen Architektur vor der griechischen gerade mit Hilfe der Etrusker wiederherzustellen" (Cristofani 1983, S. 112). Seine Thesen, die eine heftige Debatte auslösten, belegte er in *Magnificenza ed architettura dei Romani* (1761) und im *Ragionamento apologetico in difesa dell'architettura egizia e toscana* (1769), die er zusammen mit *Diverse maniere d'adornare i cammini* veröffentlichte, einem Werk, das in ganz Europa starke Verbreitung fand und besonders unter Künstlern und Dekorateuren sehr einflußreich wurde. Letzteren waren in besonderem Maß die Bildtafeln zugedacht, auf welchen jener ornamentale Eklektizismus praktisch greifbar wurde - keine sklavische Kopie des Antiken, vielmehr Neuerfindung im freiesten Geiste der Komposition auf den Spuren der alten Lehrmeister.

Was darüber hinaus das "Etruskische" sein mochte, war, sobald erst die Herkunft der römischen von der etruskischen Kunst feststand, nicht mehr besonders wichtig, überließ doch Piranesi selbst die Verantwortung des Urteilens den Kennern - *agli intendenti*. Er jedenfalls hegte keinerlei Zweifel an der etruskischen Abstammung der in Kampanien gefundenen Vasen. Große Sammlungen entstanden in Neapel, unter ihnen erlangte die von Lord Hamilton Berühmtheit. 1766 - 1767 besorgte P. H. d'Hancarville ihre Veröffentlichung in den vier Bänden der *Antiquités étrusques, grecques et romaines tirées du cabinet de M. Hamilton, envoyé extraordinaire de S.M. Britannique en Cour de Naples*. "Nachdem er [die Rede ist von d'Hancarville in seinem Vorwort zu dem Werk] den Griechen

Blick in das Gabinetto Etrusco *im Schloß Racconigi (nebenstehende Seite) und (oben) Detail der Deckendekoration* Kat. 445

die Vasen aus Apulien und Kampanien zugeschrieben hatte, von denen es einen Überfluß gibt, der jegliche Vorstellung übertrifft, setzte er hinzu, keinen Zweifel zu hegen, daß wiederum die Etrusker von diesen Funden profitieren würden" (Lanzi 1806, S. 20 f.). Die herrlichen rot und schwarz aquarellierten Tafeln mit weißen und hellblauen Schattierungen gaben die figürlichen Szenen in Abwicklung sowie das Profil der Gefäße wieder; sie waren auch einzeln im Umlauf, ohne das klärende Vorwort, und aus den Szenen und dem Dekor dieser Keramiken, die weiterhin als etruskisch galten, schöpften Architekten und Dekorateure mit vollen Händen.

Auf diesen irrigen Grundlagen nahm also jener Dekorationsstil *all'etrusca* seinen Anfang, an dem nichts etruskisch war und der schließlich alles in sich vereinte, was man gerade entdeckte, von den Darstellungen auf den griechischen (vorgeblich etruskischen) Vasen bis hin zu den Malereien und Antiken aus Herculaneum und Pompeji. Es genügt, bei Mario Praz nachzulesen, um zu verstehen, welch enormen Einfluß die Veröffentlichung der ersten Ausgabe der *Antichità di Ercolano* ausübte, vor allem weil die Reproduktionen "der von settecentesker Anmut umgebenen antiken Werke" ohne Mühe begriffen wurden und sich unter den Dekorateuren gleichsam naturgemäß verbreiteten. Die neue Geschmacksrichtung sollte, von England und Frankreich ausgehend, ganz Europa erobern. In England waren, woran auch Sybille Haynes in diesem Katalog erinnert, zwei Männer die Hauptvertreter des *Etruscan Taste*: Robert Adam und Josiah Wedgwood. Adam wurde während seines Romaufenthalts stark von Piranesi beeinflußt. Sobald er in seine Heimat zurückgekehrt war, propagierte er, wenngleich in gefilterter Form, jene eklektische Methode, die seinen auf außerordentliche Einheitlichkeit gerichteten Stil prägte, wovon seine Raumdekorationen, Möbel, Silberschmiedearbeiten und Porzellane zeugen. Seine *Etruscan Rooms*, genannt seien nur Osterley Park (1775 - 1779) und Derby House in London (1773 - 1774), präsentierten mit raffinierter Eleganz den neuen Geschmack. Motive der griechischen Keramik, von Malereien und Gerät aus Pompeji und Herculaneum, eingerahmt und gestützt durch formvollendete Kandelaber und Blattvoluten mit Anleihen aus der Renaissance, gliedern Wände und Decken. Die "etruskischen" Räume hatten in den aristokratischen und fürstlichen Residenzen in ganz Europa Erfolg, vom *all'etrusca* dekorierten Kuppelzimmer von Heaton Hall (1777), einem Werk von James Wyatt, bis hin zu den späteren Erscheinungsformen wie dem Etruskischen Kabinett von 1830 im Berliner Kronprinzenpalais und dem *Gabinetto Etrusco* in Racconigi von 1834, von dem im folgenden noch die Rede sein wird.

1769 gründete Wedgwood eine Porzellanmanufaktur, der er den Namen Etruria gab. Dort wurden Gefäße im antiken Stil hergestellt, die ihre Vorlagen unmittelbar aus den Bildtafeln zur Hamilton-Sammlung bezogen. Die sechs *First Day Vases*, die zur Feier der Eröffnung der Manufaktur bestimmt waren, trugen das Motto *Artes Etruriae renascuntur*. Es sollte emblematische Bedeutung erhalten, belegte es doch die tiefe und für die klassizistische Dichtung typische Überzeugung vom Wert der Antike für die Wiedergeburt der Künste, den gesellschaftlichen Fortschritt und die Entwicklung der Manufakturen – ein Gedanke, der eine beredte Bestätigung in Benjamin Wests Gemäldezyklus für die Queen's Lodge in Windsor Castle erfuhr, der zwischen 1789 und 1791 angefertigt wurde und sich ganz der Verherrlichung des Fortschritts und der Industrie Britanniens verschreibt. In einer allegorischen Szene mit dem Titel *Etruria* oder *Manufactory Giving*

ALLGEMEINE ASPEKTE DES PROBLEMS

303

ALLGEMEINE ASPEKTE DES PROBLEMS

Support to Industry sind Wedgwoods Keramiken im Vordergrund dargestellt als emblematisches Symbol dafür, wie gründlich die Antike die moderne Produktion zu erneuern vermag.

In Frankreich erklärte der Pariser Maler, Graveur, Bildhauer und Möbeltischler J.D. Dugourc (1749 - 1825) in seiner Autobiographie, er als erster *donna l'example d'employer les genres Arabesques et Etrusques*, womit er in Schweden, England, Rußland und Spanien, wo er lange Zeit als Hofarchitekt gearbeitet hatte, große Erfolge erzielt habe.

Die Dekorationen und Ausstattungsstücke im antiken Stil oder *all'etrusca* verbreiteten sich in der Sphäre der Höfe und des hohen Adels, von Bagatelle (1777), dem Sitz des Bruders des Königs im Bois de Boulogne, über die Laiterie in Rambouillet für Marie Antoinette (1787) bis hin zu den berühmten Inneneinrichtungen Perciers und Fontaines, der Erfinder des Empirestils, die man in ihrer Jugend wegen ihrer großen Liebe zum Altertum die "Etrusker" nannte.

Großes Ansehen genossen auch die Möbel, die griechisches Mobiliar nachahmten, wie man es von den Vorbildern der "etruskischen" Vasen her kannte. Solche wurden von Georges Jacob nach Entwürfen von Jacques Louis David angefertigt, und auf Gemälden mit historischem Sujet bildete sie der Maler ab, auf denen die Antike, ihres so hohen ideellen Werts wegen, vorbildgetreu wiedergegeben werden sollte. Der *klismos*, Brutus' Sitz auf dem berühmten Werk Davids, wurde das erfolgreichste Modell unter den Sesseln des Directoirestils und von Jacob in zahlreichen Varianten nachgebaut. Diese Mode erfaßte auch die Serienfertigung, bei der allerdings die die kostbaren Intarsienarbeiten mit Motiven der Vasenmalerei und von pompejanischen Stuckdekorationen durch wesentlich preiswertere Papierapplikationen ersetzt wurden.

Den Kreisen des Hofes und dem Hochadel blieben hingegen die Produktionen *all'etrusca* der Porzellanmanufaktur von Sèvres vorbehalten, die 1759 in königlichen Besitz überging, infolge der Revolution verfiel und während des Konsulats und des Kaiserreichs auf direktes Betreiben Napoleons neu erstand. Er fachte ihre Produktion mit gewaltigen Bestellungen für diplomatische Geschenke und für seine Residenzen an. 1785 erwarb die Manufaktur die von Dominique Vivant Denon zusammengetragene Sammlung antiker Gefäße, darunter auch eine große Zahl ungewöhnlicher Formen, in der ausdrücklichen Absicht, Anregungen aus ihr zu beziehen. Die antiken Keramiken, die Vivant Denon bereits als griechisch erkannt hatte - in Sèvres nannte man sie noch im vorgerückten 19. Jahrhundert etruskisch -, standen für wertvolle Porzellanvasen Modell, von den *Vases Leriche*, den *Vases étrusques à rouleaux* bis hin zur Austerlitz-Vase, die mit Napoleon in der Rolle eines triumphierenden antiken Kaisers auf einem von der Siegesgöttin gelenkten Wagen an diesen Sieg erinnerte.

Eine weitere berühmte königliche Porzellanmanufaktur befand sich in Berlin; sie stellte ebenfalls unter besonderer Beachtung der Tektonik des Gefäßes antikisierendes Porzellan her. Interessant ist ein Eisgefäß, das als "Mystische Ciste" auf der Berliner Akademieausstellung 1789 gezeigt wurde und mit seiner zylindrischen Form, den als Löwenpfoten mit figürlicher Bekrönung gestalteten Füßen und mit seinen Ringen den Typus der pränestinischen Ciste imitierte.

Paradoxerweise schlug die neue Mode in Italien verspätet Wurzeln und war weniger beliebt. A. Ottani Cavina erinnert daran, daß, obzwar die Entdeckungen von Herculaneum

304

ALLGEMEINE ASPEKTE DES PROBLEMS

*Service à l'étrusque für Marie Antoinettes
"Laiterie" (1788) und italische Vasen
aus der Slg. Vivant-Denon
(4. Jahrhundert v. Chr.)
Sèvres, Musée National de la Céramique
Kat. 452 - 455*

*Eisgefäß in Form einer Ciste aus der Königlichen
Porzellan-Manufaktur Berlin
Um 1790
Berlin, Schloß Charlottenburg
Kat. 460*

305

Déjeuner all'etrusca *aus der königlichen Manufaktur in Neapel*
Ende 18. Jahrhundert
Neapel, Museo e Gallerie Nazionali di Capodimonte
Kat. 447

und Pompeji Neapel in das Zentrum des Interesses der Intellektuellen von ganz Europa gerückt und unter den europäischen Künstlern Begeisterung ausgelöst hatten, sie in den Künstlerkreisen Neapels recht geringe Wirkungen zeitigten; sieht man vom Studiolo della Reggia in Caserta (1778) und dem großen Bad des Kasinos von San Leucio (1793) einmal ab, zog klassizistisches Dekor erst mit dem Hof Joachim Murats dort ein.

Einzig bei der Produktion von Porzellan zeigte sich eine ernsthafte und fundierte Anteilnahme an den großen Entdeckungen, und das war das Verdienst Domenico Venutis, dem Leiter der Real Fabbrica Ferdinandea von 1779 bis 1800. Er besaß Organisationstalent und Bildung, war toskanischer Herkunft und entstammte einer Familie, aus der Gelehrte und Archäologen hervorgingen, die auch an der Accademia Etrusca von Cortona maßgeblich mitarbeiteten. Er stellte die Produktion auf die damals hochaktuelle Ausarbeitung klassischer Motive um und beschäftigte die Real Fabbrica mit der Herstellung großer Tafelgeschirre, die als kostbare Geschenke König Ferdinands IV. für die Regierenden Europas dienten. Das "Etruskische Service", das George III. von England 1787 geschenkt wurde, bestand aus 348 Teilen und stellte zweifellos die bis dahin höchsten Anforderungen an die neapolitanische Manufaktur. Originalgetreu reproduzierte es die "etruskischen" Vasen aus der Sammlung des in königlichem Besitz befindlichen Museo di Capodimonte, wohin sich die Künstler der Real Fabbrica gewöhnlich begaben, um die

ALLGEMEINE ASPEKTE DES PROBLEMS

Malereien zu kopieren. Auf den Flächen wurde jeweils das Bild einer antiken Vase der bourbonischen Sammlung wiedergegeben, ergänzt durch eine genaue Beschreibung der dargestellten Szene; der eindrucksvolle Tafelaufsatz bestand aus Figuren aus Biskuitporzellan, die den etruskischen König Tarchon - zumindest in diesem Fall war der Zusammenhang mit Etrurien richtig! - im Kampf gegen die Zentauren zeigten. Das Ganze war Gegenstand eines gelehrten und umfassenden Erläuterungsbandes, den Venuti selbst redigiert hatte und der mit 157 hervorragenden Stichen ausgestattet war, in 100 Exemplaren in der Königlichen Druckerei gedruckt. Das wertvolle *all'etrusca*-Dekor wurde auch auf anderen Formen aufgebracht, blieb aber zumindest eine zeitlang der Produktion in königlichem Auftrag vorbehalten.

In Florenz fand die neue Mode in einigen kostbaren Intarsienarbeiten aus Pietra dura zu einer bemerkenswerten Ausdrucksform. Sie waren vom Opificio delle Pietre Dure für die Residenz im Palazzo Pitti nach Gemälden von Antonio Cioci angefertigt worden, dem repräsentativsten Vertreter dieser Gattung von Kompositionen in etruskischer Manier.

Ein spätes bedeutendes Beispiel für den "etruskischen" Geschmack in Italien stellt das "Gabinetto Etrusco" in Racconigi in Piemont dar. Es wurde 1834 von Carlo Alberto von Savoyen bei Pelagio Palagi in Auftrag gegeben.

Tasse mit Untertasse aus der Königlichen Porzellan-Manufaktur Berlin
1805 - 1815
Berlin, Porzellansammlung Belvedere
Schloß Charlottenburg
Kat. 457

ALLGEMEINE ASPEKTE DES PROBLEMS

Antonio Cioci
Etruskische Vasen und Blumen, Detail
Um 1785
Florenz, Opificio delle Pietre Dure
Kat. 446

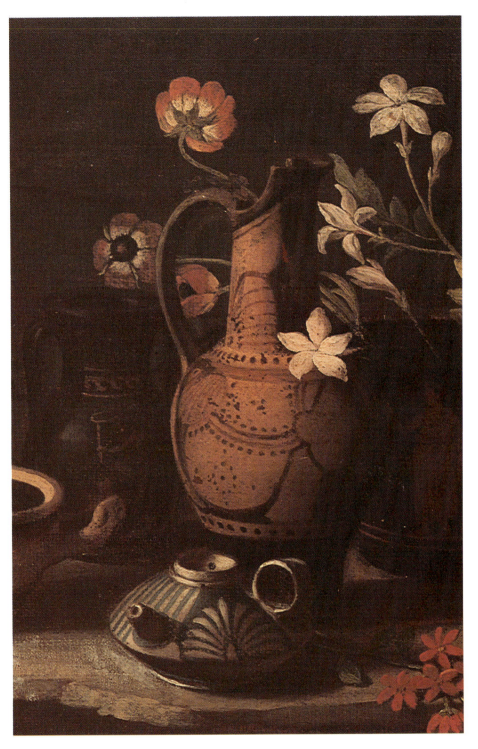

Palagi war einer der angesehensten italienischen Künstler seiner Zeit; er wurde mit der Aufgabe nach Turin gerufen, die Restaurierung, Dekoration und Einrichtung des Schlosses von Racconigi zu leiten. Er schuf für den privaten Arbeitsraum des Königs ein Dekorationsprogramm *all'etrusca*, das sowohl das Schaffen des vorangegangenen italienischen und europäischen Klassizismus als auch die starken ideologischen Implikate miteinbezog, die eine Rückbesinnung auf die Etrusker als "dem ältesten Volk Italiens", für die nationalen Ansprüche Carlo Albertos bedeutete.
Palagi war von Jugend auf zum Studium der Antike erzogen worden und hatte großes Interesse für Archäologie entwickelt. Zeit seines langen Lebens trug er eine sehr umfangreiche Sammlung und eine gut und aktuell bestückte Bibliothek zusammen, die heute in den kulturellen Einrichtungen seiner Geburtsstadt Bologna aufbewahrt werden. Palagi war sich also bei seinem Rückgriff auf den "etruskischen" Geschmack vollauf bewußt, eine "Fälschung" zu begehen, und beschloß, vielleicht um die Aktualität seines Wissensstandes unter Beweis zu stellen, ein wirklich etruskisches Thema einzuplanen: den Fries aus der Tomba del Barone, die 1827 in Tarquinia entdeckt und 1832 veröffentlicht worden war.

ALLGEMEINE ASPEKTE DES PROBLEMS

Dieses etruskische Kabinett ist der Höhepunkt gebildeten Zitierens in der Dekoration und zugleich eines der geglücktesten Beispiele eines harmonischen Zusammenspiels von Einrichtungsgegenständen und Wandschmuck.

Palagis Pläne waren bis ins Detail durchdacht, er lieferte Zeichnungen in großem Maßstab für Wände, Fußboden, Türfüllungen, Verglasungen, Kamin und Mobiliar und vertraute deren Ausführung qualifizierten Mitarbeitern an. Airaghi übernahm die Ausmalung, und Moncalvo fertigte sämtliche Möbel, die in London 1851 auf der Weltausstellung prämiert wurden.

Die Deckenfläche ist streng in konzentrische Streifen und die Wände sind in Felder aufgeteilt. Deren Polychromie mit der Betonung der Farben Rot, Schwarz und Ocker, die auch in den Einlegearbeiten der Türen, den Seitenwangen des Kamins, im Fußbodenbelag sowie im Mobiliar aufgenommen sind, und das ständig wiederkehrende Palmettenmotiv bilden die beherrschenden Merkmale der überaus reichen Dekoration. An der Decke findet sich, zwischen Motiven im Stil der griechischen und großgriechischen Vasenmalerei, die Palagi vor allem aus den großen Bildveröffentlichungen kannte, das neue Element: der Fries aus der Tomba del Barone in Tarquinia. Wenn auch verspätet, rechtfertigt er schließlich doch noch jene "falsche Bezeichnung", die aus einem so schwer ausrottbaren Mißverständnis hervorgegangen war.

Antonio Cioci
Etruskische Vasen und Blumen
Um 1785
Florenz, *Opificio delle Pietre Dure*
Kat. 446

BIBLIOGRAPHIE:
L'Accademia etrusca (Ausstellungskatalog), Mailand 1985; *The Age of Neoclassicism* (Ausstellungskatalog), London 1972; *Bibliotheca etrusca* [...] (Ausstellungskatalog), Rom 1985; A. Carola Perrotti, Neapel 1978; M. Cristofani, Rom 1983; N. Gabrielli, Turin 1972; G. Gualandi, Ricerche di Storia dell'Arte 8, 1978-79; *La Fortuna degli Etruschi* (Ausstellungskatalog), Mailand 1985; *L'immagine dell'antico fra Settecento e Ottocento* [...] (Ausstellungskatalog), Bologna 1983; L. Lanzi, Florenz 1806; *L'ombra di Core* [...] (Ausstellungskatalog), Bologna 1989; A. Ottani Cavina in: *Storia dell'arte italiana*, Turin 1982, II, 2. Teil, 599-655; The Paintings of Benjamin West, London 1986; M. Pallottino, Studi Etruschi 29, 1961, S. XXVIII-XXXVII; *Pelagio Palagi artista e collezionista* (Ausstellungskatalog), Bologna 1976; M. Praz, Mailand 1974; G. Pucci in: *Memoria dell'antico nell'arte italiana* III, Turin 1986, 253-292.

Etruria Britannica

Sybille Haynes

Interesse und Leidenschaft der Briten für Etrurien begannen ernsthaft im ersten Viertel des 17. Jahrhunderts mit dem Schotten Thomas Dempster. Frühere Quellen wie *The Chronicle of the Kings of England* von William of Malmesbury (übersetzt von A.J. Giles, London 1847), in dem sich einige Passagen auf etruskische Stätten, Gräber und Schätze beziehen sollen, sind zu phantastisch und vage, als daß man von ihnen auf eine besondere Neugierde für die Etrusker im mittelalterlichen England schließen könnte.

Der Universalgelehrte, Dichter und Duellant Dempster ließ sich nach einem abenteuerlichen Leben in Schottland und Frankreich in Italien nieder. Er lehrte Zivilrecht an der Universität Pisa und später Klassische Philologie in Bologna. Zwischen 1616 und 1619 arbeitete er im Auftrag von Cosimo II. de' Medici, Großherzog der Toskana, an einem Buch über die Etrusker. Dempsters Manuskript *De Etruria Regali libri septem* ist die erste Zusammenfassung der Nachrichten über Etrurien in klassischen und späteren Quellen. Das gewaltige Material ist in sieben nach Themen geordneten Kapiteln gegliedert, darunter auch eines über die etruskische Sprache. Dennoch hielt man nach Dempsters Tod in Bologna 1625 sein tiefgründiges und gelehrtes Sammelwerk offensichtlich für eine Veröffentlichung nicht geeignet; so lag das Manuskript viele Jahre unbeachtet im Palazzo Pitti in Florenz, bis es der Bibliophile Thomas Coke, der spätere Earl of Leicester und Erbauer von Holkham Hall, während seiner *Grand Tour* (1713 – 1718) kaufte. Mit Cokes finanzieller Unterstützung wurde Dempsters Text von Filippo Buonarroti überarbeitet, kommentiert und durch 93 Bildtafeln und eine Karte Etruriens bereichert. Das zweibändige Werk *De Etruria Regali* erschien, obwohl 1723 – 1724 datiert, erst 1726 in Florenz und zog eine Flut von Büchern und wissenschaftlichen Abhandlungen in Italien nach sich, wo im 18. Jahrhundert die Begeisterung für alles Etruskische zunahm wie nie zuvor.

Während sich in den vorangegangenen Jahrhunderten das Interesse für die Etrusker im wesentlichen auf literarische Zeugnisse konzentriert hatte, begannen die Gelehrten nun, auch archäologisches Material in ihre Arbeit einzubeziehen. Der erste Engländer, der eine etruskische Stadt mit der ausdrücklichen Absicht besuchte, ihre Gräber zu erforschen, war Thomas Jenkins, ein in Rom ansässiger Künstler, Händler und Bankier, der 1757 Mitglied der *Society of Antiquaries of London* geworden war und für diese bis 1772 über die damaligen Ausgrabungen in Italien berichtete. 1761 verbrachte Jenkins auf Wunsch und auf Kosten von Joseph Wilcox einige Zeit in Tarquinia, um sich an der Ausgrabung dreier Gräber in der Monterozzi-Nekropole zu beteiligen (eines von ihnen war die *Tomba del Cardinale*, die 1699 zum ersten Mal entdeckt worden war und 1760 erneut geöffnet wurde). Man fand zwar keine Gegenstände, Jenkins ließ aber Wandmalereien und Inschriften kopieren. Für eine Versammlung der *Society of Antiquaries* am 12. November 1761 berichtete er erstmals unter dem Datum Rom, 8.8.1761, kurz über seine Tätigkeit in Tarquinia. Eine ausführlichere Beschreibung der örtlichen Gegebenheiten und der Ausgrabungen von Jenkins wurde, zusammen mit einigen Gravuren nach Zeichnungen, die in der *Tomba del Cardinale* angefertigt worden waren, als Beitrag vom 17. März 1761 in den *Philosophical Transactions of the Royal Society* (LIII, 1763, S. 127-129) veröffentlicht.

Jenkins hatte in Tarquinia in dem Schotten James Byres, der sich 1758 in Rom niedergelassen hatte, einen Rivalen und Nachfolger. Byres' Laufbahn als Künstler, Händler und

Franciszek Smuglewicz
James Byres und seine Familie, *1779*
Edinburgh, Scottish National Portrait Gallery

gelehrter Reiseführer für englische Besucher ist bekannt; jüngst in Edinburgh veröffentlichte handschriftliche Dokumente haben jetzt aber ein neues Licht auf seine archäologischen und historischen Interessen geworfen. Er plante ein Buch über *The History of the Etrurians*, das er mit Zeichnungen von etruskischen Gräbern und Wandmalereien illustrieren wollte, mit deren Anfertigung er 1764 - 1766 in Tarquinia den polnischen Künstler F. Smuglewicz beauftragt hatte. Der erste Teil des Buches sollte *The Ancient State of Italy* heißen. Die handschriftlichen Notizen bezeugen, daß Byres neben seinen eher traditionellen antiquarischen und literarischen Studien Ausgrabungen besuchte, geologische Daten und Fossilien untersuchte und geographische Gegebenheiten mit in Betracht zog. Einige seiner Schlußfolgerungen implizieren ein wesentlich früheres Auftreten des Menschen und seiner Erzeugnisse, als es der damalige Glaube an die Bibel erlaubte. In seinen Entwürfen zur etruskischen Geschichte untersucht Byres mit kritischem Scharfsinn die antiken Quellen. Er macht unmißverständlich die kulturell rückständigeren römischen Eroberer für die Zerstörung des etruskischen Schrifttums verantwortlich und besteht - wie vor ihm Dempster - auf einer Vorrangstellung der etruskischen Kunst, Wissenschaft und Literatur. Byres' oft umgeschriebene Manuskripte in Edinburgh zeigen jedoch auch, daß sein geplantes Buch niemals einen publikationsreifen Zustand erreichte. Der Maler Frank Howard brachte schließlich im Jahr 1842, lange nach Byres' Tod unter dem Titel *Hypogaei or Sepulchral Caverns of Tarquinia, the Capital of Antient Etruria by the late James Byres Esq.* nur die nach den Zeichnungen angefertigten Stiche heraus. Trotz erheblicher Verfälschungen des Stils der Original-Wandmalereien und offensichtlicher Mißverständnisse von seiten des Künstlers wie des Stechers (Ch. Norton) liegt der Wert der Bildtafeln darin, daß sie Gräber und Malereien dokumentieren, die zum größten Teil später zerstört wurden.

ETRURIA BRITANNICA

John Flaxman
Vase mit der Darstellung der Apotheose
des Homer aus Manufaktur Etruria
von Josiah Wedgwood
Ende 18. Jahrhundert
Barlaston (Staffordshire), Wedgwood Museum

Eliza Meteyard
Innenansicht der Manufaktur Etruria
aus The Life of Josiah Wedgwood
London 1865 - 1866
London, British Library
Kat. 448

Byres war in Rom mit G.B. Piranesi befreundet und hat, vielleicht sogar mit ihm zusammen, im Jahre 1764 Tarquinia besucht. Piranesis Freundschaft zu einem weiteren Schotten, dem Architekten Robert Adam, der in den späten 1750er Jahren einige Zeit in Rom verbrachte, sollte in der zweiten Hälfte des 18. Jahrhunderts bedeutende Auswirkungen auf den klassizistischen Geschmack in Großbritannien haben. Das phantastische und eklektische Bildrepertoire der *invenzioni etrusche*, die Piranesi 1769 in seinem Werk *Diverse maniere d'adornare i cammini ed ogni altra parte degli edifici desunte dall'architettura Egizia, Etrusca e Greca con un ragionamento apologetico in difesa dell'architettura Egizia e Toscana* aufführt, enthält unter weit über 100 Stücken nicht mehr als etwa ein halbes Dutzend, die auf Objekte etruskischer Herstellung zurückzuführen sind. Und trotz der postulierten etruskischen Herkunft der "etruskischen Vasen" (die tatsächlich entweder in Griechenland oder griechischen Werkstätten in Süditalien hergestellt, dann aber in etruskischen und kampanischen Gräbern deponiert worden waren), findet sich in Piranesis Text kein ernsthafter Versuch zu klären, welche der Kunstwerke nun zu Recht als etruskisch bezeichnet werden können.

Piranesis vage, aber anregende Ideen über etruskische Kunst und Erfindungskraft schlugen sich in Robert Adams Gestaltung einer Reihe "etruskischer" Zimmer für englische Häuser nieder, von welchen nur der zwischen 1775 - 1777 für Osterley Park in Middlesex entworfene *Etruscan dressing-room* mit Ausstattung und Mobiliar noch vollständig erhalten ist. Tatsächlich ist nicht ein einziges Motiv in Adams Dekorationsentwurf von etruskischen Vorbildern abgeleitet, obwohl die Adam-Brüder im Vorwort zum zweiten Band ihrer *Works in Architecture* behaupten, daß "sowohl der Stil der Ornamente als auch die Farbgebung [...] deutlich erkennbar von den Vasen und Urnen der Etrusker übernommen wurden." Abgesehen von Anleihen bei Piranesi, sind die Motive der "etruskischen" Räume sowohl durch antike Wandmalereien aus Pompeji und Rom sowie deren Nachbildungen in der Renaissance als auch durch die Ikonographie und Farbgebung der griechischen Vasen beeinflußt, die in Werken wie D'Hancarvilles *Collection of Etruscan, Greek and Roman Antiquities from the Cabinet of the Hon. W. Hamilton, His Britannic Majesty's Envoy Extraordinary and Plenipotentiary at the Court of Naples* (1766 - 1767) und Ph. de Caylus' *Recueil d'Antiquités égyptiennes, étrusques, grecques et romaines* (1752-1765) abgebildet sind. Robert Adams Räume sind demnach lediglich dem Namen nach etruskisch.

Gleiches gilt für jene andere außergewöhnliche Schöpfung des klassizistischen Geschmacks dieser Zeit in Großbritannien: die von Josiah Wedgwood produzierten und in ganz Europa mit großem und anhaltendem Erfolg verkauften Ziervasen. In Zusammenarbeit mit Thomas Bentley, der ihn mit Werken wie D'Hancarvilles Bänden über die Sammlung von Sir William Hamilton, B. de Montfaucons *L'antiquité expliqué et representé en figures* (1717) und *The Antiquities of Herculaneum* ausstattete, errichtete Wedgwood im Jahre 1769 seine neue Keramikmanufaktur bei Burslem in Staffordshire und gab ihr

312

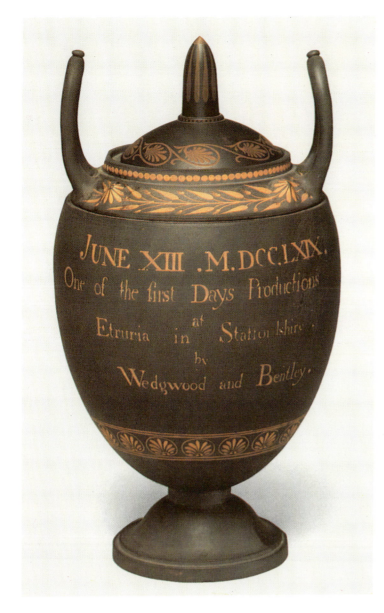

den programmatischen Namen "Etruria", während er sein eigenes Haus, das er in der Nähe baute, "Etruria Hall" nannte. Irgendwann vor 1768 hatte Wedgwood eine feinkörnige Mischung schwarzen Tons für sein Steingut entwickelt, die er als "etruskisch" bezeichnete. Aus diesem Material, das nun den neuen Namen *Black Basalt* erhielt, stellte er selbst während der Eröffnung der Etruria-Fabrik am 13. Juni 1769 die sechs sogenannten *First Day Vases* her. In griechischer Form, mit roten Figuren frei nach attischen Vorbildern aus Sir W. Hamiltons Sammlung (Tafel 129 im ersten Band von D'Hancarvilles Werk) dekoriert und mit dem Motto *Artes Etruriae Renascuntur* versehen, verdeutlichen diese Vasen sehr gut die damals herrschende begriffliche Unbestimmtheit. Daß Wedgwood auch eine Kopie von einem echten etruskischen Werk in einer "bronzierten" Version von *Black Basalt* anfertigte, ist weniger bekannt. Dieses seltene, heute im Britischen Museum aufbewahrte Stück (BM Reg. No. 1904, 12-1, 106; ein weiteres Exemplar befindet sich im Metropolitan Museum of Art, New York, Inv. 32, 95.14), ist eine genaue Nachbildung des etruskischen Bronzekrugs in Form eines Jünglingskopfes, der in Gabii gefunden wurde und heute im Louvre steht (s. Kat. 449; de Ridder II. Nr. 2955). Man mag bezweifeln, daß Wedgwood sich der etruskischen Herkunft seines Modells bewußt war; jedenfalls wurde es niemals in Massenfertigung hergestellt, während seine hybriden "etruskischen" Vasen weiterhin zu den populärsten Produkten seiner Fabrik zählten.

Im 19. Jahrhundert sollten die echten Etrusker in diese von den Adams-Brüdern und Wedgwood geschaffene britische Welt imaginärer etruskischer Kunst einziehen. 1836/37 richteten die Brüder Campanari, Söhne einer Familie versierter Ausgräber und Kunsthändler aus Tuscania, die an vielen etruskischen Stätten erfolgreiche Grabungen durchgeführt hatten, am Pall Mall in London eine Ausstellung mit etruskischen und grie-

Tafel 129 aus Antiquités étrusques, grecques et romaines *von Hugues d'Hancarville*
1766 – 1767
Paris, Bibliothèque Centrale des Musées de France
Kat. 416

Sogenannte First Day-Vase
Manufaktur Etruria von Josiah Wedgwood
1769
Barlaston (Staffordshire), Wedgwood Museum

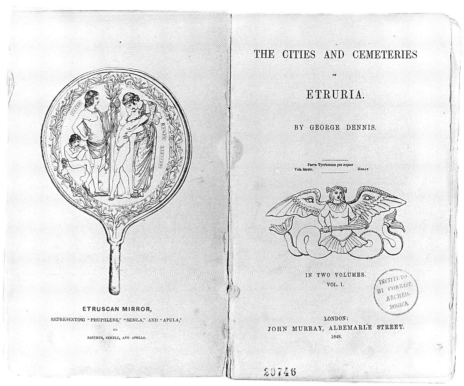

George Dennis

George Dennis
The Cities and Cemeteries of Etruria
Titelblatt
London 1848
Kat. 491 - 492

chischen Gegenständen sowie Rekonstruktionen etruskischer Gräber aus. Mit großartigem Talent für effektvolle Präsentation und ernsthaften Bildungsabsichten zeigten die Campanari der britischen Öffentlichkeit in dieser Ausstellung echte etruskische Erzeugnisse einschließlich der Umgebung, in der sich diese früher befunden hatten. Gewöhnliche Besucher, Gelehrte und Sammler waren alle gleichermaßen begeistert, und Teile der Schau wurden schließlich vom Britischen Museum erworben.

Von der Etrusker-Ausstellung am Pall Mall war auch Mrs. Hamilton Gray fasziniert, die Frau eines Geistlichen aus Derbyshire. Ihre neue Leidenschaft veranlaßte sie, während eines Romaufenthalts Vorlesungen bei der dortigen Archäologischen Gesellschaft zu hören und etruskische Ausgrabungsstätten zu besuchen. Die Eindrücke, die sie auf ihren keineswegs umfassenden Ausflügen sammelte, wurden in ihrem Buch *Tour to the Sepulchres of Etruria in 1839* (in drei Auflagen 1840 - 1843) veröffentlicht. Dieser lebendig geschriebene, aber naive Bericht wurde nicht nur ein großer Publikumserfolg, sondern regte auch George Dennis dazu an, (gewissermaßen als Korrektiv zu Mrs. Hamiltons Ergüssen) sein eigenes Buch über die etruskische Zivilisation zu schreiben - es wurde die bedeutendste Studie über dieses Thema in englischer Sprache im 19. Jahrhundert.

George Dennis' zweibändiges Werk *The Cities and Cemeteries of Etruria*, 1848 erschienen (vgl. Kat. 491, 2. überarb. Aufl. 1878, 3. Aufl. 1883), war das Ergebnis ausgedehnter Reisen durch Latium und die Toskana in den Jahren zwischen 1842 und 1847. Seine langweilige und schlecht bezahlte Stellung in der Londoner Zollbehörde (erst 1863 wurde er zum Vizekonsul in Syrakus ernannt, war aber niemals britischer Konsul in Rom) unterbrach Dennis in den Ferien und verbrachte sie mit anstrengenden Besuchen etruskischer Stätten und Studien in Museen und Bibliotheken in Rom und Florenz, wo er einen fruchtbaren Austausch mit vielen Gelehrten verschiedener Länder pflegte. Dank seiner scharf beobachteten Beschreibungen der besichtigten Stätten und Monumente - von denen viele nicht mehr existieren - ist Dennis' Werk für die Etruskerforschung noch immer äußerst wertvoll; seine oft poetischen Schilderungen der wilden und romantischen Landschaften, die er durchquerte, und der Menschen, denen er begegnete, üben auf den allgemein interessierten Leser zudem einen bleibenden Charme aus. Dennoch wurde diese Gesamtdarstellung der etruskischen Kultur von der britischen Altertumswissenschaft, deren Interesse für den Gegenstand auch heute noch erstaunlich gering ist, praktisch nicht wahrgenommen.

Auf seinen ersten etruskischen Ausflügen hatte Dennis einen kongenialen Reisegefährten und Mitarbeiter in dem Maler und Zeichner Samuel James Ainsley (1806 - 1874), der zwischen 1842 und 1857 wiederholt längere Zeit in Italien und Sizilien lebte und einen großen Teil seiner Werke dem Britischen Museum hinterließ. Er war wie Dennis

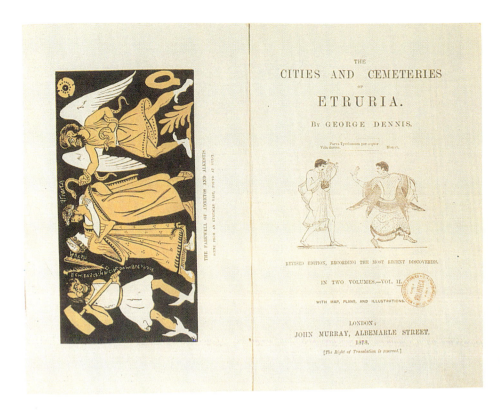

George Dennis
The Cities and Cemeteries of Etruria
Titelblatt
London 1878

ein kenntnisreicher Privatgelehrter und entdeckte im Juni 1843 als erster die Nekropole der antiken Stadt Sovana. Ainsleys Darstellungen der sonnenüberfluteten, überwachsenen etruskischen Ruinen und seine leuchtenden, weiträumigen toskanischen Landschaften haben den gleichen dokumentarischen Wert wie die Beschreibungen von Dennis; vor allem aber sind sie großartige Kunstwerke, die erst kürzlich einem größeren Publikum zugänglich gemacht wurden (vgl. Kat. 475 - 488).
1872 wurde der Soldat, Forscher, Orientalist, produktive Autor und brilliante Übersetzer Richard F. Burton zum Britischen Konsul in Triest ernannt. Während seiner Amtszeit unternahm Burton Reisen in alle Welt, worunter seine konsularischen Pflichten sehr zu leiden hatten, und veröffentlichte eine Vielzahl von Büchern über die verschiedensten Themen. Sein hübsch aufgemachter Band *Etruscan Bologna. A Study* (1876) ist ein typisches Beispiel für Burtons schwadronierenden Stil, der Text ist überladen mit gelehrten, oft überflüssigen Fußnoten und Marginalien. Aufgrund seiner Besuche in Bologna beschreibt Burton die örtlichen Museen und die Ausgrabungen bei der Certosa, in Casalecchio und Marzabotto, wobei er seine eigenen Beobachtungen mit zahlreichen Zitaten von G. Conestabile, A. Zannoni, G. Gozzadini, A. Fabretti und anderen aufbläht. Neben den archäologischen Kapiteln enthält das Buch Abschnitte über das moderne Bologna und seine Umgebung, über Rasse, Anatomie und Herkunft der Etrusker und über ihre Sprache und Inschriften. *Etruscan Bologna* ist hastig geschrieben, voll von Vorurteilen und ein für die Etruskologie bedeutungsloses Buch; George Dennis, den Burton "meinen Freund und Kollegen" nennt (obwohl sie sich nur einmal sehr kurz trafen), hielt es nicht für wertvoll.
Unter den Touristen, die in immer größeren Scharen in den ersten Jahrzehnten dieses Jahrhunderts in die Toskana strömten, befanden sich auch einige englische Schriftsteller und Dichter, deren unterschiedliche Visionen von der etruskischen Welt nicht nur ihre eigenen Vorlieben und Voreingenommenheiten zum Ausdruck brachten, sondern auch dazu beitrugen, die Vorstellungen und Vorurteile der britischen Öffentlichkeit zu prägen.
Der erste war E.M. Forster, der 1901 bei seinem Aufenthalt in Rom im Museo Kircheriano auf die Cista Ficoroni stieß, die dort bis zu ihrer Überführung in die Villa Giulia im Jahre 1914 ausgestellt war. Dieser bronzene Behälter für Toilettengegenstände, der in einem Grab in Palestrina aus dem 4. Jahrhundert v. Chr. gefunden worden war, regte Forster zu einer kurzen Erzählung mit dem Titel *Macolnia shops* an (1936 in dem Band *Abinger Harvest* veröffentlicht, einer von Forster 1935 selbst getroffenen Auswahl früherer Aufsätze). In diesem charmanten und für ihn charakteristischen Essay schildert Forster, wie Dindia Macolnia (die laut einer eingravierten Inschrift die Ciste ihrer Tochter

Oinochoe in Form eines männlichen Kopfes aus Gabii
425 - 400 v. Chr.
Paris, Musée du Louvre
Kat. 449

schenkte) beim Einkaufen das altmodische und wunderschön gravierte Stück entdeckt und den Bronzegießer Novios Plautios bittet, einen figürlichen Griff und Füße anzubringen. Forster nimmt den Stilunterschied zwischen der eigentlichen Ciste und den modellierten Figuren der neuen Teile wahr und interpretiert bezeichnenderweise die Gravuren, die junge und athletische Argonauten an einer Quelle darstellen, als griechisches Werk zum Lob des Wassers und der Männerfreundschaft; seiner Meinung nach verstehen aber weder Dindia Macolnia noch ihre Tochter diese Botschaft: "Lob des Wassers! Lob der Freundschaft!" sieht er den verärgerten Schatten der Dindia Macolnia ausrufen, wie sie sich, auf ihre Ellenbogen aufgestützt, aus einer bizarren etruskischen Hölle heraushebt. "Das Ding habe ich gekauft, weil es halt hübsch aussah und sich da auf der Kommode so nett machte!" Hier spricht die typische bürgerliche Matrone, die so viele von Forsters Romanen bevölkern.

1926 kehrte der Dichter und Romancier D.H. Lawrence enttäuscht nach Italien zurück, nachdem seine Versuche gescheitert waren, fernab von England, in Amerika und anderswo, eine ideale Gemeinschaft zu gründen, in der ein neues und erfüllteres Leben möglich gewesen wäre. Sein Traum, in einem neuen Eden "die unverstellte und unbelastete Seele" wiederzugewinnen, war verflogen, aber seine Überzeugung, daß antike oder primitive Völker das Geheimnis eines Lebens "in unmittelbarem Kontakt mit dem elementaren kosmischen Leben" kannten, war noch immer ungebrochen; dadurch erklärt sich sein glühendes Interesse für die etruskische Kultur von dem Moment an, da er sie kennenlernte. Mit der Absicht, ein etruskisches Reisetagebuch zu schreiben, besuchte Lawrence 1926 und 1927 die wichtigsten etruskischen Stätten und Museen. Besonders stark beeindruckten ihn die ausgemalten Gräber in Tarquinia. In dem 1932 posthum erschienenen Buch *Etruscan Places* schrieb er über die tarquinischen Wandmalereien: "Hinter all dem Tanzen stand eine Sicht, ja eine Wissenschaft vom Leben, eine Vorstellung vom Universum und der Stellung des Menschen in ihm, die die Menschen ihr Leben bis zu den Grenzen ihrer Möglichkeiten auskosten ließen" (S. 88). Zur Vorbereitung auf seine Etrusker-Studien hatte Lawrence Dennis' *Cities and Cemeteries*, D. Randall MacIvers *Villanovans and Early Etruscans* und Bücher von L.A. Milani, P. Ducati und Th. Mommsen gelesen – seine intuitive, irrationale Darstellung der Etrusker setzte sich dann aber grundlegend von deren akademischem Ansatz ab. Charakteristisch für Lawrences Sichtweise ist seine genüßliche Verachtung für einen jungen deutschen Archäologen, den er in Tarquinia traf und der es ablehnte zu glauben, daß die Szenen und Symbole auf den Wandmalereien irgend einen tieferen Sinn hätten. Für Lawrence sprühten sie von Bedeutung, wie ihm auch die Gesichter der modernen Bevölkerung der etruskischen Städte oft "voller etruskischer Lebensfreude, in phallischem Wissen gereift" erschienen. Es überrascht daher nicht, daß er sich spontan mit einer Kultur identifizieren konnte, die weitgehend seiner eigenen Vorstellungskraft entsprungen war. Die etruskischen Überreste waren ihm der Beweis für die Wahrheit seines lange gehegten Traums.

In seinem Roman *Point counter Point* (1928) hat Aldous Huxley in der Figur des Mark Rampion ganz offensichtlich D.H. Lawrence und dessen Etruskerbild verarbeitet: "Sie waren kultiviert", sagt er (S. 144), "sie wußten in Harmonie und Einklang mit ihrem gesamten Wesen zu leben". Wenn Huxley den Maler und Dichter Rampion auch mit Sympathie schildert, so stand er Lawrences Konzeption der Etrusker doch ablehnend ge-

*Oinochoe in Form eines männlichen Kopfes
aus der Wedgwood-Manufaktur
Um 1770
New York, The Metropolitan Museum of Art
Kat. 450*

*Oinochoe in Form eines männlichen Kopfes
18. Jahrhundert
Kopie eines antiken Originals
London, British Museum
Kat. 451*

genüber: sie überbetonte seiner Meinung nach die Physis des Menschen auf Kosten seiner Intellektualität ("Lawrence in Etruria" in: *The Spectator*, 4.11.1932). Huxley selbst reagierte auf die von den Etruskern ausgehenden Anregungen mit brillantintellektueller Phantasie. Der Protagonist des Romans *Those Barren Leaves* (1925), Tom Cardan, liest seinen Reisebegleitern eine Inschrift auf einer Wand eines (fiktiven) etruskischen Grabes in Tarquinia vor, die in ihm ein wahres Feuerwerk abstruser und amüsanter Thesen über die etruskische Sprache und Literatur auslöst. Andererseits sagt Cardan über die gemalten Darstellungen mit Szenen von athletischen Spielen, Festen und Tänzen nur: "Sie scheinen einen recht simplen Geschmack gehabt zu haben ... Die Leute

Samuel James Ainsley
Die Tempelgräber von Norchia
November 1842
London, British Museum
Department of Prints and Drawings
Kat. 481

Samuel James Ainsley
Die Grotta de' Volumni
Mai 1843
London, British Museum
Department of Prints and Drawings
Kat. 488

nebenstehende Seite
Samuel James Ainsley
Grotta dell'Alcova, Caere
London, British Museum
Department of Prints and Drawings
Kat. 475

Samuel James Ainsley
Innenansicht der Grotta del Tifone in Corneto
Juni 1842
London, British Museum
Department of Prints and Drawings
Kat. 476

waren ja ganz nett und lausbubenhaft ... aber wohl doch nicht zivilisiert genug, um in ihren Vergnügungen auch anspruchsvoll zu sein..."

Zwar sind alle diese Werke literarisch von hohem Wert, doch sie verraten mehr über die Vorlieben und Überzeugungen von Lawrence und Huxley, als sie über die Etrusker aussagen. Trotz der reichen Etrusker-Sammlung des Britischen Museums (zuerst 1976 wieder eröffnet und 1990 neu eingerichtet) hatte die britische Öffentlichkeit wenig Gelegenheit, sich angemessen über die Kultur der Etrusker zu informieren. Weder kam von den großen Etrusker-Ausstellungen auf dem Kontinent seit den fünfziger Jahren auch nur eine einzige nach Großbritannien, noch existiert ein Lehrstuhl für Etruskologie an einer britischen Universität. Britische Gelehrte haben zwar wichtige Werke über etruskische Kunst und Archäologie veröffentlicht, diese sind jedoch zu akademisch, als daß sie ein breiteres Publikum erreichen könnten; ihre Leserschaft bleibt meist auf die wenigen Spezialisten, die auf diesem Gebiet arbeiten, beschränkt.

Als Versuch, die Etrusker und das, was man heute von ihnen weiß, allgemein zugänglicher zu machen, ohne hinsichtlich wissenschaftlicher Anforderungen Kompromisse einzugehen, hat die Verfasserin dieses Beitrags 1987 einen historischen Roman mit dem Titel *The Augur's Daughter, A Story of Etruscan Life* (Deutsche Ausgabe: *Die Tochter des Augurs. Aus dem Leben der Etrusker*, 1981) veröffentlicht. Der Roman erhebt keinen Anspruch auf literarischen Wert, möchte aber ein verläßliches Bild der etruskischen Welt in einer der entscheidenden Phasen ihrer Geschichte liefern.

Im Laufe von dreieinhalb Jahrhunderten ist das britische Interesse für die Etrusker immer wieder intensiv und leidenschaftlich gewesen und hat in der bildenden Kunst, der Architektur, der Belletristik wie der Wissenschaft die Entstehung von Werken beflügelt. Es war aber auch zusammenhanglos und sprunghaft: die größten Verfechter der etruskischen Kultur waren bezeichnenderweise eher aufgeklärte Amateure und Künstler als Wissenschaftler.

BIBLIOGRAPHIE:
Zu Thomas Dempster:
T. Dempster in: *Dictionary of National Biography*, London 1888; A. Momigliano in: *Studies of Historiography*, London 1966, 18 f.; M. Cristofani, Mélanges de l'Ecole Française à Rome 90, 1978, 577-616; ders., Rom 1983; N. Thomson de Grummond in: *Etrurian Life and Afterlife*, Detroit 1986, 36 f.
Zu Thomas Jenkins:
A. Michaelis, Cambridge 1982, 80; T. Ashby, Papers of the British School at Rome 6, 1913, 8, 487-511; S.R. Pierce; Antiquaries Journal 45, 1965, 200-229; B. Ford, Apollo, Juni 1974, 416-425.
Zu James Byres:
E.P. Loeffler in: Festschrift K. Lehmann, New York 1964, 198-208; H. Möbius, Mitteilungen des Deutschen Archäologischen Instituts. Römische Abteilung 73-74, 1966-67, 53-71; B. Ford, Apollo, Juni 1974, 446-461; W. Dobrowolski, Bulletin du Musée National de Varsovie 19, 1978, 79-119; A. Morandi, Rom 1983; D. Ridgway in: Kongreßakten Florenz, 1989, 213-229
Zu Giovan Battista Piranesi:
J. Wilton-Ely, London 1978; G.F. Borsi in: *La Fortuna degli Etruschi* (Ausstellungskatalog), Mailand 1985, 59-73; 74-79.
Zu Robert Adam:
R. u. J. Adam, London 1773-1822; P. Ward-Jackson, London 1959; J. Fleming, London 1962; D. Stillman, London 1966; ders. in: Festschrift R. Wittkower, London 1967, 197-206; G. Beard, Edinburgh 1978.
Zu Josiah Wedgwood:
B. Fothergill, London 1969; *Wedgwood Museum Barlaston* (Ausstellungskatalog), Newcastle-upon-Tyne 1969; K. Alison, London 1975; A. Dawson, London 1984.
Zu Mrs. Hamilton Gray:
G. Colonna, Studi Etruschi 46, 1978, 81-117.
Zu George Dennis:
D.E. Rhodes, London 1973
Zu Samuel James Ainsley:
B. Origo Crea (Hrsg.), Rom 1984.
Zu Richard F. Burton:
M. Hastings, London 1978.
Zu E.M. Forster:
P.N. Furbank, London 1977-78.
Zu D.H. Lawrence:
K. Sagar, Cambridge 1966; ders., London 1980; ders., London 1985.
Zu A. Huxley:
S. Bedford, London 1973-74; S. Haynes, London 1987.

DAS 19. JAHRHUNDERT:
DIE ZEIT DER REISENDEN UND GELEHRTEN

Das romantische Abenteuer
Giovanni Colonna

Porträt des Francesco Orioli
Bologna, Museo Civico del Risorgimento

Seite 320
Statuette des Fufluns (Dionysos), Detailansicht
Um 480 v. Chr.
Modena, Galleria Estense
Kat. 172

Die Zeit zwischen 1810 und 1860 nimmt eine Schlüsselstellung innerhalb der Etrusker-Forschung ein: unzählige neue Erkenntnisse, die die Grundlage der modernen Etruskologie bilden, wurden in diesen 50 Jahren gewonnen. Zu denken ist hier nicht nur an die außerordentlichen und auch äußerst zahlreichen archäologischen Funde; noch wichtiger war deren schnelle, weiträumige und, wenn man so will, geschickte Verbreitung, die mit bis dahin kaum oder gar nicht verwendeten Mitteln erreicht wurde. Gemeint sind temporäre Ausstellungen, Museen oder einzelne Museumsräume, die ausschließlich den Etruskern gewidmet waren, maßstabgetreue Nachbildungen der Kunstwerke und schließlich sogar öffentliche Versteigerungen, die der bereits blühenden Sammlerleidenschaft des nunmehr etablierten Bürgertums entgegen kamen. Die Ausbreitung und große Entwicklung des Antikenmarktes sind nur der sichtbarste und fragwürdigste Aspekt eines Interesses, das tief in den Kulturen Italiens und Europas verwurzelt lag und mindestens auf die Zeit Annio da Viterbos zurückgeht. Jetzt aber, zu Anfang des 19. Jahrhunderts, gewinnt es an Bedeutung im ideologischen und geistigen Klima des "Europa der Nationen", das sich in den Wirren der napoleonischen Ära herausgebildet hatte.

In Italien war die Rückbesinnung auf die Etrusker und die anderen präromanischen Völker Ausdruck einer größtenteils wirren und auch widersprüchlichen Sehnsucht nach nationaler Identität, jenseits der drängenden und oft dramatischen politischen Umstände (in denen unter anderen Orioli, von dem noch die Rede sein wird, eine Rolle spielte). Sie begann mit Giuseppe Micalis Buch *L'Italia avanti il dominio dei Romani*, das 1810 erschienen war, für lange Zeit das Etrusker-Bild prägte und "dankbar von allen Italienern aufgenommen wurde, da es gerade jene Zeit aufarbeitete, über die wir etwas erfahren wollten und die zu kennen wichtiger war als die von lateinischen Autoren überlieferte römische Geschichte" (zitiert nach dem Vorwort zur dritten Auflage, Mailand 1826, S. LII). Das Buch, 1824 ins Französische übersetzt, bekräftigte und verbreitete eine Ansicht, die bereits ein Lampredi oder ein Denina, noch im Geiste des *Illuminismo*, klar vertreten hatten: den Wert eines Italien anzuerkennen, das den Römern kulturelles Vorbild gewesen war, bevor es von ihnen unterworfen und unterdrückt wurde. Tatsächlich hatte diese Liebe, ja Leidenschaft für die Etrusker ganz Europa ergriffen, parallel zu der großen Begeisterung für das antike – und nicht weniger für das moderne, zu neuem Leben erwachende – Griechenland und zu der Faszination Ägyptens, das seine Geheimnisse allmählich offenbarte.

Die Jahre von 1810 bis 1828 waren gewissermaßen der "Prolog" oder die Inkubationszeit des "romantischen Abenteuers". Micali lehrte in Pisa, aber er hatte schon ein größeres und vollständigeres Etrurien im Blick als das traditionelle, in den geographischen und kulturellen Grenzen der Toskana begriffene (in seinem Buch betreffen die aktuellsten Hinweise archaische Bauten, die er 1809 in Tarquinia besichtigt hatte: I, S. 186 und 199). Auf toskanischem Gebiet beschränkte sich die neuere Archäologie fast nur noch auf Volterra und vor allem Chiusi, denn ihr Hauptschauplatz lag jetzt im Kirchenstaat: zunächst in Perugia, sodann in Viterbo und schließlich in Rom. In Perugia lehrte der bedeutendste Etruskologe der Zeit, Giovan Battista Vermiglioli, den man als den wahren Nachfolger Luigi Lanzis (der 1810 gestorben war) bezeichnen kann. Der bedeutende Fund archaischer Bronzen in Castel San Mariano wurde von ihm sogleich mit Illustrationen veröffentlicht (*Saggio di bronzi etruschi trovati nell'agro perugino*, Perugia 1813),

Jean-Baptiste Corot
Volterra, die Zitadelle
1834
Paris, Musée du Louvre

ebenso wie die Entdeckung der Tomba del Granduca in Chiusi (*Sepolcro etrusco chiusino*, Perugia 1819) und des Cippus von Perugia, der bis zum Ende des Jahrhunderts die Krönung unter den etruskischen Inschriftenfunden blieb (*Saggio di congetture sulla grande iscrizione etrusca...*, Perugia 1824). In Viterbo wurden die Felsengräber der Nekropolen von Castel d'Asso und Norchia, die unerklärlicherweise bis dahin unentdeckt geblieben waren, von Francesco Orioli bekannt gemacht, der ihnen von seiner Lehrstätte Bologna aus verschiedene Aufsätze und eine Monographie widmete (*Dei sepolcrali edifizi dell'Etruria media e in generale dell'architettura tuscanica*, Fiesole 1826). Im nahegelegenen Toscanella (Tuscania) begann Vincenzo Campanari seine Tätigkeit, der sich, auf den Spuren des aufgeklärten Kardinals Consalvi, als guter *gonfaloniere* (Bürgermeister) seiner Stadt der Monumente annahm: er rückte den Wert der etruskischen Sarkophage ins rechte Licht (*Dell'urna di Arunte...*, Roma 1825) und erkannte schon 1825 die Bedeutung des bis dahin fast unbekannten Ortes Vulci. Im Stile Foscolos erinnerte er sich später an die erste Besichtigung: "die Umgebung war lieblich, die Ufer des Flusses hoch und majestätisch, verlassen und still der Ort. Ich war allein, von keinem anderen Gedanken beseelt als dem, antike Dinge zu entdecken; nie wieder in meinem Leben habe ich solche glücklichen Stunden verlebt wie an jenem Tag und an den anderen Tagen, an denen ich dorthin zurückkehrte, um nachzudenken." (*Notizie di Vulcia antica città etrusca*, Macerata 1829, S. 6 f.).

In der Zwischenzeit begann ein anderer gonfaloniere, Carlo Avvolta, in Corneto (Tarquinia) im Jahre 1823 die offizielle Fortsetzung der Ausgrabungen, die die völlig intakte Tomba del Guerriero ans Tageslicht brachten: Die Beschreibung dieser Entdeckung sollte Generationen begeisterten Laien und Gelehrten erschaudern lassen (in *An. Inst.* I, 1829, S. 96 ff.). Im Jahre 1825 wurden die ersten im archaischen Stil ausgemalten Gräber geöffnet (Tomba del Mare, dei Leoni, Labrouste), die dann der Öffentlichkeit zugänglich blieben. Dasselbe geschah ein Jahr später in Chiusi mit dem ausgemalten Grab von Poggio al Moro und dem Grab, das als Deposito delle Monache bekannt wur-

DAS ROMANTISCHE ABENTEUER

*Statuette eines Kriegers
aus dem Votivdepot von Falterona
Um 420 – 400 v. Chr.
London, British Museum
Kat. 513*

de. Es enthielt einen reichen Schatz reliefierter und mit Inschriften versehener Urnen. Inzwischen begann sich der Schauplatz zunehmend nach Rom zu verlagern. Dort, in der Hauptstadt des europäischen Klassizismus, hatte man sich überraschenderweise "anderen" Horizonten zugewandt, nicht zuletzt dank des Beitrages von Gelehrten aus Ländern jenseits der Alpen. Das Schwärmen des 18. Jahrhunderts für ein pelasgisches Italien – gleichsam ein verlorener Kontinent, mit einer Kultur, die älter war als die griechische – hatte in einem konkreten Forschungsprojekt des Abbé Petit-Radel Gestalt angenommen. Er lebte während der Revolution in Rom im Exil und berichtete später, daß er auf dem Circeo die Eingebung hatte, die Pelasger müßten archäologisch nachweisbar und dokumentierbar sein (*Recherches sur les monuments cyclopéens...*, Paris 1841, S. 19 ff.). Nach Paris zurückgekehrt und in hoher akademischer Stellung, widmete er sein Leben der pelasgischen Theorie und der Sammlung von Zeichnungen und Modellen von Monumenten, mit denen er in der von ihm betreuten Bibliothèque Nationale die "Galérie pelasgique" einrichtete. Auf seinen Spuren oder durch ihn angeregt, wandelten später die

DAS ROMANTISCHE ABENTEUER

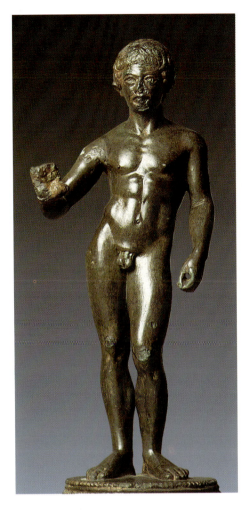

*Nackter Jüngling
aus dem Votivdepot von Falterona
3. Viertel 4. Jahrhundert v. Chr.
Paris, Musée du Louvre
Kat. 516*

*Statuette einer Frau
aus dem Votivdepot von Falterona
Um 480 v. Chr.
London, British Museum
Kat. 510*

*Statuette eines Opfernden
aus dem Votivdepot von Falterona
Anfang 4. Jahrhundert v. Chr.
London, British Museum
Kat. 514*

*Männlicher Kopf
aus dem Votivdepot von Falterona
Ende 5. – 4. Jahrhundert v. Chr.
London, British Museum
Kat. 517*

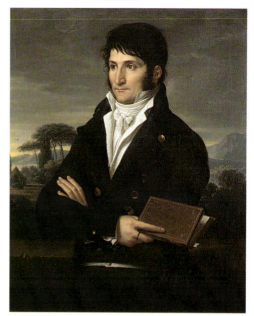

Vermutliche Signatur von Lucien Bonaparte in einem Kammergrab der Nekropole von Vulci

François-Xavier Fabre
Porträt des Lucien Bonaparte, 1808
Rom, Museo Napoleonico
Kat. 462

Kopf des Pacca-Edikts
am 7. April 1820 erlassen
Bologna, Privatslg.
Kat. 461

Römerin Marianna Dionigi (*Viaggio in alcune città del Lazio che diconsi fondate dal re Saturno*, Rom 1809 – 1912), der Rietiner Zeichner Giuseppe Simelli (1810 – 1915), der ruhelose Reisende und Sammler Edward Dodwell sowie der Architekt Virginio Vespignani (1830). Es entstand daraus ein eindrucksvolles bebildertes Dossier, heute noch fast völlig unveröffentlicht, das einen ersten Versuch der territorialen Bestandsaufnahme darstellte, praktisch eine Landkarte mit archäologischer Thematik, die bis heute für die betreffenden Gegenden (Ciociaria, Reatino, Cicolano) unübertroffen ist.

In Rom hatte man, der Zeit vorauseilend, die Aufmerksamkeit auch auf die Entdeckung prähistorischer Gräber gerichtet, die Licht in die noch unerforschte Eisenzeit Latiums brachten (A. Visconti, *Lettera... sopra alcuni vasi sepolcrali rinvenuti nelle vicinanze dell'antica Alba Longa*, Rom 1817). Der kirchenstaatlichen Verwaltung war es mit dem Pacca-Edikt (1820) gelungen, eine gesetzliche Handhabe für den Denkmalschutz zu schaffen, die den neuen Erfordernissen einigermaßen gerecht wurde und jedenfalls wesentlich fortschrittlicher war als die der anderen italienischen und europäischen Staaten. Besonders in den ersten Jahren ihres Bestehens zeugen die Berichte der damals gegründeten "Commissione consultiva di Antichità e Belle Arti" von einer tatsächlichen wissenschaftlichen Kontrolle der Ausgrabungen.

Doch erst durch den Künstlerkreis der "Römisch-Hyperboräischen Gesellschaft" (1823 – 1828), in dem so große Kunstliebhaber wie Baron von Stackelberg und der Diplomat Kestner mit Gelehrten vom Range eines Eduard Gerhard und eines Thomas Panofka zusammentrafen, wurde die endgültige Eroberung Roms durch Etrurien möglich, freilich vielfach durch die verzerrende Brille des Philhellenen hindurch. Gerhard widmete sich mit finanzieller Unterstützung des Berliner Museums und in Zusammenarbeit mit dem talentierten römischen Zeichner Carlo Ruspi, der in den folgenden Jahrzehnten eine wichtige Rolle spielen sollte, der Sammlung eines wertvollen Apparats von Zeichnungen etruskischer Spiegel, Urnen, Vasen und Bronzen. Als 1827 die Nachricht von der Entdeckung der tarquinischen Gräber "Tomba delle Bighe" und "Tomba delle Iscrizioni" in Rom eintraf, stürzten von Stackelberg und Kestner zum Fundort, entdeckten selbst die Tomba del Barone und fertigten Zeichnungen von den Malereien in den drei Gräbern für eine aufwendige Publikation an (die im Stadium der Probeabzüge steckenblieb). Die Konkurrenz mit einem bekannten Sammler, W. Dorow, und einem Pariser Gelehrten, Raoul-Rochette, die sich ebenfalls am Fundort aufhielten, zeigt, wie sehr das Interesse an Etrurien, auf dem Weg über Rom, ins internationale Rampenlicht geraten war. (Die Nachklänge des daraus entstandenen Streits erreichten noch den alten Goethe in Weimar.)

Es kam das denkwürdige Jahr 1828. In Deutschland erschien ein Buch, das ein Klassiker werden sollte, *Die Etrusker* von Karl Otfried Müller, das in der Tat die Summe des etruskologischen Wissens jener Zeit war, und in Vulci wurden im großen Stil die Ausgrabun-

gen der noch intakten Nekropolen in Angriff genommen. Nach einem illegalen Vorspiel, in dessen Verlauf lediglich Dorow seine Sammlung bereicherte, verwirklichte man schließlich das "Projekt Campanari", an dem M. Fossati und die Großgrundbesitzer Candelori und Feoli beteiligt waren (S. Campanari, in *Diss. Pont. Acc.* VII, 1836, S. 81-83). Unterstützt von seiner Frau, Alexandrine de Bleschamps, trat im Herbst Lucien Bonaparte, Fürst von Canino, hinzu. Er steuerte zu dem Unternehmen Kapital und Energien in einem Maße bei, wie es vorher noch nie einem Ausgrabungsprojekt in Etrurien zuteil geworden war. Die Ergebnisse waren von den ersten Spatenstichen an begeisternd. Rom wurde von "etruskischen" Vasen zu Tausenden überschwemmt, vor allem jenen attischen schwarz- und rotfigurigen Vasen, die noch wenige Jahre vorher in Etrurien als außergewöhnlich gegolten hatten (L. Lanzi, *De' vasi antichi dipinti volgarmente chiamati etruschi*, Rom 1806, S. 21-25). Bonaparte, der nun vollends zur Archäologie bekehrt war, ließ in der unverhohlenen Absicht, den Verkauf zu steigern, mehrere Kataloge drucken. Die etruskischen Inschriften und die Löwen- und Sphinx-Statuen, die das mysteriöse Cuccumella-Grab an den Tag brachte, riefen Erinnerungen an asiatische und ägyptische Monumente wach und trugen dazu bei, die Wirkung der Funde in der Öffentlichkeit noch zu steigern.

Karoly Markò
Ansicht des Ponte Sodo in Veji
Um 1838
Florenz, Istituto Nazionale di Studi Etruschi e Italici
Kat. 495

folgende Seiten
Attische Amphora des Exekias
Um 540 v. Chr.
Vatikan, Museo Gregoriano Etrusco

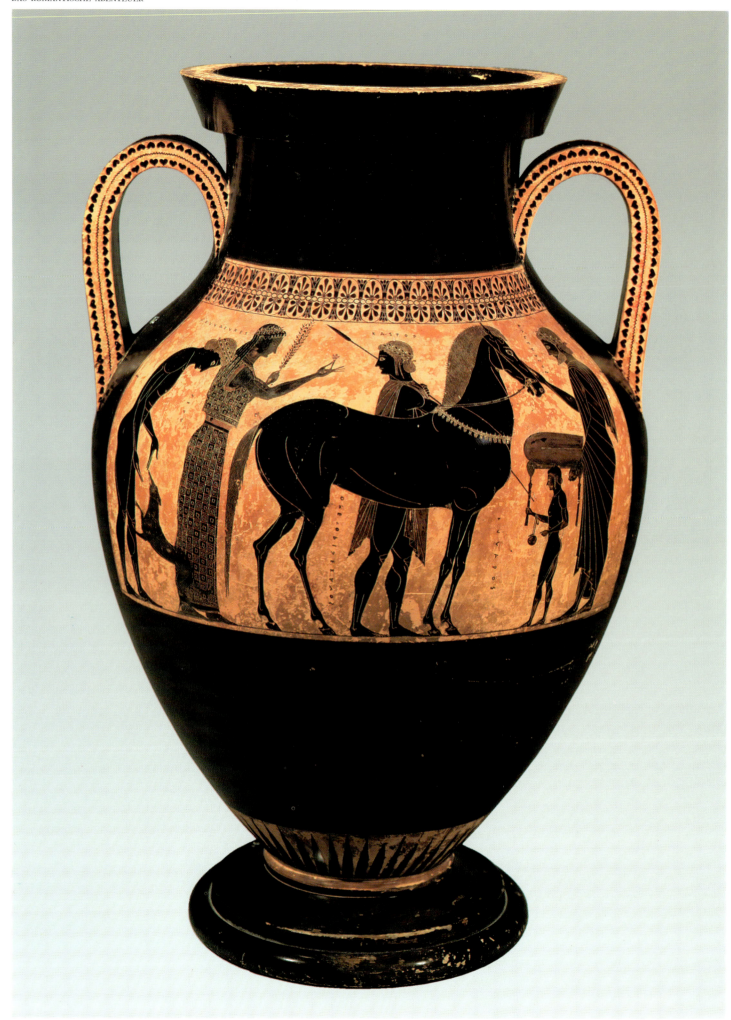

DAS ROMANTISCHE ABENTEUER

329

DAS ROMANTISCHE ABENTEUER

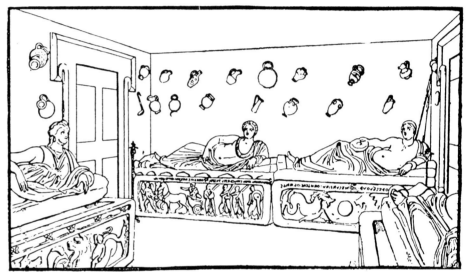

Ansicht des Giardino Campanari in Toscanella (Tuscania)
aus: Dennis, The Cities and Cemeteries of Etruria
London 1848, Bd. I
Rom, Deutsches Archäologisches Institut
Kat. 492

Innenansicht eines Grabes aus Tuscania Rekonstruktion der Campanari für die Londoner Ausstellung von 1837

nebenstehende Seite
Luigi Canina
Descrizione di Cere antica, *Taf. V*
Rom 1838
Paris, Bibliothèque Centrale des Musées de France
Kat. 469

In diesem aufregenden, aber auch etwas wirren Klima wurde, hauptsächlich auf Anregung von Gerhard, die Idee geboren, eine internationale Vereinigung zu gründen, die sich von den üblichen Akademien insofern unterscheiden sollte, als sie für einen guten Informationsaustausch und für die philologisch korrekte Edition der Funde, wo auch immer sie zu Tage traten, sorgen sollte. Es entstand so unter der Schirmherrschaft des Preußischen Königshauses und mit Hilfe von Mäzenen wie dem Herzog von Luynes, das "Instituto di Corrispondenza Archeologica", dessen offizielle Sprache das Italienische war, der Rolle entsprechend, die Rom innerhalb der archäologischen Forschung zuerkannt wurde. Das Institut, das Gerhard etwa ein Jahrzehnt lang selbst leitete, bildete den Resonanzboden für alles, was in Reaktion auf die etruskischen Ausgrabungen in Europa veröffentlicht wurde. Gleichzeitig spornte es die Wissenschaft zur Entwicklung und ständigen Verbesserung ihrer Forschungen an.

Ihren Höhepunkt erreichte die "romantische" Archäologie in Etrurien in den Jahren 1829 – 1848. Es ist unmöglich, auf knappem Raum alles das zu erwähnen, was in dieser Zeit geleistet wurde. In der Feldforschung waren bis ca. 1840 der Fürst von Canino und Campanari mit seinen Söhnen maßgeblich beteiligt. Letzterem gebührt das Verdienst, auch das schwierige Problem der Erkundung des Stadtgebietes von Vulci in Angriff genommen zu haben. Er entwickelte dazu eine neuartige Form der Trägerschaft, bei welcher die Regierung des Kirchenstaats an einer Gesellschaft mitbeteiligt war (1835 – 1837). Nach 1840 beherrschte der Cavaliere und spätere Marchese Campana, der von Beruf Bankier war, die Szene. Campana war für seine Leidenschaft für römische Terrakotta-Stücke bekannt: er grub in Veji und vor allem in Caere und entdeckte dort unter anderem die ausgemalte Tomba Campana, die Tomba dei Rilievi und den Terrakotta-Sarkophag "Gli Sposi" (Ehepaar-Sarkophag), der heute im Louvre zu sehen ist. Durch seine Ausgrabungen und Erwerbungen gelang es Campana, eine gewaltige

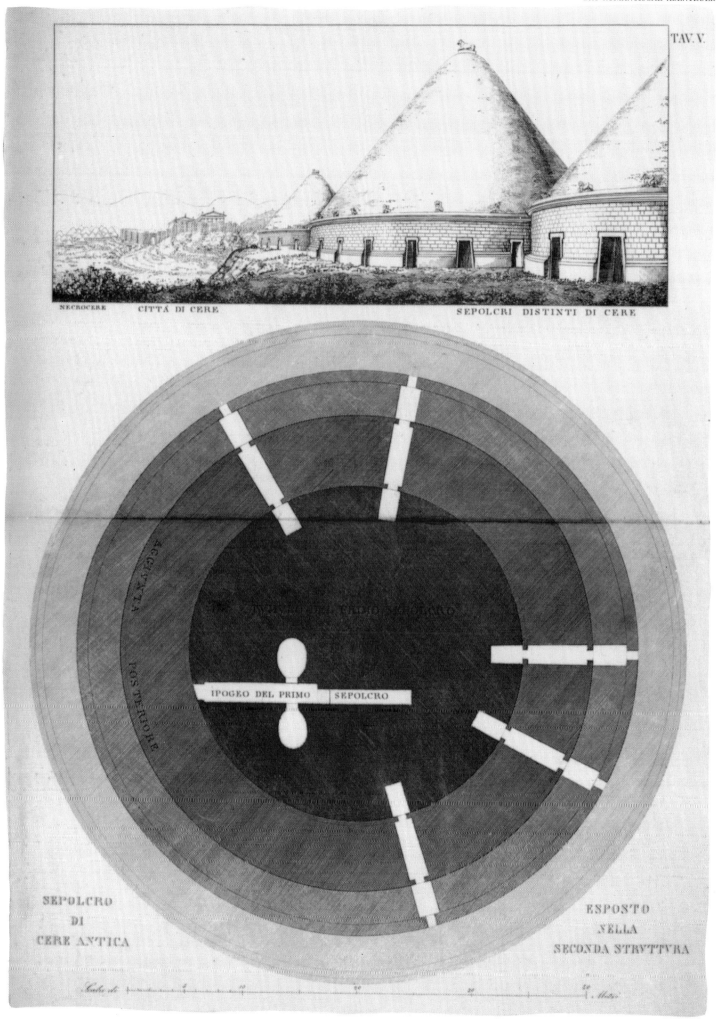

*Vergoldete Silberschale
aus der Tomba Regolini-Galassi, Cerveteri
675 - 650 v. Chr.
Vatikan, Museo Gregoriano Etrusco
Kat. 471*

Sammlung zusammenzutragen, die ihm schließlich 1857 wegen einer Unterschlagung zum Verhängnis wurde. In Perugia leitete der alte Vermiglioli die Ausgrabungen der Tomba dei Volumni (1840) und der an sie angeschlossenen Nekropole. Währenddessen glaubte man in Chiusi, mit der Entdeckung von Poggio Gaiella das Mausoleum des Porsenna aufgefunden zu haben; der Toskaner Alessandro François fand den nach ihm benannten attischen Krater und die Tomba della Scimmia (1846). Daneben waren unzählige weniger bedeutende Personen beteiligt, die teilweise für sensationelle Funde verantwortlich zeichneten, wie den der Tomba Regolini-Galassi in Caere, der die Orientalisierende Phase der etruskischen Kultur enthüllte (1836) oder der tarquinischen Gräber "Tomba del Triclinio" und "Tomba del Tifone". Um eine Vorstellung von der allgemeinen Stimmung zu bekommen, braucht man sich nur daran zu erinnern, daß selbst Stendhal, der damals Konsul in Civitavecchia war, vom "Etrusker-Fieber" ergriffen wurde und sich an einer Ausgrabungsgesellschaft beteiligte, die 1833 den tarquinischen Sarcofago del Poeta ans Licht brachte, den die Vatikanischen Museen erwarben (*Correspondance*, II, Paris 1967, S. 713 ff.).

Nicht minder bedeutsam ist das Bemühen um Kommunikation und um kritische Edition der Funde. Es war bereits die Rede vom Instituto di Corrispondenza Archeologica, dessen Mitglieder ein Netzwerk bildeten, als Quelle für Informationen aus erster Hand, zu denen noch die Berichte der vom Institut gesondert Beauftragten kamen. Das auf diese Weise zusammengetragene Material wurde jeweils unmittelbar im *Bullettino* veröffentlicht, in den *Annali* hingegen erschienen Aufsätze, die ausführlich mit Bildtafeln in der Reihe *Monumenti*, oft vom Institut selbst bearbeitet, illustriert wurden.
Man begann außerdem mit der Herausgabe breit angelegter *Corpora*, der Spiegel (E. Gerhard, *Etruskische Spiegel*, I, Berlin 1839), der Vasenbilder (ders., *Auserlesene Vasenbilder*, Berlin 1840) und der Urnen (erst 1870 von H. Brunn zu publizieren begonnen). Die historische Topographie des südlichen Etrurien wurde systematisch von Luigi Canina rekonstruiert (*Antica Etruria marittima*, 1, 1846; II, 1851), während Micali, und vor ihm Francesco Inghirami, reich illustrierte Übersichten der Ausgrabungen im gesamten Etrurien veröffentlichten. Auf dem Gebiet der Epigraphik begann man mit der Planung eines

Vergoldete Silberschale aus der Tomba Regolini-Galassi, Cerveteri 675 – 650 v. Chr. Vatikan, Museo Gregoriano Etrusco Kat. 470

DAS ROMANTISCHE ABENTEUER

Scheibenfibel
aus der Tomba Regolini-Galassi, Cerveteri
7. Jahrhundert v. Chr.
Vatikan, Museo Gregoriano Etrusco

Goldenes Pektorale
aus der Tomba Regolini-Galassi, Cerveteri
7. Jahrhundert v. Chr.
Vatikan, Museo Gregoriano Etrusco

Korpus, das die längst überholte Aufstellung Lanzis ersetzen sollte. Unter anderen beschäftigten sich Vermiglioli und Orioli damit, aber erst nach der nationalen Einigung nahm dieses Projekt unter der Federführung von Ariodante Fabretti Formen an (*Corpus inscriptionum Italicarum*, Turin 1867).

Im selben Zeitraum wurde in Rom das Museo Gregoriano Etrusco (1837) gegründet, das erste Museum, das sich ausschließlich dem etruskischen Altertum widmete. Es konnte schon bald mit einem reich illustrierten Katalog aufwarten. Die Alte Pinakothek in München und das Alte Museum in Berlin richteten 1840 bzw. 1844 "etruskische" Sammlungen ein, die aber fast nur aus griechischen Vasen bestanden, und etruskische oder aus Etrurien stammende Stücke hielten in allen wichtigen Museen Europas Einzug. Das bedeutendste, auch schon von den Zeitgenossen als solches rezipierte Ausstellungsereignis war jedoch die Ausstellung, die im Vorfeld der Eröffnung des noch im Aufbau befindlichen Museo Gregoriano die Familie Campanari im Januar 1837 in London einrichtete. Maßstabgetreue Nachbildungen des Inneren von elf Kammergräbern, in die die Besucher direkt hineingehen konnten, vermittelten ein Bild jenes Etrurien, das die Ausgrabungen zu enthüllen begonnen hatten: Es wurden vier ausgemalte Gräber aus Tarquinia, fünf Sarkophag-Gräber aus Tuscania, ein ausgemaltes Grab mit Sarkophag aus Bomarzo und aus Vulci die ausgemalte Tomba Campanari mit einer Säule mit figürlichem Kapitell gezeigt. Besonders eindrucksvoll war eines der Gräber aus Tuscania, das neben vier reliefierten Sarkophagen etwa 50 Vasen und verschiedene andere Dinge enthielt, großenteils an den Wänden befestigt waren. In der Vermittlung von Alltäglichkeit nahm diese Nachbildung den Stil der noch unbekannten Tomba dei Rilievi vorweg. Die Faksimile-Reproduktionen der Malereien auf Leinwand, auch die der Decken, fertigte Carlo Ruspi zum Teil eigens an (Bomarzo, Vulci), zum Teil benutzte er als Vorlagen eigene Zeichnungen, die er im Auftrag des Kirchenstaates (Tomba del Triclinio) und später König Ludwigs von Bayern hergestellt hatte; dieser hatte 1834 Tarquinia besucht und war von den Malereien fasziniert gewesen (Tomba delle Bighe, delle Iscrizioni und del Morto). Der Erfolg der Ausstellung, die lange gezeigt wurde und in der Geschichte der Etruskologie bis zur großen Ausstellung von 1955 - 1956 ihresgleichen suchte, war so überwältigend, daß das Museo Gregoriano sich beeilte, bei Ruspi fast die ganze Serie verfügbarer Faksimiles in Auftrag zu geben. Diese wurden jedoch, wie es auch später Klenze in München tat, leider nach Art einer Gemäldegalerie hoch an den Wänden aufgehängt. Ebenso verunglückt war die Imitation eines Grabes mit Ausstattung nach Anweisungen der Campanari, die das Museum glaubte anschaffen zu müssen.

Im Juni 1838 erwarb das Britische Museum den gesamten Inhalt der in London ausgestellten Gräber, die 24 Faksimiles der Malereien eingeschlossen. Es intensivierte dadurch die Beziehungen zur Familie Campanari, die später zu den größten italienischen Kunsthändlern auf internationaler Ebene gehörte. Sie zeigten damit einen Weg auf, den unter anderen vor allem die Castellani beschreiten sollten. Im Gartenhof ihres Hauses in Toscanella (Tuscania) schufen sie im Jahre 1839 das vielleicht ungewöhnlichste Etrusker-Museum aller Zeiten. Cippi, Skulpturen und Vasen gaben, frei inmitten der Grünanlagen angeordnet, den Rahmen ab für ein großes Würfelgrab, das die Campanari in der Umgebung der Stadt entdeckt hatten. In dessen Innern war der größte Teil der gefundenen Sarkophage und anderen Ausstattungsgegenstände aufgestellt. Diese Idee eines archäologischen Museums "unter freiem Himmel" ist erst zu Beginn unseres Jahrhunderts, im Garten des "Museo di Firenze", wieder aufgegriffen worden.

Den Eindruck, den die Vorschläge der Campanari für neu zu errichtende Museen auf die Zeitgenossen machten, verdeutlichen beispielsweise die Reiseerinnerungen von Mrs. Hamilton Gray (*Tour to the Sepulchres of Etruria in 1839*, London 1841) oder die Aufzeichnungen von George Dennis in *The Cities and Cemeteries of Etruria*, London 1848 (danach mehrmals nachgedruckt und übersetzt) - die reifste Frucht dieser zwei "romantischen" Jahrzehnte. Mehr noch als ein Reiseführer, der im übrigen wegen der vielen genannten weniger bedeutenden Orte unschätzbaren Wert besitzt, ist er eine Art Pausanias, der mit gelehrtem und präzisem Blick Orte, Dinge und Personen betrachtet. Viele Reisende und Künstler durchstreiften in diesen Jahren Etrurien und stellten Betrachtungen über dessen Monumente und Landschaften an, ganz im Geiste eines Samuel J. Ainsley, dem wir (die Entdeckung Sovanas nicht zu vergessen!) die gelungensten Beschreibungen sowie die besten Illustrationen zu Dennis' Buch verdanken. Im selben Jahr (1848) feierte das Sammelwesen einen neuen Höhepunkt mit der "triumphalen" Darstellung des Transports des Thorvaldsen-Museums von Rom nach Kopenhagen auf einem Fries rund um das Gebäude, in dem das Museum seinen neuen Sitz erhielt.

Bedauerlicherweise zeitigte die Ausbreitung des Interesses für die Etrusker auch negative Auswirkungen, wie bereits im 18. Jahrhundert (und auch heute ist das noch so). Die Vorliebe, Gräber zur Freude der Besucher "eingerichtet" zu präsentieren, die in Chiusi schon in den zwanziger Jahren aufkam (Tomba del Granduca und delle Monache) und sich nicht nur bei den Rekonstruktionen der Campanari, sondern später auch in Volterra (Grotta dei Marmini) und in Perugia (Tomba dei Volumni) etabliert hatte, brachte jene unechten Vasenausstattungen hervor, mit denen Campana die nach ihm benannten

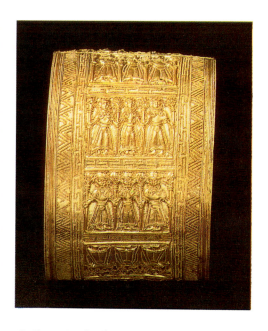

Goldenes Armband
aus der Tomba Regolini-Galassi, Cerveteri
7. Jahrhundert v. Chr.
Vatikan, Museo Gregoriano Etrusco

Sosias-Schale (nebenstehende Seite)
Innenbild, Detail (oben)
Um 500 v. Chr.
Berlin, Staatliche Museen zu Berlin
Antikensammlung - Kat. 468

folgende Seiten
Attischer Kelchkrater
dem Phiale-Maler zugeschrieben
440 - 430 v. Chr.
Vatikan, Museo Gregoriano Etrusco - Kat. 466

Attische Hydria des Berliner Malers
500 - 480 v. Chr.
Vatikan, Museo Gregoriano Etrusco - Kat. 467

orientalisierenden Gräber von Veji oder Caere bekannt machte. Die Tomba delle Monache in Chiusi wurde zu einer Art Laden, vollgestopft mit Urnen, die, mit Preisschildchen versehen (Hamilton Gray, a. a. O., S. 437 ff.), den Fremden so lange zum Kauf angeboten wurden, bis alle, auch die wertvollsten Urnen aus der Originalausstattung, verkauft waren und das Grab geschlossen wurde. Die Produktion von Fälschungen oder halbechten Pasticci blühte, besonders in Chiusi und in Rom im Restauratorenkreis um Campana (aus dem der Sarcofago degli Sposi hervorging, der 1873 ins Britische Museum gelangte und lange als besonders wertvoll galt). Überall konnte nun völlig ohne, bzw. nur unter unzulänglicher Aufsicht, mit Ausgrabungen begonnen werden, die immer stärker auf rein spekulative Zwecke ausgerichtet waren.

Die Jahre von 1849 bis 1860 und darüber hinaus erscheinen in einem etwas trüben Licht. Sicherlich gab es auch großartige Ereignisse, wie die Entdeckung und unmittelbar anschließende Publikation der Begräbnisstätte von Villanova, in der sich das wachsende Interesse der Emilianer für ihre Vorgeschichte ausdrückte (G. Gozzadini, *Di un sepolcreto etrusco scoperto presso Bologna*, Bologna 1854). Ein Glanzlicht war es auch, wie inmitten

der allgemeinen Stagnation der großen Ausgrabungsprojekte, die sich über das kirchenstaatliche Etrurien, und vor allem über Vulci, gelegt hatte, nicht zufällig einer der letzten "Pioniere", Alessandro François, 1857 ein ausgemaltes Grab entdeckte, das nach ihm Tomba François benannt wurde. Daneben gab es bescheidenere Leute wie G. Bezzichelli, D. Golini oder die Società Colombaria di Firenze, die Ausgrabungen an weniger bekannten Orten leiteten, von Norchia bis Musarna, von Bolsena bis Sovana, deren Existenz kaum publik wurde, unter anderem auch weil die Publikationen des römischen Instituts Unterbrechungen und Verzögerungen unterworfen waren. Eine verpaßte Gelegenheit war der aufwendige Band von A. Nol des Vergers, einem Förderer der Ausgrabungen von François, *L'Etrurie et les Etrusques, ou dix ans de fouilles dans les maremmes toscanes*, Paris 1862-1864, der nicht halten konnte, was der Titel versprach.

Die Epoche endet mit Campanas Prozeß und mit der darauf folgenden Auflösung der wahllos zusammengewürfelten Sammlung des Bankiers und ihres Verkaufs ins Ausland (1861); der Kirchenstaat offenbarte damit auch auf der Ebene des Denkmalschutzes das Scheitern seiner bis dahin verfolgten Politik. Kurze Zeit später ereilte das bedeutendste Museum von Chiusi, das Museo Catuccini, ein ähnliches Schicksal: es wurde vom italienischen Staat gekauft und nach Palermo verfrachtet, gewissermaßen als Hommage an die Vorstellungen Micalis und des Risorgimento von den Etruskern als Einheit stiftendem kulturellen Bindemittel der Nation. Aus den Überresten des Museo Campana entstanden die etruskischen Sammlungen des Louvre, der französischen Museen in der Provinz und der Eremitage, durch die sich Gelegenheiten für neue Begegnungen der Etrusker mit Europa boten. Das letzte Zeugnis der "romantischen" Phase der Archäologie könnte man in der temporären Ausstellung der Antiken Campanas in Paris 1862 sehen, die einen denkwürdigen Erfolg hatte, nicht zuletzt wegen des hypermodernen Ausstellungsgebäudes (des abgerissenen Palais de l'Industrie auf den Champs Elysées). Hauptanziehungspunkt in der Ausstellung war natürlich der "lydische" Sarkophag "degli Sposi", aufgestellt in einem Rahmen, der, mit leicht kitschigem Einschlag, "die Grabkammer, so wie sie gefunden wurde, mit einem Arrangement aus blauen und roten Vasen mit phantastischen Tieren verziert, Aschenurnen, Grabbeigaben, Stirnziegeln, usw." wiedergab (E. Desjardins, *Notice sur le Musée Napoleon III*, Paris 1862, S. 31). Und es fehlte auch nicht die Rekonstruktion eines Grabes mit Faksimiles der Wanddekorationen, die in diesem Fall das Stuckwerk der Tomba dei Rilievi waren. Ein Jahr später aber, mit der Übergabe an den Louvre, war dies alles bereits vergessen.

BIBLIOGRAPHIE:
Allgemein:
J. Heurgon, Comptes-Rendus de l'Académie des Inscriptions et Belles Lettres 1973, 3-12; A. Hus, Paris 1980, 320-333; *Bibliotheca Etrusca* [...] (Ausstellungskatalog), Mailand 1985; E. Barni-G. Paolucci, Mailand 1985, 12-75; M. Kunze in: *Die Welt der Etrusker* [...] (Ausstellungskatalog), Berlin 1988, 397-406.
Zeitraum 1810 – 1820:
F. Eckstein in: *Enciclopedia dell'Arte Classica e Orientale* IV, 1961, 176-178, s. v. *Iperborei*; P. Treves in: *Lo studio dell'antichità classica nell'Ottocento* I, Mailand-Neapel 1962, 293-311; E. Colonna Di Paolo-G. Colonna, Rom 1970, 19-23; S. Donadoni, Parola del Passato 147, 1972, 397-406; M. Pallottino in: Festschrift J. Heurgon, Rom 1975, 771-777; E. Colonna Di Paolo-G. Colonna, Rom 1978, 40-46, 413 ff.; G. Colonna in: *Italia omnium terrarum alumna* [...], Mailand 1988, 422 ff.
Zeitraum 1829 – 1848:
M. Pallottino in: *Grandi scoperte archeologiche*, Turin 1954, 22-33; ders. in: *Saggi di Antichità* III, Rom 1979, 835-842; A. Hus in: Festschrift J. Heurgon, Rom 1975, 437-469; G. Colonna, Studi Etruschi 46, 1978, 81-117 (mit einem Anhang *Le scoperte Campana a Cerveteri*); F. Roncalli in: Festschrift F. Magi, Perugia 1979, 157-167; M. Bonamici, Prospettiva 21, 1980, 6-24; M. Cristofani, Bollettino d'Arte, Serie speciale 1, 1981, 11-23; F. Delpino, Rom 1985; G. Colonna (Hrsg.), Siena 1986; C. Weber-Lehmann-H. Lehmann in: *Malerei der Etrusker* [...] (Ausstellungskatalog), Mainz 1987, 16-41; F. Buranelli, ebenda, 42-47; M. Cristofani in: *Un artista etrusco e il suo mondo: il pittore di Micali*, Rom 1988, 44-47; H. Lehmann, Zeitschriften für bayer. Landesgeschichte 52, 1989, 617-622; M.-F. Briguet, Florenz 1989; G. Colonna in: Kongreßakten Chianciano Terme (im Druck).
Zeitraum 1849 – 1860:
La tomba François di Vulci (Ausstellungskatalog), Rom 1987; G. Colonna in: *La collezione Casuccini* I, Rom 1992 (im Druck).

DAS ROMANTISCHE ABENTEUER

338

DAS ROMANTISCHE ABENTEUER

339

Das Zeitalter des Positivismus

Filippo Delpino

Von der Mitte des 19. Jahrhunderts an führten eine Reihe von Entdeckungen, aber auch Veränderungen im kulturellen und politischen Umfeld zu einer allmählichen Wende innerhalb der Studien über etruskisch-italische Archäologie, die auch im Zusammenhang mit den Fortschritten der historischen Linguistik stand, sowie mit einem neu erwachten und sich ausbreitenden Interesse für vor- und frühgeschichtliche Forschung. Dieses Interesse hatte in den nordischen Ländern mit Thomsen, Worsaae und anderen bereits in der ersten Jahrhunderthälfte konkrete Ergebnisse gezeitigt, dehnte sich nun rasch auf ganz Europa aus und lieferte unter anderem einen bedeutenden Beitrag zur Verbreitung evolutionistischer und positivistischer Theorien im Bereich archäologischer Forschung. 1859 erschien die Erstausgabe von Charles Darwins *On the Origin of Species*, das auch über die Naturwissenschaften hinaus einen sehr großen Einfluß ausüben sollte; von 1864 an brachte der französische Paläoethnologe Gabriel de Mortillet eine Zeitschrift heraus unter dem programmatischen Titel *Matériaux pour servir à l'histoire positive et philosophique de l'homme.*

Dies war der Rahmen, in welchem die Initiative zu den internationalen Kongressen über prähistorische Anthropologie und Archäologie einsetzte, die von 1866 an in jährlichem Abstand in verschiedenen europäischen Städten durchgeführt wurden; die fünfte Sitzung des Kongresses wurde 1871 in Bologna abgehalten. Bei diesem Anlaß richtete man gesondertes Augenmerk auf Themen der etruskisch-italischen Archäologie, und Forscher aus ganz Europa erwarben unmittelbare Kenntnis von den Funden und den laufenden Ausgrabungen; Marzabotto war das Ziel eines Ausfluges der Kongreßteilnehmer, und bei der Gelegenheit wurde außerdem ein Grab der Bologneser Certosa-Nekropole erforscht. Im Mittelpunkt der damaligen wie auch der Debatten der folgenden Jahrzehnte stand die Brandgräbernekropole von Villanova bei Bologna. Kennzeichnend für sie war das Vorkommen von Urnen einheitlicher Form und Dekoration, die man bald in ethnisch-kultureller wie auch in chronologischer Hinsicht als "Leitfossilien" benutzte ("Typus Villanova"), und man schrieb sie einer frühen Phase der etruskischen Zivilisation zu. (G. Gozzardini, *Di un sepolcreto etrusco scoperto presso Bologna*, Bologna 1854). In den Folgejahren verhalf die Entdeckung weiterer Nekropolen mit Urnen vom "Villanova-Typus" sowohl in Bologna als auch in verschiedenen Gegenden des etruskischen Mutterlandes dazu, den auf die emilianische Frühgeschichte beschränkten Blickwinkel der Diskussionen zu überwinden und das Problem der "Herkunft" der Etrusker breiter zu fassen. Dabei entbrannte dann der Meinungsstreit über die Frage einer Herkunft entweder aus dem Norden oder aus dem Osten.

Eine falsche Problemstellung, wie erst viele Jahre später erkannt wurde, erachteten die damaligen Forscher als zentral. Wie es für die Zeit typisch war, suchte man eine Lösung nicht vorrangig und allein - im Sinne Niebuhrs und Müllers - im Studium der überlieferten historiographischen Quellen, sondern auch und vor allem in archäologischen, epigraphisch-linguistischen und anthropologischen Daten. So wurden Grundlagen geschaffen und eine fruchtbare Arbeit eingeleitet, die sich der durch die verschiedenen Disziplinen gelieferten Informationen in wissenschaftlich-kritischer Weise bediente, so daß bei der Untersuchung der archäologischen Funde entscheidende Fortschritte möglich wurden. Trotzdem war man nicht in der Lage zu verhindern, und auch das ist typisch für die Zeit, daß die alten "Mythen" der historiographischen Gelehrsamkeit durch

Die 1835 auf dem Kapitol errichtete
"Casa Tarpeia", erster Sitz
des Instituto di Corrispondenza Archeologica
Kat. 504

Titelblatt der Monumenti Inediti dell'Instituto
di Corrispondenza Archeologica, Band II,
1834-38, mit Abbildung der "Casa Tarpeia"
Kat. 497

den der "Wissenschaftlichkeit" des herrschenden Positivismus ersetzt wurden. Daraus erwuchs dann allmählich und unbemerkt eine Tendenz, die die interpretatorische Bemühung in abstrakten und dogmatischen Formeln erstarren ließ. Lange Zeit war die These über die "Herkunft" der Etrusker unwiderlegt, die unter den Namen Pigorini-Helbig kursierte (besonders von W. Helbig in der Monographie *Die Italiker in der Poebene*, Leipzig 1879, ausführlich dargelegt sowie im umfangreichen Aufsatz "Sopra la provenienza degli Etruschi" in den *Annali dell'Instituto di Corrispondenza Archeologica*, 1884, S. 108-188). Ihr zufolge wären "Etrusker" und "Italiker" bereits unter den Völkern transalpiner Herkunft auszumachen, die während der Bronzezeit in der Poebene siedelten und dann während der Eisenzeit über den Apennin zogen, bis sie, allmählich von Norden nach Süden vordringend, die in geschichtlicher Zeit dokumentierten Siedlungsräume eingenommen hatten. Man verstand die Entdeckung von Nekropolen des "Villanova-Typus" im etruskischen Mutterland als Bestätigung der Richtigkeit dieser These; in gleicher Weise schienen Analogien, die zwischen den frühesten archaischen Gräbern Etruriens und denen in Latium bestanden (etwa das Vorhandensein von Hüttenurnen in beiden Gegenden), weit zurückliegende gemeinsame Wurzeln zu belegen.

Die Relevanz, die man den Funden in den "villanovianischen" Gräbern im Bologneser Umkreis und in Etrurien ebenso wie den Debatten über die "Herkunft" der Etrusker beimaß, soll hier andere und nicht minder wichtige Aspekte der Entwicklung der Etruskologie in der zweiten Hälfte des 19. Jahrhunderts nicht in den Schatten stellen. Anstelle einer Aufzählung einzelner Entdeckungen und Veröffentlichungen, wie wichtig sie auch immer waren, dürfte hier eher interessieren, die Schwerpunkte in den Zielsetzungen der etruskologischen Forschung jener Zeit hervorzuheben.

Das Bindeglied zwischen "romantischer" und "wissenschaftlicher" Phase der Etruskologie läßt sich wahrscheinlich mit dem Werk *L'Etrurie et les Etrusques* von Adolphe-Noël Des Vergers angeben, das in Paris in üppiger Ausstattung durch Ambroise Firmin Didot 1862 – 1864 veröffentlicht wurde. Es geht noch zum großen Teil (wie schon im Untertitel anklingt: *Dix ans de fouilles dans les maremmes toscanes*) von der Faszination der rauhen Landschaften Etruriens und von der Begeisterung über die erstaunlichen Funde aus, die der Toskaner Alessandro François in langwierigen Ausgrabungen gemacht hatte (finanziert von Des Vergers und dessen Schwiegervater Firmin Didot als Teilhabern). Zugleich läßt es aber das Bedürfnis nach einer Systematisierung und Vereinheitlichung der Darstellung erkennen (ohne dabei allerdings das Niveau der geschichtlichen und antiquarischen Gelehrsamkeit zu überwinden), die im Ansatz bereits Ausdruck neuer, modernerer Ansprüche an Bildung sind.

In der Tat liegt das herausragende Merkmal etruskologischer Zielsetzungen in den letzten drei Jahrzehnten des 19. Jahrhunderts gerade in der systematischen Vorgehensweise der durchgeführten Unternehmungen. Diese Zeit ließe sich als die der großen *Corpora*

DAS ZEITALTER DES POSITIVISMUS

und Handbücher bezeichnen, durch welche die Etruskologie hinsichtlich des erreichten Wissensstandes wie auch der Methoden auf ein neues Fundament gehoben wurde, von dem aus sie sich nun zunehmend als autonome Wissenschaft neben den anderen Bereichen der Archäologie entwickelt. Ein Bedürfnis danach hatte sich in Frankreich und besonders in Deutschland verbreitet geäußert und wurde auch in Italien dank des Einsatzes vor allem deutscher Wissenschaftler angefacht, die zu dem in jener Zeit bedeutendsten Zentrum für archäologische Studien, dem Deutschen Archäologischen Institut, in mehr oder weniger direkter Verbindung standen; die römische Abteilung des Institutes ist Erbe und Fortsetzung des alten und berühmten Instituto di Corrispondenza Archeologica. Die Forderung nach systematischem Vorgehen hatte bereits mit dem Zusammentragen großer, thematisch organisierter *Corpora* in den dreißiger und vierziger Jahren durch Eduard Gerhard zu beachtlichen frühen Ergebnissen geführt (auf die in diesem Katalog der Beitrag von Giovanni Colonna gesondert eingeht). Sie konkretisierte sich weiterhin in den während der fünfziger und sechziger Jahre durchgeführten oder begonnenen monumentalen Unternehmungen anderer Bereiche der Antikenforschung, insbesondere bei der lateinischen Inschriftenkunde (die Sammlungen von Th. Mommsen 1852, von F. Ritschl 1862 sowie der Beginn der Veröffentlichung des *Corpus Inscriptionum Latinarum* 1863), und setzte sich gleichsam als ideales Modell für weitere Unternehmungen dieser Art durch.

So waren Gerhards *Etruskische Spiegel* und das *Corpus Inscriptionum Latinarum* für Heinrich Brunn Vorbilder, die er ausdrücklich erwähnt und denen er bei der Sammlung und Veröffentlichung eines großen Katalogs der figuralen etruskischen Urnen folgte (*I rilievi delle urne etrusche*, I, Rom 1870; das Werk vollendete später Gustav Körte mit verschiedenen in Rom und Berlin in den Jahren 1890, 1896 und 1916 veröffentlichten Bänden). Die Aktivitäten zunächst des Instituto di Corrispondenza Archeologica und danach des Deutschen Archäologischen Instituts kreisten somit lange Zeit um die Herausgabe dieser monumentalen Sammlungen (jeweils 1863, 1865 und 1884-97 erschienen die Bände III, IV und V von *Etruskische Spiegel*, deren letzten Adolf Klügmann und Gustav Körte herausgaben), durch die ein bedeutender Beitrag zur modernen etruskologischen Forschung geleistet wurde.

Das Modell des *Corpus* lateinischer Inschriften ist darüber hinaus in zahlreichen anderen großen Werken jener Zeit gegenwärtig, die von italienischen und ausländischen Wissenschaftlern realisiert wurden: vom *Corpus Inscriptionum Italicarum* und dem *Glossarium Italicum* von Ariodante Fabretti (Turin 1867), dem drei *Supplementi* (1872 - 1878) durch Fabretti selbst und eine *Appendice* (1880) durch Gianfrancesco Gamurrini hinzugefügt wurden, zum *Corpus Inscriptionum Etruscarum*, dessen erster Band von Carl Pauli, Olaf Danielsson, Gustav Herbig und Bartolomeo Nogara wissenschaftlich betreut und zwischen 1893 und 1902 herausgegeben wurde.

Die Zeit der monumentalen Corpora schließt in der Endphase der Epoche um die Jahrhundertwende mit der *Civilisation primitive en Italie depuis l'introduction des métaux* des Schweden Oscar Montelius ab (Stockholm, 1895 - 1910), einem Werk, das viele Jahrzehnte lang die ergiebigste Dokumentation über die in Italien von der Bronzezeit bis zur etruskischen Epoche aufeinander folgenden Kulturen blieb.

Ebenso bedeutend war der Beitrag von Wissenschaftlern aus ganz Europa – besonders

Franzosen, Deutschen, Dänen und Schweden – im Bereich von Handbüchern und Veröffentlichungen zu spezifischen Themen, vor allem auf dem Gebiet der Epigraphik und der Sprachforschung. Die für jene Zeit typische Forderung nach Systematik und das Streben der Etruskologie, sich als eigenständiges Fach zu konstituieren, machten Monographien erforderlich, die die auf diesem Gebiet errungenen umfangreichen Forschungsfortschritte einbezogen. So wurde eine gründliche Überarbeitung des bis dahin einzigen Handbuchs von Karl Otfried Müller (*Die Etrusker*, Göttingen 1828) notwendig, dessen Neuedition Wilhelm Deecke besorgte und das zu einem mächtigen zweibändigen Werk mit verdoppelter Seitenzahl anwuchs (*Die Etrusker*, Stuttgart 1877). Das Handbuch von Müller-Deecke entsprach nun den Anforderungen der Wissenschaftler und der Universitätslehre. Ein weiteres Gesamtwerk war eher auf die Interessen eines breiteren Publikums von gebildeten Lesern ausgerichtet, "das sich ein Bild machen wollte von der etruskischen und römischen Archäologie": Das *Manuel d'archéologie étrusque et romaine* von Jules Martha erschien in Paris 1884 und stellte innerhalb seiner Gattung das erste Werk mit einem ernsthaften Anspruch auf populärwissenschaftliche Verbreitung etruskologischen Wissens dar.

Vom gleichen Verfasser stammt eine großangelegte Monographie über etruskische Kunst (J. Martha, *L'art étrusque*, Paris 1889), die in ihren verschiedenen Aspekten analytisch dargelegt wird: Architektur, Skulptur, Malerei, Keramik, Metallverarbeitung, Schmuck und Glyptik. Zwar ist das Werk stark von klassizistischen Vorurteilen geprägt ("... wir sehen uns gezwungen einzugestehen, daß das Etruskische keine hohe Kunst ist ...") – derlei Voreingenommenheiten sollten erst einige Jahrzehnte später mit der Entdeckung der großen Akroter-Plastik von Veji überwunden werden –, dennoch stellt es eine Summe der Kenntnisse jener Zeit dar und behandelt die Frage nach dem künstlerischen Erbe, das Rom von Etrurien übernimmt, in korrekter Weise. Marthas Monographie war

Glückwunschadresse des Architektenvereins in Berlin anläßlich des fünfzigjährigen Bestehens des Deutschen Archäologischen Instituts, 1879
Rom, Deutsches Archäologisches Institut
Kat. 505

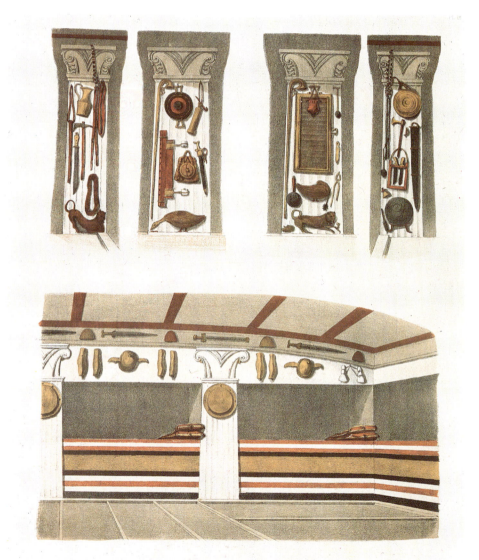

Jules Martha
L'art étrusque, *Paris 1889, Titelblatt*
Paris, Bibliothèque Centrale des Musées de France
Kat. 528

Die Tomba dei Relievi in Caere
aus: Adolphe Noël des Vergers
L'Etrurie et les Etrusques,
Taf. III, Paris 1862 – 1864
Paris, Bibliotèque Centrale des Musées de France
Kat. 518

die Frucht akademischer Anregungen; sie ging aus einem Aufsatz hervor, der bei einem Wettbewerb der Academie des Inscriptions et des Belles-Lettres über etruskische Kunst als beste Arbeit prämiert worden war (1887) – ein Beleg für das zunehmende Interesse an der etruskischen Zivilisation innerhalb der höchsten Kulturkreise Frankreichs. Dieses Interesse veranlaßte in jenen Jahren auch die École Française in Rom dazu, die Trägerschaft von Grabungsarbeiten in Etrurien zu übernehmen, deren Ergebnisse in einer streng wissenschaftlichen Monographie von Stéphane Gsell beispielhaft dargestellt wurden (*Fouilles dans la nécropole de Vulci*, Paris 1891).

Unter den Handbüchern ist ferner das Werk Josef Durms über etruskische und römische Architektur zu nennen (*Die Baukunst der Etrusker. Die Baukunst der Römer*, Darmstadt

DAS ZEITALTER DES POSITIVISMUS

Jules Martha
L'art étrusque, *Paris 1889, Vorsatzblatt mit Abbildungen von etruskischem Schmuck*
Paris, Bibliothèque Centrale des Musées de France

1885) sowie die Monographie Hermann Genthes über etruskische Ausfuhren nach Norditalien und nach Mittel- und Nordeuropa (*Über den etruskischen Tauschhandel nach dem Norden*, Frankfurt a. M., 2. Aufl. 1874), die sich in die Reihe erfolgreicher Forschungsarbeiten vor allem von deutschen und skandinavischen Wissenschaftlern einfügte.
Sieht man von George Dennis' klassischem Handbuch ab (*The Cities and Cemeteries of Etruria*, London 1848 mit erweiterten Neuauflagen 1878 und 1883), sind die Beiträge aus dem angelsächsischen Raum auf dem Gebiet der Etruskologie in der besprochenen Zeit sehr bescheiden. Beispielhaft mögen hier das Büchlein des Architekten George L. Taylor (*The Stones of Etruria and Marbles of Ancient Rome*, London 1859), das in der Traditionslinie der *Grand Tour* eine Reihe von Veduten und Beschreibungen etruskischer wie römischer Landschaften und Denkmäler bietet, sowie die *Etruscan Researches* von Isaac Taylor (London 1874) erwähnt werden, ein Werk von zusammengeklaubter Halbbildung. Auf dilettantischem Niveau bewegt sich ebenfalls *Etruscan Bologna* von Richard

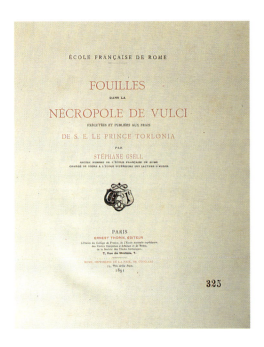

Stéphane Gsell
Fouilles dans la nécropole de Vulci
Paris-Rom 1891, Titelblatt
Rom, Istituto CNR per l'Archeologia
etrusco-italica
Kat. 523

nebenstehende Seite
Stéphane Gsell
Fouilles dans la nécropole de Vulci
*Paris-Rom 1891, Taf. II, Korinthische und
etrusko-korinthische Keramik aus Vulci*
Rom, Istituto CNR per l'Archeologia
etrusco-italica

Burton (London 1876); immerhin ist es ein Zeugnis für das Interesse an den hitzigen Debatten, die man über die damals gemachten Funde bei Bologna führte.
Besondere Bedeutung kam dagegen der Mitwirkung von Wissenschaftlern aus ganz Europa auf dem Gebiet der etruskischen Epigraphik und Sprache zu. Die großen epigraphischen *Corpora* fanden als unverzichtbare Arbeitsmittel zur Vertiefung der Forschung hier bereits Erwähnung. Die letzten Jahre des Jahrhunderts erlebten außerdem den Erwerb und die Edition der wichtigsten Texte in etruskischer Sprache (zur Mumie von Zagreb: J. Krall, *Die etruskischen Mumienbinden des Agramer Nationalmuseums*, Wien 1892; zum Dachziegel von Capua: F. Bücheler, in: *Rheinisches Museum für Philologie* 55, 1900, S.1 ff.) mit dem Zusatz abschließender kritischer Bemerkungen. Intensiv arbeiteten auch die Sprachforscher über die gesamte hier betrachtete Zeitspanne hinweg sowohl an der morphologischen und grammatikalischen als auch an der hermeneutischen Sprachanalyse. Lange versuchte man im Fahrwasser einer Tradition, die noch auf die "*etruscheria*" der Renaissance zurückging, selbstverständlich aber auf der Grundlage völlig geänderter methodischer Voraussetzungen und Kenntnisse, das Etruskische zu analysieren und zu deuten, indem man (nach der sogenannten "ethymologischen" oder deduktiven Methode) von bekannten Idiomen ausging, vor allem solchen aus dem Kreis der indoeuropäischen Sprachen. Dieses Vorgehen entsprach der verbreiteten Theorie, der auch die Mehrzahl der Archäologen anhing, daß eine etruskisch-italische Verwandtschaft bestanden habe. Die stringenteste Erörterung nach diesem Ansatz war das Werk von W. Corssen (*Über die Sprache der Etrusker*, Leipzig 1874 - 1875), das morphologisch-grammatikalische Analysen und Deutungsvorschläge enthält, die aus Vergleichen zwischen dem Lateinischen, dem Umbrischen und dem Oskischen hergeleitet sind. Es fehlte auch nicht an Konzepten, Bezüge zwischen anderen, untereinander völlig unterschiedlichen Sprachsystemen herzustellen – vom Armenischen (S. Bugge, *Etruskisch und Armenisch*, Christiania [Oslo] 1890) über das Kaukasische (V. Thomsen, *Rémarques sur la parenté de la langue étrusque*, Kopenhagen 1899) bis hin zum Ugrisch-Finnischen (J. Martha, *La langue étrusque*, Paris 1913). Wilhelm Deeckes heftige Kritik an Corrsens Werk (*Corrsen und die Sprache der Etrusker. Eine Kritik*, Stuttgart 1875) leitete die Durchsetzung eines neuen Ansatzes zum Studium der etruskischen Sprache ein, der bei der Untersuchung etruskischer Texte von ihrem eigenen Gefüge und von den Beziehungen verschiedener Texte untereinander ausging (der sogenannten "kombinierenden" oder induktiven Methode) und den Weg systematischer Vergleiche mit anderen Sprachsystemen aufgab. Unter den bedeutendsten Vertretern dieser Vorgehensweise sind wiederum Deecke (*Etruskische Forschungen*, Stuttgart 1875 - 1880), Alef Torp (*Etruskische Beiträge*, Leipzig 1902 - 1903) und andere zu nennen, die in geduldiger Arbeit, die noch in diesem Jahrhundert lange Zeit weitergeführt wurde, insbesondere bei kürzeren Texten zu beträchtlichen Fortschritten auf dem Gebiet des Verständnisses der Grammatik und der hermeneutischen Erkenntnisse verhalfen.
Zum Abschluß dieses Überblicks über die Forschungsarbeiten der Etruskologie in der zweiten Hälfte des 19. Jahrhunderts soll ein kurzer Hinweis auf die Museen nicht fehlen, die in ganz Europa (und in Amerika ebenfalls) gerade in dieser Zeit am Aufbau und der Erweiterung ihres Bestandes etruskischer Objekte arbeiteten. Dieses Phänomen erfuhr durch die Versprengung der Sammlung Campana auf verschiedene Weise, auf direktem

wie auf indirektem Weg, in den frühen sechziger Jahren einen entscheidenden Anstoß (in diesem Katalog das Thema eines gesonderten Beitrags von Françoise Gaultier). Es war aber auch eine Folge des einsetzenden Wetteiferns einiger der bedeutenderen Museen untereinander, und besonders in Italien nach Erlangung seiner nationalen Einheit zunehmend auch ein Ergebnis des gewachsenen Bedürfnisses, speziell auf das Sammeln etruskischer Altertümer ausgerichtete Museen zu gründen. Zu den etruskischen Sammlungen der Museen in Berlin, Brüssel, London, München, Paris, St. Petersburg und im Vatikan (um nur die bedeutendsten zu nennen) traten so auch die der archäologischen Museen von Florenz (1870), Bologna (1881) und später die des Museums der Villa Giulia in Rom (1889) hinzu.

Bis hinein in die Anfänge des 20. Jahrhunderts fehlte eine gesetzliche Regelung, die das Auseinanderreißen privater Antiquitätensammlungen verhinderte und die Gewinnsucht des Antikenhandels wirksam zügelte. So belieferten die Nekropolen Etruriens das ganze Jahrhundert hindurch (und noch darüber hinaus) unablässig öffentliche und private Sammlungen im In- und Ausland mit Material. Durch die Errichtung einer Behörde, der die Grabungen und Museen unterstellt waren (1875), besserte sich allmählich die Situation zumindest teilweise, sowohl was die Dokumentation neuer Entdeckungen betraf – sie wurden von 1876 an in den *Notizie degli Scavi* von der Accademia dei Lincei veröffentlicht – als auch durch die größere Sorgfalt, die nun auf die Grabungen verwendet wurde, einschließlich derer in privater Trägerschaft. Als mühsam errungenes Ergebnis eines archäologischen Bewußtseins, das "Raubgrabungen" immer stärker von sich wies, kam dieser Fortschritt nicht allein italienischen etruskologischen Museen zugute, die seit den achziger Jahren begannen, ihre ausgestellten Materialien nach topographisch und chronologisch definierten Gruppen zu ordnen und zu unterscheiden (als Reaktion auf die in dieser Zeit in den besten wissenschaftlichen Veröffentlichungen geäußerten rigorosen Forderungen), sondern auch Museen außerhalb Italiens, die jetzt Objekte bekannter Herkunft, bisweilen sogar vollständige Grabausstattungen auf dem Antikenmarkt erwerben konnten.

BIBLIOGRAPHIE:

Für eine Gesamtübersicht der behandelten Zeitspanne unter dem Blickwinkel der Kulturgeschichte, der Forschungsgeschichte auf archäologischem wie auf epigraphischem, linguistischem und historiographischem Gebiet: M. Pallottino, *Etruscologia*, Mailand 1984, insbes. 13 ff., 35 ff., 85 ff., 405 ff.

Reich an Anregungen auf dem Gebiet der Geschichte der Historiographie, wenn auch zumeist auf Philologie und klassisches Altertum bezogen, ist das Werk von P. Treves, *Lo studio dell'antichità classica nell'Ottocento*, Mailand-Neapel 1962.

Zu den Beziehungen zwischen Evolutionismus und Positivismus, Paläoethnologie und Archäologie liefert nützliche Informationen: G. Guidi, *Storia della paletnologia*, Rom-Bari 1988, insbes. Kapitel I u. II, 3 ff. 38 ff.

Über frühgeschichtliche Forschungen in der Emilia und über den "*Congresso di antropologia e archeologia preistorica di Bologna*" (1871) finden sich viele Informationen und Anregungen in: C. Morigi Govi-G. Sassatelli (Hrsg.), *Dalla Stanza delle Antichità al Museo Civico* [...] (Ausstellungskatalog), Bologna 1984; dazu weiterhin: M. Desittere, *Paletnologi e studi preistorici nell'Emilia Romagna dell'Ottocento*, Reggio Emilia 1988.

Über archäologische Aktivitäten im 19. Jahrhundert unter besonderer Berücksichtigung deutscher Forscher und des Deutschen Archäologischen Instituts: A. Michaelis, *Ein Jahrhundert kunstarchäologischer Entdeckungen*, Leipzig 1908 (2. Edition).

Über die Organisation der italienischen Behörden zum Schutz des Antikenbestandes, auch in ihrem Verhältnis zu den Aktivitäten ausländischer Institute, Sammler und Museen in den letzten Jahrzehnten des 19. Jahrhunderts: M. Barnabei und F. Delpino (Hrsg.), *Le "Memorie di un Archeologo" di Felice Barnabei*, Rom 1991.

DIE SAMMLUNGEN ETRUSKISCHER DENKMÄLER UND DAS ENTSTEHEN DER GROSSEN MUSEEN EUROPAS

Die Sammlung Campana und die etruskische Sammlung des Musée du Louvre

Françoise Gaultier

Porträt des Gian Pietro Campana
Paris, Bibliothèque Nationale
Cabinet des Estampes
Kat. 532

Seite 348
Detail des Ehepaarsarkophags
Fälschung aus dem 19. Jahrhundert
London, British Museum

Vor 1789 wurden die königlichen Sammlungen mit Ausnahme der großen Marmorwerke zum größten Teil im Cabinet du Roi aufbewahrt. Heute bilden sie den Grundbestand des Cabinet des Médailles der Bibliothèque Nationale. Der alte Bestand des Louvre umfaßt nur die Stücke, die sich seinerzeit im königlichen Möbeldepot befanden. Sie sind im *Inventaire des Diamants de la Couronne* knapp beschrieben, das 1791 erstellt und gedruckt wurde, und unter ihnen finden sich auch einige Stücke, die etruskischen Werkstätten zuzuschreiben sind. Doch hauptsächlich entstand die etruskische Sammlung des Louvre im Verlauf des 19. Jahrhunderts.

Für die Antikenabteilung bedeutete die Regierungszeit Karls X. eine Periode reicher Neuerwerbungen und das Jahr 1825, in welchem die erste Sammlung von Edme-Antoine Durand (1768 - 1835) erworben wurde, ein grundlegend wichtiges Datum in der Geschichte ihrer Sammlungen.

Diesem eklektischen Sammler, den eine wahre Leidenschaft für die Antike ergriffen hatte, verdankt die Abteilung einige Schmuckstücke, zahlreiche Bronzen sowie Keramik von hoher Qualität; Durand hatte sie auf seinen Italienreisen erworben, aber auch in Frankreich kaufte er einige der schönsten archäologischen Stücke, die Joséphine zusammengetragen hatte und Prinz Eugène auf Versteigerungen veräußerte. Diese Erwerbungen kamen auch der etruskischen Sammlung zugute, die unter anderem die berühmte Bronze-Oinochoe in Form eines Kopfes (Kat. 449) erhielt, die ehedem die Grande Galerie von Malmaison geschmückt hatte.

Der Louvre erwarb jedoch nur sehr wenige Stücke, als 1836 die zweite Sammlung Durand aufgelöst wurde. Sie trug vor allem zur Erweiterung der Sammlungen des Cabinet des Médailles, des Museums von Sèvres und einiger Provinzmuseen bei.

Unterdessen hatte 1827 Jean-François Champollion, damals seit zwei Jahren Konservator in der Abteilung für ägyptische Altertümer des Louvre, dem Leiter des Museums, dem Grafen de Forbin, in einem Brief den Kauf von fünf Urnen aus Volterra vorgeschlagen, die mit mythologischen Darstellungen und der Szene einer Fahrt ins Jenseits dekoriert waren. Er hatte sie in Florenz bei Micali gesehen, dem Verfasser des Buches *L'Italia avanti il dominio dei Romani*, und betrachtete sie "als eine herausragende Erwerbung für das Königliche Museum", das zu jener Zeit über "keine schönen Vorzeigestücke dieser Gattung" verfügte. Der geforderte Preis war bescheiden, und im folgenden Jahr wurden die Urnen in das Museum eingegliedert. Sie gehören heute noch zu den schönsten der Volterraner Urnen.

Wenig wurde während der Herrschaft Louis-Philippes erworben - aus der etruskischen Sammlung ist nur eine kleine Heraklesstatuette (Br 283) erwähnenswert.

Die fünfziger Jahre sind durch den Kauf einer Urne und einiger Kanopen (1851) sowie einige Schenkungen gekennzeichnet, darunter die des Konservators des Cabinet des Dessins, Frédéric Reiset (1850) und die des Barons Gustave d'Eichtal (1854), einem überzeugten Saint-Simonisten und Begründer der *Societé d'ethnologie* und der *Association Guillaume Budé pour l'encouragement des Etudes Grecques*; sie haben allerdings nur recht wenige neue Stücke eingebracht: einen Bucchero-Kyathos und eine pontische Schale, die heute dem Paris-Maler zugeschrieben wird. An eine verpaßte Gelegenheit und an ein Angebot des italienischen Archäologen Alessandro François an die französische Regierung soll allerdings hier erinnert werden. Als Mitgesellschafter des Franzosen

Edgar Degas
Mary Cassatt in der etruskischen Galerie des Louvre
1879 – 1880
Paris, Musée du Louvre
Département des Arts Graphiques
Kat. 538

Noël des Vergers und mit Unterstützung des Verlegers und Gelehrten Ambroise Firmin-Didot führte Alessandro François auf dem Gebiet von Vulci erfolgreich Ausgrabungen durch und hoffte, da es ihm in Florenz nicht möglich war, in Paris ein öffentlich zugängliches Museum, ausgestattet mit einem Katalog, gründen zu können, dessen Verwaltung eine Aktiengesellschaft übernehmen sollte und zu welchem der Staat einzig die Räume hätte bereitstellen sollen. Es war ein neuartiges und avantgardistisches Konzept, fand aber in Florenz ebensowenig wie unter der Pariser Intelligenz Beachtung, die zweifellos schon stark durch Ägypten in Anspruch genommen war, wo Mariette damals die Grabungen von Sakkara durchführte.

Im Jahr 1861 boten die Antiquitätenhändler Rollin und Feuardent dem Museum von Boulogne-sur-mer die Sammlung des Verlegers Panckoucke an. Dem Sekretär der Museumskommission gelang es, Longpérier, den Konservator der Antikenabteilung im Louvre, zu begeistern, und dieser erklärte seine Bereitschaft, einige Vasen zu kaufen, falls das Museum von Boulogne auf den Erwerb verzichtet hätte. Die Sammlung war umfangreich und vielfältig; umfaßte u. a. ein paar etruskische Vasen, ein Dutzend Buccherovasen usw. und hätte in diesem Bereich wie auch in anderen die Lücken der Pariser Sammlung reduzieren können.

Doch sie sollten schon bald aufgefüllt werden, und zwar 1861 durch den Ankauf der Sammlung des Marchese Campana.

Diese Sammlung war in ganz Europa berühmt, seitdem sie 1835 Papst Gregor XVI. mit seinem Besuch beehrt hatte. Von dieser Zeit an war sie unaufhörlich weiter angewachsen, und ihre Schätze lagen über ganz Rom verstreut, in sämtlichen Residenzen des Marchese, bei Händlern seines Vertrauens und in der Pfandleihanstalt, deren Leiter er seit 1833 war. Schließlich hatte er ihr gesamtes Vermögen blockiert, indem er den größten Teil der von ihm zusammengetragenen Objekte gegen beträchtliche Summen verpfändet hatte. Vom Kirchenstaat beschlagnahmt, von Rußland und England begehrt, stand also das Museum Campana zum Verkauf. Von 1859 an pries man dem Kaiser Napoleon III.,

Ehepaarsarkophag
Gesamtansicht, folgende Seiten: Details
525 - 500 v. Chr.
Paris, Musée du Louvre
Kat. 539

den im übrigen alte Beziehungen mit der Familie Campana verbanden, "den günstigen Einfluß, den der Anblick und das Studium so schöner Vorbilder auf die Künste und sogar auf die Industrie ausüben würden" (Brief von Victor Schnetz, dem Leiter der Académie de France). Wie schon das Museum von South-Kensington, das 1851 in London eingerichtet wurde, und ein wenig nach dem Muster, wie auch die Sammlung Vivant-Denon zur Erneuerung der Produktion der Königlichen Manufaktur von Sèvres beigetragen hatte, wo sie der Leiter der Königlichen Schlösser, Graf d'Angiviller, gegen Ende des 18. Jahrhunderts hatte unterbringen lassen, so sollte das Museum Campana ebenfalls frischen Wind in das Kunstgewerbe bringen.

Léon Renier und Sébastien Cornu, ein Professor für lateinische Inschriftenkunde und ein mittelmäßiger Maler, genossen das volle Vertrauen Napoléons III.; sie führten die Kaufverhandlungen und erhielten dabei sogar die Stücke, die die päpstliche Kommission für sich selbst reserviert hatte. Darunter befand sich auch der berühmte "lydische Sarkophag", der heute noch unter dem Namen "Sarcophage des Epoux" (Ehepaar-Sarkophag)

das Glanzstück der Pariser Sammlung darstellt. Dennoch erwarb Frankreich die antiken Sammlungen nicht komplett. Einige der in der Pfandleihanstalt abgegebenen Vasen und Fragmente nahm man nicht in den Kaufvertrag mit auf. Sie wurden später verstreut und gelangten vor allem nach Brüssel und Florenz. Aber allen voran trat Rußland im März 1861 als Käufer auf. Es erwarb aus dem hier interessierenden Bereich eine sehr schöne Bronzestatue (eine Aschenurne) aus der Umgebung von Perugia, die einen lagernden Jüngling darstellt (Kat. 533). Das Auseinanderreißen der Sammlung und der Verlust berühmter Stücke für den Nationalbesitz wurde von der französischen Presse heftig beklagt. Dennoch befand sich der Louvre, als dessen Vertreter Adrien de Longpérier und der Generalintendant für die Schönen Künste, Graf de Nieuwerkerke, im Frühjahr 1861 zur Besichtigung der archäologischen Objekte angereist waren, bereits auf dem Wege, zum größten Museum für antike Keramik heranzuwachsen und Besitzer einer der bedeutendsten Sammlungen etruskischer Antiken außerhalb Italiens zu werden. Allerdings waren die Säle des Museums noch nicht dafür vorbereitet, eine derartige Menge von Exponaten aufzunehmen, und so wurden die Kisten, sobald sie in Paris eintrafen, rasch ins Palais de l'Industrie umgeleitet, das für die Ausstellung von 1853 auf den Champs-Elysées errichtet worden war. Dort wurde am 1. Mai 1862 das Musée Napoléon III eröffnet.

Zusammen mit den Antiken, die im Verlauf der archäologischen Kampagnen gefunden wurden, die Renan in Phönizien, Perrot in Kleinasien und schließlich Heuzey und Daumet in Mazedonien und Thessalien leiteten, stellte die Sammlung Campana den wesentlichen Teil jenes Museums dar.

Sein eigentlicher etruskischer Kern aber wuchs währenddessen an. Er wurde zunächst durch den Ankauf des Schmucks aus der Tomba François von Vulci erweitert. Die reiche Ausstattung dieser Grabstätte, die der Livorneser Archäologe zusammen mit seinem Mitgesellschafter Adolphe Noël des Vergers im Jahr 1857 ausgegraben hatte, war nach dem Tod des Entdeckers zwischen dessen Erben und des Vergers aufgeteilt worden – bis auf die Gegenstände aus Gold; diese wurden durch Vermittlung Brunns, des Sekretärs des Deutschen Archäologischen Instituts, der ihre Restaurierung wie auch die des übrigen Materials überwacht hatte, bald an das Musée Napoléon III verkauft. Beim Verkauf der Sammlung des Vergers gelangte auch der Teil, den er geerbt hatte, nicht an den Louvre, sondern wurde später auf verschiedene Privatsammlungen verstreut, unter ihnen die Sammlungen Castellani, Piot und Ravestein, und durch sie kamen schließlich einige der schönsten Stücke aus der Tomba François in Vulci an die Museen in London und Brüssel.

Zeitgleich mit der Sammlung Campana wurden in Rom noch weitere Objekte erworben, die dieser niemals angehört hatten. Dies war beispielsweise der Fall bei den Cisten, die bei dem Händler Martinetti oder über die Vermittlung Brunns gekauft wurden. In einem Artikel der *Revue des Deux Mondes* (1. September 1862) äußerte Louis Vitet, Inspektor für die historischen Denkmäler, der einige Jahre zuvor in Rom ausgiebig Gelegenheit gehabt hatte, die Sammlung zu studieren, sein berechtigtes Erstaunen darüber, im Palais de l'Industrie diese Stücke inmitten des Materials aus dem Campana-Museum ausgestellt zu sehen; und der Schriftsteller Desjardins schreibt bezüglich des Schmucks: "Die französischen Kommissare haben den Schätzen dieser Bestände aus der Sammlung Campana durch Zukäufe viel hinzugefügt".

DIE SAMMLUNG CAMPANA

Es gab Vermutungen, man habe dieserart das Museum Campana unauffällig vervollständigen wollen, um die sehr hohen, ja übermäßigen Beträge, die dafür bezahlt worden waren, rechtfertigen zu können.

Unbeschadet dieser kritischen Stimmen wurde die Ausstellung zu einem triumphalen Erfolg, und das von Sébastien Cornu, Charles Clément und Edmond Saglio provisorisch geleitete Musée Napoléon III zog ungeheure Menschenmengen an. Für Studienzwecke wurden Gelehrten, Künstlern und Arbeitern kunstgewerblicher Manufakturen, die durch ihre Vorgesetzten empfohlen waren, Eintrittsvergünstigungen gewährt, und im Juli erreichte man sonntags die Höchstzahl von sechstausend Besuchern. In den damaligen Zeitschriften für Kunst und Zeitgeschehen, *L'Illustration, La Gazette des Beaux-Arts, Le Moniteur* usw. häuften sich die Artikel, Ausstellungsberichte und Katalogzusammenfassungen. Währenddessen war die gesamte Existenz des Musée Napoléon III bereits gefährdet, es entbrannte eine Polemik, bei welcher sich zwei Thesen gegenüberstanden und die von politischen und persönlichen Rivalitäten zusätzlich angefacht wurde. War das Musée Napoléon III neben dem Louvre eine überflüssige Einrichtung? Hatte es die Aufgabe, die Gegenstände dieses Museums um weitere Meisterwerke zu erweitern und die Sammlungen in der Provinz zu vervollständigen, wie es das im Senat eingereichte Kaufprojekt vorsah? Oder sollte es, im Gegensatz zu den Museen für Schöne Künste, solche Dokumente ausstellen, die die Geschichte des Kunstgewerbes nachzeichneten, wie es dessen Vertreter forderten?

Die Fürsprecher des Musée Napoléon III beriefen sich auf Äußerungen des Marchese Campana, der in der Vorrede zu den *Cataloghi* von 1858 seine Absicht erläutert hatte, ein "Modell-Museum" zu schaffen, das einen repräsentativen Querschnitt aller Zeiten und Länder bieten sollte, und sein Bestreben, vollständige Serien zusammenzustellen, die nicht allein ästhetischen, sondern auch historischen Kriterien genügten. Das Inhaltsverzeichnis dieses Katalogs mit seinen zwölf Objektkategorien gibt diesen enzyklopädischen Anspruch sehr gut wieder, der fünfundzwanzig Jahre lang dem Zusammentragen einer der bedeutendsten Sammlungen des 19. Jahrhunderts zugrunde gelegen hatte.

Die Verfechter einer Überführung in den Louvre und der Aufteilung auf die Provinz hingegen – zu diesen Befürwortern gehörten im übrigen nicht zuletzt die Konservatoren des Louvre selbst – sahen im Musée Napoléon III nur eine heterogene Ansammlung von Dingen, aus welchen die Meisterwerke und qualitätvolleren Stücke für das Pariser Museum auszuwählen wären und woraus man sich unter den Repliken derjenigen Monumente hätte bedienen können, die es verdienten, die Museen in der Provinz zu bereichern, und die für den Unterricht in Kunstgeschichte im gesamten Staatsgebiet benötigt wurden. Ein Dekret des Kaisers entschied im Juli 1862 zugunsten dieser letzteren Lösung: Das Musée Napoléon wurde der Verwaltung des Louvre anvertraut, und die doppelt vorhandenen oder vom Museum nicht benötigten Objekte konnten staatlichen Einrichtungen oder Museen in den Départements überlassen werden.

Gegen das Auseinanderreißen des Campana-Museums protestierten in Frankreich Ingres und Delacroix. Auch aus Rom gab es Reaktionen: Der Sekretär des Deutschen Archäologischen Instituts, Henzen, bedauerte die Aufsplitterung der Sammlung und empfahl, alles, was mit etruskischer und italischer Kunst zu tun hatte, aus den Pariser Museen abzuziehen, um ein Museum für die Kunst der Halbinsel zu schaffen.

Verkleidungsplatten, sog. Campana-Platten
550 – 525 v. Chr.
Paris, Musée du Louvre
Kat. 540 – 541

Doch Ende Oktober 1862 schloß das Musée Napoléon seine Tore, und seine Schätze wie seine "langweiligen und monotonen" Bestände erreichten unter dem aufmerksamen Blick Enrico Pennellis den Louvre. Als Restaurator und Vertrauensmann des Marchese Campana war er der Sammlung nach Paris gefolgt, um sie dort zu betreuen. Er kannte sie besser als sonst jemand, hatte er den Stücken doch oft den Glanz des Neuen gegeben, sie gelegentlich auch mit eigenen Ergänzungen vervollständigt. Reinach berichtet in diesem Zusamenhang, er habe sich sogar gerühmt, das Bronzebett angefertigt zu haben, das von der Zeitschrift *L'Illustration* als das Bett eines etruskischen Kriegers wiedergegeben wurde und im Palais de l'Industrie unter einem Zelt mit beachtlicher szenischer Staffage gezeigt wurde. Daraus erwuchs zweifellos der schlechte Ruf, der der Sammlung Campana innerhalb der gelehrten Welt noch lange Zeit anhaftete; er war jedoch unbegründet, und ihr Ansehen wurde im Zuge einer nach modernen Kriterien durchgeführten Restaurierungskampagne inzwischen wiederhergestellt.

Noch vor der Überführung des Campana-Museums und seiner Eröffnung im Louvre am 15. August 1863 hatte allerdings eine interministerielle Kommission bereits den Beschluß zu einer ersten Entnahme von Gemälden und Antiquitäten zugunsten von Provinzmuseen gefaßt, leider ohne darüber irgendwelche Verzeichnisse anzulegen. Eine zweite Verschickung fand 1874 statt, und eine dritte leitete Edmond Pottier, Konserva-

DIE SAMMLUNG CAMPANA

Verkleidungsplatte, sog. Campana-Platte
550 – 525 v. Chr.
Paris, Musée du Louvre
Kat. 542

DIE SAMMLUNG CAMPANA

Figürliche Bronzeurne aus Perugia, Detail
Um 400 v. Chr.
St. Petersburg, Eremitage
Kat. 533

tor der Antikenabteilung, zwischen 1893 und 1895. Was die etruskischen Stücke anging, bestanden die ersten Lieferungen überwiegend aus nichtfigürlichen Vasen, sicherlich aus viel Bucchero und aus Terrakotten, Urnen und *pithoi*. Die letzteren waren mit besonderer Sorgfalt im Hinblick auf die praktische Ausbildung der Studierenden ausgesucht worden. Ebenso wurde auch die "ihrer Form und Tonqualität nach typischste" Keramik ausgewählt. Es war die Zeit, als in den Universitäten die ersten archäologischen Institute eingerichtet wurden.
Der Louvre verlor bei diesen Weitergaben nichts – der wunderschöne Dreifuß von Auxerre, dessen Herkunft aus der Sammlung Campana – und nicht aus einem lokalen Fund – heute feststeht, legt in der Tat kein Zeugnis von übermäßiger Großzügigkeit ab, denn er war damals in einem kläglich fragmentierten Zustand.
Das Museum des Louvre tätigte auch in den sechziger Jahren noch zahlreiche Erwerbungen bei den Händlern Castellani und Rollin und bei der Versteigerung Pourtalès, aus der die Bronzebeschläge von Bomarzo und der "Apollon" von Falterona Br 218 stammen. Viele weitere Käufe könnte man aufzählen, etwa den des Jünglingskopfs von Fiesole

(Kat. 239), der Minerva von Perugia (Kat. 171) oder den der Spiegel aus den Tolfabergen, die die Bronzensammlung bereicherten und die Palette der Herkunftsorte erweiterten. Pennelli selbst trat eine schöne Architekturterrakotte aus Caere ab, die Herakles und Minerva darstellt.

Zwar waren die verbleibenden drei Jahrzehnte des 19. Jahrhunderts für die etruskische Sammlung, wie im übrigen für die gesamte Antikenabteilung, weniger günstig, doch konnte man zu Beginn des 20. Jahrhunderts von einer großzügigen Politik der italienischen Museen profitieren. Insbesondere verdankt der Louvre dem Museo Pigorini die Überlassung einiger Stücke der Villanova-Kultur in den Jahren 1925 und 1927, die bis dahin in der Sammlung nicht vertreten war.

Aber auch französischen Museen gegenüber ist er zu Dank verpflichtet. Die etruskische Sammlung konnte nämlich 1909 dank einer Überlassung des Musée Guimet um einige Keramikobjekte und 1950 durch den Zugang zweier sammlungsgeschichtlich recht interessanter Urnenfrontplatten aus Alabaster aus dem Cabinet des Médailles der Bibliothèque Nationale erweitert werden. Sie waren in den späten 20-er Jahren des 18. Jahrhunderts für das Antikenkabinett erworben worden und stammten beide aus der Sammlung Gaddi (Nr. 370-371), die im 16. Jahrhundert zu den berühmtesten Florentiner Sammlungen gezählt hatte.

Unterdessen waren 1943 einige etruskische Bronzestatuetten zusammen mit einem Teil der Sammlung De Nanteuil hinzugekommen.

Die etruskische Sammlung wurde in der Folge kontinuierlich im Zuge von Erwerbungen und Schenkungen ausgebaut; Lücken wurden durch den Kauf eines ansehnlichen Bestandes villanovianischer und orientalisierender Bronzen, von orientalisierendem Schmuck und archaischer Grabskulptur aufgefüllt. Die etruskische Kultur hat seit einigen Jahren ein vollwertiges Daseinsrecht neben den beiden anderen großen Kulturen der klassischen Antike in der Benennung "Département des Antiquités grecques, étrusques et romaines" gefunden.

Golddiadem
Vor 400 v. Chr.
Paris, Musée du Louvre
Kat. 534

BIBLIOGRAPHIE:
G. Q. Giglioli, Studi Romani 3, 1955, 292-300, 413-434; J. u. E. Gran-Aymerich in: Kongreßakten Berlin, 1990, 326-339; P. Nadalini in: Kongreßakten Montpellier [im Druck]; N. Parise in: *DBI* XVII, 1974, 349-355, s. v. *Campana*; S. Reinach, Revue Archéologique 4, 1904, 180-199. 363-384; ders., Revue Archéologique 5, 1905, 57-92. 208-240. 343-364.

Eduard Gerhard und das Etruskische Cabinet im Alten Museum

Gertrud Platz-Horster

August Kestner
Porträt des Eduard Gerhard
1843
Rom, Deutsches Archäologisches Institut

Am 3. August 1830 eröffnete König Friedrich Wilhelm III. von Preußen das Königliche Museum am Lustgarten gegenüber dem Berliner Stadtschloß. Das Hauptgeschoß des von Karl Friedrich Schinkel erbauten klassizistischen Gebäudes nahmen die Skulpturen ein, die Gemälde hingen im Obergeschoß. Unter den etwa 400 antiken Skulpturen war die etruskische Kunst nur durch vier hellenistische Steinurnen vertreten: eine kam 1827 mit der Sammlung Bartholdy nach Berlin, die drei anderen hatte C.C.J. von Bunsen 1828 aus Perugia gekauft.

Seit dem Februar 1829 war auch Eduard Gerhard (1795-1867) vom Kultusminister K. v. Altenstein mit Erwerbungen für das entstehende Museum in Italien beauftragt. Auf seinen ausgedehnten Reisen seit 1820 und durch seine intensiven Studien der Museen Italiens hatte er sich eine umfassende Kenntnis antiker Denkmäler angeeignet. Im Juni 1825 hatte er Perugia, Chiusi, Siena und Volterra besucht, im Mai 1826 die damals noch nicht ausgegrabenen Etruskerstädte Cerveteri, Tarquinia und Toscanella. Hier erkannte er ein großes neues Forschungsgebiet, das er glaubte, mit Hilfe einer möglichst lückenlosen zeichnerischen Erfassung bearbeiten zu können. Er faßte den Plan zu einem Corpus etruskischer Urnen, den er sogleich durch den erprobten italienischen Zeichner Carlo Ruspi in Volterra, Florenz, Arezzo und Cortona beginnen ließ.

1827 unterbreitete er dem Kultusminister den "Vorschlag" vom Aufbau eines "kunstgeschichtlichen und kunsterklärenden Apparats" von Zeichnungen und Abgüssen, mit denen innerhalb weniger Jahre die Sammlung des Berliner Museums durch Kunstwerke aller europäischen Sammlungen in Reproduktionen ergänzt werden könnte. Das Ministerium verlängerte seine Forschungsgelder für Italien, Gerhard konnte nun vier Zeichner in Neapel arbeiten lassen und instruierte Carlo Ruspi auf einer Reise durch Etrurien, Wandmalereien in den neu entdeckten Gräbern aufzunehmen. Es war seine Absicht, besonders die "vernachläßigten und der gesammten Alterthumskunde so wichtigen Denkmäler Etruriens" zeichnen zu lassen, um "ein vollständiges Corpus dieser wichtigen Ueberreste zu begründen".

Seine freie Forschungs- und Sammeltätigkeit für das Berliner Museum konnte Gerhard in den folgenden Jahren fortsetzen, er intensivierte seine Kontakte zu Gelehrten, Ausgräbern, Sammlern und Kunsthändlern. Im November 1828 nutzte er die Gelegenheit, den Kronprinzen von Preußen, den späteren König Friedrich Wilhelm IV. zwei Wochen lang in Rom und Neapel zu führen. Auf dem Markt von Pozzuoli gelang es ihm, den Kronprinzen zur Übernahme des Protektorats seines wichtigsten Vorhabens zu gewinnen: der Gründung des "Instituto di corrispondenza archeologica" in Rom. Am 21. April 1829 wurde das aus Beiträgen der Mitglieder finanzierte Institut eröffnet, Gerhard blieb als "Vicesecretar" lange Jahre seine treibende Kraft.

Sein Ziel war es jedoch in all diesen Jahren, eine Anstellung bei dem Berliner Museum zu erhalten, er fühlte sich wie kein anderer durch seine umfangreiche Kenntnis antiker Denkmäler prädestiniert für eine führende Position an dieser entstehenden Einrichtung. Seine Eingaben bei König und Kronprinz, beim Kultusminister v. Altenstein und beim ersten General-Intendanten des Berliner Museums, Graf Brühl, blieben hingegen erfolglos: seine Vorstellung, die Bestände des Museums mittels Abgüssen und Zeichnungen zu ergänzen und so eine lückenlose Abfolge aller antiken Kulturen und Epochen zu präsentieren, stand in fundamentalem Gegensatz zu den Absichten der Museumsgründer. Der

Fresko von B.W. Rosendahl im Etruskischen Kabinett im Alten Museum, Berlin (heute zerstört)

Carlo Ruspi, Urne aus Volterra Museo Guarnacci Nr. 119 Zeichnung aus dem "Gerhard'schen Apparat" Mappe III, Blatt 187 Berlin, Staatliche Museen zu Berlin Antikensammlung

Fresko von B.W. Rosendahl im Etruskischen Kabinett im Alten Museum, Berlin (heute zerstört)

Urne aus Volterra Museo Guarnacci Nr. 121 Zeichnung aus dem "Gerhard'schen Apparat" Mappe III, Blatt 191 Berlin, Staatliche Museen zu Berlin Antikensammlung

große Bildungsreformer Wilhelm v. Humboldt hatte als Vorsitzender der Kommission zur Einrichtung des Museums entschieden dafür plädiert, eher wenige, aber qualitätvolle Originalskulpturen als Abgüsse auszustellen, um im Publikum den Sinn für die bildende Kunst zu wecken und den Künstlern Gelegenheit zum Studium zu bieten; dann erst komme das Interesse der "Kunstgelehrten" in Betracht. Für diese Konzeption standen auch die Mitglieder der Einrichtungskommission, der Architekt K.F. Schinkel, der Kunsthistoriker G. Waagen, die Bildhauer C.D. Rauch und F. Tieck sowie die Maler Schlesinger, Wach und Dähling. Und so wurden dann auch die antiken Skulpturen ausdrücklich nach ästhetischen Gesichtspunkten ausgewählt und aufgestellt, weder konsequent chronologisch, stilistisch noch thematisch geordnet.

Gerhards stete Beharrlichkeit und seine guten Beziehungen zum preußischen Königshaus erwirkten ihm schließlich eine Sonderstellung: nachdem die Kommission es abgelehnt hatte, Gerhard als Agent für Ankäufe in Italien zu finanzieren, fand der Minister v. Altenstein die unkonventionelle Lösung, den renommierten Gelehrten als "Archäolog bei dem Museum" vorzuschlagen, zu dem er dann am 2. März 1833 vom König bestallt wurde. Er hatte die Verpflichtung, die Antikenbestände planmäßig zu vermehren, zu ihrer wissenschaftlichen Benutzung Abformungen, Abbildungen und Zeichnungen unedierter Denkmäler zu beschaffen und die Anerkennung der Sammlung im In- und Ausland durch Publikationen zu fördern. So konnte E. Gerhard in den folgenden Jahren auf ausgedehnten Reisen in Italien bedeutende Erwerbungen vermitteln. Besonders die Sammlung etruskischer Skulptur wuchs innerhalb von 10 Jahren so stark, daß der Plan entstand, sie aus der Sammlung griechischer und römischer Skulpturen auszugliedern und - zusammen mit römischen Aschenkisten und architektonischen Fragmenten - in einem kleinen Raum separat als geschlossene Gruppe zu präsentieren.

Zur Ausschmückung dieses "Kleinen Saales der Aschenkisten und architectonischen Bruchstücke", der vom nördlichen "Göttersaal" aus zugänglich war, wurde der Maler Bernhard Wilhelm Rosendahl (1804-1846) gewonnen, der sich als Historienmaler nach Entwürfen von K.F. Schinkel für mehrere Gebäude in Potsdam und Berlin bewährt hatte. 1843 malte er den ca. 5 × 16,5 m großen Raum "al fresco" mit einem oben an den Wänden umlaufenden Fries aus, der den "Gräbern von Tarquinii u. a. O. entnommene Darstellungen etruskischen Lebens getreu wiedergibt." Zur Eröffnung 1844 erschien eine kurze Beschreibung der Fresken und der aufgestellten Skulpturen von Theodor Panofka (1800-1858, seit 1836 Assistent). Seine Texte, besonders aber die Farbaufnahmen, die kurz vor Ende des 2. Weltkrieges von den dann völlig zerstörten Fresken ge-

EDUARD GERHARD

macht wurden und die Max Kunze 1988 im Zentralinstitut für Kunstgeschichte in München entdeckte, geben uns eine Vorstellung von Aussehen und Absicht dieses Wandfrieses. Über den links im Raum aufgestellten Etruskischen Denkmälern waren Szenen aus der Tomba delle Bighe wiedergegeben, über den rechts aufgestellten Römischen Denkmälern "das Scheiden vom Leben", hauptsächlich nach Gemälden aus der Tomba del Morto und der Tomba del Cardinale. Die in der Mitte des Raumes gezeigten Architektonischen Bruchstücke wurden über der Eingangstür durch einzelne, zu einer längeren Szene zusammengefügte Gruppen aus Wandgemälden der Tomba Querciola, der Tomba del Barone und der Tomba delle Iscrizioni bebildert, während auf der gegenüberliegenden Wand zwischen den Fenstern zum Innenhof "Jagdszenen" aus der Tomba Querciola zu sehen waren. Die vorspringenden Wandpfeiler rechts und links der Fenster waren mit Dämonen – meist aus der Tomba del Tifone – geschmückt. Panofka zitierte dazu als Vorlagen publizierte Abbildungen der Gräber von Tarquinia in: G. Micali *Storia degli antichi popoli italiani* (1832, Taf. 5, 65, 67-69), F. Inghirami *Monumenti Etruschi* (1821-26, Bd. IV Taf. 23, 25, 26) und in den ersten beiden Bänden der von E. Gerhard in Rom begründeten "Monumenti dell'Instituto" (Bd. I Taf. 32, 33g; Bd. II Taf. 2A, 3). Soweit diese Abbildungen farbig gedruckt waren, hielt sich der Maler recht genau an die Vorgaben, wenn er auch stilistisch vereinheitlichte, was im Original mehr als zwei Jahrhunderte auseinanderklafft.

Es gibt aber Szenen im Wandfries, die sowohl in ihrer Farbigkeit wie in der Gestaltung besonders von Gewändern eher römisch als etruskisch wirken. Ihre Vorlagen finden sich im "Gerhard'schen Apparat" der Berliner Antikensammlung: es sind Zeichnungen von Carlo Ruspi, die dieser 1828 für das von E. Gerhard geplante Corpus etruskischer Urnen angelegt hatte. Offensichtlich hatte also Gerhard aus den in seinem "Apparat" vorhandenen Zeichnungen und farbigen Drucken bzw. Büchern wie G. Micali's *Storia* ausgewählt, was auf den Friesen des "Etruskischen Cabinets" von B. Rosendahl dargestellt werden sollte. Der Maler stand nun bei Ruspi's Zeichnungen etruskischer Urnen vor der Aufgabe, Reliefplastik in Malerei umzusetzen und orientierte sich hierbei an der ihm vertrauteren pompeianischen Malerei, die er in Potsdam nach Schinkel's Entwürfen imitiert hatte. Die auffallende Uneinheitlichkeit der Friese im Berliner "Etruskischen Cabinet" beruhte also nicht nur auf dem Exzerpieren aus Wandzyklen verschiedener etruskischer Gräber, sondern auch auf der Übertragung von Bleistiftzeichnungen nach Graburnen in Freskomalerei. So ist die herbe Kritik von Emil Braun, Gerhards Schüler und römischer Assistent, verständlich: "Die Wandmalereien in Ihrem etruskischen Cabinet sind schauderhaft, 300 Jahre hinter Ruspi zurück."

Nur in diesem Briefwechsel hat sich E. Gerhard zu dem Etruskischen Cabinet im Berliner Museum geäußert. Auch als er fast 60jährig im Dezember 1854 endlich Direktor der Skulpturensammlung wurde, ergänzte oder korrigierte er nicht die stets neu aufgelegte Erklärung der Friese durch T. Panofka von 1844. Analog zum Etruskischen Cabinet wurde 1856 ein Griechisches Cabinet eingerichtet; viele der römischen Aschenkisten wanderten in den Saal der römischen Skulpturen und ermöglichten die Aufstellung der archaischen Urnen und größeren Sarkophage. Dennoch fanden nur einige der reichen Erwerbungen wie die 1874 von Helbig gekauften Terrakotten aus Cerveteri in dem kleinen Raum Platz, nicht jedoch die Funde aus dem Kriegergrab von Tarquinia, aus dem Fami-

liengrab der Calisna Sepu in Monteriggioni und aus Grab 16 der Nekropole von Poggio Buco. Erst als 1904 die mittelalterlichen und die italienischen Skulpturen in das an der Spitze der Museumsinsel neu erbaute Kaiser-Friedrich-Museum umzogen, konnte auch die großartig gewachsene Sammlung etruskischer Skulpturen in einem angemessenen Saal im Südwesten des nun "Alten Museums" adaequat aufgestellt werden. Das Etruskische Cabinet wurde nach 60 Jahren Dienstzimmer für das mit den Sammlungen vermehrte Personal.

Eduard Gerhard hat in seiner fast 40jährigen Tätigkeit für die Berliner Museen den Grundstein zu einer der größten Sammlungen etruskischer Kunst gelegt. Sein oft gescholtener "Apparat" dient gerade der modernen Etruskologie zu Rekonstruktion und Identifikation manches verlorenen oder verschollenen Kunstwerks; viele der von Carlo Ruspi in Gerhards Auftrag gezeichneten Urnen und Wandmalereien etruskischer Gräber sind heute schlechter oder nicht mehr erhalten. Die Fresken des Etruskischen Cabinets im Alten Museum, mit denen Gerhard dem Besucher das "rätselhafte Volk der Etrusker" nahezubringen versuchte, sind jedoch unwiederbringlich zerstört.

Francesco Inghirami, Urne Nr. 29
Zeichnung aus dem "Gerhard'schen Apparat"
Mappe III, Blatt 248
Berlin, Staatliche Museen zu Berlin
Antikensammlung

Fresko von B. W. Rosendahl im Etruskischen
Kabinett im Alten Museum Berlin
(heute zerstört)

BIBLIOGRAPHIE:
Unter gleichem Titel erschien ein ausführlicher Artikel im Jahrbuch der Berliner Museen 34, 1992, 35-52. Er verwertet die nun zugänglichen Akten des Preußischen Kultusministeriums und die Personalakte Eduard Gerhard beim Geheimen Staatsarchiv Preußischer Kulturbesitz, Abteilung Merseburg.
Zum Etruskischen Cabinet ferner: M. Kunze, in: Die Welt der Etrusker. Archäologische Denkmäler aus Museen der sozialistischen Länder. Staatliche Museen zu Berlin/DDR (Berlin 1988) 397 ff. Abb. 410 ff.; C. Weber-Lehmann, in: Die Malerei der Etrusker in Zeichnungen des 19. Jahrhunderts. Ausstellungskatalog Köln 1987, 26 Anm. 100 (Briefwechsel Braun-Gerhard).
Zur Geschichte des Alten Museums jetzt: S. Moyano, Quality vs. History: Schinkel's Altes Museum and Prussian Arts Policy, in: The Art Bulletin LXXII No. 4, Dec. 1990, 585ff.

Emile de Meester de Ravestein (1813-1889) und die etruskische Sammlung der Musées Royaux d'Art et d'Histoire

Jean Charles Balty

Wenn auch leider über die Aktivitäten des Sammlers Gustave Hagemans (1830 – 1908) nichts bekannt ist, der 1861 dem Brüsseler Museum ein wertvolles *Cabinet d'Amateur* mit vielen etruskischen Ausstellungsstücken vermachte, ist man dafür umso besser über das Umfeld informiert, in dem Emile de Meester (1813 – 1889) lebte, der 1874 dem belgischen Staat das reiche "Musée de Ravestein" überließ. In Rom war er von 1846 bis 1859 Geschäftsträger, danach Ministerresident Belgiens am Heiligen Stuhl und schloß in dieser Zeit Freundschaft mit Heinrich Brunn und Wilhelm Henzen, den Sekretären des "Instituto di Corrispondenza Archeologica" - des späteren Deutschen Archäologischen Instituts –, das damals auf dem Kapitol seinen Sitz hatte. Während der letzten zwei Jahre seines Aufenthalts in Rom wurde er zu den wöchentlichen Sitzungen dieser gelehrten Gesellschaft zugelassen, wo er selbst oder die zwei mit ihm befreundeten Archäologen oft seine neuesten Anschaffungen vorstellten. Woche um Woche folgten diese kurzen Mitteilungen aufeinander, in einem Rhythmus, von dem man heute nur träumen kann. Manchmal fand ein eingehenderer Kommentar zu einem besonderen oder unter den Wissenschaftlern umstrittenen Stück sogar Eingang in die *Annali* des "Instituto", oder es wurde eine Illustration im Bildanhang oder besser, in den *Monumenti inediti* veröffentlicht. Dies war der Fall bei einigen Bronzespiegeln: bei dem, der Kadmos darstellt, wie er den Drachen durchbohrt (R 1279), von P. Pervanoglu in den *Annali* von 1859 herausgebracht, S. 147-148 = *Monumenti inediti*, VI-VII (1857-1863), Tf. XXIX.2; dem mit Artemis' Raub der Ariane geschmückten Spiegel (R 1260), den L. Schmidt, wie vor ihm Brunn, mit einem schon von E. Gerhard (*Etruskische Spiegel*, Tf. LXXXVII) veröffentlichten Exemplar aus Bologna verglich, das wegen seiner spiegelverkehrten Darstellung desselben Themas verdächtigt wurde, eine Fälschung zu sein (*Arch. Anz.*, XVIII, 1859, S. 51*) – eine Meinung übrigens, die auch in unseren Tagen von G. Pfister-Roesgen (*Die etruskischen Spiegel des 5. Jhs. v. Chr.*, Bern-Frankfurt 1975, S. 29 f.) vertreten wurde; schließlich bei dem ebenfalls sehr verdächtigen Spiegel, der vielleicht Orion und die Plejaden darstellt und der von Brunn erneut veröffentlicht wurde (*Annali* von 1858, S. 388-391 = *Monumenti Inediti*, VI-VII (1857-1863), Tf. XXIV.5, mit dem Hinweis, daß der Spiegel "der ständig wachsenden Sammlung des Barons de Meester de Ravestein angehörte".

Sechsundsechzig der einundsiebzig etruskischen und pränestinischen Spiegel der Musées Royaux d'Art et d'Histoire stammen aus der ehemaligen Sammlung von Ravestein, was schon genug über deren außergewöhnliche Bedeutung auf diesem Gebiet aussagt. Die künstlerische Qualität der Spiegel, ihr ausgezeichneter Erhaltungszustand, in manchen Fällen ihre Größe wie auch der ikonographische Aussagewert mehrerer dieser Werke haben schon von Anfang an die Aufmerksamkeit der Spezialisten auf sie gelenkt. Seit 1976 sind sie in dem wunderbar dokumentierten Katalog von R. Lambrechts veröffentlicht und bilden so einen der bedeutendsten Bestände dieser reichen und vielfältigen Produktion.

Außer diesen Spiegeln erwarb E. de Meester zahlreiche weitere Bronzen - Statuetten und verschiedene andere Objekte -, die neben einigen Gefäßen und seltenen Terrakotten (R 563-R 564) einen der größten Beiträge aus seiner Sammlung zu den Abteilungen des Brüsseler Museums darstellen. Im Vorwort zur gekürzten Ausgabe seines *Catalogue descriptif*, der 1884, zehn Jahre nach der Schenkung, in Brüssel unter dem Titel *Musée*

Porträt des Emile de Meester de Ravestein

de Ravestein. Notice (2. Auflage) veröffentlicht wurde, schrieb E. de Meester: "Wenn wir sie mit Sicherheit kannten, haben wir die Orte, an denen die Objekte gefunden wurden, oder die Sammlungen, in denen sie sich befunden hatten, immer festgehalten." Tatsächlich fehlt es im Katalog nicht an Ortsangaben, die heute von größtem Interesse sind. Die "acht Bronzestatuetten verschiedener Größe" - etrusko-umbrische Statuetten von "Mars" -, die er unter der Nr. 859 (heute R 859) aufnahm, "wurden 1858 in der Nähe von Foligno beim Bau der Eisenbahn gefunden". Die archaisierende Minerva (R 836), die von Brunn für de Meester gekauft und von ihm im *Bullettino* von 1864, S. 79, veröffentlicht worden war, "stammt aus dem Museum Venuti in Cortona" (*Notice*, S. 247), das Kohlebecken R 1206 "aus dem Museum des Capitano F. Sozzi aus Chiusi" (ebd., S. 346). Der Schürhaken R 1207 und die Kohlenschaufel R 1208 wurden anschließend an das Kohlebecken ins Inventar aufgenommen, weil sie zusammen mit ihm gefunden worden waren, "den Notizen zufolge, die Herr Sozzi die Freundlichkeit hatte, uns zu übermitteln", wie de Meester anmerkte. Der Herkules R 874 mit dem zu großen, wieder angelöteten Kopf "wurde wohl so, *wie wir ihn sehen*, bei einer 1856 in der Gegend von Bolsena durchgeführten Grabung gefunden" (ebd., S. 238; Hervorhebung des Autors); die Opfernde R 898bis ist "noch auf ihrem steinernen Sockel befestigt, so, wie man sie in einem Grab bei Viterbo gefunden hat" (ebd., S. 267); die Bronzeciste R 1037 wurde "auf den Besitzungen des Hospizes des Heiligen Geistes bei Viterbo von Herrn Vincenzo Bazzichelli" (ebd., S. 308) ans Tageslicht gebracht, der noch andere Stücke für Emile de Meester beschafft hat (namentlich R 834, 1002 und 1061). Diese damals so seltenen Bemühungen um eine exakte Herkunftsbestimmung unterscheiden Emile de Meester von den meisten Sammlern seiner Zeit. Ich bin geneigt, darin einen entscheidenden

Einfluß seiner Freunde vom "Instituto di Corrispondenza Archeologica" zu sehen. Wegen Krankheit freigestellt, zog sich de Meester nach Hever bei Mechelen auf den Familiensitz zurück, den er um einen Flügel für die Unterbringung seiner Sammlung erweiterte. Die über die Sammelobjekte mit den Archäologen in Rom geknüpften Kontakte dauerten jedoch auch nach seiner Rückkehr nach Belgien an, und kurze Erwähnungen in seinem *Catalogue descriptif* und in seiner *Notice* weisen immer noch auf das eine oder andere Werk hin, das seine Freunde für ihn beschafft hatten, wie den "Helm mit Kinnriemen" - in Wirklichkeit sein Wangenschutz -, "den *Chevalier* Brunn für uns auf einer seiner Reisen in Etrurien erwarb und aus Rom zuschickte" (R 968; *Notice*, S. 285). Vieles erstand de Meester auch nach seiner Rückkehr auf den wichtigsten Verkaufsveranstaltungen in Italien und in Paris. So nutzte er 1869 die Gelegenheit, einen der drei Spiegel zu erwerben, die im Laufe des vorhergehenden Jahres bei einer Grabung in der Gegend von Palestrina gefunden worden waren (s. *Notice*, S. 369), nämlich den, der die Entführung Kephalos' durch Eos darstellt (R 1271) und der mit Sicherheit zu den Glanzstücken seiner Sammlung zählte.

E. de Meester kehrte übrigens mindestens noch einmal nach Rom zurück. Am 5. Februar 1875 nahm er an einer Sitzung des "Instituto" teil und stellte dort verschiedene kurz zuvor in Florenz und in Rom erworbene Bronzeobjekte vor, wie er es oft getan hatte, als er noch im Amt war. Unter diesen Objekten befanden sich eine Strigilis aus Volterra mit der Namensinschrift CASTOR (R 1005) und ein kleines Gefäß (R 1155) mit der Inschrift ΛИΙθVM (*Suthina*, rückläufig); andere Objekte "wurden auf die nächste Sitzung vertagt, weil sie nicht sofort lesbare Inschriften trugen" (*Bullettino*, S. 65). Durch diese Diskussionen unter Gelehrten konnten auch einige Fälschungen ausgemacht werden, wie z. B. die eigenartige Hand, die bei der Sitzung am 5. Februar beschrieben und am 12. desselben Monats als Fälschung erkannt wurde (ebd., S. 68). Es ist nicht bekannt, ob die Anwesenheit des ehemaligen Diplomaten nur wegen seiner Käufe vonnöten war. Ebensowenig kennt man die genaue Aufenthaltsdauer Meesters in Rom - am 12. Februar scheint er jedenfalls nicht mehr dort gewesen zu sein. Fest steht aber, daß die *Notice* von 1884 neben den Bronzen, die im "Instituto" vorgestellt wurden, wohin er wie in der guten alten Zeit zurückkehren wollte, eine Herkules-Statuette (R 872) auflistet, "die 1875 während unseres Aufenthalts in Rom in einem Weinberg vor der Porta San Paolo ausgegraben wurde" (S. 258). Die Genauigkeit der Information wird hier durch die Anwesenheit des Sammlers bei der Sitzung des "Instituto" vom 5. Februar bestätigt.

Zu diesem Zeitpunkt war die Schenkung des "Musée de Ravestein" an den belgischen Staat schon vertraglich besiegelt. Trotzdem fügte E. de Meester seiner Sammlung weiterhin bedeutende Stücke hinzu. 1869 kehrte H. Brunn ebenfalls in die Heimat zurück, wo er den neu eingerichteten Lehrstuhl für Klassische Archäologie an der Universität München annahm. Der regelmäßige Briefwechsel zwischen den beiden Männern, von Jean de Mot am Anfang des Jahrhunderts durchgesehen, aber offenbar nicht veröffentlicht, zeigt noch einmal deutlich die entscheidende Rolle, die der deutsche Archäologe für E. de Meester spielte. Dieser war verärgert, bei den zuständigen Stellen seines Landes während der ersten Verhandlungen nicht auf das Interesse zu stoßen, das er für eine Sammlung erwartet hatte, die noch heute den Kern der griechisch-römischen und etrus-

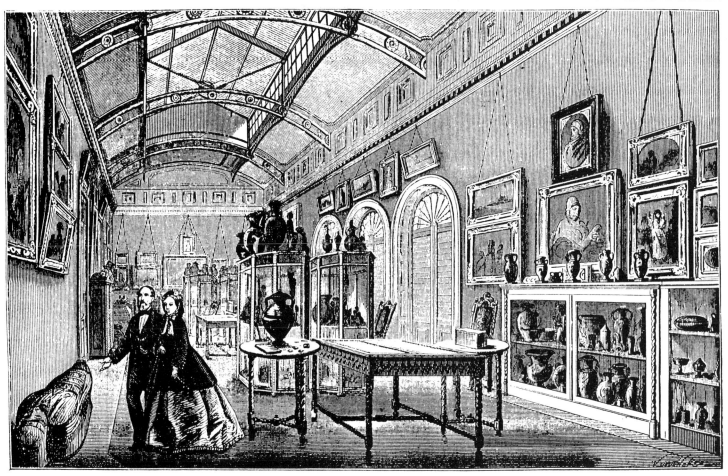

Galerie in Schloß Ravestein

kischen Bestände in Brüssel bildet. Daher hatte er eine Zeitlang erwogen, seine Sammlung dem Münchner Museum zu überlassen und diese Gedanken Brunn eröffnet. Dieser brachte ihn jedoch davon ab, indem er ihm riet, sich an eine belgische Universität zu wenden, falls es wirklich mit dem Staat nicht zu einer Einigung über die wenigen strittigen Klauseln kommen sollte. Doch das wurde nicht notwendig; es ist aber wohl der außerordentlichen wissenschaftlichen Redlichkeit Heinrich Brunns zuzuschreiben, daß man die kostbare Sammlung de Meesters heute in Brüssel und nicht in München bewundern kann. Lenkt man den Blick wieder auf Emile de Meester de Ravestein zurück, so ist es nur gerecht, ebenfalls den maßgeblichen Anteil seines Freundes und Ratgebers sowohl an der Entstehung dieses reichen Erbes wie auch an dessen Erhaltung im Heimatland des Schenkers zu betonen.

BIBLIOGRAPHIE:
E. de Meester de Ravestein, Lüttich 1871-1882; ders., Brüssel 1880; B. van De Walle in: *Liber Memorialis 1835-1985*, Brüssel 1985, 149-155 (mit weiterer Literatur).

Das Interesse für die Etrusker in Polen

Witold Dobrowolski

Das Interesse für die Etrusker setzte in Polen im Zusammenhang mit den ersten Spekulationen über die Frühgeschichte Italiens ein. In seinem Manuskript *Dii Gentium* von 1627 stellt der bedeutende neulateinische Dichter, der Jesuit Maciej Kazimierz Sarbiewski die damals gängigen Ansichten zu diesem Thema dar, die noch auf die Zeiten Annios da Viterbo zurückgehen. Die Tyrrhener hält Sarbiewski für die ältesten Bewohner der Halbinsel, ihnen soll sie ihre religiösen Vorstellungen und kultischen Zeremonien verdanken, die Stadtgründungen und die Entwicklung der Wissenschaften. Die Anfänge der Tyrrhener verlegt er in die Zeiten unmittelbar nach der Sintflut zurück, als Noah persönlich nach Italien gekommen sei und dort mit seinen Nachkommen die ältesten Städte gegründet habe. In Würdigung seiner Verdienste und seiner Weisheit erblickte man in ihm Janus und ehrte ihn als diesen. Den Beweis für die Wahrheit dieser Ansichten sollten die von Annio bearbeiteten Texte sowie bestimmte Objekte, wie beispielsweise republikanische Münzen mit Janusdarstellungen, erbringen. Der Text von *Dii Gentium* wurde zwar erst 1972 veröffentlicht, doch belegen die davon noch existierenden Abschriften seine Verbreitung und seine Verwendung in den Schulen bis zum Anfang des 18. Jahrhunderts.

Die Verknüpfung der etruskischen Geschichte mit der biblischen Tradition und dem Mythos vom Goldenen Zeitalter steigerte nicht nur das Prestige der etruskischen Kultur, die man für die älteste Europas hielt, sondern sie eröffnete darüberhinaus die Möglichkeit, bestimmte traditionell von ihr abgeleitete Elemente zu übernehmen, sie also in ideologisch klar definierte Programme einzufügen. Dazu bot sich die tuskanische Ordnung hervorragend an. Ihre Bedeutung im Rahmen der frühen Barockarchitektur der Wasa-Zeit (erste Hälfte des 17. Jahrhunderts) läßt darüber keine Zweifel aufkommen. Der Übergang zur klassizistischen Ästhetik auf der Grundlage griechischer Kunst in der zweiten Hälfte des 18. Jahrhunderts führte zu einem Nachlassen des Interesses an den Etruskern. Dies mußte James Byres unmittelbar erfahren, als sein echtes Interesse für die älteste Periode der Geschichte Italiens ihn dazu trieb, die Arbeit an der Veröffentlichung eines Werks aufzunehmen, in welchem das faszinierende Problem der Sintflut und der Ausbreitung einer Zivilisation auf der Halbinsel mit empirisch-rationaler Methode untersucht werden sollte, wie sie dem Zeitalter der Aufklärung entsprachen. Geologische Gegebenheiten und besonders Zeugnisse aus dem Bereich der Kunst sollten die Informationen liefern, die von schriftlichen Quellen nicht erbracht werden konnten, da diese nach Byres Meinung von den Römern nach ihrer Eroberung bewußt zerstört worden waren. Dieses ehrgeizige Vorhaben überstieg leider Byres Möglichkeiten und konnte nie vollendet werden. Die Dokumentation der Architektur und der Malereien der fünf damals in der Gegend von Corneto bekannten Gräber wurde in seinem Auftrag durchgeführt und ist heute eine wertvolle Informationsquelle über diese entweder ganz verschwundenen oder stark zerstörten Gräber. Die Zeichnungen der Gräber von Corneto fertigte der seit 1763 in Rom lebende polnische Maler Franciszek Smuglewicz in Byres Auftrag an. Dessen Beitrag verdient eine besondere Erwähnung um so mehr, als seine Beteiligung an diesem Projekt angesichts der widrigen Umstände und einiger vermutlich bewußter Auslassungen fast vollkommen in Vergessenheit geraten war.

Innerhalb der Geschichte des Interesses für antike Kunst in Polen kommt eine herausragende Stellung dem Sammler, Architekten, Literaten und Staatsmann Stanislaw Kostka

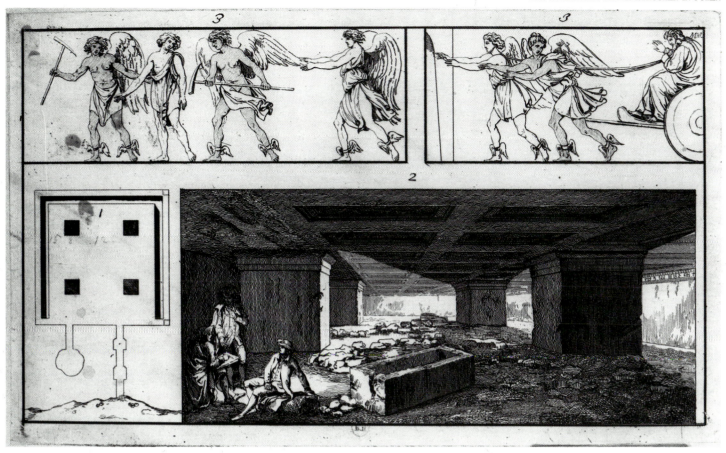

Tomba del Cardinale
Stich nach Zeichnungen
von Franciszek Smuglewicz
Paris, Bibliothèque Nationale
Cabinet des Estampes
Kat. 543

Potocki zu, der 1786 - 1787 in der archaischen Nekropole von Nola Grabungen durchführte und dabei auf Gräber aus der Zeit der etruskischen Herrschaft in Kampanien stieß. Die Impasto- und Buccherovasen, die er zusammen mit bemalten griechischen Vasen dort fand, bildeten den Kern seiner im Schloß von Wilanów aufbewahrten Sammlung, die seit 1805 der Öffentlichkeit zugänglich war. Unter den in Polen in der zweiten Hälfte des 18. Jahrhunderts begründeten Sammlungen ist die von Wilanów (zusammen mit denen von Łancut und Nieborów) eine der wenigen, die die Zeiten des Kosciuszko-Aufstands und der Napoleonischen Kriege überstanden haben. Besonderer Wert kommt ihr aber insofern zu, als sie etruskisches Material aus Kampanien enthält, von dem wir in der Lage sind, die Herkunft annähernd zu bestimmen.

1815 veröffentlichte Potocki eine Schrift unter dem Titel *Osztuce u Dawnych cryli Winkelman polski* ("Über die Kunst der Alten oder der polnische Winckelmann"). Es handelt sich um eine von ihm einige Jahre zuvor angefertigte freie Übersetzung von Winckelmanns *Geschichte der Kunst des Alterthums*, die er um einige Kapitel mit eigenen Reflexionen erweitert hatte. Das den Etruskern im "Polnischen Winckelmann" gewidmete Kapitel bildete die erste Geschichte dieser Kunst in polnischer Sprache, war allerdings aus zweiter Hand entlehnt und bot recht wenig Neues. Größere Selbständigkeit zeigte Potocki im Kapitel über die Kunst der "Nachbarnationen der Etrusker", insbesondere wo er die Kunst Kampaniens bespricht. Er brachte dort zusätzliche Angaben über Sammlungen bemalter Vasen in Polen ein, erwähnte auch seine eigenen Forschungen in Nola und gab Informationen zur Klassifizierung der Stücke weiter, die er vor Ort gewonnen hatte. Danach lag es nahe, in Übereinstimmung mit Winckelmann diese Vasen den Bewohnern Kampaniens zuzuschreiben, welche bei ihrer Ausführung auf das griechische Vorbild zurückgegriffen hätten. In der Gegend von Nola findet man diese Stücke am zahlreichsten, mehr noch als in der Toskana.

Diese Ansicht wurde in Polen, wie auch anderswo, nicht uneingeschränkt geteilt. Das belegen die in verschiedenen Schlössern gegen Ende des 18. und in der ersten Hälfte des 19. Jahrhunderts eingerichteten "etruskischen Kabinette" (das im Diana-Tempel im Garten der Fürsten Radziwiłł geschaffene etruskische Kabinett in Arkadia bei Łowicz, die Kabinette in den Schlössern von Natolin und Wilanów). Ihr charakteristisches Dekor nimmt Motive und Szenen auf, die von Vasenmalereien, vor allem von italischen, seltener von attischen Vasen stammen, aber auch solche, die beispielsweise von Gemmen kopiert waren. Die Vorlagen waren Stichen und bevorzugt den Bildtafeln aus der herrli-

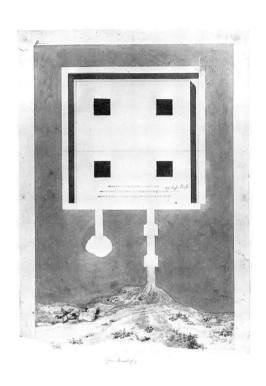

Franciszek Smuglewicz
Grundriß der Tomba del Cardinale (links)
Schnitt durch die Tomba della Tappezzeria (rechts)
1763 – 1766
Würzburg, Martin von Wagner-Museum der Universität

chen Publikation zur Sammlung Hamilton entnommen. Die bisweilen in den Inventaren der Schlösser jener Zeit aufgeführten Möbel in "etruskischem Stil" waren ebenfalls mit Motiven dekoriert, die Vasenmalereien nachempfunden waren, und hatten mit etruskischer Kunst nichts gemein.

Die Auflösung des Staates am Ende des 18. Jahrhunderts und die antinationale Politik der Besetzer waren weder für das Sammeln antiker Kunstwerke noch für ein staatliches Mäzenatentum zur Einrichtung öffentlicher Sammlungen oder eines gehobenen Bildungswesens förderlich. Im 19. Jahrhundert wurden einige der reichsten polnischen Sammlungen im Ausland aufgebaut und wieder zerstreut (die Sammlungen von Stanisław Poniatowski und Michał Tyskiewicz). Im übrigen nahm das Interesse an den Etruskern im 19. Jahrhundert stark ab, wie man an den zwei bedeutendsten polnischen Antikensammlungen der zweiten Hälfte des 19. Jahrhunderts erkennen kann, die vor allem in Paris und in Italien zusammengetragen wurden: die Sammlung von Władysław Czartoryski, die zunächst im Pariser Hôtel Lambert untergebracht war und dann in das 1876 in Krakau gegründete Museum Czartoryski übersiedelte, sowie die Sammlung von Czartoryskis Schwester Izabela Działyńska, die im Schloß von Gołuchów ihren Sitz hatte. Der Stolz dieser zwei eklektischen Sammlungen waren schwarz- und rotfigurige attische Vasen. Einige unter ihnen – und zwar die schönsten – stammten aus etruskischen Gräbern, doch gab es nur wenige rein etruskische Stücke in diesen Sammlungen. Besonders bemerkenswert waren in Gołuchów eine Bronzeurne aus Capua mit einem Deckel, der mit Athleten und skythischen Reitern verziert war, zwei Spiegel mit graviertem Dekor, ein Kandelaber, Buccherovasen aus Chiusi, eine Urne aus Volterra mit Odysseus und den

Franciszek Smuglewicz
Zeichnung der Tomba dei Ceisinie
1763 - 1766
Würzburg, Martin von Wagner-Museum
der Universität
Kat. 549

Sirenen sowie schwarz bemalte Vasen vom Typ Volterra. Diese ohnehin bescheidene Kollektion hat dann der Zweite Weltkrieg noch reduziert.

Reicher an etruskischem Material war die Sammlung Władysław Czartoryskis. Neben Objekten, die in Paris, Rom, Florenz, London und Istanbul ersteigert worden waren, fanden sich andere, die bei dem Händler Mancini in Orvieto erworben worden waren. Diese stammten zumindest teilweise aus Grabungen in den Nekropolen bei Orvieto, die von Mancini persönlich geleitet wurden, etwa der Nekropole von Cannicella. Aus der Krakauer Sammlung sind goldene Armbänder aus der Orientalisierenden Phase erwähnenswert, weiterhin ein Kanopendeckel aus Chiusi, ein Basaltcippus aus Orvieto, einige Bronzespiegel – darunter ragt ein einzigartiges Exemplar aus Vulci heraus, auf dem die Befreiung des Prometheus in Relief dargestellt ist – ein paar Bucchcrovasen aus Orvieto oder aus Chiusi, schließlich drei tuskanische Terrakottasarkophage. Einige etruskische Objekte seiner Sammlung vermachte Władysław Czartoryski dem Archäologischen Kabinett der Jagellonen-Universität, das mit privaten Spenden für den ersten Lehrstuhl der Archäologie in Polen eingerichtet wurde. Dieser wurde 1866 gegründet und belebte in gewissem Umfang in Krakauer Kreisen die Forschungen über Kunst und Handwerk der Antike. Man unternahm die Veröffentlichung der in den polnischen Sammlungen befindlichen Monumente, und es kam auch ein sporadisches Interesse für historisches Handwerk, Ikonographie und Geschichte der Etrusker auf.

Die nach dem Ersten Weltkrieg wiedererlangte Unabhängigkeit veränderte die Situation der Archäologie in Polen grundlegend. Wiewohl Pläne zur Gründung eines eigenen Instituts in Rom als Außenstelle der Polnischen Akademie der Wissenschaften niemals verwirklicht werden konnten, wurde je ein Lehrstuhl für Klassische Archäologie außer in

Franciszek Smuglewicz
Schnitt durch die Tomba dei Ceisinie
1763 - 1766
Würzburg, Martin von Wagner-Museum
der Universität

Krakau auch in Warschau, Lwów, Poznań und Wilno eingerichtet. Die polnischen Archäologen erhielten nun die Möglichkeit, eigene Grabungen in den Mittelmeerländern durchzuführen. Innerhalb der recht weitgefächerten Studienlandschaft jener Zeit hatte auch die Kultur der Etrusker ihren Platz. In Lwów veröffentlichte Edmund Bulanda das erste polnische Buch, das eine breit angelegte Gesamtschau über Ursprung, Sprache, Geschichte, Sitten, Religion und Kunst der Etrusker bot. Als Verfechter der Theorie von der orientalischen Herkunft der Etrusker sah er die Wiege ihrer Kultur in Kleinasien, in der Stadt Tyrsa stehen, woher sie auch den Namen Tyrsenoi erhalten hätten. Sie hätten nacheinander Lesbos, Imbros und Lemnos kolonisiert und schließlich im beginnenden 10. Jahrhundert v. Chr. in Italien Handelskolonien gegründet und die lokalen Ressourcen ausgebeutet. Weitere Gelehrte befaßten sich gelegentlich ebenfalls mit der Herkunft der Etrusker, ihrer Geschichte, Religion und Ornamentik.

Nach dem Zweiten Weltkieg erfuhr das Land erneut eine radikale Umwälzung seiner Situation. Die kommunistischen Behörden dekretierten die Verstaatlichung der aristokratischen Sammlungen (die heute zum Teil reprivatisiert sind). Die Sammlung Czartoryski in Krakau wurde zu einer Sektion des Krakauer Nationalmuseums, und das Nationalmuseum in Warschau erhielt allmählich die Objekte aus den Sammlungen Potocki aus Łańcut, Radziwiłł aus Nieborów, Branicki aus Wilanów und Czartoryski aus Gołuchów zurück. Das Warschauer Nationalmuseum übernahm gleichfalls die Vorkriegsbestände antiker Kunst aus Wrocław und Szczecin (darunter auch schwarzfigurige etruskische Vasen, die vormals der Sammlung Vogell angehört hatten). So wurde es zum ersten Mal in Polen möglich, eine Ausstellung zu schaffen, die die Entwicklung von Kunst und Handwerk in Ägypten, Griechenland, Rom und Etrurien einheitlich darstellte. Die etruskische Sammlung wurde später um Buccherovasen erweitert, die aus der Sammlung Kierbedź stammten, sowie um ein Depot aus dem Louvre (ein Sarkophagdeckel tuskanischen Typs aus Terrakotta, Urnen aus Chiusi, Votivköpfe aus Terrakotta aus Mittelitalien) und eines aus dem Besitz der Erben des Bildhauers Madeyski (etruskische Spiegel, Fragmente von Kohlebecken aus Chiusi mit einem Dekor aus Seepferdchen, Buccherovasen) und war damit zur reichhaltigsten Ausstellung etruskischer Kunst in Polen geworden.

Im Rahmen der neugestalteten Hochschulfächer wurden Veranstaltungen zur etruskischen Geschichte und Archäologie in die Studiengänge über Geschichte und Kunst des antiken Rom mitaufgenommen. Das Interesse der Forscher teilte sich in zwei Richtungen auf. Der eine Teil - vor allem die Prähistoriker, aber sie nicht allein - nahm sich der wichtigen Frage nach den Kontakten zwischen den polnischen Gebieten und Mittel- und Norditalien während der Bronze- und der Eisenzeit an, unter besonderer Berücksichtigung der Rolle der sogenannten Bernsteinstraße. Deren Existenz nämlich könnte die verstreuten Funde etruskischer Objekte entlang der Weichsel bis ins Baltikum erklären wie auch die beobachteten Analogien zu den pommerischen Gesichtsurnen, die bis-

Franciszek Smuglewicz
Schnitt derch die Tomba dei Ceisinie
1763 - 1766
Würzburg, Martin von Wagner-Museum der Universität

weilen mit gravierten Darstellungen narrativen Typs dekoriert und ausnahmsweise mit helmförmigen Deckeln versehen sind; in einem Fall war die Urne auf einem niedrigen, kreisrunden Sockel aufgestellt, der einige Forscher an einen etruskischen Thron erinnert. Der andere Teil der Forscher unternahm die Aufgabe, eine systematische Publikation der etruskischen Objekte zu erstellen, die in Polen - in Warschau, Krakau und Poznań - aufbewahrt werden. Die Fortschritte in der Etruskologie und die erstaunliche Zunahme des allgemeinen Interesses an ihr mündeten schließlich in der Veröffentlichung mehr oder weniger profunder Schriften über die etruskische Kunst und Kultur oder über die etruskische Grabmalerei. Eine herausragende Rolle spielte bei der Verbreitung der etruskologischen Forschungsergebnisse die Übersetzung der klassischen *Etruscologia* von Massimo Pallottino wie auch der Werke von J. Heurgon und R. Bloch. Ein weiterer Meilenstein war die große Ausstellung über die Welt der Etrusker im Nationalmuseum in Warschau, die eine breite Auswahl der wertvollsten etruskischen Objekte aus den Museen der Deutschen Demokratischen Republik wie auch aus Budapest, Leningrad, Moskau, Prag und Warschau selbst zeigte. In diesem Zusammenhang soll abschließend nicht unerwähnt bleiben, daß für das Universitätsjahr 1991/92 ein Kurs über etruskische Kunstgeschichte in das Lehrangebot des Archäologischen Instituts der Warschauer Universität aufgenommen wurde.

BIBLIOGRAPHIE:
Antichità dall'Umbria a Budapest e Cracovia (Ausstellungskatalog), Mailand 1989; M.L. Bernhard, Meander der 6, 8-9, 1951, 430-449; R. Bloch, Warschau 1967; Ed. Burlanda, Lwów 1934; W. Dobrowolski, Bulletin du Musée National de Varsovie 19, 1978, 97 ff.; ders., Biuletyn Historii Sztuki 50, 1-2, 1988, 71-80; W. Froehner, Paris 1899 (zu den etruskischen Bronzen bes. 179-182); *Galeria Stuki Starozytnej Muzeum Narodowego w Warszawie*, 1975; K. Hadaczek, Wien 1903; ders., Mitteilungen des Deutschen Archäologischen Instituts, Römische Abteilung 21, 1906, 387-393; J Heurgon, Warschau 1966; I. Malinowska, Studia Wilanowskie 6, 1980, 83-101; A. Milobedzki, Warschau 1980; M. Pallottino, Warschau 1968; St. K. Potocki, Warschau 1815 (bes. Bd. II, 42 ff.); D. Ridgway in: Kongreßakten Florenz, 1989, 215-221; M.K. Sarbiewski in: *Dii gentium*, 1972, 345; *Swiat Etrusków* [...], Warschau 1989; I. Szeligowska, Krakau 1938; *Zabytki archeologiczne* [...] (Ausstellungskatalog), Krakau 1975; Z. Zygulski Jr., Warschau 1976 (bes. 23 ff., 187-198 mit Lit.).

Die etruskische Sammlung der Eremitage und der Beitrag Rußlands zur Etrusker-Forschung

Oleg Neverov

*Etruskische schwarzfigurige Amphora
540 - 530 v. Chr.
St. Petersburg, Eremitage
Kat. 537*

Bis zum Beginn der zweiten Hälfte des 19. Jahrhunderts besaß die Eremitage der Zaren in St. Petersburg fast nur etruskische Skarabäen, die ursprünglich zur Privatsammlung Katharinas II. gehörten. Zwischen 1780 und 1790 wurden einige berühmte europäische Gemmensammlungen als Teile dieser privaten "Eremitage" Katharinas II. hinzugefügt: aus Venedig die von A. Capello, aus Paris die des Herzogs von Orléans, aus Dresden die Casanovas und aus London die von Lord Beverley. Bereits im handschriftlichen Katalog der Sammlungen der Eremitage, den der Bibliothekar der Zarin A. Lužkov erstellte, war das Material nach "modernen" Klassifizierungskriterien inventarisiert, und die Zarin äußerte ihre Anerkennung, indem sie der Akademie der Wissenschaften befahl, Lužkov unter ihre Mitglieder aufzunehmen. Er hatte die etruskischen Skarabäen als eine besondere Gruppe erkannt, obwohl sie um 1700 - gleich den sogenannten gnostischen Amuletten - teilweise noch der Kategorie der Talismane zugerechnet worden waren. Es war J.J. Winckelmann, der ebenfalls im 18. Jahrhundert die italische Herkunft der Skarabäen und ihre historische Einordnung aufgrund ihrer Motive und Inschriften bestimmte; dies wurde durch die Studien des Jesuiten Luigi Lanzi bestätigt.

Eine wissenschaftliche Untersuchung der Gemmen aus der Eremitage wurde von dem an der St. Petersburger Akademie wirkenden Gelehrten H. K. E. Köhler (1765 - 1838) unternommen. Doch erschien die entsprechende wissenschaftliche Publikation (*Über Käfer-Gemmen und etruskische Kunst*) erst nach dem Tod des Verfassers 1852. Auf die Bedeutung der von Köhler abgegebenen wissenschaftlichen Bewertung dieser etruskischen Produkte, die in ihrem Urteil über Winckelmann hinausging, wies A. Furtwängler in seinem bekannten Werk *Die antiken Gemmen* hin. Am Anfang des 19. Jahrhunderts gelangte eine gewisse Anzahl etruskischer Skarabäen mit der Sammlung des Wiener Diplomaten J.B. Mallia an die Eremitage (1813); außerdem wurden unter anderen Objekten einige Gemmen, die aus der Sammlung von Elisa Bonaparte Baciocchi stammten (1833), und eine Gemme aus dem früheren Besitz Lucien Bonapartes, des Fürsten von Canino, erworben.

Eine bedeutende Sammlung von Zeichnungen wurde gegen Ende des 18. Jahrhunderts aus der Sammlung des Palasts von Pavlovsk erworben: Es handelte sich um eine Serie von Reproduktionen etruskischer Grabmalereien in Tarquinia, die F. Smugliewicz angefertigt hatte. Als Beispiel für eine gewisse Vorliebe für etruskisierendes Dekor im Geiste Piranesis ist der prunkvoll mit Fresken ausgemalte "Etruskische Saal" in der Residenz der Grafen Šeremetev in Petersburg zu nennen. Und als in den vierziger Jahren des 19. Jahrhunderts Zar Nikolaus I. den Bau des ersten öffentlichen Museums in Rußland, der Neuen Eremitage, dem Münchner Architekten L. von Klenze anvertraute, verwendete dieser in großem Umfang Motive aus dem Dekor etruskischer Gräber, wie er es zuvor auch bei der Ausstattung der Alten Pinakothek in München getan hatte.

Nikolaus I. erwarb 1834 auch die ersten "etruskischen" Vasen aus der römischen Sammlung Pizzati. Aber erst durch den Kauf eines beträchtlichen Teils der umfangreichen und vielgestaltigen Sammlung Campana während der Zeit Alexanders II. gewann die etruskische Sammlung in der Eremitage eine beachtliche Vollständigkeit. Damals gelangten Meisterwerke der etruskischen Bronzeplastik in die Bestände des Museums wie der gelagerte Bronzejüngling aus Perugia, ein archaischer Dreifuß aus Vulci, ein archaischer Helm aus Canino sowie verschiedene Waffen. Der Sammlung wurden auch Gefäße aus

Impasto und aus Bucchero, etrusko-korinthische Vasen sowie reiche Sammlungen sogenannter etruskischer bemalter Vasen, die in Wahrheit griechisch waren, zusammen mit einigen tatsächlich etruskischen hinzugefügt.

Zu Beginn des 20. Jahrhunderts gelangten als Folge der Verstaatlichung privater Petersburger Sammlungen verschiedene etruskische Objekte aus Sammlungen der russischen Aristokratie (der Šuvalovs, Stroganovs und Polovzevs) in die Eremitage. Später kamen noch Stücke aus den Sammlungen von M.P. Botkin, N.P. Lichačev und A.I. Nelidov hinzu. Im Jahr 1964 gelangten auf testamentarischem Wege die Gemmen des Mineralogen G.G. Lemlein in den Museumsbesitz.

Adolf Furtwängler, der von der etruskischen Glyptik sagte, daß "sie mit das Vollendetste und Beste enthält, was dem etruskischen Kunstgeist überhaupt zu schaffen vergönnt war", hatte als erster das Vorhandensein etruskischer Gemmen unter den archäologischen Funden an den nördlichen Küsten des Schwarzen Meeres bemerkt. Diese Beobachtung wurde in jüngerer Zeit durch immer zahlreicher auftretende Belege bestätigt. Darauf hat 1975 der Konservator der Eremitage O. Neverov hingewiesen, der Verfasser dieses Beitrags, der auch ein erstes Terrakotta-Porträt veröffentlicht hat (1966). Die archaischen etruskischen Vasen wurden wiederholt von S.P. Boriskovskaja (1967, 1969) veröffentlicht und die in Perugia gefundene, als Urne dienende Bronzeplastik eines liegenden Jünglings hat A.I. Voščinina in sehr ausführlicher Weise untersucht (1962, 1965). Dieselbe hatte bereits in den unmittelbaren Nachkriegsjahren in einem Essay über die Geschichte der antiken römischen Kunst (1947) den etruskischen Monumenten in der Eremitage breiten Raum gewährt. Unter ihrer Leitung konnten die Mitarbeiter des Museums 1972 eine Sonderausstellung zur Kultur und Kunst Etruriens, die erste dieser Art in Rußland, ausrichten.

1988, schon nach dem Tod von A.I. Voščinina, beteiligten sich ihre Schüler und Kollegen aktiv an der großen internationalen Ausstellung "Die Welt der Etrusker" (Stationen: Berlin, Prag, Budapest, Warschau, Moskau, Leningrad und Viterbo). Einer internationalen Konferenz in Berlin 1988 folgte im Frühjahr 1990, während die genannte Ausstellung in Moskau gezeigt wurde, ein internationales Kolloquium im Puschkin-Museum mit dem Thema "Die Etrusker und ihre Beziehungen zu den Völkern des Mittelmeerraums", an dem u. a. E. Simon (Würzburg), F. Roncalli (Perugia), U. und V. Kästner (Berlin), J. Bouzek (Prag) und W. Dobrowolski (Warschau) teilnahmen. Die Forscher der Eremitage trugen die folgenden Referate vor: *Ein Beitrag zum Bild der etruskischen Zivilisation* (J.V. Mavleev); *Die Glyptik und die griechische Malerei* (O. Neverov); *Die Malerei Etruriens und der Bosporus* (L.I. Davydov); *Zum Thema des faliskischen Kraters der Sammlung der Eremitage* (S.P. Boriskovskaja).

Das Interesse der Forscher des Museums beschränkte sich jedoch nicht auf die Etrusker, sondern bezog auch die übrigen Völker des antiken Italien vor der Romanisierung mit ein (Umbrer, Messapier, Sikuler u. a.).

Etruskische schwarzfigurige Amphora
540 - 530 v. Chr.
Paris, Musée du Louvre
Département des Antiquités grecques
étrusques et romaines
Kat. 536

Die Eremitage in einem Stich des 19. Jahrhunderts

Der "etruskische Mythos" zwischen dem 16. und 18. Jahrhundert

359. Annio da Viterbo
Commentaria fratris Ioannis Annii Viterbensis, Ordinis Praedicatorum, theologiae professoris super opera diversorum auctorum de antiquitatibus loquentium, Romae, in Campo Florae, anno Domini MCCCCXCVIII.
Florenz, Biblioteca Marucelliana

Erstausgabe der *Antiquitates* von Giovanni Nanni aus Viterbo, besser bekannt als Annio da Viterbo. Die antiken Autoren zugeschriebenen Texte – Berosos (Chaldäus), Metasthenes von Persien, Myrsilos von Lesbos, Manethon von Ägypten, wurden von Annio abgefaßt, um die Identität Noahs und des Gottes Janus zu belegen, der Begründer der etruskischen Zivilisation, und um eine enge Verbindung zwischen alt- und neutestamentarischer Überlieferung zu begründen und dadurch jegliche griechische oder römische kulturelle Vermittlerrolle zu übergehen.

G. Cipriani, Florenz 1980.

360-363
Florenz, Uffizien
Gabinetto dei Disegni e Stampe

Das Interesse für die Etrusker in der Neuzeit setzte im Humanismus und in der Renaissance ein und ging von Künstlern, Literaten, Gelehrten, Fürsten und Patriziern aus. Ihre Aufmerksamkeit galt vorrangig den Monumenten, besonders den architektonischen, die man zu entdecken begann oder die von den antiken Autoren behandelt wurden: beispielsweise dem tuskanischen Tempel auf der Grundlage des Textes von Vitruv (*De Arch.*, IV 6-7) oder dem Mausoleum des Porsenna in Chiusi auf der Grundlage von Varros Beschreibung, die von Plinius dem Älteren überliefert wurde (*Nat. Hist.*, XXXVIII). Bei diesen Aktivitäten spielte Antonio da Sangallo eine bedeutende Rolle. Als er im Auftrag von Papst Paul III. den Bau der Festung in Perugia leitete, verhinderte er nicht nur die Zerstörung antiker Monumente wie der Porta Marzia, sondern rettete auch verschiedene Altertümer, etwa etruskische Inschriften.

Die hier gezeigten Zeichnungen beziehen sich auf die genannten Monumente und sind Ausdruck dieses kulturellen Klimas.

360. Baldassarre Peruzzi
Mausoleum des Porsenna in Chiusi
Federzeichnung auf weißem Papier
H 43 cm; B 28,9 cm
Inv. Arch. 634/A

Peruzzi (1481 - 1536), der einzige aus dem Kreis um Raffael, der sich mit etruskischen Altertümern befaßte, fügt auf dem gleichen Blatt, auf dem die Skizzen der antiken Monumente von Spello, Spoleto und Assisi zu sehen sind, eine Rekonstruktion des Porsenna-Grabes hinzu. Auf der Grundlage der Überlieferung von Varro und Plinius dem Älteren entwickelt er zwei Versionen jeweils im Grundriß und im Aufriß.
Ca. 1520 - 1525

S. Bietoletti in: *Fortuna degli Etruschi* (Ausstellungskatalog), Florenz 1985, 38 Nr. 2.

361. Antonio da Sangallo der Jüngere
Mausoleum des Porsenna in Chiusi
Federzeichnung auf weißem Papier
H 29,3 cm; B 17 cm
Inv. Arch. 1038/A

Skizze des Denkmals, fußend auf den Angaben des Texts von Varro und Plinius dem Älteren. Von dieser Skizze kennt man eine spätere Ausführung als Reinzeichnung (Uffizien 1209/A), ebenfalls von Antonio da Sangallo (1483 - 1546).

O. Vasori, Studi Etruschi 47, 1979, 125 ff., 132 Nr. 5 Abb. 4; S. Bietoletti in: *Fortuna degli Etruschi* (Ausstellungskatalog), Florenz 1985, 38 Nr. 4.

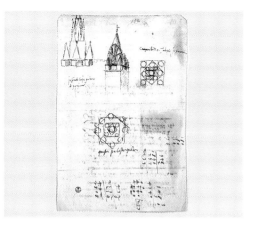  

362. Giovan Battista da Sangallo gen. Il Gobbo
Mausoleum des Porsenna in Chiusi
Federzeichnung auf weißem Papier
H 29,6 cm; B 19,7 cm
Inv. Arch. 979/A

Rekonstruktion des Porsenna-Denkmals, fußend auf dem von Plinius dem Älteren wiedergegebenen Text Varros, im Hinblick auf die Planung des Campanile von San Giovanni in Piacenza mit mehreren Turmspitzen, den Giovan Battista da Sangallo gen. Il Gobbo (1496 - 1546) um 1526 baute.

O. Vasori, Studi Etruschi 47, 1979, 125 ff. Nr. 13, S. 144 Abb. 7b; S. Bietoletti in: *Fortuna degli Etruschi* (Ausstellungskatalog), Florenz 1985, 42 Nr. 12.

363. Antonio da Sangallo der Jüngere
Etruskische Inschrift aus Perugia
Feder- und Rötelzeichnung auf weißem Papier
H 14,5 cm; B 21,4 cm
Inv. Arch. 2081/A

Die Inschrift (CIE 3324) muß sich vor dem Bau der Festung Rocca Paolina in den Mauern seitlich der sogenannten Porta San Severo befunden haben, die niemals genau lokalisiert werden konnte, sich aber in einem Mauerabschnitt befunden haben dürfte, der bei dem Bau der Rocca Paolina zerstört wurde.

O. Vasori, Studi Etruschi 47, 1979, 125 ff., 142 Nr. 12 Abb. 10b; S. Bietoletti in: *Fortuna degli Etruschi* (Ausstellungskatalog), Florenz 1985, 40 Nr. 9.

364. Sante Marmocchini
Dialogo in defensione della lingua toschana
Florenz, Biblioteca Nazionale Centrale
Fondo Magliabechiano

Im *Dialogo*, der zwischen 1541 und 1545 verfaßt wurde und Cosimo I. de' Medici gewidmet ist, werden, angeregt vom lebhaften Sprachdisput der damaligen Zeit, die Verbindungen zwischen der hebräischen und der etruskischen Sprache gemäß der Überlieferung des Annio da Viterbo herausgestellt.

G. Cipriani, Florenz 1980.

365. Guillaume Postel
De Etruriae [...]
Florentiae, Torrentino, 1551
Florenz, Biblioteca Marucelliana
In Berlin aus der Staatsbibliothek zu Berlin

Der Text, geschrieben zwischen 1549 und 1550, entstand aus der Absicht heraus, die Authentizität der Antiquitates des Annio da Viterbo zu verteidigen und das antike Etrurien als das Bindeglied der hebräischen Kultur mit dem Westen darzustellen. Etrurien und die Etrusker waren demnach die erste Keimzelle der europäischen Kultur, die später mit Rom ihr sakrales Zentrum und mit Paris den Mittelpunkt der Universalherrschaft finden sollte.

G. Postel (Hrsg. G. Cipriani), Rom 1986.

366. Chimäre
Bronze. Hohlguß nach verlorenem Wachsmodell; geritzte, auf der Gußform vor dem Brand angebrachte Inschrift
Schwanz möglicherweise von Benvenuto Cellini restauriert
H 78,5 cm; max. Länge 129 cm
Florenz, Museo Archeologico
Inv. 1
Aus Arezzo, Erwerbung Cosimo I. de' Medici (1553)

Das mythische Tier, das bei seinem Angriff auf Bellerophon dargestellt ist (wenn auch die Gruppe nicht belegt werden kann), war laut der Inschrift auf dem rechten Vorderlauf (*tinścvil*) ein Weihgeschenk. Die naturalistischen Züge des hageren, angespannten Körpers verbinden sich mit einer archaischen Gestaltung von Schnauze und Fell. Man dachte früher, daß die Chimäre in Griechenland oder in der Magna Grecia geschaffen worden war, heute jedoch nimmt man an, daß sie von einem der miteinander konkurrierenden Künstler Etruriens in Chiusi, Arezzo oder Val di Chiana stammt.
Ende 5. - Anfang 4. Jahrhundert v. Chr.

M. Pallottino, Prospettiva 8, 1977, 4-6; A. Maggiani in: *La Chimera e il suo mito* (Ausstellungskatalog), Florenz 1990, 53-63; M. Cristofani, Prospettiva 61, 1991, 2-5.

367. Kentaur
Bronze, gegossen
H 9 cm
Florenz, Museo Archeologico
Inv. 30
Herkunft unbekannt, ehem. Großherzogliche Sammlungen

Die vordere Körperhälfte des Kentaur hat die Gestalt eines Menschen mit vorgestreckten Unterarmen und leicht angehobenen Händen. Ähnliche Exemplare werden in den Museen von Berlin und Boston aufbewahrt.
Mitte 6. Jahrhundert v. Chr.

M. Martelli in: *Palazzo Vecchio: committenza e collezionismo medicei 1537 - 1610* (Ausstellungskatalog), Florenz 1980, 30 Nr. 37.

368. Figürlicher Griff
Bronze, Vollguß; Details graviert
H 11 cm
Florenz, Museo Archeologico
Inv. 681
Herkunft unbekannt, ehem. Großherzogliche Sammlungen der Toskana

Zwei Krieger tragen den leicht gekrümmten Körper eines weiteren Kriegers. Die Gruppe wurde restauriert (die Füße sind modern) und auf dem heute noch erhaltenen Sockel befestigt. Das Exemplar könnte der Griff einer Ciste gewesen sein.
Zweites Viertel 5. Jahrhundert v. Chr.

M. Martelli in: *Palazzo Vecchio: committenza e collezionismo medicei 1537 - 1610* (Ausstellungskatalog), Florenz 1980, 31 Nr. 39.

369. Figürlicher Griff einer Patera
Bronze, gegossen
H 22 cm
Florenz, Museo Archeologico
Inv. 1378
Herkunft unbekannt, ehem. Großherzogliche Sammlungen der Toskana

Nackte, stehende weibliche Figur mit entlastetem linken Bein. Um den Hals eine Kette. Der um die Beine geschlungene Mantel fällt vom linken Unterarm herab und läßt die rechte Seite fast bis zum Knie frei. Auf dem Kopf befindet sich noch die blattförmige Platte zur Befestigung an der Patera.
3. Jahrhundert v. Chr.

M. Martelli in: *Palazzo Vecchio: committenza e collezionismo medicei 1537 - 1610* (Ausstellungskatalog), Florenz 1980, 31 Nr. 40.

370. Aschenurne
Alabaster. Nur der vordere Teil des Kastens erhalten
H 40 cm; L 58 cm; D 7,5 cm
Paris, Musée du Louvre, Département des Antiquités grecques, étrusques et romaines
Inv. MND 1568 (gebr. Nr. MA 3606)
Aus Pagni (Val d'Elsa), Toskana

Diese Urne mit der Ermordung des Agamemnon und Kat. 371 wurden bereits 1724 im Kommentar von Filippo Buonarroti zum Werk von Thomas Dempster dargestellt. Sie stammten aus der Sammlung Gaddi, die zu jener Zeit in Florenz berühmt war und 1778 aufgelöst wurde. Sie kamen vor 1883 nach Paris in das "Cabinet du Roi".
Zweite Hälfte 2. Jahrhundert v. Chr.

F.-H. Pairault, Rom 1972, 147-149 Taf. 111b; M. Martelli, Prospettiva 15, 1978, 13-15 Abb. 2; LIMC I,1 s. v. Agamemnon, 271 Nr. 97; I, 2 Taf. 202.

371. Aschenurne
Alabaster. Nur der vordere Teil des Kastens erhalten.
H 46 cm; L 73 cm; D 7 cm
Paris, Musée du Louvre, Département des Antiquités grecques, étrusques et romaines
Inv. MND 1567 (gebr. Nr. MA 3605), ehem. Slg. Gaddi; Depot des Cabinet des Médailles de la Bibliotheque Nationale
Aus Pagni (Val d'Elsa), Toskana

Die Wiedererkennung des Paris durch seine Brüder und seine Eltern im Beisein von Aphrodite.
Zweite Hälfte 2. Jahrhundert v. Chr.

F.-H. Peirault, Mélanges d'Archéologie et d'Histoire de l'École Française de Rome. Antiquité 87, 1975, 213 ff.; M. Martelli, Prospettiva 15, 1978, 13-15 Abb. 4.

372. Statuette einer Frau
Bronze, gegossen
H 35,3 cm
Florenz, Museo Archeologico, Inv. 553
Herkunft unbekannt, ehem. Slg. Francesco I. de' Medici

Die weibliche Figur, nach links schreitend, trägt Chiton, Mantel und calcei (Halbstiefel) und ist mit einer Kette mit drei *bullae* (Anhängern), Scheibenohrringen und einem Lorbeerkranz mit Beeren auf dem Kopf geschmückt. Die leeren Augenhöhlen waren für die Aufnahme von Pupillen aus anderem Material bestimmt. In der Linken hält die Frau einen Granatapfel. Auf dem Rücken ist eine Weihinschrift in nordetruskischer Schrift eingraviert.
Anfang 4. Jahrhundert v. Chr.

M. Cristofani, Novara 1985, 271 Nr. 56.

373. Satyr und geflügelter Knabe
Bronze, gegossen
H 34 cm; H des Sockels 6,3 cm
Florenz, Museo Archeologico, Inv. 547
Herkunft unbekannt

Ein nackter Jüngling trägt auf den Schultern einen aus einer Oinochoe ausgießenden Knaben mit großen, ausgebreiteten Flügeln und einer Kopfbedeckung, die in einem Schwanenkopf endet. Die Szene gehört offensichtlich in den dionysischen Bereich, ihre Auslegung ist allerdings wegen der Interpretation des Knaben problematisch (Ganymed, Amor-Kyknos, Genius des Bacchus). Die Gruppe wird zwar einer etruskischen Werkstatt des 3. Jahrhunderts v. Chr. zugeschrieben, entzieht sich bisher aber einer präzisen stilistischen und chronologischen Einordnung.

M. Martelli in: *Palazzo Vecchio: committenza e collezionismo medicei 1537 - 1610* (Ausstellungskatalog), Florenz 1980, 35 Nr. 44.

374. Raffaello Gualterotti
Della descrizione del regale apparato [...]
Florenz, Padovani, 1589
Florenz, Biblioteca Moreniana
In Berlin aus der Kunstbibliothek der Staatlichen Museen zu Berlin

Beschreibung der Dekorationsaufbauten zu den Feierlichkeiten anläßlich der Hochzeit des Großherzogs Ferdinando I. mit Christine von Lothringen in Florenz. Eine besondere Bedeutung kam einer Staffage des Malers Iacopo Ligozzi mit einer allegorischen Darstellung der Toskana zu: Auf ihr waren Porsenna und Cosimo I. zu sehen. Einige Worte erläuterten die ideelle Kontinuität zwischen der etruskischen Monarchie und der Herrschaft der Medici: DIADEMA PORSENAE REGIS NEGLIGENTIA / AMISSUM COSMI MEDICIS VIRTUTE AC / VIGILANTIA RECUPERATUM

G. Cipriani, Florenz 1980

375. Kandelaberaufsatz
Bronze, gegossen
H 16,5 cm
Florenz, Museo Archeologico
Inv. 25
Herkunft unbekannt; ehem. Slg. Christine von Lothringen

Ein Jüngling mit Chlamys um die Hüften, die zwischen den Beinen herabhängt, versucht, ein aufgebäumtes Pferd zu halten. Die Gruppe könnte einen Dioskuren darstellen oder eine Replik der Lysippischen Gruppe von Alexander und Bukephalos sein. Zweites Viertel 4. Jahrhundert v. Chr.

M. Cristofani, Novara 1985, 272 Nr. 59.

376. Statuette einer sitzenden Frau
Bronze, gegossen
H 19 cm
Florenz, Museo Archeologico, Inv. 2292
Herkunft unbekannt; ehem. Slg. Christine von Lothringen

Sitzende Frauenfigur auf einem als Fels gearbeiteten Bronzesockel aus der Renaissance. Ein dünner Chiton und der an der Hüfte geschürzte Mantel lassen ihre schönen Körperformen erkennen. Eine Schlange windet sich um ihren linken Arm. Es wurden zahlreiche Deutungen vorgeschlagen: Mänade, Erynnie, Thetis, Kleopatra oder Gorgo.
Anfang 4. Jahrhundert v. Chr.

E. Paribeni, Bollettino d'Arte, 42, 1957, 218-221; M. Martelli in: *Palazzo Vecchio: committenza e collezionismo medicei 1537 - 1610* (Ausstellungskatalog), Florenz 1980, 39 Nr. 57.

377. Kandelaberaufsatz
Bronze, Vollguß; Retuschen mit dem Ziseliermeißel
H 12,8 cm
Florenz, Museo Archeologico, Inv. 440
Herkunft unbekannt; ehem. Slg. Christine von Lothringen

Stehender, geflügelter nackter Jüngling, der auf seinen Armen ein Mädchen mit Diadem und erhobenen Armen trägt, bekleidet mit einer langen Tunika und Chlamys über den Schultern. Einer sepulkralen Deutung (Thanatos oder ein Unterweltdämon mit einer Verstorbenen) ist vielleicht eine mythologische vorzuziehen (Boreas und Latona?).
Erste Hälfte 4. Jahrhundert v. Chr.

M. Martelli in: *Palazzo Vecchio: committenza e collezionismo medicei 1537 - 1610* (Ausstellungskatalog), Florenz 1980, 40 Nr. 58 (mit Bibl.); s. auch A. Bottini, Bollettino d'Arte, 59, 1990, 1 ff.

378. Figürlicher Griff
Bronze, gegossen
H 19 cm
Florenz, Museo Archeologico, Inv. 682
Herkunft unbekannt; ehem. Slg. Christine von Lothringen

Zwei geflügelte weibliche Figuren mit unterschiedlicher Frisur tragen den leblosen Körper eines Kriegers mit von den Schultern herabhängender Chlamys, attischem Helm und Beinschienen. In der Gruppe, die in der Neuzeit restauriert wurde (zwei Flügel wurden ergänzt), kann man zwei Unterweltdämonen erkennen, die einen Heros tragen.
Drittes Viertel 5. Jahrhundert v. Chr.

M. Martelli in: *Palazzo Vecchio: committenza e collezionismo medicei 1537 - 1610* (Ausstellungskatalog), Florenz 1980, 40 Nr. 59.

379. Chimäre
Bronze, gegossen
H 7,7 cm
Florenz, Museo Archeologico
Inv. 23
Herkunft unbekannt; ehem. Slg. Christine von Lothringen

Das Fabelwesen ist im Lauf dargestellt und wendet seinen Löwenkopf mit dichter Mähne dem Betrachter zu. Das Körperfell ist mit engen, feinen Gravuren wiedergegeben.
3. Jahrhundert v. Chr.

P. Zamarchi Grassi in: *La Chimera e il suo mito* (Ausstellungskatalog), Florenz 1990, 31 Nr. 14 Abb. 15

380. Thomas Dempster
De Etruria Regali libri VII [...] Regiae Celsitudini Cosimi III Magni Ducis Etruriae,
Florentiae 1723 - 1726, Bd. I-II
Florenz, Istituto Nazionale di Studi Etruschi ed Italici

Das Werk wurde zwischen 1616 und 1619 im Auftrag Cosimo II. de' Medici geschrieben und ein Jahrhundert später von Filippo Buonarroti veröffentlicht. Er fügte eine Reihe *Explicationes et Conjecturae* sowie 93 Tafeln hinzu, die etruskische Monumente oder Monumente etruskischer Herkunft wiedergeben. Der Anhang und die Illustrationen, die der Herausgeber hinzusetzte, kennzeichnen den Beginn einer neuen Phase in den etruskologischen Studien.

M. Cristofani, Mélanges d'Archéologie et d'Histoire de l'École Française de Rome. Antiquité 90, 1978, 577-625.

381. Filippo Buonarroti
Diario autografo (Tagebuch, Manuskript)
Florenz, Biblioteca Medicea-Laurenziana, magaziniert in der Casa Buonarroti

Das *Diario* gibt Einblick in den Alltag und die Psyche eines der bedeutendsten Florentiner Gelehrten des 18. Jahrhunderts, der etruskische Studien betrieb, *De Etruria Regali* von Thomas Dempster veröffentlichte und archäologische Funde sammelte.

M. Cristofani, Rom 1983.

382. Stele
Sandstein, Flachrelief
H 138 cm
Florenz, Casa Buonarroti
Inv. 1981-1982, Nr. 54
Aus der Umgebung von Fiesole

Rechteckige, längliche Platte, Oberseite abgerundet. Dargestellt ist der Tote als junger Krieger, bewaffnet mit Lanze und Beil, mit kurzem Lendenschurz um die Hüften. Rechts ist der Name des Toten eingemeißelt: *Larth Ninie*. Das Denkmal gehört zur Gruppe der Stelen aus Fiesole.
520 - 510 v. Chr.

F. Magi, Studi Etruschi 6, 1932, 12 f. Taf. 1, 1; F. Nicosia, Studi Etruschi 34, 1966, 159-161.

383. Urne mit Deckel
Polychrom bemalte Terrakotta, Dekor aus Formen geprägt, mit dem Modellierholz überarbeitet
Deckel: H 40 cm; L 62 cm; T 31 cm
Kasten: H 39 cm; L 58 cm; T 27 cm
Florenz, Casa Buonarroti
Inv. 1981-1982, Nr. 11
Aus Chiusi, Tomba di Poggio al Moro

Auf dem Deckel gelagerte männliche Figur mit Patera in der Rechten. Auf dem Kasten Kampfszene. Auf dem Rahmen gemalte Inschrift, die den Toten bezeichnet: *Larth Causlini*. Die Urne belegt den Übergang zur Technik mit Modeln und zur Serienproduktion in den Werkstätten von Chiusi.
Mitte 2. Jahrhundert v. Chr.

H. Brunn-G. Körte, Rom-Berlin 1870-1916, III, 1916, 178 f. Abb. 37; M. Bonamici in: D. Gallo 1986, 72 Nr. 17.

384. Salbgefäß in Form eines Frauenkopfes
Bronze, gegossen; grün-schwarze Patina
Der Deckel fehlt.
H 9,5 cm
Florenz, Casa Buonarroti, Inv. 1981-1982, Nr. 24
Herkunft unbekannt

Den Frauenkopf mit geteiltem und zu einem Knoten zusammengefaßtem Haar schmücken Diadem, Halskette und Ohrringe. Die Vase gehört zu einem im 3. und 2. Jahrhundert v. Chr. verbreiteten Typus, der in mehreren Werkstätten Etruriens angefertigt wurde, z.B. im Raum Orvieto/Chiusi, woher diese Vase stammt.
3. Jahrhundert v. Chr.

M. Bonamici in: D. Gallo (Hrsg.), Florenz 1986, 79 Nr. 31 Taf. 31 a/b.

DER "ETRUSKISCHE MYTHOS"

385. Antonio Francesco Gori
Museum Etruscum exhibens insignia veterum Etruscorum monumenta [...]
Florentiae, Caietanus Albizinus 1737 - 1743, 3 Folio-Bände
Ausgestellt: Bd. 1, Frontispiz; Bd 2, Musei Etrusci, Dissertatio I, *De Tyrrhenorum origine eorumque in Italiam adventu* [...]
Paris, Bibliothèque Nationale
In Berlin aus der Staatsbibliothek zu Berlin

Mit dem *Museum Etruscum* setzt Gori den Katalog der etruskischen Monumente fort, den Filippo Buonarroti begonnen hatte. 1737 in zwei Bänden veröffentlicht, wird das Werk 1743 um einen dritten Band ergänzt. Gori ist auch der Autor eines *Museum Florentinum* (1731 - 1762) und eines *Museum Cortonense* (1750).

Bibliotheca Etrusca (Ausstellungskatalog), Rom 1985, 38 Nr. 11.

386. Urne
Alabaster, Reliefdekor
Deckel: H 37 cm; B 54 cm; T 21 cm
Kasten: H 35 cm; B 48 cm; T 21 cm
Volterra, Museo Guarnacci
Inv. 401 (Deckel), 342 (Kasten)
Aus Volterra, Grab der *gens* Luvisu

Auf dem Deckel männlicher Gelagerter mit Schleier und Kranz; er hält in der Rechten einen *krateriskos* mit Rippenmuster am Rand. Auf der Plinthe etruskische Inschrift (*CIE* 83): (...) [*l*]*uvisu.v.*
Auf dem Kasten Begegnung zwischen Mutter und Sohn.
Ende 2. Jahrhundert v. Chr.

F.-H. Massa Pairault in: *Civiltà degli Etruschi* (Ausstellungskatalog), Florenz-Mailand 1985, 360.

387. Urnendeckel
Alabaster
H 36 cm; L 53 cm; T 22,5 cm
Volterra, Museo Guarnacci
Inv. 422
Aus Volterra, Grab der *gens* Luvisu

Bekränzter männlicher Gelagerter, hielt in der Rechten einen (heute verlorenen) Gegenstand, vielleicht eine Schriftrolle. Etruskische Inschrift (*CIE* 82) auf der Plinthe: *v. luvisu.v.*

Datierung und Bibliographie wie bei Kat. 386.

388. Deckel einer Olla
Alabaster
H 18,5 cm; Dm 41 cm
Volterra, Museo Guarnacci, ohne Inv.
Aus Volterra, Grab der *gens* Luvisu

Kegelstumpfförmig mit leicht konkaver Wandung; oben eine große Rosette. Auf mittlerer Höhe etruskische Inschrift (*CIE* 84): *θn.luvisui.l.rapalial.* Ursprünglich war die Oberfläche mit Goldblechen überzogen, die heute verloren sind.

Datierung und Bibliographie wie bei Kat. 386.

389. Amphora
Grauer Bucchero, Rollstempelverzierung
H 38 cm; Dm 23,5 cm
Cortona, Museo dell'Accademia Etrusca
Inv. 1940, Schenkung von Stosch
Aus dem Gebiet um Chiusi

In Chiusi in der ersten Hälfte des 6. Jahrhunderts v. Chr. hergestellt. Dem Stifter, Filippo von Stosch, einem eifrigen Besucher der Accademia Etrusca, gebührt das Verdienst, der Akademie einige der angesehensten Persönlichkeiten der Florentiner Kultur und Politik, Würdenträger aus dem Ausland und aus der römischen Kurie zugeführt zu haben.

P. Bruschetti-M. Gori Sassoli-M.C. Guidotti, Cortona 1988, 32 f. Abb. 47.

390. Diskuswerfer
Bronze, Vollguß
H 10,9 cm
Cortona, Museo dell'Accademia Etrusca
Inv. 1697
Herkunft unbekannt

Athlet im Kontrapost. Haltung und Ponderation des Körpers erinnern an Exemplare der Bronzekleinplastik, die am Kanon des Polyklet ausgerichtet und vor allem in der Poebene verbreitet sind. Aus einer Werkstatt im nordetruskischen Landesinneren.
Letztes Viertel 5. Jahrhundert v. Chr.

P. Bocci Pacini-P. Zamarchi Grassi in: *Annuario XXI - 1984 dell'Accademia Etrusca*, Cortona 1985, 128 Nr. 7 Taf. 14.

DER "ETRUSKISCHE MYTHOS"

391. Quaderförmige Basis
Bronze, Vollguß
H 2,3 cm; B 4,2 cm; T 3,5 cm
Cortona, Museo dell'Accademia Etrusca
Inv. 1277
Aus Cortona

Basis für eine Statuette. Auf zwei Seiten ist eine Weihinschrift eingraviert: *tinścvil // mi: unia/l/curtun*. Sie ist insofern von Bedeutung, als sie dem Namen der Gottheit (*unial*), der das Geschenk geweiht wird (*tinścvil*), eine geographische Bestimmung hinzufügt (*curtun*): Dies belegt eindeutig, daß in dieser Stadt ein Uni-Kult beheimatet war.

A. Neppi Modona, Florenz 1977, 135 f.; P. Bocci Pacini-P. Zamarchi Grassi in: *Annuario XXI - 1984 dell'Accademia Etrusca*, Cortona 1985, 128 f. Nr. 8.

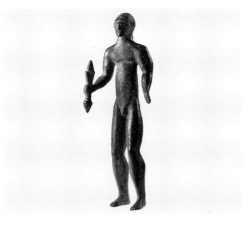

392. "Zeus von Firenzuola"
Bronze, Vollguß
H 21,8 cm
Cortona, Museo dell'Accademia Etrusca
Inv. 1570, Schenkung Venuti
Aus Firenzuola, heiliger Bezirk im Ortsteil Peglio

Stehende nackte Figur mit dem Blitz in der rechten Hand. Nordumbrische Werkstatt.
Ende 6. Jahrhundert v. Chr.

G. Colonna, Florenz 1970, 27 Nr. 3; E.H. Richardson, Mainz 1983, 358 f.; P. Bruschetti-M. Gori Sassoli-M.C. Guidotti, Cortona 1988, 12.

393. Antiken-Atlas
Folio
Cortona, Accademia Etrusca, Bibliothek

Band V mit den Faksimiles der *Tabulae Iguvinae*, die zwischen 1718 und 1721 unmittelbar von den Bronze-Originalen abgenommen und 1728 von Giovanni Vincenzo Capponi der Accademia geschenkt wurden. Man betrachtete die *Tabulae* als Dokumente in etruskischer Sprache, und sie wurden auf der Grundlage dieser Vorlagen von Filippo Buonarroti in der Ausgabe von Dempsters *De Etruria Regali* korrekt wiedergegeben.

P. Bruschetti, Cortona 1981 (*Accademia Etrusca - Note e Documenti*, 10); A.L. Prosdocimi, Florenz 1984, I, 41 f.

394. Laran
Bronze, Vollguß
H 37 cm
Leiden, Rijksmuseum van Oudheden, Inv. CO.1, ehem. Slg. Corazzi, Cortona
Aus Ravenna

Laran (Ares?) bewaffnet, mit kretischem Helm und Panzer. Lanze und Schild sind verloren. Auf dem rechten Bein eine eingeritzte Inschrift in spätarchaischer volsinischer Schrift: "Thucer Hermenas hat geweiht". Mitteletruskisch, wahrscheinlich aus Orvieto, vielleicht ein Votivgeschenk eines Militärführers in einer von Etruskern kontrollierten Gegend.
540 - 520 v. Chr.

M. Martelli, Xenia 6, 1983, 25-36; M. Cristofani, Novara 1985, 278 Nr. 85; ders. in: *L'Accademia Etrusca* (Ausstellungskatalog), Mailand-Florenz 1985, 203 Nr. 202.

395. Statuette
Bronze, Vollguß
H 21 cm
Leiden, Rijksmuseum van Oudheden, Inv. CO.6, ehem. Slg. Corazzi, Cortona
Aus der Gegend des Trasimener Sees

Weibliche Figur mit ovalem Gesicht, besonders langgestrecktem Hals und Körper; das Gewand mit zahlreichen eingravierten Details. Die linke Hand hebt das Gewand an. Die Statuette gehört zur sog. Gruppe aus Perugia; sie hat mit anderen Exemplaren die "geometrische" Silhouette und den äußerst eleganten Kontur gemeinsam. Anfang 5. Jahrhundert v. Chr.

E. Richardson, Mainz 1983, V 3 Series C Group 3A, 314 Nr. 5 Abb. 746; M. Cristofani in: *L'Accademia Etrusca* (Austellungskatalog) Mailand-Florenz 1985, 204 Nr. 203.

396. Statuette eines Greifen
Bronze, gegossen; eingravierte Inschrift
Ein Flügel und der untere Teil der Vorderläufe fehlen
H 8,5 cm
Leiden, Rijksmuseum van Oudheden
Inv. CO.3, ehem. Slg. Corazzi, Cortona
Aus Cortona, Ortsteil Campaccio

Schreitender Greif mit Inschrift, die ihn als Weihegeschenk kennzeichnet (*tinścvil*), analog der Chimäre vor Arezzo.
Um die Mitte des 4. Jahrhunderts v. Chr.

A.F. Gori, 1750, 28 Taf. 21; M. Cristofani in: *L'Accademia Etrusca* (Ausstellungskatalog), Mailand-Florenz 1985, 204 Nr. 204; zur Inschrift: M. Pallottino, TLE, 643.

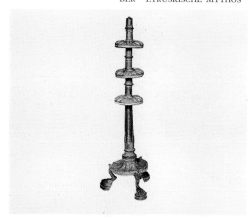

397. Statuette einer Opfernden

Bronze, Vollguß
H 20 cm
Leiden, Rijksmuseum van Oudheden
Inv. CO.30, ehem. Slg. Corazzi, Cortona
Aus Montecchio bei Cortona

Frauenfigur mit Diadem, schlanker Körper mit mehrfachen Drehungen, Tunika und über den linken Arm gelegtem Mantel. Zusammen mit dem Knaben mit Gans (Kat. 398) gefunden, der eine Weihinschrift für Thufltha trägt.
Erste Hälfte 3. Jahrhundert v. Chr.

M. Cristofani, Novara 1985, 274f. Nr. 71; S. 177 Abb. 71; ders. in: *L'Accademia Etrusca* (Ausstellungskatalog), Mailand-Florenz 1985, 205 Nr. 207.

398. Statuette eines Knaben mit Gans

Bronze, Vollguß
H 32 cm
Leiden, Rijksmuseum van Oudheden
Inv. CO. 4
ehem. Slg. Corazzi, Cortona
Aus Montecchio bei Cortona

1746 zusammen mit anderen Bronzen gefunden, die Teil eines Votivdepots für Thufltha gewesen sein müssen. Eine auf dem rechten Bein senkrecht angebrachte Inschrift erklärt, daß es sich um ein Weihgeschenk für die Gottheit von Velia Fanacnei zugunsten des Sohnes handelte. Stilistisch ein singuläres Werk, das den barocken Geschmack bestimmter Strömungen im Hellenismus widerspiegelt. Mitte 2. Jahrhundert v. Chr.

M. Cristofani, Novara 1985, 299 Nr. 128; ders. in: *L'Accademia Etrusca* (Ausstellungskatalog), Mailand-Florenz 1985, 206 Nr. 208.

399. Kandelaber

Bronze, gegossen. Das Endstück fehlt.
H 53 cm
Leiden, Rijksmuseum van Oudheden
Inv. CO.2, ehem. Slg. Corazzi, Cortona
Aus Montecchio bei Cortona

Hoher zylindrischer Schaft mit drei mit reliefierten Blättern geschmückten Scheiben. Er steht auf einem Dreifuß, dessen Beine in Löwenpfoten enden.
Auf dem Schaft eine Weihinschrift für Thufltha: *a.vels.cus.ϑuplϑaś.alpan. turce* (TLE 654)
4. - 3. Jahrhundert v. Chr.

A. Neppi Modona, Florenz 1977, 142 f.; M. Cristofani in: *L'Accademia Etrusca* (Ausstellungskatalog), Mailand-Florenz 1985, 206 Nr. 209.

400. Zwei Gemmen

Karneol, abgesägt von Skarabäen
Berlin, Staatliche Museen zu Berlin
Antikensammlung, ehem. Slg. von Stosch
Inv. FG 194 (links) und FG 195 (rechts)
Inv. FG 194: H 1,62 cm; B 1,27 cm
Aus Perugia
Versammlung von fünf Heroen aus dem Zug der "Sieben gegen Theben"
Etruskische Arbeit. 500 - 480 v. Chr.
Inv. FG 195: H 1,42 cm; B 1,10 cm
Der Heros Tydeus (Tute) als Athlet, sich mit einer Strigilis reinigend.
Etruskische Arbeit. 500 - 475 v. Chr.

Inv. FG 194: AGD II, 103-106 Nr. 237 Taf. 51; *Berlin und die Antike* (Ausstellungskatalog), 1979, 62 Nr. 87. Inv. FG 195: AGD II, 106 Nr. 238 Taf. 51; P. Zazoff, AA 1974, 479 ff. Abb. 8.

401. Johann Joachim Winckelmann

Geschichte der Kunst des Alterthums, Dresden 1764
8°
Berlin, Staatliche Museen zu Berlin
Antikensammlung

Der Frontispiz zeigt den sog. "Stosch'schen Stein" (Kat. 400, links), den Winckelmann als das älteste Kunstwerk der Welt ansah. Fünf Heroen der "Sieben gegen Theben" sind darauf dargestellt. Im Vordergrund von links: Parthenopaios (Parthanapaes), Amphiaraos (Amphiare), Polyneikes (Phulnice); dahinter: Adrastos (Atresthe) und Tydeus (Tute).

402. Mario Guarnacci

Origini Italiche [...]
Lucca, Venturini, 1767, (Bde. I, II); Lucca, Jacobo Giusti, 1771 (Bd. III)
Volterra, Biblioteca Guarnacci, Antike Bestände aus dem Besitz von Mario Guarnacci, Inv. 5089

Das Werk, eine wahre Summa der etruskischen Gelehrsamkeit des 18. Jahrhunderts, behandelt die Ursprünge der italischen Völker, insbesondere der Etrusker. Guarnacci treibt das bereits im *De Etruria Regali* von Dempster vorkommende Thema des etruskischen Primats auf die Spitze, indem er alle Völker der Halbinsel von den Etruskern abstammen läßt und so Italien den Ruhm zuspricht, die erste Wiege der Zivilisation gewesen zu sein. Das Werk wurde nur von einer begrenzten Anzahl Guarnacci nahestehender Gelehrter positiv aufgenommen.

L. Gasparetti, Rassegna Volterrana 2, 3, 1925, 127-140.

403. "Apollon von Ferrara"
Bronze
H 27,2 cm
Paris, Cabinet des Médailles de la Bibliothèque Nationale, Inv. B.B. 101
Herkunft unbekannt

Auf dem linken Bein läuft die Inschrift entlang: *mi: flereś: spulare: aritimi/sasti: ruifriś:t[u]rce:clen:ce a:* ("Fasti, Gattin von Ruifri hat mich der Gottheit Spulare Aritimi (?) in Berücksichtigung [zum Dank] ihres Sohnes [für ihren Sohn] geschenkt"). Die Statuette tauchte seit dem 16. Jahrhundert in verschiedenen Sammlungen auf und wurde um 1750 vom französischen König für das *Cabinet du Roi* erworben und bereits in den Veröffentlichungen der bedeutendsten Antikensammler des 18. Jahrhunderts behandelt. Zweite Hälfte 4. Jahrhundert v. Chr.

E. Babelon-A. Blanchet, Paris 1895, 46-48; A.-M. Adam, Paris 1984, 166 f.; *Rasenna*, Mailand 1986, 202 Nr. 124.

404-412
Der Graf von Caylus

"Ich sähe gern, daß man weniger versuchte, zu überraschen als zu bilden, und daß man sich häufiger des Vergleichs mit den Zeugnissen der Antiken bediente, die für den Antikensammler dasjenige darstellen, was für einen Arzt die Beobachtungen und Experimente sind." (Bd. 1, 111). So definiert Caylus (1692 - 1765) seine Methode, als er die *Redaktion des Recueil d'Antiquités* unternahm. Die sieben Bände vereinen Beschreibungen, Kommentare und Illustrationen zu sämtlichen von Caylus untersuchten antiken Objekten und zu den Stücken aus seiner eigenen Sammlung. Die ersten beiden Bände behandeln die ägyptischen, etruskischen, griechischen und römischen Antiken; vom dritten Band an ist ein zusätzlicher Teil gallischen Objekten gewidmet. Im Zuge ihrer Veröffentlichung in seinem *Recueil* überließ er dem *Cabinet du Roi* eine große Anzahl von Antiken; der übrige Teil seiner Sammlung gelangte nach seinem Tod 1765 dorthin. In seinen Kommentaren zu den etruskischen Werken vermerkt Caylus stets die verschiedenen Einflüsse auf Stil oder Form des Gegenstandes, besteht aber auf der diesem Volk eigenen Genialität, welches "originelle Details" einführt, "die sich auf die besonderen Usancen der Nation gründen und von einem Keim hervorgebracht werden, den die Nation allein anzuregen in der Lage ist, und die von einer gleichermaßen allgemeinen wie auf den wahren Gegenstand der Künste gerichteten Reflexion getragen werden" (Bd. 5, 92). Als "Nachahmende, keineswegs aber als Kopisten, haben sie sich die Erleuchtung der Griechen zunutze gemacht, ohne sich dabei deren Geschmack zu unterwerfen" (Bd. 2, 56).

404. A.C. Philippe de Caylus
Recueil d'Antiquités égyptiennes, étrusques, grecques, romaines et gauloises
Paris, Dessaint et Saillant, 1752-1767
7 Bde. 4°
Ausgestellt: Bd. I, Frontispiz
Paris, Bibliothèque Centrale des Musées de France
In Berlin aus der Zentralbibliothek der Staatlichen Museen zu Berlin

405. Pektorale
Bronze
H 10,5 cm; B 10,5 cm
Paris, Cabinet des Médailles de la Bibliothèque Nationale
Inv. B.B. 1835

In den Augen von Caylus schien dieser Gegenstand sehr archaisch und primitiv. Aufgrund ihrer Anordnung identifizierte er die Dargestellten entweder als Haupt- oder als Neben- und Unterweltsgottheiten. Er war überzeugt, daß der Zeitpunkt der Herstellung dieser Bronze "vor der Aufnahme von Beziehungen zwischen den Etruskern und den Ägyptern gelegen" habe. Ende 7. - Anfang 6. Jahrhundert v. Chr.

A.C. Ph. de Caylus, Paris, 1756-1767, V, 93-95 Taf. 33; E. Babelon-A. Blanchet, Paris 1895, 634; A.-M. Adam, Paris 1984, 136.

406. Henkel einer Kanne
Bronze
H 20,3 cm
Paris, Cabinet des Médailles de la Bibliothèque Nationale, Inv. B.B. 1449
Aus der Umgebung von Neapel

Der Graf von Caylus widmet diesem Gegenstand eine ganze Tafel; von ihm ließ er aus fünf verschiedenen Blickwinkeln je einen Stich anfertigen und beschreibt ihn begeistert, wobei er sein Interesse sowohl auf das "Einzelne" als auf das "Ganze" richtet, da "diese losgelösten Teile jeden Tag aufs Neue irgendeine nutzbringende Kleinigkeit bieten".
Erste Hälfte 5. Jahrhundert v. Chr.

A.C. Ph. de Caylus, Paris, 1756, 1767, V, 120 Taf. 47; E. Babelon-A. Blanchet, Paris 1895, 584 Nr. 1449; A.-M. Adam, Paris 1984, 10.

407. Henkel einer Kanne
Bronze
H 16,1 cm
Paris, Cabinet des Médailles de la Bibliothèque Nationale
Inv. B.B. 1447

Stark von griechischen Vorbildern beeinflußter Henkeltypus. Caylus äußert seine Bewunderung für die große Vielfalt des Dekors an Vasenhenkeln, findet allerdings in diesem besonderen Fall das Objekt, dessen einwandfreien Erhaltungszustand er erwähnt, recht schwerfällig und plump.
Anfang 5. Jahrhundert v. Chr.

A.C. Ph. de Caylus, Paris, 1756-1767, VII, 222 Taf. 61; E. Babelon-A. Blanchet, Paris 1895, 583; A.-M. Adam, Paris 1984, 7 f.

408. Fuß einer Ciste

Bronze
H 7,8 cm; B 6,9 cm
Paris, Cabinet des Médailles de la Bibliothèque Nationale
Inv. B.B. 810
Aus Chiusi

Ein Wagenlenker in Tunika und Mantel und mit einer konischen Kopfbedeckung lenkt einen vierspännigen Wagen. Die im Profil wiedergegebene Gruppe steht auf einer von einer Löwentatze getragenen rechteckigen Basis. Caylus gibt an, das Stück sei in Chiusi gefunden worden.
Ende 5. Jahrhundert v. Chr.

A.C. Ph. de Caylus, Paris, 1756-1767, V, 108 Taf. 40; E. Babelon-A. Blanchet, Paris 1895, 349 f.; A.-M. Adam, Paris 1984, 29 f.

409. Kandelaberaufsatz

Bronze
H 9,6 cm
Paris, Cabinet des Médailles de la Bibliothèque Nationale
Inv. B.B. 908

Krieger und weitere männliche Figur. Caylus behauptet nachdrücklich die etruskische Herkunft dieses Stücks und lehnt die Deutung des Bärtigen als Druiden ab. Er erkärt darüberhinaus, daß "der Augenschein, der zum Geiste des Antikenforschers spricht, [...] durch die Literatur nicht zu vermitteln [sei]; er erfordert Vertrauen".
Anfang 4. Jahrhundert v. Chr.

A.C. Ph. de Caylus, Paris, 1756-1767, VI, 82 f. Taf. 26; E. Babelon-A. Blanchet, Paris 1895, 397 f.; A.-M. Adam, Paris 1984, 57 f.

410. Kandelaberaufsatz

Herakles mit dem Nemeischen Löwen
Bronze
H 11,6 cm
Paris, Cabinet des Médailles de la Bibliothèque Nationale, Inv. B.B. 583
Aus der Toskana

Seine Überlegungen mit stilistischen Gesichtspunkten begründend, beschreibt der Graf von Caylus diesen Gegenstand als archaisch, schwerfällig, karg und ausdruckslos; die Möglichkeit eines griechischen Einflusses schließt er völlig aus und setzt noch dazu seine Entstehung vor jeglichem Kontakt mit den Griechen an.
Zweites Viertel 5. Jahrhundert v. Chr.

A.C. Ph. de Caylus, Paris, 1756-1767, IV, 84 f. Taf. 27; E. Babelon-A. Blanchet, Paris 1895, 242 f.; A.-M. Adam, Paris 1984, 52 f.

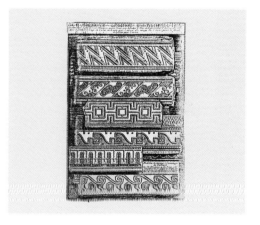

411. Kore

Bronze
H 12,8 cm
Paris, Cabinet des Médailles de la Bibliothèque Nationale
Inv. B.B. 204

Gori hatte in einer ähnlichen Statuette wie dieser eine Göttin gesehen. Caylus weist nach, daß die Typologie diese Interpretation nicht gestattet, und kommt zu dem Schluß, man müsse "die erste Erklärung aufgeben und diese Figur zu denen mit unbekanntem Thema zählen".
Ende 6. - Anfang 5. Jahrhundert v. Chr.

A.C. Ph. de Caylus, Paris, 1756-1767, I, 89 Taf. 29; E. Babelon-A. Blanchet, Paris 1895, 92; A.-M. Adam, Paris 1984, 151.

412. Figürliche Vase

Bronze
H 9,9 cm; B 5,8 cm
Paris, Cabinet des Médailles de la Bibliothèque Nationale
Inv. B.B. 254

Caylus hat dieses kleine Objekt in die Abteilung der "Römischen Antiken" eingeordnet. Ihm scheint der Stil der Frisur "mit dem Etrusker in Zusammenhang zu stehen", dennoch bestreitet er die etruskische Zuschreibung, die Gori für eine vergleichbare Büste getroffen hatte.
Zweite Hälfte 3. - Mitte 2. Jahrhundert v. Chr.

A.C. Ph. de Caylus, Paris, 1756-1767, I, 211 Taf. 85; E. Babelon-A. Blanchet, Paris 1895, 111; A.-M. Adam, Paris 1984, 38; *Vrai ou faux* (Ausstellungskatalog), Paris 1989 (1. Ausg.), 18.

413. Giovan Battista Piranesi

Parere su l'architettura, con una prefazione ed un nuovo trattato della introduzione e del progresso delle belle arti in Europa ne' tempi antichi, Rom 1761
Folio. Ausgestellt: Tafel I
Paris, Bibliothèque Nationale, Cabinet d'Estampes

Die Tafel soll angeblich "verschiedene Friese und Malereien, wie man sie in Corneto ... oder in Chiusi ... antrifft", wiedergeben. Tatsächlich aber zeigt sie Motive, die aus der Vorstellung des Autors erwachsen sind, und die Inschriften sind in der Regel Veröffentlichungen aus der ersten Hälfte des 18. Jahrhunderts entnommen.

M. Cristofani, Rom 1983, 113; *Fortuna degli Etruschi* (Ausstellungskatalog), Mailand 1985, 64.

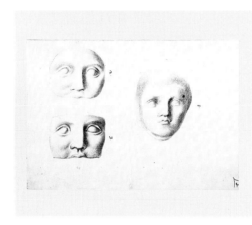

414. Zeichnungen von etruskischen Objekten

Florenz, Uffizien
Gabinetto Disegni e Stampe
Inv. 111930; 111931

Von Francesco Marchissi angefertigte Zeichnungen für die Illustration des von Giuseppe Pelli Bencivenni und Luigi Lanzi 1784 erstellten *Inventario della Galleria*. Diejenigen mit der Signatur MS. 233, Taf. 4 - 5, geben einige Weihgaben aus Terrakotta wieder, die 1669 bei Veji gefunden und Kardinal Leopoldo de' Medici als Geschenke zugesandt wurden. Die Stücke gingen dann zusammen mit der gesamten etruskischen Sammlung der Medici und der Lothringer an das Museo Archeologico in Florenz über.

F. Delpino, Rom 1985, 19-21, mit Lit.

415. Giovan Battista Passeri

Picturae Etruscorum in vasculis [...], Romae
ex typographia Johannis Zempel, 1767 - 1775
3 Bde., Folio
Ausgestellt: Bd. I, Frontispiz
Paris, Bibliothèque Centrale des Musées de France
In Berlin aus der Zentralbibliothek der Staatlichen Museen zu Berlin

Als leidenschaftlicher Verfechter der etruskischen Herkunft aller in Etrurien und Süditalien gefundenen bemalten Vasen präsentiert Passeri in diesem Werk die Sammlungen Bargagli aus Chiusi und la Valletta (heute im Museo Gregoriano Etrusco) und benützt sie als Argument, um die Überlegenheit der Etrusker auf verschiedenen Gebieten unter Beweis zu stellen.

M. Marchesi in: *Bibliotheca Etrusca* (Ausstellungskatalog), Rom 1985, 106 Nr. 14.

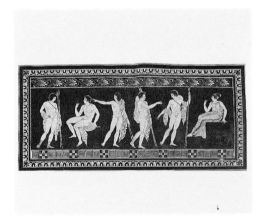

416. P.F. Hugues d'Hancarville

Antiquités étrusques, grecques et romaines tirées du Cabinet de M. Hamilton [...]
A Naples, par Francesco Morelli, 1766 - 1767
4 Bde., Folio. Ausgestellt: Bd. I, Taf. 129
Paris, Bibliothèque Centrale des Musées de France

Das Werk gibt die Vasen der ersten Hamilton-Sammlung (heute im Britischen Museum) wieder und bot seinerzeit ein wunderbares ikonographisches Repertoire für die "décors à l'étrusque". Die Tafel 129, deren Sujet der Argonautensage entnommen ist, diente wiederum Wedgwood in seiner Manufaktur "Etruria" als Vorlage für seine sechs "First Day"-Vasen (13. Juni 1769) aus schwarzem "Basalt".

M. Marchesi in: *Bibliotheca Etrusca* (Ausstellungskatalog), Rom 1985, 100 Nr. 9.

417. Codex 556

Cortona, Accademia Etrusca, Bibliothek

Eingebunden in den Codex ist eine Mappe mit "Zeichnungen und Inschriften aus Gräbern, im Neapolitanischen gefunden durch den Cav. Domenico Venuti", einem Sohn des Mitbegründers der *Accademia Etrusca* Marcello Venuti, 1779 Direktor der Real Fabbrica Ferdinandea von Capodimonte und von 1785 - 1787 Soprintendente Generale für die Ausgrabungen im Königreich Neapel. Die Zeichnungen zeigen die Gräber mit den dazugehörigen Ausstattungen, die in S. Agata dei Goti gefunden worden waren. Sie dienten als Anregung für einige in der *Fabbrica Ferdinandea* hergestellte Porzellane.

A. Carola Perrotti, *Annuario dell'Accademia Etrusca* 21, 1984, 279 ff.

418. Luigi Lanzi

Saggio di Lingua etrusca e di altre antiche per servire alla storia de' popoli, delle lingue e delle belle arti [...], Rom, Pagliarini, 1783
In Berlin aus der Zentralbibliothek der Staatlichen Museen zu Berlin
3 Bde., 8°
Ausgestellt: Bd. III, Frontispiz und Taf. XV: *Imagines Tuscanici operis literatae Dempster Addendae Tomi II tab. XI*

Mit diesem Werk, das mit dem Dilettantismus der *etruscheria* vollends bricht, setzt sich Luigi Lanzi (1732 - 1810) als der Begründer der Etruskologie durch und legt in allen Bereichen die Grundlagen zu dieser Wissenschaft.

M. Pallottino, Studi Etruschi 29, 1961, S. XXI-XXXVII; M. Cristofani, Rom 1983, 176-181.

419. Medaille mit Bildnis des Filippo Buonarroti
Bronze
Dm 6,26 cm
Cortona, Museo dell'Accademia Etrusca
Inv. 278

VS. Bildnis des Florentiner Senators, des ersten Präsidenten der Accademia Etrusca nach ihrer Gründung 1727 bis zu seinem Tode im Dezember 1733.
RS: Widmungsinschrift. Die Medaille wurde 1731 von Antonio Montauti im Auftrag von Francesco Vettori und mit Bewilligung von Filippo Venuti, einem der Gründer der Accademia Etrusca, geschaffen.

D. Gallo (Hrsg.), *Filippo Buonarroti e la cultura antiquaria sotto gli ultimi Medici* (Ausstellungskatalog), Florenz 1986, 48 Nr. 8.

420. Gedenkmedaille für Giovanni Lami
Bronze
Dm 8,5 cm
Volterra, Pinacoteca Civica, ehem. Museo Guarnacci, ohne Inv.

VS. Büste im Profil von rechts mit dem Namen Giovanni Lami in griechischer Schrift.
RS: Die Göttin Athena, die im Begriff ist, auf eine Schriftrolle zu schreiben. Hinter ihr ein aufgeschlagenes Buch und ein Schild mit einer Nike, die einen Kranz trägt. Giovanni Lami (1697 - 1770), ein Schüler von A. M. Salvini, war ein bedeutender Gelehrter und Kirchenhistoriker. Er trug wesentlich zur Erforschung der etruskischen Sprache bei.

M. Cristofani, Rom 1983, 123 ff.

421. Medaille mit Bildnis von Mario Guarnacci
Bronze
Dm 7,5 cm
Volterra, Pinacoteca Civica, ehem. Museo Guarnacci, ohne Inv.

VS: MARIUS. GUARNACCIUS. VOLATER
Büste im Profil von rechts
RS: ADLATRANT. SED. FRUSTRA. AGITUR. VOX. IRRITA. VENTIS. ET. PERAGIT. CURSUS. SURDA. DIANA. SUOS.
Vier Hunde mit den Vorderläufen auf einem Felsen heulen einen am Himmel strahlenden zunehmenden Mond an.
Die Medaille wurde noch zu Lebzeiten Guarnaccis (1701 - 1785) geschaffen.

R. Maffei, Rom 1983, 94 ff.; M. Cristofani, Rom 1983, 100 Abb. 52.

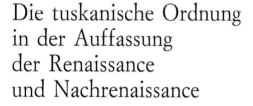

Die tuskanische Ordnung in der Auffassung der Renaissance und Nachrenaissance

422. Dionisio Nogari
Porträt des Scipione Maffei, um 1740
Öl auf Leinwand
H 191 cm; B 130 cm
Verona, Museo Lapidario Maffeiano
Inv. 3750

Scipione Maffei (1675 - 1755), ein Vorläufer der Aufklärung, beschäftigte sich als einer der ersten mit den Etruskern und der antiken Bevölkerung des vorrömischen Italien. In diesem Porträt, gemalt von Dionisio Nogari, kontrastiert der kraftvolle Realismus mit der noch barocken Pose.

S. Marinelli in: *La pittura a Verona tra Sei- e Settecento* (Ausstellungskatalog), Verona 1978, 227-229 Abb. 187; ders. in: *Il Museo Maffeiano riaperto al pubblico*, Verona 1982, 92 Abb. 64; G.P. Marchi in: *Nuovi Studi Maffeiani*, Verona 1985, 233-256.

423. Zwei kleine Säulen
Gelblicher Ton
A: H 15 cm; Dm 5,2 cm
B: H 7,5 cm; Dm 5 cm
Rom, Museo Nazionale di Villa Giulia
Inv. sc. VPV 2538; VPV 2518
Aus Veji, Portonaccio-Heiligtum

Kleine tuskanische Säulen, sich nach oben verjüngend, hohe Basis mit doppeltem Torus, Halsring, Kapitell mit Kehle und Echinus. Sie gehören zu einem Tempelmodell als Weihgeschenk. Der Tempel muß ein Prostylos gewesen sein.
Datierung ungewiß

R.A. Staccioli, Florenz 1968, 20 Nr. 8; G. Morolli, Florenz 1985, 42 Taf. 8.

424. Modell einer Säulenhalle

Hellrosafarbener Ton
H 10,5 und 10,2 cm; L 39,5 cm; B 15 cm
Rom, Museo Nazionale di Villa Giulia
Inv. 59756
Aus Vulci, Votivdepot an der Porta Nord

Säulenhalle mit rechteckigem Grundriß, aus sieben, im oberen Teil kanellierten Säulen bestehend. Satteldach (fehlt). Das in einem heiligen Bezirk gefundene Stück stellt wahrscheinlich das Modell einer Unterkunft für Pilger dar.
Erste Hälfte 1. Jahrhundert v. Chr.

R.A. Staccioli, Florenz 1968, 26 f. Nr. 16 Taf. 16; G. Proietti, Rom 1980, 66 Abb. 72.

425-438
Vitruv und die tuskanische Ordnung: Interpretation der Architekten der Neuzeit

Eines der wenigen erhaltenen Werke der Prosaliteratur augusteischer Zeit ist das Traktat *De Architectura* des Vitruvius Pollio. Unter den römischen Autoren ist er der erste, der die Baukunst behandelt, wobei er auch die Texte griechischer Autoren über dieses Thema einbezog. Das an vielen Stellen enzyklopädisch ausgelegte Werk ist für uns eine unersetzliche Quelle technischer und geschichtlicher Informationen.

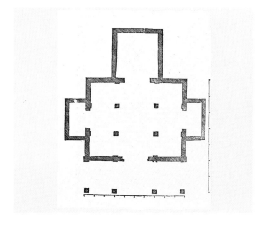

425. Leon Battista Alberti

L'architettura [...] tradotta da Cosimo Bartoli
Florenz, Lorenzo Torrentino, 1550
Folio
Ausgestellt: S. 210, Grundriß des etruskischen Tempels
Paris, Ecole Nationale Supérieure des Beaux-Arts
In Berlin aus der Staatsbibliothek zu Berlin

Im *De re Aedificatoria* (1485) rühmt Alberti (1404 - 1472) die Rolle der etruskischen Architektur innerhalb der allgemeinen Architekturgeschichte. Er stellt die tuskanische Ordnung der dorischen, der ionischen und der korinthischen gegenüber und liefert eine eigene Interpretation der *Tuscanicae dispositiones* Vitruvs und seines etruskischen Tempels, dessen Einfluß auf seine eigenen Werke er an anderer Stelle betont.

M. Barresi in: G. Morolli, Florenz 1985, 295 Nr. 1 Taf. 36.

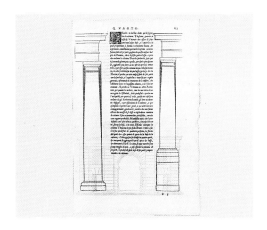

426. Sebastiano Serlio

Regole generali di architettura di Sebastiano Serlio [...] sopra le cinque maniere de gli edifici, Venetia, F. Marcolini da Forlì, 1540
Folio. Ausgestellt: Buch IV, S. VI
Paris, Bibliothèque Nationale, Département des Imprimés
In Berlin aus der Staatsbibliothek zu Berlin

In diesem Buch IV, das erstmals 1537 unter dem Titel *Dell'ornamento rustico* erschien, erarbeitet Sebastiano Serlio in Wahrheit die Regeln der tuskanischen Ordnung, die er in den Rang einer vollwertigen und eigenständigen Ordnung erhebt: Die Säulen können demnach unmittelbar auf dem Boden oder auch auf einem Stylobat stehen, und das Gebälk wird durch einen Fries gekennzeichnet wie bei anderen Ordnungen auch. Seite VI zeigt zwei Typen tuskanischer Säulen.

M. Barresi in: G. Morolli, Florenz 1985, 301 Taf. 111.

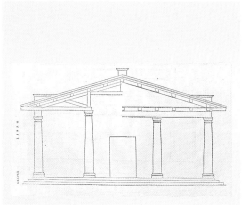

427. Daniele Barbaro (und Andrea Palladio)

I dieci libri dell'Architettura di Vitruvio, tradotti e commentati da D. Barbaro, Venedig 1556
Folio. Ausgestellt: Kapitel VII des Buches IV, Grundriß, Schnitt und Aufriß des Pronaos des etruskischen Tempels nach Vitruv
Paris, Ecole Nationale Supérieure des Beaux-Arts
In Berlin aus der Staatsbibliothek zu Berlin

Die Tafel bietet eine Rekonstruktion des etruskischen Tempels, die unter diejenigen gezählt wird, die den Beschreibungen Vitruvs am genauesten folgen. Insbesondere sei auf das Fehlen des Frieses oberhalb des Architravs hingewiesen.

Fortuna degli Etruschi (Ausstellungskatalog), Mailand 1985, 86 Abb. 102, 89 Abb. 112; G. Morolli, Florenz 1985, 103.

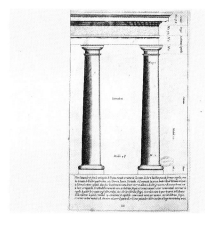

428. Jacopo Barozzi da Vignola

La Regola delli cinque Ordini di Architettura
Bernardino Oppi, Siena, ohne Jahr (aber 1635)
Folio
Ausgestellt: Taf. IV, die tuskanische Ordnung
Paris, Bibliothèque de l'École Nationale Supérieure des Beaux-Arts
In Berlin aus der Staatsbibliothek zu Berlin

Der Versuch einer Rückkehr zum Text Vitruvs, den einige Architekturtheoretiker - beispielsweise Barbaro und Palladio - unternahmen, konnte nicht verhindern, daß dem Traktat und den Theorien Serlios Erfolg beschieden war. Vignola übernimmt hier dessen Definition der tuskanischen Ordnung, jedoch nicht, ohne die Proportion zu empfehlen, die Vitruv angibt (1:7); sie ist schlanker als die Säule bei Serlio (1:6).

Fortuna degli Etruschi (Ausstellungskatalog), Mailand 1985, 89 Abb. 113; G. Morolli, Florenz 1985, 87.

DIE TUSKANISCHE ORDNUNG

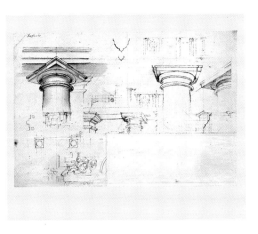

429. Giorgio Vasari
Studien zu Kapitellen für den Portikus der Uffizien
Weißes Papier, Federzeichnung
Florenz, Uffizien, Gabinetto dei Disegni e Stampe

Vasari (1511 - 1574; *Delle Vite de' più eccellenti Pittori Scultori ed Architettori*, Florenz 1568) bezieht sich in dem der Architektur gewidmeten Teil oftmals auf die tuskanische Ordnung. Die Zeichnung enthält eine Reihe von Studien über Kapitelle, die für Cosimos Palazzo delle Magistrature, genannt "degli Uffizi", bestimmt waren und deren Ordnung konsequent tuskanisch war.
1560

G. Morolli, Florenz 1985, Taf. 76.

430. Walter Riff (Rivius)
Vitruvius teutsch... [...], Nürnberg 1548
Folio
Ausgestellt: Taf. CLVIII. RS: etruskischer Tempel
London, British Library
In Berlin aus dem Kupferstichkabinett der Staatlichen Museen zu Berlin

Die Tätigkeit Walter Riffs, gen. Rivius, reiht sich in die Renaissance-Debatte über die tuskanische Ordnung und ihre Definition als architektonische Ordnung ein, die von der Verbreitung von Vitruvs *De Architectura* ausgelöst wurde. 1548 gab Rivius die erste deutsche Übersetzung dieses Werks heraus, der jedoch 1547 die Publikation eines Traktats vorausging, das das lateinische Original von *De Architectura* bereits in deutscher Sprache zusammenfaßte.

G. Morolli, Florenz 1985, 102.

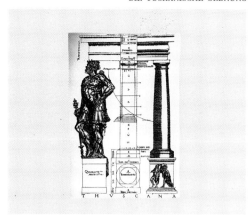

431. John Shute
The first and Chief Groundes of Architecture used in all the ancient and famous monuments [...],
London, Thomas Marshe, 1563 (anastatische Faksimile-Neuedition, London 1912)
Folio
Rom, British School

Shute war der erste, der in der angelsächsischen Welt die klassizistische Theorie der architektonischen Ordnungen veranschaulichte. Er präsentiert in diesem Werk die tuskanische Ordnung als "die stärkste, die in der Lage ist, die größten Lasten zu tragen". Dieser Gedanke wird durch die Verwandlung der tuskanischen Säule in eine Figur des Atlas illustriert, des Königs von Mauretanien, der nach einem in der Renaissance verbreiteten Mythos zusammen mit Herakles etruskische Städte gegründet haben soll.

M. Barresi in: G. Morolli, Florenz 1985, 307 Taf. 70.

432. Wendel Dietterlin
Architectura von Ausstheilung Symmetria und Proportion der fünf Seulen [...],
Nürnberg, Balthasar Caymoz, 1598
Folio. Ausgestellt: Taf. 6, die tuskanische Ordnung und ihre Anthropomorphisierung
Paris, École Nationale Supérieure des Beaux-Arts
In Berlin aus der Staatsbibliothek zu Berlin

Dietterlin (1550 - 1599) zeigt hier eine anthropomorphe Umsetzung der tuskanischen Ordnung in der Version nach Serlio. Sie wird mit Janus-Noah identifiziert, einer mythischen Figur, die nach der Sintflut in die Toskana gelangt war, dort das Volk der Etrusker begründet und, unter anderem, auch die Kunst des Weinbaus verbreitet haben soll.

Fortuna degli Etruschi (Ausstellungskatalog), Mailand 1985, 94 Abb. 125; M. Barresi in: G. Morolli, Florenz 1985, 317 Nr. 17 Taf. 71.

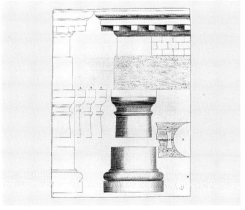

433. Claude Perrault
Les dix livres d'architecture de Vitruve corrigez et traduitz nouvellement en Français [...],
Paris 1684 (zweite Ausgabe)
Folio
Ausgestellt: Taf. XXXIII, die tuskanische Ordnung
Paris, École Nationale Supérieure des Beaux-Arts
In Berlin aus der Staatsbibliothek zu Berlin

Perrault nimmt bei seiner Interpretation des Vitruv-Texts grundsätzlich den Grundriß der Version Palladios wieder auf, führt aber die Möglichkeit ein, die Säulen der Cella durch Trennwände zu ersetzen, die, parallel zur Rückwand verlaufend, zwei kleine Seitenkapellen ergeben. Der Aufriß zeigt den von Vitruv vorgesehenen hölzernen Architrav; wobei allerdings ein Fries hinzugefügt ist und das Gesims weniger weit vorkragt.

G. Morolli, Florenz 1985, 103 f. Taf. 54.

434. Marc-Antoine Laugier
Essai sur l'architecture [...],
Paris, Duschesne, 1755
8°. Ausgestellt: Vortitelblatt, Allegorie des natürlichen Ursprungs der Architektur
Paris, Bibliothèque Nationale, Département des Imprimés
In Berlin aus der Staatsbibliothek zu Berlin

Die Allegorie eröffnet den Essay des Père Laugier (1713 - 1769), einem Verfechter des "Evolutionismus" in der Architektur, dem zufolge alles mit einer *petite cabane* (kleinen Hütte) begonnen hätte. Innerhalb dieser Entwicklung, die den Griechen viel und den Römern nur sehr wenig verdanke, stellt die tuskanische Ordnung lediglich eine gröbere Form der dorischen dar.

Fortuna degli Etruschi (Ausstellungskatalog), Mailand 1985, 83 Abb. 98; M. Barresi in: G. Morolli, Florenz 1985, 337.

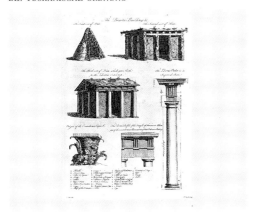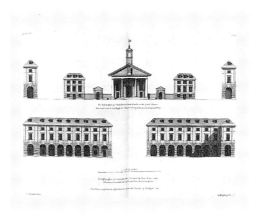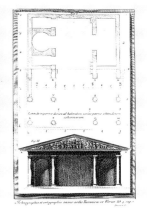

435. William Chambers
A Treatise on Civil Architecture [...]
London, A. Millar, 1759
Folio
Ausgestellt: Tafel, die die Entwicklung von der primitiven Hütte zur dorischen Ordnung nachvollzieht
Paris, Bibliothèque Nationale, Département des Imprimés
In Berlin aus der Kunstbibliothek der Staatlichen Museen zu Berlin

Fortuna degli Etruschi (Ausstellungskatalog), Mailand 1985, 85 Abb. 98; M. Barresi in: G. Morolli, Florenz 1985, 386 Taf. 62.

436. Colin Campbell
Vitruvius Britannicus or the British Architects [...]
ohne Ort und Jahr
3 Bde. Folio. Ausgestellt: Bd. II, S. 21 f.
Elévation oriental du St. Paul Covent Garden du côté de la Grand Palace, [...]
Paris, Bibliothèque Nationale, Département des Imprimés
In Berlin aus der Staatsbibliothek zu Berlin

Die Tafel zeigt die Fassade der von Inigo Jones zwischen 1631 und 1638 gebauten Londoner Kirche St. Paul in Covent Garden, eine getreue palladianische Version des etruskischen Tempels nach Vitruv. Sie bezeugt die Beliebtheit dieses Motivs und der tuskanischen Ordnung in den großen europäischen Städten in der ersten Hälfte des 18. Jahrhunderts.

G. Morolli in: Kongreßakten Rom, 1989, 156 Taf. 85.

437. Giovan Battista Piranesi
Della Magnificenza ed Architettura de' Romani [...],
Rom 1761
Folio
Ausgestellt: Tafel XXVIII, *Ichnographia et ortographia sacrae aedis Tuscanicae ex Vitruv. lib. 4 cap. 7*
Paris, Bibliothèque Centrale des Musées de France
In Berlin aus dem Kupferstichkabinett der Staatlichen Museen zu Berlin

Fortuna degli Etruschi (Ausstellungskatalog), Mailand 1985, 60 Nr. 1a.

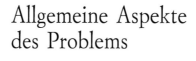

Allgemeine Aspekte des Problems

438. William Wilkins
Vitruvius: the Civil Architecture, London 1812-1817
4°
Florenz, Biblioteca Nazionale Centrale, Fondo Palatino

Die klassische Tradition, die in der Renaissance wieder zu Ehren kam, wurde das ganze 19. Jahrhundert hindurch in Kontroversen und unterschiedlichen Versionen und Editionen des Vitruvschen Werks weitergeführt. Im Kontext des Neuklassizismus, der die Problematik des tuskanischen Tempels erneut aufgriff, bot die englische Version von Wilkins eine äußerst einfache Variante des etruskischen Tempels an, die sich von den bevorzugten griechischen Entsprechungen abhob. Einige Aspekte der kanonischen Tradition Vitruvs werden wieder eingebracht, wie beispielsweise die dreiteilige Cella des Tempels.

G. Morolli, Florenz 1985, 104.

439. Giovan Battista Piranesi
Diverse maniere d'adornare i cammini [...],
Rom, gedruckt von Generoso Salomoni, 1769
Folio
Ausgestellt: S. 31, Taf. 1
Paris, Bibliothèque Centrale des Musées de France
In Berlin aus dem Kupferstichkabinett der Staatlichen Museen zu Berlin

Piranesi faßt hier gewissermaßen seine Theorie über die Vorzeitigkeit und Überlegenheit der etruskischen gegenüber der römischen Architektur zusammen, welche Etrurien nicht allein ihre Formen, sondern auch ihren Schmuck verdanke. Tatsächlich können von den 114 auf dieser Tafel abgebildeten Motiven nur sechs als etruskisch bezeichnet werden.

M.G. Rak in: *Bibliotheca Etrusca* (Ausstellungskatalog), Rom 1985, 159 f. Nr. 1; *Fortuna degli Etruschi* (Ausstellungskatalog), Mailand 1985, 67 f.

ALLGEMEINE ASPEKTE DES PROBLEMS

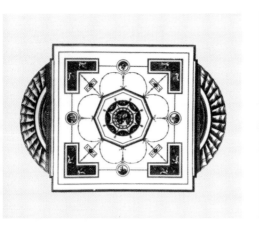

440. Robert und James Adam
Works in Architecture, London 1779 (Neuauflage Dourdan, E. Thézard, Sohn, 1901)
2 Bde., Folio
Ausgestellt: Bd. 2, Taf. VII, *Dessein d'un plafond dans le goût étrusque exécuté dans la chambre à toilette de la Comtesse de Derby*
Paris, Bibliothèque de l'Union Centrale des Arts Décoratifs
In Berlin aus der Staatsbibliothek zu Berlin

Bibliotheca Etrusca, (Ausstellungskatalog), Rom 1985, 163 Nr. 12.

441. Jean-Démosthène-Dugourc
Entwurf einer Dekoration *à l'étrusque*, um 1790
Feder mit schwarzer Tinte, Aquarell und Tempera
Unten li.: *Dugourc inv. et del.*
H 44,7 cm; B 38,5 cm
Paris, Union Centrale des Arts Décoratifs, Cabinet des Dessins
Inv. CD2718, ehem. Slg. Wallace und David-Weill

Der auf der Tapisserie abgebildete Fries lehnt sich an die Bemalung einiger rotfiguriger griechischer Vasen an. Der Diwan und die Sessel werden als Prototypen zu den ersten in Frankreich vom Kunsttischler Jacob gefertigten Exemplaren von Sitzmöbeln *à l'étrusque* angesehen, beziehen aber in Wahrheit ihre geschwungenen Beine und ihre figürliche Dekoration aus der pompejanischen Malerei.

P. Arizzoli-Clémentel in: *De Dugourc à Pernon* (Ausstellungskatalog), Lyon 1990, 82 f. Nr. 20.

442. Meunier
Entwurf eines Stuhles *à l'étrusque*, um 1790
Feder mit schwarzer Tinte, Aquarell und Tempera
Unten li.: *Meunier inv. et fecit*
H 25 cm; B 20 cm
Paris, Union Centrale des Arts Décoratifs, Cabinet des Dessins
Inv. CD2736, ehem. Slg. Wallace und David-Weill

Die Zeichnung stammt wie Kat. 441 aus einer Mappe, die verschiedene Zeichnungen von Möbeln und Innenausstattungen enthält, die für die Höfe in Frankreich, Spanien und Rußland entworfen wurden.

M.G. Rak in: *Bibliotheca Etrusca* (Ausstellungskatalog), Rom 1985, 172 Nr. 36b.

443. Pelagio Palagi
Entwurf eines Stuhles, Vorderansicht, um 1835
Federzeichnung, rot und schwarz aquarelliert, signiert, mit eigenhändiger Beschriftung
H 58 cm; B 76 cm
Bologna, Biblioteca Comunale dell'Archiginnasio
Inv. 2202

Der Maler, Bildhauer und Architekt Palagi (1775 - 1860) leitete um 1835 die Umbauarbeiten im Schloß Racconigi, wo er für den Arbeitsraum des Königs ein "etruskisches Kabinett" einrichtete, zu dem er die Ausstattung und eine Reihe von Möbeln *all'etrusca* entwarf und anfertigen ließ.

L. Bandera Gregori in: *Pelagio Palagi artista e collezionista* (Ausstellungskatalog), Bologna 1976, 177-202; S. Tovoli in: *Dalla Stanza delle Antichità al Museo Civico* (Ausstellungskatalog), Bologna 1984, 191.

444. Pelagio Palagi
Entwurf eines Stuhles, Seitenansicht
Federzeichnung, rot und schwarz aquarelliert, signiert, mit eigenhändiger Beschriftung
H 64 cm; B 77 cm
Bologna, Biblioteca Comunale dell'Archiginnasio, Inv. 2203

Der Entwurf ist Teil der Möblierung *all'etrusca* für den Arbeitsraum des Königs im Schloß Racconigi. Die Relief- und Intarsienmotive sind antiken Vorlagen sorgfältig nachgebildet. Besonders die Palmetten- und Lotosblütenverzierungen verweisen auch in ihrer raffinierten Farbzusammenstellung auf antike Keramik - ein Sammelgebiet von Palagi.

L. Bandera Gregori in: *Pelagio Palagi artista e collezionista* (Ausstellungskatalog), Bologna 1976, 190 Nr. 162 f.

445. Pelagio Palagi
Entwurf einer Intarsie
Federzeichnung, rot aquarelliert, signiert, mit eigenhändiger Beschriftung
H 94 cm; B 66 cm
Bologna, Biblioteca Comunale dell'Archiginnasio
Inv. 2226

Die Einheitlichkeit von Palagis Entwurf für das "etruskische Kabinetts" im Schloß Racconigi wird durch die Abstimmung der Einrichtungsgegenstände mit der Raumdekoration hervorgehoben. Das aus der Vasenmalerei stammende Motiv dieser polychromen Einlegearbeit für die Türen des "etruskischen Kabinetts" wurde ebenfalls im Wand- und Deckendekor des gleichen Saales eingesetzt.

L. Bandera Gregori in: *Pelagio Palagi artista e collezionista* (Ausstellungskatalog), Bologna 1976, 190 Nr. 161.

ALLGEMEINE ASPEKTE DES PROBLEMS

446. Antonio Cioci
Etruskische Vasen und Blumen
Öl auf Leinwand
H 77 cm; B 120 cm
Florenz, Opificio delle Pietre Dure
Inv. 5212

Gemälde, zu dem Antonio Cioci (gest. 1792), ein Spezialist für Veduten und Stilleben, noch ein Pendant mit ähnlichem Sujet anfertigte. Die zwei Bilder dienten als Vorlage für zwei Konsolplatten in Einlegearbeit aus Pietra Dura auf einem Grund aus korsischem Jaspis, die in der großherzoglichen Manufaktur in Florenz um 1791 vollendet wurden und für den Palazzo Pitti bestimmt waren, wo sie sich heute noch befinden.
Um 1785

A.M. Giusti in: *Il Museo dell'Opificio delle Pietre Dure a Firenze*, Mailand 1978, 328.

447. *Déjeuner à l'étrusque*
Bemaltes und vergoldetes Porzellan der Real Fabbrica delle Porcellane di Napoli
Platte: L 32,5 cm; B 22,5 cm
Kaffeekanne: H 14,5 cm; Milchkanne: H 9,5 cm
Zuckerdose H 9 cm; Tasse: H 6 cm
Untertasse: Dm 13 cm
Neapel, Museo e Gallerie Nazionali di Capodimonte, Inv. 5065

Das Service besteht aus sechs Teilen, von welchen nur eines mit Marke (blaues N mit Krone) versehen ist. Es ist beispielhaft für die Verwendung figürlicher Szenen nach vermeintlich "etruskischer" Keramik sowohl im Dekor des Porzellans aus Neapel als auch dem anderer europäischer Manufakturen im ausgehenden 18. Jahrhundert. Die Erklärung der Szene auf der Platte liefert ein anderes Frühstücksservice aus der gleichen Manufaktur im Stockholmer National Museum: "Der lorbeerbekränzte Homer singt zum Klang der Lyra seine Epen und lauscht der geflügelten Muse, die ihm einhaucht, was er vortragen soll; die junge Frau mit der Lanze stellt die Ilias, der alte Sitzende die Odyssee dar."

A. González-Palacios in: *El arte de la corte de Nápoles en el siglo XVIII* (Ausstellungskatalog), Madrid 1990, 197 Nr. 40.

448. Eliza Meteyard
The Life of Josiah Wedgwood [...], London, Hurst and Blackett, 1865 - 1866
8°
London, British Library
In Berlin aus der Kunstbibliothek der Staatlichen Museen zu Berlin

Josiah Wedgwood gründete 1769 eine Keramikmanufaktur mit der programmatischen Bezeichnung "Etruria". Verschiedene Illustrationen in der zweibändigen Biographie, die Meteyard ihm widmete, nehmen auf diese Manufaktur Bezug, so auch die hier gezeigte: *Modelling Room Etruria* (Bd. II, Abb. 46).

M.G. Rak in: *Bibliotheca Etrusca* (Ausstellungskatalog), Rom 1985, 168 Nr. 22.

449. Oinochoe in Form eines männlichen Kopfes
Bronze, nach verlorenem Wachsmodell gegossen
H 32 cm
Paris, Musée du Louvre, Département des Antiquités grecques, étrusques et romaines
Inv. ED 603 (gebr. Nr. Br 2955), ehem. Slg. Durand
Aus Gabii

Diese figürliche Oinochoe leitet sich wahrscheinlich von attischen Vorbildern aus Ton aus dem dritten Viertel des 5. Jahrhunderts v. Chr. her. Sie wurde bei den Ausgrabungen des Fürsten Aldobrandini in Gabii gefunden und gehörte zur Sammlung in Malmaison.
425 - 400 v. Chr.

M. Cristofani, Novara 1985, 291 f. Nr. 115; S. 220 Abb. 115.

450. Oinochoe in Form eines männlichen Kopfes
Ton, *Black Basalt Ware*
Marke: WEDGWOOD K
H 29 cm
New York
The Metropolitan Museum of Art
Department of European Sculpture and Decorative Arts, Inv. 32. 95.14

Von dieser Vase in Form eines Kopfes sind zwei Exemplare erhalten, eines im Britischen Museum und eines im Metropolitan Museum in New York. Die Version von Wedgwood unterscheidet sich vom Original (Kat. 449) in einigen Details.

D. Buten, New York 1980; S. Haynes, *The Bronze Head-Vase from Gabii in the Louvre. Its History and its Echoes* (in Druck).

451. Oinochoe in Form eines männlichen Kopfes

Bronze
H 29 cm
London, British Museum, Department of Greek and Roman Antiquities
Inv. 1824.4-89.87
Vermächtnis Richard Payne Knight

Die Bronzekanne des Britischen Museums ist eine Kopie der etruskischen Oinochoe des Louvre (Kat. 449). Sie wurde wahrscheinlich nach einem Abdruck des Originals oder nach einem Modell von diesem hergestellt. Kleine Spuren von Nähten lassen erkennen, daß die Gußform fünfteilig war. Die Kopie vermag die feineren Details des Originals nicht wiederzugeben, wie die Perlen auf der Rippenprofilierung des Henkels oder den Eierstab auf der Mündung. 1824 erhielt das Britische Museum die Kanne aus dem Nachlaß des Antikensammlers Richard Payne Knight, der sie sicherlich für antik gehalten und auf einer seiner Reisen 1772 - 73 oder 1776 - 77 in Italien erworben hatte. Es ist anzunehmen, daß die Kanne von Knight bzw. ein Gipsabdruck von ihr als Modell für die "bronzierte" (vergoldete) Version gedient hat, die in Josiah Wedgwoods Manufaktur *Etruria* für die berühmte *Black Basalt Ware* hergestellt wurde. Eine Form für die Vase in Gestalt eines Kopfes, offenbar aus dem 18. Jahrhundert, wird im Wedgwood Museum Barlaston in Stoke-on-Trent, aufbewahrt. Wedgwood könnte Knight über Sir William Hamilton kennengelernt haben. Dieser war Knight in Neapel begegnet und hatte ihn in England wiedergesehen, wo sie beide Mitglieder der *Society of Dilettanti* waren.

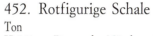

452. Rotfigurige Schale

Ton
H 6,5 cm; Dm an der Mündung 9,5 cm
Sèvres, Musée National de la Céramique
Inv. Sèvres 234, ehem. Slg. Vivant-Denon
Aus der Basilicata

Seite A und B: Frauenkopf im Profil zwischen Voluten; unterhalb der Henkel je eine Palmette. Diese und die folgende Vase (Kat. 453) gehörten zu der Sammlung, die Baron Dominique Vivant-Denon (1757 - 1825) zusammengetragen hatte. Nach ihrer Erwerbung für das geplante Museum im Louvre wurde die Sammlung in der Manufaktur von Sèvres gelagert, um den dort Arbeitenden "bezaubernde Anregungen für das Dekor" an die Hand zu geben.

CVA *France, Sèvres*, 13, Paris 1934, Taf. 43, 2 u. 4.

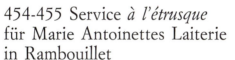

454-455 Service *à l'étrusque* für Marie Antoinettes Laiterie in Rambouillet

Königliche Manufaktur Sèvres, 1788
Sèvres, Musée National de la Céramique

Diese Teile des Services für Marie Antoinettes Laiterie wurden nach Zeichnungen von Jean-Jacques Lagrenée (1739 - 1821) hergestellt und mit pastoralen Motiven dekoriert, die bestens zu ihrem Bestimmungsort paßten: eine Kuh, die ihr Kalb säugt, ein Schaf, Blumen, Weinranken usw. Diese Motive beziehen sich in Wahrheit keineswegs auf etruskische Vorbilder und sind recht wenig von der antiken Keramik der Denon-Depots beeinflußt: einzig der Becher "mit etruskischen Henkeln" ahmt die Form des griechischen Skyphos und die Henkel anderer griechischer Schalen nach (vgl. Kat. 455).

H.P. Fourest, Paris 1953, 344 Taf. 288.

453. Rotfiguriger Skyphos

Ton
H 9,5 cm; Dm an der Mündung 7,5 cm
Sèvres, Musée National de la Céramique
Inv. Sèvres 230, ehem. Slg. Vivant-Denon
Herkunft unbekannt

Seite A und B: Frauenkopf im Profil zwischen Voluten; unterhalb der Henkel je eine Palmette. Apulien, zweite Hälfte 4. Jahrhundert v. Chr.

CVA *France, Sèvres*, 13, Paris 1934, Taf. 43, 6 u. 7; F. Citera, L'Objet d'Art 213, Dez. 1991, 52-67.

454. Tasse mit Untertasse

Porzellan
H der Tasse 11 cm; Dm 10 cm
Dm der Untertasse 18 cm
Sèvres, Musée Nationale de la Céramique
Inv. 6795

Bibliotheca Etrusca (Ausstellungskatalog), Rom 1985, 179 Nr. 53; F. Citera, L'Objet d'Art 213, Dez. 1991, 52-67.

 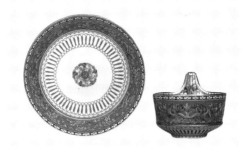 

455. Tasse mit Untertasse
Porzellan
H der Tasse 7,5 cm; Dm 8,1 cm
Dm der Untertasse 16,5 cm
Sèvres, Musée Nationale de la Céramique
Inv. 6796

Tasse mit "etruskischen Henkeln".

H.P. Fourest, Paris 1953, 344 Taf. 288; F. Citera, L'Objet d'Art 213, Dez. 1991, 52-67.

456. Tasse mit Untertasse
Meißen, Königliche Manufaktur
Porzellan. Aufglasur-Dekor, Ornamente in Gold, Silber und Platin
H der Tasse 7,2 cm; Dm 8,2 cm
Dm der Untertasse 13,6 cm
Sèvres, Musée National de la Céramique
Inv. MNC 469

Der leicht nach außen schwingende Kontur der Tasse und die Gestaltung des Henkels lehnen sich offensichtlich an antike Keramik, vielleicht besonders an etruskische Bucchero-*kyathoi* an.
Um 1806

A. Fay-Hallé-B. Mundt, Freiburg 1983, 74 f. Abb. 103

457. Tasse mit Untertasse
Berlin, Königliche Porzellan-Manufaktur (KPM)
Porzellan, farbig bemalt und vergoldet, unterglasurblaue Szeptermarke, überglasurblaue Malereimarke
H der Tasse 7,4 cm; Dm der Untertasse 14,3 cm
Berlin, Berlin-Porzellansammlung Belvedere, Schloß Charlottenburg

Tasse und Untertasse größtenteils mit einer Lapislazuli-simulierenden Malerei überzogen, die von weißgrundigen Bordüren mit Wellenfries und Blattketten gesäumt wird; die Standmulde umzieht eine Schlange. Die Form der sog. Campaner-Tasse mit dem schlaufenförmigem Bandhenkel ist von der etruskischen Kyathos-Form beeinflußt. 1805 - 1815

W. Baer: Berlin und die Antike (Ausstellungskatalog), Berlin 1979, 260 Nr. 493.

458. Ciste
Bronze, Dekor graviert
H gesamt 42,3 cm; Dm 24 cm
London, British Museum
Inv. GR 1884.6-14.32, ehem. Slg. Castellani
Herkunft unbekannt

Auf dem Deckel figürlicher Henkelgriff mit Satyr und Mänade, gegossen, und sich begegnende Tierpaare, graviert. Auf dem Körper eine Darstellung, die einige Wissenschaftler als Verballhornung des Parisurteils interpretiert haben. Jüngst wurde die Echtheit der Ciste angezweifelt, was die formalen und ikonographischen Unstimmigkeiten, die immer schon aufgefallen waren, erklären würde.

H.B. Walters, London 1899, Nr. 745; G. Bordenache Battaglia, Florenz 1979, 122 ff. Nr. 34 Taf. 152 f.

459. Ciste "Pasinati"
Bronze
H 21,7 cm; L 44,7 cm; Br 21,2 cm
London, British Museum
Inv. GR 1884.6-14.34, ehem. Slg. Castellani
Herkunft unbekannt

Ovaler Körper. 1864 mit der gesamten Ausstattung aufgetaucht (angeblich aus Palestrina), wurde lange Zeit für authentisch gehalten. Der Deckel besitzt eine komplizierte Darstellung, die sich auf Aeneas und die Gründung Roms bezieht, mit seltsamen Übereinstimmungen mit der *Aeneis* Vergils, wo der Kampf und der Sieg des Aeneas über Turnus beschrieben wird. Die Ciste wird heute als Fälschung angesehen.

H.B. Walters, London 1899, 129 f. Nr. 741; G. Bordenache Battaglia, Florenz 1979, 126 ff. Nr. 36 Taf. 156-158.

460. Eisgefäß in Form einer Ciste
Berlin, Königliche Porzellan-Manufaktur (KPM)
Porzellan, farbig bemalt und vergoldet, unterglasurblaue Szeptermarke
H mit Sockel 35 cm
Berlin, Staatliche Schlösser und Gärten, Schloß Charlottenburg

Einer praenestinischen Ciste nachempfundenes Gefäß, auf einem sechseckigen profilierten Postament stehend; Löwenfüße, die in weibliche Flügelwesen übergehen. Bemalung mit "gewachsenem" Blumendekor ("fleur en terrasse"-Dekor), unten begrenzt durch einen Mäander- und oben durch einen Festonfries mit Stierköpfen und Rosetten. Das Gefäß belegt die gute Kenntnis antiker Cisten am Ende des 18. Jahrhunderts. Um 1790.

W. Baer in: Berlin und die Antike (Ausstellungskatalog), Berlin 1979, 256 f. Nr. 486.

Das romantische Abenteuer

461. *"Editto sopra le antichità e gli scavi"* (Pacca-Edikt)

Papier, bedruckt
Drei Bögen: B 58 cm; H 22,45 cm
Bologna, Privatslg.

Das am 7.4.1820 von Kardinal Bartolomeo Pacca erlassene Edikt ist der fortgeschrittenste Ausdruck der kirchenstaatlichen Gesetzgebung auf dem Gebiet "der Pflege der antiken Monumente" und "des Schutzes der Künste". In seinen 61 Artikeln werden die schutzwürdigen Objekte minutiös aufgelistet und in den Provinzen des Kirchenstaats Kommissionen für die Pflege des Antikenbestandes und der Schönen Künste eingesetzt.

A.M. Brizzolara, Bologna 1984, 186 Nr. 14.

462. François-Xavier Fabre

Porträt des Lucien Bonaparte
Öl auf Leinwand; unten links datiert und signiert:
F.X. *Fabre, faciebat florentiae*, 1808
H 95 cm; B 72 cm
(Rahmen 113 × 93 cm)
Rom, Museo Napoleonico, ehem. Slgen. Gabrielli und Primoli
Inv. 17

Lucien Bonaparte ist in Halbfigur im Freien vor seiner Villa Ruffinella bei Frascati wiedergegeben mit einem Buch in der Hand, dem *Gerusalemme Liberata*; im Hintergrund ein Pavillon.

J.F. Méjanès in: The Age of Neoclassicism (Ausstellungskatalog), London 1972, 899 Nr. 83; M. V. Cresti in: François-Xavier Fabre (Ausstellungskatalog), Rom 1988, 50 Nr. 29.

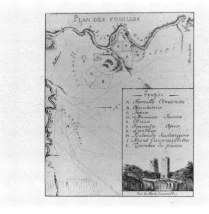

463. François-Xavier Fabre

Porträt des Lucien Bonaparte
Öl auf Leinwand; unten rechts signiert: *F.X. Fabre*
H 71 cm; B 53,5 cm
(Rahmen 85 × 72 cm)
Rom, Museo Napoleonico, ehem. Slgen. Elisa Baciocchi, Napoleon III. und Giuseppe Primoli
Inv. 528

Das Porträt in Halbfigur hat ein Pendant im Porträt der Ehefrau, Alexandrine de Bleschamps. Beide Porträts sowie Kat. 462 wurden 1808 in Florenz angefertigt und sind im Museo Napoleonico aufbewahrt.

M.V. Cresti in: *François-Xavier Fabre* (Ausstellungskatalog), Rom 1988, 51.

464. Lucien Bonaparte

Museum étrusque de Lucien Bonaparte, Prince de Canino. Fouilles de 1828 à 1829. Vases peints avec inscriptions, Viterbo 1829 - H 27 cm
Paris, Bibliothèque de l'Institut de France
In Berlin aus der Staatsbibliothek in Berlin

Das Werk (1829 in italienischer Sprache in reduzierter Form unter dem Titel *Catalogo di scelte antichità etrusche* in Viterbo erschienen) enthält alle Vasen mit Inschriften aus den Grabungen Lucien Bonapartes in Vulci. Für jedes einzelne Stück wurde eine Beschreibung erstellt (wahrscheinlich unter Mitwirkung von Bonapartes Kaplan, Pater Maurizio da Brescia); die Inschriften sind gesondert in Tafeln zusammengefaßt, die von Luigi Valadier gestochen wurden.

E. Pannozzo in: *Bibliotheca Etrusca* (Ausstellungskatalog), Rom 1985, 48 Nr. 38.

465. Diario di Roma

Rom, Druckerei Cracas, 1834
Zeitgenössischer Halbledereinband mit Schrift in Goldprägung
24°
Rom, Biblioteca Universitaria Alessandrina

In ihrer Nummer 81 vom 11.10.1834 berichtet die Zeitschrift vom Geschenk einer "wunderschönen Vase aus Vulci" an Papst Gregor XVI. durch die Geschwister Candelori: Es handelt sich um die berühmte schwarzfigurige Amphora des Exekias mit der Darstellung von Achilleus und Ajax beim Würfelspiel.
Außerdem wird der Text eines Vortrags von Carlo Campanari über die Fundumstände der Amphora, die in der mittleren Kammer eines bereits geplünderten Grabes entdeckt wurde, wiedergegeben.

F. Buranelli, Rom 1992, 12-14.

DAS ROMANTISCHE ABENTEUER

466. Kelchkrater
Geschlämmter, rötlicher Ton, polychrome Bemalung auf weißem Grund
H 32,8 cm
Vatikan, Museo Gregoriano Etrusco
Inv. 16586
Aus Vulci, Ausgrabungen der Gesellschaft Vincenzo Campanari-Governo Pontificio (1835 - 1837)

Seite A: Hermes übergibt den neugeborenen Dionysos dem Papposilen und den Nymphen von Nysa. Seite B: Drei Musen. Dem Phiale-Maler zugeschrieben, einem attischen Vasenmaler, der im dritten Viertel des 5. Jahrhunderts v. Chr. wirkte.
440 - 430 v. Chr.

J.D. Beazley, Oxford 1963, 1017 Nr. 54; F. Buranelli, Rom 1992, 70 u. 88; J. Oakley, Der Phialemaler (1991) 19. 75 f. Nr. 54 Taf. 38.

467. Rotfigurige Hydria
Geschlämmter, rötlicher Ton
H max. 58,2 cm
Vatikan, Museo Gregoriano Etrusco
Inv. 16568
Aus Vulci, ehem. Slg. Feoli

Auf der Vorderseite überfliegt Apollon auf einem geflügelten Dreifuß ein von Delphinen bevölkertes Meer. Die Vase ist eines der Meisterwerke des Berliner Malers, eines attischen Vasenmalers vom Anfang des 5. Jahrhunderts v. Chr., der Einzelfiguren auf schwarzem Grund bevorzugte.
500 - 480 v. Chr.

J.D. Beazley, Oxford 1963, 209 Nr. 166; ders., Mainz 1974, 12 Nr. 129; J. Boardman, London 1975, 91-111, Abb 157; M. Scarpignato, 1984, 20 f.

468. Attische Trinkschale (Sosias-Schale)
Ton; rotfigurig
H 10 cm; Dm 32,1 cm
Berlin, Staatliche Museen zu Berlin
Antikensammlung, Inv. F 2278
Aus Vulci, Camposcala

Innenbild: Achill verbindet seinen am Oberarm verwundeten Freund Patroklos.
Außenbilder: Götterversammlung und Einführung des Herakles in den Olymp.
Die vom Töpfer Sosias signierte Schale gehört zum Schönsten, was spätarchaische Vasenmaler in Athen geschaffen haben. Sie wurde 1828 in Vulci gefunden und 1831 mit der Slg. Dorow in Berlin angekauft.
Um 500 v. Chr.

ARV² 21,1 Beazley Addenda² 154; *Euphronios der Maler* (Ausstellungskatalog), Berlin 1991, 224 ff. Nr. 59.

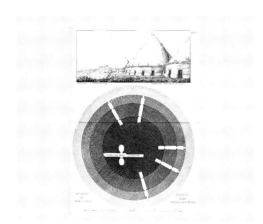

469. Luigi Canina
Descrizione di Cere antica [...], Rom 1838
Folio
Paris, Bibliothèque Centrale des Musées de France
In Berlin aus der Bibliothek der Antikensammlung der Staaatlichen Museen zu Berlin

Luigi Canina besuchte die Tomba Regolini-Galassi kurze Zeit nach ihrer Entdeckung. Zwei Jahre darauf veröffentlichte er das hier gezeigte Werk, das eine erste Studie zu diesem Monument darstellt. Von Haus aus Architekt, verweilt Canina vor allem bei der Untersuchung der Baustruktur des Tumulus und beschreibt dessen verschiedene Bauphasen.

E. Pannozzo in: *Bibliotheca Etrusca* (Ausstellungskatalog), Rom 1985, 50 f. Nr. 43.

470. Silberschale
Silberblech, vergoldet; Dekor in Treibarbeit
H 3,7 cm; Dm 19,4 cm
Vatikan, Museo Gregoriano Etrusco
Inv. 20368
Aus Cerveteri, Tomba Regolini-Galassi

Im Medaillon in der Mitte überfallen zwei Löwen einen Stier, im mittleren Register verschiedene Szenen einer Löwenjagd, im äußeren ein Zug von Kriegern zu Fuß und zu Pferde, denen ein Feldherr auf einer Biga vorausfährt.
675 - 650 v. Chr.

I. Strøm, Odense 1971, 124-127; W. Culican, 1982, 23; M. Cristofani, Novara 1983, 264 Nr. 40 f.; F. Buranelli in: *Civiltà degli Etruschi* (Ausstellungskatalog), Florenz-Mailand 1985, 85 Nr. 3.1.

471. Silberschale
Silberblech, vergoldet; Dekor in Treibarbeit
H 7,6 cm; Dm 11,1 cm
Vatikan, Museo Gregoriano Etrusco
Inv. 20365
Aus Cerveteri, Tomba Regolini-Galassi

Innen in der Mitte ein Vierbeiner; außen ein Löwe, vor einem Mann stehend. In den umlaufenden Registern schreitende Krieger, von einem Feldherrn auf einer Biga angeführt, und Alltagsszenen.
Die Schalen Kat. 471 und Kat. 470 gehören zu einer Gruppe wertvoller Gefäße, die in den bedeutendsten Fürstengräbern des orientalisierenden Stils in Etrurien und Latium gefunden wurden. Die ganze Gruppe ist einer einzigen phönizisch-zypriotischen Werkstatt zugeschrieben worden, doch gab es auch die Hypothese einer in Caere arbeitenden Werkstatt von phönizischen Handwerkern.

472. L'Album. Giornale Letterario e di Belle Arti

Rom 1838
Moderner Leineneinband mit Schrift in Goldprägung
4°
Rom, Biblioteca Universitaria Alessandrina

In zwei Heften der Zeitschrift (3 und 13, vom 24.3. und 2.6.1838) erschienen zwei Notizen über das Museo Gregoriano Etrusco, das im Februar 1837 eröffnet worden war. Die (anonymen, aber P. E. Visconti zugeschriebenen) Artikel liefern eine Beschreibung der ursprünglichen Anlage des Museums und der 1838 eingeführten Veränderungen. Zwei schöne Stiche vermitteln ein Bild von der Ausstellungskonzeption.

G. Colonna, Studi Etruschi 46, 1978, 81-117.

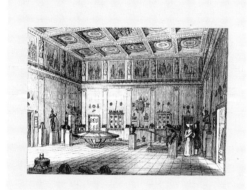

473.

Musei Etrusci quod Gregorius XVI Pont. Max. in aedibus Vaticanis constituit [...]
Ex Aedibus Vaticanis 1842, 2 Bde., Folio
Ausgestellt: Bd. 1, Titelblatt
Paris, Ecole Nationale Supérieure des Beaux-Arts
In Berlin aus der Staatsbibliothek zu Berlin

Das Werk ist der erste Katalog des Museo Gregoriano Etrusco. Kurze Kommentare ergänzen die Liste der Bildtafeln und liefern knappe Objektbeschreibungen (Datum und Ort ihrer Auffindung). Im ersten Band nimmt die 1836 ans Licht gebrachte Tomba Regolini-Galassi breiten Raum ein.

474. Luigi Canina

Pianta topografica dell'antica Etruria marittima compresa nella dizione pontificia
Kupferstich aus L. Canina, *L'antica Etruria marittima*, Rom 1846-1851, Taf. I (anastatischer Druck, Bologna, Forni, 1978)
H 67 cm; B 48,5 cm
Rom, Istituto CNR per l'archeologia etrusco-italica

Die topographische und kartographische Tätigkeit von Luigi Canina (1795 - 1856) entwickelte sich im Verlauf der vierziger Jahre des letzten Jahrhunderts mit einer Reihe von Veröffentlichungen über das antike Latium und Etrurien; Kennzeichen seiner Karten ist die Sorgfalt in der Wiedergabe der orohydrographischen Gegebenheiten durch starke Hervorhebungen in schwarzer Farbe.

A.P. Frutaz, Rom 1972 (3 Bde.), I, 130; III, Taf. 261.

475-488
Zeichnungen von Samuel J. Ainsley

London, British Museum, Department of Prints and Drawings

In der ersten Hälfte des 19. Jahrhunderts gab es eine große Zahl Reisender und Künstler, die Etrurien durchstreiften und dabei wie George Dennis Reisetagebücher führten oder wie Samuel J. Ainsley zeichnerisch die aufgesuchten Orte festhielten. Ihre Werke sind von großem Interesse, da sie Orte oder Verhältnisse dokumentierten, die heute verändert erscheinen oder in manchen Fällen gar nicht mehr bestehen. Ainsley verdanken wir insbesondere die Entdeckung der Gräber von Sovana und eine umfangreiche Serie von Aquarellen und Zeichnungen aus der Zeit von 1842 bis 1857, die kürzlich von B. Origo Crea (Hrsg.) veröffentlicht wurden. Ein Teil dieser Werke diente zur Illustration von *Cities and Cemeteries of Etruria* von George Dennis, dem Reisebegleiter von Ainsley zwischen Juni/Juli und Oktober/November 1842.

B. Origo Crea (Hrsg.), Rom 1984

475.
Die Grotta dell'Alcova, Cerveteri
Zeichnung, Cat. LB 97 (IV)

476.
Innenansicht der Grotta del Tifone in Corneto (Tarquinia), Juni 1842
Zeichnung, Cat. LB 1 (VII)

DAS ROMANTISCHE ABENTEUER

477.
Ponte della Badia, von Süden aus (Vulci)
Juni 1842
Aquarell, Cat. LB 4 (XII)

478.
Etruskische Landschaft (wahrscheinlich die Monti della Tolfa mit dem darunter liegenden Mignone-Tal)
Aquarell, Cat. LB 16 (XIV)

479.
Porta di Bove, Falleri
(S. Maria di Falleri), April 1843
Zeichnung, Cat. LB 57 (XVII)

480.
Nekropole von Castel d'Asso
Etruskische Inschriften, November 1842
Zeichnung, Cat. LB 40 (XXIII)

481.
Die Tempelgräber von Norchia,
November 1842
Zeichnung, Cat. LB 47 (XXVIII)

482.
Etruskische Sarkophage in Toscanella (Tuscania),
Juli 1842. Zeichnung, Cat. LB 20 (XXXI)

483.
Tomba di Poggio Stanziale, Sovana (Tomba del Tifone), Juni 1842. Zeichnung, Cat. LB 85 (XXXIV)

484.
Orvieto, von der Straße nach Viterbo aus gesehen
Juli 1842
Zeichnung, Cat. LB 29 (XXXVI)

485.
Das alte Stadttor von Saturnia, Blick von außerhalb der Stadtmauer (Porta Clodia), Juni 1843
Zeichnung, Cat. LB 80 (XLIV)

486.
Blick auf Populonia, Mai 1843
Zeichnung, Cat. LB 71 (XLIX)

487.
Porta all'Arco, Volterra, Mai 1843
Zeichnung, Cat. LB 64 (LI)

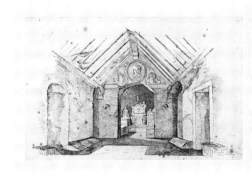

488.
Die Grotta de' Volumni, Perugia, Mai 1843
Zeichnung, Cat. LB 62 (LVI)

DAS ROMANTISCHE ABENTEUER

489. Elizabeth Caroline Hamilton Gray
A Tour to the Sepulchres of Etruria in 1839
London, J. Hatchard and Son, 1840
8°
Rom, Deutsches Archäologisches Institut

Das Buch, das 1841 und 1843 neuaufgelegt wurde, ist der Bericht über eine von Mrs. Hamilton Gray 1839 in Etrurien und in Rom durchgeführte Reise, nachdem der Besuch der Londoner etruskischen Ausstellung der Gebrüder Campanari von 1837 in ihr eine plötzliche etruskologische Leidenschaft geweckt hatte. Über seinen dokumentarischen Wert hinaus bezeugt dieses Werk das Aufkommen eines starken Interesses an den Etruskern innerhalb der englischen Kultur.

F. Prinzi in: *Bibliotheca Etrusca* (Ausstellungskatalog), Rom 1985, 137-139.

490. Handschriftliche Aufzeichnungen von George Dennis
Notizen für eine Rezension von *Tour to the Sepulchres of Etruria* in 1839, 1840, von Mrs. Hamilton Gray, veröffentlicht im "Dublin University Magazine", November 1844
H 19 cm; B 11 cm
Im Besitz von Denys und Sybille Haynes, Oxford

Der Beginn einer Aufzeichnung von Dennis sei hier wiedergegeben, die sich in seinem Exemplar von *The Cities and Cemeteries of Etruria* fand: "Das Studium des Altertums ist trocken, ernst und erfordert Umsicht; der weibliche Geist ist hitzig, phantasievoll, auf den Zweifel nicht eingerichtet, bestrebt, Schußfolgerungen zu ziehen. Für Konsequenz und herausragende Ergebnisse sind dies ungeeignete Voraussetzungen. Vertiefte oder sorgfältige Forschung [...] ist nicht unbedingt Frauensache."

491. George Dennis
The Cities and Cemeteries of Etruria
London, John Murray, 1848
2 Bde., 8°
Im Besitz von Denys und Sybille Haynes, Oxford

1948 in einer Buchhandlung in Bournemouth, Hanths, gekauft, wo George Ravenscroft 1940 starb.
Aus dem Besitz des Autors, dessen Signatur "Geo Dennis" auf dem Vorsatzblatt des ersten Bandes steht; das *Ex libris* seines Neffen George Ravenscroft Dennis befindet sich auf dem Vorsatzblatt beider Bände.

492. George Dennis
The Cities and Cemeteries of Etruria
London, John Murray, 1848
2 Bde., 8°
Rom, Deutsches Archäologisches Institut

Das Werk von Dennis war ein überaus erfolgreicher Führer zu den Zentren Etruriens und den etruskischen Antikensammlungen. Es erlebte mehrere Neuauflagen und blieb in mancherlei Hinsicht unerreicht und bis heute aktuell. Hier wird eine außerhalb des Textteils eingefügte Tafel mit der Abbildung des "Giardino Campanari" in Tuscania (Toscanella) gezeigt, einer von den Brüdern Campanari geschaffenen Vorform des Museums im Freien. Die Campanaris gehören zu den bedeutendsten und intelligentesten Akteuren bei der Wiederentdeckung Etruriens in der Romantik.

G. Colonna, "Studi Etruschi" 46, 1978, 81-117.

493. Sir William Gell
Notizbuch ("Note-book II")
H 19 cm; B 13 cm
Rom, British School

In diesem Buch sind Notizen und Zeichnungen festgehalten, die Sir William Gell während seiner Exkursionen in das römische Umland gemacht hatte. Eine Reihe von Aufzeichnungen und Skizzen entstanden anläßlich eines Ausflugs nach Veji am 8. Mai 1830. Das Notizbuch ist bei einer aquarellierten Federzeichnung mit der Ansicht eines Teils der etruskischen Stadtmauer nahe dem Ponte Sodo aufgeschlagen.

E. Clay-M. Frederiksen, London 1976; F. Delpino, *Cronache veientane* I, Rom 1985, 65-68 Taf. 2.

494. Camille Corot
Volterra, la Citadelle, Juni-Juli 1834
Öl auf Leinwand; unten links signiert: Corot; unten rechts: Verkaufsstempel von Corot
H 45 cm; B 82 cm
Paris, Musée du Louvre, Département des Peintures, Inv. RF. 1610, ehem. Collection Moreau-Nélaton

Die in den Jahren 1820-1830 in der Toskana gemachten Entdeckungen und die Reiseberichte von W. Dorow, E.C. Hamilton Gray und G. Dennis führten zu einer besonderen Wertschätzung der etruskischen Landschaft und ihrer kleinen Städte wie Cortona, Perugia und Volterra.
1834 schuf Corot in Volterra zwei seiner schönsten Gemälde: le *Municipe* und *la Citadelle*.

L. Gabellieri Campani, Rassegna Volterrana 42, 1977, 5-29; *De Corot aux Impressionnistes* (Ausstellungskatalog), Paris, 1991.

495. Karoly Markò
Ansicht des Ponte Sodo in Veji
Öl auf Leinwand
Dm 44 cm (Rahmen 70 × 70 cm)
Florenz, Istituto Nazionale di Studi Etruschi ed Italici

Der Ungar Karoly Markò war zwischen 1832 und 1838 in Rom tätig und übersiedelte später in die Toskana, wo er 1860 starb. Dieses Bild stammt vermutlich aus der römischen Zeit des Künstlers und kann vielleicht im Zusammenhang mit dem Interesse an Veji gesehen werden, das die in großem Umfang wieder aufgenommenen archäologischen Untersuchungen in der antiken Stadt und in ihren Nekropolen neu belebt hatten.

F. Delpino, *Cronache veientane* I, Rom 1985, 124 Taf. 3.

496. Teilnehmerliste zu den Versammlungen des Instituto di Corrispondenza Archeologica (1833 – 1843)
Ledereinband
H 31,5 cm; B 22,5 cm
Rom, Deutsches Archäologisches Institut, Archiv Abt. I

Zu den Aktivitäten des Instituto di Corrispondenza Archeologica gehörten in der Regel wöchentliche Versammlungen, bei denen unveröffentlichte Monumente vorgestellt und diskutiert wurden. Die Teilnehmer waren gehalten, ihren Namen in einem Register einzutragen. Diese Bücher sind von 1833 an erhalten und spiegeln das Institutsleben wider. Auf den hier aufgeschlagenen Seiten ist u. a. die Unterschrift von George Dennis zu erkennen.

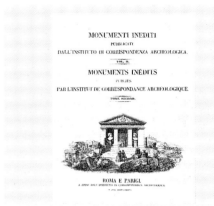

497. Monumenti Inediti
Monumenti Inediti pubblicati dall'Instituto di Corrispondenza Archeologica, Bd. II
1834 – 1838; Folio
Rom, Deutsches Archäologisches Institut

Die Reihe der "Monumenti Inediti" war zur Veröffentlichung großformatiger Tafeln bestimmt, die die in den "Annali dell'Instituto di Corrispondenza Archeologica" erscheinenden Beiträge illustrierend begleiteten. Auf der Titelseite ist die "Casa Tarpeia" auf dem Kapitol abgebildet, der erste Sitz des Instituts. Das Gebäude besteht heute noch, wenn auch in schlechtem Zustand (vgl. Kat. 504); es wurde mit 8000 Franken, die Christian K. J. Bunsen aus Spenden gesammelt hatte, 1835 programmatisch im klassizistischen Stil errichtet.

G.F. Carettoni-H.-G. Kolbe-M. Pavan, Rom 1980.

498. Brief Lucien Bonaparte an Eduard Gerhard
H 27 cm; B 42,5 cm
Rom, Deutsches Archäologisches Institut, Archiv Abt. II

Das große Interesse des Instituto di Corrispondenza Archeologica an den Ausgrabungen in Vulci findet seinen Niederschlag auch in einem Briefwechsel zwischen dem Sekretär des Instituts, Eduard Gerhard, und Lucien Bonaparte. U. a. lädt der Fürst von Canino im hier ausgestellten Brief (vom 11.9.1830) Gerhard zur Besichtigung seiner Sammlungen ein.

Unveröffentlicht

499. Zwei liegende Löwen
Nenfro
A: L 91 cm; H 54 cm
B: L 92,5 cm; H 53 cm
Rom, Deutsches Archäologisches Institut
Wahrscheinlich aus Vulci

Die zwei archaischen Löwen können einer Werkstatt in Vulci zugeschrieben werden und sind erstmalig mit dem Stich auf dem Titelblatt des 2. Bandes der *Monumenti Inediti dell'Instituto di Corrispondenza Archeologica* dokumentiert. Dieser Stich von Virginio Vespignani zeigt den ersten Sitz des Instituto di Corrispondenza auf dem Kapitol.
Um die Mitte des 6. Jahrhunderts v. Chr.

W.L. Brown, Oxford 1960, 66 ff; A. Hus, Paris 1961, 46 Nr. 20 und 21.

500-503
Carlo Ruspi
Zeichnungen gravierter etruskischer Spiegel

Federzeichnung auf Papier
Berlin, Staatliche Museen zu Berlin
Antikensammlung

Als Maler und Zeichner des Vertrauens des Instituto di Corrispondenza Archeologica arbeitete Carlo Ruspi an der Erstellung des Corpus etruskischer Spiegel, der großen von Eduard Gerhard unternommenen Bilddokumentation, mit.

500.
Zeichnung eines Spiegels
H 32,1 cm; B 21,5 cm
Gerhard'scher Apparat, Mappe XXVIII, Blatt 79

Zunächst in der Sammlung Cinci in Volterra, kam der Spiegel später nach Florenz (Museo Archeologico, Inv. 616). Dargestellt sind die beiden Dioskuren, Helena und eine geflügelte Schicksalsgöttin (Lasa).
Zeichnung von 1828

E. Gerhard, 1867, Taf. 300, 1; E. Mangani in: A. Maggiani (Hrsg.), Florenz-Mailand 1985, 167 f. Nr. 223.

501.
Zeichnung eines Spiegels
H 43 cm, B 21,8 cm
Gerhard'scher Apparat, Mappe XXVII, Blatt 71

Der in Vulci gefundene Spiegel befand sich in der Sammlung Gerhard, von wo er 1859 in die Berliner Antikensammlung kam (Inv. Fr 36). Der um die Mitte des 4. Jahrhunderts v. Chr. entstandene Spiegel zeigt Apollon mit Lorbeerstab, der auf einen knabenhaften Dionysos blickt, der seine Arme um den Hals seiner hinter ihm stehenden Mutter Semele gelegt hat. Rechts neben Apollon ein sitzender, flötespielender Satyr.
Zeichnung von 1831

E. Gerhard, 1843, Taf. 83,3; *Die Welt der Etrusker* (Ausstellungskatalog), Berlin 1988, 361 f. (F 8). 422 (L 17).

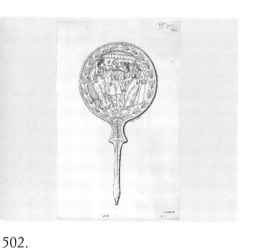

502.
Zeichnung eines Spiegels
H 33,7 cm; B 21,2 cm
Gerhard'scher Apparat, Mappe XXVI, Blatt 254

Der aus dem römischen Kunsthandel stammende Spiegel befindet sich heute in der Berliner Antikensammlung (Inv. Fr 126). Dargestellt ist das Parisurteil.
Zeichnung von 1833

E. Gerhard, 1845, Taf. 187.

503.
Zeichnung eines Spiegels
H 37,2 cm; B 22,5 cm
Gerhard'scher Apparat, Mappe XXVI, Blatt 176

Der Spiegel befand sich in der Sammlung Gerhard und ist heute in der Berliner Antikensammlung (Inv. Fr 52).
Dargestellt sind Aphrodite (Turan) und Adonis (Atunis) als Liebespaar, flankiert von einem Jüngling (Pulthisph) mit Lyra und einer Frau (Snenath) mit Salbfläschchen und Schminkstift
Zeichnung von 1834.

E. Gerhard, 1843, Taf. 111; I. Krauskopf in: *LIMC* IV, 1, Nr. 4, s. v. *Eros, in Etruria*.

504.
Das Instituto di Corrispondenza Archeologica und das Deutsche Archäologische Institut
Photographien
Rom, Deutsches Archäologisches Institut

1. Die 1835 im klassizistischen Stil auf dem Kapitol errichtete "Casa Tarpeia", der erste Sitz des Instituto di Corrispondenza Archeologica (vgl. Kat. 497).
2. Die "Casa Tarpeia" in ihrem heutigen Zustand.
3. Die "Casa Tarpeia", Detail des Giebelreliefs aus Stuck.
4. Der Institutssitz auf dem Kapitol (bis 1878).
5. Der Sitz des Deutschen Archäologischen Instituts auf dem Kapitol (nach 1878).
6. Ein Raum des Deutschen Archäologischen Instituts (geschmückt mit etruskischen Vasen).

506-508
Entwürfe für die Ausstattung der Campanari-Ausstellung 1837 in London

London, British Museum, Department of Greek and Roman Antiquities
Unveröffentlicht.

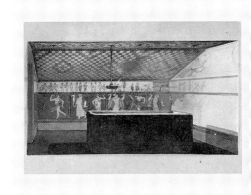

505. Glückwunschadresse des Architektenvereins in Berlin
an das Deutsche Archäologische Institut in Rom anläßlich der Feier seines fünfzigjährigen Bestehens (21.4.1879)
Aquarell auf Pergament, reich verziert; Ledereinband, mit Seide ausgeschlagen
H 55,5 cm; B 46 cm
Rom, Deutsches Archäologisches Institut, Archiv Abt. IV

Vor einem Architektur-Hintergrund mit dem Kapitol und dem Deutschen Archäologischen Institut nähert Germania sich Rom. Daneben der Ehepaarsarkophag in Paris und die François-Vase in Florenz.

"Bollettino d'Arte", Sonderausgabe 1981, Taf. 1.

506.
Tomba delle Bighe
Aquarellierte Bleistiftzeichnung, ohne Inv.
H 14,3 cm, B 26,4 cm

Perspektivischer Einblick in die linke Hälfte der mittels originalgroßer Faksimiles nachgebauten Grabkammer. Die Faksimiles sind exakte Kopien nach C. Ruspis Vatikan-Faksimiles: Alle Ergänzungen sowohl im kleinen Fries (z. B. die drei von Ruspi frei erfundenen Wettläufer ganz links und die Rekonstruktion der Gauklerin zu der Statue eines Kriegers) als auch im großen Fries (z. B. Tänzerfigur ganz links) sind übernommen. Ausgestattet ist das Grab mit einem vom Mittelbalken der Decke herabhängenden Bronzeleuchter und einem Steinsarkophag.

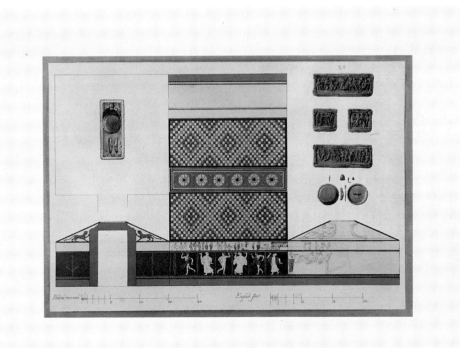

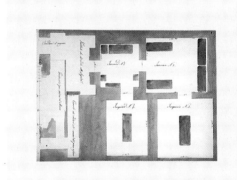

508.
Grundriß von vier Gräbern mit Ausstattung
Wasserfarbe über Blei, ohne Inv.
H 27,2 cm, B 37,7 cm

Das Blatt zeigt den Grundriß der ersten Abteilung der Ausstellung im Gebäude Pall Mall Nr. 121, in der zwei Gräber aus Tuscania sowie die Tomba delle Bighe und die Tomba del Triclinio aus Tarquinia untergebracht waren.

507.
Tomba delle Bighe mit Ausstellungsobjekten
Aquarellierte Federzeichnung über Blei
ohne Inv.
H 27,3 cm, B 39,6 cm

Ausgeklappte Ansicht der Kammer; die figürlichen Malereien auf der rechten Wand und auf der rechten Hälfte der Rückwand sind nicht ausgeführt. Die von C. Ruspi nicht faksimilierte Eingangswand ist nach seiner Vorlage aus einem anderen Grab (Panther aus der Tomba del Morto) ergänzt. Auf der linken Seite des Blattes Einblick in den Sarkophag mit der Rüstung eines Kriegers und einigen kleineren Objekten; auf der rechten Seite alle vier Ansichten des mit Reliefs verzierten Sarkophags (später angekauft vom Britischen Museum, BM Inv. Nr. D 21) und darunter die Waffen im einzelnen.

509-517
Votivdepot von Falterona

1838 wurden in der Nähe eines kleinen Sees an einer Verbindungsstraße zwischen Nordetrurien und der Romagna über fünfhundert figürliche Bronzen und etwa tausend Brocken *aes rude* entdeckt. Von diesem Fund, der verkauft und in der Folge über den Antikenhandel verstreut wurde, bleiben heute nur wenige aber aufschlußreiche Objekte, zumeist Bronzestatuetten von Menschen und Körperteile.
Die Datierung des Depots erstreckt sich auf die Zeit vom Ende des 6. Jahrhunderts v. Chr. bis in hellenistische Zeit. Der mit diesem Ort verbundene Kult richtete sich sicher an Heilgottheiten, unter ihnen Herakles.

509. Statuette eines Mannes
Bronze, Vollguß
H 22 cm
Paris, Musée du Louvre, Département des Antiquités grecques, étrusques et romaines
Inv. N 2510 (gebr. Nr. Br 218)

500 - 480 v. Chr.

M. Cristofani in: *Civiltà degli Etruschi* (Ausstellungskatalog), Florenz-Mailand 1985, 284 Nr. 10.30.1.

510. Statuette einer Frau
Bronze, Vollguß
H 14 cm
London, British Museum
Inv. GR 1847 11-1.2

Schreitende Frauenfigur mit vorgestreckten Armen. Die linke Hand ist grossenteils abgebrochen, vielleicht hielt die Figur in der rechten eine Blume. Die Merkmale des Gesichts und des reich verzierten Gewandes verweisen auf eine Werkstatt in Nordetrurien (möglicherweise dieselbe, aus der der Fufluns aus Modena, Kat. 172, stammt).
Um 480 v. Chr.

H.B. Walters, London 1899, Nr. 450; M. Cristofani, Novara 1985, 254 Nr. 4.2.

511. Statuette eines Mannes
Bronze, Vollguß
H 18 cm
Paris, Musée du Louvre, Département des Antiquités grecques, étrusques et romaines
Inv. N 5363 (gebr. Nr. Br 220)

Arme im Adorantengestus vorgestreckt.
500 - 480 v. Chr.

M. Cristofani in: *Civiltà degli Etruschi* (Ausstellungskatalog), Florenz-Mailand 1985, 285 Nr. 10.30.3.

512. Statuette einer Frau
Bronze, Vollguß
H 14 cm
Paris, Musée du Louvre, Département des Antiquités grecques, étrusques et romaines
Inv. MN 349 (gebr. Nr. Br 230)

Die weibliche Statuette trägt ein Diadem und einen mit kleinen Kreuzen verzierten Chiton, der den Körper eng umschließt. Die (teilweise verlorenen) Arme waren ausgebreitet, vielleicht im Adorantengestus.
Erste Hälfte 5. Jahrhundert v. Chr.

M. Cristofani in: *Civiltà degli Etruschi* (Ausstellungskatalog), Florenz-Mailand 1985, 285 Nr. 10.30.4.

513. Statuette eines Kriegers
Bronze, Vollguß
H 30,5 cm
London, British Museum
Inv. GR 1847 11-1.5

Krieger mit attischem Helm, Plattenpanzer und Schild. Die Lanze in der Rechten ist verloren. Aufgrund der Rüstung und der Ikonographie wurde eine etruskische Werkstatt angenommen, wahrscheinlich in Orvieto.
Um 420 - 400 v. Chr.

H.B. Walters, London 1899, Nr. 459; M. Cristofani, Novara 1985, 255 Nr. 4.6.

DAS ROMANTISCHE ABENTEUER

514. Statuette eines Opfernden
Bronze, Vollguß
H 50 cm
London, British Museum
Inv. GR 1847 11-1.6

Nackter stehender Jüngling mit Chlamys um die Hüften. Der rechte Arm gebeugt, in der Linken muß er einen Gegenstand gehalten haben. Etruskische Arbeit, vielleicht aus einer Werkstatt in Chiusi, nach den stilistischen Merkmalen des Gesichts mit seinen strengen Zügen zu urteilen, die an die lokale Produktion dieser Stadt erinnern.
Anfang 4. Jahrhundert v. Chr.

H.B. Walters, London 1899, Nr. 679; M. Cristofani, Novara 1985, 256 Nr. 4.7.

515. Statuette eines Jünglings, der sich mit dem Schwert gürtet
Bronze, Vollguß
H 12,5 cm
Paris, Musée du Louvre, Département des Antiquités grecques, étrusques et romaines
Inv. N 391 (gebr. Nr. Br 292)

Die Statuette war vielleicht Teil des Dekors eines Kandelabers.
400 – 370 v. Chr.

M. Cristofani in: *Civiltà degli Etruschi* (Ausstellungskatalog), Florenz-Mailand 1985, 285 Nr. 10.30.6.

516. Nackter Jüngling
Bronze, Vollguß
H 16,3 cm
Paris, Musée du Louvre, Département des Antiquités grecques, étrusques et romaines
Inv. MN 351 (gebr. Nr. Br 291)

Der Jüngling muß (verloren gegangene) Opfergaben in seinen Händen gehalten haben.
Drittes Viertel 4. Jahrhundert v. Chr.

M. Cristofani in: *Civiltà degli Etruschi* (Ausstellungskatalog), Florenz-Mailand 1985, 286 Nr. 10.30.7.

Das Zeitalter des Positivismus

517. Männlicher Kopf
Bronze, Vollguß
H 7,5 cm
London, British Museum
Inv. GR 1847 11-1.3

Bärtiger Kopf mit leicht gelockter Frisur. Dieser Typus eines Weihgeschenks ist aus anderen Depots bekannt, beispielsweise aus dem von der Fonte Veneziana in Arezzo. Der Stil der Haare und die Gesichtszüge setzen die Kenntnis klassischer Vorbilder voraus. Vielleicht eine Arbeit aus Chiusi.
Zwischen dem Ende des 5. und dem Anfang des 4. Jahrhundert v. Chr.

H.B. Walters, London 1899, Nr. 614; M. Cristofani, Novara 1985, 256 Nr. 4.10.

518. Adolphe-Noël Des Vergers
L'Etrurie et les Etrusques, Paris, Ambroise Firmin Didot, 1862 - 1864
Zwei Bde. in 8° sowie ein Atlas mit Tafeln in Folio
Paris, Bibliothèque Centrale des Musées de France
In Berlin aus der Staatsbibliothek zu Berlin

Die Monographie von Des Vergers (1805 - 1867) dokumentiert das Interesse und die Beteiligung der französischen Kultur an der Wiederentdeckung Etruriens gegen Ende der "romantischen" Phase der großen archäologischen Entdeckungen. Dieses Werk kommt nicht über das Stadium der Gelehrsamkeit hinaus, ist aber vor allem wegen seiner reichen und qualitätvollen Bilddokumentation und seiner gediegenen Gestaltung beachtenswert.

DAS ZEITALTER DES POSITIVISMUS

519.
Congrès international d'Anthropologie et d'Archéologie Préhistoriques. Compte-Rendu de la cinquième session à Bologne 1871, Bologna 1873
Zeitgenössischer Ledereinband; Goldschnitt
8°
Bologna, Biblioteca Comunale dell'Archiginnasio

Das Werk ist auf der ersten Seite des Vortrags von Giancarlo Conestabile della Staffa aufgeschlagen, dem bedeutendsten italienischen Etruskologen jener Zeit, der über die damals im Gange befindlichen Ausgrabungen in Marzabotto und in der Bologneser Nekropole von Certosa berichtete.

D. Vitali in: C. Morigi Govi-G. Sassatelli (Hrsg.), *Dalla Stanza delle Antichità al Museo Civico. Storia della formazione del Museo Civico Archeologico di Bologna* (Ausstellungskatalog), Bologna 1984, 277-297.

520. Alexandre Bertrand
Sépultures à incinération de Poggio Renzo près de Chiusi, Revue Archéologique n. s. XV, 27, 1874, 209-222 Taf. VI f.
8°
Berlin, Bibliothek des Seminars für Klassische Archäologie der Freien Universität

Alexandre Bertrand (1820 - 1902) war Konservator des Musée des Antiquités Nationales in Saint-Germain-en-Laye von 1867 bis zu seinem Tod und beschäftigte sich mit Problemen der etrusko-italischen Frühgeschichte. U. a. führte er Grabungen in der Nekropole von Golasecca durch. Er lehnte besonders eine Zuschreibung der villanovianischen Nekropolen des etruskischen Kernlands und der Poebene an die Etrusker mit Nachdruck ab.
Das Werk ist hier auf der ersten Seite des Artikels aufgeschlagen. Auf der Tafel links sind zwei Pozzo-Gräber der Nekropole von Poggio Renzo dargestellt.

521. Wolfgang Helbig
Sopra la provenienza degli Etruschi, Annali dell'Instituto di Corrispondenza Archeologica, 1884, 108-188
8°
Berlin, Bibliothek der Antikensammlung der Staatlichen Museen zu Berlin

Der Aufsatz ist beispielhaft für Erkenntnismöglichkeiten und -grenzen der etruskologischen Forschung in der Zeit des Positivismus. Voreingenommenheit zugunsten von Phantasievorstellungen über eine etruskische Eroberung und Einwanderung von Norden her beeinträchtigen die Interpretationsleistung und entwerten die Sorgfalt bei der Untersuchung des archäologischen Materials, die doch bereits zu teilweise heute noch gültigen Einsichten geführt hatten.

M. Zuffa in: *Popoli e Civiltà dell'Italia Antica V*, Rom 1976, 197-363, besonders 217-219.

522. Ingvald Undset
L'antichissima necropoli Tarquiniese, Annali dell'Instituto di Corrispondenza Archeologica, 1885, 5-104 - 8°
Berlin, Bibliothek der Antikensammlung der Staatlichen Museen zu Berlin

An Undsets Aufsatz ist vor allem das analytische Vorgehen bei der Untersuchung der Zusammensetzung verschiedener Arten von Grabausstattungen in Tarquinia bemerkenswert, dazu sein Bemühen, die internen zeitlichen Zusammenhänge wie auch diejenigen, die mit anderen Gräbern und Funden hergestellt werden konnten, herauszuarbeiten. Die Untersuchung, die zum Teil noch heute gültige Aussagen enthält, wurde nach der typologisch-vergleichenden Methode durchgeführt, wie sie weitgehend von den skandinavischen Frühgeschichtsforschern angewandt wurde.

M. Zuffa in: *Popoli e Civiltà dell'Italia Antica*, IV, Rom 1976, 197-363, besonders 219-224.

523. Stéphane Gsell
Fouilles dans la nécropole de Vulci, Paris-Rom 1891;
4°
Rom, Istituto CNR per l'archeologia etrusco-italica

Unter der Leitung von Matthieu-Auguste Geffroy plante die Ecole Française in Rom, Grabungen in Etrurien durchzuführen. Gegen das Programm erhoben die italienischen Behörden einige Einwendungen; man fand eine Kompromißlösung, und einem Schüler der Ecole Française, Gsell, wurde die Leitung einer Grabungskampagne in den Nekropolen von Vulci anvertraut. In Gsells Monographie sind in vorbildlicher Weise die zahlreichen damals ans Licht gebrachten Ausstattungen beschrieben.

M. Barnabei und F. Delpino (Hrsg.), *Le "Memorie di un Archeologo" di Felice Barnabei*, Rom 1991, 158 f. 172.

524. Hermann Genthe
Über den etruskischen Tauschhandel nach dem Norden, Frankfurt am Main 1874
8°
Rom, Deutsches Archäologisches Institut

Das Werk ist eine der ersten Studien, die der Darstellung der Verbreitung etruskischer Produkte in Norditalien und Mittel-und Nordeuropa gewidmet sind. Aus dem Band ist die Tafel mit einer Landkarte aufgeschlagen, auf der die verschiedenen besprochenen Orte eingezeichnet sind.

F.-W. von Hase in: Kongreßakten Florenz 1985, Rom 1989, Bd. II, 1031-1061, besonders 1031 f.

525. Isaac Taylor
Etruscan Researches, London, Macmillan and C., 1874
8°
Rom, Deutsches Archäologisches Institut

In Großbritannien brachte das Interesse an den Etruskern im letzten Jahrhundert (mit Ausnahme von *Cities and Cemeteries of Etruria* von George Dennis, vgl. Kat. 492) keine Werke von vergleichbarem Rang hervor wie die der französischen und vor allem der deutschen Forschung, sondern äußerte sich in Publikationen auf wesentlich bescheidenerem und gelegentlich sogar dilettantischem Niveau. Unter diese letzteren lassen sich die *Etruscan Researches* von Taylor einordnen, die hier stellvertretend gezeigt werden.

526. Jules Martha
Manuel d'archéologie étrusque et romaine, Paris 1884
8°
Rom, Deutsches Archäologisches Institut

Nur ein Drittel des ausdrücklich für ein breites Publikum bestimmten Bändchens ist den Etruskern gewidmet, dennoch erscheint ihre Darstellung durchweg vollständig und gut informiert. Wie auch die umfassende Monographie, die Martha einige Jahre später veröffentlichte (vgl. Kat. 528), leidet dieses Werk stark unter der klassizistischen Voreingenommenheit des Autors.

527. Josef Durm
Die Baukunst der Etrusker. Die Baukunst der Römer, Darmstadt 1885
4°
Rom, Deutsches Archäologisches Institut

Die letzten zwei Jahrzehnte des vorigen Jahrhunderts bereicherten die wissenschaftliche Literatur über die Etrusker um Handbücher, die einzelne thematische Gebiete behandelten. Das Werk von Durm, das in der Folge noch zwei beträchtlich erweiterte Auflagen erlebte, behandelt systematisch die etruskische Architektur (und daran anschließend die römische) in fünf Kapiteln, die den Stadtmauern, Toren und Bögen, den Häusern, Straßen, Häfen und wassertechnischen Anlagen, dem Tempelbau und der Sepulkralarchitektur gewidmet sind.

528. Jules Martha
L'art étrusque, Paris 1889 - 4°
Paris, Bibliothèque Centrale des Musées de France
In Berlin aus der Bibliothek der Antikensammlung der Staatlichen Museen zu Berlin

Der Band bietet durchaus mehr, als der Titel verspricht. Wenn auch die Untersuchung der Kunstwerke seinen Hauptschwerpunkt ausmacht, so wird in dem Werk auch eine Geschichte der Etrusker von ihren Anfängen bis zur römischen Unterwerfung nachgezeichnet. Marthas klassizistische Voreingenommenheit allerdings führt zu einer systematischen Herabstufung der etruskischen Kunst, die stets eine simple und armselige Imitation der griechischen Kunst gewesen sei. Eigenständige Elemente werden in der realistischen Spontaneität und dem "Instinkt für das Porträt" erkannt - der positiven Erbschaft, die die etruskische Kunst an die römische weitergegeben habe: den Sinn für das Porträt und die Annäherung an den Hellenismus.

529. Heinrich Brunn
I rilievi delle urne etrusche, Bd. I, Rom 1870
4°
Berlin, Bibliothek der Antikensammlung der Staatlichen Museen zu Berlin

Das durch G. Körte mit weiteren drei Bänden fortgesetzte Werk (Rom-Berlin 1890, 1896, 1916) ist eine systematische Aufnahme der etruskischen Urnen mit figürlichen Darstellungen. Dieses Sammelwerk reiht sich neben die anderen großen *Corpora* über Denkmäler oder Inschriften ein und stellt eines der besten Ergebnisse der vom Instituto di Corrispondenza (dem späteren Deutschen Archäologischen Institut) getragenen wissenschaftlichen Unternehmungen dar. Dieser erste Band ist den Urnen mit Darstellungen zum trojanischen Zyklus gewidmet und ist bei einer Bildtafel mit Monumenten aufgeschlagen, die den Mythos von Odysseus und den Sirenen wiedergeben.

530. Carl Pauli
Corpus Inscriptionum Etruscarum, Bd. I, Leipzig 1893 - 1902 (Nachdruck)
Folio
Berlin, Universitätsbibliothek der Freien Universität

In der zweiten Hälfte des 19. Jahrhunderts wurden die großen epigraphischen *Corpora* konzipiert und begonnen. Nach den wegbereitenden Initiativen von Fabretti und Gamurrini (1867 und 1880) wurde erst gegen Ende des Jahrhunderts eine systematische Sammlung etruskischer Inschriften mit der Unterstützung der Preußischen und der Sächsischen Akademien und in internationaler Zusammenarbeit, von C. Pauli und O. Danielsson koordiniert, begonnen. Neben diesen zwei Wissenschaftlern arbeiteten am ersten Band, der die Inschriften des etruskischen Binnenlandes (von Fiesole und Volterra bis Chiusi und Perugia) enthält, G. Herbig und B. Nogara mit.

531. Oscar Montelius
La civilisation primitive en Italie depuis l'introduction des métaux, Stockholm 1895 - 1910
Zwei Textbände und ein Bildband, 4°
zwei Mappen mit Tafeln
Rom, Biblioteca Museo preistorico-etnografico
L. Pigorini. In Berlin aus der Bibliothek der Antikensammlung der Staatlichen Museen zu Berlin

Durch Weiterentwicklung und Ausweitung der typologisch-evolutionistischen Methode und das Studium typologischer Gemeinsamkeiten hat der Schwede Oscar Montelius (1843 - 1921) in diesem Werk die umfassendste Gesamtdarstellung der Zivilisationen und Kulturen des antiken Italien von der späten Vorgeschichte bis zur Zeit der Etrusker entworfen. Aus dem Werk wird nur die Tafel 230 mit Bucchero-Gefäßen aus Florenz und Chiusi gezeigt.

A. Guidi, Bari 1988, 38 f.

Die Sammlung Campana und die etruskische Sammlung des Musée du Louvre

IV
Porträts von Gelehrten
Schautafel

Einige Porträts von Wissenschaftlern, die in der zweiten Hälfte des vorigen Jahrhunderts Beiträge von unterschiedlicher Bedeutung zum Fortschritt der etrusko-italischen Forschungen geleistet haben, vervollständigen die vorgestellten gedruckten Werke:

1. Alexandre Bertrand (1820 - 1902), Konservator am Museum in Saint-Germain-en-Laye von 1867 - 1902.
2. Heinrich von Brunn (1822 - 1894), Sekretär des Instituto di Corrispondenza Archeologica von 1856 bis 1865, danach Professor für Archäologie in München.
3. Wilhelm Deecke (1831 - 1897), Gymnasialdirektor, Philologe, Hauptvertreter der "kombinierenden" Methode in der hermeneutischen Sprachanalyse des Etruskischen.
4. Gabriel De Mortillet (1821 - 1898), Konservator am Museum in Saint Germain-en-Laye (1868 - 1885).
5. George Dennis (1814 - 1898), Autor des Werkes *The Cities and Cemeteries of Etruria* (1848), des beliebtesten Führers zu den Altertümern Etruriens.
6. Gian Francesco Gamurrini (1835 - 1923), Etruskologe, erhielt in Florenz, Arezzo und Rom zahlreiche öffentliche Aufträge zum Schutz der antiken Denkmäler und zur Organisation der Forschung in Etrurien.
7. Eduard Gerhard (1795 - 1867), Gründer und Direktor des Instituto di Corrispondenza Archeologica in Rom, seit 1843 Professor für Archäologie in Berlin.
8. Wolfgang Helbig (1839 - 1915), Sekretär des Instituto di Corrispondenza Archeologica (später Deutsches Archäologisches Institut) von 1865 bis 1887.
9. Oscar Montelius (1843 - 1921), arbeitete die typologisch-evolutionistische Methode für die vor- und frühgeschichtliche Archäologie aus.
10. Luigi Pigorini (1842 - 1925), Gründer und Direktor (seit 1876) des Museums für Vorgeschichte und Völkerkunde in Rom.

532. Porträt des Gian Pietro Campana
Radierung
H 22,5 cm; B 15,5 cm
Paris, Bibliothèque Nationale, Cabinet des Estampes
Inv. N2

533. Figürliche Bronzeurne
H 42 cm; L 69,5 cm; B 23,5 cm
St. Petersburg, Eremitage
Inv. 485, ehem. Slg. Campana
Aus Perugia, gefunden 1843

Figur eines gelagerten Jünglings mit nacktem Oberkörper; Beine und Bauch mit einem Mantel bedeckt. Die Statue ist innen hohl, sie enthielt ein Diadem und eine "Bulla" aus Gold (s. Kat. 534 - 535). Das Stück wird als die Arbeit einer Werkstatt aus Chiusi angesehen, die für einen reichen Vertreter der Aristokratie Perugias bestimmt war.
Um 400 v. Chr.

M. Cristofani, Novara 1985, 293 Nr. 117; S. Fatti in: *Antichità dell'Umbria a Leningrado* (Ausstellungskatalog), Perugia 1990, 391-396.

534. Diadem
Gold. Getrieben und appliziert
L 32 cm; B 9 cm
Paris, Musée du Louvre, Département des Antiquités grecques, étrusques et romaines
Inv. C 10 (gebr. Nr. Bj 114), ehem. Slg. Campana
Aus der Umgebung von Perugia

Abgerundete Enden, mit einer geprägten mythologischen Darstellung des Kampfes zwischen Herakles und Acheloos verziert. Die Zerbrechlichkeit solcher Diademe und die Eile, mit der sie angefertigt wurden, legen zwangsläufig eine ausschließlich sepulkrale oder zumindest zeremonielle Verwendung nahe.
Vor 400 v.Chr.

G. Micali, Florenz 1844, Taf. 21,2; über die Auffindung der Zeichnungen, die bei der Ausgrabung angefertigt wurden, vgl. S. Fatti, 1985-1986, 141 ff.; F. Gaultier, *Antichità dell'Umbria a Leningrado* (Ausstellungskatalog), Perugia 1990, 402 Nr. 8,2.

535. Zwei Goldscheiben
Graviert. Dm 2,5 cm
Paris, Musée du Louvre, Département des Antiquités grecques, étrusques et romaines
Inv. C 386 (gebr. Nr. Bj 25-26), ehem. Slg. Campana
Aus der Umgebung von Perugia

Die beiden Scheiben, das goldene Diadem (Kat. 534) und die Bronzeurne der Eremitage (Kat. 533) waren Bestandteile der gleichen Grabausstattung, gelangten aber infolge der Auflösung der Sammlung Campana, zu der sie gehört hatten, an verschiedene Museen.
Vor 400 v.Chr.

C. Clément, Paris 1862; G. Micali, Florenz 1844, Taf. 21,3; über die Auffindung der Zeichnungen vgl. S. Fatti, 1985-1986, 141 ff.; F. Gaultier, *Antichità dell'Umbria a Leningrado* (Ausstellungskatalog), Perugia 1990, 402 Nr. 8,3.

536. Schwarzfigurige Amphora
Ton
H 33,5 cm
Paris, Musée du Louvre, Département des Antiquités grecques, étrusques et romaines
Inv. Cp 85 (gebr. Nr. E 721), ehem. Slg. Campana
Herkunft unbekannt

Diese und die folgende (Kat. 537) etruskische Amphora, die in ihrer Form und ihrer Bemalung identisch sind, bilden eines der in der Tolfa-Gruppe häufigen Paare und stammen sehr wahrscheinlich aus derselben Grabausstattung.
Cerveteri, Tolfa-Gruppe. 540 - 530 v. Chr.

F. Gaultier in: *La Lombardia per gli Etruschi* [...], Kongreßakten Mailand 1987, 209-218, Nr. 2.

537. Schwarzfigurige Amphora
Ton
H 33,1 cm
St. Petersburg, Eremitage
Inv. B 1315, 569, ehem. Slg. Campana
Herkunft unbekannt

Cerveteri, Tolfa-Gruppe. 540 - 530 v. Chr.

J.M. Hemelrijk, Mainz 1981, 190 Anm. 1000, Taf. 198 a-c; F. Gaultier in: *La Lombardia per gli Etruschi* [...], Kongreßakten Mailand 1987, 209-218, Nr. 3; L.I. Gatalina in: *Die Welt der Etrusker* (Ausstellungskatalog), Berlin 1988, 143 f. Nr. B5.14.

538. Edgar Degas
Mary Cassatt au Musée du Louvre: la Galerie étrusque, 1879-1880
Radierung, Aquatinta, Kaltnadel auf Japanpapier (letzter Zustand)
Blatt: H 27 cm, B 23,5 cm; Platte: H 27 cm, B 26,8 cm
Paris, Musée du Louvre, Département des Arts Graphiques, Inv. RF 4046 D, Vermächtnis Isaac de Camondo

Die amerikanische Künstlerin (die Frau mit Regenschirm) ist bei der Betrachtung des Ehepaarsarkophags dargestellt, der zusammen mit den etruskischen Altertümern der Sammlung Campana im Saal Henri II steht.

J. Adhémar - F. Cachin, Paris, 1973, 53; The Painter as Printmaker (Ausstellungskatalog), Boston 1984, 168-174; D'après les maîtres (Ausstellungskatalog), Paris, 1992 (im Druck).

DIE SAMMLUNG CAMPANA

539. Ehepaarsarkophag

Terrakotta
H 111 cm, L 194 cm, B 69,5 cm
Paris, Musée du Louvre, Département des
Antiquités grecques, étrusques et romaines
Inv. Cp 5194, ehem. Sammlung Campana
Aus Cerveteri, vielleicht aus einem Grab der "zona
del Comune" am Westrand der Banditaccia-
Nekropole

Der "lydische Sarkophag" wurde bei den Campana-
Grabungen Ende 1845 oder Anfang 1846 in Cerveteri
gefunden und wurde seit seiner Ankunft zusammen
mit einem Großteil der Sammlung Campana als eines
der großartigsten Stücke des Musée Napoléon III bezeichnet.
Letztes Viertel 6. Jahrhundert v.Chr.

M-F. Briguet, Florenz, 1989, passim.

540-542
Campana-Platten

Terrakotta, bemalt
Paris, Musée du Louvre, Département des
Antiquités grecques, étrusques et romaines
ehem. Slg. Campana
Aus Cerveteri, Banditaccia-Nekropole

Diese drei Verkleidungsplatten wurden zusammen mit
anderen Platten bei den Ausgrabungen des Marchese
Campana in Cerveteri zeitgleich mit dem Ehepaarsarkophag (Kat. 539) entdeckt: das Grab, in dem sie sich
befanden, ist allerdings nicht bekannt. Jede Platte
schließt oben mit einem Band von abwechselnd roten,
schwarzen und weißen Zungen auf dem Rahmen ab.
Die Sockelzone unterhalb der Figuren, die ein Drittel
der Gesamthöhe der Platten einnimmt, ist mit einem
waagrechten Streifen über breiten, senkrechten, abwechselnd roten und weißen Streifen bemalt.
Die Interpretation der Darstellungen ist ungewiß.
Drittes Viertel 6. Jahrhundert v. Chr.

F. Roncalli, Florenz 1965, 84 ff. Taf. 1, 2, 4; M.F. Briguet,
Paris 1988, 73 f. Abb. 73 f.

540-541

A: H max. 131 cm; B max. 33 cm
B: H max. 125 cm; B max. 59 cm
Inv. S 4031 und S 4035

A: Ein Mann und eine Frau, nach rechts schreitend
B: Eine Frau, einen Zweig haltend, zwischen zwei
Männern, jeweils mit Lanze und mit Pfeil und Bogen,
nach rechts schreitend.

542.

H max. 123 cm; B max. 58,5 cm
Inv. S 4033

Ein nach links laufender geflügelter Genius trägt eine
Frau in seinen Armen. Ihm läuft ein Mann mit Pfeil
und Bogen voraus.

ASPEKTE DES MODERNEN INTERESSES AN DER ETRUSKISCHEN KUNST

Dokumentation und Dekoration:
Die Überlieferung der etruskischen Grabmalerei in Zeichnungen und Kopien

Cornelia Weber-Lehmann

Ercole Ruspi
Porträt des Vaters Carlo Ruspi
1862
Rom, Pontificia Accademia Artistica
dei Virtuosi al Pantheon
Kat. 554

Seite 412
Carlo Ruspi
Durchzeichnung der Tomba del Triclinio
Detail aus der linken Wand
1832
Rom, Deutsches Archäologisches Institut
Kat. 558

Kaum weniger interessant als die originale etruskische Wandmalerei ist die Geschichte ihrer zeichnerischen Dokumentation. Von der flüchtigen Bleistiftskizze über das sorgfältige Aquarell in verkleinertem Maßstab bis hin zum aufwendigen Faksimile in der Größe des Originals, von der unmittelbar auf der Wand der Grabkammer angefertigten Durchzeichnung bis zur freien Umsetzung in Wanddekorationen weit entfernter Museen- und Sammlungsräume reicht der Bogen der erhaltenen Zeugnisse. Fähige Antikenzeichner, begeisterte Dilettanten, Künstler, Architekten oder neugierige Reisende waren ihre Urheber. So bewahren unsere Archive die Ergebnisse wissenschaftlicher Kampagnen, die in langen Jahren, oft unter Entbehrungen, die Grabkammern erforschten, neben der anspruchslosen Gelegenheitsarbeit, entstanden etwa zur Erinnerung an eine heitere Landpartie.

In einigen Fällen müssen uns die Zeichnungen die inzwischen verlorenen oder zerstörten Originale gänzlich ersetzen, in anderen verzeichnen sie wertvolle Details, die am verblaßten Original nur noch mit Mühe auszumachen sind. Daneben sind sie immer auch Zeugnisse ihrer eigenen Zeit, in denen sich die archäologische Spurensuche mit der jeweiligen Wissenschafts-, Kunst-, Kultur- oder politischen Ereignisgeschichte verbindet. Gerne würden auch wir unseren Überblick nach dem Vorbild der suggestiven Schilderung Fritz Weeges mit dem genialen Michelangelo beginnen lassen. Eines seiner Skizzenblätter zeigt das bärtige Profil eines Mannes, der sich den aufgerissenen Rachen eines Eber- oder Wolfsfells über den Hinterkopf gezogen hat. Doch ob die Vorlage tatsächlich in den Wolfskappen etruskischer Hadesdarstellungen (T. dell'Orco II in Tarquinia, Tomba Golini I in Orvieto) oder in anderen Denkmälern (etwa Darstellungen auf etruskischen Urnen oder auf der Trajanssäule) zu suchen ist, muß wohl offen bleiben.

Sichereren Boden betritt man erst ca. 200 Jahre später. Anlaß gab die Publikation des bereits 1616/17 niedergeschriebenen Textes des Schotten Thomas Dempster *De Etruria Regali*, dem 1723/24 die Florentiner Herausgeber und Bearbeiter einen aus ganz Etrurien zusammengetragenen Apparat von Zeichnungen beigaben, darunter auch eine Zeichnung der 1699 in Tarquinia gefundenen Tomba Tartaglia. Dem Wissensstand und vor allem dem Erkenntnisinteresse seiner Zeit verhaftet, hat der unbekannte Zeichner einzelne Figuren und ihre Attribute mißverständlich wiedergegeben. So konnte die bis in unser Jahrhundert nachwirkende Vorstellung von einer Bestrafung der Seelen im Jenseits, in einem etruskischen Vorläufer des christlichen Purgatoriums, aufkommen.

1743 hat Gori den Stich erneut abgedruckt und dadurch die Verbreitung nachhaltig gefördert. Daneben konnte er drei Neufunde publizieren: aus Chiusi die Tomba di Montollo, aus Tarquinia die Gräber della Mercareccia und dei Sacerdoti Danzanti, von denen er durch Skizzen und Beschreibungen des in Tarquinia ansässigen Augustinermönchs Giannicola Forlivesi Kenntnis erlangt hatte. Noch in der Mitte des 19. Jahrhunderts existierte in Tarquinia das vollständige Manuskript Forlivesis, in dem vier weitere Kammern beschrieben und skizziert waren. Diese Arbeit kennen wir leider nur durch einen späteren Textauszug ohne Zeichnungen. Für die von Gori erstmals publizierten tarquinischen Gräber (della Mercareccia und dei Sacerdoti Danzanti) stehen als weitere Quelle immerhin die Vorarbeiten zu den Stichen zur Verfügung: die 1734 entstandenen Zeichnungen des römischen Malers und Restaurators Mattia Gherardini (noch unpubliziert, Biblioteca Marucelliana in Florenz).

Die ersten Zeichnungen, die über die Thematik der Malereien hinaus eine ungefähre Vorstellung von ihrem Stil vermitteln, sind zwei von dem berühmten Antiquar Thomas Jenkins 1763 in Auftrag gegebene Skizzen mit Szenen aus der 1760 zum wiederholten Male aufgedeckten Tomba del Cardinale, vor allem aber die wenige Jahre später entstandenen Skizzen des polnischen Malers Franciszek Smugliewicz von demselben Grab. Erst in jüngster Vergangenheit gelang W. Dobrowolski der Nachweis, daß es sich bei Smugliewicz' Zeichnungen (heute in der Universitätsbibliothek Warschau) um die Vorlagen für die Stiche handelte, die Christopher Norton für James Byres anfertigte. Diese Zusammenhänge wurden bisher nicht erkannt, da die Stiche mit großer Verspätung erst 1842 veröffentlicht worden waren.

Auch ein Begleittext, der über die mit der Veröffentlichung verfolgten Ziele Auskunft geben würde, konnte bisher nicht aufgefunden werden. Es ist daher fraglich, ob Byres tatsächlich ein wissenschaftliches Werk oder eine Art Verkaufskatalog für seine vor allem in England beheimatete Kundschaft plante. Immerhin erscheinen die Wandabschnitte der (verlorenen) Tomba del Biclinio wie einzelne ausgesägte Tafeln, die vor der zeichnerischen Aufnahme für den Abtransport und Verkauf präpariert wurden. Auch in der Wiedergabe des Stils richten sich die Stiche (im Unterschied zu Smugliewicz' Zeichnungen!) eher nach dem zeitgenössischen Geschmack möglicher Käufer als nach den etruskischen Vorbildern.

In einer Zeit, die noch keine Skrupel kannte, sich die Antike nicht nur in geistiger Auseinandersetzung, sondern durch körperlichen Besitz der Denkmäler buchstäblich "anzueignen", lag die Versuchung nahe, geeignete Bildeinheiten von der Wand abzulösen, zu verkaufen und fortzuschaffen. So heißt es bereits in einer der ersten Beschreibungen der Malereien von Tarquinia, die der Pater Paciaudi am 28.2.1760 an de Caylus nach Paris sandte:

"*Je vous vois lisant cette lettre, et me reprochant de n'avoir pas détaché quelques morceau de ces peintures pour vous les envoyer. J'ai essayé d'en enlever, mais l'opération est impossible; il faudroit, pour y parvenir, avoir des ouvrier fort intelligens, et faire une trèsgrande dépense. Ces peintures sont executées sur le rocher, et sans aucune sorte de péparation; il faudroit donc scier ces parties du rocher pour les emporter, ce qu'on ne pourroit faire qu'avec un appareil et des frais que des peintures presque évanouies ne méritent assurément pas*" (Ich sehe Sie diesen Brief lesen und mich tadeln, daß ich nicht einige Stücke dieser Malereien abgelöst und Ihnen geschickt habe. Ich habe es versucht, aber das Unterfangen ist unmöglich. Um dabei Erfolg zu haben, müßte man ausgezeichnete Kräfte haben und sehr große Geldsummen ausgeben. Da diese Malereien auf dem Felsen - ohne irgendeinen Untergrund - ausgeführt sind, müßte man die entsprechenden Felspartien aussägen, um sie mitnehmen zu können. Dazu wäre jedoch ein Aufwand an Hilfsmitteln und Kosten erforderlich, den diese fast völlig verblichenen Malereien nicht verdienen).

Die Schwierigkeiten der kommerziellen Verwertung, nicht weniger die zurückhaltende Beurteilung des kunsthistorischen Wertes der bis dahin bekannt gewordenen Malereien

Franciszek Smuglewicz
Zeichnung der Tomba del Cardinale
1763 - 1766
Würzburg, Martin von Wagner-Museum der Universität

DIE ÜBERLIEFERUNG DER ETRUSKISCHEN GRABMALEREI

verhinderte bis in die erste Hälfte des 19. Jahrhunderts, daß die Grabmalerei zum Gegenstand systematischer Grabungen wurde. Nach wie vor hatte man es auf die reichen Grabbeigaben abgesehen, auf die Gold-, Bronze- und Vasenfunde, um die rasant expandierenden Sammlungen zu füllen.

Einer der wenigen Archäologen etwa, der von den durch Lord Kinnaird im Frühjahr 1825 entdeckten Malereien (Tomba Labrouste, del Mare, dei Leoni) überhaupt Notiz nahm und sie der literarischen Erwähnung für wert erachtete, war Eduard Gerhard. Er hatte mit einigen befreundeten Deutschen in Rom die "Römisch-Hyperboräische Gesellschaft" gegründet, die sich in gemeinsamem Einsatz und wechselseitigem Austausch der Sammlung und Erforschung antiker Denkmäler widmete. Dieser Freundeskreis sollte schon bald zur Keimzelle des 1829 gegründeten Instituto di Corrispondenza Archeologica werden.

Auch das Projekt, das man als den eigentlichen Beginn der wissenschaftlichen Dokumentation der Malereien bezeichnen darf, wird den Hyperboräern verdankt. Denn als 1827 Vittorio Masi, der Kämmerer des Erzbischofs von Montefiascone und Corneto, die Gräber delle Bighe und delle Iscrizioni entdeckte, erfuhren die Hyperboräer als die ersten davon und reisten sofort hinaus nach Tarquinia. Otto Magnus Freiherr von Stackelberg, der Diplomat August Kestner, und der Dresdener Architekt Joseph Thürmer zeichneten und vermaßen während eines 17-tägigen Aufenthaltes die Gräber del Mare, dei Leoni, delle Bighe und delle Iscrizioni und die bei einer Nachgrabung von ihnen entdeckte Tomba del Barone.

Bedauerlicherweise sind ihre Arbeiten nie veröffentlicht worden. Nur die Andrucke für den Tafelteil blieben in zwei Exemplaren (im Deutschen Archäologischen Institut in Rom und im Archäologischen Institut in Straßburg) erhalten und vermitteln einen Eindruck von dieser außergewöhnlichen Dokumentationsleistung. Erstmals war man auf Gräber der spätarchaischen Blütezeit der etruskischen Grabmalerei gestoßen, die im Stil den griechischen Vasen verwandt waren. Obgleich diese Zusammenhänge damals allenfalls in Ansätzen richtig erfaßt werden konnten, merkt man den Zeichnungen an, daß sich ihre Urheber der besonderen Bedeutung bewußt waren.

Auch den jungen Architekten Friedrich Ziebland, der sich als Stipendiat Ludwigs I. von Bayern in Rom aufhielt und 1827 einen Fußmarsch durch das nördliche Latium bis nach Tarquinia unternahm, haben die Originale in gleicher Weise wie die später in Rom bei Stackelberg oder Kestner gesehenen Kopien ganz offensichtlich beeindruckt. Jedenfalls fertigte er sorgfältige, sehr wahrscheinlich sogar größengleiche und vor allem farbige Kopien der Stackelberg'schen Zeichnungen an. Ob diese Kopien, die nachweislich Ludwig I. vorgelegt wurden, bereits damals das Interesse des kunstsinnigen Monarchen nach Tarquinia lenken oder für Stackelbergs seinerzeit noch von dem Münchener Verleger Cotta betreutes Publikationsprojekt werben sollten, läßt sich wohl kaum entscheiden. Ohne Zweifel aber können Zieblands Kopien (heute in der Architektursammlung der Technischen Universität München) als ein zuverlässiger Ersatz für die verlorenen Vorlagen herangezogen werden.

Die Berühmtheit der drei Zeichner Stackelberg, Kestner und Thürmer sorgte dafür, daß erstmals in ganz Europa die breite Öffentlichkeit auf die Neufunde aufmerksam wurde. Zum Tagesgespräch aber wurden sie durch ein ungewöhnliches Privileg seitens der päpst-

lichen Verwaltung, das anderen Interessenten die Aufnahme der Gräber verwehrte. Je länger die angekündigte Publikation auf sich warten ließ, desto heftiger tobte der Streit um dieses "*privilège absurde*", wie der enttäuschte Franzose Désiré Raoul-Rochette polemisierte. Noch in seinen 1836 erschienenen "*Peintures Antiques inédites*" heißt es zum wiederholten Male: "*Je visitai ... les tombeaux récemments découverts à Corneto, pour en examiner les peintures; et il ne tint pas à moi, comme on le sait, de les publier, quand elles offraient encore tout le mérite de leur conservation, ou, pour mieux dire, toute la fraîcheur de leur nouveauté, quelles ont presque entièrement perdues depuis*" (Ich besuchte die kürzlich entdeckten Gräber in Corneto, um ihre Malereien zu untersuchen; und es lag nicht an mir, wie man weiß, sie zu publizieren, als sie noch den Vorteil ihrer guten Erhaltung boten, oder, besser gesagt, die ganze Frische ihrer Neuerscheinung, die sie seitdem fast ganz verloren haben).

Doch schon 1829 gelang es Henri Labrouste, zusammen mit anderen Mitgliedern der École Française in Tarquinia alles aufzunehmen, was zugänglich war: nicht nur die seit langem bekannten Gräber del Cardinale und della Mercareccia sowie die von den Hyperboräern nicht gezeichnete Tomba Labrouste, sondern auch die "verbotenen" Gräber delle Iscrizioni, delle Bighe, del Barone und del Mare. Nur die Tomba dei Leoni war offensichtlich bereits wieder verschüttet; jedenfalls fehlt sie in dem heute von der Bibliothéque Nationale in Paris verwahrten Bestand. Den Architekten Labrouste interessierten in erster Linie die Farbigkeit der Malereien als Beispiele für die heftig umstrittene Polychromie antiker Denkmäler und der architektonische Aufbau der Kammern, während seine figürlichen Zeichnungen weniger genau, um nicht zu sagen summarisch, blieben. Einzelne Zeichnungen von Labrouste, der später an der École Polytechnique in Paris lehrte, wurden hier von seinen Schülern kopiert; sie tauchen daher etwa in Hittorfs 1851

Georg Friedrich Ziebland
Zeichnungen der Tomba delle Iscrizioni
in Tarquinia
1827
München, Architekturmuseum
der Technischen Universität
Kat. 553 und Kat. 552

DIE ÜBERLIEFERUNG DER ETRUSKISCHEN GRABMALEREI

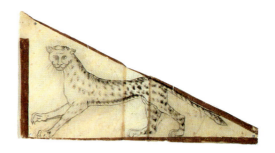

Carlo Ruspi
Durchzeichnungen der Tomba del Triclinio
1832
oben: Eingangswand
unten: linke Wand
Rom, Deutsches Archäologisches Institut
Kat. 555 und Kat. 558

erschienener *Restitution du temple d'Empédocle a Sélinunte ou l'architecture polychrome chêz les Grècs* wieder auf. Andere Teile überließ er Giuseppe Micali, der sie ab 1832 in die *Monumenti per servire alla storia degli antichi popoli italiani* mit aufnahm. Micalis in hohen Auflagen gedrucktes Werk, aber erstaunlicherweise auch das einzelne Exemplar der Stackelberg'schen Tafeln im Instituto di Corrispondenza Archeologica in Rom, das zu allen Zeiten den Spezialisten bekannt und zugänglich war, bildeten für mehrere Jahre die Grundlage der wissenschaftlichen Diskussion der Malereien.

Überholt wurden sie erst von den Arbeiten des römischen Antikenzeichners Carlo Ruspi, die in wieder und wieder kopierter Form für die unterschiedlichsten Zwecke verwendet und dadurch über ganz Europa verbreitet wurden. Ableger finden sich noch heute in München und St. Petersburg, in Berlin, Kopenhagen und London; den geschlossensten Bestand aber verwahren die Vatikanischen Museen und das Deutsche Archäologische Institut in Rom.

Bezahlt aus Mitteln der Preußischen Akademie zeichnete Ruspi bereits seit mehreren Jahren für Eduard Gerhard in Etrurien, teils systematisch ganze Denkmälergattungen, teils zufällige Neufunde, als in Tarquinia im Dezember 1830 die Tomba del Triclinio und im April 1831 die Tomba Querciola ans Licht kamen. Solche wichtigen Entdeckungen zuverlässig und rasch dem wissenschaftlichen Publikum zu erschließen, war die Aufgabe,

die das Instituto di Corrispondenza Archeologica und seine Schriftenreihen ins Leben gerufen hatte. Und so erschienen hier 1833 Ruspis Aquarelle der Gräber del Triclinio und Querciola zusammen mit Berichten von der Entdeckung und ersten Versuchen einer archäologisch-kritischen Auswertung.

An dieses Vorbild hielt man sich auch später immer wieder, wenn dem Institut die Publikation neuentdeckter Gräber übertragen wurde. Gregorio Mariani, Ludwig Gruner, Giuseppe Angelelli, Nicola Ortis, Louis Schulz, Gottfried Semper: Das sind die Namen der sich im Laufe der Jahre abwechselnden Zeichner. Und auf Gerhard folgten Braun, Brunn, für mehrere Jahre Wolfgang Helbig, später Körte und Messerschmidt als die archäologischen Interpreten. Die Vorarbeiten für die Drucke, meist farbige Aquarelle, seltener größengleiche Durchzeichnungen, blieben im Archiv des Instituts nahezu vollständig erhalten und bilden heute einen einzigartigen Fundus für die Dokumentation archäologischer Denkmäler vor der Erfindung und dem Einsatz der Photographie.

Die Kenntnis der etruskischen Grabmalerei wurde jedoch nicht allein durch Publikationen, sondern auch in anderen, weit aufwendigeren Formen verbreitet. Am Anfang dieser Bemühungen stand abermals Carlo Ruspi, der sich selbst treffend als *artist-archeologo* charakterisierte. Er hatte während seiner Arbeiten für das Institut die Idee, die Malereien unmittelbar vor der Wand auf durchscheinendem Papier ("carta oleata") im Maßstab

*Tomba del Triclinio,
Fresken der linken Wand
470 - 460 v. Chr.
Tarquinia, Museo Nazionale*

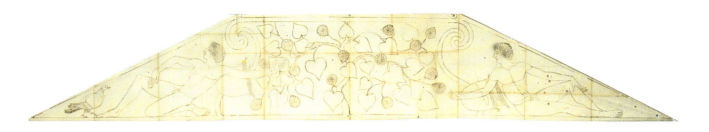
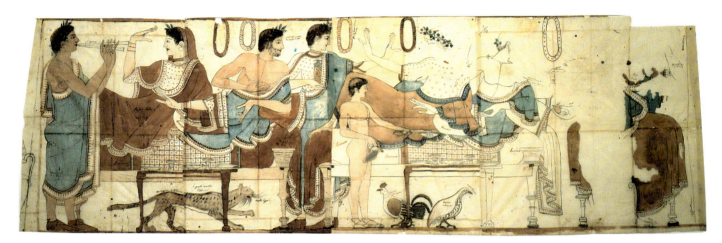

Carlo Ruspi
Durchzeichnungen der Tomba del Triclinio
1832
oben: Rückwand
unten: rechte Wand
Rom, Deutsches Archäologisches Institut
Kat. 556 und Kat. 557

1:1 durchzuzeichnen und auf dieser Grundlage anschließend im Atelier farbige Faksimiles herzustellen. Die sorgfältigen, zum Teil colorierten Durchzeichnungen gelangten erst viel später aus Ruspis Nachlaß in das Archiv des Deutschen Archäologischen Instituts, während seine fertigen Faksimiles stellvertretend für die ortsgebundene Malerei in den neuen Antikensammlungen ausgestellt wurden.

Einen vollständigen Faksimile-Satz der Gräber del Triclinio, Querciola, delle Bighe, delle Iscrizioni, del Morto, del Barone und später der Tomba François erhielt das Museo Etrusco im Vatikan. Er war ab 1837/8 in den Ausstellungsräumen zugänglich und ist noch heute erhalten. Dagegen ist der Satz, den Ludwig I. von Bayern nach einem spektakulären Besuch in Tarquinia im Jahre 1834 bei Ruspi in Auftrag gab und den der Architekt Leo von Klenze für die Wanddekoration des sogenannten Vasensaales der (Alten) Pinakothek in München verwendete, im Zweiten Weltkrieg zerstört worden. Eine Vorstellung von diesen prachtvollen Räumen vermitteln heute lediglich zwei historische Photographien und die erhaltenen Entwürfe Leo von Klenzes (Staatliche Graphische Sammlungen in München).

Ein dritter Satz gelangte über die Brüder Campanari nach London, wo er später vom Britischen Museum erworben wurde. Auch dieser Bestand ist heute bis auf marginale Re-

DIE ÜBERLIEFERUNG DER ETRUSKISCHEN GRABMALEREI

*Tomba del Triclinio, Fresken der Rückwand
und der rechten Wand (unten)
470 – 460 v. Chr.
Tarquinia, Museo Nazionale*

Carlo Ruspi
Aquarellierte Zeichnung der vier Wände der Tomba Querciola
1831
Rom, Archiv des Deutschen Archäologischen Instituts
Kat. 560

ste verloren. Die Campanaris benutzten die Faksimiles als effektvolle Dekoration ihrer großen Verkaufsausstellung im Jahre 1837. Dabei griffen sie Ruspis anfängliche Idee auf, mit Hilfe der Faksimiles die Grabkammern in ihrer ursprünglichen Form wiederaufzubauen. Wie fesselnd die Präsentation antiker Denkmäler in ihrem eigenen Ambiente war, hatte bereits 1821 der Padovese Belzoni dem Londoner Publikum vor Augen geführt, als er seine ägyptischen Schätze in einer Nachbildung der Grabkammern Pharao Sethos I. zum Verkauf anbot. Campanaris Ausstellung kannte man bisher nur aus Beschreibungen. Erst vor kurzem fand sich im Britischen Museum eine kleine farbige Zeichnung mit dem Arrangement der Tomba delle Bighe, die wir im vorliegenden Zusammenhang veröffentlichen können. Auf diesem Aquarell läßt sich deutlich erkennen, daß Campanaris Faksimiles nicht auf Ruspis Durchzeichnungen, sondern unmittelbar auf die Vatikan-Faksimiles zurückgehen; denn sie zeigen einige Zutaten, die Ruspi zur Vervollständigung der Vatikan-Faksimiles rekonstruiert oder gar frei erfunden hatte, während sie auf seinen sehr viel genaueren Pausen fehlen.

Die besondere Bedeutung der großformatigen Faksimiles im Vatikan, in München oder in London lag zweifellos darin, daß nur sie eine wirklich zutreffende Vorstellung von der etruskischen Malerei vermitteln konnten, die damals nur die wenigsten aus eigener Anschauung kannten und die bei flüchtiger Betrachtung in den verkleinerten Drucken von Vasenbildern kaum zu unterscheiden waren. Entsprechend groß waren Überraschung und Enthusiasmus des Publikums. Stellvertretend nennen wir den Franzosen Henri Beyle/Stendhal, der Ruspi bei der Arbeit in Tarquinia, aber auch den fertigen Vasensaal in München gesehen hatte und eifrig dafür warb, in Paris ein ähnliches Projekt zu beginnen. Oder Lady Hamilton Gray, die sich auf ihrer *Grand Tour* durch Etrurien immer wieder an die ersten, in Campanaris Ausstellung empfangenen Eindrücke zurückerinnerte.
Gleichwohl entstanden bis gegen Ende des Jahrhunderts keine weiteren Faksimiles. Freilich blieben so spektakuläre Entdeckungen wie im ersten Jahrhundertdrittel weitgehend aus. Erst der Däne Carl Jacobsen entwickelte den ehrgeizigen Plan, nach dem Münchener Vorbild eine vollständige Faksimile-Sammlung der etruskischen Wandmalerei in Ko-

Grundriß der ersten Abteilung der Campanari-Ausstellung in London 1837 mit vier Grabrekonstruktionen
London, British Museum
Department of Greek and Roman Antiquities
Kat. 508

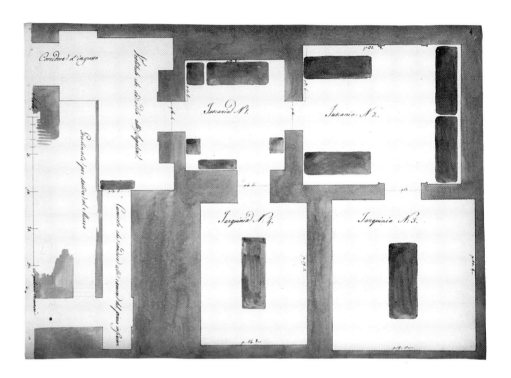

penhagen aufzubauen, die nun allerdings neben Tarquinia auch Chiusi, Vulci, Veji oder Orvieto einbeziehen sollte. Für die wissenschaftliche Leitung konnte er den seinerzeit zweifellos besten Kenner der Malereien gewinnen, seinen Freund und Kunstagenten in Rom Wolfgang Helbig. Nach anfänglichen Versuchen mit dem Institutszeichner Gregorio Mariani und dem Schweizer Enrico Wüscher-Becchi, einem Schüler Arnold Böcklins, übertrug Helbig sämtliche Arbeiten seinem Schwiegersohn, dem römischen Maler Alessandro Morani. Denn als Lehrer für dekoratives Zeichnen am Museo Artistico Industriale in Rom war Morani mit Fragen der Zeichentechnik, Dekorationsmalerei und Restaurierung bestens vertraut und konnte aus seinem Schülerkreis geeignete Mitarbeiter rekrutieren.

Jacobsen, Helbig, Morani: In diesen drei Namen können wir die einmalige Konstellation hier nur andeuten, die Voraussetzung für den erfolgreichen Abschluß des wohl anspruchsvollsten Dokumentationsprojektes überhaupt war. Zwischen 1895 und 1913 wurden bis auf die Tomba del Mare und die Tomba della Porta di Bronzo alle seinerzeit zugänglichen bemalten Kammergräber erfaßt (insgesamt 28). Acht Gräber waren bis dahin noch völlig unpubliziert (Tori, Pulcella, Leonesse, Baccanti, Pulcinella, Morente, Letto Funebre, Leopardi). Es entstanden 93 originalgroße Faksimiles und 30 sogenannte "Reinzeichnungen" mit Grund- und Aufrissen, perspektivischen Kammereinblicken oder Übersichten (heute in der Glyptothek in Kopenhagen). Darüberhinaus blieb auch ein großer Teil der Vorarbeiten, 166 Aquarelle und Durchzeichnungen aus immerhin 21 Gräbern, erhalten (heute im Archiv des Schwedischen Instituts in Rom).

Der Vasensaal in der Münchener (Alten) Pinakothek, in dem Leo von Klenze die Wand-

DIE ÜBERLIEFERUNG DER ETRUSKISCHEN GRABMALEREI

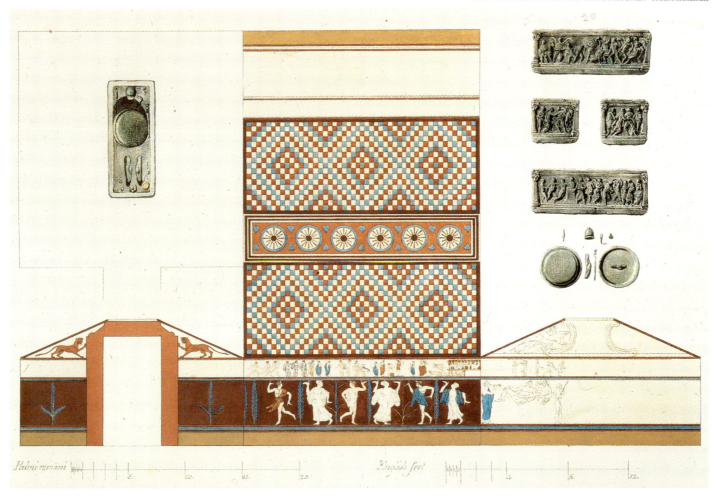

Tomba delle Bighe in Tarquinia
Zeichnung der für die Campanari-Ausstellung mit
Faksimiles rekonstruierten Grabkammer (oben)
Rekonstruktion der linken Wand für die
Campanari-Ausstellung in London 1837 (unten)
London, British Museum
Department of Greek and Roman Antiquities
Kat. 507 und Kat. 506

425

DIE ÜBERLIEFERUNG DER ETRUSKISCHEN GRABMALEREI

nebenstehende Seite
Gottfried Semper
Tomba del Tifone
oben: Aquarellierte Zeichnungen von Details
unten: Grundriß, Decke, Längs-
und Querschnitt
1833
Berlin, Staatliche Museen zu Berlin
Antikensammlung, Gerhard'scher Apparat
Kat. 567 und Kat. 566

Seite 428 und 429
Leo von Klenze
Entwürfe für die Wanddekoration des Vasensaals
in der Alten Pinakothek in München mit
Malereien aus der Tomba del Triclinio, der
Tomba del Morto und der Tomba Querciola
Um 1838
München, Staatliche Graphische Sammlung
Kat. 563

Seite 430
Henri Labrouste
Zeichnerische Aufnahme der Tomba
del Barone, 1829
Paris, Bibliothèque Nationale
Cabinet des Estampes
Kat. 577

Henri Labrouste
Zeichnerische Aufnahme der Tomba
del Cardinale, 1829
Paris, Bibliothèque Nationale
Cabinet des Estampes
Kat. 578

Seite 431
Henri Labrouste
Aufriß, Schnitt, Grundriß und Details
eines Tumulus und Ansicht der Nekropole
von Tarquinia, 1829
Paris, Bibliothèque Nationale
Cabinet des Estampes
Kat. 573

malereien und die in den Gräbern gefundenen Vasen zu einem neuen Gesamtkunstwerk zusammengeführt hatte, verdeutlicht, daß seinerzeit die archäologische Dokumentation kein Selbstzweck, sondern nur Hilfsmittel einer vertieften und vielgestaltigen Rezeption war. Nach Klenzes Vorstellung sollte auch die Eremitage in St. Petersburg ein ganz ähnliches Ensemble erhalten. Doch seine Entwürfe wurden nicht verwirklicht. Auch Gottfried Semper, der 1833 die Gräber del Tifone und del Morto für das Instituto di Corrispondenza Archeologica gezeichnet hatte, griff diese Erfahrungen später in anderem Zusammenhang wieder auf. So finden sich dekorative oder motivische Details aus den Gräbern in der Ausmalung des Japanischen Palais in Dresden. Er selbst spricht von "der vollen Farbenfrische" der Gräber, die zweifellos seine folgenreichen Thesen in der Auseinandersetzung um die Polychromie der antiken wie der zeitgenössischen Architektur nachhaltig beeinflußt hat. In diesen Themenkreis wurde, wie oben bereits kurz angedeutet, auch über Henri Labrouste und Ignaz Hittorf die etruskische Malerei als Argument eingeführt.

Labroustes Arbeiten (in der von Micali veröffentlichten Fassung, s.o.) waren zuvor schon von Pelagio Palagi als Vorlage für die Ausmalung des *Gabinetto Etrusco* im Castello di Racconigi bei Turin verwendet worden. Hier krönen die Szenen der Tomba del Barone ein reiches Bildprogramm, zu dem die griechische und römische Kunst nur an nachgeordneter Stelle die Vorbilder liefern darf.

Die bisher erwähnten künstlerischen, kunsttheoretischen oder politisch-ideologischen Aspekte treten zurück bei der von Eduard Gerhard angeregten Dekoration des "Etruskischen Cabinets" in Schinkels Altem Museum in Berlin. Aus dem überreichen Fundus der Zeichnungen, die Gerhard aus Rom nach Berlin mitgebracht hatte, zu einem großen Teil Arbeiten Carlo Ruspis, wählte man Szenen, die man für typische Beispiele des etruskischen Alltags und Totenkults hielt. So wurden eine Jagdszene und ein Gelage der Totenklage und einer Reise ins Jenseits gegenübergestellt. Diese Wanddekorationen, die die Thematik der ausgestellten Objekte aufgriffen und weiterführten, waren seinerzeit wegen ihrer mangelnden Stiltreue nicht unumstritten; heute mutet dieser frühe "museumsdidaktische Versuch" erstaunlich modern an.

Bisher sind wir auf den Spuren der Zeichnungen vor allem durch das außeritalienische Europa geführt worden. Denn gerade außerhalb Etruriens war man im Falle der Grabmalerei anders als etwa bei beweglichen Denkmälern auf Reproduktionen in konventioneller Buchform oder in eigens entwickelten neuen Verfahren unbedingt angewiesen. Es ist daher nicht erstaunlich, daß die Anstöße für zahlreiche Dokumentationsprojekte vom Ausland her kamen.

Doch auch in Italien selbst wurden schon früh auf lokaler oder nationaler Ebene bedeutende Anstrengungen zur Aufnahme der Malereien unternommen. Von dem Faksimile-Satz aus Tarquinia im Museo Etrusco des Vatikan war bereits die Rede. Anderen Orten galten etwa Inghiramis *Museum Chiusinum* (1833: Tomba del Poggio al Moro, Tomba del Colle; beide Chiusi), Caninas *Etruria Marittima* (1846-51: Grotta del Triclinio, Cerveteri; Tomba Campana, Veji) oder Conestabiles *Pitture murali... presso Orvieto* (1865: Tomba Golini I und II, Orvieto). Leider sind die Vorarbeiten zu den meisten dieser Publikationen heute verloren oder wenigstens noch nicht wieder aufgefunden.

Erhalten blieben dagegen die zahlreichen Aquarelle des Zeichners Guido Gatti, der ab

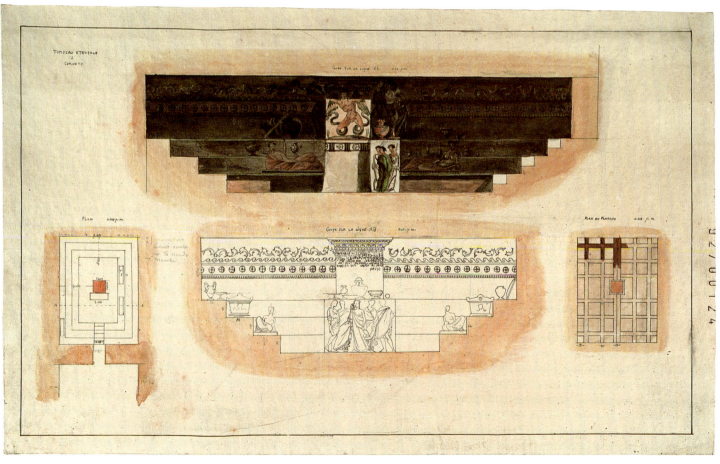

DIE ÜBERLIEFERUNG DER ETRUSKISCHEN GRABMALEREI

429

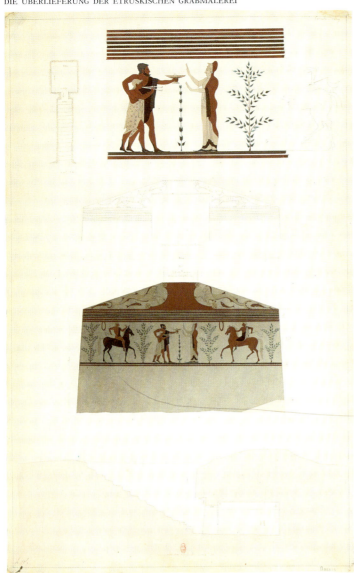
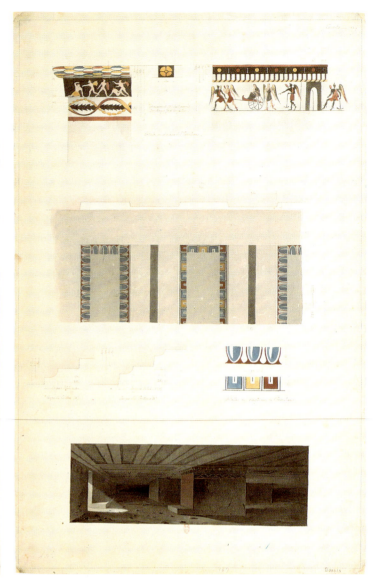

BIBLIOGRAPHIE:
G. Avakian, Ephemeris Dacoromana 6, 1935; L. Banti, Studi Etruschi 35, 1967; L. Canina, Rom 1846-1851; ders., Rom 1847; G. Colonna in: *Dalla Stanza [...]* (Ausstellungskatalog), 1984; ders., Studi Etruschi 46, 1978; ders. in: *Roma Capitale 1870 - 1911* (Ausstellungskatalog), 1984; G.C. Conestabile, Florenz 1865; M. Cristofani, Rom 1983; T. Dempster, Florenz 1723-24; W. Dobrowolski, Bulletin du Musée National de Varsovie 19, 1978; ders. in: Kongreßakten Florenz, 1989; ders. in: Kongreßakten Berlin, 1990; A.F. Gori, Florenz 1737-43; M.-C. Hellmann in: *Envoie de Rome [...]* (Ausstellungskatalog), Paris, 1982; J.I. Hittorff, 1851; F. Inghirami, [Fiesole] 1821-26; G. Körte, Berlin 1899-1901; M. Kunze in: *Die Welt der Etrusker [...]* (Ausstellungskatalog), 1988; E.P. Loeffler in: Festschrift K. Lehmann, New York 1964; *Malerei der Etrusker [...]* (Ausstellungskatalog), 1987; G. Micali, Florenz 1832; H. Möbius, Mitteilungen des Deutschen Archäologischen Instituts. Römische Abteilung 73-74, 1966-67; M. Moltesen-C. Weber-Lehmann, Kopenhagen 1991; A. Morandi, Rom 1983; C. Morigi Govi in: *Pelagio Palagi [...]* (Ausstellungskatalog), 1976; A. Noël Des Vergers, Paris 1862-64; *Pittura Etrusca a Orvieto* (Ausstellungskatalog), 1982; F. Roncalli in: *Etruskische Wandmalerei*, Stuttgart-Zürich 1985; G. Sassatelli in: *Dalla Stanza [...]* (Ausstellungskatalog), 1984; G. Semper, Frankfurt 1860; *Sethos [...]* (Ausstellungskatalog), 1991; *La Tomba François di Vulci* (Ausstellungskatalog), 1987. C. Weber-Lehmann, Mitteilungen des Deutschen Archäologischen Instituts. Römische Abteilung 95, 1988; dies. in: Kongreßakten Berlin, 1990; dies., Opuscula Romana 18, 1990; F. Weege, Halle 1921.

1912 nach und nach die Vorlagen für eine *Galleria della Pittura Etrusca in facsimile* zusammentrug, die 1932 nach dem erklärten Vorbild von Kopenhagen im Archäologischen Museum in Florenz eröffnet werden konnte. Das Museo Civico in Bologna erhielt seine *Galleria Etrusca* bereits 1881. In nur 5-6 Monaten von dem Maler Luigi Busi nach Reproduktionen, ohne eigene Neuaufnahmen ausgeführt, erhoben die Bilder allerdings keinen Anspruch auf dokumentarische Genauigkeit. Selbst in Fachkreisen noch kaum bekannt ist schließlich eine Serie von 51 Aquarellen nach tarquinischen Gräbern, die um 1905 der römische Maler Elio D'Alessandris anfertigte (heute im Museo di Etruscologia e Antichità Italiche der Universität Rom).

Viele der auf den vorangegangenen Seiten im raschen Überblick vorgestellten Zeichnungen verdienen eine sorgfältige archäologische Auswertung. Dazu gehört der genaue Vergleich mit den noch erhaltenen Originalen und mit inzwischen verfügbaren weiteren Parallelen. Genauso wichtig ist aber die zuverlässige Klärung des Entstehungszusammenhanges jeder einzelnen Zeichnung. Auf diesem Wege kann Europa, das über Jahrhunderte mit seinen Museen von Etrurien profitiert hat, heute mit seinen Archiven wesentlich dazu beitragen, vor Ort längst verlorene Monumente zurückzugewinnen. Die Voraussetzung dazu haben Generationen geschaffen, denen Jacobsens Motto "Laß uns retten, was noch zu retten ist!" nicht nur Lippenbekenntnis, sondern Verpflichtung bedeutete. Auch wir sollten daher angesichts des noch immer fortschreitenden Verfalls der kostbaren Malereien die Geschichte ihrer Dokumentation als eindringliche Mahnung, vielleicht gar als Anklage, verstehen.

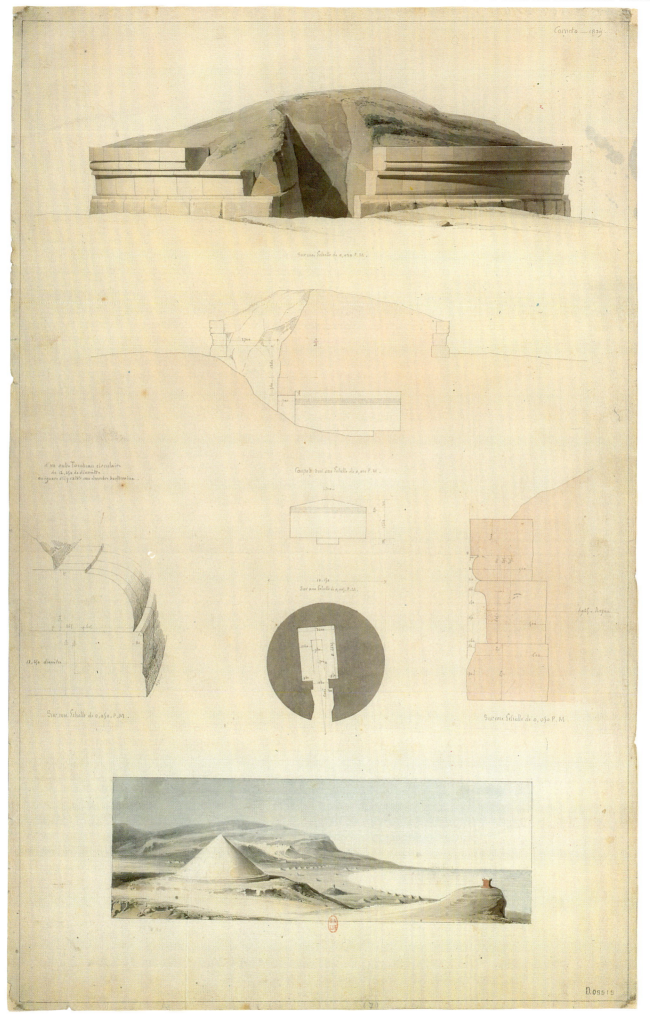

Fälschungen, "Pasticci", Imitationen

Licia Vlad Borrelli

Ohrringe: Imitation der Castellani nach
etruskischen und tarentinischen Vorbildern des 3.
und 2. Jahrhunderts vor Chr. 19. Jahrhundert
ehem. Slg. Castellani
Rom, Museo Nazionale di Villa Giulia
Kat. 607

Von den Vortäuschungen edler Materialien, die Plinius erwähnt, über die Bestrebungen der mittelalterlichen Alchimie, mittels Zauberei Materie zu verwandeln, bis hin zu André Gides *Faux Monnayeurs* hat das Thema der Fälschung Künstler und Schriftsteller seit jeher fasziniert.

Als die düstere Seite, das Negativbild der Kreativität, als ein immer wieder schräg verlaufender Strang im Geflecht der künstlerischen Produktion hatte die Fälschung auf ihre Weise stets teil an der Geschichte der Zivilisation und des Geschmacks, sie gab Laien und Gelehrte der Lächerlichkeit preis, die sich von jener Zwiespältigkeit täuschen ließen, die eines ihrer kennzeichnenden Merkmale ist. In der Tat ist ihre Vertrauenswürdigkeit jenseits der Schwelle angesiedelt, wo Erkenntnis aufhört, gesichert zu sein, und wo folglich die Treffsicherheit im Urteilen nachläßt, da feste Anhaltspunkte fehlen. Dies liegt der Bemerkung André Malraux' zugrunde, man fühle sich angesichts einer Fälschung von tiefem Unbehagen ergriffen. Es ist das gleiche Unbehagen, mit welchem wir die Abgründe unseres Nichtwissens ausloten.

Sehr selten nur ist das Fälschen ein perverses Spiel um seiner selbst willen, fast immer liegt ihm ein klares praktisches Motiv zugrunde: die Einführung der Fälschung auf dem Kunstmarkt, wo sie in der betrügerischen Absicht, Echtheit vorzutäuschen, einer Nachfrage entgegenkommt, die in anderer Weise nicht zu befriedigen ist. Das Fälschen unterliegt durchaus den Marktgesetzen und wird durch die Tendenzen des Zeitgeschmacks mitangespornt.

So tauchten die aufsehenerregendsten Fälschungen stets im Zusammenhang bedeutender archäologischer Entdeckungen auf und bildeten deren Funde nach; auch späteren Epochen wird es hierin nicht anders ergehen. Sooft anläßlich von Ausstellungen oder besonderen Forschungsergebnissen der eine oder andere Künstler in neuem Glanz erstrahlen wird, werden bald in seinem Stil nachempfundene Werke auf dem Markt zu finden sein. Diesen Gesetzmäßigkeiten entging auch die Geschichte der etruskischen Kunst nicht. Erschwerend war dabei für die Fachleute, was den Fälschern zum Vorteil geriet, daß nämlich die Kenntnisse über die Entwicklung dieser Kunst noch recht spärlich waren, und daß auch die ihr eigene kreative Dynamik es zuließ, daß man Anomalien hinnahm, die bei Erzeugnissen der griechischen bildenden Kunst sofort als abwegig aufgefallen wären.

Erste "etruskische" Falsifikate kamen bereits im Klima der Sammelleidenschaft des 18. Jahrhunderts und im Eifer der etruskologischen Studien auf. Zu den Aufgaben einer Kommission aus Volterra um die Mitte des 18. Jahrhunderts zählte es somit auch, "darauf zu achten, daß keine Betrügereien begangen werden zum Schaden des recht hohen Ansehens, das in der Toskana und anderweitig die Erforschung der etruskischen Kultur erreicht hat." Allerdings traten erst in der 2. Hälfte des 19. und in unserem Jahrhundert als Folge der Zunahme der Museen und der Forschungstätigkeit sowie durch das Aufsehen, das einige Funde hervorgerufen hatten, die wichtigsten Fälle von Fälschungen auf, aus denen später sogar internationale Streitigkeiten und Skandale erwachsen sollten. Beispielhaft soll ein derartiger Fall hier dargestellt werden.

Wohlbekannt ist die Geschichte des "etruskischen" Terrakotta-Sarkophags, der auf seinem Deckel ein verstorbenes Ehepaar liegend darstellt. Er wurde vom Britischen Museum in London in Fragmenten erworben und nach seiner Zusammensetzung im Rahmen der Sammlung Castellani von 1871 bis 1935 ausgestellt. Er war von einem gewissen Pietro Pennelli verkauft worden, der angegeben hatte, das seltene Stück stamme aus den Ausgrabungen von Cerveteri, dem Herkunftsort zweier weiterer berühmter Sarkophage,

FÄLSCHUNGEN, "PASTICCI", IMITATIONEN

die im Louvre und im Museum der Villa Giulia aufbewahrt werden. Der Fälscher, ein Bruder des genannten Pennelli, hatte sich sichtlich durch den ersten, 1850 gefundenen Sarkophag anregen lassen, während der zweite erst nach der Fälschung ans Licht kam. Um die Evidenz der Nachbildung ein wenig zu kaschieren, hatte der Fälscher Motive hinzugefügt, die er von anderen Fundstücken, wie Cisten, Urnen und Vasenmalereien übernommen hatte, die allerdings aus älterer Zeit stammten als die, auf die er sich beziehen wollte. Eine Randinschrift schließlich hatte er wortwörtlich von einer goldenen Fibel des Louvre abgeschrieben. Die typologischen und stilistischen Unstimmigkeiten wurden zwar sofort von einigen Forschern aufgezeigt, doch wenn heute ihre Eindeutigkeit nicht einmal mehr einen sachunkundigen Besucher zu täuschen vermag, so war dies zum Zeitpunkt der Erwerbung keineswegs der Fall, entsprach doch der Sarkophag dem damals – zumindest im breiteren Publikum – vorherrschenden Bild von etruskischer Kunst. Neben dem Geschmack der Zeit, in der sie entstanden, lassen Fälschungen nämlich zugleich auch stets die Vorstellungen durchscheinen, die in dieser Zeit von derjenigen künstlerischen Phase bestehen, aus welcher der Fälscher seine Inspiration bezogen hat.

Kollier aus Gold und Karneol
1859 unter Verwendung antiken Materials
in der Werkstatt Castellani entstanden
Paris, Musée du Louvre
Kat. 595

FÄLSCHUNGEN, "PASTICCI", IMITATIONEN

Sanguisugafibel, in der Werkstatt Castellani in der zweiten Hälfte des 19. Jahrhunderts entstanden nach etruskischen Vorbildern des 7. Jahrhunderts v. Chr.
Rom, Museo Nazionale di Villa Giulia
Kat. 583

Drachenfibel mit Inschrift, in der Werkstatt Castellani in der zweiten Hälfte des 19. Jahrhunderts entstanden nach etruskischen Vorbildern des 7. Jahrhunderts v. Chr.
Rom, Museo Nazionale di Villa Giulia
Kat. 584

So ist es zu erklären, daß zahlreiche Fälschungen von ihren Zeitgenossen mit argloser Unbekümmertheit akzeptiert werden, bereitwilliger und leichter noch als etwa ein Original, das möglicherweise überkommene Sehgewohnheiten zu verwirren in der Lage ist. Eine Reaktion auf die drängende Nachfrage nach etruskischen Kunstwerken war auch die Anfertigung zweier riesiger Kriegerfiguren und eines Kriegerkopfes, die für das Material, aus dem sie bestanden, Terrakotta, alle gleichermaßen überdimensioniert waren. Umrankt von nebulösen Erzählungen lokaler Legenden und Berichten von illegalen Ausgrabungen, gelangten sie nach langen Verhandlungen schließlich in Fragmenten und auf drei Lieferungen verteilt, in den Jahren 1915, 1916 und 1921 an das Metropolitan Museum in New York. Dort wurden sie nach ihrer Zusammenfügung 1933 ausgestellt. Italienische Forscher belegten sie wegen der plumpen Evidenz der Fälschung sogleich mit den Spottnamen *pupazzi* oder *mamozzi* (etwa: Marionetten oder Hanswurste). Und dennoch wurden die mit der Prüfung beauftragten Wissenschaftler, die allerdings im direkten Vergleich mit echten Werken weniger geübt waren, hinters Licht geführt. Um ihre Gewißheit zu zerstören, mußte der geständige Autor der Fälschung, Adolfo Fioravanti, ihnen die Herstellungstechniken anschaulich darlegen und ein genau passendes Fingerfragment vorweisen, das er nach dem Brand abgeschlagen hatte, um dem archäologischen Fund zusätzliche Glaubwürdigkeit zu verleihen. Zur Vergewisserung folgte anschließend noch eine Reihe wissenschaftlicher Untersuchungen in den Labors des Metropolitan Museum.
Das klarste Dementi zum "Stil" der New Yorker Krieger erbrachten die eindrucksvollen Statuen, die nach 1916 in Veji im Tempel von Portonaccio entdeckt wurden. Auf die

FÄLSCHUNGEN, "PASTICCI", IMITATIONEN

Verbreitung der Nachricht von diesen außerordentlichen Funden folgte bald eine neue Welle von Fälschungen, die sich jedoch von den vorangegangenen grundlegend unterschieden und sich schwieriger zu erkennen gaben. Sie waren mit dem Namen Alceo Dossena verknüpft, einem eklektischen Bildhauer, der in der Nachahmung sämtlicher Stilrichtungen eine hohe Fertigkeit entwickelt hatte. Seine Werke waren von ungleich höherer Qualität als die der bisher geschilderten Fälschungen, und sie entstanden vermutlich ohne betrügerische Absichten. Zu Fälschungen wurden sie erst in dem Augenblick, wo sie als authentische, antike Plastiken ausgegeben wurden. Das Unterscheidungsmerkmal zwischen einer Imitation und einer Fälschung liegt nun einmal in den damit verbundenen Absichten. Der Apollon, die Kourotrophos und die übrigen Statuen von Veji waren die Vorbilder sowohl für die von der Kopenhagener Ny Carlsberg Glyptotek 1930 erworbene Kore als auch für die Diana mit dem Kalb, die 1950 nach langem Umherirren auf den Antiquitätenmärkten an das Museum von St. Louis gelangte. Die vielfältigen Nachahmungsfähigkeiten Dossenas bestätigte sich auch bei der Imitation von griechischer Archaik und Kunstwerken der Renaissance.

Unsicherer als Fälschungen sind die Pasticci einzuordnen, ein in der Kultur des 18. Jahrhunderts sehr beliebtes Genre, von dem sich vielsagende Erscheinungsformen auch in den bildenden Künsten finden und das häufig den phantasievollen Epilog bedenkenloser Restaurierungsarbeiten darstellt. So rekonstruierte ein geschickter Handwerker, Pio Riccardi, möglicherweise unter Verwendung einiger antiker Bestandteile, *ex novo* einen etruskischen Wagen, der 1911 vom Britischen Museum erworben wurde. Ein weiterer unbekannter Bronzegießer (oder vielleicht der Vorgenannte?) "schuf" die Sbrigoli-Biga durch Montage heterogener Teile auf einem modernen Träger. Leider ist die Anzahl solch "verehrter Zimelien" in unseren Museen nicht gering, die im Lichte sorgfältiger Untersuchungen das Vorhandensein gänzlich fremder Elemente offenbart haben. Und es gibt sogar Stimmen, die im Zeichen des Purismus – aber vielleicht nicht ganz zu Unrecht – in einem bestimmten Typus von Restaurierungen Aspekte der Fälschung erkannt haben wollen!

Goldring mit Skarabäus
in der Werkstatt Castellani in der zweiten Hälfte
des 19. Jahrhunderts entstanden
Rom, Museo Nazionale di Villa Giulia
Kat. 594

Armreif aus Gold und Karneol
in der Werkstatt Castellani in der zweiten Hälfte
des 19. Jahrhunderts entstanden
Rom, Museo Nazionale di Villa Giulia
Kat. 598

FÄLSCHUNGEN, "PASTICCI", IMITATIONEN

Anhänger einer Kette mit Acheloos-Maske
ehem. Slg. Campana
Um 480 v. Chr.
Paris, Musée du Louvre
Kat. 599

Goldene Kette mit Acheloos-Maske
als Anhänger Nachbildung
der Werkstatt Castellani in der zweiten
Hälfte des 19. Jahrhunderts
nach einem etruskischen Vorbild
Rom, Museo Nazionale di Villa Giulia
Kat. 602

Acheloos-Maske als Anhänger einer Kette
Reproduktion der Werkstatt Castellani
aus der zweiten Hälfte des 19. Jahrhunderts
nach etruskischen Vorbildern
Rom, Museo Nazionale di Villa Giulia
Kat. 601

Acheloos-Maske aus Bein als Anhänger
einer Kette
Reproduktion der Werkstatt Castellani
aus der zweiten Hälfte des 19. Jahrhunderts
mit antikem Anhänger (5. Jh. v. Chr.)
Rom, Museo Nazionale di Villa Giulia
Kat. 600

Zur Kategorie der Pasticci zählt auch eine Gruppe von Werken, die sich aus authentischen Stücken zusammensetzt, die aber zur Steigerung ihres Wertes, und damit ihres Kaufpreises, mit einem Reliefdekor oder mit Gravuren und sogar mit Ätzung "aufgebessert" versehen wurden, so daß dann hybride kleine Bronzeplastiken, Spiegel, Cisten und dergleichen entstanden. Von den zahlreichen derart gefälschten Cisten aus Praeneste, die es über die verschiedenen Museen der Welt verstreut gibt, ist die berühmteste die Pasinati-Ciste, die 1884 vom Britischen Museum erworben wurde. Auf ihr ist eine Szene aus den Anfängen Roms dargestellt, zusätzlich mit einem Streifenmuster versehen. Die Hand scheint dabei die gleiche zu sein, die bereits andere Cisten "verschönerte", welche aus einer römischen Werkstatt in der zweiten Hälfte des 19. Jahrhunderts hervorgingen.

FÄLSCHUNGEN, "PASTICCI", IMITATIONEN

*Kollier aus Gold und Granat
Freie Schöpfung der Werkstatt Castellani
zweite Hälfte 19. Jahrhundert
Rom, Museo Nazionale di Villa Giulia
Kat. 608*

Die neue Hauptstadt des Einheitsstaates erlebte damals eine Zeit intensiver archäologischer Forschungstätigkeit. Francesco Martinetti, Sammler und Restaurator, galt als ein "erfahrener und gebildeter Antiquitätenhändler", wie ihn Dokumente seiner Zeit ausweisen; er vermittelte Geschäfte und trieb Originale wie auch Fälschungen für italienische und auswärtige Museen und Sammler auf. Um ihn herum bildete sich eine Gruppe von Steinmetzen, Bronzegießern, Goldschmieden, Restauratoren und geschickten Kunsthandwerkern. Unter diesen befand sich auch jener bereits erwähnte Pio Riccardi, der an der Herstellung der "etruskischen" Krieger des Metropolitan Museum mitbeteiligt war. In dieser gebildeten und kultivierten Umgebung könnte auch die möglicherweise gefälschte Fibula Pränestina entstanden sein – jene Fibel, die aus einem Fürstengrab bei Palestrina stammen soll und die schon als "die" Inkunabel der lateinischen Sprache und als prachtvoller Kunstgegenstand im Orientalisierenden Stil angesehen worden war. Ihre Echtheit zogen verschiedene Wissenschaftler in Zweifel, zuletzt mit Nachdruck Margherita Guarducci.

Das Werk der Goldschmiede Castellani entwickelte sich ebenfalls im Zeichen eines Revivals des Antiken. Bereits um 1820 besaß Fortunato Pio Castellani in Rom eine Werkstatt; er war der Meinung, ihm wäre es gelungen, die etruskische Granulationstechnik nachzubilden; diese bestand darin, ein Dekor von winzigen Goldkörnern auf einer ebenfalls goldenen Folie aufzulöten. 1840 eröffnete er eine Schule für junge Goldschmiede. Ihm folgten seine Söhne Augusto und Alessandro nach. Sie führten die väterlichen Forschungen über Verfahren zur Imitation antiker Techniken und die Sammlung antiker Schmuckstücke fort. In Paris und Neapel errichteten sie weitere Werkstätten und ihre

Parures zierten die Dekolletés von Königinnen und adligen Damen von der zweiten Hälfte des 19. bis hinein in die ersten Jahrzehnte des 20. Jahrhunderts. Mit den antikisierenden Schmuckstücken hatten sie einen eigenen Stil zu kreieren gewußt, der trefflich zugeschnitten war auf die mondänen "Riten" einer reichen Gesellschaft, die sich einer romantischen Heraufbeschwörung der Vergangenheit hingab.

Fälschungen waren die Arbeiten der Castellani keineswegs, sondern technisch hervorragend gemachte Imitationen, in vielen Fällen auch unter Verwendung antiker Gemmen, Skarabäen und Münzen. Innerhalb der von Alfredo, dem Sohn Augustos, dem italienischen Staat vermachten Sammlung, die sich heute im Museum der Villa Giulia befindet, kann sich dieser Schmuck einem Vergleich mit seinen jeweiligen Vorlagen aus den etruskischen Nekropolen durchaus stellen. Im Kontext einer Geschichte der Fälschungen hat er nur insofern seinen Platz, als einzelne Stücke daraus doch für authentisch antik gehalten und als solche vermarktet wurden.

Seit jeher hat die Wissenschaft die Aussonderung von Fälschungen aus dem offiziellen Bestand der Kunstgeschichte als eine ethisch wie historisch gebotene Pflicht angesehen. Doch diese Aufgabe erwies sich oftmals als schwierig, und in einzelnen Fällen wurde sie noch dazu vom Ergebnis her als fragwürdig angesehen oder angefochten.

Zum Erkennen der Merkmale einer Fälschung setzt man unterschiedliche Methoden aus verschiedenen Wissenschaftsbereichen ein. Die erste Methode stützt sich auf eine wissenschaftlich-kritische Beurteilung und versucht, die Vorbilder ausfindig zu machen, die dem Fälscher vorgelegen haben könnten. Da seine Quellen häufig heterogen, aber unter den Publikationen und unter jenen publizierten Werken zu suchen sind, die zu seiner Zeit gerade aktuell waren, erwächst daraus oft ein stilistisches Durcheinander, das das Machwerk schließlich verrät. Dies war der Fall bei einigen der zitierten Beispiele. Doch kann das kritische Urteil auch anfechtbar sein, subjektiv ausfallen oder mit Unsicherheiten behaftet bleiben. So war es immer, wenn das Bildungsniveau und die handwerklichen Fähigkeiten der Fälscher besonders hoch waren. Dann werden weitere Untersuchungen physikalischer oder chemischer Art, Materialprüfungen und Studien zur Herstellungstechnik an den Stücken erforderlich. In diesem dichtmaschigen Netz wechselseitig miteinander verknüpfter Untersuchungen muß auch der umsichtigste Fälscher hängen bleiben. Die gewaltigen Fortschritte der an der Archäologie beteiligten Wissenschaften in den letzten Jahren machen heute Analyseverfahren möglich, die das "Corpus delicti" in seiner innersten Struktur offenlegen und dabei seine äußere Erscheinung nicht verändern. Es sind Untersuchungsmethoden, die zerstörungsfrei vorgehen bzw. mit nur mikroskopisch kleinen Materialmengen auskommen. Die Gegenstände werden also mit dem Mikroskop, mit Ultraviolett- und Infrarot-Bestrahlung, der Massenspektrometrie und anderen kapillaren Verfahren untersucht. Die Oberfläche der Bronzen gibt eine künstlich aufgebrachte Patina preis, die bisweilen mittels Lackauftrag auf das rohe Metall erzielt wurde, ebenso wie mit Säuren oder dem Schweißbrenner bewirkte Formen von Korrosion; Brüche im Marmor erweisen sich als frisch unterhalb vermeintlicher Ablagerungen, die mit neuzeitlichen Mixturen vorgetäuscht sind; eine petrografische und mineralogische Untersuchung offenbart Unstimmigkeiten in der Provenienz. Eine Analyse der Farben kann zu überraschenden Befunden führen, wie etwa die Verwendung von Anilin, das die Antike nicht kannte, oder von Bleispuren in der Terrakotta, wie im Fall des Sarkophags im Britischen Museum, die in etruskischen Terrakotten des 6. Jahrhunderts v. Ch. stets fehlen; oder man konnte mittels spektrographischer Analysen an

FÄLSCHUNGEN, "PASTICCI", IMITATIONEN

Ehepaarsarkophag
Fälschung von Pietro Pennelli
aus dem 19. Jahrhundert
London, British Museum

den Kriegern von New York Mangandioxyd ausmachen wie bei unechten Bucchero-Vasen. Die Untersuchung einer Bronzelegierung kann Anomalien zutage fördern, die nur durch eine moderne Herstellungstechnik zu erklären sind, wie etwa das Vorhandensein von Zink, wodurch aus der Legierung Messing wird, oder ein Legierungsverhältnis von Kupfer, Zinn und Blei, das sich an keines der in antiken Erzeugnissen üblichen annähert. Zu erwähnen sind darüber hinaus die Methoden zur Datierung organischer Materialien und von Keramik. Darunter ist eine der erprobtesten die Messung des Zerfalls der Radioaktivität des Kohlenstoffs C 14, einer Komponente organischer Materialien, die es erlaubt, die Herstellung des Gegenstandes zu datieren. Das Alter eines Holzgegenstandes wird durch die Dendrochronologie festgestellt, einem Datierungsverfahren, das auf der Ablesung des jährlichen Wachstums der Jahresringe von Bäumen beruht. Das Alter von Keramiken bestimmt man mit Hilfe von Thermolumineszenz.

Die Techniken der Bearbeitung und Montage einzelner Teile, die Art und Temperatur des Schmelzvorgangs bei Metallen und des Brandes bei Keramiken, die Form von Flickstellen, von Bolzen und Verbindungen sind für einzelne Epochen und Schulen jeweils kennzeichnend und können somit wichtige Hinweise liefern. Ein besonderes Fachgebiet ist das der Goldschmiedekunst – E. Formigli behandelt es in einem gesonderten Beitrag. Durch das eine oder andere Prüfverfahren, und im besten Fall durch deren Ineinandergreifen, läßt sich eine Fälschung eindeutig nachweisen. Und dennoch bleibt bisweilen das Urteil in der Schwebe. Nicht immer können alle Verfahren durchgeführt werden, in vielen Fällen macht der Fälscher ihre Ergebnisse wertlos, indem er selbst eben die Mittel anwendet, die zu seiner Entdeckung behilflich wären. Er setzt die Materialien und Techniken ein, die für die Epoche angemessen sind, der er sein Werk zugeschrieben wissen will. Greift er zum Beispiel auf antikes Material zurück, so kann er die Untersuchungen ins Leere laufen lassen, die auf eine chronologische Bestimmung abzielen. Dies genau geschah unlängst, als bei einer größeren Anzahl pseudoetruskischer Fälschungen alle durchgeführten physikalischen und chemischen Untersuchungen eigentlich zugunsten der Echtheit der Stücke ausfielen. Deren Aussehen allerdings mußte den Befund in eklatanter Weise in Frage stellen. Ein solches Beispiel sollte dem Wissenschaftler als deutliche Mahnung dienen und die Notwendigkeit unterstreichen, niemals auf die eigene kritische Beurteilung zu verzichten, auch nicht angesichts der scheinbaren Evidenz des Gegenteils.

Der Kunsthistoriker M.J. Friedländer sagte einmal, vielleicht in allzu großem Optimismus, das Leben einer Fälschung dauere niemals länger als dreißig Jahre, weil bis auf seltene Ausnahmen nach einer Generation deutlich die Züge der Epoche hervortreten, in welcher sie angefertigt wurde. Gewinnt ein echtes Kunstwerk mit den Jahren kontinuierlich an Wert, so verrät die Fälschung als dessen vergängliches Doppel recht bald die ihr eigene niedere Natur und ist dann von jenen zerstörerischen Falten überzogen, die man in der Welt der Salons euphemistisch die "Zeichen der Zeit" nennt.

BIBLIOGRAPHIE:
M.J. Aitken, London-New York 1990; A. Andrén, Partille 1986; F. Arnau, Düsseldorf 1959; G. Bordenache Battaglia-G. Monsagrato in: *Dizionario Biografico degli Italiani* XXI, 590-605 s.v. *Castellani*; G. Bordenache Battaglia-A. Emiliozzi, Florenz 1979; G. Bordenache Battaglia in: *Il Museo Nazionale Etrusco di Villa Giulia*, Rom 1980, 319-348; D.V. Bothmer-J.V. Noble, New York 1961; P. Coco, Padua 1988; M. Jones u.a. (Hrsg.), London 1990; D. Mustilli in: *Enciclopedia dell'Arte Antica Classica e Orientale* III, 1960, 576-589 s.v. *Falsificazione*; C. Brandi-L. Vlad Borelli-G. Urbani in: *Enciclopedia Universale dell'Arte* V, 1958, 312-321 s.v. *Falsificazione*; M. Guarducci, Memorie dell'Academia nazionale dei Lincei s. VIII, 24, 1980, 413-574; O. Kurz, Venedig 1961; W. Lusetti, Rom 1955; G.C. Munn, Freiburg 1983; M. Pallottino in: *Saggi di antichità* III, Rom 1979, 1171-1192; K. Türr, Berlin 1984.

Fälschungen etruskischen Goldschmucks

Edilberto Formigli

Während wir zur Erkennung von Keramik- und Bronzefälschungen über relativ einfache technische Methoden verfügen, etwa die Thermolumineszenz für die ersteren oder eine Analyse der Struktur der Korrosionssprodukte bei den letzteren, sind wir beim Gold auf komplexere Untersuchungen angewiesen.

Die Achillesferse von Fälschungen antiken Schmucks liegt nämlich weniger in dem verwendeten Material, in der Patina oder in den Verkrustungen, als vielmehr in den Techniken der Ausführung und in den verwendeten Werkzeugen. Einer modernen Hand ist es darüberhinaus fast unmöglich, in Finesse und Komplexität den Details der etruskischen Goldschmiedekunst gleichzukommen, die diese in jahrhundertealter Erfahrung und ohne die Ausstattung mit den mechanischen Werkzeugen unserer Tage erworben hatte. Einzig bei einigen Fälschungen aus dem letzten Jahrhundert, die ebenfalls Früchte langer Werkstatterfahrung waren, wurden die Dimensionen, die Proportionen und das Aussehen der antiken Funde sehr gut getroffen. Gegenüber den heute tätigen Fälschern hatten jene Handwerker den Vorteil des direkteren Kontakts zum authentischen Material, da sie oft selbst Restauratoren und Sammler waren.

Ein Stück etruskischer Goldschmiedekunst ist stets, selbst wenn es von kleinen Ausmaßen ist, aus einer Vielzahl einzelner Teile zusammengesetzt (Drähten, Folien, Kugeln, gepreßten und gegossenen Figuren usw.), die mechanisch oder mit verschiedenerlei Löttechniken miteinander verbunden wurden. Die Kenntnis der bei der Ausführung eines jeden einzelnen Objekts angewandten Methoden und Werkzeuge setzt also langwierige Untersuchungen am Mikroskop voraus, häufig auch den Einsatz der Röntgentechnik, des Elektronenmikroskops, von Mikrosonden und anderen modernen Untersuchungsmethoden. Die Schwierigkeiten, denen ein moderner Fälscher sich stellen muß, der einen Goldgegenstand in allen technischen Einzelheiten getreu dem antiken Original herstellen will, sind also nachvollziehbar.

Sind wir mit einigen der technologischen Merkmale etruskischer Originale vertraut, so genügt oft einfach ein Blick durch das Mikroskop auf den Gegenstand, um die Fälschung zu erkennen.

Die runden Golddrähte, die bei etruskischen Goldarbeiten nicht selten Durchmesser von nur einigen Zehntelmillimetern erreichen, waren nicht aus einem Ausgangsbarren durch einen Ziehstein gezogen, sondern wurden durch das Verdrillen und Pressen eines langen, dünnen Goldstreifens hergestellt. Während also längs verlaufende, parallele Streifspuren die modernen Drähte entlarven, finden wir stattdessen auf den authentischen Drähten spiralförmig gewundene Rillen.

Zum Schneiden der in der etruskischen Goldschmiedekunst stets extrem dünnen Goldfolien wurden Klingen oder kleine Meißel verwendet. Die Spuren eines Schnittes mit der Feinsäge mit ihren typischen Ausfransungen sind somit ein weiteres Indiz für eine Fälschung. Auch die Spuren des zweiseitigen Schnitts, die der moderne Seitenschneider bei Drähten zurückläßt oder die geriffelten Abdrücke von Feinzangen sind Anzeichen für Fälschungen.

Die Gravur von Gold durch Abheben von Materialspänen ist nur bei antiken Siegelringen belegt und wurde nicht mit Sticheln oder Ziseliermeißeln des modernen Typs ausgeführt, die mit einer Spitze versehen sind und die man unter dem Druck des Handtellers vortreibt, sondern mit besonderen kleinen Meißeln, die man durch Hammerschläge bewegte.

Der Gebrauch der Feile ist nur in seltenen Fällen belegt – man vermied im Altertum

beim Gold alle Techniken, die die Entstehung kleinformatiger Abfallstückchen verursachten, da man diese nur mit Mühe zur Weiterverwendung einsammeln konnte.
Das Löten bewerkstelligten die etruskischen Goldschmiede nach zwei verschiedenen Verfahren: man applizierte entweder an der Verbindungsstelle kleine Späne aus einer Goldlegierung mit niedrigerem Schmelzpunkt und erhitzte diese, bis sie schmolzen, oder man verfuhr, wie im Fall von Arbeiten in Filigran- und Granulationstechnik, nach der sogenannten Kolloid-Methode, die darin bestand, daß man ein pulverisiertes Kupfersalz auftrug. Diese Technik bot die Möglichkeit, nahezu unsichtbare Lötungen selbst zwischen mikroskopisch kleinen Teilen des Objekts herzustellen, wodurch die Anfertigung der berühmten Stücke der orientalisierenden Goldschmiedekunst möglich wurde. Bei modernen Fälschungen finden wir zwischen den Körnern und Drähten oft Reste der Lötlegierungsspäne, die nicht vollständig verschmolzen sind, oder Lot in Form von dünner Goldfolie.
Bisher haben wir einige äußerliche Kennzeichen beschrieben, zu deren Bestimmung ein einfaches optisches Mikroskop ausreicht. Wollen wir nun die Untersuchung zusätzlich vertiefen, so können wir noch weitere Instrumente einsetzen, die uns die moderne Wissenschaft an die Hand gibt. Durch Röntgenstrahlen läßt sich die interne Struktur der Stücke untersuchen, und man kann so eventuelle Unstimmigkeiten in ihrem Aufbau erkennen. Eine Untersuchung mit der Mikrosonde, oder besser noch mit PIXE (Proton Induced X-ray Emission), kann uns das Vorhandensein von Cadmium in den Lötungen aufzeigen (das die Experten inzwischen als Beweis für eine Fälschung ansehen), oder auch eine Vergoldung des Werkstücks, die bei Fälschungen dazu diente, Farbunterschiede des Lötmittels zu kaschieren. Als sehr nützlich hat sich auch die Betrachtung unter dem Elektronenmikroskop gerade im Hinblick auf die Oberflächenstruktur des Goldes erwiesen, das der Behandlung mit Säuren oder anderen Verfahren zur künstlichen Alterung unterzogen worden sein kann.

Körbchenohrringe
links: Original
rechts: Fälschung aus dem 19. Jahrhundert
Berlin, Staatliche Museen zu Berlin
Antikensammlung

BIBLIOGRAPHIE:
C. Eluère, Düdingen-Guin 1990; E. Formigli, Florenz 1980; ders. in: Kongreßakten Perugia, 1988; E. Formigli-W.-D. Heilmeyer in: Berliner Winckelmannsprogramm, 1990, 130 f.; J. Ogoen, London 1982; P. Parrini u. a., American Journal of Archeology 86, 1982; J. Wolters, München 1983.

DIE ETRUSKER ALS THEMA
IN DER EUROPÄISCHEN LITERATUR

Einleitung

Massimo Pallottino

Es ist lohnend, daran zu erinnern, daß es zum Ausbruch der "etruskischen" Mode in der bildenden und dekorativen Kunst Europas im 18. und 19. Jahrhundert ein nicht unbedeutendes Pendant gibt: Es ist die Literatur, die aus der Wiederentdeckung der Welt der Etrusker starke Inspirationen gewann und sich auf vielfältige Weise mit ihrer Interpretation beschäftigte.

Der Begriff der literarischen Produktion umfaßt selbstverständlich sowohl gelehrte Werke als auch solche, die reiner Erfindungskraft und Kreativität entspringen. Die Autoren des Klassizismus oder der Romantik dem einen oder dem anderen dieser Pole zuordnen zu wollen, ist kein so einfaches Unterfangen wie bei den Autoren unserer Tage. Doch scheint es ziemlich offensichtlich, daß ein Großteil der Schriften aus jenen Epochen, insbesondere solche aus dem 18. Jahrhundert, das Resultat der Arbeit von Gelehrten ist, die zwar historische Interpretation zum Ziele hatten, dabei aber oftmals auch zu recht phantastischen Ergebnissen gelangten. Die Mode der Zeit schlägt sich vor allem in der Flut solcher Produkte, in der Verbohrtheit bestimmter Ansichten und in der Vehemenz der Polemiken nieder. Darüber hinaus läßt sich schon damals die Verbreitung von Motiven ausmachen, die wir in gewisser Weise als "romanhaft" bezeichnen möchten und die bestimmt waren, noch in den Vorstellungen späterer Zeiten einen breiten Niederschlag zu finden, allen voran der Topos des Hasses auf Rom (dem wiederum eine maßlose und märchenhafte Lobpreisung Etruriens gegenüberstand).

Zur Zeit der Romantik war die Reiseliteratur die in diesem Zusammenhang vorherrschende literarische Gattung; sie entsprach in gewisser Weise der Praxis archäologischen Forschens, jenem "Abenteuer" also, dem man zu großen Teilen die Ausgrabung der Nekropolen der großen etruskischen Zentren mit ihren Altertümern verdankt. Solcherlei essayistische Literatur nimmt an der gelehrten Intention und gewissenhaften Beschreibung von Beobachtungen in gleichem Maße teil, wie an jenem persönlichen "Eindruck", der schließlich in Phantasie mündet. In vielen europäischen Ländern stößt man auf diese Tendenz, und sie findet in unterschiedlicher Weise ihren Ausdruck, entsprechend der Persönlichkeit der Autoren – von der Lebhaftigkeit des Schreibstils der Engländerin Mrs. Hamilton Gray und ihrer Akzentuierung gängiger Thesen (*Tour to the Sepulchres of Etruria in 1839*, 1940) bis hin zu den umfangreichen Verweisen auf die etruskische Kultur, die man in den Werken Stendhals antrifft. Den Höhepunkt dieser literarischen Strömung bildet die großartige berühmte Monographie von George Dennis, *The Cities and Cemeteries of Etruria* (1. Ausgabe 1848, wiederaufgelegt 1878), die sich im übrigen auf der Scheidelinie zwischen einem Essay und einem Werk wissenschaftlicher Dokumentation bewegt und doch auch Stellen von höchster expressiver und kreativer Spannung enthält.

Die Faszination des Etruskischen drang allmählich auch in die Belletristik ein, anfangs noch als Reflex der Mode des Sammelns und insbesondere jener Leidenschaft für "etruskische Vasen" (gemäß einer weiterhin festverwurzelten vorwissenschaftlichen Tradition, obwohl es sich hierbei zum größten Teil um bemalte griechische Vasen handelte), so bei Mérimée, Balzac, Murger und anderen französischen Autoren. Später nahm die Besinnung auf die Welt des antiken Etrurien über das rein oberflächliche Vergnügen an den archäologischen Entdeckungen hinaus die Form von Imaginationsvorgängen an, die inspiriert waren vom Versuch, von Fall zu Fall eine persönliche Bedeutung in jene Kultur hineinzulegen, deren obskure Sprache, deren kruder Realismus in den Darstellungen und deren düstere Faszination der Gräber sie immer sehr beunruhigend und "geheimnisvoll"

Seite 442
J.L. Ducis
Porträt von Stendhal
Rom, Museo Napoleonico

erscheinen ließen. Solche Interpretationsmuster treten vor allem in der europäischen Romanproduktion des 20. Jahrhunderts wieder hervor, wobei sie zwei entgegengesetzte Richtungen einschlagen. Auf der einen Seite steht das Lob des heidnischen und "sonnigen" Lebensgefühls, von dem angeblich die etruskische Zivilisation durchdrungen war, wie der englische Schriftsteller Aldous Huxley in seinen Werken beharrlich betont - ein Gedanke, der auch bei D. H. Lawrence vorkommt (und in gewisser Weise durch Stendhals Wort von der *art d'être heureux* der Etrusker vorgegeben war). Auf der anderen Seite hingegen inspirieren die Traurigkeit, die Gegenwart des Todes und der Unterwelt insbesondere die italienische Literatur von Gabriele D'Annunzio bis zu Curzio Malaparte. Nicht zu vergessen schließlich, daß es neben den ernst gemeinten Formen, die Welt der Etrusker nachzuempfinden und heraufzubeschwören, auch noch einen Ausdruck feinen Humors gibt, mit dem man sich fast lustig macht über sie und mit dem sich die Härten einer unfaßbaren Wirklichkeit aufzulösen scheinen. Mit Vergnügen sieht man ihn den Texten von Huxley (und von Lawrence) entströmen und, nicht ohne bittere Nebentöne, in jenen von Malaparte aufblitzen.

Die Beziehung zwischen der kreativen Literatur und wissenschaftlichen Erkenntnissen ist niemals abgerissen. Ein beredtes Beispiel dafür ist die etruskisch inspirierte Dichtung des Italieners Giosuè Carducci, der seine Themen aus den Forschungsergebnissen Bologneser Archäologen bezog. Der englische Romanschriftsteller Lawrence beschrieb seine Reiseeindrücke in der Manier von Dennis im vollen Bewußtsein der Informationen, die die Wissenschaft erarbeitet hatte, und stemmte sich dennoch exzentrisch mit seiner Sicht der Welt der Etrusker gegen die Überzeugungen der professionellen Archäologen. Es liegt in der Natur der Sache, daß solch eine willkürliche Ablehnung der offiziellen Forschungserkenntnisse die Freisetzung dilettantischer Vorurteile begünstigt hat, wie sie über die Etrusker und ihre Kultur im Lauf unseres Jahrhunderts ständig zunahmen, wobei die Neigung zu romanhaften Phantasien in der Trivialliteratur dazu führte, daß das Thema der Wiederentdeckung der Etrusker auf die Ebene von Science-fiction- und Comics-Dutzendware absank.

Die Etrusker in der französischen Literatur
Alain Hus

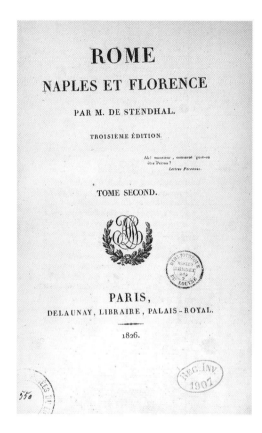

Stendhal, Rome, Naples et Florence
Titelblatt, Paris 1826
Paris, Bibliothèque Centrale
des Musées de France
Kat. 609

In der Toskana haben die Etrusker bereits seit dem 15. Jh. ihren stürmischen Einzug in die Literatur und in die Welt der Ideen gehalten, wenn man aber das Interesse eines französischen Autors erleben will, so muß man auf Stendhal warten.
Montaigne und der Président des Brosses schenkten ihnen keine allzu große Beachtung. Nicolas Fréret (1688 - 1749) dichtete ihnen eine mitteleuropäische Phantasie-Herkunft an, die auch nur von den gelehrten Kreisen wahrgenommen wurde. Der italienischste unter den französischen Schriftstellern mußte kommen, um sie in die französische Literatur einzubringen.
Über die Etrusker ließ sich zu Beginn der Romantik in der Tat nicht sprechen, ohne auf die langanhaltende geistige Ausbeutung durch die Toskaner einzugehen, die weniger das Gebiet der etruskischen Geschichte betraf, als vielmehr die Mythen, die sie aus ihnen geschaffen hatten.
Drei bedeutende Werke aus der Zeit zwischen 1810 und 1820, damals dem gebildeten französischen Publikum gut bekannt, vermitteln einen Eindruck von den Vorstellungen, die sich die gebildete Schicht jener Zeit von den Etruskern machte. Es sind die Bücher von Micali, Pignotti und Sismondi.
Auf Pignotti geht die Definition der drei großen "Zeitalter" Italiens zurück: die etruskische Periode, das Jahrhundert des Augustus und das von Leo X. Darüber hinaus geben diese drei Autoren das folgende Bild von den Etruskern: Ihre Kultur ist die älteste unter den bekannten Kulturen Italiens; eine lange wirtschaftliche Blüte hat es ihnen ermöglicht, "ihren Geist durch Studium zu entwickeln" (Sismondi); dies erklärt, warum sie die Griechen in den Wissenschaften und Künsten überflügelt haben - oder jedenfalls den Eindruck erweckten -, wie es die Ägypter getan hatten; und vor allem kannten sie "die Freiheitsliebe, den Haß auf die Tyrannei und die Großzügigkeit gegenüber den Besiegten". Sie hatten jene "wünschenswerte Harmonie von Denkweise, Bedürfnissen und Produktion" erlangt, "die die größte Leistung eines Volkes für seine Wohlfahrt darstellt" (Micali). Laut Sismondi "war die Regierungsform der Etrusker eine des Glücks und der Freiheit: Es war die föderative Regierungsform", die im übrigen der Genfer Autor auch für sich zum politischen Credo erwählt hatte. Selbst die Religion zielte, nach Micali, auf das Glück und auf die Stärkung des Staates, wenn sich auch die Priesterschaft schließlich (nach dem Muster der römischen) zu einer Kaste entwickelte, die alles Wissen an sich riß und das Denken beherrschte.
Diese Vorstellungen fußten auf keinerlei erwiesenen historischen Tatsachen, sondern dienten gewissen Ideologien, und das umso leichter, als man den Etruskern in den Mund legen konnte, was man wollte - literarische Zeugnisse hatten sie nicht hinterlassen. Man kann jedoch verstehen, daß sie den Franzosen Stendhal verführen konnten, der sich für die Etrusker in zwei verschiedenen Phasen seines Lebens und von zwei unterschiedlichen Blickwinkeln aus interessierte.
Der erste Zeitabschnitt ist der der Veröffentlichung der zwei Ausgaben von *Rome, Naples et Florence* (1817 und 1826) und der *Promenades dans Rome* (1829). Sie waren sowohl das Ergebnis eigener Reisen als einer trockenen Informationsarbeit, die auf Micali, Pignotti und vor allem Sismondi basierte - Autoren, die dem Geschmack und den Ansichten von Henry Beyle bestens entsprachen.
Von ihnen bezog er die Überzeugung, daß die Etrusker schon vor den Griechen "die Künste und die Weisheit pflegten" und daß ihre Kultur die erste der drei großen Glanzzeiten Italiens dargestellt habe.

Eifrig übernahm er die Vorwürfe gegen die etruskischen Priester und Aristokraten: "(In England) erfreuen sich sieben- bis achthundert Familien eines Überflusses, von welchem man sich auf dem Kontinent keine Vorstellung zu machen vermag. Ähnlich den Priestern im alten Ägypten und in Etrurien haben sie es sogar erreicht, daß ihnen jene armen Teufel, die sie zu einer überdies sturen Arbeit zwingen, Respekt entgegenbringen und sie fast lieben". Dennoch erkennt Stendhal im Einklang mit seinen Quellen, daß diese machthabenden Priester eine zivilisatorische Funktion ausübten: "Sie nahmen die Rolle ein, die sich die Jesuiten gern zusprächen: sie bestimmten die kleinen Könige des Landes, die ohne ihre Zustimmung nichts ausrichten konnten. Ich kann nicht umhin, in diesem Triumph des Verstandes über die brutale Gewalt den ersten Schritt des menschlichen Geistes zu sehen."

Stendhal geht der Parallele zwischen Rom (der "brutalen Gewalt") und den Etruskern nicht aus dem Weg, denen gegenüber er entschieden wohlwollend eingestellt ist: "... ich lege vor meinen Lesern das lächerliche Geständnis ab, daß ich empört bin über die Römer, die ohne einen anderen Anlaß als ihre grimmige Entschlossenheit kamen, um die etruskischen Republiken, die ihnen in den schönen Künsten, den Reichtümern und in der Kunst des Glücklichseins (*l'art d'être heureux*) so überlegen waren, zu stören ... Es ist nicht anders, als wenn zwanzig Kosakenregimenter kämen, um die Boulevards zu plündern und Paris zu zerstören; noch für die Menschen, die zweihundert Jahre später geboren werden, wäre dies ein Unglück: die Menschheit und die Kunst des Glücklichseins hätten einen Rückschritt erlitten." Und im übrigen "stellten die Römer ein großes Übel für die Menschheit dar, eine verheerende Krankheit, die die Zivilisierung der Welt verzögert hat. Ohne sie hätten wir möglicherweise schon längst die Regierungsform der Vereinigten Staaten von Amerika. Sie haben die liebenswürdigen Republiken Etruriens zerstört ..." Zehn Jahre später sollte er sich Rom gegenüber gerechter erweisen. Getragen von seinem Haß auf den Klerus gab er den etruskischen Priestern die Verantwortung für die Entstehung von Intoleranz in einem "Rom, das weise und bemüht war, seine Untertanen nicht unnötig zu behelligen", da "die Römer Verstand genug hatten, ohne Priester auszukommen".

Nach 1830 sprach Stendhal über die Etrusker nicht länger als ein Ideologe, sondern als ein Mann, der seine Augen und Ohren offenhielt. Es war die Zeit, als infolge der Reiseberichte und der großen Ausgrabungen in Tarquinia und Vulci die antiken Bewohner der Toskana in aller Munde waren. Etruskische Gefäße und Schmuck (oder was man dafür hielt) überschwemmten den Antikenmarkt, und jedermann wollte für seine Sammlung seinen Teil davon haben. Kapitalgesellschaften wurden gegründet, um vor Ort solche Objekte zu erwerben. Stendhals *Correspondance* schildert, wie er sich zum Lieferanten seiner Pariser Freunde macht, die örtlichen Antikenhändler aufsucht, Gräber besichtigt usw. Auf diesen Aspekt der Angelegenheit soll hier nicht weiter eingegangen werden, er zeigt mehr über die kleine Geschichte des Geschmacks auf als über Literatur. Frankreichs literarische Produktion der Romantik beschreibt kaum etwas anderes als diese Sicht der Dinge. Chateaubriand schöpft aus ihr seine Bilder. Merimée schreibt 1830 *Le Vase étrusque* (ein "seltenes und unveröffentlichtes" Stück, das eine Frau als Beweis ihrer Liebe zu ihrem Liebhaber zertrümmert). Balzac (*La Peau de Chagrin*, *Le Cousin Pons*) stellt die Beliebtheit und die hohen Preise des Schmucks und der Vasen fest. Beiläufig und als reine Modesache tauchen die Etrusker auch bei Murger, Hugo, Flaubert (*Bouvard et Pécuchet*) auf, um dann schließlich bei Proust und Anatole France ganz zu verschwinden.

Johan Olg Södermark
Porträt von Stendhal
1840
Versailles, Musée

447

Jean-Baptiste Wicar
Porträt von Stendhal
1831 - 1834
Rom, Museo Napoleonico

Eine – sehr bescheidene – Renaissance erlebten sie nach dem Zweiten Weltkrieg im Zusammenhang mit der Wiederaufnahme der etruskischen Studien durch die Forschung und der Ausbreitung ihrer Ergebnisse in den gebildeten Kreisen (Ausstellung von 1955). Aber in Wahrheit nehmen *Les petits chevaux de Tarquinia* von Marguerite Duras in dem Roman nur die Rolle eines Trugbildes ein, und *Lucienne et les Étrusques* von M. Boncompain ist ein anspruchloses Werk. Dagegen haben die Etrusker in Maurice Denuzières *Une tombe en Toscane* (1960) eine entscheidende Bedeutung. Ihnen kommt hier die Rolle eines Psychoanalytikers zu, der einem selbstentfremdeten Menschen hilft, sich seinem eigentlichen Wesen anzunähern, und ihn vom unterjochenden Vaterbild befreit, damit er zur "ewigen Schönheit" und zur Liebe findet.

Diese Hommage an die alten Tuskanier hätte diese selbst nicht schlecht erstaunt. Sie erliegt unter anderem der Versuchung einer oberflächlichen Psychoanalyse und einer fragwürdigen Etruskophilie, indem sie die Etrusker als ein Volk hinstellt, das vom Geheimnis umwoben ist und schon allein deswegen höhere geistige Werte aufzuweisen hat. Hier erkennt man eine etruskophile Geisteshaltung wieder, die seit dem 15. Jahrhundert vorhanden war. Wenigstens äußert sie sich jetzt ohne ihren negativen Gegenpart, die Verachtung, ja den Haß auf das antike Rom. Nach dem Sieg über den Nationalsozialismus und dem Triumph der antiimperialistischen und antikolonialistischen Ideologien ist dieser Haß auf neue Grundlagen gestellt, indem symbolisch Rom mit sämtlichen Verbrechen des Nationalsozialismus und des Kolonialismus belastet wird. Folgerichtig werden die besiegten Völker, allen voran die Etrusker, zu den bemitleidenswerten Opfern einer grausamen Eroberung, ja eines Völkermords. Nie haben sie sich anderen Dingen gewidmet als den Künsten, den Wissenschaften, der Gewaltlosigkeit und dem Pazifismus. Eine derart verfälschte Darstellung der Fakten hatte Frankreich zuvor kaum erreicht. Wieso mußte sich ein Schriftsteller von so großer geistiger Tiefe und so großem Talent wie Elie Wiesel (*Paroles d'étranger*, *Le Seuil*, 1982; *L'éternité étrusque*) zum Interpreten einer solchen Propaganda machen und eine Parallele zum Holocaust ziehen? Ein Romanschriftsteller darf manches tun, hat er aber das Recht, die Geschichte derart zu verfälschen?

So sieht der Platz aus, den die Etrusker innerhalb der französischen Literatur einnehmen. Selbst bei Stendhal bleibt er bescheiden. Meistens werden sie vom Schriftsteller dazu benutzt, eine ideologische These zu vertreten, wobei sein Wissen aus zweiter oder auch dritter Hand stammt – und sich als trügerisch erweist.

Anne-Louis Girodet
Porträt von Chateaubriand
1807
Saint-Malo, Museum

BIBLIOGRAPHIE:
A. Hus in: Festschrift J. Heurgon, Paris-Rom 1976, 436-469; ders., Paris 1980, 297-349.

Großbritannien: Das Etrurien von Aldous Huxley und D.H. Lawrence

Massimo Pallottino

*Aldous Huxley (links)
und David Herbert Lawrence (rechts)*

Für eine allgemeine Darstellung der modernen englischen Literatur, die sich mit den Etruskern befaßt, sei auf das vorangegangene Kapitel *Etruria Britannica* verwiesen. Hier ist nur beabsichtigt, die wesentlichen Aspekte jenes Bildes vom antiken Etrurien zu schildern, wie es aus den Schriften von A.L. Huxley und D.H. Lawrence hervorgeht. Ein besonderes Schicksal verbindet diese zwei herausragenden Schriftstellerpersönlichkeiten: sie sind gleicher Staatszugehörigkeit und vergleichbarer kultureller Abstammung, schrieben mehr oder weniger gleichzeitig während der ersten Jahrzehnte unseres Jahrhunderts und waren von der gleichen Liebe zu Italien und zur Welt der Etrusker und vor allem von der gleichen phantastischen Vorstellung dieser etruskischen Welt befallen. Doch in ihrem Temperament, ihrem Glück und ihren Lebensweisen unterschieden sie sich durchaus. Es ist bemerkenswert, daß die britische Literatur diese zwei lebhaften, kreativen Geister zugleich hat erblühen sehen und daß aus ihren Werken jene etruskische Begeisterung sprach, die zu anderer Zeit, in einer anderen Situation und aus anderen Neigungen heraus die Schriften von Dennis inspiriert hatte.

Standen sie sich auch nicht sonderlich nahe und ergaben sich auch keine gemeinsamen Zielsetzungen zwischen den beiden, so fanden doch ein Meinungsaustausch und Begegnungen untereinander statt. Aldous Huxley (1894 - 1963) war bedeutend jünger als Lawrence (1885 - 1930) und sollte ihn beträchtliche Zeit überleben; er editierte unter anderem dessen Briefnachlaß. Beide waren sie überaus fruchtbare Romanschriftsteller, doch lebte Lawrence ein unruhiges Leben intensiven Produzierens, das sich in Reisen, Arbeit, Träumen und durch schlechte Gesundheit verbrauchte, während Huxley seine Aktivität in weiser Gelassenheit auf mehrere Jahrzehnte verteilte und sich dabei vor allem von moralischer und wissenschaftlicher Rationalität, aber auch von utopischen Motiven leiten ließ.

Die thematische Beschäftigung mit der etruskischen Welt entsprach dem einen wie dem anderen in hohem Maße: für Lawrence bedeutete sie einen letzten Fluchtpunkt am Ende seiner unbefriedigten Suche nach Antworten auf Sinnfragen im Rahmen seiner Studien über die zeitlich und räumlich am weitesten entfernt liegenden Kulturen, vom Orient über das präkolumbianische Amerika bis hin zu den Etruskern, für Huxley Mahnung und Abschweifung zugleich. Zwar bedienten sie sich unterschiedlicher Ausdrucksmittel: bei Huxley waren es Romane (*Those Barren Leaves*, 1925; *Point Counter Point*, 1928), bei Lawrence Reiseberichte (postum gesammelt, 1932 erschienen als *Etruscan Places*) und auch einige Bemerkungen im erzählerischen Werk. Dieser Unterschied schmälert allerdings nicht ihre grundsätzliche Ähnlichkeit in der Art des Urteils, der Ungezwungenheit ihrer Einfälle und ihrer Tendenz zum Humor (der artig und phantasievoll bei Huxley, deutlich schärfer bei Lawrence in Erscheinung tritt).

Bei beiden englischen Erzählern verwandelt sich das alte Etrurien in die Vorstellung von einer verlorenen Welt, die glücklich in einer ihr eigenen, naturgegebenen Glückseligkeit, stürmisch lebendig in spontaner physischer Vitalität und ohne Einschnürungen rationaler oder moralischer Art dahinlebte, einer Welt, die gerade die Vernunft und die Moral zum Unglück der Menschheit über die Jahrhunderte hinweg erstickt hatten. Nach Mark Rampion in Huxleys *Point Counter Point* kannten die Etrusker das Geheimnis eines harmonischen und vollkommenen Lebens; Lawrence zufolge lebten sie frei atmend und angenehm inmitten einer Fülle und gleichsam einer Religion des Lebens, während "wir die Kunst zu leben verlernt haben". Aber was ist diese etruskische Vitalität, wie sie aus den sinnenfreudigen Darstellungen der Grabfresken von Tarquinia herausleuchtet, anderes

Aldous Huxley

als eine urwüchsige Kraft der Körper, als eine sexuelle Explosion, frei von den Fesseln erniedrigender Verbote? Dem Verfasser von *Lady Chatterley's Lover* bot sich in diesem imaginären Ansatz auch ein symbolisches und leidenschaftliches Thema und eine Gelegenheit zu flammender Polemik gegen den Puritanismus seiner Zeitgenossen. Jene Malereien sollten obszön sein? Die Etrusker lasterhaft? "Ihre Feinde hatten dies behauptet. Aber wer ist in den Augen seiner Feinde nicht lasterhaft? *A la bonne heure!* Was mich betrifft – mögen die Etrusker auch lasterhaft gewesen sein – ich finde Gefallen daran!" Das Etrurien der Literaten bewegte sich inzwischen längst auf einer Schiene reiner Phantasie; von der Interpretation hatte es sich über eine Metamorphose zum Symbol gewandelt, vom Symbol zum Paradoxon. In einer unvergessenen Szene aus Huxleys *Those Barren Leaves* gerät es geradewegs zum Gegenstand einer Arabeske, eines Spiels, eines unbändigen und raffinierten intellektuellen Seiltanzes. Der Schriftsteller positioniert seine Darsteller im Inneren eines imaginären etruskischen Grabes, das in vorsätzlicher Freude an der Zauberei die Besonderheiten und Bilder aller wichtigeren bemalten Gräber der Nekropole von Tarquinia in sich vereint. Der "Held" Cardan spricht die "geheimnisvollen Laute" jener Sprache, in der eine Inschrift auf die Wand gezeichnet ist, und ergeht sich in den unbändigsten Phantasien zu jener Sprache, über ihre Unverständlichkeit und Nutzlosigkeit, und über die Notwendigkeit, sie zu unterrichten, gerade weil sie so unnütz und folglich zur Erziehung eines Gentleman bestens geeignet sei.

David Herbert Lawrence

Bezeichnenderweise entfachte sich die Begeisterung der zwei englischen Schriftsteller für das Etruskische zur gleichen Zeit, und zweifellos war sie zumindest teilweise auch eine Folge des plötzlich wiedererwachten starken Interesses am antiken Etrurien als Studiengebiet, vor allem in Italien, aber auch in England. (Man denke an die Veröffentlichung des in mancher Hinsicht wegweisenden Buches von D. Randall MacIver, *Villanovans and Early Etruscans*, Oxford 1924.) Dieses wiedererwachte Interesse machte innerhalb weniger Jahre Ereignisse wie den *Primo Congresso Internazionale Etrusco*, das Erscheinen der Jahreszeitschrift *Studi Etruschi* und die Gründung des *Istituto di Studi Etruschi* in Florenz möglich. Und dennoch vermochte die Vertrautheit mit der offiziellen Wissenschaft keinen positiven Einfluß auf die Art und Weise auszuüben, in der sich die literarische Sphäre des Etrusker-Themas bemächtigte. Im Gegenteil, die Vorstellungskraft von Huxley und Lawrence widersetzte sich der Wissenschaft. Lawrence sehen wir sogar scharf gegen sie polemisieren und die Wissenschaftler lächerlich machen, die nicht in der Lage seien, den Sinn der Bildzeugnisse zu begreifen, die die Etrusker in ihren Gräbern zurückgelassen haben. Anzuerkennen ist allerdings auch, daß bei Lawrence nicht allein Ablehnung und Sarkasmus herrschen. Einige seiner fragmentarischen oder blitzartig aufleuchtenden ästhetischen Urteile erfassen Wahrheiten, die die durchdachtesten kritischen Erörterungen nicht erreichen. Etwa wenn er die etruskischen Städte mit verblühten Blumen vergleicht, deren Zwiebeln, also die Gräber, unter der Erde blieben; oder wenn er in den Bucchero-Vasen das Aufblühen seltsamer schwarzer Blumen wahrnimmt, deren Leben sich gegen jede Konvention aufzulehnen scheint; oder wenn im Zusammenhang mit den Urnen aus Volterra von "klassischen" Bildthemen die Rede ist, die so wenig Klassisches an sich haben, oder von der griechischen und römischen "verkochten" Kunstform, die hier der rauhen Schärfe und einer gewissen Wildheit von Licht und Schatten weicht, die die spätere Gotik ankündigt ... Eindrücke, über die nachzudenken sich lohnen kann.

Lawrence: Eine persönliche Betrachtung

Christopher Miles

Im Jahre 1980 gelang es mir zusammen mit meiner Frau und meiner Tochter, noch vor Beginn der Dreharbeiten zu meinem Film über das Leben von D.H. Lawrence *Priest of Love* die großartige Villa Mirenda in der Nähe von Florenz aufzuspüren. Hätte ich dabei zuvor nur einen Blick auf die Kopie des Briefes von Lawrence an Enid Hilton (veröffentlicht in Harry T. Moores Buch *D.H. Lawrence and his World*) geworfen, so hätten wir einen ganzen Tag einsparen können, denn die große Zypresse steht immer noch dort, wo man nach links abbiegt, und an der Villa ist nichts verändert worden, seit Lawrence und Frieda dort waren.

Lawrence hatte Italien bereits vor dem Ersten Weltkrieg kennengelernt, als er mit Frieda an den Lago Gargano geflohen war; somit war dies sein zweiter Besuch in einem Land, das er bereits liebgewonnen hatte. Es war Earl Brewster, der Lawrence überredete, mit ihm eine Fahrt zu den etruskischen Gräbern zu unternehmen; während Frieda in Baden war, brachen Brewster und Lawrence im April von Rom aus auf und besichtigten Cerveteri, Tarquinia, Vulci, Grosseto und Volterra. Lawrence fand die Gräber "wesentlich glanzvoller und lebendiger als die Häuser der Menschen".

Ich glaube, Lawrence konnte seinen Traum von einer idealen Gesellschaft deshalb auf die Etrusker - seine Rananim - projizieren, weil die Kenntnis ihrer Geschichte lückenhaft war, und er sie mit seiner brillianten Vorstellungskraft in künstlerischer Weise auslegen konnte. Sein Buch *Etruscan Places* spricht für sich - es hat etwas von der Freudigkeit Italiens, aber ohne die Schwere des klassischen Griechenland. Er sprach oft davon, mit Brewster zusammen nach Griechenland zu reisen, aber getan haben sie es nie.

Im folgenden Jahr bezogen die Huxleys eine Villa in Forte dei Marmi, und später beabsichtigte Lawrence mit Frieda auch die anderen etruskischen Gräber in Arezzo, Cortona, Chiusi, Orvieto und Perugia zu besuchen. Aber nach einem Bad im Meer in Forte erlitt er eine schreckliche Blutung, die für ihn der Anfang vom Ende war, und aus der zweiten etruskischen Tour wurde nichts mehr.

Was Lawrence zu den Etruskern hinzog, war eine Kultur, wie er sie in den farbenfrohen Wandmalereien dargestellt sah, mit Menschen, die im Einklang mit der Natur springen und tanzen - tanzende Delphine - und ungeniert recht sinnliche Beziehungen untereinander pflegen, eine Kultur, von der Lawrence fühlte, daß das Maschinenzeitalter im Begriff stand, sie zu zerstören, sogar in Italien.

Hier, in diesen kühlen Gräbern, fand er den Beweis, nach dem er sein ganzes Leben lang gesucht hatte: Es hatte ein Volk gegeben, das unbehindert durch die Zwänge der modernen Religion leben und der Gesamtheit seiner menschlichen Existenz mit der ihm eigenen Sinnlichkeit und natürlichen Lebensfreude freien Ausdruck geben konnte.
Rananim - wahrhaftig!

Die Etrusker in der italienischen Literatur

Massimo Pallottino

Für die Italiener sind die Etrusker eine heimische Angelegenheit. Es verwundert daher nicht, daß sie häufig in den unterschiedlichsten Informations- und Unterhaltungsschriften auftauchen, überraschend ist eher, daß sie nur in recht bescheidenem Ausmaß und zudem erst spät in die große Literatur Eingang gefunden haben.

Dieser Beitrag nun will sich auf wenige, besonders bezeichnende Beispiele dieses Einflusses beschränken. Zunächst, für die Dichtung, auf Giosuè Carducci (1835 - 1907), den drei unterschiedliche Motive dazu veranlaßten, der Etrusker zu gedenken: seine Liebe zur Landschaft seiner toskanischen Heimat, sein (oftmals emphatischer) Enthusiasmus für Geschichte sowie sein Umgang mit Gelehrten in und um Bologna, der Stadt, in der er lebte und unterrichtete. Das erste Thema gab ihm seine knappen, funkelnden Visionen jenes Etrurien der Maremma ein, das zuvor bereits für George Dennis ein Gegenstand leidenschaftlicher, in gewissem Sinne auch poetischer Beschreibungen gewesen war: dort, wo der feudale Turm *"da i colli arsicci e foschi / veglia de le rasennie cittadi in mezzo a' boschi / il sonno sepolcral"* (von den verdorrten, dunklen Hügeln aus / über den Grabesschlaf / der etruskischen Städte inmitten der Wälder wacht) und wo man *[i]* *"gran massi quadrati"* (die großen quadratischen Blöcke) sehen kann, auf die die etruskischen Kaufleute stiegen, um das Erscheinen der roten Segel der phönizischen Schiffe zu erwarten (*Avanti! Avanti! Jamben und Epoden*). Die Bindung, die er zu seiner *prima gente* (seinem ersten Volk) empfindet, läßt ihn von einer mittäglichen Begegnung mit den Lukumonen und Auguren träumen. Das eigentliche Etrurien des Dichters ist dasjenige, das auf das Tyrrhenische Meer schaut, dort, wo er geboren wurde. Das andere Etrurien ist das jenseits des Apennins, das um Bologna gelegene. Die Geschichte dieser Region der Po-Ebene, und Italiens im allgemeinen, wird in rascher Folge in den Versen über den Friedhof der Kartause zusammengefaßt: dort liegen nacheinander die Umbrer, die Etrusker, die Gallier, die Römer, die Langobarden und schließlich *"gli ultimi nostri"* (die Letzten der Unseren) begraben. Doch ist der Einfluß nicht zu übersehen, den die örtlichen Forscher, mit welchen er verkehrte, mit ihren Ansichten zu den ältesten Bologneser archäologischen Funden auf Carducci ausübten. Darunter insbesondere das Urteil Edoardo Brizios, der am konsequentesten die Theorie vertrat, daß die Menschen der Villanova-Kultur, von der es in Bologna zahlreiche Zeugnisse gibt, ein umbrischer Stamm gewesen seien, d. h. indoeuropäische Italiker, wohingegen die Etrusker erst später, gegen Ende des 6. Jahrhunderts aus ihrem Stammland, dem tyrrhenischen Etrurien, über die Apenninkette kommend, in Erscheinung getreten wären. Diese Rekonstruktion gilt nach heutigen Erkenntnissen als überholt, da im villanovianischen Bologna die Etrusker bereits anwesend waren, doch in den folgenden zwei Distichen fand sie noch deutlich ihren Niederschlag: *"Dormono a pie' qui del colle gli avi umbri che ruppero primi / a suon di scure i sacri tuoi silenzi, Appennino: / dormono gli Etruschi discesi co'l lituo con l'asta con fermi / gli occhi ne l'alto a' verdi misteriosi clivi"* (Es schlafen am Fuß dieses Hügels die umbrischen Ahnen, die erstmals / brachen mit ihrem Axtschlag deine heilige Stille, Apennin, / es schlafen die Etrusker, die stiegen mit Lituus und Speer, festen Auges / die grünen geheimnisvollen Höhen hinab) (*Fuori alla Certosa di Bologna. Odi Barbare*).

Der "Dichterprophet" des ausgehenden 19. und beginnenden 20. Jahrhunderts, Gabriele D'Annunzio (1863 - 1938), verkörperte das Italien des Eklektizismus. Mehrfach reizte ihn die etruskische Thematik. Tatsächlich schuf er in seinem wohl bedeutendsten Roman *Forse che sì forse che no* (1910) in konzentrierter Form eine Wiederheraufbeschwörung, gleichsam einen Schlüssel zur Kultur des alten Etrurien. Wie schon in der Tragödie

Gabriele D'Annunzio

Vittorio Corcos
Porträt des Giosuè Carducci
Bologna, Casa Carducci

La città morta der archäologische Schauplatz der Ausgrabungen von Mykenä nicht nur einen Hintergrund abgab, sondern im Spiel der Leidenschaften zwischen den handelnden Personen das entscheidende Motiv bildete, so verdichtet sich auch in diesem Roman die etruskische Welt als eine andere Wirklichkeit aus längst vergangenen Zeiten vermittels ihrer Landschaften (Volterra) und ihrer Überreste (den Skulpturen der Aschenurnen des Museo Guarnacci) zu einer Empfindung der Gegenwart. Es ist vor allem das Thema der Loslösung und der Abreise, das aus den gemeißelten Szenen der Urnen und den unablässig wiederkehrenden Totendarstellungen seine unendliche Traurigkeit auf die Personen der Handlung im Augenblick ihrer Trennung überträgt. Das beängstigende Gefühl des Todes hat die Begegnung der Moderne mit den Etruskern stets begleitet – wir kennen sie ja hauptsächlich durch ihre Gräber – und es ist nicht bloß eine von außen kommende Botschaft, sondern es durchdringt zutiefst die Struktur des Dramas und die Psychologie seiner Darsteller. Etrurien als das Land der Gräber und der Unterwelt steht zugleich für die Verbindung zwischen der lichten Welt und der unterirdischen Welt. Der gleiche Gedanke sollte, jedoch in ganz anderer Form, bissig und ohne unnötige Rücksichten, Schattierungen und Zwischentöne in der Prosa der *Maledetti toscani* von Curzio Malaparte (1898 - 1957) wiederkehren, wo der Schriftsteller seine Landsleute mit ihren etruskischen Vorfahren gleichstellt und zugleich deren infernalische Natur hervorhebt. Ein weiterer Sohn Etruriens, der Tarquinier Vincenzo Cardarelli (1887 - 1959) ließ auf eine ganz andere Weise seine unbeschwerte Prosa in einer Sphäre vielfältiger Verweise auf Landschaften, Bilder und die Geschichte der Etrusker umherschweifen, insbesondere in den kurzen "etruskischen" Kapiteln von *Il cielo sulle città* (1939 und 1949, 1962 wiederaufgelegt), die sein "Dennis" sind, und wie bei Dennis sind auch hier die Impressionen der Gegenwart von einer wachgerufenen Vergangenheit durchdrungen. Unter anderem ist da der folgende seltsame Ausspruch zu lesen: "*... la vecchia Etruria sacerdotale, impolitica, magica, dispotica, fa pensare a Bisanzio. Ma Bisanzio è lo spettro di Roma, laddove l'Etruria ne è la spirituale matrice*" ("... das alte Etrurien der Priester, unpolitisch, magisch und despotisch, läßt an Byzanz denken. Doch Byzanz ist das Gespenst Roms, während Etrurien dessen geistiger Nährboden ist").

EPILOG

Die Etruskologie des 20. Jahrhunderts: Wissenschaftliche Fortschritte und Kulturelle Auswirkungen

Massimo Pallottino

Als einheitlicher und fest umrissener Gegenstand der Geschichtswissenschaft entsteht die Etruskologie erst im 20. Jahrhundert. Alle vorhergehenden diesbezüglichen Aktivitäten, obwohl auf dem Gebiet der praktischen Forschung, der archäologischen Sammlungen wie auch im Streit der Meinungen äußerst vielfältig und lebendig, standen eher vereinzelt zwischen den verschiedenen Disziplinen der Antikenforschung oder nur in loser Verbindung zu ihnen. In den Zeiten, als die Historiographie über die antiken Griechen und Römer sowohl auf der Ebene der Methodik als auch von ihren Ergebnissen her ihren höchsten Entwicklungsstand erreicht hatte – gemeint ist die Ära des großen positivistischen Historismus insbesondere deutscher Prägung –, hat es die extreme Dürftigkeit der Informationsquellen über die Ereignisse im alten Etrurien in gewisser Weise verhindert, daß diese Kultur "historisch gedacht" wurde. Stattdessen hat man sie seit den Anfängen ihrer Wiederentdeckung ausschließlich als eine archäologische Sache gesehen, die aus Orten, Monumenten, Funden und Bildern bestand. Mit Erstaunen und Bewunderung entdeckt, ausgegraben, beschrieben und analysiert, geborgen und wieder über eine außerordentlich hohe Zahl privater und öffentlicher Sammlungen zerstreut, bisweilen sogar von Fälschern nachgeahmt: dies ist das Etrurien des 19. Jahrhunderts. Als ein kleinerer, abgelegenerer Strang verlief parallel dazu die Neugier der Epigraphiker, die sich die inzwischen lesbaren, aber noch weitgehend unverständlichen Inschriften vornahmen; die Linguisten übten sich mehr oder weniger improvisiert in Spekulationen und waren vor allem in die berühmte Fragestellung verstrickt, ob das Etruskische nun eine indoeuropäische Sprache sei oder nicht.

Genau zu Beginn des neuen Jahrhunderts, im ersten, und besonders im zweiten Jahrzehnt, setzte auf einmal eine Serie unvorhergesehener Ereignisse ein, die frischen Wind in diese Situation brachten und sie aufzurütteln vermochten. Die von der italienischen Regierung getragenen Ausgrabungen in Tarquinia, Cerveteri und Veji führten zu ungeahnten Konsequenzen. Besonders die Entdeckung der großen bemalten archaischen Terrakottastatue in Veji, die den Gott Apollon darstellt und Teil der Dekoration eines Tempeldachs gewesen war, löste ein Interesse ohnegleichen für die Kunst des antiken Etrurien aus, die doch bis dahin als provinzielles Echo der griechischen Kunst eingestuft worden war. Angeregt durch gewisse Tendenzen in der zeitgenössischen bildenden Kunst hatte die Kritik in jenen Jahren begonnen, ihren Blick auf den Wert von Ausdrucksweisen zu richten, die sich von der klassischen westlichen Tradition unterschieden und ihr fremd waren, etwa auf die Werke der Spätantike und von Byzanz, auf die sogenannten Primitiven des Mittelalters, auf die Kunst von primitiven Völkern, und hier besonders auf die Erfahrungen mit Kunst aus Afrika. Die etruskische Bildsprache wurde allmählich erklärbar, und man gestand ihr die Möglichkeit einer positiven Bewertung zu, wenn man sie nur nicht gemäß dem Kanon der griechischen Klassik, sondern mit den Maßstäben der ihr eigenen Spontaneität und Ausdruckskraft betrachtete. In diesem Sinne konnte man Etrurien Meisterwerke zuerkennen, wie den genannten Apollon oder wie das später entstandene Bronzebildnis des sogenannten Kapitolinischen Brutus. Zu dieser rezeptionsgeschichtlich bedeutenden Neueinschätzung trugen vor allem zwischen 1920 und 1930 italienische Wissenschaftler wie A. Della Seta, G.Q. Giglioli, C. Anti und R. Bianchi Bandinelli, aber auch Nicht-Italiener wie G. Kaschnitz-Weinberg bei.

Die wiedererwachte Begeisterung für Etrurien dehnte sich in jener Zeit allmählich auch auf Bereiche außerhalb der künstlerischen Sphäre aus, auf Probleme der Religion, der Lebensweise, der Geschichte sowie der Sprache. Man besann sich wieder auf eine gewis-

Seite 456
Gustav Adolf von Schweden bei der Ausgrabung eines etruskischen Grabes in San Giovenale Rom, Schwedisches Institut für Klassische Studien Foto Börje Blomé

Die Teilnehmer am Primo Congresso Nazionale Etrusco 1928

se Konvergenz der, wie gesagt, bis dahin getrennt vorgehenden Einzeldisziplinen, die aber bereits im 18. Jahrhundert, besonders im Werk Luigi Lanzis, die Keimzellen einer zusammenhängenden Sichtweise in sich trugen. Auch verspürte man die Notwendigkeit, Strukturen zur Unterstützung dieser Studien zu schaffen. 1925 wurde in Florenz auf Betreiben von A. Minto, dem Soprintendente alle Antichità della Toscana (oder im damaligen Sprachgebrauch "dell' Etruria"), ein *Comitato Permanente per l'Etruria* mit eindeutig wissenschaftlichen Zielsetzungen gegründet. Als erste praktische Unternehmung wurde sogleich ein Nationales Symposion einberufen (1926), doch der Druck des Interesses von Wissenschaftlern aus verschiedenen Ländern führte bald zur Vorbereitung des *I. Congresso Internazionale Etrusco*, der 1928 ebenfalls in Florenz (und in Bologna) abgehalten wurde. Dazu wurde in jenen Jahren die Veröffentlichung der jährlich erscheinenden Zeitschrift *Studi Etruschi* aufgenommen, die heute einige Dutzend Bände umfaßt, und es wurde das *Istituto di Studi Etruschi* gegründet (heute *Istituto Nazionale di Studi Etruschi e Italici*): beides mit breiter internationaler Beteiligung. Die europäische Wissenschaft ist, gemeinsam mit der italienischen, heute in der Tat stark an der Erforschung der Welt der Etrusker in allen ihren Aspekten mitbeteiligt.

Unter diesen Voraussetzungen hat Etruskologie den Charakter einer selbständigen historischen Disziplin bekommen, auf der Ebene der Forschung wie auch als universitäres Unterrichtsfach nach den Leitlinien, die der Verfasser dieses Berichts vorgeschlagen hat. Diese fanden nicht nur innerhalb Italiens rasche Verbreitung, sondern ebenfalls in den wichtigeren europäischen Zentren für Altertumsforschung; vor allem Frankreich ist hier zu nennen, wo die Etruskologie besonders nach dem zweiten Weltkrieg eine breite Entwicklung erlebte (erwähnt seien hier Wissenschaftler wie A. Grenier, J. Heurgon, R. Bloch), aber auch Belgien (M. Renard, F. De Ruyt) und Schweden (Å. Åkerström, A. Andrén).

Die zweite Jahrhunderthälfte kennzeichnen neue Ansätze zur Feldforschung, die die staatlichen archäologischen Soprintendenzen sowie italienische und ausländische Institute an verschiedenen Orten Etruriens und in Gebieten unternahmen, die von Etruskern in irgendeiner Weise erreicht worden waren. Sie führten zu unerwarteten und sensationellen Entdeckungen und konnten den bis dahin erworbenen Kenntnisstand über die etruskische Zivilisation beträchtlich erweitern. Es sei hier nur an die bedeutendsten Ereignisse erinnert: die Entdeckung einer großen Zahl ausgemalter Gräber in der Nekropole von Tarquinia mittels verschiedener Verfahren zur Sondierung des Untergrunds, die die *Fondazione Lerici* entwickelt und angewandt hat; die Ausgrabungen im Heiligtum von Pyrgi, dem Hafen von Caere, mit den dortigen Tempelfunden und vor allem den Funden von Goldblechen, die eine phönizische und zwei etruskische Inschriften tragen – zweifellos der wertvollste Erwerb dieses Jahrhunderts, was die epigraphische und linguistische Bedeutung betrifft; die Entdeckung einer weiteren Hafenanlage in Graviscae an der Küste von Tarquinia mit den Resten einer griechischen Handelsniederlassung; in Poggio Civitate bei Murlo in der Gegend von Siena die Entdeckung eines großen archaischen Palast-Heiligtums mit außerordentlichen figürlichen Terrakotten durch eine Wissenschaftlergruppe aus den Vereinigten Staaten; die Forschungen schwedischer Archäologen unter Mitwirkung König Gustavs VI. Adolf im südlichen Etrurien und insbesondere die Erforschung der kleinen archaischen Stadt Acquarossa bei Viterbo; jenseits des Apennins die Wiederaufnahme der archäologischen Arbeiten bei Marzabotto und vor allem die fabelhaften Funde in den Nekropolen von Spina an der Adriaküste und von Verucchio im Innern der Romagna; in Süditalien, in Pontecagnano bei Salerno und in Sala Consilina im Tanagro-Tal, das Auftauchen einer Kultur villanovianischen Typs – gewiß ein Anzeichen sehr früher etruskischer Einflüsse; schließlich auf Korsika die fruchtbaren französischen Forschungsarbeiten in Aleria, das einst eine griechische und dann seit den letzten Jahrzehnten des 6. Jahrhunderts eine etruskische Kolonie war.

Dieser ungebrochene Fortschritt in den Aktivitäten hängt wiederum unmittelbar mit den ständig fortschreitenden Ideen auf dem Gebiet der geschichtlichen Rekonstruktion und den Vertiefungen der Sprachanalyse zusammen; alle erworbenen archäologischen und sprachlichen Daten zielen selbstverständlich auf eine weitestmögliche Wiedererlangung von Geschichte. Unter dieser Zielsetzung kommen die Studien neuer Generationen von Etruskologen mit Begeisterung voran, nicht nur in Italien, sondern ebenfalls in Frankreich, Belgien, Großbritannien, Deutschland, Polen und in anderen europäischen Ländern sowie in den Vereinigten Staaten von Amerika. Gemeinsamer Mittelpunkt ist weiterhin das *Istituto di Studi Etruschi e Italici* in Florenz, unter dessen Leitung internationale Unternehmungen wie das neue Corpus der etruskischen Spiegel mit figürlichen Darstellungen stehen. Die universitäre Lehre der Etruskologie wurde von den ursprünglich zwei Lehrstühlen in Rom und Florenz auf verschiedene andere italienische Hochschulen ausgedehnt, während das Fach außerhalb Italiens, (oft zwar noch unter der Bezeichnung eines übergreifenden Unterrichtsfachs) nun auch in Österreich, Deutschland, Frankreich und Belgien angeboten wird.

Nach der Darstellung des Standes der Wissenschaft im engeren Sinn sollen nun, weiter ausholend, deren kulturelle Auswirkungen betrachtet werden. Zunächst zählen dazu zweifellos einige Bezugnahmen auf die Welt der Etrusker im Rahmen verschiedener europäischer Literaturen, der italienischen, der französischen oder der englischen, von denen schon einige Beispiele genannt wurden. In der öffentlichen Meinung und in der Presse erwachte das starke Interesse an den Etruskern jedoch erst mit dem Beginn jener Reihe etruskologischer Ausstellungen, die zwar in der Auswahl der Exponate wie in ihren Ausstellungskriterien als wissenschaftliche Unternehmungen und jedenfalls immer (oder fast immer) nach wissenschaftlichen Gesichtspunkten ausgerichtet waren, sich aber faktisch dennoch an ein breites Publikum richteten und so einen überwiegend populären Charakter aufwiesen. Die erste dieser Ausstellungen unter dem Namen "Kunst und Kultur der Etrusker" bestand aus archäologischem Material aus italienischen Museen und wurde von 1955 bis 1956 zunächst in Zürich, dann in Mailand und in der Folge in Paris, Den Haag, Oslo und Köln gezeigt. Sie hatte in der Tat einen durchschlagenden Erfolg, brachte sie doch der Öffentlichkeit und der Kritik erstmalig eine gerade auf dem Gebiet der Kunst praktisch unbekannte oder vergessene Realität zur Kenntnis. Etrurien war auf einmal modern. Die Sammelleidenschaft für etruskische Ausgrabungsobjekte erfuhr einen stürmischen Anstieg, nicht ohne – das muß gesagt werden – durch Raubgrabungen und durch illegalen Export archäologischen Materials zu den Kunstmärkten nördlich der Alpen Schäden anzurichten. Etruskischer Schmuck wurde nachgebildet, und sogar in der Damenmode zeigte sich der eine oder andere etruskischen Einfluß.

Weitere etruskologische Ausstellungen kleineren Ausmaßes, auch zur Vorstellung neuer Funde, gab es in den folgenden Jahren innerhalb und außerhalb Italiens (in Wien, in Stockholm) bis zu den Initiativen, die 1985 aus Anlaß des "Etruskischen Jahres", wie es genannt wurde, und im Rahmen des vom italienischen Staat und der Region Toskana unterstützten sogenannten *Progetto Etruschi* stattfanden. Bei dieser Gelegenheit gab es verschiedene kulturelle Veranstaltungen, darunter auch solche mit rein wissenschaftlicher Zielsetzung wie der *Secondo Congresso Internazionale Etrusco* in Florenz. Zu einer ebenfalls in Florenz gezeigten umfassenden Gesamtschau unter dem Titel *Civiltà degli Etruschi* traten in verschiedenen toskanischen Städten und in Perugia themenbezogene Einzelausstellungen, später noch weitere in der Lombardei (Mailand und Mantua), in der Emilia (Bologna) und in Latium (Viterbo und Rom). Unter den Veranstaltungen außerhalb Italiens war die bedeutendste die Ausstellung *Welt der Etrusker*, die in verschiedenen Städten Osteuropas und anschließend in Viterbo präsentiert wurde.

Ausstellungen sind äußerst wirksame Werbeinstrumente, und sie mußten sich, wie bereits anläßlich der Ausstellung von 1955 – 1956, in diesen letzten Jahren schließlich in einem starken Zugewinn an Aufmerksamkeit für die Etrusker und ihre Kultur auf mehreren Ebenen und unter den verschiedensten Gesichtspunkten niederschlagen. Neben der ausführlichen Behandlung, die die Presse und die anderen Massenkommunikationsmittel in allen europäischen Ländern und in Amerika ihnen zukommen ließen, muß hier in besonderer Weise das Wetteifern der Verlage um die Veröffentlichung wenigstens eines Buches über etruskische Kultur erwähnt werden, das mit Blick auf die Seriosität der hastig herausgebrachten Werke nicht immer zu glücklichen Ergebnissen führte (von dem mehr oder minder comics-artigen Ramsch ganz zu schweigen, der den Bücher- und Zeitschriftenmarkt überschwemmt hat).

Ein Nebenaspekt verdient es, noch angesprochen zu werden. Es war bereits davon die Rede, daß das "etruskische Erwachen" zu Beginn dieses Jahrhunderts nicht ganz unbeteiligt war an den innovativen und antitraditionalistischen, wenn nicht sogar an den klassischen Tendenzen der zeitgenössischen Kunst. Die Wahrnehmung bestimmter Kennzeichen der etruskischen Bildkunst wie ihre schlichte, geometrisierende Darstellungsweise vor allem in der Plastik, welcher naturalistische Sensibilität fehlt und die vor allem die expressiven Einzelheiten hervorhebt, hat sicherlich einen nicht zu vernachlässigenden Einfluß auf die Gestaltung der Werke einiger zeitgenössischer Künstler ausgeübt; erinnert sei an A. und M. Martini, L. Andreotti, R. Romanelli, G. Manzù und E. Greco. Ähnliche Nachwirkungen sind in der Folge in der gesamten europäischen Kunst anzutreffen – auch dies ein nicht unerheblicher Aspekt einer bewußt erlebten Beziehung zwischen dem antiken Etrurien und der modernen Welt.

Gustav VI. Adolf: König und Archäologe

Carl Nylander

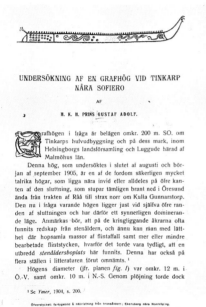

*Titelseite der zweiten Publikation von Gustav Adolf von Schweden über einen Tumulus in Tinkarp bei Sofiero 1906
Rom, Schwedisches Institut für Klassische Studien*

Unter der bunten Vielzahl gebildeter und kulturell aktiver Fürsten, die uns die Geschichte vom Osten bis zum Westen geboten hat, nimmt der "königliche Archäologe" Gustav VI. Adolf von Schweden (1887 - 1973) einen besonderen und bedeutenden Platz ein. Noch hat sich aber die notwendige unbeschwerte Distanz zu diesem respektierten und geliebten Monarchen nicht einstellen können, und es gibt bislang auch keine vollständige Untersuchung über seine vielfältigen Aktivitäten, deren Bewertung überdies noch Gefahr liefe, von sachfremden Meinungen und Sentimentalitäten eingefärbt zu erscheinen. Eine Reflexion über den "königlichen Archäologen" muß von der Frage ausgehen, ob es sich bei ihm um einen der gar nicht seltenen Fälle von aufgeklärter Liebhaberei oder um ernsthaftes Bemühen um wissenschaftliche Erforschung der Vergangenheit handelt. Eine solche Frage ist nicht ganz unwichtig und hat schon oftmals stark polemische Nebentöne miteingeschlossen, da die Förderung einer bestimmten (und kostspieligen) akademischen Disziplin durch den König geeignet ist, innerhalb wie außerhalb akademischer Kreise leicht Turbulenzen hervorzurufen. Eine derartige Untersuchung wird auch dadurch erschwert, daß der König nur eine begrenzte schriftliche Dokumentation hinterlassen hat, auf die man sich stützen könnte, und daß seine umfangreiche Korrespondenz bis zum Jahr 2023 (50 Jahre nach seinem Tod) versiegelt bleiben muß. So müssen bereits bekannte oder recherchierbare Tatsachen für sich selbst sprechen und eine glaubwürdige Gesamtsicht über die Bedeutung seiner Leistungen möglich machen. Auch wäre, besonders in diesem Zusammenhang, über eine Wahrheit nachzudenken, mit der sich zahlreiche Archäologen auseinandersetzen müssen, die in verantwortliche Positionen aufgestiegen sind: es gibt eine Zeit der eigenen Grabungen und Forschungen, es gibt aber auch eine Zeit, in der man die Grabungen und Forschungen anderer fördert.

In seiner Dankesrede für die ihm von der Universität Oxford 1955 verliehene Ehrendoktorwürde berichtete König Gustav Adolf, wie er bereits mit fünfzehn Jahren fasziniert war von vorgeschichtlichen Gräbern, die sich in der Umgebung von Schloß Tullgarn befanden, der Sommerresidenz der königlichen Familie, und von der Möglichkeit, Schätze zu entdecken, und wie er 1898 seine erste Grabung unternahm. Zunächst war die Methodik der Ausgrabung noch primitiv, Technik und Dokumentation verfeinerten sich aber in den folgenden Sommern deutlich (1899 - 1901, 1903 - 1904). 1901 unternahm er auf einer Reise nach Italien, einem Land das ihm sehr ans Herz wachsen sollte, nur siebzehnjährig seine erste italienische Grabung: in Axel Munthes Villa San Michele bei Anacapri.

So begann 1902 ein in der Archäologie keineswegs unerfahrener Prinz sein Studium in diesem Fach, das an der Universität Uppsala erst kurz zuvor eingeführt worden war. Dort regte der neunzehnjährige Gustav Adolf auch seinen Professor Oscar Almgren dazu an, den riesigen "König-Björn-Hügel" in der Nähe von Häga auszugraben und überzeugte seine Eltern, die Grabungen zu finanzieren (1902 - 1903); sie sollten sich als sehr bedeutend herausstellen, da die Anhöhe ein reiches Fürstengrab aus der Mitte des 2. Jahrtausends v. Chr. barg. Die bei diesen Ausgrabungen gewonnenen Erfahrungen und das akademische Studium unter der Anleitung guter Dozenten bewirkten, daß der Prinz von einer rein amateurhaften Praxis zu einem tieferen Verständnis der Archäologie als einer humanistischen Wissenschaft gelangte, die eine gründliche Ausbildung erfordert. Im Sommer 1903 untersuchte er die Felsenzeichnungen in Östergötland und dokumentierte

sie in seiner ersten wissenschaftlichen Veröffentlichung, 1905 und 1907 erforschte er einige Gräber aus der frühen Bronzezeit in Skåne und veröffentlichte die Ergebnisse. Im gleichen Jahr 1907 starb sein Großvater Oscar II. Gustav Adolf war nun Kronprinz, und dies brachte neue Verpflichtungen mit sich, die ihm archäologische Feldforschungen erschwerten, nicht jedoch seine Studien und archäologischen Kontakte beeinträchtigten. Es gelang ihm immerhin 1912 und 1920/1921 an den Ausgrabungen eines Grabes aus der Eisenzeit in Småland und eines weiteren aus der Steinzeit in Schonen teilzunehmen. 1920 beginnt in der archäologischen Weiterbildung Gustav Adolfs ein neues Kapitel: Griechenland und die schwedischen Ausgrabungen (1922 - 1930) im homerischen Asine in der Argolis. In Italien war er zwar schon gewesen, und er hatte auch eine Reise nach Ägypten unternommen, doch in Griechenland eröffnete sich ihm ein archäologischer Horizont von größerer Tragweite, und vor allem entdeckte er nun die Weite und Tiefe der klassischen Dimension unserer Kultur und die zeitlose Schönheit der griechischen Kunst. Die Initiative zu den für die schwedische Archäologie sehr wichtigen Grabungen von Asine war vom Kronprinzen selbst ausgegangen, er übernahm auch den Vorsitz in der "Asine-Kommission", die die erforderlichen Mittel bereitstellte. Ebenso beteiligte er sich an der ersten Grabungskampagne und brachte ein Kammergrab aus mykenischer Zeit ans Tageslicht.

Anläßlich eines Besuchs in Japan und in Korea im Jahr 1927 hatte der Kronprinz Gelegenheit, an Ausgrabungen von Stätten aus der Steinzeit in Japan und eines Fürstengrabes in Korea teilzunehmen. Im gleichen Jahr begann eine weitere bedeutende archäologische Unternehmung Schwedens, die große Zypern-Expedition (1927 - 1931), die der Kronprinz über ihre gesamte Dauer hinweg mit großem Engagement unterstützte und verfolgte. 1930 nahm er selbst in Zypern an den Grabungsarbeiten in einer archaischen Nekropole bei Styllis teil.

Die Jahre vor seiner Thronbesteigung 1951 gestatteten ihm neben zahlreichen anderen Aufgaben und Aktivitäten, eine große Orientreise zu unternehmen (1934 - 1935), die reich war an Besichtigungen von historischen Orten und Ausgrabungsstätten (Babylon, Persepolis usw.). Auch hatte er Gelegenheit, sich archäologischen Feldaktivitäten in Schweden zu widmen (Barsebäck, Vallhager, Ageröd). Selbst als regierender Monarch

Gustav Adolf von Schweden bei der Ausgrabung eines neolithischen Grabes in Fjärestad 1906 Rom, Schwedisches Institut für Klassische Studien

*Eigenhändige Grabungsaufzeichnungen
von Gustav Adolf von Schweden zu einem
etruskischen Haus in San Giovenale
Oktober 1963
Rom, Schwedisches Institut
für Klassische Studien
Kat. 618*

*Gustav Adolf von Schweden
bei der Ausgrabung der Reste
eines etruskischen Hauses in San Giovenale
Oktober 1963
Rom, Schwedisches Institut
für Klassische Studien
Foto Börje Blomé*

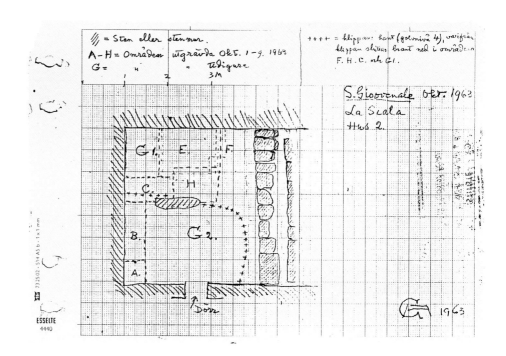

fand er noch die Zeit, die wichtigen archäologischen Forschungen auf der Insel Helgö im Archipel von Stockholm und in Skedemosse auf der Insel Öland (1959 - 1964) aus der Nähe zu verfolgen und auf dem Grundstück seines Fischerhäuschens in Lappland eine Forschungsarbeit über die Steinzeit zu beginnen (1967).

Von seinen ersten archäologischen Studien an hatte der Kronprinz jeden freien Augenblick nicht nur den Ausgrabungen, seinen archäologischen und kunstgeschichtlichen Studien und dem Aufbau erlesener Sammlungen chinesischer Kunst und griechischer Münzen gewidmet. Er wußte darüberhinaus in der Entwicklung humanistischer Bildungseinrichtungen in Schweden eine führende Rolle zu übernehmen. In seiner Eigenschaft als Vorsitzender der "Akademie für schöne Literatur, Geschichte und Kunstgeschichte" und als Präsident des "Fonds für Humanistische Wissenschaften" und anderer einflußreicher Kommissionen und Gremien hatte er die Möglichkeit, in entscheidender Weise die Anliegen der archäologischen Forschung und der Kunstgeschichte zu fördern. Die Gründungen des Ägyptischen Museums und desjenigen für fernöstliche Kunst gingen auf ihn zurück und erfolgten unter seiner Leitung, und die alten zyprischen Sammlungen wurden im umfassenderen Mittelmeer-Museum erweitert. Seine Idee war auch die Einrichtung des C14-Labors und des Instituts für Osteologie, das im Schloß Ulriksdal seinen Sitz erhielt. Von größter Bedeutung war ferner sein Einsatz als Gründer und späterer langjähriger Vorsitzender der Schwedischen Institute für Klassische Studien in Rom (1925) und Athen (1948), denen jeweils Versammlungen im königlichen Schloß in Stockholm vorausgegangen waren und die bezwecken sollten, daß schwedische Studenten und Forscher einen signifikant engen Kontakt zur Welt des Mittelmeeres und der großen klassischen Tradition erlangen konnten. Zweifellos hat sein aufrichtiges Interesse der

schwedischen Archäologie dazu verholfen, ihren Rang zu bewahren und in den sechziger und siebziger Jahren zu überwintern, als ein kalter Wind über die humanistischen Studien hereinbrach und politische Stellen wie öffentliche Meinung begannen, "Nützlichkeit" und "Gewinn" vom akademischen Bereich einzufordern.

In seinen Eigenschaften als erfahrener Archäologe und weiser Humanist unternahm der Monarch Gustav Adolf (74jährig!) in der Mitte der fünfziger Jahre zusammen mit seinen Freunden Axel Bothius und Erik Wetter und mit Renato Bartoccini, dem Soprintendenten für Südetrurien seine bedeutendste wissenschaftliche Unternehmung und das für ihn wie für andere Beteiligte größte archäologische Abenteuer: die Forschungsarbeiten in Etrurien in den Jahren 1957 bis 1978. Von diesem Projekt erwartete man sich die Klärung wichtiger Fragen zur etruskischen Kultur, und zugleich sollte es eine Möglichkeit bieten, jungen schwedischen Archäologen auf klassischem Gelände die anspruchsvollen Methoden moderner archäologischer Feldforschung zu vermitteln. Die Namen San Giovenale, Luni sul Mignone und Acquarossa sind heute mit vielen wichtigen Entdeckungen und neuen Kenntnissen über die Etrusker und ihre Vorfahren verknüpft, zugleich aber auch mit der Tatsache, daß König Gustav Adolf bis zum Alter von 90 Jahren an allen fünfzehn Grabungskampagnen bis zu der des Jahres 1972 teilnahm. Inmitten der schönen Landschaft Etruriens konnte er seine zahlreichen offiziellen Verpflichtungen vergessen und sich zusammen mit Kollegen jeden Alters frei seiner Lieblingsbeschäftigung widmen, der geduldigen und sorgfältigen Wiederentdeckung der Vergangenheit.

Der Versuch einer Präzisierung des Beitrags von König Gustav Adolf zu diesen Ausgrabungen, über den schon so viel geschrieben wurde, darf hier nicht ausbleiben. Fest steht, daß sein Engagement zusammen mit dem des Hofes die Finanzierung und Organisation dieser großangelegten Grabungen mit ihrer Vielzahl an Beteiligten und Mitarbeitern außerordentlich erleichtert hat; in gleicher Weise erleichterte er die Kontakte zu den archäologischen und nicht-archäologischen italienischen Behörden. Anderenfalls hätten die Zielsetzungen des Projekts zweifellos bescheidener gefaßt werden müssen, und die Ergebnisse wären entsprechend geringer ausgefallen.

Andererseits ist entgegen einer häufig anzutreffenden Behauptung hervorzuheben, daß König Gustav Adolf in Etrurien keineswegs mit der Leitung der Ausgrabungen betraut gewesen war. Die wissenschaftliche Planung und Leitung der Arbeiten auf dem Felde waren stets dem Leiter des Schwedischen Instituts für Klassische Studien in Rom und anderen erfahrenen Archäologen anvertraut. Die Atmosphäre bei den Grabungen war die einer offenen Diskussion, und man berücksichtigte selbstverständlich die beeindruckend große Felderfahrung des Archäologen als *Primus inter pares*, der von 1898 an in verschiedenen Ländern und im Verlauf von fünfzig Grabungskampagnen an über dreißig Ausgrabungen teilgenommen hatte. Doch der König unterstellte sich stets loyal der wissenschaftlichen Projektleitung und den Verantwortlichen der verschiedenen Grabungsabschnitte, selbst wenn dies junge Studenten waren. Wer seine Arbeit vor Ort aus der Nähe hatte beobachten oder seine Grabungsnotizen hat einsehen können, anerkennt klar seine technische Geschicklichkeit, seine weise Vorsicht und seine vorbildliche Urteilskraft. Gleiches gilt für seine Bildung, seine geistige Offenheit und seine Fähigkeit, Gegenstände wahrzunehmen und zu erinnern, seien es künstlerische oder alltägliche. Er war besonders allem Konkreten gegenüber offen, den realen, anfaßbaren Dingen; die

*Gustav Adolf von Schweden mit einer
Verkleidungsplatte der etruskischen Gebäude
in Acquarossa (Zone F), 1969
Rom, Schwedisches Institut
für Klassische Studien
Foto Pressens Bild*

praktische Arbeit im Gelände und die tagtäglichen Probleme der archäologischen Wirklichkeit schienen ihn stärker zu faszinieren als abstrakte Spekulationen und akademische Theorien.

König Gustav Adolf wußte Bescheidenheit und Respekt vor der akademischen Archäologie mit einer freundlichen und unaufdringlichen Meisterschaft auf dem Felde zu verbinden. Als Archäologe erbrachte er seine bedeutendsten Beiträge als engagierter Anreger, Initiator und Förderer von großzügiger Denkungsart. Befand er sich auch oftmals in der Rolle des Protagonisten und Wortführers, so hat er diese doch niemals angestrebt. Seine ein ganzes Leben währende Leidenschaft für die Arbeit des Archäologen war ihm allein schon Entlohnung genug. Hierin vor allem erwies sich dieser "königliche Archäologe" als großer Humanist.

BIBLIOGRAPHIE:
Die folgenden Literaturangaben halten sich an Texte mit archäologischem Inhalt des Prinzen/Königs Gustav Adolf und an eine kleine Zahl anderer Zeugnisse, wobei die zahlreichen Texte von mehr oder weniger ehrendem Charakter beiseite gelassen wurden. Die unveröffentlichten Grabungstagebücher und anderes Material finden sich im Königlichen Palast in Stockholm, im Staatsarchiv, im Staatlichen Historischen Museum, in der Königlichen Akademie für Geschichte und Altertum und im Schwedischen Institut für Klassische Studien in Rom.

Architettura etrusca nel Viterbese [...] (Ausstellungskatalog), Rom 1986; Gustav Adolf, Östergötlands Fornminnesförening 1904, 1-6; ders., Fornvännen 1906, 53-62; ders., Stockholm 1935; Gustav VI. Adolf, Oxford 1955; L.O. Lagerquist-M. Odelberg, Stockholm 1972; M. Pallottino, Studi Etruschi 41, 1973, 603-605; ders. in: *Svenska Institutet i Rom 1926 - 1976*, Viterbo 1976; P. Romanelli, Studi Romani 1973, 509 f.; E. Wetter u.a., Malmö 1972.

Dokumentation und Dekoration: die Überlieferung der etruskischen Grabmalerei in Zeichnungen und Kopien

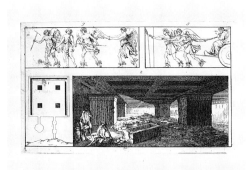
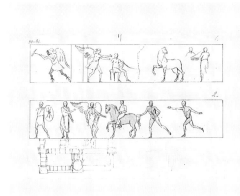

543. Franciszek Smuglewicz
Innenansicht, Grundriß und Details der Tomba del Cardinale. Stich, Blei
H 20 cm ; B 33,5 cm
Paris, Bibliothèque Nationale, Cabinet des Estampes, Inv. Vb 132, Bd. XIV

Die Tafel ist nach einer von Smuglewicz für Byres angefertigten Zeichnung gestochen. Wie es scheint, ist sie ein Probeabzug für die Tafel X (*Partie des catacombes ou hypogées étrusques de l'antique Tarquinia, près de Corneto*, 1783 von T. Piroli gestochen) des Manuskripts *L'Histoire de l'Art par les Monuments*, dessen Autor Seroux d'Agincourt erklärte, die Zeichnungen von Byres selbst zu besitzen.

Zum Manuskript von Seroux d'Agincourt und zu T. Piroli: F. Prinzi in: *Bibliotheca Etrusca*, (Ausstellungskatalog), Rom 1985, 131 Nr. 12a.

544. Franciszek Smuglewicz
Tarquinia, Tomba del Cardinale
H 24 cm, B 32,3 cm
Warschau, Universitätsbibliothek, Königliche Sammlung T 175 Nr. 38/1
ehem. Slg. S. A. Poniatowski
Um 1766

Federzeichnung, aquarelliert, auf weißem liniertem Papier. Zwei Fragmente des Frieses.

W. Dobrowolski, Bulletin du Musée National de Varsovie 19, 1978, 97-119.

545-549
Franciszek Smuglewicz
Zeichnungen von tarquinischen Gräbern
Würzburg, Martin von Wagner-Museum der Universität
Um 1766

Aus dem Nachlaß von Martin von Wagner stammen die Zeichnungen der Tomba dei Ceisinie, Tomba del Cardinale, Tomba della Tappezzeria und Tomba del Biclinio. Sie wurden von dem polnischen Zeichner Franciszek Smuglewicz in den sechziger Jahren des 18. Jahrhunderts in Tarquinia angefertigt und dienten als Vorlagen für die Stiche in dem erst 1842 erschienen Buch von J. Byres *Hypogaei or Sepulchral Caverns of Tarquinia, the Capital of Antient Etruria*. Da von den vier damals aufgenommenen Gräbern heute nur die Tomba del Cardinale erhalten ist, sind die Zeichnungen trotz ihres die Darstellungen verfremdenden barockisierenden Stils von großem Wert.

H. Möbius, Römische Mitteilungen 73/74, 1966-1967, 53 ff; W. Dobrowolski, Bulletin du Musée National de Varsovie 19, 1978, 97-119; M. Cristofani, 1983, 108 f.; W. Dobrowolski in: Kongreßakten Florenz 1985, (1989), 205-212.

545.
Tomba del Cardinale, Ausschnitt aus dem Fries mit vier z. T. geflügelten Figuren.
Feder und Pinsel über Blei in Grau, laviert.
H 13,5 cm; B 47,5 cm
Inv. HZ 10 164 (alt 114.92)

546.
Tomba del Cardinale, Ausschnitt aus dem Schlachtfries vom Pilaster
Feder und Pinsel über Blei, laviert.
H 14,5 cm; B 48,5 cm
Inv. HZ 10 167 (alt 114.97)

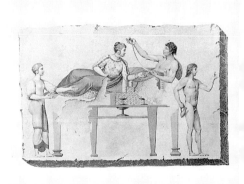

547.
Tomba del Biclinio, Gelageszene mit Paar auf einer Kline, Dienerin und Mundschenk
Blei, Feder und Pinsel in Grau.
H 28,4 cm; B 39,2 cm
Inv. HZ 10 173 (alt 114.81)

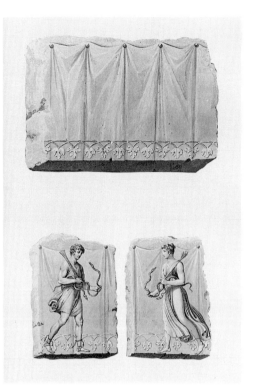

548.
Tomba della Tappezzeria, Ausschnitt mit Vorhang, darunter männlicher und weiblicher Todesdämon.
Feder und Pinsel in Schwarzgrau
H 17,8 cm; B 23,3 cm
Inv. HZ 10 175 und HZ 10 176 (alt 114.79 und 114.80)

549.
Tomba dei Ceisinie bei Corneto; Einblick in die Kammer
Lavierte Feder- und Pinselzeichnung
H 34,5 cm; B 50 cm
Inv. HZ 10 154 (alt 114/153 D 437)

550. James Byres
Hypogaei, or Sepulchral Caverns of Tarquinia, the Capital of Ancient Etruria
London, F. Howard 1842
Zeitgenössischer Halbledereinband
Folio
Rom, Deutsches Archäologisches Institut

In den sechziger Jahren des 18. Jahrhunderts beabsichtigte der englische Antikensammler James Byres, in Rom diese Sammlung von Kupferstichen zu veröffentlichen, an der auch die Künstler Christopher Norton und Franciszek Smuglewicz mitgearbeitet hatten. Das bedeutende Werk über die in jener Zeit bekannten tarquinischen Gräber erschien erst 1842 auf Betreiben von Elizabeth Caroline Hamilton-Gray.

M. Cristofani, Rom 1983, 108; *Bibliotheca Etrusca*, (Ausstellungskatalog), Rom 1985, 128 ff.

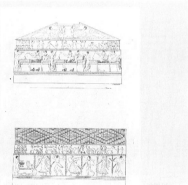

551. O. Magnus von Stackelberg, August Kestner
Unedierte Gräber von Corneto
Zeitgenössischer Halbpergamenteinband
Folio
Rom, Deutsches Archäologisches Institut

Die 48 Lithographien sind nur die Probedrucke eines von O. M. von Stackelberg, A. Kestner und F. Thürmer geplanten, aber nie vollendeten Werks über tarquinische Grabmalerei. Die Tafeln zeigen Ansichten, Schnitte und Grundrisse folgender etruskischer Gräber: Tomba delle Bighe, Tomba delle Iscrizioni, Tomba del Barone, Tomba del Mare und Tomba dei Leoni. 1828.

C. Weber-Lehmann in: *Malerei der Etrusker in Zeichnungen des 19. Jahrhunderts* (Ausstellungskatalog), Mainz 1987, 17 f.; 218 f.

552-553
Georg Friedrich Ziebland
Zeichnungen der Tomba delle Iscrizioni in Tarquinia
München, Architekturmuseum der Technischen Universität
November 1827

Ziebland, der sich als Stipendiat des Bayerischen Königs in Italien aufhielt, kopierte im November 1827 in Rom die Zeichnungen nach etruskischer Grabmalerei, die Otto Magnus von Stackelberg, August Kestner und Friedrich Thürmer im Sommer desselben Jahres in Tarquinia angefertigt hatten. Zieblands überaus sorgfältige Kopien können als vollwertiger Ersatz für die heute verschollenen Originale Stackelbergs angesehen werden.

C. Weber-Lehmann-H. Lehmann in: *Malerei der Etrusker* (Ausstellungskatalog), Mainz 1987, 19.

552.
Komastenzug
Aquarellierte Bleistiftzeichnung
H 19,2 cm, B 50 cm
Inv. 1.16

553.
Pferderennen
Aquarellierte Federzeichnung
H 19,6 cm, B 51,2 cm
Inv. 1.17

554. Ercole Ruspi
Bildnis des Vaters Carlo Ruspi
Öl auf Leinwand
H 63 cm; B 49 cm
Signiert, datiert 1862
Rom, Pontificia Insigne Accademia Artistica dei Virtuosi al Pantheon

Das Porträt zeigt Carlo Ruspi ein Jahr vor seinem Tode (1863) in der Uniform und mit dem Ritterkreuz des päpstlichen Ordens von San Gregorio Magno. Die Ehrung krönte zwischen 1836 und 1837 eine glänzende Karriere als "archäologischer Künstler", als der er sich gern bezeichnete. Carlo Ruspi war schon seit 1820 Mitglied der Congregazione dei Virtuosi.

C. Weber-Lehmann in: *Malerei der Etrusker in Zeichnungen des 19. Jahrhunderts* (Ausstellungskatalog), Mainz 1987, 220 Abb. 12.

555-558
Carlo Ruspi
Tomba del Triclinio, Tarquinia
Durchzeichnung der vier Wände
1832
Wasserfarbe auf Transparentpapier
Rom, Deutsches Archäologisches Institut

Die außergewöhnlich sorgfältigen Durchzeichnungen sind die Vorarbeiten für ein Faksimile der Tomba del Triclinio, das Ruspi im Jahre 1833 für den Vatikan anfertigte. Später hat er sie erneut verwendet bei der Herstellung der Faksimiles für Ludwig I. von Bayern und für die Campanari-Ausstellung in London.

C. Weber-Lehmann-H. Lehmann in: *Malerei der Etrusker* (Ausstellungskatalog), Mainz 1987, 22 ff., 129 ff.

555.
Eingangswand, vier Blätter
45 × 83 cm; 45 × 84 cm; 104 × 108 cm; 111 × 98 cm

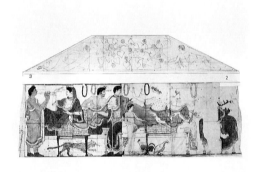

556.
Rückwand, sechs Blätter
49,5 × 111 cm; 38 × 24,5 cm;
104 × 32 cm; 104 × 74 cm; 105 × 76 cm;
106 × 108 cm

557.
Rechte Wand, vier Blätter
107 × 96 cm; 108 × 130 cm; 98 × 75 cm;
22 × 36,5 cm

558.
Linke Wand, fünf Blätter
105 × 108 cm; 104 × 75 cm; 107 × 87 cm;
107 × 76 cm; 107 × 92 cm

DIE ÜBERLIEFERUNG DER ETRUSKISCHEN GRABMALEREI

559. Gregorio Mariani
Tomba del Triclinio, Tarquinia
Faksimile der Rückwand, 1895
Leinwand
H 218 cm; B 325 cm
Kopenhagen, Ny Carlsberg Glyptotek
Inv. HIN 95 (IN 1441a)

Das Faksimile wurde 1895 von Gregorio Mariani im Auftrag von Carl Jacobsen unter der wissenschaftlichen Anleitung von Wolfgang Helbig nach dem Vatikan-Faksimile von Carlo Ruspi kopiert. Mariani hat sich in allen Details, auch in den Vorschlägen zur Ergänzung der Gelagszenen, an Ruspis Vorlage aus dem Jahre 1833 gehalten.

C. Weber-Lehmann-H. Lehmann in: *Malerei der Etrusker* (Ausstellungskat.), Mainz 1987, 29 ff.; M. Moltesen-C. Weber-Lehmann, Kopenhagen 1991, 11 f.; 64 ff.

560. Carlo Ruspi
Tomba Querciola, Tarquinia
Ansichten der vier Wände, Juni 1831
Aquarellierte Federzeichnung über Blei
H 40 cm; B 56 cm
Rom, Archiv des Deutschen Archäologischen Instituts

Das Grab wurde (zusammen mit der Tomba del Triclinio) von Ruspi nur wenige Wochen nach seiner Auffindung gezeichnet.

C. Weber-Lehmann-H. Lehmann in: *Malerei der Etrusker* (Ausstellungskatalog), Mainz 1987, 19 ff. 170 ff.

561. *Monumenti Inediti*
Monumenti inediti pubblicati dall'Instituto di Corrispondenza Archeologica, Bd. I, 1829 - 1833
Folio
Paris, Bibliothèque de l'Institut de France
In Berlin aus der Bibliothek der Antikensammlung der Staatlichen Museen zu Berlin

Das Instituto di Corrispondenza Archeologica veröffentlichte drei Zeitschriften: die *Annali* für die längeren Aufsätze, das *Bullettino* für kürzere Mitteilungen und die *Monumenti Inediti*, die aus großformatigen Kupferstichen und Lithographien bestanden. Der Band ist bei der Tafel XXXIII aufgeschlagen, wo die Malereien der Tomba Querciola aus Tarquinia wiedergegeben sind. Der Kupferstich wurde nach einem Aquarell von Carlo Ruspi (Kat. 560) angefertigt. Für die Publikation wurde die Anordnung der Wände verändert und der Grundriß hinzugefügt.

562-565
Leo von Klenze

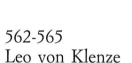

Entwürfe für die Ausstattung des Vasensaals in der Alten Pinakothek in München
München, Staatliche Graphische Sammlung
Um 1838

Bei den Entwürfen für die Ausmalung des Vasensaals stützte sich Leo von Klenze auf Faksimiles, die C. Ruspi 1835 im Auftrag Ludwigs I. von Bayern angefertigt hatte. Diese Faksimiles sind heute nicht mehr erhalten. Der im Juni 1840 eröffnete Vasensaal der Alten Pinakothek ist mit seiner Dekoration im Zweiten Weltkrieg ausgebrannt.

R. Wünsche in: *Ein griechischer Traum. Leo von Klenze der Archäologe*, 1986, 71 ff. Abb. 51 f; F.W. Hamdorf, ebenda, 332 Nr. 100 f.; C. Weber-Lehmann-H. Lehmann in: *Malerei der Etrusker in Zeichnungen des 19. Jhs.* (Ausstellungskatalog), Mainz 1987, 23 ff.

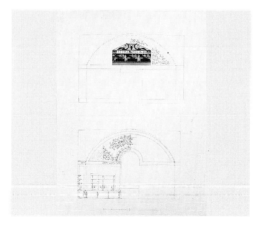

562.
Aufriß eines Joches der Längswand mit Malereien aus der Tomba delle Bighe
In Teilen aquarellierte Federzeichnung über Blei
H 39 cm, B 48,5 cm. Inv. 26463

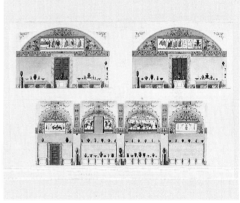

563.
Längswand des Saales und die beiden Stirnwände mit Malereien der Tomba del Triclinio, Tomba del Morto, Tomba Querciola
Aquarellierte Federzeichnung über Blei
H 40,1 cm; B 57,5 cm. Inv. 26460

DIE ÜBERLIEFERUNG DER ETRUSKISCHEN GRABMALEREI

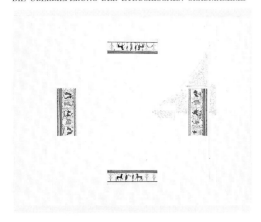

564.
Kreuzgewölbe mit Malereien aus der Tomba del Triclinio und Tomba del Barone
In Teilen aquarellierte Federzeichnung über Blei
H 51,9 cm; B 38,4 cm. Inv. 26462

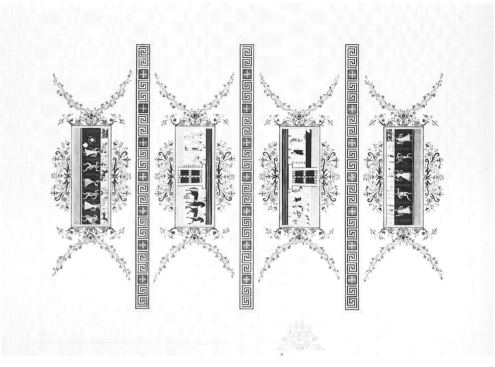

565.
Decke des großen Saals mit Malereien aus der Tomba delle Iscrizioni und Tomba delle Bighe
Aquarellierte Federzeichnung über Blei
H 39,7 cm; B 54 cm. Inv. 26459

566-567
Gottfried Semper

Zeichnungen der Tomba del Tifone, Tarquinia
Berlin, Staatliche Museen zu Berlin
Antikensammlung, Gerhard'scher Apparat

Die Blätter sind Kopien, die Eduard Gerhard nach Originalzeichnungen Gottfried Sempers wahrscheinlich von Müller für seine Sammlung von Zeichnungen nach antiken Denkmälern (sog. "Gerhard'scher Apparat") anfertigen ließ. Semper hatte das im September 1832 entdeckte Grab im April 1833 zusammen mit dem Architekten Karl Friedrich Scheppig für die Publikation in den *Monumenti Inediti* (II, 1834-38, Taf. 3.5) vermessen und gezeichnet. Gerhard diente die Zeichnung u. a. als Vorlage für eine Figur des Frieses im Etruskischen Kabinett im Alten Museum in Berlin (ausgeführt von B.W. Rosendahl; Semper übernahm einzelne Motive bei der Ausmalung des Japanischen Palais in Dresden.

M. Kunze in: *Die Welt der Etrusker* (Ausstellungskatalog), 1988, 404 f., 420; C. Weber-Lehmann-H. Lehmann in: *Malerei der Etrusker in Zeichnungen des 19. Jhs.* (Ausstellungskat.), Mainz 1987, 21.

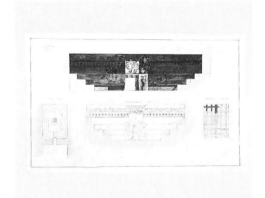

566.
Grundriß und Decke, Längs- und Querschnitt der Tomba del Tifone
Aquarellierte Federzeichnung
H 26,4 cm; B 41,8 cm
Gerhard'scher Apparat
Bd. 7,13 c

567.
Mittelpfeiler und Beamtenaufzug der rechten Wand sowie Details der Friesbemalung und Sarkophagdeckel der Tomba del Tifone
Aquarellierte Federzeichnung
H 26,4 cm; B 41,8 cm
Gerhard'scher Apparat
Bd. 7,13 d

568-581
Die Architekten der Académie de France

Als Gast der Académie de France von 1824 bis 1830 in Rom war Henri Labrouste (1801 - 1875) von lebhafter Neugier gegenüber allen Epochen und Stilrichtungen, die Italien ihm bieten konnte. Er zeichnete die etruskischen Gräber von Tarquinia, Vulci, Norchia, Castel d'Asso usw. und studierte aufmerksam die Archivolten der Tore von Perugia, Volterra oder Falerii, deren konstruktive und formale Vorzüge er später vor seinen Schülern rühmte.

Die um 1830 in der Toskana gemachten Entdeckungen boten in der Tat den Gästen der Villa Medici, denen Griechenlandreisen noch immer verwehrt waren, Gelegenheit zu neuen Antikenstudien. Verweise auf die Etrusker fehlen so auch nicht in den Werken von Vaudoyer, Goujon oder Baltar.

E. Millet, Bulletin de la Societé centrale des Architectes, 1879-1880, 25 f.; L. Banti, Studi Etruschi 35, 1967, 575 f.

568. Henri Labrouste
Porte antique à Perugia
Feder und Aquarell. Unten links: *h.L.*
H 42 cm; B 26 cm
Paris, Bibliothèque Nationale, Cabinet des Estampes
Inv. Vb 132p.

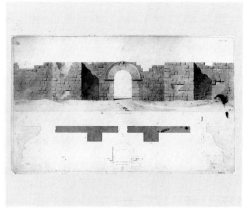

569. Henri Labrouste
Murs et porte de la ville de Faleri près Civita Castellana, 1829
Feder und Aquarell. Oben rechts: *Faleri 1829.*
Unten links: *h.L.*
H 25 cm; B 40 cm
Paris, Bibliothèque Nationale, Cabinet des Estampes
Inv. Vb 132s, Bd. XIII.

570. Henri Labrouste
Composition antique par P.F. Henri Labrouste [...] fait à Paestum, 1826:
Restauration d'une des portes de la ville
Sendung des vierten Jahres aus Rom (1828)
Feder, Aquarell und Blei
H 81 cm; B 61,5 cm
Paris, Académie d'Architecture, Inv. 1976.91

Labrouste verbindet in dieser Komposition antike Elemente aus verschiedenen italienischen Orten: Agrigent mit den Atlanten, Volterra mit dem Tor - dessen Bogen eine Archivolte aufweist, die genau der des Tores der etruskischen Zitadelle entspricht und mit drei Köpfen geschmückt ist - und schließlich die Städte Etruriens und Latiums, mit den "zyklopischen" Mauern, die die Städte umgeben und ihre Zugangsstraßen schützen.

C. de Vaulchier, *Catalogue...*, Bd. I, Paris 1987, 164 f. Nr. 255-1.

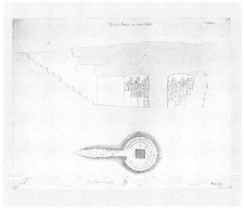

571. Henri Labrouste
Volterra, tombeau étrusque creusé dans l'albâtre
Feder und Aquarell.
Unten links: *h.L.*
H 20,5 cm; B 26 cm
Paris, Bibliothèque Nationale, Cabinet des Estampes
Inv. Vb 132q.

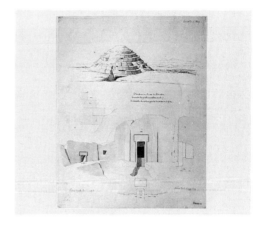

572. Henri Labrouste
Entre Monte Romano et Corneto, 1829
Feder und Aquarell.
Oben rechts: *Corneto 1829.* Unten links: *h.L.*
H 26 cm; B 20 cm
Paris, Bibliothèque Nationale, Cabinet des Estampes
Inv. Vb 132s, Bd. XIII.

DIE ÜBERLIEFERUNG DER ETRUSKISCHEN GRABMALEREI

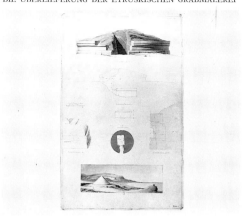

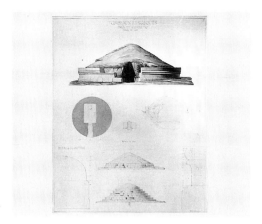

573. Henri Labrouste
Tumulus et Vue de la nécropole de Tarquinia, 1829
Blei, Feder und Aquarell.
Oben rechts: *Corneto 1829*
H 42 cm; B 26 cm
Paris, Bibliothèque Nationale, Cabinet des Estampes
Inv. Vb 132s, Bd. XIII.

574. Victor Baltard
Tombeaux étrusques près de Corneto
Feder und Aquarell.
Unten rechts: *V. Baltard*
H 49 cm; B 30 cm
Paris, Bibliothèque Nationale, Cabinet des Estampes
Inv. Vb 132s, Bd. XIII.

575. Henri Labrouste
Tombe des Biges, 1829
Feder, Blei und Aquarell.
Oben rechts: *Corneto 1829*. Unten links: *h.L.*
H 41 cm; B 26 cm
Paris, Bibliothèque Nationale, Cabinet des Estampes
Inv. Vb 132s, Bd. XIII.

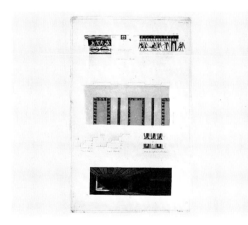

576. Henri Labrouste
Tombe des Biges, 1829
Feder, Blei und Aquarell.
Oben rechts: *Corneto 1829*. Unten links: *h.L.*
Paris, Bibliothèque Nationale, Cabinet des Estampes
Inv. Vb 132s, Bd. XIII.

577. Henri Labrouste
Tombe du Baron, 1829
Feder und Aquarell.
Oben rechts: *Corneto 1829*. Unten links: *h.L.*
H 41 cm; B 26 cm
Paris, Bibliothèque Nationale, Cabinet des Estampes
Inv. Vb 132s, Bd. XIII.

578. Henri Labrouste
Tombe du Cardinal, 1829
Feder und Aquarell.
Oben rechts: Corneto 1829.
H 42 cm; B 26 cm
Paris, Bibliothèque Nationale, Cabinet des Estampes
Inv. Vb 132s, Bd. XIII.

DIE ÜBERLIEFERUNG DER ETRUSKISCHEN GRABMALEREI

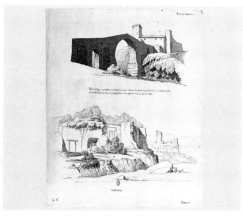

579. Victor Baltard
Tombeau étrusque près de Corneto (Tomba del Cardinale)
Feder und Aquarell.
Unten rechts: *V. Baltard*
H 49 cm; B 39 cm
Paris, Bibliothèque Nationale, Cabinet des Estampes
Inv. Vb 132s, Bd. XIII.

580. Henri Labrouste
Ponte dell'Abbadia; Castel d'Asso
Lavierte Federzeichnung. Unten links: *H.L.*
H 25,9 cm; B 20 cm
Paris, Bibliothèque Nationale, Cabinet des Estampes
Inv. Vb 132b.

581. Henri Labrouste
Norchia
Lavierte Federzeichnung. Unten links: *H.L.*
H 26 cm; B 20,5 cm
Paris, Bibliothèque Nationale, Cabinet des Estampes
Inv. Vb 132s, Bd. XIV.

Fälschungen, "Pasticci", Imitationen

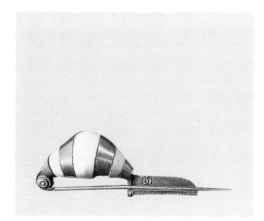

582. Sanguisugafibel
Gold und Elfenbein
L 6,3 cm; H 2 cm
Rom, Museo Nazionale di Villa Giulia
Inv. 84982, ehem. Slg. Castellani

Langer Nadelhalter; Bügel aus einer abwechselnden Folge von Elfenbein- und Goldblechscheiben, die durch eine Harzmasse miteinander verbunden sind. Monogramm der Castellani ƆC auf der Innenseite des Nadelhalters.
Eine Castellani-Imitation aus der zweiten Hälfte des 19. Jahrhunderts nach etruskischen und latialen Vorbildern aus der Eisenzeit und der orientalisierenden Phase.

Unveröffentlicht

583. Sanguisugafibel
Gold, getrieben, Granulation und Filigran
L 6,2 cm; H 2,5 cm
Rom, Museo Nazionale di Villa Giulia
Inv. 85000, ehem. Slg. Castellani

Langer Nadelhalter, der eine Ente trägt und in einem Widderkopf endet. Sowohl der Nadelhalter als auch der Bügel sind aufwendig mit floralen und geometrischen Motiven in Granulations- und Filigrantechnik geschmückt. Auf der Bügelrückseite das gewohnte Monogramm der Castellani ƆC. Arbeit der Castellani, aus der zweiten Hälfte des 19. Jahrhunderts nach etruskischen Vorbildern aus der zweiten Hälfte des 7. Jahrhunderts v. Chr.

Unveröffentlicht

584. Drachenfibel
Gold, Granulation
L 11,8 cm; H 3,3 cm
Rom, Museo Nazionale di Villa Giulia
Inv. 85004, ehem. Slg. Castellani

Reicher Dekor auf dem Bügel und dem Nadelhalter: geometrische Motive in Granulation. Auf dem Nadelhalter eine lange Inschrift in etruskischen Buchstaben. Das gewohnte Monogramm ƆC seitlich angebracht. Castellani-Reproduktion aus der zweiten Hälfte des 19. Jahrhunderts nach einer ähnlichen Fibel, ehem. Slg. Castellani, heute im Louvre (Kat. 119). Drachenfibeln mit reicher Granulation waren im etruskischen Raum im zweiten Viertel des 7. Jahrhunderts v. Chr. verbreitet.

G. Munn, London 1983, 106 Nr. 128 Abb. 128.

585. Sanguisugafibel
Gold, Granulation
L 9,7 cm; H 2,7 cm
Rom, Museo Nazionale di Villa Giulia
Inv. 85002, ehem. Slg. Castellani

Langer Nadelhalter mit geometrischen Motiven und einem granulierten durchgehenden Flechtband. Auf den Bügel sind zwei Rosetten aufgelötet, deren Blätter aus einem dünnen, zu einer Spirale gewundenen Draht gebildet sind. Auf der Rückseite des Nadelhalters das gewohnte Monogramm ƆC. Castellani-Imitation aus der zweiten Hälfte des 19. Jahrhunderts nach etruskischen Vorbildern der zweiten Hälfte des 7. Jahrhunderts v. Chr.

Unveröffentlicht
Zum Typus vgl. Sanguisugafibel aus Tuscania im Britischen Museum in London: M. Cristofani-M. Martelli (Hrsg.), Novara 1983, 282 Nr. 107 Abb. 107.

586. Sanguisugafibel
Gold
L 3,5 cm; H 1,5 cm
Rom, Museo Nazionale di Villa Giulia
Inv. 53854, ehem. Slg. Castellani
Aus Caere

Aus zwei längs gefalzten und verlöteten Goldblechen geformt. Auf den Bügelseiten zwei Rosetten aus Golddrahtspiralen. Langer Nadelhalter aus umgeschlagenem Goldblech, auf dessen Ende ein kleiner Löwe liegt.
Drittes Viertel 6. Jahrhundert v. Chr.

Unveröffentlicht
Zum Typus der Sanguisugafibel vgl. Fibel aus Veji, Grab von Pantanaccio: M.A. Rizzo in: M. Cristofani-M. Martelli (Hrsg.), Novara 1983, 287 Nr. 121.

587. Sanguisugafibel
Gold, getrieben, Granulation
L 5,5 cm
Rom, Museo Nazionale di Villa Giulia
Inv. 53851, ehem. Slg. Castellani
Aus Caere

Langer Nadelhalter, an einem Ende mit einer kleinen Ente verziert. Reiche Dekoration am Bügel.
Mitte 6. Jahrhundert v. Chr.

G. Proietti, Rom 1980, 337 Nr. 40.

588. Sanguisugafibel
Gold, getrieben und gelötet
L 3,2 cm
Rom, Museo Nazionale di Villa Giulia
Inv. 53849, ehem. Slg. Castellani
Aus Caere

Auf beiden Seiten des Bügels eine Rosette. Auf der Oberseite des Nadelhalters eingeprägte Scheibchen und an seinem Ende eine kleine Raubkatze.
Ein in der Gegend von Vulci besonders stark verbreiteter Typus.
Mitte 6. Jahrhundert v. Chr.

I. Caruso, Rom 1988, 13 Nr. 8.

589. Halskette
Gold und Bernstein
Kette: L 27,5 cm
Anhänger: H 1,4 - 2,2 cm
Rom, Museo Nazionale di Villa Giulia
Inv. 53269, ehem. Slg. Castellani
Aus Palestrina, Tomba Castellani (?)

Kette aus vierzehn trapezförmigen, oben mit einem querliegenden, durchbohrten Zylinder abschließenden Anhängern aus Bernstein, alternierend mit fünfzehn kleinen glatten Goldkugeln. Dieser Schmucktypus ist im latialen und faliskischen Raum verbreitet. Wieder zusammengesetzt in der Werkstatt Castellani in der zweiten Hälfte des 19. Jahrhunderts.
Erste Hälfte 7. Jahrhundert v. Chr.

M.A. Rizzo in: M. Cristofani-M. Martelli (Hrsg.), Novara 1983, 278 Nr. 89.

FÄLSCHUNGEN, "PASTICCI", IMITATIONEN

590. Halskette
Gold und Bernstein
Kette: L 38,2 cm
Anhänger: H 2 cm
Rom, Museo Nazionale di Villa Giulia
Inv. 84988, ehem. Slg. Castellani

Kette aus neunzehn trapezformigen, oben mit einem durchbohrten Zylinder abschließenden Anhängern, abwechselnd mit fünfunddreißig Kugeln aus Bernstein und achtzehn aus Goldblech. Imitation der Castellani aus der zweiten Hälfte des 19. Jahrhunderts, wahrscheinlich unter Verwendung antiken Materials, nach Vorbildern, die aus dem latialen und faliskischen Raum bekannt sind.

Unveröffentlicht
Vgl. Kat. 589; zum Typus der Bernsteinanhänger vgl. E. Hall Dohan, Philadelphia 1942, Nr. 558, Taf. 558 (Grab 23M in Narce).

591. Halskette
Gold und Bernstein
Kette: L 27,5 cm
Anhänger: H 2,4 cm
Rom, Museo Nazionale di Villa Giulia
Inv. 53364, ehem. Slg. Castellani

Kette aus zehn röhrenförmigen Gliedern, drei Anhängern in Form einer flachen Bulla aus Bernstein, zwischen denen abwechselnd acht Goldblechkugeln, vier Perlen mit in der Mitte umlaufenden Granuli und zwei Perlen mit Gravuren aufgezogen sind.
Wahrscheinlich in der Werkstatt Castellani aus antikem Material zusammengesetzt.
Erste Hälfte 7. Jahrhundert v. Chr.

Unveröffentlicht

592. Halskette
Gold und Bernstein
Kette: L 25 cm
Anhänger: Höhe 3,2 cm
Rom, Museo Nazionale di Villa Giulia
Inv. 84986, ehem. Slg. Castellani

Kette aus einer Folge von acht zylindrischen Gliedern, drei Bulla-förmigen Anhängern aus Bernstein, vier röhrenförmigen Gliedern und sechs abgeflachten Kugeln aus Goldblech.
Imitation der Castellani aus der zweiten Hälfte des 19. Jahrhunderts nach Vorbildern der orientalisierenden Phase. Als Vorlage vgl. die Halskette Kat. 591, ebenfalls Slg. Castellani.

Unveröffentlicht

593. Ring mit Skarabäus
Gold, Karneol, Granulation
Dm des Rings max. 2,5 cm
Dm des Karneols 0,6 bis 1 cm
Rom, Museo Nazionale di Villa Giulia
Inv. 54574, ehem. Slg. Castellani
Angeblich aus Caere

Ring mit Drehbügelfassung; aus einem hohlen Reif und einem Karneol-Skarabäus bestehend, der auf der Flachseite einen äsenden Hirsch im A-globulo-Stil zeigt. Die Fassung ist auf beiden Seiten symmetrisch mit einem floralen Motiv verziert. Antiker Karneol (zweite Hälfte 5. - Anfang 4. Jahrhundert v. Chr.); die übrigen Teile des Gegenstandes sind nach Untersuchungen unter dem Mikroskop eine Castellani-Fälschung aus dem 19. Jahrhundert.

Unveröffentlicht

594. Ring mit Skarabäus
Gold, Karneol, Granulation und Filigran
Dm des Rings 2,2 cm
Dm der ovalen Fassung 1 - 2,1 cm
Rom, Museo Nazionale di Villa Giulia
Inv. 85033, ehem. Slg. Castellani

Drehbügel aus einem hohlen Reif; offene Kastenfassung mit antikem Karneol. Der Skarabäus wird von einer mit Dreiecksmotiven in Filigran- und Granulationstechnik verzierten Fassung gehalten. Auf der flachen Seite des Karneols ist eine männliche Figur eingraviert. Imitation der Castellani aus der zweiten Hälfte des 19. Jahrhunderts unter Verwendung eines antiken Karneols, vielleicht aus dem 6. - 5. Jahrhundert v. Chr.

Unveröffentlicht

595. Kollier
Gold und Karneol
L 39,5 cm
Paris, Musée du Louvre, Inv. Bj 521-544, ehem. Slg. Campana - Angeblich aus Vulci

Das Kollier ist zusammengesetzt aus dreiundzwanzig Karneol-Skarabäen, meist im A-globolo-Stil, in goldgefaßten Anhängern alternierend mit vierundzwanzig reich verzierten goldenen Hohlperlen und zwei Delphinen aus Goldblech mit Haken und Öse. Pasticcio. Skarabäen: 5.-3. Jh. v.Chr.; Goldperlen: 6. Jh. v.Chr.; Schließen: Tarent, Anfang 2. Jh. v.Chr.; Fassungen der Skarabäen Bj 540, 537, 522: Anfang 5. Jh. v.Chr.; die übrigen Fassungen und Montage des Kolliers: Werkstatt Castellani, 1859.

A. de Ridder, 1924, Nr. 521-544 Taf. X; G. Platz-Horster - H.-U. Tietz, Etruskische Skarabäen-Kolliers? in: Jahrbuch der Berliner Museen 35, 1993 (im Druck).

477

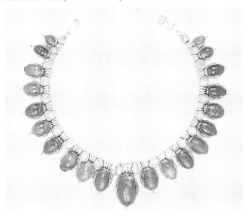  

596. Kollier
Gold und Karneol
L 28,5 cm
London, British Museum, Inv. GR 1872.6-4.649
1872 von Alessandro Castellani erworben; ehem. Slg. Lucien Bonaparte, Fürst von Canino

Das Kollier ist zusammengesetzt aus einundzwanzig Karneol-Skarabäen im A-globolo-Stil mit Goldfassungen und zweiundzwanzig reich verzierten goldenen Hohlperlen. Pasticcio. Skarabäen: 4.-3. Jh. v.Chr.; verzierte Hohlperlen: 6. Jh. v.Chr.; Acheloos-Schließen: 1. Hälfte 5. Jh. v.Chr.; Fassungen der Skarabäen und Montage des Kolliers: Werkstatt Castellani, um 1870.

F.H. Marshall, 1911-1969, Nr. 2273; P. Zazoff, 1968, passim; M. Jones (Hrsg.), 1990, Nr. 172; G. Bordenache Battaglia in: *DBI* 21, 1978, 590-605 s.v. *Castellani*; G. Platz-Horster -H.-U. Tietz, Etruskische Skarabäen-Kolliers?, in: Jahrbuch der Berliner Museen 35, 1993 (im Druck).

597. Kollier
Gold und Karneol, Granulation und Filigran
Kollier: L 43 cm
Anhänger: H 2,8 cm
Rom, Museo Nazionale di Villa Giulia
Inv. 85029, ehem. Slg. Castellani

Das Kollier besteht aus vierundzwanzig Goldblechkugeln mit Granulation und fünfundzwanzig Skarabäen aus Karneol. Diese werden von offenen Kastenfassungen gehalten und sind mit breiten, floral verzierten Ösen aufgehängt. Das übliche Monogramm auf der Rückseite fehlt.
Arbeit der Castellani aus der zweiten Hälfte des 19. Jahrhunderts unter Verwendung antiker Skarabäen.

Unveröffentlicht

598. Armreif
Gold und Karneol
Max. Dm 6,5 cm; H 2,6 cm
Rom, Museo Nazionale di Villa Giulia
Inv. 85030, ehem. Slg. Castellani

Armreif aus vier goldenen Halbrundstäben, die auf der Ansichtsseite gerippt und miteinander durch Scharniere beweglich verbunden sind.
Auf der Mitte eines jeden Halbkreisbügels ist in einer gerippten Rahmung ein wahrscheinlich antiker Karneol-Skarabäus durchbrochen gefaßt - insgesamt vier Skarabäen im A-globolo-Stil. Auf der Innenseite des Armreifs das gewohnte Castellani-Monogramm ƆC.
Freie Castellani-Schöpfung aus der zweiten Hälfte des 19. Jahrhunderts.

Unveröffentlicht

 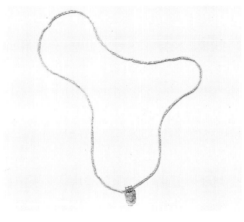 

599. Halskette
Gold, getrieben, Filigran und Granulation
Kette: L 36,3 cm
Anhänger: H 4 cm
Paris, Musée du Louvre, Département des Antiquités grecques, étrusques et romaines
Inv. Cp 198 (gebr. Nr. Bj 498), ehem. Slg. Campana
Herkunft unbekannt

An der Fuchsschwanzkette hängt ein Kopf des Flußgottes Acheloos in feiner Treibarbeit, dessen Haare zu Filigranspiralen stilisiert sind. Sein Bart und ein Teil der Haare sind in sehr feiner Granulation wiedergegeben. Dieses etruskische Schmuckstück - das berühmteste der Sammlung Campana - regte die Goldschmiede des 19. Jahrhunderts zu einer Reihe von Imitationen an.
Um 480 v. Chr.

M. Cristofani, Novara 1983, 295 Nr. 163 Abb. S. 179; G.C. Munn, Freiburg 1984, 76 Nr. 83.

600. Halskette
Gold und Bein, getrieben
Kette: L 94 cm
Anhänger: H 3,6 cm; B 2,1 cm
Rom, Museo Nazionale di Villa Giulia
Inv. 53600, ehem. Slg. Castellani

Kette aus Doppelröhrchen; Anhänger mit Acheloos-Maske aus Bein, an einer breiten Öse aufgehängt. Wahrscheinlich eine Rekonstruktion der Castellani unter Verwendung antiker Elemente; der Acheloos-Anhänger stammt vom Ende des 5. Jahrhunderts v. Chr.

Unveröffentlicht
Zur Acheloos-Maske vgl. Anhänger aus Palestrina: M.A. Rizzo in: M. Cristofani-M. Martelli (Hrsg.), Novara 1983, 295 Nr. 164.

601. Halskette
Gold, Guß nach verlorenem Wachsmodell, Granulation und Filigran
Kette: L 30,7 cm
Anhänger: H 3,5 × 4,2 cm
Rom, Museo Nazionale di Villa Giulia
Inv. 85057, ehem. Slg. Castellani

Fuchsschwanzkette, Anhänger mit Acheloos-Maske, gegossen. Details in Granulations- und Filigrantechnik. Auf der Rückseite der Maske das Castellani-Monogramm ƆC. Castellani-Reproduktion aus der zweiten Hälfte des 19. Jahrhunderts nach Vorbildern, die in Etrurien verbreitet waren. Ähnlich wie Kat. 599.

Unveröffentlicht

FÄLSCHUNGEN, "PASTICCI", IMITATIONEN

602. Halskette
Gold, Guß in verlorener Form, Filigran und Treibarbeit
Kette: L 40,5 cm
Anhänger: H 3,3 cm; B 2,3 cm
Rom, Museo Nazionale di Villa Giulia
Inv. 85055, ehem. Slg. Castellani

Schlauchförmige Fuchsschwanzkette, aus sehr feinen Maschen, mit je einem Paar kleiner Goldblechzylinder an ihren Enden. Anhänger als Acheloos-Maske im spätarchaischen Typus, in verlorener Form gegossen.
Imitation der Castellani aus der zweiten Hälfte des 19. Jahrhunderts nach einem Vorbild, das in Etrurien besonders stark verbreitet war. Auf der Rückseite des Anhängers das Castellani-Monogramm ƆC.

Unveröffentlicht

603-604. Zwei Nadeln
Gold, Granulation
H 6 - 6,5 cm
Rom, Museo Nazionale di Villa Giulia
Inv. 85042 und 85043, ehem. Slg. Castellani

Langer Dorn mit pinienförmigem Ende, dessen Dekor dem Anschein nach in Staubgranulation gefertigt ist, tatsächlich aber durch das Aufbringen kleinster reliefierter Kreise erzielt wurde. Castellani-Monogramm ƆC auf der Basis der Pinie.
In der Werkstatt Castellani in der zweiten Hälfte des 19. Jahrhunderts nach etruskischen Vorbildern aus dem zweiten Viertel des 7. Jahrhunderts v. Chr. geschaffen.

Unveröffentlicht

605. Ohrring
Goldblech, getrieben, Filigran
H 2,8 cm; B 1,2 cm
Rom, Museo Nazionale di Villa Giulia
Inv. 53686, ehem. Slg. Castellani
Aus Tuscania

Konkave Goldblechscheibe, in die eine mit Filigrandraht gerahmte, plastische Rosette eingesetzt ist. An der Scheibe ist eine kleine Amphora aufgehängt.
Ein während des gesamten Hellenismus sowohl in Etrurien als auch in Süditalien verbreiteter Typus.
Ende 3. - Anfang 2. Jahrhundert v. Chr.

Unveröffentlicht
Zum Typus vgl. M.A. Rizzo in: M. Cristofani-M. Martelli (Hrsg.), Novara 1983, 67. 313 Nr. 250; Gli ori di Taranto (Ausstellungskatalog), Mailand 1984, 166 Typus II C.

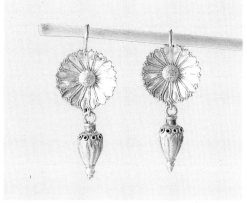

606. Ohrringe
Gold, Granulation
H 3,4 cm; B 1,2 cm
Rom, Museo Nazionale di Villa Giulia
Inv. 85044 a und b, ehem. Slg. Castellani

Konkave Scheibe mit gekerbtem Rand, in die eine plastische granulierte Rosette eingesetzt ist. Von der Scheibe hängt eine kleine Amphora mit hoch ragenden Henkeln herab. Sie ist mit zwei umlaufende Rhombenbänder aussparender Granulation bedeckt. Auf der Scheibenrückseite das gewohnte Castellani-Monogramm ƆC.
Imitation der Castellani aus der zweiten Hälfte des 19. Jahrhunderts nach etruskischen und tarentinischen Vorbildern des 3. - 2. Jahrhunderts v. Chr.

Unveröffentlicht

607. Ohrringe
Gold, Staubgranulation
H 3,2 cm; B 1,2 cm
Rom, Museo Nazionale di Villa Giulia
Inv. 85068, ehem. Slg. Castellani

Konkave Scheibe in Form einer Rosette: Blütenblätter mit Kordeldrahtrahmung und Blütenmitte in Staubgranulation. Anhänger in Form einer kleinen Amphora in Filigrandekor auf der Schulter. Auf der Rückseite das gewohnte Monogramm ƆC. Imitation der Castellani aus der zweiten Hälfte des 19. Jahrhunderts nach hellenistischen Exemplaren, die in Etrurien und Süditalien verbreitet waren.

Unveröffentlicht
Zum Typus vgl. M.A. Rizzo in: M. Cristofani-M. Martelli (Hrsg.), Novara 1983, 67. 313 Nr. 250; Gli ori di Taranto (Ausstellungskatalog), Mailand 1984, 166 Typus II C.

608. Kollier
Gold und Granat
Kollier: L 43 cm
Anhänger: H 2,8 cm
Rom, Museo Nazionale di Villa Giulia
Inv. 85020, ehem. Slg. Castellani

Kollier aus glatten Goldblechkugeln und einundzwanzig Anhängern, die auf eine Fuchsschwanzkette aus kräftigen Maschen aufgeschoben sind. Die Anhänger in Form kleiner stilisierter Amphoren mit hochragenden Henkeln enthalten jeweils in einer durchbrochenen Fassung eine tropfenförmige Gemme aus rotviolettem Granat mit Eroten in verschiedenen Posen.
Auf der Rückseite fehlt das gewohnte Castellani-Monogramm.
Freie Schöpfung der Castellani.

Unveröffentlicht

Die Etrusker als Thema in der europäischen Literatur

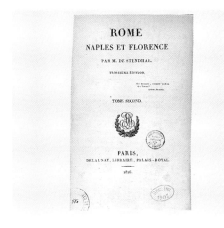

609. Stendhal
Rome, Naples et Florence, Paris 1826
2 Bde. 8°
Ausgestellt: Bd. 1, Titelblatt; Bd. 2, S. 135, *Volterra*
Paris, Bibliothèque Centrale des Musées de France
In Berlin aus der Staatsbibliothek zu Berlin

1820 erlebte Stendhal in Volterra seine erste "richtige" Begegnung mit Etrurien und widmete in dieser Ausgabe seines Werkes *Rome, Naples et Florence* der Stadt einige Zeilen. Mit typisch romantischer Leidenschaft entrüstet sich Stendhal über die Römer, die in diese ihnen an Reichtum und Lebenskunst so überlegenen Republiken Etruriens mit nichts anderem als grausamer Entschlossenheit einbrachen.

J. Heurgon in: Comptes-Rendus de l'Académie des Inscriptions et Belles-Lettres, 1973, 591-600; Stendhal (V. del Litto, Hrsg.), Paris 1973, 494, 1746.

610. Aldous Huxley
Those Barren Leaves, London-Paris, The Albatros, 1947
8°
Rom, Slg. Massimo Pallottino

Diesen in London 1925 erschienenen Roman begann Aldous Huxley (1894 - 1963) während eines Aufenthalts in der Toskana im Jahr 1924, der sicherlich sein Interesse für die Welt der Etrusker weckte.

S. Bedford, London 1987.

611. Aldous Huxley
Point Counter Point, London, Chatto and Windus, 1954
8°
Rom, Slg. Massimo Pallottino

Der in London 1928 veröffentlichte Roman ist von Huxleys langen Italienaufenthalten (vor allem in der Toskana), aber auch von der Freundschaft zu D.H. Lawrence geprägt, jenem anderen britischen Schriftsteller, der ebenfalls von der Suggestionskraft des etruskischen "Mythos" angezogen war.

S. Bedford, London 1987.

612. David Herbert Lawrence
Etruscan Places, London, Martin Secker 1933
8°
Berlin, Staatsbibliothek zu Berlin

Das 1932 postum erschienene Werk nimmt Aufzeichnungen von einer Reise in Etrurien auf, die Lawrence (1885 - 1930) für eine umfangreiche Arbeit über die Etrusker und ihre Zivilisation zu verwenden beabsichtigte. Sein Etrurien ist nicht das der Archäologen und der Historiker, sondern mit der Sensibilität und dem Blick des Ästheten und Literaten wahrgenommen im Bestreben, das "Geheimnis" der Etrusker, ihre freie und freudige Lebensauffassung zu begreifen.

M. Pallottino, Quaderni dell'Associazione Culturale Italiana, 24, 1957, 5-22.

613. Gabriele D'Annunzio
Forse che sì forse che no, Mailand 1910
(Treves Editore)
8°
Rom, Biblioteca Nazionale Centrale

Dieser zu den bedeutenderen Werken von D'Annunzio (1863 - 1938) zählende Roman setzt die schroffe Landschaft um Volterra und ihre etruskischen Überreste nicht nur als bloßen Handlungsrahmen, sondern als vorherrschendes Motiv ein.

614. Giosuè Carducci

Giambi ed Epodi e Rime Nuove, Bologna 1935
(Bd. 3 der Edizione Nazionale delle opere di G. C., Zanichelli Ed.)
8°
Bologna, Biblioteca Comunale dell'Archiginnasio

Aufgeschlagen sind die Verse 79 ff. der Dichtung "Ripresa. Avanti! Avanti!" (*Giambi ed Epodi*, XV), in denen die Beschwörung des am Meer gelegenen Nordetrurien ein dominierendes poetisches Motiv darstellt. Die erste Ausgabe von *Giambi ed Epodi* erschien 1867 bis 1879, die von *Rime Nuove* 1861 bis 1887.

615. Giosuè Carducci

"Fuori alla Certosa di Bologna" (*Odi Barbare*, XII)
Druckfahnen mit Autorenkorrekturen, 5 Blätter
H 15,5 cm; B 10 cm
Bologna, Biblioteca Comunale dell'Archiginnasio, Manoscritti Carducci, cart. II, poesie, Nr. 99, Bl. 71-76

Diese Dichtung gehört zu den bekanntesten von Carducci (1835 - 1907) und stellt gewissermaßen eine poetische Umsetzung der historischen Theorien des Archäologen Edoardo Brizio dar.
Die Odi Barbare wurden zwischen 1887 und 1889 veröffentlicht.

616. Giosuè Carducci

Scritti di storia e di erudizione, Bologna 1937
(Bd. 21 der Edizione Nazionale delle opere di G. C., Zanichelli Ed.)
8°
Bologna, Biblioteca Comunale dell'Archiginnasio

Als langjähriger Sekretär der "Deputazione di Storia Patria per le Province di Romagna" verfaßte Carducci die im hier gezeigten Band veröffentlichten Protokolle der verschiedenen Tagungen. Auf den Seiten 80 und 81 ("Protokoll der Versammlung in Reggio Emilia" vom 26.5.1869) berichtet der Autor über die Forschungen Giovanni Gozzadinis in Villanova und Marzabotto und färbt seinen Text mit poetischen Bemerkungen, positivistischen Aussagen und einer leidenschaftlich antiklerikalen Haltung.

617. Vincenzo Cardarelli

Opere complete (G. Raimondi, Hrsg.), Verona 1962
("I classici contemporanei italiani", Mondadori Ed.)
8°
Rom, Slg. Massimo Pallottino

Sowohl in der Prosa als auch im dichterischen Werk von Cardarelli (1887 - 1959) finden sich zahlreiche Erwähnungen seiner Geburtsstadt Tarquinia. Gezeigt wird hier seine Dichtung "Nostalgia", in seiner Gedichtsammlung *Poesie* (1942), bei Mondadori erschienen, wo es im ersten Vers heißt: "Hoch auf dem Felsen / von den Winden gepeitscht / grünt ein Friedhof: / eine christliche Oase im etruskischen Tartaros. / Dort unten liegt das Mädchen, / die Schöne aus dem Hause der Velcha, / die weiterlebt in der Tomba dell'Orco. [...]".

DIE ETRUSKER ALS THEMA IN DER EUROPÄISCHEN LITERATUR

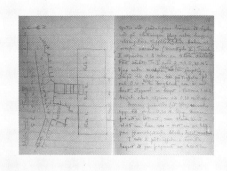 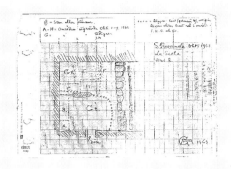

618. Grabungstagebuch von König Gustav VI. Adolf von Schweden
H 15,5 cm; B 11 cm
Rom, Schwedisches Institut für Klassische Studien

Das Grabungstagebuch mit Notizen und Zeichnungen von König Gustav VI. Adolf von Schweden bezieht sich auf die im Oktober 1961 vom Schwedischen Institut für Klassische Studien in Rom durchgeführte Grabungskampagne auf der Akropolis von San Giovenale (Viterbo). Auf den aufgeschlagenen Seiten sieht man die Zeichnung eines Sondierschnitts mit den zugehörigen Kommentaren.

619. Grabungskoffer
Holz mit Metallbeschlägen; innen ein herausnehmbarer Einsatz mit Fächereinteilung
H 14,5 cm; B 47 cm; T 22 cm
Rom, Schwedisches Institut für Klassische Studien

Der Koffer enthält die persönliche Werkzeugausrüstung von König Gustav VI. Adolf von Schweden, die er bei seiner regelmäßigen Teilnahme an den in San Giovenale (Viterbo) vom Schwedischen Institut für Klassische Studien in Rom durchgeführten Grabungskampagnen benutzte: Wasserwaage, Zollstock, Nägel, Schnur, Kelle, verschiedene Pinsel, Kreide, Kärtchen, Tüten für kleinere Funde, Bleistifte, Notizhefte, Millimeterpapier usw.

620. König Gustav VI. Adolf von Schweden
Fotografie
Rom, Schwedisches Institut für Klassische Studien

In den sechziger Jahren beteiligte sich Gustav VI. Adolf von Schweden regelmäßig an den in Etrurien vom Schwedischen Institut für Klassische Studien in Rom durchgeführten Grabungskampagnen. In der Aufnahme von 1969 zeigt der König eine Verkleidungsplatte von einem archaischen Gebäude in Acquarossa (Zone F) bei Viterbo.

ZEITTAFEL
ALLGEMEINE BIBLIOGRAPHIE
NAMENSINDEX
MUSEUMSINDEX

Zeittafel

10. Jh. v. Chr.	Ende der Bronzezeit in Italien und Herausbildung erster "regionaler" Kulturunterschiede der späteren ethnischen Gruppen.
9. - 8. Jh. v. Chr.	Villanova-Kultur. Entstehung des etruskischen Volkes abgeschlossen. Etruskische Gruppen in der Gegend von Salerno und in der Emilia Romagna. Erste Exporte etruskischer Produkte jenseits der Alpen.
Um 814 v. Chr.	Gründung Karthagos durch die Phönizier.
Um 775 v. Chr.	Gründung der Handelsniederlassung Pithekussa durch Siedler aus Euböa.
753 v. Chr.	Gründung Roms.
Um 750 v. Chr.	Gründung der Kolonie Cumae durch Siedler aus Euböa.
2. Hälfte 8. Jh. v. Chr.	Raubzüge etruskischer Piraten an der Ostküste Siziliens. Ankunft euböischer Vasen und Handwerker in Etrurien.
Ende 8. - Anf. 6. Jh. v. Chr.	Orientalisierende Phase.
Ende 8. - Anf. 7. Jh. v. Chr.	Erste Belege des euböischen Alphabets in Etrurien.
Um 660 v. Chr.	Ankunft des griechischen Töpfers Aristonothos in Caere.
Um 657 v. Chr.	Ankunft des Demaratos aus Korinth mit einem Gefolge von Künstlern in Tarquinia.
Letztes Viertel 7. Jh. v. Chr.	Beginn der Ausfuhr von Wein aus Etrurien in Küstengebiete des westlichen Mittelmeerraums (Südfrankreich, Katalonien, die iberische Mittelmeerküste, die Gegend um die Meerenge von Gibraltar, Sardinien).
Um 615 v. Chr.	Anfänge der etruskischen Dynastie in Rom (L. Tarquinius Priscus).
Um 600 v. Chr.	Gründung der Kolonie Massalia (Marseille) durch die Phokäer. Erstes keltisches Eindringen in Norditalien.
Anf. 6. - Anf. 5. Jh. v. Chr.	Archaische Zeit.
1. Hälfte 6. Jh. v. Chr.	Fürstenpaläste von Murlo und Acquarossa. Etruskische Tempel der Phase I. Gründung des Heiligtums von Gravisca.
578-534 v. Chr.	Herrschaft des Servius Tullius, "demokratische" Reformen.
Um 565 v. Chr.	Gründung der phokäischen Kolonie Alalia (Korsika).
2. Hälfte 6. Jh. v. Chr.	Etruskische Tempel der Phase II. Gründung des Heiligtums von Pyrgi. Etruskische Expansion in der Poebene und in Kampanien. Beginn der Ausfuhr von Wein auf dem Landweg

	aus Etrurien in den keltischen Raum.
546 v. Chr.	Unterwerfung Kleinasiens durch die Perser und Auswanderung ionischer Meister nach Etrurien.
Um 540 v. Chr.	Seeschlacht bei Alalia (auch "Seeschlacht von Sardinien" genannt)
534-509 v. Chr.	Tyrannische Herrschaft des Tarquinius Superbus in Rom.
525 v. Chr.	Sieg des Aristodemos von Cumae über die Etrusker.
509 v. Chr.	Fall der (etruskischen) Monarchie in Rom und Errichtung der Republik. König Lars Porsenna von Chiusi in Rom. Weihung des Tempels des Kapitolinischen Juppiter in Rom, an dem der Bildhauer Vulca aus Veji mitgearbeitet hatte.
504 v. Chr.	Sieg des Aristodemos von Cumae und der Latiner über Arruns Porsenna in Ariccia.
1. Viertel 5. Jh. v. Chr.	(Gescheiterte) Versuche der Etrusker, sich auf Lipari anzusiedeln.
Anf. 5. - 4. Jh. v. Chr.	Klassische Zeit.
480 v. Chr.	Sieg der Syrakusaner über die Karthager bei Himera.
477 v. Chr.	Krieg zwischen Rom und Veji und Vernichtung der Fabier an der Cremera.
474 v. Chr.	Sieg der Syrakusaner über die Etrusker bei Cumae und Weihgeschenk aus der Kriegsbeute an Zeus in Olympia durch Hieron von Syrakus.
Um 453 v. Chr.	Siegreiche Einfälle der Syrakusaner in das Bergbaugebiet Nordetruriens: Krise der südetruskischen Küstenstädte Caere, Tarquinia und Vulci; in Nordetrurien Erstarken von Populonia aufgrund seiner Lage in einem Bergbaugebiet.
2. Hälfte 5. - 4. Jh. v. Chr.	Den von Landwirtschaft geprägten Städten des Binnenlands entlang des Tibertals, Veji, Falerii, Volsinii, Chiusi, Perugia und Arezzo, kommt im Prozeß der Rezeption und Assimilation der griechischen bildenden Kunst die Hauptrolle zu.
428 v. Chr.	Krieg zwischen Rom und Veji, Tod des Königs von Veji L. Tolumnius in der Schlacht.
426 v. Chr.	Eroberung von Fidenae durch Rom und Waffenstillstand zwischen Rom und Veji.
414 - 413 v. Chr.	Beteiligung von Etruskern (Tarquiniern unter Führung von Velthur Spurinna?) am (gescheiterten) Feldzug der Athener gegen Syrakus.
405 - 396 v. Chr.	Krieg zwischen Rom und Veji: Veji wird erobert und zerstört, sein Territorium dem von Rom angegliedert und an die römische Plebs verteilt.

ZEITTAFEL

Anf. 4. Jh. v. Chr.	Arruns von Chiusi fordert keltische Stämme auf, nach Etrurien zu ziehen. Die Kelten fallen in Mittelitalien ein.
396 v. Chr.	Eroberung und Zerstörung Vejis durch den römischen Feldherrn Camillus.
384 v. Chr.	Plünderung des Heiligtums von Pyrgi durch die Syrakusaner.
373 v. Chr.	Kolonien latininischen Rechts in Sutri und Nepi.
358–351 v. Chr.	Krieg zwischen Rom und Tarquinia und vierzigjähriger Friedensvertrag zwischen den beiden Städten.
2. Hälfte 4. Jh. v. Chr.	In den Küstenstädten Südetruriens Durchsetzung einer Landaristokratie, deren Aktivitäten sich auf das Binnenland richten; große ausgemalte Gräber in Vulci und Tarquinia, mit Stuck dekorierte in Caere.
338 v. Chr.	Auflösung des latinischen Bundes durch Rom.
302 v. Chr.	Bei internen Kämpfen in Arezzo Intervention Roms zugunsten der aristokratischen Partei.
Ende 4. - 2. Jh. v. Chr.	Hellenistische Zeit. Etrusker und Italiker im römischen Berufsheer. Bau der Konsularstraßen durch Etrurien: Via Aurelia, Clodia, Cassia, Amerina, Flaminia.
295 v. Chr.	Sieg Roms über die verbündeten Etrusker und Gallier bei Sentino.
292 v. Chr.	Sieg Roms über Roselle.
280 v. Chr.	Triumph Roms über Vulci und Volsinii.
273 v. Chr.	Gründung der Kolonie latinischen Rechts Cosa.
264 v. Chr.	Bei internen Kämpfen in Volsinii (Orvieto) Intervention Roms zugunsten der aristokratischen Partei, Zerstörung der Stadt und Umsiedlung ihrer Bewohner in die Ebene nach Volsinii Novi (Bolsena). Gründung der Kolonie römischen Rechts Castrum Novum.
247 v. Chr.	Gründung der Kolonie römischen Rechts Alsium.
245 v. Chr.	Gründung der Kolonie römischen Rechts Fregenae.
241 v. Chr.	Sieg Roms über Falerii (Civita Castellana), Zerstörung der Stadt und Umsiedlung ihrer Bewohner in die Ebene in Falerii Novi (S. Maria di Falleri).
225 v. Chr.	Sieg Roms über die Gallier bei Telamon.
205 v. Chr.	Caere, Populonia, Tarquinia, Volterra, Arezzo, Perugia, Chiusi und Roselle unterstützen mit ihren Erzeugnissen den siegreichen Feldzug des P. Cornelius Scipio gegen Hannibal (202 Schlacht von Zama).
1. Jh. v. Chr.	Lateinische Übersetzungen der etruskischen Bücher über die *disciplina* (verloren).
90 - 88 v. Chr.	Bürgerkrieg und Verleihung des römischen Bürgerrechts an die Italiker südlich des Po. Untergang der "regionalen" Kulturen des antiken Italien. Durchsetzung des Lateinischen als offizieller Sprache in Italien.
83 - 82 v. Chr.	Kampagnen Sullas gegen die Etrusker.
49 - 42 v. Chr.	Verleihung des römischen Bürgerrechts an die Völker Norditaliens.
41 - 40 v. Chr.	Krieg zwischen Rom und Perugia und Vernichtung der etruskischen Traditionen.
27 v. Chr.	Aufteilung Italiens in Regionen durch Augustus. Etrurien ist die *Regio VII*.
Ende 1. Jh. v. Chr. - Anf. 1. Jh. n. Chr.	Verrius Flaccus, *Rerum Etruscarum libri* (verloren).
41 - 54 n. Chr.	Herrschaft des Kaisers Claudius: Politik zugunsten einer Wiederbelebung der etruskischen Traditionen. Ti. Claudius, *Thyrrhenika* (verloren).
2. - 3. Jh. n. Chr.	Römische Sarkophage mit gelagerten Figuren im Rückgriff auf etruskische Typen.
2. - 6. Jh. n. Chr.	Epigraphische und historiographische Zeugnisse für das Weiterexistieren etruskischer Haruspices.
15. Jh.	"Antiquarische" Sammlungen von Künstlern, Gelehrten, Fürsten und Patriziern. In der Toskana finden sich in den Sammlungen auch etruskische Stücke, insbesondere Bronzestatuetten. In Florenz und Viterbo Ausarbeitung eines etruskischen "Mythos" durch die damaligen Gelehrten, der sich unter Einbeziehung der zeitgenössischen politischen Situation auf die antiken Autoren und auf Auslegungen biblischer Texte gründete. Im republikanischen Florenz der ersten Jahrhunderthälfte kreist er um die Vorstellung freier etruskischer Städte, im Florenz der Medici in der zweiten Jahrhunderthälfte um den etruskischen König Porsenna.
1446 - 1452	L.B. Alberti, *De re aedificatoria*.
1451 - 1456	A. Averlino (gen. Filarete), *Trattato di architettura*.
Letzte Jahrzehnte 15. - Mitte 16. Jh.	Renaissance-Sarkophage mit halbaufgerichtet liegenden Figuren auf dem Deckel (Siguenza, Kathedrale; Rom, S. Maria del Popolo; Paris, Louvre; Florenz, SS. Annunziata), die an etruskische Typen erinnern.
1498	Annio da Viterbo, *Antiquitatum variarum volumina XII*.
1507	Entdeckung des Tumulus von Castellina in Chianti, der vielleicht die Vorlage für die Leonardo da Vinci zugeschriebene Zeichnung eines Mausoleums darstellte.
1520 - 1540	Zeichnungen von Antonio da Sangallo d. J. mit einer Rekonstruktion des Labyrinths von Chiusi, dem Plan der Stadt Tarquinia, der Porta Marzia in und etruskischen Inschriften aus Perugia.
1537 - 1574	Herrschaft von Cosimo I. de' Medici: Förderung der Forschungen über die Etrusker im Dienste seiner Außenpolitik.
1540	In Florenz Gründung der *Accademia degli Umidi*, von Cosimo I. *Accademia Fiorentina* genannt, wo die Gelehrten der Zeit über die Etrusker disputieren.
1550	L. Alberti, *Descrittione di tutta Italia*.
1551	S. Serlio, *I primi cinque libri dell'architettura*. G. Postel, *De Etruriae regionis... originibus institutis religione et moribus*.
1553	Entdeckung der Chimäre von Arezzo.
1566	Entdeckung der Statue des Arringatore, die anfänglich für eine Statue des Scipio Africanus gehalten wurde.
1569	Cosimo I. wird Großherzog von Toskana und nimmt den Titel eines *Magnus Dux Etruriae* an.
1596	L. Pindemonte, *Breve compendio di tutte le Historie Toschane*.
1. Hälfte 17. Jh.	Gründung des Museo Cartaceo Dal Pozzo und des Museo Kircheriano, die auch etruskische Stücke besitzen, überwiegend Spiegel und Urnen.
1616 - 1619	Th. Dempster, *De Etruria regali* (Abfassung des Texts).
1638	F. Ciatti, *Delle memorie... di Perugia*.
1699	In Tarquinia Entdeckung der Tomba Tartaglia, des ersten Grabes mit Wandmalereien, die reproduziert werden.

1719 – 1724	B. de Montfaucon, *L'antiquité expliquée... en figures.*
1723 – 1726	Veröffentlichung von *De Etruria regali* von Th. Dempster durch F. Buonarroti mit einem Anhang *Conjecturae et explicationes* sowie einem Abbildungsteil von 93 Tafeln außerhalb des Texts.
1726	Gründung der *Accademia Etrusca* in Cortona.
1728 – 1735	L. Bourguet, Essays über die (als etruskisch angesehenen) Bronzetafeln von Gubbio in der Genfer "Bibliothèque Italique".
1735	Gründung der *Società Colombaria* in Florenz.
1737 – 1743	A.F. Gori, *Museum Etruscum.*
1739	S. Maffei, *Della nazione etrusca e degli Itali primitivi.*
1750	A.F. Gori, - Rom. Venuti - Rid. Venuti, *Museum Cortonense.*
1752 – 1765	A.C.Ph. de Caylus, *Recueil d'antiquités égyptiennes, étrusques, grecques et romaines.*
1755 – 1757	Italienreise von J.-J. Barthélemy, Besichtigungen der antiken Monumente in Herculaneum und Etrurien; Begegnungen mit italienischen Gelehrten jener Zeit.
1756	G.M. Lampredi, *Saggio sopra la filosofia degli antichi Etruschi.*
1760	G.M. Lampredi, *Del governo civile degli antichi Toscani e delle cause della loro decadenza.*
1761	G.B. Piranesi, *Della Magnificenza ed Architettura dei Romani.*
1764	J.-J. Winckelmann, *Geschichte der Kunst des Alterthums* (1. Ausg.).
1764 – 1766	Zeichnungen von den Wandmalereien der Gräber in Tarquinia durch F. Smuglewicz im Auftrag von J. Byres; sie waren für ein (unveröffentlicht gebliebenes) Werk von Byres über *The History of the Etruscans* bestimmt, wurden dann in seinem postum erschienen *Hypogaei or Sepulchral Caverns of Tarquinia... eingesetzt.*
1766 – 1767	P.F. d'Hancarville, *Antiquités étrusques, grecques et romaines tirées du Cabinet de M. Hamilton à Naples.* Die Abbildungen in diesem Werk bildeten die Grundlage zum "Etruskischen Stil": Sie gaben Anregungen zu den *Cammini*-Entwürfen von G.B. Piranesi wie zur Dekoration der "etruskischen Zimmer" in den Residenzen zahlreicher europäischer Aristokraten, zum Dekor des Porzellan der verschiedener europäischer Manufakturen Städte und zu Möbel-Entwürfen.
1767	J.-J. Winckelmann, *Monumenti antichi inediti spiegati e illustrati.*
1767 – 1772	M. Guarnacci, *Origini italiche.*
1767 – 1775	G.B. Passeri, *Picturae Etruscorum in vasculis.*
1769	In Burslem (Staffordshire) Eröffnung der Porzellanmanufaktur "Etruria" von J. Wedgwood. G.B. Piranesi, *Ragionamento apologetico in difesa dell'architettura egizia e toscana. Diverse Maniere d'adornare i cammini ed ogni altra parte degli edifizi desunte dall'architettura egizia, etrusca e greca.*
1772 – 1774	C.G. Heyne, Essays über die Etrusker in den "Novi Commentarii Societatis Regiae Scientiarum Gottingensis".
1773 – 1779	"Etruscan Rooms" von R. Adam in Derby House und in Osterley Park.
1777	"Etruscan Room" von J. Wyatt in Heaton Hall.

1779 – 1800	Herstellung von Porzellanservices *all'etrusca* in der Real Fabbrica Ferdinandea in Neapel.
1789	Auf der Berliner Akademie-Ausstellung wird ein Eisgefäß aus Porzellan gezeigt, "mystische Ciste" genannt, dessen zylindrische Form die praenestinischen Cisten nachbildet und das in der Königlichen Porzellan-Manufaktur Berlin geschaffen wurde. L. Lanzi, *Saggio di lingua etrusca e di altre nazioni d'Italia.*
1806	L. Lanzi, *Dei vasi antichi volgarmente chiamati etruschi.*
1810	G. Micali, *L'Italia avanti il dominio dei Romani* (1. Ausg.).
1. Hälfte 19. Jh.	Niederschlag der etruskischen Welt in der französischen Literatur (Stendhal, Balzac, Mérimée, Murger).
1820	Pacca-Edikt: Ausgrabungen auf dem Gebiet des Kirchenstaats dürfen nur mit einer offiziellen Genehmigung der Behörden durchgeführt werden.
Um 1820	Beginn der Tätigkeit der Goldschmiedewerkstatt Castellani, zunächst mit Pio Fortunato Castellani und später mit seinen Söhnen Augusto und Alessandro, die Techniken und Beispiele etruskischer Goldschmiedekunst nachahmen.
1821 – 1826	F. Inghirami, *Monumenti etruschi o di etrusco nome.*
1823	Wiederaufnahme der Grabungen in Tarquinia auf Betreiben von C. Avvolta. Entdeckung der Tomba del Guerriero.
1823 – 1828	Römisch-Hyperboräische Gesellschaft in Rom. Für sie sollte C. Ruspi arbeiten, der später die Wandmalereien der Gräber von Tarquinia zeichnete.
1825	Entdeckung der ersten ausgemalten Gräber von Tarquinia (del Mare, dei Leoni, Labrouste). Beginn der Grabungen der Gebrüder Candelori in der Nekropole von Vulci.
1826	F. Orioli, *Dei sepolcrali edifizi dell'Etruria media e in generale dell'architettura tuscanica.*
1828	K.O. Müller, *Die Etrusker* (von W. Deecke 1877 in erweiterter Fassung wiederveröffentlicht). Beginn der Ausgrabungen der Campanari und Lucien Bonapartes (und seiner Gattin) in der Nekropole von Vulci.
1829	In Rom Gründung des Instituto di Corrispondenza Archeologica.
1834	Ausstattung des "etruskischen Kabinetts" im Schloß Racconigi (Turin) durch P. Palagi mit Darstellungen, die sich an die Tomba del Barone in Tarquinia und an griechische Vasen anlehnen.
Um 1835	Beginn der Grabungen des G. Campana.
1836	Grabungen von Regolini-Galassi in Caere.
1837	Eröffnung des Museo Gregoriano Etrusco im Vatikan. Ausstellung der Brüder Campanari am Pall Mall in London.
1839 – 1897	E. Gerhard - G. Körte - A. Klügmann, *Etruskische Spiegel.*
1840	Grabung des Hypogäum der Volumni in Perugia. E.C. Hamilton Gray, *A Tour to the Sepulchres of Etruria in 1839.*

1842	J. Byres, *Hypogaei or Sepulchral Caverns of Tarquinia, the Capital of Ancient Etruria* (Hrsg. W. Howard).
1842 – 1857	Italienaufenthalt von S.J. Ainsley, der Landschaften und Ruinen in Etrurien zeichnet.
1843	Dekoration des Etruskischen Cabinets im Alten Museum zu Berlin durch W. Rosendhal mit Szenen, die von Grabmalereien aus Tarquinia stammen. Diesem Beispiel sollte G. Semper bei der Dekoration des Japanischen Palais in Dresden folgen.
1844	Entdeckung der François-Vase in einem etruskischen Grab in Chiusi.
1846 – 1851	L. Canina, *Antica Etruria marittima*.
Um 1848	Erwerbung der Binden der Mumie von Zagreb, dem einzigen *liber linteus* der Antike, die den längsten erhaltenen etruskischen Text tragen.
1848	G. Dennis, *The Cities and Cemeteries of Etruria* (2. Ausg. 1878, 3. Ausg. 1883).
1854	In Villanova (Bologna) Entdeckung einer eisenzeitlichen Nekropole, die für diese Kultur in Etrurien, in der Poebene und in Kampanien namengebend wurde.
Um 1860	Beginn der Auflösung der Slg. Campana: Die Objekte gelangten in die Museen von Paris, Berlin, St. Petersburg, Brüssel, London, München, Florenz, Bologna und Rom.
1862 – 1864	A. Noël des Vergers, *L'Etrurie et les Etrusques. Dix ans de fouilles dans les maremmes toscanes*.
1867 – 1880	G.F. Gamurrini – A. Fabretti, *Corpus Inscriptionum Italicarum, Glossario, Supplementi e Appendice*.
1870	In Florenz Errichtung des Museo Etrusco Centrale, des späteren Museo Archeologico.
1870 – 1916	H. Brunn – G. Körte, *I rilievi delle urne etrusche*.
1872	Beginn systematischer Grabungen in den Nekropolen von Orvieto.
1876	Beginn der Veröffentlichung der "Notizie degli Scavi di Antichità" durch die Accademia dei Lincei.
1889	Einrichtung des Museo di Villa Giulia in Rom.
	J. Martha, *L'art étrusque*.
1893	Beginn der Veröffentlichung des *Corpus Inscriptionum Etruscarum*.
1895 – 1910	O. Montelius, *La civilisation primitive en Italie*.
1895 – 1913	Der Maler A. Morani kopiert Grabmalereien in Tarquinia im Auftrag von C. Jacobsen und W. Helbig. Die Kopien werden in der Kopenhagener Ny Carlsberg Glyptotek aufbewahrt. Kopien tarquinischer Grabmalereien durch den Maler A. Morani im Auftrag von C. Jacobsen und W. Helbig, heute in der Kopenhagener Ny Carlsberg Glyptotek.
2. Hälfte 19. – 1. Hälfte 20. Jh.	Niederschlag der Welt der Etrusker in der italienischen Literatur (G. Carducci, G. D'Annunzio, C. Malaparte).
1916	Enteckung des Apollon von Veji.
1925	Gründung des *Comitato Permanente per l'Etruria* in Florenz.
1926	Erster italienischer Kongreß für Etruskologie (Florenz).
1927	Erstes Erscheinen der Zeitschrift "Studi Etruschi".
1928	Erster internationaler Kongreß für Etruskologie (Florenz, Bologna).
1932	Umwandlung des *Comitato Permanente per l'Etruria* in *Istituto di Studi Etruschi*, heute *Istituto Nazionale di Studi Etruschi e Italici*.
Erste Jahrzehnte des 20. Jhs.	Niederschlag der Welt der Etrusker in der englischen Literatur (Lawrence, Huxley).
1955 – 1956	Erste große Etrusker-Ausstellung in Zürich, Mailand, Paris, Den Haag, Oslo und Köln.
1964	Entdeckung dreier Goldbleche in Pyrgi, von denen zwei in etruskischer und eine in phönizischer Schrift beschrieben sind.
1985	Progetto Etruschi: Ausstellungen (auch noch in den Jahren nach 1985) in verschiedenen Städten der Toskana, von Latium, Umbrien und der Lombardei; Zweiter Internationaler Kongreß für Etruskologie (Florenz).
1988 – 1989	Ausstellung "Die Welt der Etrusker: Archäologische Denkmäler aus Museen der sozialistischen Länder" in Berlin, Budapest, Prag, Leningrad, Warschau und Viterbo.

Allgemeine Bibliographie

ABKÜRZUNGEN:

Corpus Inscriptionum Etruscarum (CIE)
Corpus Inscriptionum Italicarum (CII)
Corpus Inscriptionum Latinarum (CIL)
Corpus Vasorum Antiquorum (CVA)
Lexicon Iconographicum Mythologiae Classicae (LIMC)
Rivista di Epigrafia Etrusca (REE)

1485
L.B. Alberti, *De Re Aedificatoria*, Florenz (1. gedruckte Ausgabe; Kritische Ausgabe, Mailand 1966)

1511
M. Vitruvius per Jocundum solito castigatior factus [...], Venedig (1. illustrierte Ausgabe von *De Architectura*)

1550
L'Architettura di Leonbattista Alberti tradotta in lingua fiorentina da Cosimo Bartoli [...], Florenz (*De Re Aedificatoria*, hrsg. v. C. Bartoli und zum ersten Mal illustriert)

1562
J. Barozzi da Vignola, *La Regola delli Cinque Ordini d'Architettura*, Rom

1563
J. Shute, *The First and Chief Groundes of Architecture [...]*, London

1567
D. Barbaro (und A. Palladio), *I dieci libri dell'architettura di M.Vitruvio, tradutti et commentati da M. Barbaro*, Venedig (1. Ausgabe 1556)
A. Palladio, *I Quattro Libri dell'Architettura [...]*, Venedig

1615
V. Scamozzi, *Dell'Idea dell'Architettura Universale*, Venedig

1723-1724
Th. Dempster, *De Etruria regali libri VII [...]*, Florenz

1737-1743
A.F. Gori, *Museum Etruscum [...]*, Florenz

1752-1767
A.C. Ph. De Caylus, *Recueil d'Antiquités égyptiennes, étrusques, grecques, romaines et gauloises*, 7 Bde., Paris

1758
B. Galiani, *L'Architettura di M. Vitruvio Pollione, colla traduzione e commento [...]*, Neapel

1761
G.B. Piranesi, *Della Magnificenza ed Architettura de' Romani*, Rom

1765
G.B. Piranesi, *Osservazioni [...] sopra la Lettre de M. Mariette e Parere sull'Architettura*, Rom

1769
G.B. Piranesi, *Ragionamento apologetico in difesa dell'architettura Egizia e Toscana*, Rom

1773-1882
R. u. J. Adam, *The Works in Architecture*, 7 Bde., London

1787
J.F. Ortiz y Sanz, *Los diez libros de Architectura de M. Vitruvio Pollion [...]*, Madrid

1806
L. Lanzi, *De' vasi antichi dipinti volgarmente chiamati etruschi*, Florenz

1815
St.K. Potocki, *O sztuce u Dawnych czyli Winkelman Polski*, II, Warschau

1821-1826
F. Inghirami, *Monumenti etruschi o di etrusco nome [...]*, [Fiesole]

1832
G. Micali, *Monumenti per servire alla storia degli antichi popoli italiani*, Florenz (1. Ausgabe 1810)

1839-1897
E. Gerhard-G. Körte-A. Klügmann, *Etruskische Spiegel*, I-V, Berlin

1844
G. Micali, *Monumenti inediti a illustrazione della storia degli antichi popoli italiani*, Florenz

1846-1851
L. Canina, *L'antica Etruria Marittima*, Rom

1847
L. Canina, *L'antica Città di Veji descritta e dimostrata con i monumenti*, Rom

1851
J.I. Hittorff, *Restitution du temple d'Empédocle a Sélinonte, ou l'architecture polychrome chez les Grecs*, Paris

1858-1881
L. Lindenschmit, *Die Altertümer unserer heidnischen Vorzeit*, Mainz

1860
G. Semper, *Der Stil, I, Die textile Kunst für sich betrachtet und in Beziehung zur Baukunst*, Frankfurt

1862
C. Clément, *Catalogue des Bijoux du Musée Napoléon III*, Paris

1862-1864
A.N. Des Vergers, *L'Etrurie et les Etrusques*, Paris

ALLGEMEINE BIBLIOGRAPHIE

1865
G.C. Conestabile, *Pitture murali a fresco e suppellettili etrusche in bronzo e in terra cotta scoperte in una necropoli presso Orvieto nel 1863 da Domenico Golini*, Florenz

1867
C.F. Wiberg, *Der Einfluß der klassischen Völker auf den Norden durch den Handelsverkehr*, Hamburg

1870
C.F. Wiberg, *Über den Einfluß der Etrusker und Griechen auf die Bronzekultur*

1870-1916
H. Brunn-G. Körte, *I rilievi delle urne etrusche*, Rom-Berlin

1871-1882
E. de Meester de Ravestein, *Musée de Ravestein. Catalogue descriptif*, 3 Bde., Liège

1874
H. Genthe, *Über den etruskischen Tauschhandel nach dem Norden*, Frankfurt

1877
J.N. von Sadowski, *Die Handelsstraßen der Griechen und Römer durch das Flußgebiet der Oder, Weichsel, des Dniepr und Niemen an die Gestade des Baltischen Meeres*, Poznań

1879-1880
E. Millet, *Henri Labrouste*, Bulletin de la Société centrale des Architectes, 25-26

1880
G.F. Gamurrini, Notizie degli Scavi, 219
E.de Meester de Ravestein, *Musée de Ravestein. Notice*, Brüssel (2 Aufl. 1884)

1881
R. Maffei, *Tre Volterrani: Enrico Ormanni, Giovanni Cosimo Villifranchi, Mario Guarnacci*, Pisa, 51 ff.

1882
A. Michaelis, *Ancient Marbles in Great Britain*, Cambridge

1885
O. Montelius, *Om tidsbestämning inom bronsåldern, med särskildt afseende på Skandinavien*, Kungl. Vitterhets Historie och Antikvitetsakademien (s. engl. übersetz. 1986)

1886-1986
J. Hampel, *A bronzkor emlékei Magyarhonban*, Budapest

1888
Th. Dempster, in *Dictionary of National Biography*, hrsg. v. L. Stephen, London

1895
E. Babelon-A. Blanchet, *Catalogue des bronzes antiques de la Bibliothèque Nationale*, Paris

1897
G. Pellegrini, Notizie degli Scavi, 386 ff.

1898
L. Savignoni, *Di un nuovo sarcofago della necropoli di Cerveteri*, Monumenti Antichi dell'Accademia dei Lincei 8, 521 ff.

1899
W. Froehner, *Collections du Château de Gołuchów. Antiquités*, Paris

H.B. Walters, *Catalogue of Bronzes, Greek, Roman and Etruscan, British Museum*, London

1899-1901
G. Körte, in *Antike Denkmäler*, II, Berlin

1903
K. Hadaczek, *Der Ohrschmuck der Griechen und Etrusker*, Wien

1904
Gustaf Adolf, *Fornlämningar i trakten kring Norrköping*, Östergötlands Fornminnesförening, 1-6
S. Reinach, *Esquisse d'une histoire de la Collection Campana*, Revue Archéologique 4, 180-199, 363-384

1905
S. Reinach, *Esquisse d'une histoire de la collection Campana*, Revue Archéologique 5, 57-92, 208-240, 343-364

1906
Gustaf Adolf, *Undersökning af en grafhög vid Tinkarp nära Sofiero*, Fornvännen, 53-62
K. Hadaczek, *Zur Geschichte des etruskischen Einflusses in Mitteleuropa*, Mitteilungen des Deutschen Archäologischen Instituts. Römische Abteilung 21, 387-393

1908
A. Michaelis, *Ein Jahrhundert kunstarchäologischer Entdeckungen*, Leipzig (2. Aufl.).

1911
F.H. Marshall, *Catalogue of the Jewellery, Greek, Etruscan and Roman in the Department of Antiquities, British Museum*, London

1912
A. Michel-G. Migeon, *Le Musée du Louvre*, Paris

1913
T. Ashby, *Thomas Jenkins in Rome*, Papers of the British School at Rome 6, 8, 487-511

1914
J. Déchelette, *Manuel d'archéologie préhistorique, celtique et gallo-romaine*, Note additionnelle in Bd. II, 3. Teil, Paris

1915
A. de Ridder, *Bronzes antiques du musée du Louvre*, Paris

1918
A. Della Seta, *Il Museo di Villa Giulia*, Rom

1919
R. de Orueta, *La escultura funeraria en España*, Madrid
F.R. Shapley, *A Student of Ancient Ceramics, Antonio Pollajuolo*, The Art Bulletin 2, 78 ff.

1921
A. Minto, *Marsiliana d'Albegna*, Florenz
F. Weege, *Etruskische Malerei*, Halle

1922
P. Vitry, *La sculpture de la Renaissance*, Paris

1924
F. Behn, *Hausurnen*, Berlin
A. de Ridder, *Musée du Louvre. Catalogue sommaire des bijoux antiques*, Paris

1925
L. Gasperetti, *Appunti sulle "Origini Italiche" di Mario Guarnacci e sull'utopia della "sapientia antiquissima"*, Rassegna Volterrana II, 3, S. 127-140

1926
M. Serrano y Sanz, Boletín de la Real Academia de la Historia, Madrid, 186 ff.

1929
P. Fabia, *La table claudienne de Lyon*, Lyon
P. Jacobsthal-A. Langsdorff, *Die Bronzeschnabelkannen*, Berlin

1930
H. Sauer, *Die archaischen etruskischen Terrakottasarkophage aus Caere*, Rendsburg
B. Sprockhoff, *Zur Handelsgeschichte der germanischen Bronzezeit*, Berlin

1931
O.A. Erich, *Die Darstellung des Teufels in der christlichen Kunst*, Berlin
A. Jalabert, *La sculpture française*, Paris

1932
F. Magi, *Stele e cippi fiesolani*, Studi Etruschi 6, 11-87

1933
D. Levi, *L'arte etrusca e il ritratto*, Dedalo 13, 193-228

1934
Ed. Bulanda, *Etruria i Etruskowie*, Lwów
F. De Ruyt, *Charun, démon étrusque de la mort*, Rom

1935
G. Avakian, *Rilievi inediti di monumenti etruschi e romani*, Ephemeris Dacoromana 6, 129 ff.
G.Q. Giglioli, *L'arte etrusca*, Mailand
Gustaf Adolf, *Kronprinsparets Orientresa. En minnesbok i bilder. September 1934-januari 1935*, Stockholm

1936
C. Clemen, *Fontes historiae religionum primitivarum [...]*, Bonn

1938
U. Middeldorf, The Art Quarterly. Detroit Institute of Art 1, 109 ff.
I. Szeligowska, *L'art décoratif étrusque*, Krakau

1940
A. Andrèn, *Architectural Terracottas from Etrusco-Italic Temples*, Lund-Leipzig
A. Minto, *Populonia. Nuova tomba a camera scoperta sul Poggio della Porcareccia*, Notizie degli Scavi, 385 ff.

1941
F. Magi, *La raccolta Benedetto Guglielmi nel Museo Gregoriano Etrusco*, II, Rom
O. Vessberg, *Studien zur Kunstgeschichte der römischen Republik*, Lund-Leipzig

1943
A. Minto, *Populonia*, Florenz
J. Sundwall, *Die älteren italischen Fibeln*, Berlin

1944
P. Jacobsthal, *Early Celtic Art*, Oxford (2. Aufl. 1969)

1946
P.J. Riis, *The Bronze Statuette from Uffington, Berkshire*, Journal of Roman Studies 36, 43-47

1946-1947
G.A. Mansuelli, *Gli specchi figurati etruschi. Stile e cronologia*, Studi Etruschi 19, 9 ff.

1948
A. García y Bellido, *Hispania Graeca*, Barcelona
R. Herbig, *Götter und Dämonen der Etrusker*, Mainz

1949
M. Almagro, *Los hallazgos de bucchero etrusco hacia*

Occidente y su significado, Boletín Arqueológico de Tarragona 49, 97-102
M. Pallottino, Studi Etruschi 13, 455 ff., REE Nr. 1

1950
D.B. Harden, *Italic and Etruscan Finds in Britain*, in: *Atti del I Congresso di Preistoria e Protostoria Mediterranea*, Florenz, 315-324
M. Pallottino, *Il grande acroterio femminile di Veio*, Archeologia Classica 2, 122-179

1951
M. Almagro, *Guia de Ampurias*, Barcelona
M.L. Bernhard, *St.K. Potocki, Kolekcjoner waz greckich*, Meander 6, 8-9, S. 430-449
F. Poulsen, *Catalogue of Ancient Sculpture*, Kopenhagen

1952
R. Herbig, *Die jüngeretruskischen Steinsarkophage*, Berlin
G. von Merhart, *Studien über einige Gattungen von Bronzegefäßen*, in: *Festschrift des römisch-germanischen Zentralmuseums in Mainz*, II, Mainz

1953
H.P. Fourest, *La céramique européenne*, Paris
E. Stefani, *Veio. Tempio detto dell'Apollo*, Notizie degli Scavi, 29 ff.

1954
G. Kossack, *Donauländisches Symbolgut der Urnenfelder- und Hallstattzeit Mitteleuropas*, Berlin (Röm.-german. Forsch., 20)
G. Kossack, *Pferdegeschirr aus Gräbern der älteren Hallstattzeit Bayerns*, Jahrbuch des Römisch-Germanischen Zentralmuseums Mainz 1, 111-178
M. Pallottino, *Le tombe di Tarquinia*, in *Grandi scoperte archeologiche*, Turin (Edizioni Radio Italiana, 25), 22-33

1955
M. Almagro, *Las Necrópolis de Ampurias*
F. Benoit, *L'art primitif méditerranéen de la vallée du Rhône*, Aix-en-Provence
G.Q. Giglioli, *Il museo Campana e la sua vicenda*, Studi Romani 3, 292-300, 413-434
Gustaf VI Adolf, *Fornkunskap och konstforskining* (Vortrag anläßlich der Verleihung des Ehrendoktors), Oxford
O. Haas, *Die Entstehung der Runenschrift*, Lingua Posnaniensis 5, 41-58
W. Lusetti, *Alceo Dossena*, Rom

1955-1956
M. Pallottino, *Nuovi spunti di ricerca sul tema delle magistrature etrusche*, Studi Etruschi 24, 45-72

1956-1957
M. Pallottino, *Deorum sedes*, in: *Studi in onore di A. Calderini e R. Paribeni*, Mailand, 223-234

1957
J. Bérard, *La colonisation grecque de l'Italie Méridionale et de la Sicile dans l'antiquité*, Paris
E. Fiumi, *Materiali volterrani nel Museo Archeologico di Florenz*, Studi Etruschi 25, 463 ff.
R. Herbig, *Zur Religion und Religiosität der Etrusker*, Historia 6, 123 ff.
J. Heurgon, *L'Etat étrusque*, Historia 6, 63 ff.
S. Mazzarino, *Sociologia del mondo etrusco e problemi della tarda etruscità*, Historia 6, 98 ff.
M. Pallottino, *Scienza e poesia alla scoperta dell'Etruria*, Quaderni dell'Associazione Culturale Italiana 24, 5-22
E. Paribeni, *Due figure bronzee da un tripode*, Bolletino d'Arte 42, 218-221
F. Staré, *Polmesečne britve iz Jugoslavije*, Arheoloski Vestnik 8, 204-222

1957-1959
L.J. Luka, *Importy italskie i wschodnio-alpejskie oraz ich naśladownictwa na obszarze kultury luzyckiej okresu halsztackiego w Polsce* (Résumé: *Les importations de l'Italie et des Alpes orientales et leurs imitations locales chez la population de la civilisation "Lusacienne" de la période de Hallstatt en Pologne*), Slavia Antiqua 6, 1 ff.

1958
W. Barner, Germania 36, 177 ff.
C. Brandi-L.Vlad Borrelli-G.Urbani, in: *Enciclopedia Universale dell'Arte*, s.v. *Falsificazione*, V, Venedig-Rom, 312-321
D. Heitkamp, *Berliner Museen*, Berichte der Preussischen Kunstsammlungen N.F. 8, 34 ff.
M. Pallottino, *Il culto degli antenati in Etruria ed una probabile equivalenza lessicale etrusco-latina*, Studi Etruschi 26, 49 ff.

1959
F. Arnau, *Kunst der Fälscher. Fälscher der Kunst*, Düsseldorf
G. Camporeale, *Le scene etrusche di "protesi"*, Mitteilungen des Deutschen Archäologischen Instituts. Römische Abteilung 66, 31 ff.
A. Chastel, *Art et humanisme à Florence au temps de Laurent le Magnifique*, Paris
G. Kossack, *Südbayern während der Hallstattzeit*, Berlin (Röm.-german. Forsch., 24)
K. Kromer, *Das Gräberfeld von Hallstatt*, Florenz
H. Müller-Karpe, *Beiträge zur Chronologie der Urnenfelderzeit nördlich und südlich der Alpen*, Berlin (Röm.-german. Forsch., 22)
P.J. Riis, *The Danish Bronze Vessels of Greek, Early Campanian, and Etruscan Manufactures*, Acta Archaeologica 30, 1 ff.
P. Ward-Jackson, *Osterley Park*, London

1960
C. Benedetti, *La tomba vetuloniese del Littore. II*, Studi Etruschi 28, 449 ff.
W.L. Brown, *The Etruscan Lion*, Oxford
D. Mustilli, in: *Enciclopedia dell'Arte Antica Classica e Orientale*, s.v. *Falsificazione*, III, Rom, 576-589
S. Paglieri, *Origine e diffusione delle navi etrusco-italiche*, Studi Etruschi 28, 209 ff.
M. Sordi, *I rapporti romano-ceriti e l'origine della civitas sine suffragio*, Rom
M. Zuffa, *Infundibula*, Studi Etruschi 28, 165-208

1961
A. Arribas-G.Trias de Arribas, *Un interesante "hallzago cerrado" en el yacimiento de Ullastret*, Archivio Español de Arqueología" 34, 18-40
D.V. Bothmer-J.V.Noble, *An Inquiry into the Forgery of the Etruscan Terracotta Warriors in the Metropolitan Museum of Art*, New York
S. De Marinis, *La tipologia del banchetto nell'arte etrusca arcaica*, Rom
F. Eckstein, in: *Enciclopedia dell'Arte Antica Classica e Orientale*, s.v. *Iperborei*, IV, Rom, 176-178
J. Heurgon, *La vie quotidienne chez les Etrusques*, Paris
A. Hus, *Recherches sur la statuaire en pierre étrusque archaïque*, Paris (Bibl. des Ecoles Françaises d'Athènes et de Rome, 198)
Mostra dell'arte delle situle dal Po al Danubio, Florenz
R. Krautheimer, *Albertis Templum Etruscum*, Münchner Jahrbuch der Bildenden Kunst 12, 65-72
O. Kurz, *Falsi e falsari*, Venedig
H. Müller-Karpe, *Die Vollgriffschwerter der Urnenfelderzeit aus Bayern*, München (Münchner Beiträge zur Vor- und Frühgeschichte, 6)
M. Pallottino, *Luigi Lanzi fondatore degli studi di storia, storia della civiltà e storia dell'arte etrusca*, Studi Etruschi 29, XXI-XXXVII

B. Stjernquist, *The Problems of the House and Face Urns*, Simris 2, 45 ff.

1962
V. Cardarelli, *Opere complete*, hrsg. v. G. Raimondi, Mailand
J. Fleming, *Robert Adam and his Circle in Edinburgh and Rome*, London
W. Lucke-O.H. Frey, *Die Situla in Providence (Rhode Island)*, Berlin
P. Treves, *Giuseppe Micali*, in: *Lo studio dell'antichità classica nell'Ottocento*, I, Mailand-Neapel, 293-311
P. Treves, *Lo studio dell'antichità classica nell'Ottocento*, Mailand-Neapel

1963
J.D. Beazley, *Attic Red-Figure Vase-Painters*, Oxford (2. Aufl.)
R. Bloch, *Les prodiges dans l'antiquité*, Paris
J. Close Brooks, *Proposta per una suddivisione in fasi*, Notizie degli Scavi, 53 ff.
W. Helbig, *Führer durch die öffentlichen Sammlungen klassischer Altertümer in Rom*, I, Tübingen (4. Aufl.)
G.A. Mansuelli, *La casa etrusca di Marzabotto. Constatazioni sui nuovi scavi*, Mitteilungen des Deutschen Archäologischen Instituts. Römische Abteilung 70, 44 ff.
M. Pallottino, in: *Enciclopedia Universale dell'Arte*, s.v. *Orientalizzante*, X, Venedig-Rom, 223-237
H. Rix, *Das etruskische Cognomen*, Wiesbaden

1964
G. Calza, *Scavi di Ostia. I ritratti*, Roma (Ostia, V)
H. Daniel, *Devils, Monsters, and Nightmares*, London-New York
R. Hampe-E. Simon, *Griechische Sagen in der frühen etruskischen Kunst*, Mainz
C. Laviosa, *Scultura tardo-etrusca di Volterra*, Florenz
E.P. Loeffler, *A Lost Etruscan Painted Tomb*, in: *Essays in memory of Karl Lehmann*, hrsg. v. L. Freman Sandler, New York, 198-208
F. Magi, *Le stele arcaiche dal Tirreno all'Adriatico*, in: *Problemi di storia e archeologia dell'Umbria* (Atti del I convegno di studi umbri), Perugia, 175 ff.
E. Panofsky, *Grabplastik*, Köln

1965
A. Neppi Modona, *Riflessioni sul problema delle sopravvivenze etrusche nell'arte italiana*, Arte Lombarda, 13 ff.
S.R. Pierce, *Thomas Jenkins in Rome*, Antiquaries Journal 45, 200-229
F. Roncalli, *Le lastre dipinte da Cerveteri*, Florenz

1966
L.B. Alberti, *L'Architettura*, hrsg. v. G. Orlandi u. P. Portoghesi, Mailand
B. Brenk, *Tradition und Neuerung in der christlichen Kunst des ersten Jahrtausends. Studien zur Geschichte des Weltgerichtsbildes*, Wien (Wiener Byzantinische Studien, 3)
J. Heurgon, *Życie codzienne Etrusków*, Warschau
W. Krause, *Die Runeninschriften im älteren Futhark, I. Text; II. Tafeln*, Göttingen (Abhandlungen der Akademie der Wissenschaften in Göttingen, phil.-hist. Klasse, 3, Folge 65)
A. Momigliano, *Ancient History and the Antiquarians*, in *Studies in Historiography*, London
F. Nicosia, *Due nuovi cippi fiesolani*, Studi Etruschi 34, 159-161
F. Nicosia, *Il tumulo di Montefortini e la tomba dei Boschetti a Comeana*, Florenz
K. Sagar, *The Art of D.H. Lawrence*, Cambridge
D. Stillman, *The Decorative Work of Robert Adam*, London

1966-1967
H. Möbius, *Zeichnungen etruskischer Kammergräber und Einzelfunde von James Byres*, Mitteilungen des

ALLGEMEINE BIBLIOGRAPHIE

Deutschen Archäologischen Instituts. Römische Abteilung, 73-74, 53-71

1967

C. Albore-Livadie, *L'épave étrusque du Cap d'Antibes*, Rivista di Studi Liguri 33, 300 ff.

L. Banti, *Disegni di tombe e monumenti etruschi fra il 1825 e il 1830: l'architetto Henri Labrouste*, Studi Etruschi 35, 575 ff.

R. Bloch, *Etruskowie*, Warschau

G. Camporeale, *La tomba del Duce*, Florenz

E. Di Filippo, *Rapporti iconografici di alcuni monumenti dell'arte delle situle*, Venetia 1, 99 ff.

H. Jucker, in: *Propyläen Kunstgeschichte* 1, Berlin, 322

G.B. Pellegrini-A.L. Prosdocimi, *La lingua venetica, I. Le iscrizioni*, Padua-Florenz

D. Stillman, *Robert Adam and Piranesi*, in: *Essays in the History of Architecture presented to Rudolf Wittkower*, London, 197-206

B. Stjernquist, *Ciste a cordoni*, Bonn

1968

B.F. Cook, *A Class of Etruscan Bronze Omphalos-Bowls*, American Journal of Archaeology 72, 337-344

T. Dohrn, *Der Arringatore*, Berlin

K. Düwel, *Runenkunde*, Stuttgart (2. Aufl. 1983)

S. Gabrovec, *Grab s trinožnikom iz Novega Mesta*, Arheoloski Vestnik 19, 53-60

H. Hencken, *Tarquinia, Villanovans and Early Etruscans*, Cambridge (Mass.)

G.A. Mansuelli, *Individuazione e rappresentazione storica nell'arte etrusca*, Studi Etruschi 36, 3 ff.

M. Pallottino, *Etruskowie*, Warschau

M. Pallottino, *Testimonia Linguae Etruscae*, Florenz (2. Aufl.)

R.A. Staccioli, *Modelli di edifici etrusco-italici. I modelli votivi*, Florenz

W. Szafrański, *W sprawie Etrusków nad Baltykiem* (Summary: *The Etruscans along the Baltic*), Pomorania Antiqua 2, 17 ff.

H. Thrane, *Eingeführte Bronzeschwerter aus nemarks jüngerer Bronzezeit (Periode IV-V)*, Acta Archaeologica 39, 143-218

P. Zazoff, *Etruskische Skarabäen*, Mainz

1968-1969

A.L. Prosdocimi, *Una iscrizione inedita dal territorio atestino. Nuovi aspetti epigrafici linguistici culturali dall'area paleoveneta*, Atti Istituto Veneto SS.LL.AA. 127, 123-181

1968-1970

C. De Simone, *Die griechischen Entlehnungen im Etruskischen*, 2 Bde., Wiesbaden

1969

B. Banti, *Il mondo degli Etruschi*, Roma (2. Aufl.)

A. Bocquet, *Musée dauphinois. Catalogue des collections préhistoriques et protohistoriques*, Grenoble

G. Buchner, *Mostra degli scavi di Pithecusa*, Dialoghi di Archeologia 3, 1-2

G. Camporeale, *I commerci di Vetulonia in età orientalizzante*, Florenz

M. Cristofani, *Appunti di epigrafia etrusca arcaica*, Annali della Scuola Normale Superiore di Pisa, Ser. 2, 38, S. 99-112

Dialoghi di Archeologia 3, 1-2 (Incontro di studi sugli inizi della colonizzazione greca in Occidente)

B. Fothergill, *Sir William Hamilton: Envoy Extraordinary*, London

O.-H. Frey, *Die Entstehung der Situlenkunst*, Berlin (Röm.-germ. Forsch., 31)

F.-W. von Hase, *Die Trensen der Früheisenzeit in Italien*, München (Prähistorische Bronzefunde XVI, 1)

B. Liou, *Praetores Etruriae XV populorum*, Brüssel

G. von Merhart, *Hallstatt und Italien, Gesammelte Aufsätze zur frühen Eisenzeit in Italien und Mitteleuropa*, hrsg. v. G. Kossack, Mainz

J.A. Pfiffig, *Die Etruskische Sprache*, Graz

W. Schule, *Die Meseta-Kulturen der iberischen Halbinsel*, Berlin

M. Torelli, *Senatori etruschi della tarda repubblica e dell'impero*, Dialoghi di Archeologia 3, 3, S. 285 ff.

G. Valentini, *Il motivo della potnia theron sui vasi di bucchero*, Studi Etruschi 37, 411 ff.

Wedgwood Museum Barlaston (Ausstellungskat.), Newcastle-upon-Tyne

E. Zwierlein-Diehl, *Antike Gemmen in Deutschen Sammlungen, Band II, Berlin*, München

1970

V. Bianco Peroni, *Le spade nell'Italia continentale*, München (Prähistorische Bronzefunde, IV, 1)

S. Boucher, *Importations étrusques en Gaule à la fin du VIIᵉ siècle avant J.-C.*, Gallia 28, 193-206

G. Colonna, *Bronzi votivi umbro-sabellici a figura umana. I. Periodo "arcaico"*, Florenz

G. Colonna, *Una nuova iscrizione etrusca del VII secolo e appunti sull'epigrafia ceretana dell'epoca*, Mélanges d'Archéologie et d'Histoire 82, 637 ff.

E. Colonna Di Paolo-G. Colonna, *Castel d'Asso*, Rom

A. Greifenhagen, *Schmuckarbeiten in Edelmetall, I*, Berlin

P.G. Guzzo, *Una classe di brocchette in bronzo*, Rendiconti dell'Accademia dei Lincei. Classe di scienze morali, storiche e filologiche, Ser. 8, 25, 3-4, S. 87 ff.

M. Neapel, *La Tomba del Tuffatore. La scoperta della grande pittura greca*, Bari

1970-1971

M.E. Aubet, *Los marfiles orientalizantes de Praeneste*, Barcelona

1971

M. von Albrecht, *Meister römischer Prosa von Cato bis Apuleius. Interpretationen*, Heidelberg

La città etrusca e italica preromana (Atti del convegno di studi sulla città etrusca e italica preromana, Bologna 1970), Bologna

G. Colonna, Studi Etruschi 39, 369-371, REE Nr. 69

M. Cristofani, *Appunti di epigrafia etrusca arcaica. Postilla: la più antica iscrizione di Tarquinia*, Annali della Scuola Normale Superiore di Pisa, Ser. 3, 1, S. 295-299

G.Q. Giglioli-G. Camporeale, *La religione degli Etruschi*, in: *Storia delle religioni*, hrsg. v. P. Tacchi Venturi-G. Castellani, II, Turin (6. Aufl.), 539 ff.

W.V. Harris, *Rome in Etruria and Umbria*, Oxford

H. Hencken, *The Earliest European Helmets. Bronze Age and Early Iron Age*, Cambridge (Mass.)

A. Jockenhövel, *Die Rasiermesser in Mitteleuropa*, I. München (Prähistorische Bronzefunde VIII, 1)

K. Kilian, *Früheisenzeitliche Funde aus der Südostnekropole von Sala Consilina (Provinz Salerno)*, Heidelberg

T. Malinowski, *Über den Bernsteinhandel zwischen den südöstlichen baltischen Ufergebieten und dem Süden Europas in der frühen Eisenzeit*, Prähistorische Zeitschrift 46, 1, S. 102 ff.

C. Morigi Govi, *Il tintinnabulo della "Tomba degli Ori" dell'Arsenale Militare di Bologna*, Archeologia Classica 23, 211-235

E. Risch, *Die Räter als sprachliches Problem*, in: *Das Räterproblem in geschichtlicher, sprachlicher und archäologischer Sicht*, Basel (Schriftenreihe des rätischen Museums Chur 10, Kl. Schr., B. 1981), 710-717

G. Ronzitti Orsolini, *Il mito dei sette a Tebe nelle urne volterrane*, Florenz

I. Strom, *Problems Concerning the Origin and Early Development of the Orientalizing Style*, Odense

1972

The Age of Neoclassicism (Ausstellungskat.), London

J. Bialostocki, *Spätmittelalter und beginnende Neuzeit*, Propyläen Kunstgeschichte 7

M. Bonamici, *Contributi al più antico bucchero decorato a rilievo*, Studi Etruschi 40, 95-114

M. Cristofani, *Sull'origine e la diffusione dell'alfabeto etrusco*, in: *Aufstieg und Niedergang der römischen Welt*, hrsg. v. I. Temporini, I, 2, Berlin-New York, 466-489

S. Donadoni, *"Or l'Etruria a sé t'appella"*, La Parola del Passato 27, 397-406

N. Gabrielli, *Racconigi*, Turin

P.G. Guzzo, *Le fibule in Etruria dal VI al I secolo*, Florenz

L.O. Lagerqvist-M. Odelberg, *Kingen gräver. En bok om arkeologer och arkeologi*, Stockholm

F. Nicosia, *Un bucchero di Artimino*, Studi Etruschi 40, 375-390

F.H. Pairault, *Recherches sur quelques séries d'urnes de Volterra à représentations mythologiques*, Rom

M.K. Sarbiewski, *Dii gentium, seu theologia, philosophia, tam naturalis quam ethica, politica, oeconomica, astronomia ceteraeque artes et scientiae sub fabulis theologiae etnicae a veteribus contentae*, XXIII, 11. 17-19, in: *Dii gentium. Bogowie pogan. Wstep, opracowanie i przeklad J. Stawecka*, Ossolineum

J.G. Szilágyi, *Vases plastiques étrusques en forme de singe*, Revue Archéologique, 111-126

E. Wetter-C.E. Östenberg-M. Moretti, *Med Kungen på Acquarossa. Den arkeologiska utgrävningen av en etruskisk stad*, Malmö

1972-1973

M. Pallottino, *La Sicilia fra l'Africa e l'Etruria: problemi storici e culturali*, Kokalos 18-19, 48 ff.

1973

J. Adhémar-F.Cachin, *Degas, gravures et monotypes*, Paris

B. Bouloumié, *Les œnochoés en bronze du type Schnabelkanne en France et en Belgique*, Gallia 31, 1-35

B. Bouloumié, *Les œnochoés en bronze du type "Schnabelkanne" en Italie*, Rom

A.E. Feruglio, Studi Etruschi 41, 293-295, REE Nr. 40

F. Fischer, *Keimelia. Bemerkungen zur kulturgeschichtlichen Interpretation des sogenannten Südimports in der späten Hallstatt- und frühen Latènekultur des westlichen Mitteleuropa*, Germania 51, 436-459

O.-H. Frey-F. Schwappach, *Studies in Early Celtic Design*, World Archaeology 4, 339-356

J. Heurgon, *La découverte des Etrusques au début du XIᵉ siècle*, Comptes-Rendus de l'Académie des inscriptions et Belles-Lettres, 3-12

J. u. L. Jehasse, *La nécropole préromaine d'Aléria*, Ergh. Gallia

A. Maggiani, *Coppa fenicia da una tomba villanoviana di Vetulonia*, Studi Etruschi 41, 73 ff.

M. Pallottino, *Gustavo VI Adolfo, Re di Svezia*, Studi Etruschi 41, 603-605

R. Peroni, *Studi di cronologia hallstattiana*, Rom

E. Peruzzi, *Origini di Roma*, II, Bologna

D.E. Rhodes, *Dennis of Etruria*, London

Le ricerche epigrafiche e linguistiche sull'etrusco, Florenz

Roma medio-repubblicana, Rom

P. Romanelli, *Gustavo VI Adolfo di Svezia*, Studi Romani 21, 509-510

Stendhal (eigtl. Henri Beyle), *Voyages en Italie*, hrsg. v. V. del Litto, Paris

1973-1974

S. Bedford, *Aldous Huxley: A Biography*, London (I: *1894-1939*, 1973; II: *1939-1963*, 1974)

1974

J.D. Beazley, *The Berlin Painter*, Mainz

W. Drack, *Die späte Hallstattzeit im Mittelland und im Jura*, in: *Ur- und Frühgeschichtliche Archäologie der Schweiz*, IV, Basel, 19 ff.

A. Duval-C. Eluère-J.-P. Mohen, *Les fibules antérieures au VIᵉ siècle av. notre ère trouvées en France*, Gallia 32, 161

B. Ford, *James Byres, Principal Antiquarian for the English Visitors to Rome*, Apollo, Juni, 446-461

B. Ford, *Thomas Jenkins, Banker, Dealer and Unofficial English Agent*, Apollo, Juni, 416-425

R.D. Gempeler, *Die etruskischen Kanopen*, Einsiedeln

P. Harbison-L.R. Laing, *Some Iron Age Mediterranean Imports in England*, Oxford (British Archaeological Reports, 5)

A. Jockenhövel, *Eine Bronzeamphore des 8. Jh.s v.Chr. in Gevelinghausen, Kr. Meschede (Sauerland)*, Germania 52, 16 ff., 25 ff.

I. Krauskopf, *Der thebanische Sagenkreis und andere griechische Sagen in der etruskischen Kunst*, Mainz

R. Lunz, *Studien zur End-Bronzezeit und älteren Eisenzeit im Südalpenraum*, Florenz

N. Parise, in *Dizionario Biografico degli Italiani (DBI)*, s.v. *Campana*, XVII, Rom, 349-355

V.I. Piljavskij, *L'Ermitage, l'histoire et l'architecture des Bâtiments*, Leningrad

F. Prayon, *Zum ursprünglichen Aussehen und zur Deutung des Kultraumes in der Tomba delle Cinque Sedie bei Cerveteri*, Marburger Winckelmanns-Programm 3-15

M. Praz, *Gusto neoclassico*, Mailand (3 Aufl.)

M. u. F. Py, *Les amphores étrusques de Vaunage et Villevieille (Gard)*, Mélanges d'Archéologie et d'Histoire de l'Ecole Française de Rome. Antiquité 86, 141-254

O. Terrosi Zanco, *Possibili antiche vie commerciali tra l'Etruria e la zona teramana*, in: *Aspetti e problemi dell'Etruria interna* (Atti dell'VIII Convegno Nazionale di Studi Etruschi ed Italici), Florenz, 162-167

P. Zazoff, *Zur Geschichte des Stosch'scen Steines*, Archäologischer Anzeiger, 466 ff.

1975

K. Alison, *The Story of Wedgwood*, London

J.M. Blázquez, *Tartessos y los orígenes de la colonización fenicia en Occidente*, Salamanca (2 Aufl.)

J. Boardman, *Athenian Red-Figured Vases. The Archaic Period*, London

G. Colonna, *Basi conoscitive per una storia economica dell'Etruria*, Istituto Italiano di Numismatica. Annali. Supplemento 22, [1977], 3 ff.

P. Coretti Irdi, in: *Studi sulla cronologia delle civiltà di Este e Golasecca*, Florenz, 157 ff.

Corpus delle urne volterrane di età ellenistica. 1, hrsg. v. M. Cristofani u.a.; 2, 1 (1977); 2, 2 (1986) hrsg. v. G. Cateni

M. Cristofani, *Considerazioni su Poggio Civitate (Murlo, Siena)*, Prospettiva 1, 9 ff.

M. Cristofani, *Statue-cinerario chiusine di età classica*, Rom

G. Fogolari, *La protostoria delle Venezie*, in *Popoli e Civiltà dell'Italia antica*, IV, Rom, 127 ff.

Galeria Sztuki Starozytnej Muzeum Narodowego w Warszawie. Przewodnik, Warschau

A. Giuliano, *Una oinochoe greco-orientale nel Museo di Villa Giulia*, Bollettino d'Arte 60, 165 ff.

R. Herbig, *Götter und Dämonen der Etrusker*, Mainz (2. Aufl.)

P. Mingazzini, in: *Archeologica. Scritti in onore di Aldo Neppi Modona*, Florenz, 387 ff.

M. Nielsen, *The Lid Sculptures of Volterrean Cinerary Urns*, Acta Instituti Romani Finlandiae 5, 323-325

C.E. Östenberg, *Case etrusche ad Acquarossa*, Rom

F.-H. Pairault-Massa, *Nouvelles études sur des urnes de Volterra*, Mélanges d'Archéologie et d'Histoire de l'Ecole Française de Rome. Antiquité 87, 213 ff.

J.A. Pfiffig, *Religio Etrusca*, Graz

C. Pfister Roesgen, *Die etruskischen Spiegel des 5. Jhs.-v. Chr.*, Bern-Frankfurt

F. Prayon, *Frühetruskische Grab- und Hausarchitektur*, Heidelberg

M. Torelli, *Elogia Tarquiniensia*, Florenz

1975-1976

F. Prayon, *L'oriente e la statuaria etrusca*, Colloqui del Sodalizio II, 5, [1977], 168 ff.

1976

Aspects de l'art des Etrusques (Ausstellungskat.), Pontoise

S. Boucher, *Recherches sur les bronzes figurés de la Gaule préromaine et romaine*, in: *Bibliothèques des Ecoles Françaises d'Athènes et de Rome*, 228, Paris-Rom

B. Bouloumié, *Les stamnoi étrusques de bronze trouvés en Gaule*, Latomus 37/1, 3-24

G. Colonna, *Scriba cum rege sedens*, in: *Mélanges offerts à Jacques Heurgon*, Rom

L'Etrusco arcaico (Atti del colloquio, Florenz 1974), Florenz (Biblioteca di Studi Etruschi, 10)

E. Fiumi, *Volterra etrusca e romana*, Pisa

M. Gras, *La pirateria tyrrhénienne en Mer Egée: mythe ou réalité?*, in: *Mélanges offerts à Jacques Heurgon*, Rom, 341 ff.

Ch. Hawkes-P.-M. Duval (Hrsg.), *Celtic Art in Ancient Europe - L'art celtique en Europe protohistorique*, London-New York-San Francisco

A. Hus, *Stendhal et les Etrusques*, in: *Mélanges offerts à Jacques Heurgon*, Rom, 436-469

C. Morigi Govi, *La Collezione etrusco-italica*, in: *Pelagio Palagi artista e collezionista* (Ausstellungskat.), Bologna

Padova preromana (Ausstellungskat.), Padua

M. Pallottino, *L'archeologia svedese in Italia e l'opera del Re Gustavo VI Adolfo*, in: *Svenska Institutet i Rom 1926-1976*, hrsg. v. C.E. Östenberg, Viterbo

M. Pallottino, in: *Mélanges offerts à Jacques Heurgon*, Rom, 771-777

Pelagio Palagi artista e collezionista (Ausstellungskat.), Bologna

R.A. Staccioli, in: *Mélanges offerts à Jacques Heurgon*, Rom, 961 ff.

Zabytki archeologiczne Zakladu Archeologii Sródziemnomorskiej Uniwersytetu Jagiellońskiego. Katalog, hrsg. v. M.L. Bernhard, Krakau

1977

L. Bonfante, *The Corsini Throne*, The Journal of the Walters Art Gallery 36, 111 ff.

L. Campani Gabellieri, *Viaggio di Corot in Toscana*, Rassegna Volterrana 42, 5-29

G. Colonna, *Nome gentilizio e società*, Studi Etruschi 45, 175 ff.

Corpus delle urne etrusche di età ellenistica. Urne volterrane 2. Il Museo Guarnacci, hrsg. v. M. Cristofani, II, Florenz

M. Cristofani-M. Martelli (Hrsg.), *Caratteri dell'ellenismo nelle urne etrusche*, Florenz

B. D'Agostino, *Tombe "principesche" dell'orientalizzante antico da Pontecagnano*, Monumenti Antichi, s.misc. II, 1

F. Delpino, in: *La civiltà arcaica di Vulci e la sua espansione* (Atti del X convegno di studi etruschi e italici, Grosseto-Roselle-Vulci 1975), Florenz, 173 ff.

P.- M. Duval, *Les Celtes*, Paris

K. Kilian, *Das Kriegergrab von Tarquinia*, Jahrbuch des Deutschen Archäologischen Instituts 92, 24-98

A. Neppi Modona, *Cortona etrusca e romana nella storia e nell'arte*, Florenz (2. Aufl.)

M. Pallottino, *Vasari e la chimera*, Prospettiva 8, 4-6

H.H. Scullard, *Le città etrusche e Roma*, Mailand (2. Aufl.)

M. Sprenger, *Die Etrusker. Kunst und Geschichte*, München

M. Torelli, *Il santuario di Gravisca*, La Parola del Passato 32, 398 ff.

H. Wrede, *Stadtrömische Monumente, Urnen und Sarkophage des Klinentypus in den beiden ersten Jahrhunderten n. Chr.*, Archäologischer Anzeiger, 395-431

1977-1978

P.N. Furbank, *E.M. Forster. A Life*, London (I: *The Growth of the Novelist*, 1977; II: *Polycrates' Ring*, 1978)

1978

G. Beard, *The Work of Robert Adam*, Edinburgh

A. Beijer, *Proposta per una suddivisione delle anfore a spirali*, Mededelingen van het Nederlands Instituut te Rome 40, 7 ff.

A. Boëthius, *Etruscan and Early Roman Architecture*, Harmondsworth

F. Boitani, *Le ceramiche decorate di importazione greco-orientale di Gravisca*, in: *Les céramiques de la Grèce de l'Est e leur diffusion en Occident*, Neapel, 216 ff.

G. Bordenache Battaglia-G. Monsagrati, in *Dizionario Biografico degli Italiani* (DBI), s.v. *Castellani*, XXI, Rom, 590-605

A. Carola Perrotti, *La porcellana della Real Fabbrica Ferdinandea*, Neapel

G. Colonna, *Archeologia dell'età romantica in Etruria: i Campanari di Toscanella e la tomba dei Vipinana*, Studi Etruschi 46, 81-117 (mit einem Anhang über "Le scoperte Campana a Cerveteri")

E. Colonna Di Paolo-G. Colonna, *Norchia*, I, Rom

M. Cristofani, *Sugli inizi dell'etruscheria: la pubblicazione del 'De Etruria Regali' di Thomas Dempster*, Mélanges d'Archéologie et d'Histoire de l'Ecole Française de Rome. Antiquité 90, 577-625

M. Cristofani, *Rapporto sulla diffusione della scrittura nell'Italia antica*, Scrittura e civiltà 2, 5-33

W. Dobrowolski, *The Drawings of Etruscan Tombs by Franciszek Smuglewicz and his Cooperation with James Byres*, Bulletin du Musée National de Varsovie 19, 97-119

P.-M. Duval, *Die Kelten*, München, 47 ff.

M. Egg, *Ein italischer Kammhelm aus Hallstatt*, Archäologisches Korrespondenzblatt 8, 37-40

M. Giuffrida, *La "pirateria etrusca" fino alla battaglia di Cuma*, Kokalos 24, 175 ff.

A.M. Giusti, in: *Il Museo dell'Opificio delle Pietre Dure*, Florenz-Mailand, 328

M. Hastings, *Sir Richard Burton, a Biography*, London

M. Martelli, *Un passo di Ugolino Verino, una collezione, un "castellum" etrusco*, Prospettiva 15, 12-18

M. Martelli Cristofani, *La ceramica greco-orientale in Etruria*, in: *Les céramiques de la Grèce de l'Est e leur diffusion en Occident*, Paris-Neapel, 150-212

M. Pallottino, *La langue étrusque. Problèmes et perspectives*, Paris

M. Pallottino-M. Pandolfini Angeletti (Hrsg.), *Thesaurus Linguae Etruscae, Primo Indice Lessicale*, Rom

A.L. Prosdocimi (Hrsg.), *Lingue e dialetti dell'Italia antica*, Rom (Popoli e civiltà dell'Italia antica 5)

J. Wilton-Ely, *The Mind and Art of G.B. Piranesi*, London

R. Woytowitsch, *Die Wagen der Bronze- und frühen Eisenzeit in Italien*, München (Prähistorische Bronzefunde, XVII, 1)

Z. Zygulski Jr., *Musée national de Cracovie. Collections Czartoryski. Histoire et pièces choisies*, Warschau

1978-1979

G. Gualandi, *Neoclassico e antico. Problemi e aspetti dell'archeologia nell'età neoclassica*, Ricerche di storia dell'arte 8, 5 ff.

1978-1980

F. Roncalli, *Osservazioni sui libri lintei etruschi*, Rendiconti della Pontificia Accademia Romana di Archeologia 50-52, [1982], 3-21

1979

Berlin und die Antike (Ausstelungskat.), Berlin

V. Bianco Peroni, *I rasoi nell'Italia continentale*, München (Prähistorische Bronzefunde, VIII, 2)

G. Bordenache Battaglia-A. Emiliozzi, *Le ciste prenestine, Corpus I*, Rom

B. Bouloumié, *Essai de classification du bucchero trouvé*

à Saint-Blaise (Fouilles H. Rolland), in: Le bucchero nero étrusque et sa diffusion en Gaule méridionale (Actes de la Table-Ronde d'Aix-en-Provence 1975), Brüssel (Collection Latomus, 160), 111 ff.

Le bucchero nero étrusque et sa diffusion en Gaule méridionale (Actes de la Table-Ronde d'Aix-en-Provence 1975), Brüssel (Collection Latomus, 160)

F. Canciani, Coppe "fenicie" in Italia, Archäologischer Anzeiger, 1-6

F. Canciani-F.von Hase, La tomba Bernardini di Palestrina, Rom

U. Fischer, Ein Grabhügel der Bronze- und Eisenzeit im Frankfurter Stadtwald, Frankfurt

H.-E. Joachim, Das Rheinische Landesmuseum Bonn, Berichte 1, Bonn

M. Martelli, Prime considerazioni sulla statistica delle importazioni greche in Etruria nel periodo arcaico, Studi Etruschi 47, 37 ff.

F. Moosleitner, Ein hallstattzeitlicher "Fürstensitz" am Hellbrunnerberg bei Salzburg, Germania 57, 53 ff.

H. Nothdurfter, Die Eisenfunde von Sanzeno, Berlin (Röm.-german. Forsch., 38)

M. Pallottino, Signa Adulterina, in: Saggi di Antichità, III, Rom, 1171-1192

G. Radke, Die Götter Altitaliens, Münster (2. Aufl.)

T. Rasmussen, Bucchero Pottery from Southern Etruria, Cambridge

F. Roncalli, Appunti sulle "urne veienti" a bauletto, in: Studi in onore di F. Magi, Perugia, 157-167

P. Stary, Feuerböcke und Bratspieße aus eisenzeitlichen Gräbern der Apennin-Halbinsel. Ein Beitrag zu den Jenseitsvorstellungen italischer Völker, Marburg (Kleine Schriften aus dem Vorgeschichtlichen Seminar Marburg, 5)

L.B. Van der Meer, Jecur Placentinum and the Orientation of the Etruscan Haruspex, Bulletin Antieke Beschaving 54, 49 ff.

O. Vasori, Disegni di antichità etrusche agli Uffizi, Studi Etruschi 47, 125 ff.

1980

L. Aigner Foresti, Der Ostalpenraum und Italien: Ihre kulturellen Beziehungen im Spiegel der anthropomorphen Kleinplastik aus Bronze des 7. Jhs. v.Chr., Florenz

C. Ampolo (Hrsg.), La città antica, Rom-Bari

W. Angeli, in: E. Lessing, Hallstatt, Bilder aus der Frühzeit Europas, München

M. Bonamici, Sui primi scavi di Luciano Bonaparte a Vulci, Prospettiva 21, 6-24

G. Bordenache Battaglia, Oreficerie Castellani, in: Il Museo Nazionale Etrusco di Villa Giulia, hrsg. v. G. Proietti, Rom, 319-348

B. Bouloumié, Recherches sur les importations étrusques en Gaule du VIIIᵉ au IVᵉ siècle avant J.-C., Paris

D. Buten, 18th Century Wedgwood, New York

G. Cipriani, Il mito etrusco nel rinascimento fiorentino, Florenz

G. Colonna, Graffiti etruschi in Linguadoca, Studi Etruschi 48, 181-185

G. Colonna, Problemi dell'archeologia e della storia di Orvieto etrusca, Annali della Fondazione per il Museo Claudio Faina 1, 43-58

G. Colonna, Rapporti artistici fra il mondo paleoveneto e il mondo etrusco, in: Este e la civiltà paleoveneta a cento anni dalle prime scoperte (Atti dell'XI Convegno dell'Istituto di Studi Etruschi ed Italici, Este-Padova 1979), Florenz, 177-190

G. Colonna, Riflessi dell'epos greco nell'arte degli Etruschi, in: L'epos greco in Occidente (Atti del XIX convegno di studi sulla Magna Grecia, Taranto 1980), Neapel, 303 ff.

B. D'Agostino, Grecs et "Indigènes" sur la côte Tyrrhénienne au VIIᵉ siècle. La trasmission des idéologies entre élites sociales, in: L'archéologie aujourd'hui, Paris, 207 ff. Dialoghi di Archeologia, N.S., 2 ("La formazione della città nel Lazio")

K. Dobiat, Das hallstattzeitliche Gräberfeld von Kleinklein und seine Keramik, Graz (Schild von Steier, Bei-

träge zur steirischen Vor-und Frühgeschichte und Münzkunde, Beiheft 1)

U. Fischer Graf, Spiegelwerkstätten in Vulci, Berlin

O.-H. Frey, Der Westhallstattkreis im 6. Jahrhundert v. Chr., in: Die Hallstattkultur. Frühform europäischer Einheit (Ausstellungskat.), Steyr, 80-116

M. Guarducci, La cosidetta fibula praenestina. Antiquari, eruditi e falsari nella Roma dell'Ottocento, Memorie dell'Accademia nazionale dei Lincei, Ser. 8, 24, 4, S. 413-574

Die Hallstattkultur. Frühform europäischer Einheit (Ausstellunggskat.), Steyr

A. Hus, Les Etrusques et leur destin, Paris

E. Lessing, Hallstatt, Bilder aus der Frühzeit Europas, Wien

I. Malinowska, Dekoracja malarska Gabinetu Etruskiego w Muzeum Wilanowskim, Studia Wilanowskie 6, 83-101

M. Martelli, in: Palazzo Vecchio: committenza e collezionismo medici, 1537-1610 (Ausstellungskat.), Florenz, 30-31, 35, 39-40

M. Martelli, Il mito Etrusco nel principato mediceo: nascita di una coscienza critica in: Le arti del principato mediceo, Florenz, 1 ff.

A. Miobedzki, Architektura polska XVII wieku, Warschau

G. Proietti (Hrsg.), Il Museo Nazionale Etrusco di Villa Giulia, Rom

A. Prosdocimi, Le necropoli euganee ed una tomba della Villa Benvenuti in Este, Bollettino di Paletnologia Italiana, 91 ff.

F. Roncalli, Carbasinis voluminibus implicati libri. Osservazioni sul liber linteus di Zagabria, Jahrbuch des Deutschen Archäologischen Instituts 95, 227 ff.

K. Sagar, The Life of D.H. Lawrence, London

A. Rathje, Silver Reliefs Bowls from Italy, Analecta Romana Instituti Danici 9, 7-20

1981

L. Bonfante, The Corsini Throne and a Man in the Pot, in: Coins, Culture and History in the Ancient World, Numismatic and other Studies in Honor of B.L. Trell, Detroit, 105 ff.

B. Bouloumié, Le vin étrusque et la première hellénisation du Midi de la Gaule, Revue archéologique de l'Est et du Centre-Est 32, [1982], I, 75-81 ("Etudes J.-J.Hatt")

P. Bruschetti, Una singolare edizione delle Tavole di Gubbio, Cortona (Accademia Etrusca. Note e Documenti, 10)

G. Colonna, in: L'Etruria Mineraria (Atti del XII convegno di studi etruschi e italici, Florenz-Populonia-Piombino 1979), Florenz, 443 ff.

M. Cristofani, Il cratere François nella storia dell'archeologia "romantica", Bollettino d'Arte, serie speciale, 11-23

L'Etruria Mineraria (Atti del XII convegno di studi etruschi e italici, Florenz-Populonia-Piombino 1979), Florenz

Die Göttin von Pyrgi, Florenz (Biblioteca di Studi Etruschi, 12)

F.W. von Hase, Zum Beginn des Fernhandels von und nach Etrurien unter besonderer Berücksichtigung der frühesten mittelitalischen Funde in Griechenland, in: Die Aufnahme fremder Kultureinflüsse in Etrurien und das Problem des Retardierens in der etruskischen Kunst (Schriften des Deutschen Archäologen-Verbandes, V) Mannheim, 9 ff.

S. Haynes, Die Tochter des Augurs. Aus dem Leben der Etrusker, Mainz

M. Lejeune, Un nom étrusque de l'alphabet?, Revue des Etudes Latines 59, 77 ff.

F. Lo Schiavo, Osservazioni sul problema dei rapporti fra Sardegna ed Etruria in età nuragica, in: L'Etruria Mineraria (Atti del XII convegno di studi etruschi e italici, Florenz-Populonia-Piombino 1979), Florenz, 299-314

J. Maluquer de Motes (-M.E. Aubet), Andalucía y Estremadura, Barcelona, 321-323

M. Martelli, in: L'Etruria Mineraria (Atti del XII convegno di studi etruschi e italici, Firenze-Populonia-Piombino 1979), Florenz, 399 ff.

Materiali per servire alla storia del vaso François, Bollettino d'Arte, serie speciale

J.P. Morel, Le commerce étrusque en France, en Espagne et en Afrique, in: L'Etruria Mineraria (Atti del XII convegno di studi etruschi e italici, Florenz-Populonia-Piombino 1979), Florenz, 464-508

H. Philipp, Bronzeschmuck aus Olympia, Berlin

G. Proietti, in: Prima Italia, Roma, p. 224

G. Radke, Viae publicae Romanae, Bologna

F. Roncalli, Die Tracht des Haruspex als frühgeschichtliches Relikt in historischer Zeit, in: Die Aufnahme fremder Kultureinflüsse in Etrurien und das Problem des Retardierens in der etruskischen Kunst, (Schriften des Deutschen Archäologen-Verbandes, V), Mannheim, 124-132

P.F. Stary, Zur eisenzeitlichen Bewaffnung und Kampfesweise in Mittelitalien, Mainz

M. Torelli, Il commercio greco in Etruria tra l'VIII ed il VI secolo a.C., in: Il commercio greco nel Tirreno in età arcaica, Salerno, 67 ff.

Vitruv, Vitruvii De Architectura Libri Decem (1. Jh. v. Chr.), hrsg. v. K. Fensterbusch, Darmstadt

1981-1991

G. Schiller, Ikonographie der christlichen Kunst, Gütersloh

1982

L. Agostiniani, Le "iscrizioni parlanti" dell'Italia antica, Florenz

B. Bouloumié, L'épave étrusque d'Antibes et le commerce en Méditerranée occidentale au VIᵉ siècle av. J.-C., Marburg (Kleine Schriften aus dem Vorgeschichtlichen Seminar Marburg 10)

D. von Bothmer, in: The Vatican Collections. The Papacy and Art, New York, p. 190

A. Comella, Il deposito votivo presso l'Ara della Regina, Rom

W. Culican, Cesnola Bowl 4555 and Other Phoenician Bowls, Rivista di Studi Fenici 10, 13-32

J.M. Dentzer, Le Motiv du Banquet couché dans le Proche Orient e le monde grec du VIIᵉ au VIᵉ siècle av. J.C., Paris

J. Dular, Halstatska Keramika v Sloveniji, Dela SAZU 23, Ljubljana

P.-M. Duval-V. Kruta (Hrsg.), L'art celtique de la période d'expansion, IVᵉ et IIIᵉ siècles avant notre ère, Genf-Paris

A.E. Feruglio (Hrsg.), Pittura Etrusca a Orvieto, (Ausstellungskat.), Orvieto

M. Grant, Le città e i metalli. Società e cultura degli Etruschi, Florenz

Guida alla città etrusca e al Museo di Marzabotto, Bologna

N.B. Hartmann, Iron-Working in Southern Etruria in Ninth and Eighth Centuries B.C., Ann Arbor

M.C. Hellmann, Envois de Rome et archéologie grecque, in Paris-Rome-Athènes, Les voyages en Grèce des architectes français aux XIXᵉ e XXᵉ siècles, (Ausstellungskat.), Paris

U. Höckmann, Die Bronzen aus dem Fürstengrab von Castel San Mariano bei Perugia, München, Katalog der Bronzen I

G. Koch, Römische Sarkophage, in: Handbuch der Archäologie, München

G. Kossack, Früheisenzeitlicher Gütertausch, Savaria 16, 95-112

A. Maggiani, Qualche osservazione sul Fegato di Piacenza, Studi Etruschi 50, [1984], 53-88

J. Ogoen, Jewellery of the Ancient World, London

A. Ottani Cavina, Il Settecento e l'antico, in: Storia dell'arte italiana, II, 2. Teil, Turin, 599-655

P. Parrini u.a., Etruscan Granulation, Analysis of Orientalizing Jewelry from Marsiliana d'Albegna, American Journal of Archaeology 86, 118-121

Pittura Etrusca a Orvieto, (Ausstellungskat.) hrsg. v. A.E. Feruglio, Orvieto

B.B. Shefton, *Greeks and Greek Imports in the South of the Iberian Peninsula*, Phönizier im Westen, hrsg. v. H.G. Niemeyer, Mainz, 337-370

C. Rolley, *Les vases de bronze de l'archaïsme récent en Grande Grèce*, Centre Jean Bérard, Institut Français de Naples, Neapel

M. Torelli, *Per una definizione del commercio greco-orientale: il caso di Gravisca*, in: *I Focei dall'Anatolia all'oceano* (Atti del Convegno, Neapel 1981), La Parola del Passato 37, 304 ff.

1982-1984

G. Maetzke, *Il santuario etrusco italico di Castelsecco (Arezzo)*, Rendiconti della Pontificia Accademia Romana di Archeologia 55-56, [1985], 35 ff.

1983

C.W. Beck, *Der Bernsteinhandel: Naturwissenschaftliche Gesichtspunkte*, Savaria 16, 11 ff.

A. Bocquet, *Aperçu sur les rapports entre les Alpes et l'Italie*, in: *Congrès national des Sociétés Savantes*, Grenoble

B. Bouloumié, *Le vin étrusque*, Quaderni della Scuola di Specializzazione in viticoltura ed enologia'' (Università von Turin), 7, 165-188

B. Bouloumié, *Le vin et la mort chez les "Princes" celtes*, in: *L'imaginaire du vin*, Colloque pluridisciplinaire (Dijon 1981), Marseille, 15-24

B. Bouloumié, *Remarques sur la diffusion d'objets grecs et étrusques en Europe centrale et nord-occidentale (Nord-Süd-Beziehungen*, Intern. Kolloquium Bozsok-Szombathely), Savaria 16, 181-192

G. Colonna, Studi Etruschi 51, [1985], 236-238, REE Nr. 47

M. Cristofani, *La scoperta degli Etruschi: Archeologia e antiquaria nel '700*, Rom

M. Cristofani-M. Martelli (Hrsg.), *L'oro degli Etruschi*, Novara

B. D'Agostino, *L'immagine, la pittura e la tomba nell'Etruria arcaica*, Prospettiva 32, 2 ff.

J.P. Descoeudres-R. Kearsley, *Greek Pottery at Veii: Another Look*, British School of Athens 78, 9 ff.

K. Düwel, *Runenkunde*, Stuttgart (1. Aufl. 1968)

F. Fay-Hallé-B. Mundt, *La porcelaine européenne au XIXᵉ siècle*, Fribourg

A. Guidi, *Scambi tra la cerchia hallstattiana orientale e il mondo a sud delle Alpi nel VII secolo a.C.*, Marburg (Kleine Schriften aus dem Vorgeschichtlichen Seminar Marburg, 13)

H.-V. Herrmann, *Altitalisches und Etruskisches in Olimpia*, Annuario della Scuola Archeologica di Atene'' (Ann. Sc. At.) 61, [1984], 271 ff.

L'immagine dell'antico fra Settecento e Ottocento. Libri di archeologia nella Biblioteca Comunale dell'Archiginasio, (Ausstellungskat.), Bologna

W. Kimmig, *Die griechische Kolonisation im westlichen Mittelmeergebiet und ihre Wirkung auf die Landschaften des westlichen Mitteleuropa* (Erste Th.-Mommsen-Vorlesung, 1982), Mainz

M. Martelli, *Il "Marte" di Ravenna*, Xenia 6, 25-36

A. Morandi, *Le pitture della Tomba del Cardinale*, (Monumenti della Pittura Antica scoperti in Italia, fasc. VI), Rom

G.C. Munn, *Les bijoutiers Castellani et Giuliano*, Fribourg

A.L. Prosdocimi, *Puntuazione sillabica e insegnamento della scrittura nel venetico e nelle fonti etrusche*, AION. Linguistica 5, 75-126

E.H. Richardson, *Etruscan Votive Bronzes; Geometric, Orientalizing, Archaic*, Mainz

F. Roncalli, *Etrusco Cver-Cvera = greco* Αγαλμα, La Parola del Passato 38, 288-300

Gli Uffizi, quattro secoli di una Galleria (Convegno internazionale di studi, fonti e documenti), Florenz

I. Wehgartner, *Attisch Weißgrundige Keramik*, Mainz

J. Wolters, *Die Granulation. Geschichte und Technik einer alten Goldschmiedekunst*, München

1983-1984

M. Cristofani, *Vasari e le antichità*, Prospettiva 33-36, 367 ff.

1984

A.-M. Adam, *Bronzes étrusques et italiques de la Bibliothèque Nationale*, Paris

M. Bonghi Jovino (Hrsg.), *Ricerche a Pompei. L'insula 5 della Regio VI dalle origini al 79 d.C.*, Rom

A.M. Brizzolara, *La commissione ausiliaria di Antichità e Belle Arti*, in: *Dalla Stanza delle Antichità al Museo Civico. Storia della formazione del Museo Civico Archeologico di Bologna*, (Ausstellungskat.) hrsg. v. C. Morigi Govi u. G. Sassatelli, Bologna

G. Camporeale, *La caccia in Etruria*, Rom

G.L. Carancini, *Le asce nell'Italia continentale*, II, München (Prähistorische Bronzefunde, IX, 12)

G. Colonna, *Le copie ottocentesche delle pitture etrusche e l'opera di Carlo Ruspi*, in: *Dalla Stanza delle Antichità al Museo Civico. Storia della formazione del Museo Civico Archeologico di Bologna*, (Ausstellungskat.) hrsg. v. C. Morigi Govi u. G. Sassatelli, Bologna, 375 ff.

G. Colonna, *La cultura scientifica a Roma 1870-1911*, in: *Roma Capitale 1870-1911*, (Ausstellungskat.), 69 ff.

G. Colonna-F.-W. von Hase, *Alle origini della statuaria etrusca: La tomba delle statue presso Ceri*, Studi Etruschi 52, [1986], 13-59

M. Cristofani (Hrsg.), *Gli Etruschi. Una nuova immagine*, Florenz

M. Cristofani, *Nuovi spunti sul tema della talassocrazia etrusca*, Xenia 8, 3 ff.

Dalla Stanza delle Antichità al Museo Civico. Storia della formazione del Museo Civico Archeologico di Bologna, (Ausstellungskat.) hrsg. v. C. Morigi Govi u. G. Sassatelli, Bologna

A. Dawson, *Masterpieces of Wedgwood in the British Museum*, London

F. Delpino, *Sulla presenza di oggetti enotri in Etruria: la Tomba Poggio Impiccato 6 di Tarquinia*, in: *Studi di antichità in onore di Guglielmo Maetzke*, Rom, 257 ff.

L. Donati, *Un nuovo tipo di coperchio antropoide a Saturnia*, in: *Studi di antichità in onore di Guglielmo Maetzke*, Rom, 273 ff.

M.A. Fugazzola Delpino, *La cultura villanoviana: guida ai materiali della prima età del ferro del Museo di Villa Giulia*, Rom

F.W. von Hase, *Die goldene Prunkfibel aus Vulci, Ponte Sodo*, Jahrbuch des Römisch-Germanischen Zentralmuseums Mainz 31, 247-304

J.M. Hemelrijk, *Caeretan Hydriae*, Mainz

P.H.G. Howes Smith, *Bronze Ribbed Bowls from Central Italy and Etruria Import and Imitation*, Bulletin Antieke Beschaving 59/2, 73 ff.

J.R. Jannot, *Les reliefs archaïques de Chiusi*, Rom

I. Krauskopf, in: LIMC, IV, s.v. *Eros*

A. Maggiani-E. Simon, *Il pensiero scientifico e religioso*, in: *Gli Etruschi. Una nuova immagine*, hrsg. v. M. Cristofani, Florenz, 136 ff.

T. Malinowski, *Kontakte polnischer Gebiete mit Mittelmeerküstenräumen in der Bronze- und Früheisenzeit*, Münstersche Beiträge zur antiken Handelsgeschichte 3, 2, S. 18-42

C. Morigi Govi-G. Sassatelli (Hrsg.), *Dalla Stanza delle Antichità al Museo Civico. Storia della formazione del Museo Civico Archeologico di Bologna*, (Ausstellungskat.), Bologna

G.C. Munn, *Castellani and Giuliano*, Fribourg

F. Nicosia, *Introduzione*, in: *Cento preziosi etruschi*, Florenz, VII-XVI

Gli ori di Taranto, Mailand

B. Origo Crea (Hrsg.), *Etruria Svelata. I disegni di Samuel James Ainsley nel British Museum*, mit einem Beitrag von M. Pallottino und einer Notiz von S. Haynes, Rom

The Painter as Printmaker, (Ausstellungskat.) hrsg. v. S.W. Reed u. B.S. Shapiro (Boston-Philadelphia), Boston

M. Pallottino, *Etruscologia*, Mailand (7. Aufl.)

M. Pallottino-M. Pandolfini Angeletti (Hrsg.), *Thesaurus Linguae Etruscae, Primo Indice Lessicale, supplemento*, Rom

A.L. Prosdocimi, *Le Tavole Iguvine*, I, Florenz

S.W. Reed-B.S. Shapiro (Hrsg.), *The Painter as Printmaker*, (Ausstellungskat., Boston-Philadelphia), Boston

E. Richardson, *The Lady at the Fountain*, in: *Studi di antichità in onore di G. Maetzke*, II, Rom, 451 ff.

D. Ridgway, *L'alba della Magna Grecia*, Mailand

H. Rix, *La scrittura e la lingua*, in: *Gli Etruschi. Una nuova immagine*, hrsg. v. M. Cristofani, Florenz, 210 ff.

G. Sassatelli, *La "Galleria della pittura etrusca" nel salone X*, in: *Dalla Stanza delle Antichità al Museo Civico. Storia della formazione del Museo Civico Archeologico di Bologna*, (Ausstellungskat.) hrsg. v. C. Morigi Govi u. G. Sassatelli, Bologna, 365 ff.

M. Scarpignato, *Sulle collezioni Feoli e Candelori: contributo alla conoscenza delle oreficerie vulcenti e del collezionismo ottocentesco*, Bollettino dei Monumenti, Musei e Gallerie Pontificie 5, 13-31

Secondo Congresso Internazionale Etrusco. Atti (Florenz 1985), Bd. 13, Rom

S. Sievers, *Die Kleinfunde der Heuneburg*, Berlin (Röm.-german. Forsch., 42)

J. Steingräber, *Catalogo ragionato della pittura etrusca*, Mailand

M. Torelli-M. Cristofani, *La società e lo stato*, in: *Gli Etruschi. Una nuova immagine*, hrsg. v. M. Cristofani, Florenz, 101 ff.

K. Türr, *Fälschungen antiker Plastik seit 1800*, Berlin

1985

L'Accademia Etrusca, (Ausstellungskat.), hrsg. v. P. Barocchi u. D. Gallo (Cortona), Florenz-Mailand

E. Barni-G. Paolucci, *Archeologia e antiquaria a Chiusi nell'Ottocento*, Mailand

P. Barocchi-D. Gallo (Hrsg.), *L'Accademia Etrusca*, (Ausstellungskat.) (Cortona), Florenz-Mailand

M. Barresi, *Trattatistica architettonica e ordine tuscanico*, in: G. Morolli, *"Vetus Etruria". Il mito degli Etruschi nella letteratura architettonica, nell'arte e nella cultura da Vitruvio a Winckelmann*, Florenz, 293 ff.

J.-C. Bessac-B. Bouloumié, *Les stèles de Glanum et de Saint-Blaise et les sanctuaires préromains du Midi de la Gaule*, Revue archéologique de Narbonnaise 18, 127-187

Bibliotheca Etrusca. Fonti letterarie e figurative tra XVIII e XIX secolo nella Biblioteca dell'Istituto Nazionale di Archeologia e Storia dell'Arte, (Ausstellungskat.) hrsg. v. G. Morghen, Mailand

P. Bocci Pacini-A. Maggiani, *Una particolare idria a figure nere del Museo Archeologico di Firenze*, Bollettino d'Arte 70, 2, S. 49-54

P. Bocci Pacini-P. Zamarchi Grassi, *La collezione archeologica nel Museo dell'Accademia Etrusca a Cortona*, Accademia Etrusca di Cortona. Annuario 21 [1984], 128 ff.

F. Boitani, in: *Civiltà degli Etruschi*, (Ausstellungskat.) hrsg. v. M. Cristofani, Florenz-Mailand, 181-185

G.F. Borsi, *L'Etruscan Taste*, in: *La Fortuna degli Etruschi*, (Ausstellungskat.) hrsg. v. G.F. Borsi, Mailand, 74-79

G.F. Borsi (Hrsg.), *La Fortuna degli Etruschi*, (Ausstellungskat.), Mailand

G.F. Borsi, *Piranesi e il mito etrusco*, in: *La Fortuna degli Etruschi*, (Ausstellungskat.) hrsg. v. G.R. Borsi, Mailand, 59-73

B. Bouloumié, *Les vases de bronze etrusques et leur diffusion hors d'Italie*, in: *Il commercio etrusco arcaico* (Atti dell'incontro di studio, Rom 1983), Rom (Quaderni del Centro di Studio per l'archeologia etrusco-italica), 167-178

F. Buranelli, *L'urna Calabresi di Cerveteri*, Rom, 43

G. Camporeale, *La cultura dei "principi"*, in: *Civiltà degli Etruschi*, (Ausstellungskat.) hrsg. v. M. Cristofani, Florenz-Mailand, 78-84

G. Camporeale (Hrsg.), *L'Etruria mineraria*, (Ausstellungskat.) (Portoferraio-Populonia-Massa Marittima), Florenz-Mailand

A. Carandini (Hrsg.), *La romanizzazione dell'Etruria. Il territorio di Vulci*, (Ausstellungskat), Florenz-Mailand

ALLGEMEINE BIBLIOGRAPHIE

A. Carola Perrotti, *Domenico Venuti e i rinvenimenti vascolari di Sant'Agata dei Goti: prime notizie sugli scavi e sui restauri*, Accademia Etrusca di Cortona. Annuario 21 [1984], 279 ff.

G. Colonna (Hrsg.), *Santuari d'Etruria*, (Ausstellungskat.), Florenz-Mailand

Il commercio etrusco arcaico (Atti dell'incontro di studio, Rom 1983), Rom (Quaderni del Centro di Studio per l'archeologia etrusco-italica)

M.L. Conforto-S.Pannella, in: *Roma Antiqua. "Envois" degli architetti francesi (1788-1924). L'area archeologica centrale*, (Ausstellungskat.), Rom, 258-291

M. Cristofani (Hrsg.), *I bronzi degli Etruschi*, Novara

M. Cristofani (Hrsg.), *Civiltà degli Etruschi*, (Ausstellungskat.), Florenz-Mailand

M. Cristofani, *Il cosiddetto specchio di Tarchon: un recupero e una nuova lettura*, Prospettiva 41, 4 ff.

M. Cristofani-M. Martelli, in: *L'Etruria mineraria*, (Ausstellungskat.) hrsg. v. G. Camporeale (Portoferraio-Populonia-Massa Marittima), Florenz-Mailand, 84 ff.

F. Delpino, *Cronache Veientane. Storia delle ricerche archeologiche a Veio. I. Dal XIV alla metà del XIX secolo*, Rom

L'Etruria mineraria, (Ausstellungkat.) hrsg. v. G. Camporeale (Portoferraio-Populonia-Massa Marittima), Florenz-Mailand

K. Földes-Papp, *Dai graffiti all'alfabeto. La storia della scrittura*, Mailand

E. Formigli, *Tecniche dell'oreficeria etrusca e romana. Originali e falsificazioni*, Florenz

La Fortuna degli Etruschi, (Ausstellungskat.) hrsg. v. G.F. Borsi, Mailand

M. Gras, *Trafics tyrrhéniens archaïques*, Rom

S. Haynes, *Etruscan Bronzes*, London

G. Krämer, *Die Vollgriffschwerter in Österreich und der Schweiz*, München (Prähistorische Bronzefunde IV, 10), 35 ff.

A. Maggiani (Hrsg.), *Artigianato artistico in Etruria*, (Ausstellungskat.), Florenz-Mailand

E. Mangani, in: *Artigianato artistico in Etruria*, hrsg. v. A. Maggiani, Florenz-Mailand, 167 ff.

M. Martelli, *I luoghi e i prodotti dello scambio*, in: *Civiltà degli Etruschi*, (Ausstellungskat.) hrsg. v. M. Cristofani, Florenz-Mailand, 175-181

G. Morghen (Hrsg.), *Bibliotheca Etrusca. Fonti letterarie e figurative tra XVIII e XIX secolo nella Biblioteca dell'Istituto Nazionale di Archeologia e Storia dell'Arte*, (Ausstellungskat.), Mailand

G. Morolli, *Dal tempio etrusco all'ordine tuscanico: le origini mitiche dell'arte edificatoria nella trattatistica architettonica*, in: *La Fortuna degli etruschi*, (Ausstellungskat.) hrsg. v. G.F. Borsi, Mailand, 82-101

G. Morolli, *"Vetus Etruria". Il mito degli Etruschi nella letteratura architettonica, nell'arte e nella cultura da Vitruvio a Winckelmann*, Florenz

M. Pallottino-M. Pandolfini Angeletti (Hrsg.), *Thesaurus Linguae Etruscae, Primo Indice Lessicale, Ordinamento inverso dei lemmi*, Rom

G. Pianu, *I luoghi della cultura figurativa*, in: M. Torelli, *L'arte degli Etruschi*, Rom-Bari, 269 ff.

F. Prinzi, *Viaggi e viaggiatori in Etruria nei secoli XVIII e XIX*, in: *Bibliotheca Etrusca. Fonti letterarie e figurative tra XVIII e XIX secolo nella Biblioteca dell'Istituto Nazionale di Archeologia e Storia dell'Arte*, (Ausstellungskat.) hrsg. v. G. Morghen, Mailand, 119-146

M. Py, *Les amphores étrusques de Gaule méridionale*, in: *Il commercio etrusco arcaico* (Atti dell'incontro di studio, Rom 1983), Rom (Quaderni del Centro di Studio per l'archeologia etrusco-italica), 73-94

M.G. Rak, *Il modello etrusco: falso e moda nelle arti applicate nel tardo Settecento e il primo Ottocento*, in: *Bibliotheca Etrusca. Fonti letterarie e figurative tra XVIII e XIX secolo nella Biblioteca dell'Istituto Nazionale di Archeologia e Storia dell'Arte*, (Ausstellungskat.) hrsg. v. G. Morghen, Mailand 147-191

F. Roncalli (Hrsg.), *Scrivere etrusco*, Mailand

F. Roncalli, *Storia delle scoperte e della ricerca*, in: *Etruskische Wandmalerei*, hrsg. v. S. Steingräber, Stuttgart-Zürich 28-32

K. Sagar, *D.H.Lawrence: Life into Art*, London

Santuari d'Etruria, (Ausstellungskat.) hrsg. v. G. Colonna, Florenz-Mailand

M. Scarpignato, *Oreficerie etrusche arcaiche*, Rom

S. Stopponi (Hrsg.), *Case e palazzi d'Etruria*, Florenz-Mailand

J.P. Thuillier, *Les jeux athlétiques dans la civilization étrusque*, Rom

M. Torelli, *I duodecim populi Etruriae*, Annali della Fondazione per il Museo Claudio Faina 2, 37-53

B. Van De Walle, *Emile de Meester de Ravestein (1813-1889)*, in: *Liber Memorialis 1835-1985*, Brüssel, 149-155

Volsinii e le dodecapodi etrusche (Atti del Convegno, Orvieto 1983), Annali della Fondazione per il Museo Claudio Faina 2

M. Willaume, *Le Berry à l'Age du fer*, British Archaeological Reports International Series, 247

1985-1986

S. Fatti, *Notizie e considerazioni sul cinerario bronzeo perugino dell'Ermitage*, Annali della Facoltà di Lettere e Filosofia dell'Università di Perugia. Studi Classici 23, N.S. 9, 141-151

1986

A. Andrèn, *Deeds and Misdeeds in Classical Art and Antiquities*, Partille

Architettura etrusca nel Viterbese, Ricerche svedesi a San Giovenale e Acquarossa 1956-1986, Rom

M. Bonghi Jovino (Hrsg.), *Gli Etruschi di Tarquinia*, (Ausstellungskat., Mailand), Modena

B. Bouloumié, *Vases de bronze du service du vin*, in: *Italian Iron Age Artefacts in the British Museum. Papers of the Sixth British Museum Classical Colloquium* (1984), London, 63-79

G. Camporeale, *Presenze hallstattiane nell'orientalizzante vetuloniese*, Studi Etruschi 54, [1988], 3-14

G. Camporeale, *Vita privata*, in: *Rasenna. Storia e civiltà degli Etruschi*, Mailand, 239-308

G. Colonna, *Il bicchiere con iscrizione da Castelletto Ticino e l'adozione della scrittura nell'Italia nordoccidentale, 2. L'iscrizione*, Studi Etruschi 54, [1988], 130-159

G. Colonna (IIrsg.), *Tuscania*, Siena

G. Colonna, *Urbanistica e architettura*, in: *Rasenna. Storia e civiltà degli Etruschi*, Mailand, 371-530

M. Cristofani, *Economia e Società*, in: *Rasenna. Storia e civiltà degli Etruschi*, Mailand, 77-156

B. Cunliffe, *Greeks, Romans and Barbarians. Spheres of Interaction*, London

K. de Kersauson, *Catalogue des portraits romains*, I, Paris

M. Egg, *Italische Helme*, in: *Römisch-germanisches Zentralmuseum*, Monographien 11, Mainz

Gli Etruschi di Tarquinia, (Ausstellungskat.) hrsg. v. M. Bonghi Jovino (Mailand), Modena

Filippo Buonarroti e la cultura antiquaria sotto gli ultimi Medici, (Ausstellungskat.) hrsg. v. D. Gallo, Florenz

D. Gallo (Hrsg.), *Filippo Buonarroti e la cultura antiquaria sotto gli ultimi Medici*, (Ausstellungskat.), Florenz

M. Gambari-G. Colonna, *Il bicchiere con iscrizione arcaica da Castelletto Ticino e l'adozione della scrittura nell'Italia nord-occidentale*, Studi Etruschi 54, [1988], 119-164

I. Krauskopf, in LIMC III, s.v. *Charu(n)*, Zürich-München, 225 ff.

K. Kromer, *Das östliche Mitteleuropa in der frühen Eisenzeit (7.-5. Jh. v. Chr.) - seine Beziehungen zu den Steppenvölkern und antiken Hochkulturen*, Jahrbuch des Römisch-Germanischen Zentralmuseums Mainz 33, 21-93

V. Kruta, *Le corail, le vin et l'arbre de vie: Observations sur l'art et la religion des Celtes du Vᵉ au Iᵉʳ siècle avant J.-C.*, Etudes Celtiques 23, 26 ff.

F. Lo Schiavo, *L'età dei nuraghi*, in: *Il Museo Sanna in Sassari*, Mailand-Sassari

A. Maggiani, *La divination oraculaire en Etrurie*, Caesarodunum, Ergh. 56, 6 ff.

O. Montelius, *Dating in the Bronze Age with Special Reference to Scandinavia*, Kungl. Vitterhets Historie och Antikvitetsakademien (engl. Übersetz. der Schwedischen Ausgabe von 1885)

G. Morolli, *"Le membra degli Ornamenti"; Sussidiario illustrato degli ordini architettonici [...]*, Florenz

The Painting of Benjamin West, London

M. Pallottino, *I documenti scritti e la lingua*, in: *Rasenna. Storia e civiltà degli Etruschi*, Mailand, 311-367

M. Pallottino, Vjesnik, Ser. 3, 1 ff.

O. Paoletti, *Una coppa geometrica euboica da Tarquinia*, Archäologischer Anzeiger, 407-414

E. Paschinger, *Zur Ikonographie der Malereien im Tumulusgrab von Kizilbel aus etruskologischer Sicht*, Österreichische Jahreshefte 56, Beiblatt 1-48

H. Polenz, *Hallstattzeitliche "Fremdlinge" in der Mittelgebirgszone nördlich der Mainlinie*, Marburger Studien zur Vor- und Frühgeschichte 7, 213-247 (Gedenkschrift für G. von Merhart zum 100. Geburtstag)

G. Postel, *De Etruriae regionis originibus, institutis, religione et moribus*, hrsg. v. G. Cipriani, Rom

G. Pucci, *Antichità e manifatture: un itinerario*, in: *Memoria dell'antico nell'arte italiana*, III, Turin, 253-292

F. Roncalli, *L'arte*, in: *Rasenna. Storia e civiltà degli Etruschi*, Mailand, 533-676

N.J. Spivey-T.S. Rasmussen, *Dioniso e i pirati nel Toledo Museum of Art*, Prospettiva 44, 2 ff.

N. Thomson de Grummond, *Rediscovery*, in: *Etruscan Life and Afterlife*, hrsg. v. L. Bonfante, Warminster, 18 ff.; Detroit, 36-37

M. Torelli, *La storia*, in: *Rasenna. Storia e civiltà degli Etruschi*, Mailand, 15 ff.

R. Wünsche, in: *Ein griechischer Traum, Leo von Klenze der Archäologe*, (Ausstellungskat.), München, 71 ff.

1987

R. Adam (Hrsg.), *Répertoire des importations étrusques et italiques en Gaule*, Tours, Ergh. Caesarodunum 57

M.P. Baglione, *Il santuario del Portonaccio a Veio: precisazioni sugli scavi Stefani*, Scienze dell'Antichità I, 381-417

G. Barbieri, in: *L'alimentazione nel mondo antico*, Rom, 144

G. Bartoloni (Hrsg.), *Le urne a capanna rinvenute in Italia*, Rom

S. Bedford, *Aldous Huxley. A Biography*, London

G. Bermond Montanari, *L'arte delle situle*, in: *La formazione della città in Emilia Romagna* (Ausstellungskat. II, Bologna), Bologna, 69-70

G. Bermond Montanari (Hrsg.), *La formazione della città in Emilia Romagna*, (Ausstellungskat. II, Bologna), Bologna

H. Blanck-C. Weber-Lehmann (Hrsg.), *Malerei der Etrusker in Zeichnungen des 19. Jahrhunderts*, (Ausstellungskat., Köln, Mainz

B. Bouloumié, *Le rôle des Etrusques dans la diffusion des produits étrusques et grecs en milieu préceltique et celtique*, in: F. Fischer-B. Bouloumié-Ch. Lagrand, *Hallstatt-Studien, Tübinger Kolloquium zur westeuropäischen Hallstattzeit, Acta Humaniora*, Weinheim, 20-43

P. Bruschetti, *Gemme del Museo dell'Accademia Etrusca di Cortona*, Accademia Etrusca di Cortona. Annuario 22, [1985-86], 7-70

F. Buranelli, *Carlo Ruspi, Restaurator und Künstler-Archäologe*, in: *Malerei der Etrusker in Zeichnungen des 19. Jahrhunderts*, (Ausstellungskat.) hrsg. v. H. Blanck-C. Weber-Lehmann (Köln), Mainz, 42-47

F. Buranelli (Hrsg.), *La tomba François di Vulci* (Ausstellungskat., Città del Vaticano), Rom

L. Calzavara Capuis, *Rapporti culturali veneto-etruschi nella prima età del ferro*, in: *Gli Etruschi a nord del Po*, hrsg. v. R. De Marinis, I, Mantua, 90-102

M. Cataldi Dini, *La tomba dei Demoni Azzurri*, in: *Tarquinia: ricerche, scavi e prospettive* (Atti del Colloquio, Mailand), hrsg. v. M. Bonghi Jovino e C. Chiaramonte Treré, Mailand, 37-57

G. Colonna, *Il maestro dell'Ercole e della Minerva. Nuova luce sull'attività dell'officina veiente*, Opuscula Romana 16, 7 ff. (Lectiones Boëthianae VI)

G. Colonna, *Note preliminari sui culti del santuario del*

Portonaccio a Veio, Scienze dell'Antichità 1, 419-446

M. Cristofani, *Ancora sul cosiddetto specchio di Tarchon*, Prospettiva 51, 46 ff.

M. Cristofani, *Pittura funeraria e celebrazione della morte: il caso della Tomba dell'Orco*, in: *Tarquinia: ricerche, scavi e prospettive* (Atti del Colloquio, Mailand 1986), hrsg. v. M. Bonghi Jovino u. C. Chiaramonte Trerè, Mailand, 191-202

R. De Marinis, *I commerci dell'Etruria con i paesi a nord del Po dal IX al VI secolo a.C.*, in: *Gli Etruschi a nord del Po*, hrsg. v. R. De Marinis, I, Mantua, 52 ff.

R. De Marinis (Hrsg.), *Gli Etruschi a nord del Po*, I-II, Mantua

C. de Vaulchier-P. Dufournet, *Catalogue des collections, Académie d'Architecture*, I, Paris

Etrusker in der Toskana, Etruskische Gräber der Frühzeit, (Ausstellungskat.), Hamburg

La formazione della città in Emilia-Romagna (Ausstellungskat. II, Bologna), hrsv. v. G. Bermond Montanari

O.-H. Frey, *I rapporti commerciali tra l'Italia settentrionale e l'Europa centrale dal VII al IV secolo a.C.*, in: *Gli Etruschi a nord del Po*, hrsg. v. R. De Marinis, II, Mantua, 11 ff.

F.M. Gambari, *Castelletto Ticino (NO): tomba del Bacile*, in: *Gli Etruschi a nord del Po*, hrsg. v. R. De Marinis, II, Mantua, 81-84

F. Gaultier, *Dal Gruppo della Tolfa alla Tomba dei Tori; tra ceramica e pittura parietale*, in: *Tarquinia: ricerche, scavi e prospettive* (Atti del colloquio, Mailand 1986), hrsg. v. M. Bonghi Jovino u. C. Chiaramonte Trerè, Mailand, 209-218

G.V. Gentili, in: *La formazione della città in Emilia Romagna*, (Ausstellungskat. II, Bologna), hrsg. v. G. Bermond Montanari, Bologna, 248-249

F. Haskell, *Past and Present in Art and Taste*, New Haven-London, 32 ff.

S. Haynes, *The Augur's Daughter. A Story of Etruscan Life*, London

I. Krauskopf, *Todesdämonen und Totengötter im vorhellenistischen Etrurien. Kontinuität und Wandel*, Florenz (Biblioteca di Studi Etruschi, 16)

V. Kruta, *Le masque et la palmette au IIIᵉ siècle avant J.-C.: Loisy-sur-Marne et Brno-Malomeřice*, Etudes Celtiques 24, 20 ff.

C.R. Ligota, *Annius of Viterbo and Historical Method*, Journal of the Warburg and Courtauld Institute 50, 43 ff.

Malerei der Etrusker in Zeichnungen des 19. Jahrhunderts, (Ausstellungskat.) hrsg. v. H. Blanck u. C. Weber-Lehmann (Köln), Mainz

M. Martelli (Hrsg.), *La Ceramica degli Etruschi. La pittura vascolare*, Novara

F. Moosleitner, *Arte protoceltica a Salisburgo*, (Ausstellungskat., Florenz), Salzburg, 35-63

F. Nicosia, in: *Etrusker in der Toskana, Etruskische Gräber der Frühzeit*, (Ausstellungskat., Hamburg), Hamburg, 158-159

G. Parmeggiani, *Spina. La necropoli: le tombe più antiche*, in: *La formazione della città in Emilia-Romagna*, (Ausstellungskat. II, Bologna) hrsg. v. G. Bermond Montanari, Bologna, 192-196

L. Pauli, *La società celtica transalpina nel V secolo a.C.*, in: *Gli Etruschi a nord del Po*, hrsg. v. R. De Marinis, II, Mantua, 18 ff.

M.A. Rizzo, *La ceramica a figure nere*, in: *La Ceramica degli Etruschi*, hrsg. v. M. Martelli, Novara, 31 ff.,

N.J. Spivey, *The Micali Painter and his Followers*, Oxford

La tomba François di Vulci, (Ausstellungskat., Città del Vaticano), hrsg. v. F. Buranelli, Rom

M. Torelli, *La società etrusca*, Rom

Trésors des Princes Celtes, (Ausstellungskat., Paris), Paris

L.B. Van der Meer, *The Bronze Liver of Piacenza*, Amsterdam

C. Weber-Lehmann-H. Lehmann, *Die Zeichnungen aus dem Jahrzehnt 1825-1835*, in: *Malerei der Etrusker in Zeichnungen des 19. Jahrhunderts*, (Ausstellungskat., Köln), hrsg. v. H. Blanck u. C. Weber-Lehmann, Mainz, 16-41, 129, 170, 218 ff.

1987-1988

J. Fogel-T. Makiewicz, *La sconosciuta importazione etrusca in Cujavia (Polonia Centrale) e la questione della presenza degli Etruschi nel Baltico*, Studi Etruschi 55, 123-130

1988

L. Agostiniani-O.Mjordt-Vetlesen, *Lessico etrusco cronologico e topografico*, Florenz

L. Aigner-Foresti, *Zeugnisse etruskischer Kultur im Nordwesten Italiens und in Südfrankreich. Zur Geschichte der Ausbreitung etruskischer Einflüsse und der etruskisch-griechischen Auseinandersetzungen* (Österr. Akademie der Wissenschaften. Phil.-hist. Kl. Sitzungsber. 507), Wien

D.A. Amyx, *Corinthian Vase-Painting of the Archaic Period*, Berkeley-Los Angeles-London

Archeologia in Valdichiana, Rom

M. Bats, *Les inscriptions et graffites sur les vases céramiques de Lattara protohistorique*, Lattara 1, 157-158

B. Bouloumié, *Le symposion gréco-étrusque et l'aristocratie celtique*, in: *Les Princes Celtes et la Méditerranée, Rencontres de l'Ecole du Louvre* (Actes du Congrès, Paris 1987), Paris, 343-383

M.-F. Briguet, *Le Sarcophage des Epoux de Cerveteri du Musée du Louvre*, Paris

P. Bruschetti-M. Gori Sassoli-M.C. Guidotti, *Il Museo dell'Accademia Etrusca di Cortona*, Cortona

Z. Bukowski, *Critically About the So-Called Amber Route in the Odra and Vistula Basins in the Early Iron Age*, Archaeologia Polona 28, 71-122

I. Caruso, *Collezione Castellani: le oreficerie*, Rom

L. Cerchiai, *La situle de type kurd découverte dans la tombe 4461 de Pontecagnano*, in: *Les princes Celtes et la Méditerranée. Rencontres de l'Ecole du Louvre* (Actes du Congrès, Paris 1987), Paris, 103-108

B. Chaume, *Les tumulus hallstattiens de Poiseul-la-Ville* (Côte d'Or), in: *Rencontres de l'Ecole du Louvre*, Paris, 241-252

A.M. Chieco Bianchi, *I Veneti*, in: *Italia omnium terrarum alumna. La civiltà dei Veneti, Reti, Liguri, Celti, Piceni, Umbri, Latini, Campani e Lapigi*, hrsg. v. G. Pugliese Carratelli, Mailand, 1-98

P. Coco, *Teoria del falso d'arte*, Padua

G. Colonna, *L'iscrizione etrusca del piombo di Linguadoca*, Scienze dell'antichità 2, 547-555

G. Colonna, *I latini e gli altri popoli del Lazio*, in: *Italia omnium terrarum alumna. La civiltà dei Veneti, Reti, Liguri, Celti, Piceni, Umbri, Latini, Campani e Lapigi*, hrsg. v. G. Pugliese Carratelli, Mailand, 411-528

M. Cristofani, *Micali, l'Etruria e gli Inglesi*, in: *Un artista etrusco e il suo mondo: il pittore di Micali*, Rom, 44-47

J. de la Genière, *Les acheteurs des cratères corinthiens*, Bulletin de la Correspondance Hellenique 112, 83-90

M. Desittere, *Paletnologi e studi preistorici nell'Emilia Romagna dell'Ottocento*, Reggio Emilia

W. Dobrowolski, *St.K. Potocki a greckie wazy malowane*, Biuletyn Historii Sztuki 50, 1-2, S. 71-80

La formazione della città preromana in Emilia-Romagna, I u. II, Bologna

E. Formigli, *Impiego di raggi-x e microscopio elettronico nell'identificazione di falsificazioni di oreficeria antica*, in: *Atti della II Conferenza Internazionale sulle prove non distruttive*, Perugia

K. Gschwantler, *Das Helmdepot von Negau*, in: *Antike Helme*, (Ausstellungskat. Stadtmus. Linz-Nordico), Linz, 35 ff.

G. Guidi, *Storia della paletnologia*, Rom-Bari

W. Kimmig, *Das Kleinaspergle*, Stuttgart

I. Kriseleit, in: *Die Welt der Etrusker. Archäologische Denkmäler aus Museen der sozialistischen Länder, Staatliche Museen zu Berlin/DDR*, (Ausstellungskat.) hrsg. v. M. Kunze, Berlin, 54, 59 ff.

V. Kruta, *L'art celtique laténien du Vᵉ siècle avant J.-C.: le signe et l'image*, in: *Les princes Celtes et la Méditerranée. Rencontres de l'Ecole du Louvre* (Actes du Congrès, Paris 1987), Paris, 81-92

V. Kruta, *I Celti*, in: *Italia omnium terrarum alumna. La civiltà dei Veneti, Reti, Liguri, Celti, Piceni, Umbri, La-*

tini, Campani e Lapigi, hrsg. v. G. Pugliese Carratelli, Mailand, 261-311

M. Kunze, *Etruskische Kunst in Berlin*, in: *Die Welt der Etrusker. Archäologische Denkmäler aus Museen der sozialistischen Länder, Staatliche Museen zu Berlin/DDR*, (Ausstellungskat.), Berlin, 397-406

M. Kunze (Hrsg.), *Die Welt der Etrusker. Archäologische Denkmäler aus Museen der sozialistischen Länder*, Staatliche Museen zu Berlin/DDR, (Ausstellungskat.), Berlin

M. Lejeune-J. Pouilloux-Y. Solier, *Etrusque et ionien archaïque sur un plomb de Pech-Maho (Aude)*, Revue archéologique de Narbonnaise 21, 19-59

A. Maggiani, *Argas, Janus, Culśanś. A proposito di un sarcofago di Tuscania*, Prospettiva 52, 2 ff.

G.A. Mansuelli, *L'ultima Etruria*, Bologna

M. Meli, *Alamannia Runica. Rune e cultura nell'alto medioevo*, Verona

G. Morolli, *L'Architettura di Vitruvio. Una guida illustrata*, 2 Bde., Florenz.

E. Pack, in: *I Romani di Chiusi*, hrsg. v. G. Paolucci, Rom, 37

J. Pouilloux, *Un texte commercial ionien trouvé en Languedoc et la colonisation ionienne*, Scienze dell'antichità 2, 535-546

Les princes Celtes et la Méditerranée. Rencontres de l'Ecole du Louvre (Actes du Congrès, Paris), Paris

M.A. Rizzo, *Il pittore di Micali e la sua scuola*, in: *Un artista etrusco e il suo mondo*, Rom, 81

C. Rolley, *Importations méditerranéennes et repères chronologiques*, in: *Rencontres de l'Ecole du Louvre*, Paris, 93-101

B.B. Shefton, in: W. Kimmig, *Das Kleinaspergle*, Stuttgart, 104 ff.

M. Torelli, *"Etruria principes disciplinam doceto"*. *Il mito normativo dello specchio di Tuscania*, in: *Studia Tarquiniensia*, Rom, 109-118

C. Weber-Lehmann, *Malerei der Etrusker in Zeichnungen des 19. Jahrhunderts - Ein Nachtrag*, Mitteilungen des Deutschen Archäologischen Instituts. Römische Abteilung 95, 383 ff.

Die Welt der Etrusker. Archäologische Denkmäler aus Museen der sozialistischen Länder, Staatliche Museen zu Berlin/DDR, (Ausstellungskat.) hrsg. v. M. Kunze, Berlin

1989

R. Adam (Hrsg.), *Répertoire des importations étrusques et italiques en Gaule*, Tours, Ergh. 58, 2 Caesarodunum

M. Almagro-Gorbea, *L'Etruria e la Penisola Iberica. Stato attuale della questione sui ritrovamenti di ceramiche*, in: *Secondo Congresso Internazionale Etrusco. Atti* (Florenz 1985), Bd. 2, Rom, 1149-1160

Antichità dall'Umbria a Budapest e Cracovia, (Ausstellungskat.), Mailand

G. Bartoloni, *La cultura villanoviana*, Rom

C. Blackett-Ord, in: *La Révolution française et l'Europe*, (Ausstellungskat.), Paris), Paris

R. Bloch, *Points de vue actuelle sur la religion étrusque*, in: *Secondo Congresso Internazionale Etrusco. Atti* (Florenz 1985), Bd. 2, Rom, 895-905

B. Bouloumié, *L'Etrurie et les ressources de la Gaule*, in: *Secondo Congresso Internazionale Etrusco. Atti* (Florenz 1985), Bd. 2, Rom, 813-892

B. Bouloumié, *Les sources complémentaires d'approvisionnement en métaux de l'Etrurie orientalisante et archaïque*, in: *Minería y Metalurgia en las antiguas civilizaciones mediterraneas y europeas, Coloquio intern. asociado* (Madrid 1985), I, Madrid, 213-221

M.-F. Briguet, *Le sarcophage des Epoux de Cerveteri au Musée du Louvre*, Florenz

G. Camporeale, *Gli Etruschi e le risorse minerarie: aspetti e problemi*, in: *Minería y Metalurgia en las antiguas civilizaciones mediterraneas y europeas, Coloquio intern. asociado* (Madrid 1985), I, Madrid, 205 ff.

G. Camporeale, *La mitologia figurata nella cultura etrus-*

co arcaica, in: Secondo Congresso Internazionale Etrusco. Atti (Florenz 1985), Bd. 2, Rom, 905 ff.

T.H. Carpenter, Beazley Addenda, Additional References to ABV, ARV² & Paralipomena, Oxford (2. Aufl.)

E. Corradini, in: Dyonisos. Mito e Mistero, Bologna, 157

M. Cristofani, Gli Etruschi del mare, Mailand (2. Aufl.)

M. Cristofani, Ripensando Pyrgi, in: Miscellanea ceretana, I, Rom, 85-93

W. Dobrowolski, La Tomba del Triclinio, in: Secondo Congresso Internazionale Etrusco. Atti (Florenz 1985), Rom, 205-212

F. Gaultier-D. Briquel, Réexamen d'une inscription des collections du Louvre: un Mézence à Caere au VIIᵉ siècle av. J.-C., Comptes-Rendus de l'Académie des Inscriptions et Belles-Lettres, Jan-März, 99-115

J.M.J. Gran-Aymerich, Les matériaux hors d'Etrurie. Le cas de la Gaule et les travaux en cours à Bourges-Avaricum, Wien

F.W. von Hase, Etrurien und das Gebiet nordwärts der Alpen in der ausgehenden Urnenfelder- und frühen Hallstattzeit, in: Secondo Congresso Internazionale Etrusco. Atti (Florenz 1985), Bd. 2, Rom, 1031-1061

H. Lehmann, Ludwig I. und Etrurien, Zeitschriften für bayer. Landesgeschichte 52, 617-622

A. Maggiani, Immagini di aruspici, in: Secondo Congresso Internazionale Etrusco. Atti (Florenz 1985), Bd. 2, Rom, 1557-1563

M. Martelli, La ceramica greca in Etruria: problemi e prospettive di ricerche, in: Secondo Congresso Internazionale Etrusco. Atti (Florenz 1985), Bd. 2, Rom, 781-811

R. u. V. Megaw, Celtic Art. From its beginnings to the Book of Kells, London

G. Morolli, Templi etruschi "o di etrusco nome" tra archeologia e trattatistica architettonica, in: Secondo Congresso Internazionale Etrusco. Atti (Florenz 1985), Rom, 173-198

L'ombra di Core. Disegni del fondo Palagi della Biblioteca dell'Archiginnasio (Ausstellungskat.), Bologna

M. Pallottino, Prospettive attuali del problema delle origini etrusche, in: Secondo Congresso Internazionale Etrusco. Atti (Florenz 1985), Bd. 1, Rom, 55 ff.

F. Prayon, L'architettura funeraria etrusca. La situazione attuale delle ricerche e problemi aperti, in: Secondo Congresso Internazionale Etrusco. Atti (Florenz 1985), Bd. 1, Rom, 441-443

L. Quilici, Le antiche vie dell'Etruria, in: Secondo Congresso Internazionale Etrusco. Atti (Florenz 1985), Bd. 1, Rom, 451-506

La Révolution française et l'Europe, (Ausstellungskat., Paris), Paris

D. Ridgway, James Byres and the Ancient State of Italy: Unpublished Documents in Edinburgh, in: Secondo Congresso Internazionale Etrusco. Atti (Florenz 1985), Rom, 213-229

Secondo Congresso Internazionale Etrusco. Atti (Florenz 1985), Bd. 1-3, Rom

B.B. Shefton, Zum Import und Einfluß mediterraner Güter in Alteuropa, Kölner Jahrbuch für Vor- und Frühgeschichte 22, 207-220

M. Sordi, Storiografia e cultura etrusca nell'Impero Romano, in: Secondo Congresso Internazionale Etrusco. Atti (Florenz 1985), Rom, 41 ff.

Swiat Etrusków. Przewodnik po wystawie w Muzeum Narodowym w Warszawie, Warschau

G. Tanelli, I depositi metalliferi dell'Etruria e le attività estrattive degli Etruschi, in: Secondo Congresso Internazionale Etrusco. Atti (Florenz 1985), Bd. 2, Rom, 1409-1417

S. Tovoli, La necropoli villanoviana Benacci Caprara di Bologna, Bologna

1989-1990

G. Colonna, Il posto dell'Arringatore nell'arte etrusca di età ellenistica, Studi Etruschi 56, [1991], 99-122

G. Colonna, "Tempio" e "santuario" nel lessico delle lamine di Pyrgi, Scienze dell'Antichità 3-4, 197-216

F. Delpino, Siderurgia e protostoria italiana, Studi Etruschi 56, [1991], 3-9

1990

R. Adam (Hrsg.), Répertoire des importations étrusques et italiques en Gaule, Tours, Caesarodunum, Ergh. 59, 3.

M.J. Aitken, Science Based Dating in Archaeology, London-New York

A. Bottini, Il candelabro etrusco di Ruvo del Monte, Bollettino d'Arte 59, 1 ff.

F. Catalli, Monete etrusche, Rom

J. Champaux, Sors oraculi: Les oracles en Italie sous la République et l'Empire, Mélanges d'Archéologie et d'Histoire de l'Ecole Française de Rome, Antiquité 102, 271 ff.

La Chimera e il suo mito, (Ausstellungskat., Arezzo), Florenz

B. D'Agostino, Military Organization and Social Structure in Archaic Etruria, in: The Greek City from Homer to Alexander, Oxford, 59-82

W. Dobrowolski, La Tomba dei Sacerdoti Danzanti a Corneto, in: Die Welt der Etrusker (Internationales Kolloquium, Berlin 1988), hrsg. v. H. Heres u. M. Kunze, Berlin, 307 ff.

De Dugourc à Pernon (Ausstellungskat., Lyon), Lyon

O. Eluère, Les secrets de l'or antique, Düdingen-Guin

E. Formigli-W.D. Heilmeyer, Tarentiner Goldschmuck in Berlin, in: Berliner Winckelmannsprogramm, Berlin, 130-131

F. Gaultier, Un nouvel Hermès étrusque au Louvre, La Revue du Louvre 1, 1-6

Gens Antiquissimae Italiae, Antichità dall'Umbria a Leningrado, (Ausstellungskat., St. Petersburg), Perugia

A. González Palacios, in: El arte de la Corte de Nápoles en el siglo XVIII (Ausstellungskat.), Madrid, 197

J.u. E. Gran Aymerich, La recherche sur le bucchero et la place de la collection Campana (au Louvre, Brüssel et l'Ermitage), in: Die Welt der Etrusker (Internationales Kolloquium, Berlin 1988), hrsg. v. H. Heres u. M. Kunze, Berlin, 326-339

J.R. Jannot, A propos d'une fibule étrusque; la fibule d'or de Saint-Aignan (Loire-Atlantique), Caesarodunum Ergh. 59, 85-88

M. Jones-PP. Craddock-N. Barker (Hrsg.), Fake? The Art of Deception, London

F. Jurgeit, Fragmente eines etruskischen Rundthrons in Karlsruhe, Mitteilungen des Deutschen Archäologischen Instituts. Römische Abteilung 97, 1-32

A. Maggiani, La Chimera di Arezzo, in: La Chimera e il suo mito, (Ausstellungskat., Arezzo), Florenz, 53-63

A. Marinetti, Le tavolette alfabetiche di Este, in: M. Pandolfini-A.L. Prosdocimi, Alfabetari e insegnamento della scrittura in Etruria e nell'Italia antica, Florenz (Biblioteca di Studi Etruschi 20), 95 ff.

D. Modonesi, Museo Maffeiano. Urne etrusche e stele paleovenete, Bergamo

S. Moyano, Quality vs. History: Schinkel's Altes Museum and Prussian Arts Policy, The Art Bulletin 62, 4, S. 585 ff.

J.H. Oakley, The Phiale Painter (Kerameus 8), Mainz

M. Pandolfini-A L. Prosdocimi, Alfabetari e insegnamento della scrittura in Etruria e nell'Italia antica, Florenz (Biblioteca di Studi Etruschi, 20)

B. Raftery (Hrsg.), L'art celtique, Paris

N.H. Ramage, Sir William Hamilton as Collector, American Journal of Archaeology 94, 469 ff.

H. Rix (Hrsg.), Etruskische Texte, Tübingen

M.A. Rizzo, Le anfore da trasporto e il commercio etrusco arcaico, Rom

A. Romualdi, L'area archeologica di Val Fucinaia, in: Campiglia Marittima - Percorsi storici e turistici, San Giovanni Valdarno, 133-135

La scrittura nell'Etruria antica, Annali della Fondazione per il Museo Claudio Faina 4

M. Torelli, Storia degli Etruschi, Rom-Bari (2. Aufl.)

Voyage en Massalie, 100 ans d'archéologie en Gaule du Sud, (Ausstellungskat.), Marseille

C. Weber-Lehmann, Die Dokumentation der etruskischen Grabmalerei durch Wolfgang Helbig, in: Die Welt der Etrusker (Internationales Kolloquium, Berlin 1988), hrsg. v. H. Heres u. M. Kunze, Berlin, 321 ff.

C. Weber-Lehmann, Die Dokumentation der etruskischen Grabmalerei aus dem Nachlaß Alessandro Moranis, Opuscula Romana 18, 159 ff.

G. Zimmer, Griechische Bronzegußwerkstätten, Berlin

1991

M. Barnabei-F. Delpino (Hrsg.), Le "Memorie di un Archeologo" di Felice Barnabei, Rom

R. Bloch, La divination, Paris

Q. Bocquet, L'archéologie de l'Age du Fer dans les Alpes occidentales françaises, Revue archéologique de Narbonnaise Ergh. 22 ("Les Alpes à l'Age du Fer"), 91-155

M. Bound, The Giglio Wreck, ΕΝΑΛΙΑ, Ergh. 26

G. Camporeale, La collezione C.A. Impasti e buccheri. I, Rom

G. Camporeale, Considerazioni sul commercio etrusco in età arcaica, in: La presencia de material etrusco en la Península Ibérica, hrsg. v. J. Ramesal u. O. Musso, Barcelona, 61-68

Les Celtes, (Ausstellungskat., Venezia), Mailand

Les Celtes dans le Jura, (Ausstellungskat.) (Pontarlier, Lons-le-Saunier), Yverdon-les-Bains

I Celti, (Ausstellungskat., Venedig), Mailand

F. Citera, Aux origines du néo-classicisme à Sèvres, L'Objet d'Art 213, 52-67

A. Coen, Complessi tombali di Cerveteri con urne cinerarie tardo-orientalizzanti, Florenz

M. Cristofani, Chimereide, Prospettiva 61, 2-5

M. Cristofani, Introduzione allo studio dell'etrusco, Florenz (2. Aufl.)

M. Cristofani, Pech-Maho (Aude), Studi Etruschi 57, 285-287, REE Nr. 54

M. Cristofani, La scoperta degli Etruschi, Rom (Quaderno di documentazione dell'Enciclopedia multimediale)

De Corot aux Impressionnistes, (Ausstellungskat.), Paris

C. de Simone, Etrusco Laucie Mezentie, Archeologia Classica 43, 559-573 (Miscellanea etrusca e italica in onore di Massimo Pallottino)

C. Dunning, Parures italiques sur le plateau suisse, Revue archéologique de Narbonnaise, Ergh. 22 ("Les Alpes à l'Age du Fer"), 367-377

M. Egg, Neues zum Fürstengrab von Strettweg, Archäologie Österreichs. Mitteil. der Österr. Gesellschaft für Ur- und Frühgeschichte 41, 2/2, S. 25 ff.

F.-M. Gambari, Commerce étrusque et relations transalpines, Revue archéologique de Narbonnaise, Ergh. 22 ("Les Alpes à l'Age du Fer"), 401-414

L. Malnati-V. Manfredi, Gli Etruschi in Val Padana, Mailand

M. Martelli, I Fenici e la questione orientalizzante in Italia, in: Atti del II Congresso Internazionale di Studi Fenici e Punici, III, Rom, 1049-1072

J. Martinez-Pinna, Aristocrazia y comercio en la Etruria arcaica, in: La presencia de material etrusco en la Península Ibérica, hrsg. v. J. Ramesal u. O. Musso, Barcelona, 35-59

J. Michálek, Le tombe principesche di Chlum, in: I Celti, (Ausstellungskat., Venedig), Mailand, 186-187

M. Moltesen-C. Weber-Lehmann, The Copies of Etruscan Tomb Paintings in the Ny Carlsberg Glyptotek, Kopenhagen

S. Plouin-M.P. Koenig, Quelques éléments sur le problème des importations italiques en Alsace aux VIᵉ-Vᵉ siècles av. J. - C., Les Cahiers alsaciens d'Archéologie, d'Art et d'Histoire 34, 37-44

G. Prüssing, Die Bronzegefässe in Österreich, Stuttgart

J. Ramesal u. O. Musso (Hrsg.), La presencia de material etrusco en la Península Ibérica, Barcelona

M.A. Rizzo, Le anfore da trasporto e il commercio etrusco-arcaico, I, Rom

Sethos - ein Pharaonengrab (Ausstellungskat.), Basel

P. Stary, *Mediterrane Einfuhrgüter während der Früheisenzeit in England und Skandinavien*, Mitteilungen des Deutschen Archäologischen Instituts. Römische Abteilung 98, 1-31

A. Zifferero, *Miniere e metallurgia estrattiva in Etruria meridionale: per una lettura critica di alcuni dati archeologici e minerari*, Studi Etruschi 57, 201 ff.

1992

J. Bouzek, *Die Etrusker und Böhmen*, in: *Etrusker nördlich von Etrurien. Etruskische Präsenz in Norditalien und nördlich der Alpen sowie ihre Einflüsse auf die einheimischen Kulturen* (Akten des Symposions von Wien - Schloß Neuwaldegg 1989), hrsg. v. L.A. Aigner Foresti, Wien, 361 ff.

F. Buranelli, *Gli scavi a Vulci della società Vincenzo Campanari. Governo Pontificio (1835-1837)*, Rom

I.E.M. Edlund-Berry, *The Seated and Standing Statue Akroteria from Poggio Civitate (Murlo)*, Rom

Etrusker nördlich von Etrurien. Etruskische Präsenz in Norditalien und nördlich der Alpen sowie ihre Einflüsse auf die einheimischen Kulturen (Akten des Symposions von Wien - Schloß Neuwaldegg 1989), hrsg. v. L.A. Aigner Foresti, Wien

J. Gran Aymerich, *Les matériaux étrusques hors d'Etrurie. Le cas de la Gaule et les travaux en cours à Bourges-Avaricum*, in: *Etrusker nördlich von Etrurien. Etruskische Präsenz in Norditalien und nördlich der Alpen sowie ihre Einflüsse auf die einheimischen Kulturen* (Akten des

Symposions von Wien - Schloß Neuwaldegg 1989), hrsg. v. L.A. Aigner Foresti, Wien

F.-W. von Hase, *Etrurien und Mitteleuropa - Zur Bedeutung der ersten italisch-etruskischen Funde der späten Urnenfelder- und frühen Hallstattzeit in Zentraleuropa*, in: *Etrusker nördlich von Etrurien. Etruskische Präsenz in Norditalien und nördlich der Alpen sowie ihre Einflüsse auf die einheimischen Kulturen* (Akten des Symposions von Wien - Schloß Neuwaldegg 1989), hrsg. v. L.A. Aigner Foresti, Wien, 235-266

W. Kimmig, *Archäologische Zeugnisse der Etrusker im nordwestlichen Voralpenraum*, in: *Etrusker nördlich von Etrurien. Etruskische Präsenz in Norditalien und nördlich der Alpen sowie ihre Einflüsse auf die einheimischen Kulturen* (Akten des Symposions von Wien - Schloß Neuwaldegg 1989), hrsg. v. L.A. Aigner Foresti, Wien, 281 ff.

L. Pauli, *Die historische Entwicklung im Gebiet der Golasecca-Kultur*, in: *Etrusker nördlich von Etrurien. Etruskische Präsenz in Norditalien und nördlich der Alpen sowie ihre Einflüsse auf die einheimischen Kulturen* (Akten des Symposions von Wien - Schloß Neuwaldegg 1989), hrsg. v. L.A. Aigner Foresti, Wien, 179 ff.

J.G. Szilágyi, *Ceramica etrusco-corinzia figurata*, Florenz

Im Druck:

J. Alvar, *El tráfico comercial etrusco en el extremo Occidente*, in: *Flotta e commercio greco, cartaginese ed etrusco nel mar Tirreno*, (Ravello 1987)

G. Colonna, *Introduzione*, in: *La collezione Casuccini*, hrsg. v. M.T. Falconi Amorelli, I, Rom (1992)

G. Colonna, *Appendice* a *I sarcofagi chiusini di età ellenistica*, in: *La civiltà di Chiusi e del suo territorio* (Atti del XVII Convegno di Studi Etruschi, Chianciano Terme 1988), Florenz

G. Colonna, *I sarcofagi chiusini di età ellenistica*, in: *La civiltà di Chiusi e del suo territorio* (Atti del XVII Convegno di Studi Etruschi, Chianciano Terme 1988), Florenz

D'après les maîtres, (Ausstellungskat.) (Paris), Paris

M. Egg, *Das Fürstengrab von Strettweg in der Obersteiermark*, Mainz

M. Gedl, *Die Fibeln in Polen*, München (Prähistorische Bronzefunde, XIV, 10)

J. Gran Aymerich, *Los etruscos y la Península Ibérica: los hallazgos de Málaga y su significacion. Homenaje al Prof. J.M. Blázquez*, Madrid

S. Haynes, *The Bronze Head-vase from Gabii in the Louvre; its History and its Echoes*

P. Nadalini, *Le Musée Campana: Origine et fondation des collections. L'organisation du Musée et le problème de la restauration*, in: *Anticomanie? La collection d'antiquités en France aux XVIIIᵉ et XIXᵉ siècles* (Actes du colloque, Montpellier 1988)

H. Rix, *Thesen zum Ursprung der Runenschrift*, in: *Abhandlungen der Akademie der Wissenschaften in Wien* (Konferenz 1989)

Namensindex

Adam, Brüder: 312, 313
Adam, Robert: 290, 300, 312
Adler-Maler: 123
Agathokles: 31
Ainsley, Samuel J.: 315, 335, 399
Airaghi: 309
Åkerström Å.: 459
Alarich: 109
Alberti, Leon Battista: 228, 282, 294-295, 390
Alexander II., Zar: 376
Alexander VI. Borgia, Papst: 282
Almgren, Oscar: 462
Altenburg, Klasse von: 122
Altenstein, K. von: 362, 363
Ammianus Marcellinus: 105
Andrèn A.: 459
Andreotti, Libero: 461
Angelelli, Giuseppe: 419
Angiviller, Charles-Claude, Graf d': 354
Annio da Viterbo (Giovanni Nanni): 230, 282, 283, 322, 370, 378, 379
Anti, Carlo: 458
Antimenes M.: 137
Antimenidas: 54
Arimnestos, etruskischer König: 50, 118
Aulus Caecina: 78, 91
Aulus Metellus: 155
Aulus Spurinna: 153
Avile Vipiennas: 133
Avvolta, Carlo: 323

Baltard, Victor: 473, 475
Balzac, Honoré de: 444, 447
Barbaro, Daniele: 390
Barozzi, Jacopo da Vignola: 229, 271, 295, 390
Barthélémy, Jean-Jacques: 285
Bartoccini, Renato: 466
Bartoli, Cosimo: 295
Bazzichelli, Vincenzo: 367
Beauharnais, Eugène: 350
Beauharnais, Joséphine: 350
Belzoni, Giovanni Battista: 422
Bentley, Thomas: 312
Berliner Maler: 398
Bertrand, Alexandre: 407, 409
Beverley, Lord: 376
Beyle, Henri, siehe Stendhal
Bezzichelli G.: 337
Bianchi Bandinelli, Ranuccio: 458
Bleschamps, Alexandrine de: 327, 397
Bloch, Raymond: 375, 459
Bocchoris, Pharao: 125
Böcklin, Arnold: 424
Bonaparte, Lucien, Fürst von Canino: 327, 330, 376, 397, 402
Bonaparte, Napoleon: 304
Bonaparte Baciocchi, Elisa: 376

Boncompain M.: 448
Bonner Maler: 123
Boriskowskaja S.P.: 377
Bothius, Axel: 466
Botkin M.P.: 377
Bottari, Giovanni Gaetano: 285
Boucher, Stephanie: 180
Bouloumié, Bernard: 180
Bourguet, Louis: 286
Bouzek J.: 377
Braun, Emil: 364, 419
Brescia, Maurizio da: 397
Brewster, Earl: 453
Brizio, Edoardo: 454, 481
Brosses, Charles des: 446
Brühl, Graf: 363
Brunn, Heinrich: 333, 342, 354, 366-369, 408, 409, 419
Bulanda, Edmund: 374
Bunsen, Christian K.J.: 362, 402
Buonarroti, Filippo: 284-285, 300, 310, 380, 382, 383, 384
Burton, Richard F.: 315, 345-346
Busi, Luigi: 430
Byres, James: 310, 311, 312, 370, 415, 468, 469

Cafatius L.: 105
Campana, Familie: 334, 352
Campana, Gian Pietro: 330, 336, 337, 351, 356, 358, 410, 411
Campanari, Brüder: 313, 330, 334-335, 401, 422
Campanari, Carlo: 397
Campanari, Vincenzo: 323, 330
Campbell, Colin: 392
Camporeale, Giovannangelo: 240
Candelori, Brüder: 327, 397
Canina, Luigi: 333, 398, 399, 426
Canino, Fürst von siehe Bonaparte, Lucien
Capello A.: 376
Capponi, Giovanni Vincenzo: 384
Cardarelli, Vincenzo: 455, 481
Carducci, Giosue: 445, 454, 481
Carlo Alberto von Savoyen: 307
Casanova, Giacomo: 376
Castellani, Alessandro: 437
Castellani, Alfredo: 438
Castellani, Augusto: 437, 438
Castellani, Familie: 335, 361, 475, 476, 479
Castellani, Fortunato Pio: 437
Castellani-Maler: 131
Caylus, A.-C. Philippe De: 288, 289, 312, 386, 387, 415
Cesnola-Maler: 130
Chabot, Philippe: 239
Chambers, William: 392
Champollion, Jean-François: 350
Chateaubriand, François-René de: 447

Chevallier R.: 184
Christine von Lothringen, Großherzogin der Toskana: 381
Cicero: 44, 78, 79, 80
Cilnii, Familie: 103
Cioci, Antonio: 307, 394
Claudius, Kaiser: 28, 91, 105, 154
Clément, Charles: 356
Coke, Sir Thomas: 284, 310
Colonna, Giovanni: 257, 342
Conestabile della Staffa, Giancarlo: 315, 407, 426
Consalvi, Ercole, Kardinal: 323
Cordier G.: 184
Cornu, Sébastien: 352, 356
Corot, Camille: 401
Corssen W.: 346
Coruncianus T., Konsul: 103
Czartoryski, Władysław: 372, 373

Dähling: 363
D'Alessandris, Elio: 430
Danielsson, Olaf: 342, 408
D'Annunzio, Gabriele: 445, 454
Darwin, Charles: 340
Daumet, Pierre Jérôme: 354
David, Jacques Louis: 304
Davydov L.I.: 377
Déchelette, Joseph: 183, 188
Deecke, Wilhelm: 343, 346, 409
Delacroix, Eugène: 356
Della Seta, Alessandro: 458
Demarato: 88, 129
Dempster, Thomas: 284, 285, 288, 310-311, 380, 382, 384, 385, 414
Denina, Carlo: 288, 322
Dennis, George: 314-315, 316, 335, 345, 391, 399, 401, 408, 409, 444, 445, 450, 454, 455
Denon, Dominique Vivant: 304
Denuzière, Maurice: 448
Desjardins, Ernest: 354
Devoto, Giacomo: 246
Dietterlin, Wendel: 391
Diodorus Siculus: 34, 45, 74, 78
Dionigi, Marianna: 326
Dionysios von Halikarnassos: 28, 31, 32
Dionysios von Syrakus: 52
Dobrowolski, Witold: 377, 415
Dorow, Wilhelm: 326, 401
Dossena, Alceo: 435
Dowell, Edward: 326
Duc, Louis-Joseph: 271
Ducati, Pericle: 200, 316
Dugourc, Jean Démosthène: 304
Durand, Edme-Antoine: 350
Duras, Marguerite: 447
Durm, Josef: 344, 408
Działyńska, Izabela: 372

NAMENSINDEX

Eichtal, Gustave d': 350
Ephoros: 45, 52
Ernout, Alfred: 246
Erzgießerei-Maler: 135
Exékias: 397

Fabre, François-Xavier: 397
Fabretti, Ariodante: 315, 334, 342, 408
Falchi, Isidoro: 112
Feoli: 327
Ferdinand IV., König von Neapel: 306, 388
Feuardent, Félix: 351
Filarete (Antonio Averlino): 282
Fioravanti, Adolfo: 434
Firmin-Didot, Ambroise: 341, 351
Flaubert, Gustave: 447
Fontaine, Pierre-François-Léonard: 304
Forbin, Auguste, Graf von: 350
Forlivesi, Giannicola: 414
Formigli, Edilberto: 439
Forster, Edward Morgan: 315-316
Fossati, Melchiade: 327
Fra' Giocondo (Monsignori Giovanni): 294
France, Anatole (François-Anatole Thibault): 447
François, Alessandro: 332, 337, 341, 350, 351, 354
Fréret, Nicolas: 446
Friedländer, Max Jacob: 439
Friedrich Wilhelm III. von Preußen: 362
Friedrich Wilhelm IV. von Preußen: 362
Fugazzola Delpino, M.A.: 116
Furtwängler, Adolf: 376, 377

Galiani, Berardo: 294
Gamurrini, Gianfrancesco: 342, 408, 409
Gatti, Guido: 426
Gaultier, Françoise: 347
Gell, William: 401
Genthe, Hermann: 183, 190, 345, 407
Geoffroy, Matthieu-Auguste: 407
Georg III. von England: 306
Gerhard, Eduard: 326, 327, 330, 342, 362-365, 366, 402, 403, 409, 416, 418-419, 426, 472
Gherardini, Mattia: 414
Ghirardini, Gherardo: 200
Gide, André: 432
Giglioli, Giulio Quirino: 458
Goethe, Johann Wolfgang von: 244, 326
Goldoni, Carlo: 289
Golini D.: 337
Gonzaga, Lodovico: 294
Gori, Anton Francesco: 285, 286, 288, 290, 300, 383, 387, 414
Goudineau, Charles: 187
Goujon: 473
Gozzadini, Giovanni: 315, 481
Greco, Emilio: 461
Gregor XVI., Papst: 351, 397
Gregorio Magno, San: 470
Grenier, Albert: 459
Gruner, Ludwig: 419
Gsell, Stéphane: 344, 407
Gualterotti, Raffaello: 381
Guarducci, Margherita: 437
Guarnacci, Familie: 289
Guarnacci, Mario: 286, 288, 300, 385, 389
Guidi, Camillo: 284
Gustav Adolf VI., König von Schweden: 20, 460, 462-467, 482

Hagemans, Gustave: 366
Hamilton, Sir William: 290, 300, 302, 312, 313, 395
Hamilton Gray, Elizabeth Caroline: 314, 335, 336, 401, 423, 444, 469
Hancarville, Pierre-François Hugues d': 290, 300-302, 312, 313, 388
Hannibal: 52, 104
Harrow-Maler: 123
Haynes, Sybille: 302

Helbig Wolfgang: 341, 364, 407, 409, 419, 423, 424, 471
Hellanikos: 31
Henzen, Wilhelm: 356, 366
Herbig, Gustav: 342, 408
Herodot: 31
Heurgon, Jacques: 66, 375, 459
Heuzey, Léon: 354
Hieron von Syrakus: 124
Hilton, Enid: 453
Hittorff, Ignaz: 426
Howard, Frank: 311
Hugo, Victor: 447
Humboldt, Wilhelm von: 363
Hunde-Mater: 131
Huxley, Aldous: 316-318, 445, 450-452, 453, 480

Inghirami, Francesco: 333, 364, 426
Ingres, Jean-Auguste-Dominique: 356

Jacob, Georges: 304
Jacobsen, Carl: 423, 424, 430, 471
Jannot J.-R.: 183
Jenkins, Thomas: 310, 415
Johannes Lydos: 78, 80
Jones, Inigo: 295, 392
Julian Apostata: 105

Karl X., König von Frankreich: 350
Kaschnitz-Weinberg, Guido von: 458
Kästner U. und V.: 377
Katharina II. (die Große): 376
Kestner, August: 326, 416, 469
Kimmig W.: 183
Kinnaird, Lord: 416
Klenze, Leo von: 335, 376, 420, 424, 426, 471
Klügmann, Adolf: 342
Köhler H.K.E: 376
Körte, Gustav: 342, 408, 419
Kunze, Max: 364

Labrouste, Henri: 417, 426, 473, 474
Lagrenée, Jean-Jacques: 395
Lamberg, Graf von: 290
Lambrechts R.: 366
Lami, Giovanni: 389
Lampredi, Giovanni Maria: 288, 322
Lanzi, Luigi: 291, 300, 322, 327, 334, 376, 388, 459
Laris Pulena: 91
Laugier, Marc-Antoine: 391
Lawrence, David Herbert: 316, 317-318, 445, 450-452, 453, 480
Lawrence, Frieda: 453
Lejeune M.: 169
Lemlein G.C.: 377
Leo X., Papst: 446
Leonardo da Vinci: 282
Leopoldo, Pietro: 289, 291
Lichačev N.P.: 377
Ligozzi, Iacopo: 381
Lindenschmitt, Ludwig: 190
Longpérier, Adrien de: 351, 354
Louis Philippe I.: 350
Ludwig I. von Bayern: 335, 416, 420, 470, 471
Luynes, Herzog von: 330
Lužkov A.: 376

Madeyski: 374
Maefanas Basilius, L. Tiberius: 153
Maffei, Scipione: 285, 289, 389
Malaparte, Curzio: 445, 455
Maler von Vatikan: 124
Mallia G.B.: 376
Malmesbury, William of: 310
Malraux', André: 432
Mancini: 373
Manethon von Ägypten: 378
Manzù, Giacomo: 461
Marc Aurel: 218
Marchissi, Francesco: 388

Mariani, Gregorio: 419, 424, 471
Marie Antoinette: 304, 395
Mariette, Auguste: 351
Markò, Karoly: 402
Marmocchini, Sante: 379
Martha, Jules: 343, 408
Martianus Capella: 79, 80
Martinetti, Francesco: 354, 437
Martini, Arturo: 461
Marzi-Medici, Angelo: 239
Masi, Vittorio: 416
Mastarna: 154
Mavleev E.V.: 377
Medici, Cosimo I. de': 230, 283-284, 379, 381, 391
Medici, Cosimo II. de': 284, 310, 382
Medici, Ferdinando I. de': 381
Medici, Leopoldo de': 388
Meester de Ravestein, Emile de: 366-369
Meillet, Antoine: 246
Mérimée, Prosper: 444, 447
Messerschmidt F.: 419
Metasthenes von Persien: 378
Meteyard, Eliza: 394
Micali, Giuseppe: 322, 333, 337, 350, 364, 418, 426, 446
Micali-Maler: 124, 135
Michelangelo: 285, 288, 414
Milani, Luigi Adriano: 316
Minto, Antonio: 459
Momigliano, Arnaldo: 282
Mommsen, Theodor: 316, 342
Moncalvo (Guglielmo Caccia): 309
Montaigne, Michel Eyquem de: 446
Montauti, Antonio: 389
Montelius, Oscar: 190, 342, 409
Montesquieu, Charles Louis de Secondat: 288
Montfaucon, Bernard de: 285, 312
Moore, Harry T.: 453
Morani, Alessandro: 424
Mortillet, Gabriel de: 340, 409
Mot, Jean de: 368
Mucius Scaevola: 86
Müller, Karl Otfried: 326, 340, 343, 472
Müller, Sophus: 190
Müller-Karpe H.: 117
Murat, Joachim: 306
Murger, Henry: 444, 447
Myrsilos von Lesbos: 378

Nanni, Giovanni siehe Annio da Viterbo
Napoleon III.: 351, 352, 354, 356, 358
Nearchos: 47
Nelidov A.I.: 377
Neverov, Oleg: 377
Niebuhr, Barthold Georg: 340
Nieuwerkerke, Alfred-Emilien, Graf von: 354
Nigidius Figulus: 91
Nikolaus I., Zar: 376
Nogara, Bartolomeo: 342, 408
Nogari, Dionisio: 389
Norton, Christopher: 311, 415, 469

Origo Crea, Benedetta: 399
Orioli, Francesco: 322, 323, 334
Orléans, Herzog von: 376
Ortis, Nicola: 419
Ortiz y Sanz, Joseph Francisco: 295
Oskar II., König von Schweden: 463
Ottani Cavina, Anna: 304

Pacca, Bartolomeo: 397
Paciaudi, Pater: 415
Paktyes: 121
Palagi, Pelagio: 307-309, 426
Palladio, Andrea: 229, 294, 390
Pallottino, Massimo: 375
Palmer L.R.: 246
Panckoucke, Charles-Louis: 351
Panofka, Theodor: 363, 364
Panofka, Thomas: 326

Paris-Maler: 350
Passeri, Giovan Battista: 286, 290, 300, 388
Paul III., Papst: 378
Pauli, Carl: 342, 408
Pausanias: 50, 118, 335
Payne Knight, Richard: 395
Pelli Bencivenni, Giuseppe: 388
Pennelli, Enrico: 358, 361, 433
Pennelli, Pietro: 432
Penthesilea-Maler: 358
Percier, Charles: 304
Perrault, Claude: 295, 391
Perrot, Georges: 354
Peruzzi, Baldassarre: 229, 378
Pervanoglu: 366
Petit-Radel, Abt: 324
Pfister-Roesgen G.: 366
Phiale-Maler: 398
Pignotti, Lorenzo: 446
Pigorini, Luigi: 409
Piranesi, Giovan Battista: 288, 290, 296-297, 300, 302, 312, 376, 387, 392
Piroli, Tommaso: 468
Pizzati: 376
Platon: 78
Plinius der Ältere: 34, 78, 79, 282, 378, 379, 432
Pollaiuolo, Antonio: 245
Polovzev, Familie: 377
Polyklet: 383
Pompeianus: 109
Poniatowski, Stanislaw: 372
Porphyrios: 80
Porsenna: 86, 282
Postel, Guillaume: 283, 379
Postumius: 52
Postumius Megellus L., Konsul: 103
Potocki, Stanislaw Kostka: 371
Pottier, Edmond: 360
Praz, Mario: 302
Prokop: 109
Proust, Marcel: 447
Pseudo-Aristoteles: 34
Pythagoras: 78

Raffael: 288, 294
Randall MacIver, David: 316, 452
Raoul-Rochette, Désiré: 326, 417
Rauch, Christian Daniel: 363
Ravenscroft, George: 401
Reinach, Salomon: 358
Reiset, Frédéric: 350
Reiter-Maler: 120
Renan, Ernest: 354
Renard M.: 459
Renier, Léon: 352
Rhianos: 34
Riccardi, Pio: 435, 437
Riff, Walter, gen. Rivius: 391
Rix, Helmut: 218
Rolland, Henri: 168
Rollin, Claude-Camille: 351, 360

Romanelli, Raffaello: 461
Romulus: 102
Roncalli, Francesco: 377
Rosendahl, Bernhard Wilhelm: 363, 364, 472
Ruspi, Carlo: 326, 334-335, 362, 364, 365, 403, 404, 418-422, 426, 470, 471
Ruyt, F. De: 459

Saglio, Edmond: 356
Salvini, Anton Maria: 389
Sangallo, Antonio da: 378, 379
Sangallo, Francesco da: 239
Sangallo, Giovan Battista da: 379
Sangallo, Architekten, Umgebung: 282
Sansovino, Jacopo: 238
Sarbiewski, Maciej Kazimierz: 370
Scamozzi, Vincenzo: 230
Scheppig, Karl Friedrich: 472
Schinkel, Karl Friedrich: 362, 363, 364, 426
Schlesinger: 363
Schmidt L.: 366
Schnetz, Victor: 352
Schuermans, Henri: 183
Schulten, Adolf: 179
Schulz, Louis: 419
Scipio: 33, 284
Scipio, Publius Cornelius: 52, 104
Semper, Gottfried: 419, 426, 472
Seneca: 32, 78
Serlio, Sebastiano: 228-229, 230, 390
Seroux d'Agincourt, J.-B. Louis Georges: 468
Servius: 80
Servius Tullius: 80, 133, 154
Sethos I., Pharao: 422
Sforza, Ascanio: 298
Shute, John: 391
Silius Italicus: 127
Simelli, Giuseppe: 326
Simon E.: 377
Sismondi, J.-C. Léonard Sismonde von: 446
Smuglewicz, Franciszek: 311, 370, 376, 415, 468, 469
Sosias: 398
Sostratos: 119
Sostratos, Kaufmann: 51
Sozzi F.: 367
Sprockhoff E.: 190
Spurinna, Familie: 153
Stackelberg, Otto Magnus von: 326, 416, 418, 469
Stendhal (Henri Beyle): 332, 423, 444, 445, 446, 447, 449, 480
Stosch, Filippo von: 383
Strabo: 34, 80
Stroganov, Familie: 377
Šuvalov, Familie: 377

Tacitus: 88, 105
Tanaquil: 98
Tarquinius Priscus: 63, 98
Tarquitius Priscus: 91
Taylor, George L.: 345

Taylor, Isaac: 345, 408
Thefarie Velianas: 51
Thomsen V.: 340
Thukydides: 45
Thürmer, Joseph: 416, 469
Tibull: 79
Tieck, Friedrich: 363
Tiraboschi, Girolamo: 290
Titus Livius: 66, 90, 185, 288
Torp, Alef: 346
Traini, Francesco: 244
Tyszkiewicz, Michal: 372

Undset, Ingvald: 190, 407
Valadier, Luigi: 397
Varro: 91, 378
Vasari, Giorgio: 283, 284, 391
Vasquez de Arce, Martin: 238
Vaudoyer: 473
Venuti, Domenico: 306, 307, 388
Venuti, Filippo: 389
Venuti, Marcello: 388
Vergers, Adolphe Noël des: 337, 341, 351, 354, 406
Vergil: 132, 396
Vermiglioli, Giovan Battista: 322, 332, 334
Verrius Flaccus: 28, 91
Vespignani, Virginio: 326, 402
Vettori, Francesco: 389
Vignola, siehe Barozzi, Jacopo da Vignola
Vergil: 132, 396
Visconti, Pietro Ercole: 399
Vitet, Louis: 356
Vitruv: 75, 76, 139, 227, 228, 229, 292, 293, 294, 296, 378, 390, 391, 392
Vivant-Denon, Dominique: 304, 395
Volnius: 91
Voščinina A.I.: 377

Waagen G.: 363
Wach: 363
Wagner, Martin von: 468
Wedgwood, Josiah: 290, 302, 304, 312-313, 388, 394, 395
Weege, Fritz: 244, 414
West, Benjamin: 302
Wetter, Erik: 466
Wiberg C.F.: 190
Wiesel, Elie: 449
Wilcox, Joseph: 310
Wilkins, William: 392
William of Malmesbury: 310
Winckelmann, Johann Joachim: 288, 300, 371, 376, 385
Worsaae M.: 190, 340
Wüscher-Becchi, Enrico: 423
Wyatt, James: 302

Zannoni, Antonio: 315
Ziebland, Georg G. Friedrich: 416, 469
Zosimus: 109

Museumsindex

Aix-les-Bains
Musée lapidaire:
• *Rasiermesser* (o. Inv. Nr.)
aus Pralognan
S. 181; Kat. 308, S. 261

Aleria
Musée Archéologique Départemental
Jérôme Carcopino:
• *Rotfigurige Schale* (Inv. 67/459)
aus Aleria, Nekropole, Grab 91
Kat. 295, S. 258; Abb. S. 169
• *Schwarzfigurige Kleeblattkanne* (Inv. 67/458)
aus Aleria, Nekropole, Grab 91
Kat. 294, S. 258

Alfeld
Heimatmuseum:
• *Rasiermesser*
aus der Quelle der Apenteiche bei Winzenburg (Alfeld)
S. 192, 195; Kat. 248, S. 249

Antibes
Sammlung Pruvot:
• *Amphora*
aus der Unterwassergrabung von Cap d'Antibes
S. 50, 168, 170-172; Kat. 278, S. 255; Abb. S. 171
• *Amphora*
aus der Unterwassergrabung von Cap d'Antibes
S. 50, 168, 170-172; Kat. 279, S. 255; Abb. S. 170-171
• *Amphora*
aus der Unterwassergrabung von Cap d'Antibes
S. 50, 168, 170-172; Kat. 280, S. 255; Abb. S. 170-171
• *Amphora*
aus der Unterwassergrabung von Cap d'Antibes
S. 50, 168, 170-172; Kat. 281, S. 255; Abb. S. 170-171
• *Amphora*
aus der Unterwassergrabung von Cap d'Antibes
S. 50, 168, 170-172; Kat. 282, S. 255; Abb. S. 171
• *Kantharos*
aus der Unterwassergrabung von Cap d'Antibes
S. 50, 168, 170-172; Kat. 283, S. 255; Abb. S. 170
• *Schale*
aus der Unterwassergrabung von Cap d'Antibes
S. 50, 168, 170, 172; Kat. 284, S. 256
• *Schale*
aus der Unterwassergrabung von Cap d'Antibes
S. 50, 168, 170-172; Kat. 285, S. 256

Aquileia
Museo Archeologico Nazionale:
• *Platte mit Darstellung des "sulcus primigenius"*
(Inv. 1171)
aus Aquileia
Kat. 233, S. 153

Arezzo
Museo Archeologico G. Cilnio Mecenate:
• *Sors (Los) für Wahrsagungen* (Inv. 19326)
aus Arezzo, nahe der Kirche von S. Croce
Kat. 199, S. 147
• *Sors (Los) für Wahrsagungen* (Inv. 12326)
aus Arezzo, nahe dem modernen Friedhof
Kat. 200, S. 147

Artimino
Museo Archeologico:
• *Räuchergefäß* (Inv. 96813)
aus Artimino, Prato di Rosello, Tumulus C
Kat. 121, S. 133

Tumulus von Montefortini:
• *Tomba A*; Abb., S. 57

Avignon
Musée Calvet:
• *Löwe und Krieger*
aus Baux-de-Provence
S. 216; Abb. S. 215
• *"Taraske"*
aus Noves
S. 216; Abb. S. 217

Badajoz
Museo Arqueológico Provincial:
• *Infundibulum (Weinsieb)* (Inv. 10726)
aus Cancho Roano
S. 176, 178; Kat. 304, S. 260; Abb. S. 179

Barcelona
Museu Arqueològic de Barcelona:
• *Spiegel* (Inv. 1247 MAB)
aus Ampurias
S. 175; Kat. 300, S. 259; Abb. S. 176

Barlaston (Staffordshire)
Wedgwood Museum:
• *"First Day"-Vase*
S. 302, 313; Abb. S. 313
• John Flaxman,
Vase mit Homer-Apotheose
Abb. S. 312

Berlin
Altes Museum:
• B.W. Rosendahl,
Wandmalerei aus dem Etruskischen Cabinet (zerstört)
S. 364-365; Abb. S. 363, 365

Antikensammlung
Staatl. Museen zu Berlin:
• *Becken* (Misc. 8268)
"Aus Mittelitalien"
Kat. 262, S. 251
• *Dragofibel* (Misc. 6326, 99)
aus Tarquinia, Kriegergrab
Kat. 247, S. 249

• Francesco Inghirami, *Urne Nr. 29*
(Gerhard'scher Apparat, Mappe III, Blatt 248)
S. 326, 364; Abb. S. 365
• *Körbchenohrringe*
Abb. S. 441
• Carlo Ruspi,
Spiegel mit Darstellung der Dioskuren
(Gerhard'scher Apparat, Mappe XXVIII, Blatt 9)
S. 326; Kat. 500, S. 403
• Carlo Ruspi,
Spiegel mit Darstellung des jugendlichen Dionysos und seiner Mutter
(Gerhard'scher Apparat, Mappe XXVII, Blatt 71)
S. 326; Kat. 501, S. 403
• Carlo Ruspi,
Spiegel mit Darstellung des Parisurteils
(Gerhard'scher Apparat, Mappe XXVI, Blatt 254)
S. 326; Kat. 502, S. 403
• Carlo Ruspi,
Spiegel mit Turan und Atunis
(Gerhard'scher Apparat, Mappe XXVI, Blatt 176)
S. 326; Kat. 503, S. 403
• Carlo Ruspi,
Urne von Volterra, Museo Guarnacci Nr. 119
(Gerhard'scher Apparat, Mappe III, Blatt 187)
S. 326, 362, 364; Abb. S. 363
• *Schild* (Misc 6326, 1)
aus Tarquinia, Kriegergrab
Kat. 94, S. 127
• Gottfried Semper,
Grund- u. Deckenriß, Längs- und Querschnitt der Tomba del Tifone
S. 426; Kat. 566, S. 567; Abb. S. 427
• Gottfried Semper,
Mittelpfeiler und Beamtenaufzug der rechten Wand sowie Details der Friesbemalung und Sarkophagdeckel der Tomba del Tifone
S. 426; Kat. 567, S. 472; Abb. S. 427
• *"Tegola di Capua"* (Inv. 30982)
aus Santa Maria Capua Vetere (?)
S. 90; Kat. 209, S. 149
• *Trinkschale* (F 2278)
aus Vulci, Camposcala
Kat. 468, S. 398; Abb. S. 336-337
• *Trinkschale* (F 2294)
aus Vulci
Kat. 141, S. 135; Abb. S. 40-41
• *Urne von Volterra*, Museo Guarnacci Nr. 121
(Gerhard'scher Apparat, Mappe III, Blatt 191)
S. 326; Abb. S. 363
• Johann Joachim Winckelmann,
Geschichte der Kunst des Alterthums
S. 288; Kat. 401, S. 385; Abb. S. 286
• *Zwei Beckenhenkel* (Misc. 7825 u. 7826)
aus Vulci, Polledrara, Pozzograb
Kat. 80, S. 125
• *Zwei Gemmen* (FG 194 u. FG 195)

MUSEUMSINDEX

aus Perugia
Kat. 400, S. 385; Abb. S. 286

Staatliche Schlösser und Gärten, Schloß Charlottenburg:
• *Eisgefäß in Form einer Ciste* (KPM-Porzellan)
S. 304; Kat. 460, S. 396; Abb. S. 305
• *Tasse mit Untertasse* (KPM-Porzellan)
Kat. 457, S. 396; Abb. S. 307

Staatsbibliothek zu Berlin:
• *Darstellung der Apokalypse*
(Ms. theol. lat. 2° 561, Blatt 47r.)
Abb. S. 245

Bern
Bernisches Historisches Museum:
• *Anhängeschmuck mit Hohekugel* (Inv. BHM 25175)
aus Jegenstorf (Kanton Bern), Tumulus VI
S. 164; Kat. 316, S. 262
• *Kettchen mit Hohlkugel*
(Anhänger: Inv. BHM 11265; Kette: Inv. BHM 11278)
aus Anet (Kanton Bern), Tumulus VI
S. 164; Kat. 317, S. 262

Besançon
Musée des Beaux-Arts et d'Archéologie:
• *Schnabelkanne* (Inv. A 182.899.1.465)
Herkunft unbekannt
Kat. 324, S. 264; Abb. S. 199

Bologna
Biblioteca Comunale dell'Archiginnasio:
• Giosue Carducci,
"Fuori alla Certosa di Bologna" (*Odi Barbare*, XII)
(Manoscritti Carducci, cat. II, poesie, n. 99, ff. 71-76)
S. 454; Kat. 615, S. 481
• Giosue Carducci,
Giambi ed Epodi e Rime Nuove
S. 454; Kat. 614, S. 481
• Giosue Carducci,
Scritti di storia e di erudizione
Kat. 616, S. 481
• *Congrès international d'Anthropologie et d'Archéologie Préhistoriques. Compte-Rendu de la cinquième session à Bologne 1871*
S. 340; Kat. 519, S. 407
• Pelagio Palagi,
Entwurf einer Intarsie (Inv. 2226)
S. 308-309; Kat. 445, S. 393
• Pelagio Palagi,
Entwurf eines Stuhles (Inv. 2202)
S. 309; Kat. 443, S. 393; Abb. S. 300
• Pelagio Palagi,
Entwurf eines Stuhles (Inv. 2203)
S. 308-309; Kat. 444, S. 393; Abb. S. 300

Casa Carducci:
• Vittorio Corcos,
Porträt des Giosue Carducci
Abb. S. 455

Museo Civico Archeologico:
• *Situla*
aus Bologna, Nekropole von der Certosa
S. 204; Abb. S. 202-203
• *Tintinnabulum* (Glöckchen) (Inv. 25676)
aus Bologna, Grab 5 vom Militärarsenal
Kat. 335, S. 266
• *Zwei Pferdetrensen* (Inv. 23213)
aus Bologna, Benacci-Caprara-Nekropole, Grab 34
Kat. 255, S. 250

Museo Civico del Risorgimento:
• *Porträt von Francesco Orioli*
Abb. S. 322

Privatsammlung:
• *"Editto sopra le antichità e gli scavi"* (Pacca-Edikt)
S. 326; Kat. 461, S. 397; Abb. S. 326

Soprintendenza Archeologica per l'Emilia Romagna:
• *Griff eines Fächers* (Inv. 13538)
aus Verucchio, Grab 89
Kat. 91, S. 127

Bonn
Rheinisches Landesmuseum:
• *Cippus*
aus Pfalzfeld (Rheinland)
S. 213; Abb. S. 213
• *Schnabelkanne* (Inv. 38.139)
aus Urmitz bei Koblenz (Mittelrhein)
Kat. 328, S. 264

Bourges
Musée de la Ville:
• *Schlangenfibel* (Inv. 907.47.20)
aus Mazières (Bourges), Grab mit Doppelbestattung
S. 182, 184; Kat. 306, S. 260
• *Schnabelkanne* (Inv. 894.37.1)
wahrscheinlich aus der Gegend von Bourges
Kat. 327, S. 264; Abb. S. 183

Brüssel
Musées Royaux d'Art et d'Histoire:
• *Beschlagblech eines Trinkhorns*
aus Eigenbilzen (Limburg)
S. 210; Abb. S. 212
• *Schnabelkanne* (Inv. 2522b)
aus Eigenbilzen (Limburg)
Kat. 323, S. 264; Abb. S. 198

Cambridge
University Library:
• *Szene aus der Apokalypse* (Ms. Mn. 5,31 Blatt 76r.)
S. 245; Abb. S. 243

Cerveteri (Caere)
Banditaccia-Nekropole, S. 96
Ansicht von oben, Abb. S. 94-95

Museo Nazionale:
• *Hausurne* (Inv. sc. 1LD)
aus Caere, Nekropole Monte Abatone, Kammergrab 426, rechte Cella
Kat. 157, S. 139

Tomba dei Rilievi, S. 330, 334, 337; Abb. S. 104

Tomba delle Cinque Sedie, Seitenkammer, S. 96; Abb. S. 97

Tomba delle Sedie e degli Scudi, Abb. S. 97

Châtillon-sur-Seine
Musée archéologique:
• *Rippenschale* (Inv. 88.3595.1)
aus Poiseul-la-Ville (Côte d'Or), Tumulus III
S. 164, 185; Kat. 310, S. 261

Chiusi
Museo Archeologico:
• *Aschenurne* (Inv. 92)
aus Montepulciano, Ortsteil Metina, Grabung von 1863
Kat. 223, S. 151
• *Aschenurne* (Inv. 505)
aus Chiusi, Fonte Rotella, Grabung von 1873
Kat. 213, S. 149
• *Aschenurne* (Inv. 886)
aus Chiusi
Kat. 222, S. 151
• *Basis mit Inschrift* (Inv. 2299)
aus Chiusi
Kat. 231, S. 153
• *Urne mit aufgesetzten Figuren*
aus Chiusi
S. 100; Abb. S. 93

Civita Castellana
Museo dell'Agro Falisco:
• *Schale* (Inv. 60637/1)
aus Veji, Quattro Fontanili, Grab FF 16-17
Kat. 104, S. 129

Cluj-Napoca (Rumänien)
Muzeul de Istorie al Transilvaniei:
• *Pferdetrense*
aus Zólyom
S. 158; Kat. 158, S. 251

Colmar
Musée d'Unterlinden:
• *Pyxis* (Inv. 61229)
aus einem Fossa-Grab, Tumulus I von Appenwihr bei Colmar (Oberrhein)
S. 164, 185; Kat. 312, S. 261; Abb. S. 187
• *Rippenschale* (Inv. 61229)
aus einem Fossa-Grab, Tumulus I von Appenwihr bei Colmar (Oberrhein)
S. 164; Kat. 311, S. 261

Como
Civico Museo Archeologico P. Giovio:
• *Lepontinische Inschrift*
aus Prestino
Abb. S. 220-221

Cortona
Accademia Etrusca, Biblioteca:
• *Antiken-Atlas*
Kat. 393, S. 384
• *Codex 556*
Kat. 417, S. 388

Museo dell'Accademia Etrusca:
• *Amphora* (Inv. 1940)
aus dem Gebiet um Chiusi
Kat. 389, S. 383
• *Culśanś* (Inv. 1278)
aus Cortona, Zone Forum Boario, heiliger Bezirk (?)
Kat. 176, S. 143
• *Diskuswerfer* (Inv. 1697)
Herkunft unbekannt
Kat. 390, S. 383
• *Medaille mit Bildnis des Filippo Buonarroti* (Inv. 278)
Kat. 419, S. 389; Abb. S. 284
• *Quaderförmige Basis* (Inv. 1277)
aus Cortona
Kat. 391, S. 384
• *Selvanś* (Inv. 1279)
aus Cortona, Zone Forum Boario, Heiliger Bezirk (?)
Kat. 177, S. 143
• *"Zeus von Firenzuola"* (Inv. 1570)
aus Firenzuola, heiliger Bezirk in der Ortsteil Peglio
Kat. 392, S. 384

Edinburgh
Scottish National Portrait Gallery:
• Franciszek Smuglewicz
James Byres und seine Familie
Abb. S. 311

Eisenstadt
Burgenländisches Landesmuseum:
• *Rasiermesser* (Inv. 22998)
aus St. Georgen am Leithagebirge (Burgenland)
Kat. 249, S. 249

Empuries
Museu de Empuries:
• *Kanne* (Inv. 2162)
aus Ampurias, Nekropole de la Muralla NE, Grab 7
S. 175; Kat. 296, S. 258
• *Kantharos* (Inv. 2153)
aus Ampurias, Nekropole de la Muralla NE, Grab 13
S. 175; Kat. 298, S. 259
• *Kantharos* (Inv. 2154)

aus Ampurias, Nekropole de la Muralla NE, Grab 13
S. 175; Kat. 297, S. 259
• *Kantharos* (Inv. 2163)
aus Ampurias, Nekropole de la Muralla NE, Grab 4
S. 175; Kat. 299, S. 259

Este
Museo Nazionale Atestino:
• *Alphabet-Täfelchen* (Inv. 16000)
aus Este, Fondo Baratela, Votivdepot von Reitia
Kat. 352, S. 269
• *Alphabet-Täfelchen* (Inv. 16004)
aus Este, Fondo Baratela, Votivdepot von Reitia
Kat. 353, S. 269
• *Deckel einer Situla* (Inv. 4850)
aus Este, via Caldevigo, Grab 187
Kat. 336, S. 266
• *Kantharos* (Inv. 31349)
aus Este, Scolo di Lozzo
Kat. 351, S. 269
• *Krieger von Lozzo* (Inv. 42745)
aus Este, Scolo di Lozzo
Kat. 243, S. 248; Abb. S. 165
• *Situla Benvenuti* (Situla: Inv. 4667; Situlendeckel: Inv. 4668)
aus Este, via S. Stefano, Grab 126
S. 200-204; Kat. 337, S. 226; Abb. S. 201

Falerii (Rom)
Porta Giove, S. 224; Abb. S. 226

Ferrara
Museo Archeologico Nazionale:
• *Attische Oinochoe* (Inv. 266)
aus Spina, Nekropole Valle Trebbia, Grab 475
Kat. 65, S. 122
• *Attische Olpe* (Inv. 271)
aus Spina, Nekropole Valle Trebbia, Grab 475
Kat. 66, S. 122
• *Bronzeteile eines verlorenen Holzschemels* (Inv. 269)
aus Spina, Nekropole Valle Trebbia, Grab 475
Kat. 71, S. 123
• *Kleine Schüssel* (Inv. 267)
aus Spina, Nekropole Valle Trebbia, Grab 475
Kat. 69, S. 123
• *Kleine Schüssel* (Inv. 272)
aus Spina, Nekropole Valle Trebbia, Grab 475
Kat. 70, S. 123
• *Musteralphabet* (doppelt) (Inv. 3312)
aus Spina, Siedlung, Zone Südkanal, Collettore del Mezzano, Abschnitt 8 III D
Kat. 207, S. 148
• *Rotfiguriger Kolonnettenkrater* (Inv. 264)
aus Spina, Nekropole Valle Trebbia, Grab 475
Kat. 68, S. 123
• *Rotfigurige Schale* (Inv. 245)
aus Spina, Nekropole Valle Trebbia, Grab 475
Kat. 67, S. 123
• *Zwei Austernschalen* (Inv. 276 u. 277)
aus Spina, Nekropole Valle Trebbia, Grab 475
Kat. 72, S. 123

Florenz
Biblioteca Marucelliana:
• *Annio da Viterbo, Commentaria fratris Ioannis Annii Viterbensis [...] super opera diversorum auctorum de antiquitatibus loquentium* (1498)
S. 282; Kat. 359, S. 378
• Guillaume Postel, *De Etruriae regionis [...]*
S. 283; Kat. 365, S. 379

Biblioteca Medicea-Laurenziana, deposito Casa Buonarroti:
• Filippo Buonarroti, *Diario autografo*
Kat. 381, S. 382

Biblioteca Moreniana:
• Raffaello Gualterotti,
Della descrizione del regale apparato [...]
Kat. 374, S. 381

Biblioteca Nazionale Centrale, fondo Magliabechiano:
• Sante Marmocchini,
Dialogo in defensione della lingua toschana
Kat. 364, S. 379

Biblioteca Nazionale Centrale, fondo Palatino:
• William Wilkins,
Vitruvius: the Civil Architecture
Kat. 438, S. 392

Casa Buonarroti:
• *Salbgefäß in Form eines Frauenkopfes* (Inv. 1981-1982 Nr. 24)
Herkunft unbekannt
Kat. 384, S. 382
• *Stele* (Inv. 1981-1982 Nr. 54)
aus der Gegend von Fiesole
Kat. 382, S. 382
• *Urne mit Deckel* (Inv. 1981-1982 Nr. 11)
aus Chiusi, Hypogäum in der Località Poggio al Moro
Kat. 383, S. 382

Galleria degli Uffizi:
• *Porträt des Luigi Lanzi*
Abb. S. 291

Galleria degli Uffizi, Gabinetto dei Disegni e Stampe:
• Baldassarre Peruzzi,
Mausoleum des Porsenna in Chiusi (Inv. Arch. 634/A)
Kat. 360, S. 378
• Antonio da Sangallo der Jüngere,
Etruskische Inschrift aus Perugia (Inv. Arch. 2081/A)
Kat. 363, S. 379
• Antonio da Sangallo der Jüngere,
Mausoleum des Porsenna in Chiusi (Inv. Arch. 1038/A)
S. 282; Kat. 361, S. 378; Abb. S. 277
• Giovan Battista da Sangallo gen. il Gobbo,
Mausoleum von Porsenna in Chiusi (Inv. Arch. 979/A)
S. 282; Kat. 362, S. 379; Abb. S. 277
• Giorgio Vasari,
Studien zu Kapitellen für den Portikus der Uffizien (Inv. 2925/A)
Kat. 429, S. 391
• *Zeichnungen von etruskischen Objekten* (Inv. 111930; 111931)
Kat. 414, S. 388

Istituto Nazionale di Studi Etruschi ed Italici:
• Thomas Dempster,
De Etruria Regali libri [...]
S. 230, 284, 285, 288, 310, 414; Kat. 380, S. 382; Abb. S. 282
• Karoly Markò,
Ansicht des Ponte Sodo in Veji
Kat. 495, S. 402; Abb. S. 327

Giorgio Vasari,
Loggia der Uffizien, Abb. S. 296

Museo Archeologico:
• *Amphora mit Deckel* (Inv. 77378)
aus Montepulciano, Acquaviva, Kammergrab 2
Kat. 142, S. 136
• *Anhänger* (Inv. 21187)
aus Tarquinia, Poggio Gallinaro, Fossa-Grab 9
Kat. 270, S. 253
• *Aschenurne* (Inv. 5501)
aus dem Gebiet von Chiusi (Slg. Servadio)
Kat. 219, S. 151
• *Aschenurne* (Inv. 83379/t)
aus Tarquinia, Nekropole Poggio dell'Impiccato, Brand-Grab I
Kat. 29, S. 115; Abb. S. 34
• *Beil* (Inv. 10688)
aus Talamone, Votivdepot
Kat. 134, S. 135
• *Bergarbeiterlampe* (Inv. 112913)
aus Campiglia Marittima, Val Fucinaia, area dei forni fusori
S. 35; Kat. 3, S. 110

• *Bergarbeiterlampe* (Inv. 112916)
aus Campiglia Marittima, Val Fucinaia, area dei forni fusori
S. 35; Kat. 2, S. 110
• *Bernsteinkette* (Inv. 7815)
aus Vetulonia, Poggio alla Guardia, Circolo dei Monili
Kat. 260, S. 251
• *Boot* (Inv. 93505)
aus Populonia, Falda della Guardiola, Depotfund
Kat. 24, S. 114
• *Bronzemünzen*
aus Vetulonia
Abb. S. 43
• *Bronzemünzen*
aus Volterra
Abb. S. 43
• *Chimäre* (Inv. 1)
aus Arezzo, Erwerbung Cosimo I. (1553)
S. 282; Kat. 366, S. 379; Abb. S. 274, 278-279, 280-281
• *Chimäre* (Inv. 23)
Herkunft unbekannt
Kat. 379, S. 382
• *Cippus* (Inv. 93488)
aus Chiusi
Kat. 218, S. 151
• *Doppeljoch* (Inv. 10678)
aus Talamone, Votivdepot
Kat. 129, S. 134
• *Doppeljoch* (Inv. 10679)
aus Talamone, Votivdepot
Kat. 130, S. 134
• *Drei Fibeln* (Inv. 77257; 77258; 77259)
aus Vetulonia, Acquastrini, Tomba del Littore
Kat. 86, S. 126
• *Dreifuß* (Inv. 7325)
aus Vetulonia, Circolo degli Acquastrini
Kat. 266, S. 252
• *Etruskische Münzen*
aus Populonia
Abb. S. 42
• *Fächer* (Inv. 89235)
aus Populonia, La Porcareccia, Tomba dei Flabelli
Kat. 92, S. 127
• *Figürlicher Griff* (Inv. 681)
Herkunft unbekannt
Kat. 368, S. 380
• *Figürlicher Griff* (Inv. 682)
Herkunft unbekannt
Kat. 378, S. 381
• *Figürlicher Griff einer Patera* (Inv. 1378)
Herkunft unbekannt
Kat. 369, S. 380
• *Frauenkopf* (Inv. 8514)
aus Vetulonia, Tumulo della Pietrera
Kat. 101, S. 129
• *Gefäßständer* (Inv. 6678)
aus Vetulonia, Poggio in Grugno, 2. Erdbestattungsgrab von Cerrecchio (Circolo del Tritone)
Kat. 272, S. 253
• *Gefäßständer* (Inv. 6830)
aus Vetulonia, Secondo Circolo delle Pellicce
Kat. 271, S. 253
• *Grabstatuengruppe* (Inv. 94352)
aus Chianciano, Orsteil La Pedata
Kat. 211, S. 149
• *Hacke* (Inv. 10682)
aus Talamone, Depot des Genio Militare
Kat. 136, S. 135
• *Hacke* (Inv. 10683)
aus Talamone, Depot des Genio Militare
Kat. 135, S. 135
• *Hacke* (Inv. 10684)
aus Talamone, Depot des Genio Militare
Kat. 137, S. 135
• *Hausurne* (Inv. 5539)
aus dem Gebiet von Chiusi
Kat. 158, S. 139; Abb. S. 73

MUSEUMSINDEX

- *Helm* (Inv. 83379/a)
  aus Tarquinia, Nekropole Poggio dell'Impiccato, Brand-grab I
  Kat. 30, S. 115; Abb. S. 35
- *Henkel mit Tierfigur* (Inv. 6665/A)
  aus Vetulonia, Poggio in Grugno, Circolo delle Sfingi
  Kat. 263, S. 252
- *Hercle (Herakles)* (Inv. 5)
  aus Massa Marittima, Poggio Castiglione
  Kat. 175, S. 143; Abb. S. 80
- *Hochrelief mit geflügelter Frau* (Inv. 75824)
  aus Tuscania, Tomba del Vipiniana. Erwerbung von 1894
  Kat. 216, S. 150
- *Infundibulum* (Inv. 72733)
  aus Città della Pieve
  Kat. 145, S. 136
- *Kamm* (Inv. 93437)
  aus Marsiliana d'Albegna, Circolo degli Avori, Banditella-Nekropole, Fossa-Grab 67
  Kat. 85, S. 126
- *Kandelaberaufsatz* (Inv. 25)
  Herkunft unbekannt
  Kat. 375, S. 381
- *Kandelaberaufsatz* (Inv. 440)
  Herkunft unbekannt
  Kat. 377, S. 381
- *Kantharos* (Inv. 35144)
  aus Chiusi, Ortsteil La Paccianese, Grabung Paolozzi 1912, Grab 5
  Kat. 146, S. 136
- *Kentaur* (Inv. 30)
  Herkunft unbekannt
  Kat. 367, S. 380
- *Krug* (Inv. 21394)
  aus Tarquinia
  Kat. 79, S. 125
- *Kyathos* (Inv. 7082)
  aus Vetulonia, Poggio al Bello, Tomba del Duce (Gruppe IV)
  Kat. 120, S. 132
- *Kyathos* (Inv. 72971)
  aus Castiglione del Lago, Val di Sasso, Kammergrab
  Kat. 144, S. 136
- *Lanzenspitze und Lanzenschuh* (Inv. 83379/g1-g2)
  aus Tarquinia, Nekropole Poggio dell'Impiccato, Brand-grab I
  Kat. 34, S. 116
- *Lappenbeil* (Inv. 93821)
  aus Populonia, Falda della Guardiola, Depotfund
  Kat. 26, S. 114
- *Lappenbeile* (Vier: Inv. 93820; 126387; 126388; 126389)
  aus Populonia, Falda della Guardiola, Depot
  Kat. 27, S. 114
- *Löwe* (Inv. 75964)
  aus Tuscania
  Kat. 215, S. 150
- *Mann mit Sichel* (Inv. 98551)
  aus Scansano, Ghiaccio Forte, Weihgabendepot
  Kat. 124, S. 133
- *Navicella-Fibel* (Inv. 113854)
  aus Populonia, Falda della Guardiola, Depotfund
  Kat. 28, S. 115
- *Oinochoe* (Inv. 77379)
  aus Montepulciano, Acquaviva, Kammergrab 2
  Kat. 143, S. 136
- *Oinochoe* (Inv. 125339)
  aus Populonia, Poggio alla Porcareccia, Tomba delle Oreficerie
  Kat. 268, S. 252
- *Oinotrische-geometrische Tasse* (Inv. 83707/a)
  aus Tarquinia, Poggio dell'Impiccato, Grab 78 mit Nenfro-Sarkophag
  Kat. 41, S. 117
- *Pfahl und Hebel* (Inv. 10686)
  aus Talamone, Depot des Genio Militare
  Kat. 138, S. 135

- *Pfahl und Hebel* (Inv. 10675)
  aus Talamone, Depot des Genio Militare
  Kat. 139, S. 135
- *Pferdetrense* (Inv. 7652)
  aus Vetulonia, Poggio alla Guardia, Circolo di Bes
  Kat. 257, S. 251
- *Pflug* (Inv. 10681)
  aus Talamone, Votivdepot
  Kat. 127, S. 134
- *Pflug* (Inv. 70940)
  aus Talamone, Votivdepot
  Kat. 126, S. 134
- *Pyxis* (Inv. 21647)
  aus Marsiliana d'Albegna, Circolo degli Avori, Banditella-Nekropole, Fossa-Grab 67
  Kat. 84, S. 126
- *Pyxis* (Inv. 83379/e)
  aus Tarquinia, Nekropole von Poggio dell'Impiccato, Brandgrab I
  Kat. 31, S. 115
- *Rasiermesser* (Inv. 21069)
  aus Tarquinia, Selciatello di sopra, Pozzetto-Grab 32
  S. 158; Kat. 249, S. 249
- *Räuchergefäß* (Inv. 148172)
  aus Marsiliana d'Albegna, Banditella-Nekropole, Grab XLI (Tomba della Fibula)
  Kat. 313, S. 262
- *Rippenschale* (Inv. 7096/10)
  aus Vetulonia, Poggio al Bello, Tomba del Duce (Gruppe II)
  S. 164; Kat. 309, S. 261
- *Rutenbündel mit Doppelaxt* (Inv. 8606)
  aus Vetulonia, Acquastrini, Tomba del Littore
  Kat. 93, S. 127
- *Sarkophagdeckel* (Inv. 5482)
  aus Chiusi, Geschenk der Società Colombaria
  Kat. 227, S. 152
- *Satyr und geflügelter Knabe* (Inv. 547)
  Herkunft unbekannt
  Kat. 373, S. 381
- *Schaber* (Inv. 21667; 21668)
  aus Marsiliana d'Albegna, Circolo degli Avori, Banditella-Nekropole
  S. 126; Kat. 203, S. 148
- *Schale* (Inv. 6097)
  aus Vetulonia, Poggio alla Guardia, Circolo delle pietre interrotte, Grab VII
  Kat. 78, S. 124
- *Schale* (Inv. 21332)
  aus Tarquinia, Selciatello di Sopra, Grab 174
  Kat. 105, S. 130
- *Schale mit Fuß* (Inv. 35218)
  aus Chiusi, Grabung 1927
  Kat. 147, S. 137
- *Schreibtäfelchen* (Inv. 93480)
  aus Marsiliana d'Albegna, Circolo degli Avori, Banditella-Nekropole
  S. 54, 126; Kat. 201, S. 147
- *Schwert mit Griffzunge* (Inv. 93497)
  aus Populonia, Falda della Guardiola, Depot
  Kat. 25, S. 114
- *Schwert mit Scheide* (Inv. 83379/p)
  aus Tarquinia, Nekropole von Poggio dell'Impiccato, Brandgrab I
  Kat. 33, S. 116
- *Sichel* (Inv. 10669)
  aus Talamone, Depot des Genio Militare
  Kat. 132, S. 134
- *Sichel* (Inv. 10673)
  aus Talamone, Depot des Genio Militare
  Kat. 133, S. 135
- *Spiegel* (Inv. 77759)
  aus Tuscania, Kammergrab, Ortsteil San Lazzaro
  S. 80; Kat. 193, S. 146
- *Spitze eines Pfluges* (Inv. 10680)
  aus Talamone, Depot des Genio Militare
  Kat. 128, S. 134
- *Spitzhacke* (Inv. 10685)

aus Talamone, Depot des Genio Militare
Kat. 131, S. 134
- *Stamnos, schwarzfigurig* (Inv. 96780)
  Kat. 140, S. 135
- *Statue eines Togatus ("Arringatore")* (Inv. 3)
  aus Perugia, Ortsteil Pila
  S. 109; 284; Kat. 240, S. 155; Abb. S. 108
- *Statuette einer Frau* (Inv. 553)
  Herkunft unbekannt
  Kat. 372, S. 380
- *Stiele von Schreibgriffeln* (Inv. 21661a, b, c)
  aus Marsiliana d'Albegna, Circolo degli Avori, Banditella-Nekropole
  S. 126; Kat. 202, S. 148
- *Tasse* (Inv. 83379/b)
  aus Tarquinia, Nekropole von Poggio dell'Impiccato, Brandgrab I
  Kat. 32, S. 115
- *Tempelförmige Urne* (Inv. 148171)
  aus dem Umland von Volterra, Grabungen G. Cinci (1828?)
  Kat. 160, S. 139; Abb. S. 73
- *Weiblicher Torso* (Inv. 8553)
  aus Vetulonia, Tumulo della Pietrera
  Kat. 102, S. 129
- *Zoomorphes Gefäß*
  aus Vetulonia
  Abb. S. 37
- *Zwei Armbänder* (Inv. 11151-11152)
  aus Marsiliana d'Albegna, Banditella, Grab II
  Kat. 83, S. 125; Abb. S. 56

Museo dell'Opificio delle Pietre Dure:
- Antonio Cioci,
  Etruskische Vasen und Blumen (Inv. 5212)
  S. 307; Kat. 446, S. 394; Abb. S. 308-309

Soprintendenza Archeologica della Toscana:
- *Elfenbeinplättchen mit Greif*
  aus Artimino-Comeana, Grab A des Tumulus von Montefortini
  Abb. S. 59
- *Elfenbeinplättchen mit Jüngling*
  aus Artimino-Comeana, Grab A des Tumulus von Montefortini
  Abb. S. 59
- *Rippenschale aus blauem Glas*
  aus Artimino-Comeana, Grab A des Tumulus von Montefortini
  Abb. S. 58

Santissima Annunziata:
- Francesco da Sangallo,
  Grabmal des Angelo Marzi Medici
  S. 239; Abb. S. 239

Genf
Musée d'Art et d'Histoire:
- *Statuette* (Inv. M697/1)
  aus Menthon (Haute-Savoie)
  S. 182; Kat. 314, S. 262

Gravisca (Hafen von Tarquinia)
Ansicht des Heiligtums
Abb. S. 51

Graz
Steiermärkisches Landesmuseum Joanneum:
- *Kultwagen* (Inv. 2000)
  aus Strettweg bei Judenburg (Obersteiermark)
  S. 162, 163, 192; Abb. S. 156; Kat. 242, S. 248

Grosseto
Museo Archeologico e d'Arte della Maremma:
- *Krater mit Deckel* (Inv. 1426)
  aus Pescia Romana
  Kat. 106, S. 130
- *Musteralphabet* (Inv. 1561)
  Unsichere Herkunft, vielleicht aus Roselle
  Kat. 205, S. 148

Ischia
Museo Archeologico:

508

- *Fragment eines Kraters* (Inv. 239085)
  aus Pithekussa, Lacco Ameno, Ortsteil Mazzola
  Kat. 116, S. 132
- *Kleine Amphora mit Spiralen* (Inv. 166706)
  aus Pithekussa, Grab 159
  Kat. 117, S. 132

- *Krater mit Darstellung eines Schiffbruchs* (Inv. 168813)
  aus Pithekussa, San Montano (Lacco Ameno)
  Kat. 115, S. 132
- *Reines Hämatit-Fragment* (Inv. 238645)
  aus Pithekussa, Lacco Ameno,
  Geröllhalde am Abhang des Monte Vico
  S. 42; Kat. 1, S. 110

Karlsruhe
Badisches Landesmuseum:
- *Maskenfibel* (Inv. C. 2668a)
  aus Rappenau (Baden-Württemberg)
  Kat. 349, S. 269

Kopenhagen
Ny Carlsberg Glyptothek:
- Gregorio Mariani,
  Faksimile der Rückwand der Tomba del Triclinio, Tarquinia (Inv. HIN 95-IN 1441a)
  S. 424; Kat. 559, S. 471
- *Sarkophagdeckel* (Inv. 846)
  aus Ostia, Ortsteil Pianabella, Ausgrabungen Pacca-Campana, 1834- 35
  Kat. 228, S. 153; Abb. S. 222, 237

Lattes
Musée Archéologique:
- *Schale* (Inv. 983.973.1)
  aus Lattes (Hérault)
  S. 169, 172; Kat. 292, S. 257
- *Schale* (Inv. 983.974.1)
  aus Lattes (Hérault)
  S. 169, 172; Kat. 291, S. 257

Leiden
Rijksmuseum van Oudheden:
- *Kandelaber* (Inv. CO. 2)
  aus Montecchio bei Cortona
  Kat. 399, S. 385; Abb. S. 289
- *Laran* (Inv. CO. 1)
  aus Ravenna
  Kat. 394, S. 384; Abb. S. 289
- *Laran* (Inv. CO. 32)
  Herkunft unbekannt
  Kat. 174, S. 142; Abb. S. 289
- *Statuette* (Inv. CO. 6)
  aus der Gegend des Trasimener Sees
  Kat. 395, S. 384; Abb. S. 289
- *Statuette einer Opfernden* (Inv. CO. 30)
  aus Montecchio bei Cortona
  Kat. 397, S. 385; Abb. S. 289
- *Statuette eines Greifen* (Inv. CO. 3)
  aus Cortona, Ortsteil Campaccio
  Kat. 396, S. 384; Abb. S. 289
- *Statuette eines Knaben mit Gans* (Inv. CO. 4)
  aus Montecchio bei Cortona
  Kat. 398, S. 385; Abb. S. 289

Litoměřice
Okresní Vlastivědné Muzeum:
- *Durchbrochener Beschlag* (Inv. 2630 Archéologie)
  aus Čížkovice, Litoměřice/Böhmen
  S. 213; Kat. 346, S. 268; Abb. S. 213

Ljubljana
Narodni Muzej Ljubljana:
- *Dreifuß* (Inv. NM P11415)
  aus Novo Mesto (Slowenien), Dreifuß-Grab
  S. 158; Kat. 267, S. 252; Abb. S. 159
- *Krieger* (Inv. NM P 11413)

aus Vače (Slowenien), Grabung 1927
Kat. 273, S. 253
- *Oinochoe*
  aus Stična, Grab der Situla
  S. 185; Kat. 269, S. 253; Abb. S. 159
- *Situla* (Inv. NM P591)
  aus Vače (Slowenien)
  S. 204; Kat. 340, S. 267; Abb. S. 204-205

London
British Library:
- Eliza Meteyard, *The life of Josiah Wedgwood*, London 1865-1866
  Kat. 448, S. 394; Abb. S. 321
- Walter Riff (Rivius), *Vitruvius teutsch...*, Nürnberg 1548
  Kat. 430, S. 391

British Museum:
- *Cippus mit Heimkehr von der Jagd*
  aus Chiusi
  S. 71; Abb. S. 71
- *Ciste* (Inv. GR 1884. 6-14. 32)
  Herkunft unbekannt
  Kat. 458, S. 396
- *Ciste "Pasinati"* (Inv. GR 1884.6-14.34)
  Herkunft unbekannt
  Kat. 459, S. 396
- *Ehepaar-Sarkophag (Sarcofago degli Sposi)*
  S. 336, 432-433, 438; Abb. S. 348
- *Helm* (Inv. GR 1928. 6-10. 1)
  aus Olympia, Heiligtum, Ufer des Alphaios
  Kat. 76, S. 124
- *Hydria* (Inv. GR 1836. 2-24. 228-B. M. Cat. Vases B. 60)
  aus Vulci
  Kat. 74, S. 124
- *Kollier* (Inv. GR 1872. 6-4. 649)
  S. 437-438; Kat. 596, S. 478
- *Männlicher Kopf* (Inv. GR 1847.11-1.3)
  aus Falterona, Votivdepot
  Kat. 517, S. 406; Abb. S. 325
- *Messer aus der Themse*
  Abb. S. 221
- *Oinochoe* (Inv. 1824.4-89.87)
  Kat. 451, S. 395; Abb. S. 317
- *Statuette einer Frau* (Inv. GR 1847.11-1.2)
  aus Falterona, Votivdepot
  Kat. 510, S. 405; Abb. S. 325
- *Statuette eines Kriegers* (Inv. GR 1847. 11-1. 5)
  aus Falterona, Votivdepot
  Kat. 513, S. 405; Abb. S. 324
- *Statuette eines Opfernden* (Inv. GR 1847.11-1.6)
  aus Falterona, Votivdepot
  Kat. 514, S. 406; Abb. S. 325
- *Entwürfe für die Ausstattung der Campanari-Ausstellung: Grundriß von vier Gräbern*
  S. 334-335, 421-422; Kat. 508, S. 404
- *Entwürfe für die Ausstattung der Campanari-Ausstellung: Tomba delle Bighe*
  S. 334-335, 421-422; Kat. 506, S. 404; Abb. S. 425
- *Entwürfe für die Ausstattung der Campanari-Ausstellung: Tomba delle Bighe mit Ausstellungsobjekten*
  S. 334-335, 421-422; Kat. 507, S. 404; Abb. S. 425

British Museum, Department of Prints and Drawings:
- Samuel J. Ainsley,
  Blick auf Populonia (Cat. LB 71 XLIX)
  S. 315, 335; Kat. 486, S. 400
- Samuel J. Ainsley,
  Das alte Stadttor von Saturnia (Porta Clodia) (Cat. LB 80 XLIV)
  S. 315, 335; Kat. 485, S. 400
- Samuel J. Ainsley,
  Die Grotta dell'Alcova, Cerveteri (Cat. LB 97 IV)
  S. 315, 335; Kat. 475, S. 399; Abb. S. 319
- Samuel J. Ainsley,
  Die Grotta de' Volumni, Perugia (Cat. LB 62 LVI)
  S. 315, 335; Kat. 488, S. 400; Abb. S. 318

- Samuel J. Ainsley,
  Die Tempelgräber von Norchia (Cat. LB 47 XXVIII)
  S. 315, 335; Kat. 481, S. 400; Abb. S. 318
- Samuel J. Ainsley,
  Etruskische Landschaft (Cat. LB 16 XIV)
  S. 315, 335; Kat. 478, S. 400
- Samuel J. Ainsley,
  Etruskische Sarkophage in Toscanella (Tuskania) (Cat. LB 20 XXXI)
  S. 315, 335; Kat. 482, S. 400
- Samuel J. Ainsley,
  Innenansicht der Grotta del Tifone, Corneto (Tarquinia) (Cat. LB 1 VII)
  S. 315, 335; Kat. 476, S. 399; Abb. S. 319
- Samuel J. Ainsley,
  Nekropole von Castel d'Asso, etruskische Inschriften (Cat. LB 40 XXIII)
  S. 315, 335; Kat. 480, S. 400
- Samuel J. Ainsley,
  Orvieto, von der Straße nach Viterbo aus gesehen (Cat. LB 29 XXXVI)
  S. 315, 335; Kat. 484, S. 400
- Samuel J. Ainsley,
  Ponte della Badia, Vulci (Cat. LB 4 XII)
  S. 315, 335; Kat. 477, S. 400
- Samuel J. Ainsley,
  Porta dell'Arco, Volterra (Cat. LB 64 LI)
  S. 315, 335; Kat. 487, S. 400
- Samuel J. Ainsley,
  Porta di Bove, Falleri (S. Maria di Falleri) (Cat LB 57 XVII)
  S. 315, 335; Kat. 479, S. 400
- Samuel J. Ainsley,
  Sovana, Tomba von Poggio Stanziale (Tomba del Tifone) (Cat. LB 85 XXXIV)
  S. 315, 335; Kat. 483, S. 400

Inigo Jones,
- *Saint Paul-Kirche, Covent Garden*
  S. 295; Abb. S. 297

Lons-le-Saunier
Musée Archéologique:
- *Amphora* (Inv. 3617)
  aus Conliège, Tumulus 6 von La-Croix-de-Monceaux
  Kat. 325, S. 264
- *Simpulum (Schöpfkelle)* (Inv. 3616)
  aus Conliège, Tumulus 6 von La-Croix-de-Monceaux
  Kat. 326, S. 264

Lyon
Musée de la Civilisation Gallo-romaine:
- *Die Claudische Bronzetafel* (Inv. Br 2)
  1528 auf dem Areal des Bundesheiligtums gefunden
  Kat. 236, S. 154

Madrid
Museo Arqueológico Nacional:
- *Fragment eines Löwen mit Menschenkopf*
  aus Osuña (Spanien)
  Abb. S. 216

Mainz
Römisch-Germanisches Zentralmuseum:
- *Kultwagen (Kopie des Originals in Graz)*
  S. 162; Abb. S. 163; Kat. 242, S. 248

Mantua
Leon Battista Alberti,
Sant'Andrea
Abb. S. 295

Marseille
Musée d'Archéologie Méditerranéenne:
- *"Rhodische" Bronzekanne* (Inv. 3671)
  aus Pertuis (Vaucluse), Tumulus 1 de L'Agnel
  Abb. S. 197; Kat. 318, S. 263
- *Schale* (Inv. 7515)
  aus Pertuis (Vaucluse), Tumulus 1 du Renard
  (oder Tumulus des Trois Quartiers)
  Kat. 319, S. 263

MUSEUMSINDEX

Marzabotto (Bologna)
Blick auf die etruskische Stadt bei Marzabotto, S. 70, Abb. S. 67

Grundriß eines Hauses der etruskischen Stadt bei Marzabotto, Abb. S. 74

Museo Nazionale Etrusco P. Aria:
- *Doppelmaskenfibel* (Inv. 67109)
  aus Pontecchio Marconi, S. Biagio, verwüstetes Grab
  S. 207; Abb. 207; Kat. 348, S. 268
- *Fragment einer Gußform (Arm)* (Inv. 861)
  aus Marzabotto, Areal der Gießerei der Regio V, 5
  Kat. 10, S. 111
- *Fragment einer Gußform (Kopf)* (Inv. 860)
  aus Marzabotto, Areal der Gießerei der Regio V, 5
  Kat. 12, S. 112
- *Fragment einer Gußform (Wangenschutz)* (Inv. 871)
  aus Marzabotto, Areal der Gießerei der Regio V, 5
  Kat. 11, S. 111
- *Zange* (Inv. 986)
  aus Marzabotto aus einem kleinen Kanal vor dem Haus
  6 der Regio IV, 1
  Kat. 9, S. 111
- *"Ziehstein"* (Inv. 827)
  aus Marzabotto, Terrasse A
  vor der Gießerei der Regio V, 5
  Kat. 8, S. 111

Massa Marittima
Fundamente von Häusern der etruskischen Siedlung beim Lago dell'Accesa, S. 70-71; Abb. S. 70

Middlesex
Osterley Park:
- Robert Adam, *Etruscan Rooms*
  S. 290, 302, 312

Modena
Galleria Estense:
- *Fufluns* (Inv. 523 P-12205)
  Herkunft unbekannt
  Abb. S. 322; Kat. 172, S. 142

München
Architekturmuseum der Technischen Universität:
- Georg Friedrich Ziebland
  Komastenaufzug (Inv. 1.16)
  S. 416-417; Abb. S. 417; Kat. 552, S. 469
- Georg Friedrich Ziebland
  Pferderennen (Inv. 1.17)
  S. 416-417; Abb. S. 417; Kat. 553, S. 469

Staatliche Antikensammlungen:
- *Figürlicher Kannenhenkel* (Löwe, Inv. 9; Eber, Inv. 293)
  aus dem Fürstengrab von Castel San Mariano (Perugia)
  S. 208, Abb. S. 206; Kat. 341, S. 267
- *Schale des Exekias mit Dionysos*
  Abb. S. 52

Staatliche Graphische Sammlungen:
- Leo von Klenze,
  Aufriß eines Joches der Längswand mit Malereien aus der Tomba delle Bighe (Inv. 26463)
  S. 335, 421-422, 424; Kat. 564, S. 472
- Leo von Klenze,
  Decke des großen Saals mit Malereien aus der Tomba delle Iscrizioni und Tomba delle Bighe (Inv. 26459)
  S. 335, 421-422, 424; Kat. 565, S. 472
- Leo von Klenze,
  Entwurf für die Ausstattung des Vasensaales in der Alten Pinakothek in München
  S. 335, 421-422, 424, 426, 428-429; Kat. 562-565, S. 471
- Leo von Klenze,
  Längswand des Saals und die beiden Stirnwände mit Malereien der Tomba del Triclinio, Tomba del Morto, Tomba Querciola (Inv. 26460)
  S. 335, 421-422, 424; Abb. 428-429; Kat. 563, S. 471

- *Kreuzgewölbe mit Malereien aus der Tomba del Triclinio und Tomba del Barone* (Inv. 26462)
  S. 335, 421-422, 424; Kat. 564, S. 472

Murlo
Antiquarium Comunale:
- *Akroterfigur mit Bart* (Inv. 111198)
  aus dem Gebäudekomplex in Poggio Civitate
  S. 72; Kat. 99, S. 129
- *Kleiner Tiegelofen*
  aus dem Areal der Metallverarbeitung
  Kat. 6, S. 111
- *Platte mit Prozession* (Inv. 112603-112599)
  aus dem Gebäudekomplex in Poggio Civitate
  S. 72; Kat. 96, S. 128
- *Platte mit Trinkgelage* (Inv. 112591)
  aus dem Gebäudekomplex in Poggio Civitate
  S. 72; Kat. 98, S. 128
- *Platte mit Versammlung* (Inv. 112729)
  aus dem Gebäudekomplex in Poggio Civitate
  S. 72; Kat. 97, S. 128
- *Sitzende Akroterfigur mit Firstziegel* (Inv. 111190)
  aus dem Gebäudekomplex in Poggio Civitate
  S. 72; Kat. 100, S. 129

Nantes
Musée Dobrée:
- *Sanguisugafibel* (Inv. 882.1.443)
  aus Saint-Aignan-de-Grandlieu (Loire-Atlantique)
  S. 182, 184, 187; Kat. 320, S. 263

Neapel
Museo e Gallerie Nazionali di Capodimonte:
- *Déjeuner "à l'étrusque"* (Inv. 5065)
  Abb. S. 306; Kat. 447, S. 394

Museo Nazionale:
- *Musteralphabet* (Inv. 80559)
  aus Nola, Ausgrabungen vom Ende des 18. Jhs.
  Kat. 208, S. 149

New York
The Metropolitan Museum of Art:
- *Musteralphabet* (Inv. 24.97.21)
  aus Viterbo
  Abb. S. 86-87; Kat. 204, S. 148
- *Oinochoe* (Inv. 32.95.14)
  aus der Wedgwood Manufaktur
  S. 313; Abb. S. 317; Kat. 450, S. 394
- *Ring* (Inv. 40.11.16)
  aus Vulci
  S. 208; Kat. 347, S. 268

Nizza
Musée Massena:
- *Kammhelm* (Inv. MAH arm 233)
  aus Zavadintsy (Ukraine)
  S. 158; Kat. 252, S. 250

Olympia
Archäologisches Museum:
- *Becken* (Inv. B 5758)
  aus Olympia, aus einem Brunnen nahe der Südseite des Stadions
  S. 47; Kat. 47, S. 119
- *Fibel* (Inv. BR 1721)
  aus Olympia, aus dem Bereich nördlich des Zeustempels
  S. 47; Kat. 45, S. 118
- *Fibel* (Inv. BR 6551)
  aus Olympia, aus dem Bereich des Südostbaus
  S. 47; Kat. 46, S. 118
- *Helm* (Inv. M9)
  aus Olympia, Ufer des Alpheios
  Kat. 75, S. 124
- *Pferdetrense* (Inv. B 9550)
  aus Olympia, vom Südrand des Stadions II
  S. 47; Kat. 44, S. 118
- *Schild (Fragment)* (Inv. BR 9692)
  aus Olympia, aus dem Areal des Pelopeion
  S. 47; Kat. 43, S. 118

Orvieto
Crocifisso del Tufo-Nekropole, S. 70
- Lageplan (Ausschnitt), Abb. S. 66

Museo Faina:
- *Amphora der Vanth-Gruppe*
  S. 245, Abb. S. 243

Tomba Golini I
- *Hades und Persephone wohnen einem Symposion bei*
  S. 97, 240; Abb. S. 240

Oslo
Universitetet, Iakn Oldsaksamlings:
- *Bronzestatuette eines Kriegers*
  Abb. S. 218

Oxford
Im Besitz von Denys und Sybille Haynes:
- George Dennis,
  The Cities and Cemeteries of Etruria
  S. 314, 316, 335, 345, 444; Kat. 491, S. 401
- *Handschriftliche Aufzeichnungen von George Dennis*
  Kat. 490, S. 401
- David Herbert Lawrence,
  Etruscan Places
  S. 316, 450, 453; Kat. 612, S. 480

Padua
Museo Archeologico:
- *Grabstele* (o. Inv. Nr.)
  aus Camin (Padua)
  Kat. 354, S. 270

Palermo
Museo Archeologico Regionale:
- *Cippus* (Inv. 8385)
  aus Chiusi
  Kat. 210, S. 149

Paris
Académie d'Architecture:
- Henri Labrouste,
  Composition antique par P.F. Henri Labrouste [...] fait a Paestum, 1826: Restauration d'une des portes de la ville (Inv. 1976. 91)
  Kat. 570, S. 473

Bibliothèque Centrale des Musées de France:
- Alexandre Bertrand, *Sépultures à incinération de Poggio Renzo près de Chiusi*
  Kat. 520, S. 407
- Heinrich Brunn, *I rilievi delle urne etrusche*
  S. 333, 342; Kat. 529, S. 408
- Luigi Canina,
  Descrizione di Cere antica [...]
  Abb. S. 330; Kat. 469, S. 398
- A.C. Philippe de Caylus, *Recueil d'Antiquités [...]*
  S. 288, 289, 312; Abb. S. 289; Kat. 404, S. 386
- P.F. Hugues d'Hancarville, *Antiquités étrusques grecques et romaines tirées du Cabinet de M. Hamilton [...]*
  S. 290, 300, 312; Abb. S. 313; Kat. 416, S. 388
- Wolfgang Helbig,
  Sopra la provenienza degli Etruschi
  S. 341; Kat. 521, S. 407
- Jules Martha, *L'art étrusque*
  S. 343; Abb. S. 344-345; Kat. 528, S. 408
- Giovan Battista Passeri, *Picturae Etruscorum in vasculis [...]*
  S. 286, 290; Abb. S. 283; Kat. 415, S. 388
- Carl Pauli,
  Corpus Inscriptionum Etruscarum
  S. 342; Kat. 530, S. 408
- Giovan Battista Piranesi, *Della Magnificenza ed Architettura de' Romani [...]*
  S. 300; Abb. S. 297; Kat. 437, S. 392
- Giovan Battista Piranesi, *Diverse maniere d'adornare i cammini [...]*
  S. 288, 290, 300, 312; Abb. S. 287; Kat. 439, S. 392

- Stendhal,
  Rome, Naples et Florence
  S. 446, Abb. S. 446; Kat. 609, S. 480
- Ingvald Undset,
  "L'antichissima necropoli Tarquiniese"
  Kat. 522, S. 407
- Adolphe-Noël Des Vergers,
  L'Etrurie et les Etrusques
  S. 337, 341; Abb. S. 344; Kat. 518, S. 406

Bibliothèque de l'Institut de France:
- Lucien Bonaparte, *Museum étrusque de Lucien Bonaparte*
  [...]
  Kat. 464, S. 397
- *Monumenti inediti pubblicati dall'Instituto di Corrispondenza Archeologica, Bd. I*
  S. 333, 364, 366; Kat. 561, S. 471

Bibliothèque Nationale:
- Colin Campbell, *Vitruvius Britannicus or the British Architects [...]*
  Kat. 436, S. 392
- William Chambers,
  A Treatise on Civil Architecture [...]
  Kat. 435, S. 392
- Antonio Francesco Gori, *Museum Etruscum exhibens insignia veterum Etruscorum monumenta [...]*
  S. 286, 289; Kat. 385, S. 383
- Luigi Lanzi, *Saggio di Lingua etrusca e di altre antiche [...]*
  S. 291; Kat. 418, S. 388
- Marc-Antoine Laugier,
  Essai sur l'architecture [...]
  Kat. 434, S. 391
- Sebastiano Serlio, *Regole generali di architettura di Sebastiano Serlio [...] sopra le cinque maniere degli edifici*
  Kat. 426, S. 390
- *Szene aus der Apokalypse* (Ms. fr. 403 fol. 14 v°)
  Abb. S. 243

Bibliothèque Nationale, Cabinet des Estampes:
- Victor Baltard
  Tombeau étrusque près de Corneto (Tomba del Cardinale)
  (Inv. Vb 132s, Bd. XIII)
  S. 417-418; Kat. 579, S. 475
- Victor Baltard
  Tombeaux étrusques près de Corneto
  (Inv. Vb 132s, Bd. XIII)
  Kat. 574, S. 474
- Henri Labrouste,
  Entre Monte Romano et Corneto (Inv. Vb 132s, Bd. XIII)
  Kat. 572, S. 473
- Henri Labrouste,
  Murs et porte de la ville de Faleri près Civita Castellana
  (Inv. Vb 132s, Bd. XIII)
  Kat. 569, S. 473
- Henri Labrouste,
  Norchia (Inv. Vb 132s, Bd. XIV)
  Kat. 581, S. 475
- Henri Labrouste,
  Ponte dell'Abbadia, Castel d'Asso (Inv. Vb 132b)
  Kat. 580, S. 475
- Henri Labrouste,
  Porte antique à Perugia (Inv. Vb 132p.)
  Kat. 568, S. 473
- Henri Labrouste,
  Tomba del Barone (Inv. Vb 132s, Bd. XIII)
  S. 417-418; Abb. S. 430; Kat. 577, S. 474
- Henri Labrouste,
  Tomba del Cardinale (Inv. Vb 132s., Bd. XIII)
  S. 417-418; Abb. S. 430; Kat. 578, S. 474
- Henri Labrouste,
  Tomba delle Bighe (Inv. Vb 132s., Bd. XIII)
  S. 417-418; Kat. 575, S. 474
- Henri Labrouste,
  Tomba delle Bighe (Inv. Vb 132s., Bd. XIII)
  S. 417-418; Kat. 576, S. 474

- Henri Labrouste,
  Tumulus et Vue de la nécropole de Tarquinia
  (Inv. Vb 132s, Bd. XIII)
  Abb. S. 431; Kat. 573, S. 474
- Henri Labrouste,
  Volterra, tombeau étrusque creusé dans l'albâtre (Inv. Vb 132q)
  Kat. 571, S. 473
- Giovan Battista Piranesi,
  Parere su l'architettura [...]
  Kat. 413, S. 387
- *Porträt des Gian Pietro Campana* (Inv. N2)
  Abb. S. 350; Kat. 532, S. 409
- Franciszek Smuglewicz,
  Innenansicht, Grundriß und Details der Tomba del Cardinale (Inv. Vb 132, Bd. XIV)
  S. 370, 415; Abb. S. 371; Kat. 543, S. 468

Bibliothèque Nationale, Cabinet des Médailles :
- *"Apollon von Ferrara"* (Inv. B.B. 101)
  Herkunft unbekannt
  Kat. 403, S. 386
- *Figürliche Vase* (Inv. B.B. 254)
  Kat. 412, S. 387
- *Fuß einer Ciste* (Inv. B.B. 810)
  aus Chiusi
  Kat. 408, S. 387
- *Henkel einer Kanne* (Inv. B.B. 1447)
  Kat. 407, S. 386
- *Henkel einer Kanne* (Inv. B.B. 1449)
  aus der Umgebung von Neapel
  Kat. 406, S. 386
- *Kandelaberaufsatz* (Inv. B.B. 908)
  Kat. 409, S. 387
- *Kandelaberaufsatz (Herakles mit dem Nemeischen Löwen)* (Inv. B.B. 583)
  aus der Toskana
  Kat. 410, S. 387
- *Kore* (Inv. B.B. 204)
  Kat. 411, S. 387
- *Pektorale* (Inv. B.B. 1835)
  Kat. 405, S. 386

Ecole Nationale Supérieure des Beaux-Arts:
- Leon Battista Alberti,
  L'architettura [...] tradotta da Cosimo Bartoli
  Kat. 425, S. 390
- Daniele Barbaro (und Andrea Palladio), *I dieci libri dell'Architettura di Vitruvio*
  Kat. 427, S. 390
- Jacopo Barozzi da Vignola, *La Regola delli cinque Ordini di Architettura*
  Kat. 428, S. 390
- Wendel Dietterlin, *Architectura von Ausstellung Symmetria und Proportion der fünf Seulen [...]*
  Abb. S. 296; Kat. 432, S. 391
- Louis-Joseph Duc,
  Aufriß des Kolosseum, Detail
  Abb. S. 231
- *Musei Etrusci quod Gregorius XVI Pont. Max. in aedibus Vaticanis constituit [...]*
  Kat. 473, S. 399
- Claude Perrault, *Les dix livres d'architecture de Vitruve corrigez et traduitz nouvellement en Français [...]*
  Kat. 433, S. 391

Musée du Louvre, Cabinet des Dessins:
- Leonardo da Vinci,
  Entwurf eines Mausoleums mit kreisförmigem Grundriß
  Abb. S. 276

Musée du Louvre, Département des Antiquités grecques, étrusques et romaines:
- *Aschenurne* (Inv. Charles X 105 - gebr. Nr. MA 2357)
  aus Volterra
  Kat. 221, S. 151
- *Aschenurne* (Inv. MND 1567 - gebr. Nr. MA 3605)

aus Pagni (Val d'Elsa), Toskana
S. 361; Kat. 371, S. 380
- *Aschenurne* (Inv. MND 1568 gebr. Nr. MA 3606)
  aus Pagni (Val d'Elsa), Toskana
  S. 361; Kat. 370, S. 380
- *Caeretaner Hydria* (Inv. Cp 63 - gebr. Nr. E 696)
  Herkunft unbekannt
  Kat. 73, S. 123
- *Campana-Platte* (Inv. S 4033)
  aus Cerveteri, Banditaccia-Nekropole
  Abb. S. 359; Kat. 542, S. 411
- *Campana-Platten* (Inv. S 4031, S 4035, S 4033)
  aus Cerveteri, Banditaccia-Nekropole
  Abb. S. 358; Kat. 540-541, S. 411
- *Deckelgefäß* (Inv. MNB 1780 gebr. Nr. D 150)
  aus Cerveteri, Maler der Minerva-Geburt
  S. 45, Abb. S. 47; Kat. 49, S. 119
- *Diadem* (Inv. C 10 - gebr. Nr. Bj 114)
  aus der Umgebung von Perugia
  Abb. S. 361; Kat. 534, S. 410
- *Drachenfibel mit Inschrift* (Inv. Cp 282 - gebr. Nr. Bj 816)
  aus Chiusi
  Abb. S. 91; Kat. 119, S. 132
- *Ehepaarsarkophag* (Inv. Cp 5194)
  aus Cerveteri
  S. 234-236, 330, 337, 354, 411, 432; Abb. S. 352-353, 355, 357; Kat. 539, S. 411
- *Eurytos-Krater* (Inv. Cp 33 - gebr. Nr. E 635)
  aus Cerveteri
  Abb. S. 60-61; Kat. 113, S. 131
- *Kämpfende Menerva* (Inv. 3079 - gebr. Nr. Br 298)
  aus der Umgebung von Perugia
  S. 361; Kat. 171, S. 142
- *Kanope* (Inv. 4855 - gebr. Nr. D 162)
  Herkunft unbekannt
  S. 100; Kat. 220, S. 151
- *Kelch* (Inv. Cp 3414 - gebr. Nr. C 54)
  Herkunft unbekannt
  Kat. 118, S. 132
- *Kette mit Anhänger (Acheloos-Maske)* (Inv. Cp 198 - gebr. Nr. Bj 498)
  Herkunft unbekannt
  Abb. S. 436; Kat. 599, S. 478
- *Kollier* (Inv. Bj 521-544)
  angeblich aus Vulci
  S. 437-438; Abb. S. 433; Kat. 595, S. 477
- *Krater mit Deckel* (Inv. CA 5807)
  Herkunft unbekannt
  Abb. S. 26; Kat. 107, S. 130
- *Nackter Jüngling* (Inv. MN 351 - gebr. Nr. Br 291)
  aus Falterona, Votivdepot
  Abb. S. 325; Kat. 516, S. 406
- *Oinochoe in Form eines menschlichen Kopfes* (Inv. ED 603 - gebr. Nr. Br 2955)
  aus Gabii
  S. 313, 350; Abb. S. 298, 316; Kat. 449, S. 394
- *Porträt eines jungen Mannes* (Inv. MNE 817 - gebr. Nr. Br 19)
  aus der Umgebung von Fiesole
  S. 361; Kat. 239, S. 154
- *Schnabelkanne* (Inv. ED 2796 - gebr. Nr. Br 2774)
  Herkunft unbekannt
  Kat. 345, S. 268
- *Schwarzfigurige Amphora* (Inv. Cp 85 - gebr. Nr. E 721)
  Herkunft unbekannt
  Abb. S. 377; Kat. 536, S. 410
- *Schwarzfigurige etruskische Amphora mit Herakles und Minotaurus*
  S. 84; Abb. S. 85
- *Statuette einer Frau* (Inv. MN 349 - gebr. Nr. Br 230)
  aus Falterona, Votivdepot
  Kat. 512, S. 405
- *Statuette eines Jünglings, der sich mit dem Schwert gürtet*
  (Inv. N 391 - gebr. Nr. Br 292)
  aus Falterona, Votivdepot
  Kat. 515, S. 406

MUSEUMSINDEX

- *Statuette eines Mannes* (Inv. N 2510 - gebr. Nr. Br 218)
  aus Falterona, Votivdepot
  S. 361; Kat. 509, S. 405
- *Statuette eines Mannes* (Inv. N 5363 - gebr. Nr. Br 220)
  aus Falterona, Votivdepot
  Kat. 511, S. 405
- *Thron* (Inv. MND 2302 - gebr. Nr. Br 4406)
- *Turms* (Inv. MNE 948)
  Herfunkt unbekannt
  Kat. 173, S. 142
- *Zwei Goldscheiben, graviert*
  (Inv. C. 386 - gebr. Nr. Bj 25-26)
  aus der Umgebung Perugia
  Kat. 535, S. 410

Musée du Louvre, Département des Arts Graphiques:
- Edgar Degas, *Mary Cassatt au Musée du Louvre: la Galerie étrusque* (Inv. RF 4046 D)
  Abb. S. 351; Kat. 538, S. 410

Musée du Louvre, Département des Peintures:
- Camille Corot,
  Volterra, la Citadelle (Inv. RF. 1610)
  Abb. S. 323; Kat. 494, S. 401

Union Centrale des Arts Décoratifs, Bibliothèque:
- Robert und James Adam,
  Works in Architecture
  S. 312; Kat. 440, S. 393

Union Centrale des Arts Décoratifs, Cabinet des Dessins:
- Jean-Démosthène Dugourc,
  Entwurf einer Dekoration "à l'étrusque"
  (Inv. CD2718)
  Kat. 441, S. 393
- Meunier, *Entwurf eines Stuhles "à l'étrusque", um 1790*
  (Inv. CD2736)
  Kat. 442, S. 393

Perugia
Museo Archeologico Nazionale:
- *Musteralphabet* (Inv. 88601)
  aus Perugia, Via Pellini
  Kat. 206, S. 148

Porta Marzia, S. 224. 378, Abb. S. 227

Pesaro
Museo Oliveriano:
- *Zweisprachige Inschrift in etruskisch und lateinisch*
  aus Pesaro
  S. 105; Abb. S. 105

Piacenza
Museo Civico:
- *Modell einer Schafsleber* (Inv. 1101)
  da Settima (PC)
  S. 80; Kat. 195, S. 146

Pisa
Camposanto:
- *Detail aus "Triumph des Todes"*
  Abb. S. 242; S. 244

Pompeji
- *Tuskanische Säule*
  aus Pompeji, regio VI, insula 5
  S. 226; Abb. S. 229

Populonia
Archäologisches Areal San Cerbone:
- *Schlacken aus der Erzeinschmelzung*
  S. 35-36; Kat. 7, S. 111

Tomba dei Flabelli, Abb. S. 96

Prag
Národní Muzeum:
- *Beil* (Inv. 111252)
  aus dem Fürstengrab von Chlum (Südwestböhmen)
  Kat. 333, S. 265
- *Beschlag* (Inv. 111250)
  aus dem Fürstengrab von Chlum
  Kat. 331, S. 265

- *Etruskische Schnabelkanne* (Inv. 111245)
  aus dem Fürstengrab von Chlum
  Kat. 330, S. 265
- *Frühlatène-Schwert* (Inv. 111248)
  aus dem Fürstengrab von Chlum
  Kat. 332, S. 265
- *Schmuckscheibe* (Inv. 111249)
  aus dem Fürstengrab von Chlum
  Abb. S. 189; Kat. 334, S. 266
- *Tongefäß* (Inv. 111254)
  aus dem Fürstengrab von Chlum
  Kat. 329, S. 265

Providence (Rhode Island)
Museum of Art, Rhode Island School of Design:
- *Situla* (Inv. 32245)
  aus Bologna
  Kat. 339, S. 267

Pyrgi (Hafen von Caere)
Blick auf die Ausgrabungen, Abb. S. 51

Grundriß des Heiligtums, Abb. S. 50

Racconigi
Schloß:
- *Blick in das "etruskische Kabinett"*
  S. 307-308, Abb. S. 302-303

Rom
Antiquarium Comunale:
- *Kleiner Löwe aus Elfenbein*
  Abb. S. 44-45

Biblioteca Nazionale Centrale:
- Gabriele D'Annunzio,
  Forse che sì forse che no
  S. 454; Kat. 613, S. 480

Biblioteca Universitaria Alessandrina:
- *L'Album. Giornale Letterario e di Belle Arti*
  Kat. 472, S. 399
- *Diario di Roma*
  Kat. 465, S. 397

British School:
- Sir William Gell:
  Notizbuch ("Note-book II")
  Kat. 493, S. 401
- John Shute, *The first and chief groundes of Architecture [...]*
  Kat. 431, S. 391

Casa Tarpeia, Abb. S. 341

Galleria d'Arte Antica, Palazzo Corsini:
- *Corsini-Thron* (Inv. 666)
  aus Rom, unter der Corsini-Kapelle in San Giovanni in Laterano
  Abb. S. 106-107; Kat. 235, S. 154

Istituto Archeologico Germanico:
- *Brief Lucien Bonapartes an Eduard Gerhard*
  Kat. 498, S. 402
- James Byres,
  Hypogaei, or Sepulchral Caverns of Tarquinia, the Capital of Ancient Etruria
  S. 311. 415. 468; Kat. 550, S. 469
- George Dennis,
  The Cities and Cemeteries of Etruria
  S. 314, 316, 335, 345; Abb. S. 314, 330; Kat. 492, S. 401
- Josef Durm, *Die Baukunst der Etrusker. Die Baukunst der Römer*
  S. 344; Kat. 527, S. 408
- Hermann Genthe, *Ueber den etruskischen Tauschhandel nach dem Norden*
  S. 344; Kat. 524, S. 407
- *Glückwunschadresse des Architektenvereins in Berlin*
  Abb. 343; Kat. 505, S. 404
- Elizabeth Caroline Hamilton Gray,
  A Tour to the Sepulchres of Etruria in 1839
  S. 314, 335, 444; Kat. 489, S. 401

- *Das Instituto di Corrispondenza Archeologica und das Deutsche Archäologische Institut,* Photographien
  Kat. 504, S. 403
- August Kestner,
  Bildnis von Eduard Gerhard
  Abb. S. 362
- Jules Martha,
  Manuel d'archéologie étrusque et romaine
  S. 343; Kat. 526, S. 408
- *Monumenti inediti pubblicati dall'Instituto di Corrispondenza Archeologica, Bd. II*
  S. 333, 364, 366, 472; Abb. S. 341; Kat. 497, S. 402
- Carlo Ruspi,
  Durchzeichnungen der Tomba del Triclinio: Eingangswand
  S. 335, 419; Abb. S. 418; Kat. 555, S. 470
- Carlo Ruspi,
  Durchzeichnungen der Tomba del Triclinio: linke Wand
  S. 335, 419; Abb. S. 412, 418; Kat. 558, S. 470
- Carlo Ruspi,
  Durchzeichnungen der Tomba del Triclinio: rechte Wand
  S. 335, 419; Abb. S. 420; Kat. 557, S. 470
- Carlo Ruspi,
  Durchzeichnungen der Tomba del Triclinio: Rückwand
  S. 335, 419, 471; Abb. S. 420; Kat. 556, S. 470
- Carlo Ruspi,
  Zeichnungen der vier Wände der Tomba Querciola, Tarquinia
  S. 419; Abb. S. 422-423; Kat. 560, S. 471
- O. Magnus von Stackelberg-August Kestner,
  Unedierte Gräber von Corneto
  S. 416; Kat. 551, S. 469
- Isaac Taylor, *Etruscan Researches*
  S. 345; Kat. 525, S. 408
- *Teilnehmerliste zu den Versammlungen des Instituto di Corrispondenza Archeologica*
  Kat. 496, S. 402
- *Zwei liegende Löwen*
  wahrscheinlich aus Vulci
  Kat. 499, S. 402

Istituto CNR per l'archeologia etrusco-italica:
- Luigi Canina, *Pianta topografica dell'antica Etruria marittima [...]* (anastatischer Druck, 1978)
  S. 333, 426; Kat. 474, S. 399
- Stéphane Gsell,
  Fouilles dans la nécropole de Vulci
  S. 344, Abb. S. 346-347; Kat. 523, S. 407

Istituto Svedese di Studi Classici:
- *Grabungskoffer von König Gustav VI. Adolf*
  Kat. 619, S. 482
- *Grabungstagebuch von König Gustav Adolf von Schweden*
  Kat. 618, S. 482; Abb. S. 464
- *Gustav Adolf von Schweden bei der Ausgrabung der Reste eines etruskischen Hauses in San Giovenale, Oktober 1963*
  Abb. S. 465
- *Gustav Adolf von Schweden bei der Ausgrabung eines etruskischen Grabes in San Giovenale*
  Abb. S. 456
- *Gustav Adolf von Schweden bei der Ausgrabung eines neolithischen Grabes in Fjärestad, 1906*
  Abb. S. 463
- *Gustav Adolf von Schweden mit einer Verkleidungs-platte der etruskischen Gebäude von Acquarossa (Zone F), 1969*
  Abb. S. 467
- *König Gustav Adolf von Schweden*
  Kat. 620, S. 482
- *Titelseite der zweiten Publikation von Gustav Adolf von Schweden über einen Tumulus in Tinkarp bei Sofiero*
  Abb. S. 462

Musei Capitolini:
- *Krater* (Inv. 172)
  aus Caere
  S. 45; Abb. S. 46; Kat. 48, S. 119
- *Sitzende männliche Figur* (Inv. 62)
  aus Caere, Tomba delle Cinque Sedie
  Kat. 103, S. 129

Museo Napoleonico:
- J.L. Ducis, *Porträt von Stendhal*
  Abb. S. 442

- François-Xavier Fabre,
  Porträt des Lucien Bonaparte (Inv. 17)
  Abb. S. 326; Kat. 462, S. 397
- François-Xavier Fabre,
  Porträt des Lucien Bonaparte (Inv. 528)
  Kat. 463, S. 397
- Jean-Baptiste Wicar, *Porträt von Stendhal*
  Abb. S. 448

Museo Nazionale di Villa Giulia:
- *Antefix mit Mänadenkopf* (Inv. sc. 2246)
  aus Veji, Portonaccio-Tempel
  S. 76-77; Abb. 23; Kat. 168, S. 141
- *Antefix mit Medusenkopf* (Inv. sc. 2499)
  aus Veji, Portonaccio-Tempel
  S. 76-77; Kat. 166, S. 140
- *Antefix mit Silenskopf* (Inv. sc. 2342)
  aus Veji, Portonaccio-Tempel
  S. 76-77; Kat. 167, S. 141
- *Armreif* (Inv. 85030)
  S. 437-438; Abb. S. 435; Kat. 598, S. 478
- *Becken mit Omphalos* (Inv. 63576)
  aus Vulci, Tomba 47, sogen. Kriegergrab
  Kat. 156, S. 138
- *Bronzevase mit Waffentanz*
  aus Bisenzio
  S. 81; Abb. S. 81-83
- *Caeretaner Hydria*
  Abb. S. 48-49
- *Drachenfibel* (Inv. 85004)
  Herkunft unbekannt
  S. 437-438; Abb. S. 434; Kat. 584, S. 476
- *Drei Inschriftentäfelchen* (Kopien)
  aus Pyrgi, Heiligtum, Heiliger Bezirk C
  Kat. 35, S. 116
- *Ehepaarsarkophag*
  aus Cerveteri
  S. 234-236, 432; Abb. S. 234-235
- *Griffe von Fächern* (Inv. 13232, 13231)
  aus Praeneste, Tomba Barberini
  Kat. 89-90 A-B, S. 127
- *Halskette* (Inv. 53269)
  aus Palestrina, Tomba Castellani (?)
  Kat. 589, S. 476
- *Halskette* (Inv. 84988)
  S. 437-438; Kat. 590, S. 477
- *Halskette* (Inv. 85055)
  S. 437-438; Abb. S. 436; Kat. 602, S. 479
- *Haruspex* (Inv. 24478)
  Herkunft unbekannt
  Kat. 191, S. 145
- *Herakles- und Apollostatue vom Dachfirst*
  aus Veji, Portonaccio-Tempel
  S. 435; Abb. S. 68-69
- *Hermeskopf* (Inv. 40772)
  aus Veji, Portonaccio-Tempel
  Kat. 169, S. 141
- *Hüttenurne* (Inv. 84900)
  aus Vulci, Osteria-Nekropole, Grab mit Steinciste
  Kat. 35, S. 116
- *Inschriftentäfelchen* (Inv. 24427)
  aus Viterbo
  Kat. 198, S. 147
- *Kanne* (Inv. 63567)
  aus Vulci, Tomba 47, sogen. Kriegergrab
  Kat. 151, S. 137
- *Kanne* (Inv. 63568)
  aus Vulci, Tomba 47, sogen. Kriegergrab
  Kat. 149, S. 137
- *Kanne* (Inv. 63569)
  aus Vulci, Tomba 47, sogen. Kriegergrab
  Kat. 150, S. 137
- *Kegelhalskrug* (Inv. 62981)
  aus Vulci, Osteria-Nekropole
  Abb. S. 39; Kat. 42, S. 117

- *Kelch* (Inv. 13234)
  aus Praeneste, Tomba Barberini
  Kat. 88, S. 127
- *Kette* (Inv. 53600)
  S. 437-438; Abb. S. 436; Kat. 600, S. 478
- *Kette* (Inv. 84986)
  S. 437-438; Kat. 592, S. 477
- *Kette* (Inv. 85057)
  S. 437-438, Abb. S. 436; Kat. 601, S. 478
- *Kleiner Schrein* (Inv. sc. St. 21)
  aus Veji, Portonaccio-Heiligtum
  Kat. 197, S. 146
- *Kollier* (Inv. 85020)
  S. 437-438; Abb. S. 437; Kat. 608, S. 479
- *Kollier* (Inv. 85029)
  S. 437-438; Kat. 597, S. 478
- *Kultwagen mit Becken* (Inv. 57022/2)
  aus Bisenzio, Olmo Bello, Fossagrab
  Abb. S. 162; Kat. 241, S. 248
- *Lebes auf Dreifuß* (Inv. 61619)
  aus Praeneste, Tomba Bernardini
  Kat. 114, S. 131
- *Lituus* (Inv. 60254)
  aus Caere, Kammergrab
  S. 80; Kat. 189, S. 145
- *Miniatur-Korb* (Inv. 59919)
  aus Vulci, Nekropole von Cavalupo
  S. 44. 57-58; Kat. 38, S. 117
- *Miniatur-"Schemel"* (Inv. 55918)
  aus Vulci, Nekropole von Cavalupo
  S. 44, 57-58; Kat. 37, S. 116
- *Modell einer Säulenhalle* (Inv. 59756)
  aus Vulci, Votivdepot an der Porta Nord
  Kat. 424, S. 390
- *Modell einer Tierleber* (Inv. 3786)
  aus Falerii, Votivdepot des Scasato-Tempels
  Kat. 194, S. 146
- *Modell eines landwirtschaftlichen Wagens* (Inv. 56097)
  aus Bolsena, Melona, wahrscheinlich aus einem Votivdepot
  Kat. 125, S. 134
- *Olpe* (Inv. 63559)
  aus Vulci, Tomba 47, sogen. Kriegergrab
  Kat. 153, S. 138
- *Ohrring* (Inv. 53686)
  aus Tuscania
  Kat. 605, S. 479
- *Ohrringe* (Inv. 85044 a u. b)
  S. 437-438; Kat. 606, S. 479
- *Ohrringe* (Inv. 85068)
  S. 437-438; Abb. S. 432; Kat. 607, S. 479
- *Ostgriechische Kanne* (Inv. 87994)
  aus Vulci (?), beschlagnahmt 1961
  Kat. 108, S. 130
- *Pferdetrense* (Inv. 33215)
  aus Veji, Grotta Gramiccia, Fossagrab Nr. 135
  Kat. 256, S. 250
- *Pflüger* (Inv. 24562)
  aus Arezzo
  Kat. 123, S. 133
- *Porträt eines Mannes* (Inv. 56513)
  aus Caere, Manganello-Tempel
  Kat. 237, S. 154
- *Protokorinthische Olpe* (Inv. 55400)
  aus Veji, Tomba delle Quaranta Rubbie
  Kat. 111, S. 131
- *Protokorinthische Olpe* (Inv. 55415/B)
  aus Veji, Tomba delle Quaranta Rubbie
  Kat. 112, S. 131
- *Protokorinthischer Skyphos* (Inv. 46165)
  aus Cerveteri, Tumulo della Nave, Grab 2, rechte Kammer
  Kat. 109, S. 130
- *Ring mit Skarabäus* (Inv. 54574)
  S. 437-438; Kat. 593, S. 477
- *Ring mit Skarabäus* (Inv. 85033)
  S. 437-438; Abb. S. 435; Kat. 594, S. 477

- *Sanguisugafibel* (Inv. 53854)
  Herkunft unbekannt
  Kat. 586, S. 476
- *Sanguisugafibel* (Inv. 84982)
  Herkunft unbekannt
  S. 437-438; Kat. 582, S. 475
- *Sanguisagafibel* (Inv. 85000)
  Herkunft unbekannt
  S. 437-438; Abb. S. 434; Kat. 583, S. 475
- *Sanguisugafibel* (Inv. 85002)
  Herkunft unbekannt
  S. 437-438; Kat. 585, S. 476
- *Sanguisugafibel* (Inv. 53849)
  aus Caere
  Kat. 588, S. 476
- *Sanguisugafibel* (Inv. 53851)
  aus Caere
  Kat. 587, S. 476
- *Schale* (Inv. 61565)
  aus Praeneste, Tomba Bernardini
  Kat. 82, S. 125
- *Schalenfuß* (o. Inv. Nr.)
  aus Veji, Portonaccio-Heiligtum
  Kat. 122, S. 133
- *Schöpfgefäß* (Inv. 63564)
  aus Vulci, Tomba 47, sogen. Kriegergrab
  Kat. 152, S. 138
- *Sieb* (Inv. 63562)
  aus Vulci, Tomba 47, sogen. Kriegergrab
  Kat. 155, S. 138
- *Simaschmuck* (Inv. VP 457; VP 458)
  aus Veji, Portonaccio-Tempel
  S. 76-77; Kat. 162, S. 140
- *Simen* (Inv. VP 565; VP 567)
  aus Veji, Portonaccio-Tempel
  S. 76-77; Kat. 163, S. 140
- *Situla vom Typus Kurd* (Inv. 61627; 61628)
  aus Praeneste
  Abb. S. 166; Kat. 265, S. 252
- *Skyphos* (Inv. 87952)
  aus Caere, Monte Abatone, Grab 4, linke Kammer; Familiengrab
  Kat. 110, S. 130
- *Stamnos* (Inv. 63566)
  aus Vulci, Tomba 47, sogen. Kriegergrab
  Kat. 148, S. 137
- *Statuette* (Inv. 59917)
  aus Vulci, Nekropole von Cavalupo
  S. 44, 57-58; Kat. 36, S. 116
- *Tempelmodell* (Inv. 59757)
  aus Vulci, Votivdepot am Nordtor
  Kat. 159, S. 139
- *Tinia* (o. Inv. Nr.)
  aus Furbara
  Kat. 170, S. 142
- *Verkleidungsplatte*
  aus Veji, Tempel von Piazza d'Armi
  S. 75; Abb. S. 77
- *Verkleidungsplatten* (Inv. VP 585; VP 586)
  aus Veji, Portonaccio-Tempel
  S. 76-77; Kat. 164, S. 140
- *Verkleidungsplatten* (Inv. 2269; o. Inv. Nr.)
  aus Veji, Portonaccio-Tempel
  S. 76-77; Kat. 165, S. 140
- *Zwei kleine Säulen* (Inv. sc. VPV 2538; VPV 2518)
  aus Veji, Portonaccio-Heiligtum
  Kat. 423, S. 389
- *Zwei Nadeln* (Inv. 85042; 85043)
  S. 437-438; Kat. 603-604, S. 479
- *Zwei Simpula* (Inv. 63560; 63561)
  aus Vulci, Tomba 47, sogen. Kriegergrab
  Kat. 154, S. 138

Museo preistorico-etnografico L. Pigorini:
- *Bikonischer Spinnwirtel* (Inv. 37419)
  aus Vetulonia, Poggio alla Guardia, Pozzetto-Grab V
  Kat. 22, S. 113

MUSEUMSINDEX

- *Fibel mit spiralverziertem Bügel* (Inv. 37421/c)
  aus Vetulonia, Poggio alla Guardia, Pozzetto-Grab V
  Kat. 16, S. 112
- *Fibel mit verdicktem Bügel* (Inv. 37421/b)
  aus Vetulonia, Poggio alla Guardia, Pozzetto-Grab V
  Kat. 17, S. 113
- *Fibel mit verkleidetem Bügel* (Inv. 37421/e)
  aus Vetulonia, Poggio alla Guardia, Pozzetto-Grab V
  Kat. 20, S. 113
- *Fibel mit verdicktem und flach gebogenem Bügel*
  (Inv. 37421/d)
  aus Vetulonia, Poggio alla Guardia, Pozzetto-Grab V
  Kat. 19, S. 113
- *Hüttenurne* (Inv. 37416)
  aus Vetulonia, Poggio alla Guardia, Pozzetto-Grab V
  Kat. 13, S. 112
- *Kleine einhenkelige Vase* (Inv. 37418)
  aus Vetulonia, Poggio alla Guardia, Pozzetto-Grab V
  Kat. 14, S. 112
- *Kleiner Krug* (Inv. 37417)
  aus Vetulonia, Poggio alla Guardia, Pozzetto-Grab V
  Kat. 15, S. 112
- *Ring* (Inv. 37420)
  aus Vetulonia, Poggio alla Guardia, Pozzetto-Grab V
  Kat. 23, S. 114
- *Sanguisugafibel* (Inv. 37421/a)
  aus Vetulonia, Poggio alla Guardia, Pozzetto-Grab V (?)
  Kat. 21, S. 113
- *Zweiteilige Schlangenfibel* (Inv. 37421/f)
  aus Vetulonia, Poggio alla Guardia, Pozzetto-Grab V
  Kat. 18, S. 113

Museo preistorico-etnografico L. Pigorini, Biblioteca:
- Oscar Montelius, *La civilisation primitive en Italie depuis l'introduction des métaux*
  S. 342; Kat. 531, S. 409

Pontificia Insigne Accademia Artistica dei Virtuosi al Pantheon:
- Ercole Ruspi,
  Bildnis des Vaters Carlo Ruspi
  Abb. S. 414; Kat. 554, S. 470

Sammlung Massimo Pallottino:
- Vincenzo Cardarelli, *Opere complete*
  Kat. 617, S. 481
- Aldous Huxley, *Point Counter Point*
  S. 317, 450; Kat. 611, S. 480
- Aldous Huxley, *Those Barren Leaves*
  S. 318, 450-451; Kat. 610, S. 480

Università della Sapienza, Museo delle Antichità Etrusche e Italiche:
- *Modell (Rekonstruktion) eines tuskanischen Tempels*
  (Inv. M. 72)
  Kat. 161, S. 139

Villa Albani:
- *Kampf zwischen Kriegern*
  aus Vulci, Tomba François
  S. 66, Abb. S. 62
- *Opferung trojanischer Gefangener an die Manen des Patroklos*
  Vulci, Tomba François
  S. 98, 240, 245; Abb. S. 100-101, 241

Saint-Eloi-de-Gy
Sammlung Pantin de la Guère:
- *Rasiermesser*
  aus Bourges
  S. 184; Kat. 307, S. 261

Saint-Germain-en-Laye
Musée des Antiquités Nationales:
- *Etruskischer Stamnos* (Inv. 71435)
  aus Courcelle-en-Montaigne (Haute-Marne),
  aus Tumulus I von La Motte-Saint Valentin
  S. 184; Kat. 321, S. 263
- *Statuette eines Epheben* (Inv. 29723)
  in der Seine gefunden
  Kat. 315, S. 262

Saint-Malo
Musée:
- Anne-Louis Girodet,
  Porträt von Chateaubriand
  Abb. S. 449

Saint-Rémy de Provence
Hôtel de Sade:
- *Amphora* (Inv. 2998)
  da Saint-Blaise (Bouches-du-Rhône)
  S. 168, 172; Kat. 286, S. 256
- *Kanne* (Inv. 2258)
  aus Saint-Blaise (Bouches-du-Rhône)
  S. 168, 172; Kat. 287, S. 256
- *Kantharos* (Inv. 2311)
  aus Saint-Blaise (Bouches-du-Rhône)
  S. 168, 172; Kat. 288, S. 256
- *Kantharos* (Inv. 2255)
  aus Saint-Blaise (Bouches-du-Rhône)
  S. 168, 172; Kat. 289, S. 257
- *Schale* (Inv. 2885)
  aus Saint-Blaise (Bouches-du-Rhône)
  S. 168, 172; Kat. 290, S. 257

Salzburg
Museum Carolino Augusteum:
- *Keltische Schnabelkanne* (Inv. 6629)
  vom Dürrnberg (Hallein), Grab 112
  S. 208, 209; Abb. S. 211; Kat. 342, S. 267

Sassari
Museo Nazionale G.A. Sanna:
- *Antennenschwert* (Inv. 10627)
  aus Ploaghe, Nuraghe Attentu
  Kat. 39, S. 117
- *Rasiermesser* (Inv. 63)
  aus einem Nuraghen der Nurra
  Kat. 40, S. 117

Sèvres
Musée National de la Céramique:
- *Rotfigurige Schale* (Inv. Sèvres 234)
  aus der Basilicata
  Kat. 452, S. 395
- *Rotfiguriger Skyphos* (Inv. Sèvres 230)
  Herkunft unbekannt
  Kat. 453, S. 395
- *Tasse mit Untertasse* (Inv. 6795)
  Service für Marie Antoinettes "Laiterie"
  S. 304; Abb. S. 305; Kat. 454, S. 395
- *Tasse mit Untertasse* (Inv. 6796)
  Service für Marie Antoinettes "Laiterie"
  S. 304; Abb. S. 305; Kat. 455, S. 396
- *Tasse mit Untertasse,*
  Königliche Manufaktur Meissen (Inv. MNC 469)
  Kat. 456, S. 396

Sigean
Musée des Corbières:
- *Bleitäfelchen mit Inschrift* (Inv. 1805 HS)
  aus Pech-Maho (Aude)
  S. 169; Abb. S. 172-173; Kat. 293, S. 258

Sigüenza
Kathedral:
- *Grabmal des Don Martin Vasquez de Arce*
  S. 238-239; Abb. S. 238

Speyer
Historisches Museum der Pfalz:
- *Goldener Armreif*
  aus Rodenbach (Pfalz), Fürstengrab
  Abb. S. 209
- *Goldener Ring*
  aus Rodenbach (Pfalz), Fürstengrab
  S. 208; Abb. S. 209

St. Peterburg
Ermitage:
- *Figürliche Bronzeurne* (Inv. 485)
  aus Perugia

S. 354; Abb. S. 232-233, 360; Kat. 533, S. 409
- *Schwarzfigurige Amphora* (Inv. B 1315, 569)
  Herkunft unbekannt
  Abb. S. 376; Kat. 537, S. 410

Straßburg
Musée Archéologique:
- *Bronzekanne* (Inv. Colmar AO 122,
  Depot D.11.980.1.3)
  aus Hatten (Bas-Rhin), aus einem Wagengrab unter Tumulus
  Kat. 322, S. 263

Stuttgart
Württembergisches Landesmuseum:
- *Schnabelkanne* (Inv. 8723)
  aus Kleinaspergle bei Hohenasperg (Ludwigsburg),
  Fürstengrab
  S. 208; Abb. S. 210; Kat. 344, S. 268
- *Stamnos* (Inv. 8723)
  aus Kleinaspergle bei Hohenasperg (Ludwigsburg),
  Fürstengrab
  Kat. 343, S. 268

Tarquinia
Museo Nazionale:
- *Antennenschwert* (Inv. RC 266)
  aus Tarquinia, Monterozzi-Arcatelle,
  Pozzograb mit Kustodie (M3)
  Kat. 253, S. 250
- *Bandschale* (Inv. 72/10286)
  aus Gravisca, Gebäude "gamma"
  Kat. 54, S. 120
- *Cippus (Ankerstein) mit Weihinschrift des Sostratos aus Gravisca*
  Abb. S. 50
- *Eingeweide* (Inv. 4070)
  aus Tarquinia, Votivdepot bei der Ara della Regina
  S. 84; Kat. 187, S. 145
- *Elogium der Spurinna* (Fragment Nr. 3, Inv. 2780)
  aus Tarquinia, Ara della Regina
  Kat. 229, S. 153
- *Elogium der Spurinna* (Fragment Nr. 1)
  aus Tarquinia, Ara della Regina
  Kat. 230, S. 153
- *Fragment einer attischen Schale* (Inv. 73/25311)
  aus Gravisca, Gebäude "beta"
  Kat. 61, S. 121
- *Fragment einer attischen Schale* (Inv. 75/11195)
  aus Gravisca, Gebäude "gamma"
  Kat. 62, S. 121
- *Fragment einer ionischen Schale* (Inv. 72/10697)
  aus Gravisca, Gebäude "gamma"
  Kat. 59, S. 121
- *Fragment eines Dinos* (Inv. II 16395)
  aus Gravisca, Gebäude "alpha"
  Kat. 51, S. 120
- *Fragment eines lakonischen Kraters* (Inv. 72/23122)
  aus Gravisca, Gebäude "gamma"
  Kat. 63, S. 122
- *Fresken der rechten Wand der Tomba del Triclinio*
  S. 96, Abb. 419
- *Fresken der Rückwand und der rechten Wand der Tomba del Triclinio*
  S. 96; Abb. S. 421
- *Greifenprotome* (Inv. 74/19817)
  aus Gravisca, Gabäude "delta"
  Kat. 57, S. 121
- *Halskette* (Inv. RC 6062)
  aus Tarquinia, Tomba di Bocchoris, Kammergrab
  Kat. 81, S. 125
- *Helm* (Inv. RC 258)
  aus Tarquinia, Monterozzi-Arcatelle,
  Pozzograb mit Kustodie (M3)
  Kat. 251, S. 250
- *Inschrift der Haruspices*
  aus Tarquinia
  Kat. 232, S. 153

- *Korinthischer Amphoriskos* (Inv. 76/17182)
  aus Gravisca, Gebäude "gamma"
  Kat. 53, S. 120
- *Lakonische Trinkschale* (Inv. II 7762)
  aus Gravisca, Gebäude "alpha"
  Kat. 52, S. 120
- *Linke Hand* (Inv. 3718)
  aus Tarquinia, Votivdepot bei der Ara della Regina
  S. 84; Kat. 180, S. 144
- *Linker Fuß eines Erwachsenen* (Inv. 4581)
  aus Tarquinia, Votivdepot bei der Ara della Regina
  S. 84; Kat. 183, S. 144
- *Männliches Geschlechtsorgan* (Inv. 3944)
  aus Tarquinia, Votivdepot bei der Ara della Regina
  S. 84; Kat. 182, S. 144
- *Maske mit Augen und Nase* (Inv. 4786)
  aus Tarquinia, Votivdepot bei der Ara della Regina
  S. 84; Kat. 188, S. 145
- *Porträt eines Mannes* (Inv. 3733)
  Kat. 238, S. 155
- *Randfragment einer ionischen Schale* (Inv. 74/8387)
  aus Gravisca, Gebäude "gamma"
  Kat. 60, S. 121
- *Rechtes Ohr* (Inv. 4776)
  aus Tarquinia, Votivdepot bei der Ara della Regina
  S. 84; Kat. 181, S. 144
- *Salbgefäß in Form eines Granatapfels* (Inv. 76/17162)
  aus Gravisca, Gebäude "gamma"
  Kat. 55, S. 120
- *Salbgefäß in Form eines Komasten* (Inv. 77/12422)
  aus Gravisca, Gebäude "gamma"
  Kat. 56, S. 120
- *Sarkophag des Laris Pulena (Deckel)* (Inv. 9804)
  aus Tarquinia, Monterozzi
  S. 91; Kat. 212, S. 149
- *Statuette einer bewaffneten Gottheit* (Inv. 75/18896)
  aus Gravisca, Gabäude "gamma"
  Kat. 58, S. 121
- *Straußenei* (provis. Inv. 3987)
  Beschlagnahmt in Montalto di Castro, 1961
  Kat. 87, S. 126
- *Tomba del "Letto funebre"*
  aus Tarquinia, Nekropole von Monterozzi,
  Ortsteil Calvario
  S. 96; Kat. 217, S. 150
- *Transportamphora* (Inv. 75/10737)
  aus Gravisca, Gebäude "delta"
  Kat. 50, S. 119
- *Uterus* (Inv. 4422)
  aus Tarquinia, Votivdepot bei der Ara della Regina
  S. 84; Kat. 186, S. 145
- *Vase des Bocchoris*
  aus Tarquinia
  Abb. S. 54-55
- *Wagen in Tiergestalt* (Inv. RC 678)
  aus Tarquinia, Pozzograb mit Kustodie
  Kat. 244, S. 248
- *Weibliche Brust* (Inv. 3729)
  aus Tarquinia, Votivdepot bei der Ara della Regina
  S. 84; Kat. 184, S. 144
- *Weibliches Genitalorgan* (Inv. 4626)
  aus Tarquinia, Votivdepot bei der Ara della Regina
  S. 84; Kat. 185, S. 144
- *Wickelkind* (Inv. 4631)
  aus Tarquinia, Votivdepot bei der Ara della Regina
  S. 84; Kat. 179, S. 143

Tomba degli Anina:
- *Charun und Vanth*, Abb. S. 241

Tomba delle Leonesse:
- *Malereien*, S. 227; Abb. S. 228

Tomba delle Olimpiadi:
- *Wettkampfszenen*
  S. 96; Abb. S. 98-99

Tomba dell'Orco II:
- *Tuchulcha*
  S. 97, 240, 244; Abb. S. 241

Toledo (Ohio)
Museum of Art:
- *Hydria* (Inv. 82134)
  Herkunft unbekannt

Trier
Rheinisches Landesmuseum:
- *Maskenfibel*
  aus der Nekropole von Weiskirchen (Saarland)
  S. 207; Abb. S. 207

Turin
Museo di Antichità:
- *Becher* (Inv. St 52167)
  aus Castelletto Ticino, Tomba del Bacile
  Kat. 277, S. 254
- *Becken* (Inv. St 1425)
  aus Castelletto Ticino, Tomba del Bacile
  Kat. 275, S. 254
- *Grabstele* (Inv. 367)
  aus Busca (Cuneo)
  S. 221; Kat. 350, S. 269
- *Rippenciste* (Inv. St 1410)
  aus Castelletto Ticino, Tomba del Bacile
  Kat. 276, S. 254

Ullastret
Museu:
- *Amphora* (o. Inv. Nr.)
  aus Ullastret, Siedlung, Raum im südwestlichen Viertel
  S. 175; Kat. 301, S. 259
- *Etrusko-korinthisches Schöpfgefäß* (Inv. 1099)
  aus Ullastret, Siedlung, Raum im südwestlichen Viertel
  S. 175; Abb. S. 176; Kat. 303, S. 260
- *Kantharos* (Inv. 1096)
  aus Ullastret, Siedlung, Raum im südwestlichen Viertel
  S. 175; Kat. 302, S. 260

Vatikan
Museo Gregoriano Etrusco:
- *Attische Amphora*
  Abb. S. 328-329
- *Bucchero-Fläschchen mit Musteralphabet und Syllabar*
  aus Caere, Tomba Regolini-Galassi
  Abb. S. 89
- *Goldenes Armband*
  aus Cerveteri, Tomba Regolini-Galassi
  S. 332; Abb. 335
- *Goldenes Pektorale*
  aus Cerveteri, Tomba Regolini Galassi
  S. 332; Abb. S. 334
- *Haruspex* (Inv. 12040)
  "Vom rechten Tiberufer"
  Kat 190, S. 145
- *Kelchkrater* (Inv. 16586)
  aus Vulci, Ausgrabungen der Gesellschaft Vincenzo Campanari, Governo Pontificio (1835-1837)
  Abb. S. 388; Kat. 466, S. 398
- *Pseudo-Thron des Claudius* (Inv. 9942)
  aus Caere, Areal des Römischen Theaters, Ausgrabungen von 1840-1846
  Kat. 234, S. 154
- *Rotfigurige Hydria* (Inv. 16568)
  aus Vulci
  Abb. S. 339; Kat. 467, S. 398
- *Scheibenfibel*
  aus Cerveteri, Tomba Regolini-Galassi
  S. 332; Abb. S. 334
- *Silberschale* (Inv. 20365)
  aus Cerveteri, Tomba Regolini-Galassi
  S. 332; Abb. S. 332; Kat. 471, S. 398
- *Silberschale* (Inv. 20368)
  aus Cerveteri, Tomba Regolini-Galassi
  S. 332; Abb. S. 333; Kat. 470, S. 398

- *Spiegel* (Inv. 12240)
  aus Vulci, Ausgrabungen der Gesellschaft Vincenzo Campanari, Governo Pontificio (1835-1837)
  S. 78-79; Kat. 192, S. 146
- *Statuette eines Knaben* (Putto Carrara) (Inv. 12108)
  aus Tarquinia
  Kat. 178, S. 143

Veji
Portonaccio-Heiligtum,
S. 75 Plan; Abb. S. 76
Portonaccio-Tempel, S. 76
Rekonstruktionszeichnung des Daches, Abb. S. 69

Verona
Museo di Castelvecchio:
- *Paleovenetische Grabstele* (Inv. 610)
  aus Padua, ehem. Slg. Scipione Maffei, später
  Slg. Bassani
  Kat. 355, S. 270

Museo Lapidario Maffeiano:
- Dionisio Nogari,
  Porträt des Scipione Maffei (Inv. 3750)
  Abb. S. 285; Kat. 422, S. 389

Versailles
Musée:
- Johan Olg Södermark,
  Porträt von Stendhal
  Abb. S. 447

Visby
Museum von Gotland:
- *Stele* (Inv. 11696)
  aus Martebo, Kirchenfußboden
  Abb. S. 219; Kat. 358, S. 270

Volterra
Biblioteca Guarnacci, Antike Bestände aus dem Besitz von Mario Guarnacci:
- Mario Guarnacci, *Origini Italiche [...]*
  S. 286; Kat. 402, S. 385

Museo Guarnacci:
- *Alabasterurne*
  aus Volterra
  S. 105, Abb. S. 109
- *Deckel der Urne "eines Ehepaares"* (Inv. 613)
  aus Volterra, Ausgrabungen von 1743 in der Nekropole von Ulimeto
  Kat. 225, S. 152
- *Deckel einer Olla* (o. Inv. Nr.)
  aus Volterra, Tomba der gens Luvisu
  Kat. 388, S. 383
- *Urne* (Inv. 141)
  aus Volterra, erstes Grab der gens Caecina
  Kat. 226, S. 152
- *Urne* (Inv. 334)
  aus Volterra, Grab der gens Cneuna
  S. 105; Kat. 214, S. 150
- *Urne* (Inv. 401)
  aus Volterra, Grab der gens Luvisu
  Kat. 386, S. 383
- *Urnendeckel* (Inv. 136)
  aus Volterra
  S. 80; Kat. 196, S. 146
- *Urnendeckel* (Inv. 422)
  aus Volterra, Tomba der gens Luvisu
  Kat. 387, S. 383
- *Urnenkasten* (Inv. 156)
  aus Volterra, Ausgrabungen von 1731 in der Portone-Nekropole
  Kat. 224, S. 152

Pinacoteca Civica:
- *Gedenkmedaille für Giovanni Lami* (o. Inv. Nr.)
  Kat. 420, S. 389
- *Medaille mit Bildnis von Mario Guarnacci* (o. Inv. Nr.)
  Kat. 421, S. 389

MUSEUMSINDEX

Porta all'Arco, S. 224, Abb. S. 225

Warschau
Universitätsbibliothek:
- Franciszek Smuglewicz,
  Tomba del Cardinale, Tarquinia
  (Königliche Sammlung T 175 n. 38/1)
  S. 311, 415; Kat. 544, S. 468

Wien
Kunsthistorisches Museum:
- *Helm* (Inv. VI 1659)
  aus Negau (Slowenien), Votivdepot
  S. 219; Kat. 356, S. 270
- *Helm* (Inv. VI 1660)
  aus Negau (Slowenien), Votivdepot
  S. 219; Kat. 357, S. 270

Naturhistorisches Museum:
- *Antennenschwert*
  aus Steyr (Österreich)
  S. 158, Abb. S. 158; Kat. 254, S. 250
- *Becken* (Inv. 25526)
  aus Hallstatt, Grab 600
  Kat. 261, S. 251
- *Deckel einer Situla* (Inv. 25816)
  aus Hallstatt, Grab 696
  S. 166; Abb. S. 166; Kat. 264, S. 252
- *Kultwagen*
  aus Orastie (Transsylvanien)
  Kat. 246, S. 249
- *Situla vom Typus Kurd* (Inv. 25245)
  aus Hallstatt, Grab 504

S. 166; Abb. S. 166; Kat. 264, S. 252
- *Statuette* (Inv. 25482)
  aus Hallstatt, Grab 585
  Kat. 274, S. 253
- *Vogelwagen*
  aus Sokolac, Glasinac (Bosnien)
  Kat. 245, S. 248

Würzburg
Martin von Wagner-Museum der Universität:
- Franciszek Smuglewicz,
  Aufriß der Tomba della Tappezzeria
  Abb. S. 372
- Franciszek Smuglewicz,
  Grundriß der Tomba del Cardinale
  S. 415; Abb. S. 372
- Franciszek Smuglewicz,
  Schnitte durch die Tomba dei Ceisinie
  Abb. S. 374-375
- Franciszek Smuglewicz,
  Tomba dei Ceisinie, Einblick in die Kammer
  (Inv. HZ 10 154 - alt Inv. 114/153 D. 437)
  S. 311; Kat. 549, S. 469
- Franciszek Smuglewicz,
  *Tomba del Biclinio, Gelageszene mit Paar auf einer Kline,
  Dienerin und Mundschenk* (Inv. HZ 10 173 - alt Inv.
  114.81)
  S. 311; Kat. 547, S. 468
- Franciszek Smuglewicz,
  *Tomba del Cardinale, Ausschnitt aus dem Fries mit vier
  z.T. geflügelten Figuren* (Inv. HZ 10 164 - alt Inv.
  114.92)
  S. 311, 415; Kat. 545, S. 468

- Franciszek Smuglewicz,
  *Tomba del Cardinale, Ausschnitt aus dem Schlachtfries
  vom Pilaster* (Inv. HZ 10 167 - alt Inv. 114.97)
  S. 311. 415; Kat. 546, S. 468
- Franciszek Smuglewicz,
  *Tomba della Tappezzeria, Ausschnitt mit Vorhang,
  männlicher und weiblicher Todesdämon*
  (Inv. HZ 10 175 u. HZ 10 176 - alt Inv. 114.79 u.
  114.80)
  S. 311; Kat. 548, S. 469
- Franciszek Smuglewicz,
  Zeichnung der Tomba dei Ceisinie
  Abb. S. 373
- Franciszek Smuglewicz,
  Zeichnung der Tomba del Cardinale
  S. 415; Abb. S. 415

Zadar
Arheološki Muzej Zadar:
- *Rasiermesser*
  aus Nin (Dalmatien)
  S. 158; Kat. 250, S. 249

Zagreb
Nationalmuseum:
- *Leinenbänder mit etruskischem religiösen Text*
  S. 89-91; Abb. S. 90

Zürich
Schweizerisches Landesmuseum:
- *Pferdetrense*
  aus Zürich-Alpenquai
  S. 158; Kat. 259, S. 251

Autoren der Katalognummern

Irène Aghion: 403, 404, 405, 406, 407, 408, 409, 410, 411, 412

Elisabetta Baggio Bernardini: 337

Silvia Bertone: 4, 5, 6, 96, 97, 98, 99, 100, 124, 126, 127, 128, 129, 130, 131, 132, 133, 134, 135, 136, 137, 138, 139, 142, 143, 144, 145, 146, 147, 158, 211, 219, 222, 223, 231

Maria Chiara Bettini: 1, 35, 36, 37, 38, 39, 40, 42, 43, 44, 45, 46, 47, 48, 77, 81, 82, 88, 89, 90, 103, 104, 109, 110, 111, 114, 115, 116, 117, 121, 125, 148, 149, 150, 151, 152, 153, 154, 155, 156, 189, 210, 217, 234, 241, 244, 245, 246, 249 bis, 250, 251, 253, 254, 256, 258, 259, 261, 264, 265, 267, 269, 274, 296, 297, 298, 299, 300, 323, 338, 340, 342, 382, 475, 476, 477, 478, 479, 480, 481, 482, 483, 484, 485, 486, 487, 488

Horst Blanck: 496, 498, 499, 505, 550, 551, 560, 561

Maria Bonghi Jovino: I, pannello

Bernard Bouloumié: 278, 279, 280, 281, 282, 283, 284, 285, 286, 287, 288, 289, 290

Marie-Françoise Briguet: 49, 95, 119, 171, 220, 221, 305, 345, 370, 371, 449, 509, 511, 512, 515, 516, 539, 540, 541, 542, 599

Paolo Bruschetti: 176, 177, 389, 390, 391, 392, 393, 417, 419

Francesco Buranelli: 178, 190, 192, 466, 467, 470, 471

Giovannangelo Camporeale: 7, 64, 91, 195, 198, 204, 208, 209, 218, 262, 301, 302, 303, 304, 339, 350, 380

Ida Caruso: 582, 583, 584, 585, 586, 589, 590, 591, 592, 593, 594, 597, 598, 600, 601, 602, 603, 604, 605, 606, 607, 608

Gabriele Cateni: 196, 214, 224, 225, 226, 386, 387, 388, 402, 420, 421

Mariagrazia Celuzza: 106, 205

Jacques Chamay: 314

Giovanni Cipriani: 359, 364, 365, 374, 381

Giovanni Colonna: 554

Lucia Corsi: 84, 85, 201, 202, 203

Francesca Curti: 140, 193, 215, 216, 227, 240, 268, 366

Filippo Delpino: 13, 14, 15, 16, 17, 18, 19, 20, 21, 22, 23, 431, 438, 443, 444, 445, 447, 448, 464, 465, 469, 472, 474, 489, 492, 493, 495, 497, 504, 518, 519, 520, 521, 522, 523, 524, 525, 526, 527, 528, 529, 530, 531, 610, 611, 612, 613, 614, 615, 616, 617

Martine Denoyelle: 113

Paola Desantis: 65, 66, 67, 68, 69, 70, 71, 72, 207

Anna Maria Esposito: 29, 30, 31, 32, 33, 34, 41, 79, 105, 249

Anna Eugenia Feruglio: 206

Françoise Gaultier: 107, 118, 173, 236, 239, 252, 291, 292, 293, 306, 311, 312, 315, 320, 321, 322, 324, 325, 326, 385, 413, 415, 416, 418, 425, 426, 427, 428, 432, 433, 434, 435, 436, 437, 439, 440, 441, 442, 452, 453, 454, 455, 456, 473, 494, 532, 534, 535, 536, 537, 538, 543, 568, 569, 570, 571, 572, 573, 574, 575, 576, 577, 578, 579, 580, 581, 609

Annamaria Giusti: 446

Giulia Gorgone: 462, 463

Sybille Haynes: 450, 451, 490, 491

Mario Iozzo: 160, 377

Adriano Maggiani: 199, 200

Luigi Malnati: 8, 9, 10, 11, 12, 348

Anna Marinetti: 351, 352, 353

Maria Grazia Marzi: 414

Denise Modonesi: 422

Cristiana Morigi Govi: 255, 335, 461

Carl Nylander: 559, 618

Lucia Pagnini: 78, 86, 93, 101, 102, 120, 257, 260, 263, 266, 271, 272, 309

Emanuela Paribeni: 175, 373

Alessandra Parrini: 50, 51, 52, 53, 54, 55, 56, 57, 58, 59, 60, 61, 62, 63, 74, 75, 76, 87, 108, 122, 123, 157, 159, 161, 162, 163, 164, 165, 166, 167, 168, 169, 170, 172, 174, 179, 180, 181, 182, 183, 184, 185, 186, 187, 188, 191, 194, 197, 212, 213, 228, 229, 230, 232, 233, 235, 237, 238, 273, 275, 276, 277, 316, 317, 346, 347, 355, 356, 357, 360, 361, 362, 363, 383, 384, 394, 395, 396, 397, 398, 399, 423, 424, 429, 430, 458, 459, 510, 513, 514, 517, 533, 587, 588

Gertrud Platz-Horster: 595, 596

Danièle Ros: 73, 294, 295, 307, 308, 310, 318, 319, 327

Angela Ruta Serafini: 243, 336

Piergiuseppe Scardigli: 358

Francesca Tropea: 2, 3, 24, 25, 26, 27, 28, 83, 92, 270, 313, 367, 368, 369, 372, 375, 376, 378, 379

Girolamo Zampieri: 354

Cornelia Weber-Lehmann: 506, 507, 508, 544, 545, 546, 547, 548, 549, 552, 553, 555, 556, 557, 558, 559, 562, 563, 564, 565, 566, 567

Irma Wehgartner: 80, 94, 112, 141, 242, 247, 248, 328, 329, 330, 331, 332, 333, 334, 341, 343, 344, 349, 400, 401, 457, 460, 468, 500, 501, 502, 503

Abbildungsnachweis

Alle Schwarzweißaufnahmen im Katalogteil wurden, sofern es nicht gesondert vermerkt ist, von den jeweiligen Soprintendenzen und Museen geliefert

A.C.L., Brüssel
198
Alinari, Florenz
90, 239
Jörg P. Anders, Berlin
305 (Kat. 460), 307
Bildarchiv Preußischer Kulturbesitz (Ingrid Geske-Heiden), Berlin
40-41, 336, 337
Bildarchiv Preußischer Kulturbesitz (Berlin), Isolde Luckert
286 (Kat. 400)
A. Bracchetti
328, 329, 332, 333, 334 (oberes Bild)
Juan Luis Castaño
179
CNRS - Centre Camille Julian, Aix-en-Provence
172, 173
Marzio Cresci
70
Edena, Paris
325 (Kat. 516)
Fotocielo, Rom
94-95
Gruppo Editoriale Fabbri, Ufficio Fotografico (Roberto Esposito):
	Piero Baguzzi: 23, 39, 46, 48, 49, 50, 54, 55, 68, 69, 77, 81, 82-83, 98, 99, 106-107, 162, 199, 212, 226, 234, 235, 343, 419, 421, 432, 434, 435, 436 (Kat. 600-601-602), 437
	Piero Baguzzi/Mario Matteucci: 274, 278, 279, 280-281
	Alberto Bertoldi: 165, 189, 201, 210, 211, 213 (Kat. 346), 285, 301, 320
	Roberto Esposito: 228, 323
	Alfredo Loprieno: 295
	Mario Matteucci: 56, 73, 80, 220, 227, 282, 308, 309, 327
S. Habič, N.M., Ljubljana
159, 204, 205
M.J. Lambert
187
David Lees
62, 100-101

Erich Lessing, Wien
156, 232, 360
Ø. Hjort-Sørensen
218
Ole Haupt Atelier Sorte Hest
222, 237
Luciano Pedicini, Neapel
306
Marcella Pedone, Mailand
96
Freundlicherweise vom Credito Italiano zur Verfügung gestellt
90, 97
Publiaerfoto, Mailand
51, 67
Mario Quattrone, Florenz
382
R.M.N., Paris
	85, 358, 359, 436 (Kat. 599)
	M. Chuzeville: 47, 60, 61, 91, 352, 353, 355, 357
	M. Coppola: 305 (Kat. 452-455), 361, 433
	C. Larrieu: 26, 283, 287, 289 (Kat. 404), 297 (rechtes Bild), 313 (Kat. 416), 331, 344 (Kat. 518), 345
	H. Lewandowski: 298, 316
Massimo Roncella, Orvieto
240, 243 (oberes Bild)
M. Sarri
334 (linkes Bild), 335, 338, 339
Scala, Florenz
89, 242, 291
Schecter Lee
317 (Kat. 450)
Soprintendenza alle Antichità d'Etruria, Florenz
34, 35, 36, 37, 43, 75, 93, 109, 284
Soprintendenza Archeologica Etruria Meridionale, Rom
166
Soprintendenza Archeologica per l'Emilia Romagna, Bologna
207 (linkes Bild)
Soprintendenza Archeologica per la Toscana, Florenz
58, 59, 108, 277, 459
Statens Historiska Museer, Stockholm
219
Studio Christa Koppermann, Gauting (München)
52, 206
Studio C.N.B.C., Bologna
202, 203
Studio Robert, Bourges
183

Landkarten
Studio Aguilar

Gedruckt auf Papier
Larius Matt Satin, 130 g/m²,
Papierherstellung: Burgo

Photosatz Grande - Monza

Druck: Januar 1993
Gruppo Editoriale Fabbri S.p.A. - Mailand
Italien